PAUL TILLICH · SYSTEMATISCHE THEOLOGIE

D1734898

PAUL TILLICH

SYSTEMATISCHE THEOLOGIE

BAND III

DAS LEBEN UND DER GEIST

DIE GESCHICHTE UND DAS REICH GOTTES

EVANGELISCHES VERLAGSWERK STUTTGART

Übersetzung der amerikanischen Ausgabe des Buches „Systematic Theology, Volume III, Life and the Spirit, History and the Kingdom of God" von Paul Tillich, erschienen bei The University of Chicago Press, Chicago, Illinois, 1963.
Die deutsche Übersetzung besorgten Renate Albrecht und Dr. Ingeborg Henel.

ISBN 3 7715 0188 1
2. Auflage 1978
Erschienen 1966 im Evangelischen Verlagswerk, Stuttgart
Druck: J. F. Steinkopf KG, Stuttgart
Bindearbeiten: Verlagsbuchbinderei Werner Müller GmbH, Stuttgart
Printed in Germany

FÜR HANNAH,
DIE GEFÄHRTIN MEINES LEBENS

VORWORT ZUR DEUTSCHEN AUSGABE

Wenn Paul Tillich das Erscheinen der deutschen Ausgabe des dritten Bandes seiner „Systematischen Theologie" noch erlebt hätte, wäre es für ihn selbstverständlich gewesen, dafür ein eigenes Vorwort zu schreiben. Und dies um so mehr, als er die Übertragung dieser beiden letzten Teile der Systematik in die deutsche Sprache in allen Einzelheiten verfolgt, kontrolliert, verbessert und zum Teil sogar selbst diktiert hatte. Vor Jahren äußerte er dem Verlag gegenüber die Hoffnung, den dritten Band der „Systematischen Theologie" anschließend an die englische Niederschrift selbst ins Deutsche übertragen zu können. Daß dies bei Paul Tillich, der bis in seine letzten Lebenstage hinein viele akademische, öffentliche und persönliche Verpflichtungen zu erfüllen hatte, nicht mehr möglich sein würde, war zu erwarten. Er war in erster Linie ein Mann des Gesprächs. Und mit den Freunden Paul Tillichs sind wir dankbar, daß es ihm vergönnt war, die „Systematische Theologie" überhaupt zu vollenden und darüber hinaus die deutsche Ausgabe vorbereiten zu helfen. Die Übersetzung der englisch geschriebenen Arbeiten Paul Tillichs – und seit er nach den USA emigriert war, schrieb er fast nur noch englisch – in die deutsche Sprache war von Anfang an mit erheblichen Schwierigkeiten verbunden. Da er in Amerika gezwungen war, nicht nur sein Denken dem Geist der englischen Sprache anzupassen, sondern auch für die unvergleichliche Eigenart seiner Gedankenführung eine eigene Terminologie zu schaffen, war bei der Übersetzung ins Deutsche ein Rückgriff auf seine früheren deutschen Formulierungen ebenso unmöglich wie das wörtliche Übertragen des englischen Textes in die deutsche Sprache. Nach verschiedenen Versuchen Anfang der fünfziger Jahre war schließlich eine Methode entwickelt worden, die es ermöglichte, einwandfreie, autorisierte deutsche Texte zu schaffen. Seit dem Jahre 1956 wurden dem Autor alle Übersetzungen vorgelesen, die bestehenden Probleme mit ihm diskutiert, und auf diese Weise wurde dann der deutsche Text neu erarbeitet. Dabei ergab es sich häufig, daß der Autor Formulierungen fand, die vom englischen Original zwar abweichen, jedoch ganz seinen Intentionen und dem Stand seines Denkens entsprechen. Auch bei der Übersetzungsarbeit des vorliegenden Bandes bewährte sich, trotz vermehrter Schwierigkeiten, diese Methode.

Tillichs Dank – und das wäre in erster Linie der Inhalt seines deutschen Vorworts gewesen – und der Dank des Verlags gilt vor allem den beiden Übersetzerinnen, *Frau Renate Albrecht, Düren,* und *Frau Dr. Ingeborg C. Henel, New Haven,* die in aufopfernder Mühe und großer Hingabe den deutschen Text in engster Verbindung mit dem Autor erarbeitet haben. Die Übertragung jedes der beiden Teile hat seine eigene Geschichte. An der Übersetzung des vierten Teils (Frau Renate Albrecht) hat Paul Tillich selbst starken Anteil. Frau Albrecht war längere Zeit bei Professor Tillich in East Hampton, um dort, mit ihm zusammen, die deutsche Übersetzung zu erarbeiten. Soweit Abweichungen vom englischen Original vorliegen, handelt es sich um Neuformulierungen des Autors sebst. Die Übersetzung des fünften Teils (Frau Dr. Ingeborg C. Henel) ist ganz in den USA und damit in räumlicher Nähe zu Paul Tillich entstanden. Auch dieser Teil ist mit dem Autor durchgearbeitet und in der Gesamtheit von ihm autorisiert worden. Außerdem wurden hier – meist stilistische – Revisionen, die Mrs. Joan Brewster und Mr. William Crout für die englische Ausgabe vorgeschlagen hatten, berücksichtigt, nachdem sie mit Prof. Tillich besprochen und von ihm gebilligt worden waren.

Außer den Genannten hat der Verlag zu danken:

Herrn *Prof. Dr. Walter Leibrecht* für hilfreiche Ratschläge bei der Lösung einiger schwerer Übersetzungsprobleme, Herrn Univ.-Dozent *Dr. Gotthold Müller* für die Prüfung der Korrekturen unter theologischen Gesichtspunkten, *Frau Dr. Nina Baring* für Mitarbeit bei der Übersetzung, *Frau Gertraut Stöber* und *Herrn Karl-Heinz Werner* für ihre mühevolle Mitarbeit an Problemen der Textgestaltung, *Frau Hildegard Behrmann* für ihre Mithilfe beim Korrekturenlesen und nicht zuletzt *Herrn Siegfried Müller* für die Erstellung des umfangreichen Sachregisters.

Wir wissen, daß Theologen wie Laien in den deutschsprechenden Ländern auf diesen abschließenden Teil der Systematischen Theologie seit Jahren warten, und wir glauben, daß alle, die sich in dieses Werk vertiefen, in ihren Erwartungen nicht enttäuscht werden.

Stuttgart, 20. August 1966
(am 80. Geburtstag des Autors)

Evangelisches Verlagswerk GmbH

VORREDE

Mit dem dritten Band ist meine „Systematische Theologie" beendet. Der letzte Band erscheint sechs Jahre nach dem zweiten, der seinerseits sechs Jahre nach dem ersten erschienen ist. Die langen Pausen zwischen den Daten der Veröffentlichung waren nicht nur durch die qualitative und quantitative Größe des Gegenstandes verursacht, sondern auch durch Anforderungen an mich in Verbindung mit meiner Tätigkeit als akademischer Lehrer. Zu diesen gehörte die Entfaltung einzelner Probleme in kleineren, nicht speziell theologischen Büchern und die Darstellung meiner Gedanken in vielen Vorlesungen und Diskussionen in Amerika wie in Europa. Ich hielt diese Anforderungen für gerechtfertigt und versuchte, sie zu erfüllen, obgleich es die Fertigstellung des Hauptwerkes um Jahre verzögerte.

Aber schließlich erschien im Hinblick auf mein Alter eine weitere Verzögerung nicht erlaubt, obgleich ich fühlte, daß man an ein Buch, das so viele problematische Gegenstände zum Thema hat, nie genügend Arbeit gewandt hat. Dennoch muß zu einer bestimmten Zeit ein Autor seine Endlichkeit bejahen und damit die Unabgeschlossenheit des Abgeschlossenen. Ein Antrieb, den Abschluß zu beschleunigen, kam von den Doktoranden, die über meine Theologie schrieben und die mich seit Jahren gebeten hatten, ihnen das noch unfertige Manuskript des dritten Bandes zugänglich zu machen. Obgleich ich ihnen oft nachgab, mußte diese zweifelhafte Methode aufhören; außerdem mußte eine große Zahl von Nachfragen nach dem dritten Band schließlich befriedigt werden. Meine Freunde und ich hatten oft gefürchtet, daß das System ein Fragment bleiben würde. Das ist nicht geschehen, obgleich es selbst in seinen besten Teilen fragmentarisch und oft inadäquat und fragwürdig bleibt. Doch zeigt es das Stadium, das mein theologisches Denken erreicht hat. Aber ein System sollte nicht nur ein Punkt sein, an dem man angekommen ist, sondern auch ein Punkt, von dem man weitergeht. Es sollte wie eine Station auf dem endlosen Weg zur Wahrheit sein, an dem die vorläufige Wahrheit Gestalt geworden ist.

East Hampton, Long Island.   *Paul Tillich*
Im August 1963

EINLEITUNG

Die Frage „Warum ein System?" ist nicht wieder verstummt, seitdem der erste Teil meiner „Systematischen Theologie" erschienen ist. In einem der Bücher, die meine Theologie einer Kritik unterziehen, „The System and the Gospel" von Kenneth Hamilton, ist das System als solches – und nicht etwa Einzelheiten – als der entscheidende Irrtum meiner Theologie bezeichnet worden. Eine solche Kritik müßte sich zweifellos gegen alle theologischen Systeme richten, die im Laufe der Geschichte entstanden sind, die von Origenes, Gregorius und Johannes Damascenus über Bonaventura, Thomas und Ockham bis hin zu Calvin, Johann Gerhard und Schleiermacher und unzähligen anderen. Es lassen sich viele Gründe für die Abneigung gegen die systematisch-konstruktive Form in der Theologie anführen. Einer dieser Gründe ist die Verwechslung eines deduktiv quasi-mathematischen Systems (wie z. B. dem von Lullus im Mittelalter oder dem von Spinoza in neuerer Zeit) mit der systematischen Form als solcher. Es gibt aber nur ganz wenige Beispiele deduktiver Systeme, und auch in ihnen bleibt die deduktive Form äußerlich gegenüber der ihnen zugrunde liegenden Erfahrung. Spinozas System ist ebenso prophetisch und mystisch wie metaphysisch. Es gibt aber noch andere Gründe, die gegen das System als solches angeführt werden. Man sagt, die systematische Form der Theologie sei ein Versuch, die Offenbarungserlebnisse zu rationalisieren. Aber diese Behauptung verwechselt die berechtigte Forderung nach einem logischen, in sich widerspruchsfreien Aufbau mit dem unberechtigten Anspruch, theologische Aussagen aus Quellen herzuleiten, die nichts mit Offenbarungserfahrungen zu tun haben. Für mich hat die systematisch-konstruktive Form immer folgendes bedeutet: Zunächst zwang sie mich, konsequent zu sein, d. h. in sich logisch und widerspruchsfrei. Echte Konsequenz ist eine der schwierigsten Aufgaben für die Theologie (wie wahrscheinlich für jede andere Wissenschaft auch, die die Wirklichkeit zu erfassen sucht), und es gibt wohl niemanden, der dieser Aufgabe voll gerecht würde. Aber wenn man neue Aussagen macht, so muß man auf die früheren zurückblicken und prüfen, ob beide miteinander vereinbar sind. Zweitens und überraschenderweise wurde für mich die systematische Form ein Instrument, mit dessen Hilfe es mir möglich wurde, Beziehungen zwischen Symbolen und Begriffen zu entdecken, die mir auf andere Weise verborgen geblieben wären. Schließlich führte mich der systematische Aufbau dazu, den Gegenstand der Theologie in seiner Ganzheit zu begreifen, d. h. als „Gestalt", in der viele Einzelheiten und Elemente durch übergreifende Prinzipien und gegenseitige Abhängigkeit miteinander verbunden sind.

Die Betonung der systematischen Form bedeutet nicht, daß man den vorläufigen und keineswegs endgültigen Charakter eines speziellen Systems verneint. Neue organisierende Prinzipien tauchen auf, und vernachlässigte Elemente erlangen zentrale Bedeutung. Die Methode kann verfeinert oder völlig verändert werden, und das alles kann eine neue Konzeption des Ganzen zur Folge haben. Das ist auch der Rhythmus, in dem die Geschichte des christlichen Denkens durch die Jahrhunderte verlaufen ist. Die Systeme sind Kristallisationspunkte, auf die die Erörterung gewisser Probleme zuläuft und von denen gleichzeitig neue Probleme und ihre Behandlung ausgehen. Ich hoffe, daß das vorliegende System – wie begrenzt es auch sein mag – diese Funktion erfüllt.

Ein besonderes Charakteristikum dieser drei Bände, das oft beobachtet und oft kritisiert wurde, ist die in ihnen angewandte Sprache und die Art, in der sie gebraucht wird. Sie weicht von der üblichen Art ab, nämlich bestimmte Behauptungen durch geeignete Bibelzitate zu belegen. Ich habe auch nicht die weit befriedigendere Methode angewandt, das theologische System direkt auf der Basis einer sogenannten biblischen Theologie aufzubauen, obgleich der Einfluß der biblischen Gedanken in jedem Teil des Systems vorhanden ist. Statt dessen habe ich die philosophische und psychologische Terminologie bevorzugt und gelegentlich soziologische und naturwissenschaftliche Theorien herangezogen. Ein solches Vorgehen scheint mir für eine Theologie angemessener zu sein, welche versucht, in verständlicher Sprache zu einer breiten Gruppe Gebildeter und geistig offener Theologiestudenten zu sprechen, für die die traditionelle Sprache irrelevant geworden ist. Ich bin mir der Gefahr, daß dabei die Substanz der christlichen Botschaft verlorengehen könnte, wohl bewußt. Aber trotzdem muß dies Wagnis eingegangen werden. Wenn man einmal die Zusammenhänge so sieht, muß man in der eingeschlagenen Richtung weiterarbeiten; Gefahren sind kein Grund, ernsthaften Forderungen aus dem Weg zu gehen. Oft scheint es, als ob zur Zeit die katholische Kirche für das Verlangen nach einer Reformation aufgeschlossener sei als die Kirchen der Reformation. Die drei Bücher meiner „Systematischen Theologie" hätten nicht geschrieben werden können, wenn ich nicht davon überzeugt wäre, daß das Ereignis, aus dem das Christentum geboren wurde, zentrale Bedeutung für die ganze Menschheit hat – sowohl vor wie nach dem Ereignis. Aber die Weise, in der das Ereignis verstanden und aufgenommen werden kann, ändert sich mit den wechselnden Zeitumständen in allen Perioden der Geschichte. Meine „Systematische Theologie" wäre aber auch nicht geschrieben worden, wenn ich nicht während des größten Teils meines Lebens versucht hätte, in den Sinn der christlichen Symbole einzudringen, die für uns in der heutigen kulturellen Situation zunehmend problematischer geworden sind. Da Gespaltenheit zwischen einem Glauben, der für die Kultur unannehmbar ist, und einer Kultur, die für den Glauben unannehmbar ist, für mich nicht möglich war, mußte ich den Versuch machen, die Symbole des Glaubens durch Ausdrucksformen unserer Kultur zu interpretieren. Das Ergebnis dieses Versuchs sind meine drei Bände der „Systematischen Theologie".

Mehrere Bücher und Artikel, die meiner Theologie kritisch gegenüberstehen, sind erschienen, bevor dieser letzte Band beendet war. Ich meinte jedoch, auf direkte Antworten verzichten zu sollen, weil dieser Band sonst zu viel polemisches Material enthalten hätte und weil ich meinte, daß der Band selbst, besonders die Lehre vom Geist, indirekt Antwort auf vieles der vorgebrachten Kritik enthält. Auf einen weiteren Teil der Kritik hätte ich nur durch Wiederholung meiner Gedanken aus den ersten beiden Bänden antworten können. Und in einigen Fällen, wo sich der traditionelle Supranaturalismus oder Christozentrismus zu Wort meldete, hätte ich nur antworten können: Nein!

„Lange nachdem ich die Kapitel über das Leben und seine Zweideutigkeiten geschrieben hatte, begegnete mir das Buch von Teilhard de Chardin: „Die Stellung des Menschen im Kosmos". Es ermutigte mich sehr, daß ein anerkannter Naturwissenschaftler Gedanken über die Dimensionen und Prozesse des Lebens entwickelt hatte, die den meinen sehr ähnlich sind. Obwohl ich seine stark optimistische Ansicht über die Zukunft nicht teilen kann, hat mich seine Beschreibung der Evolutionsprozesse in der Natur überzeugt. Ohne Zweifel kann die Theologie nicht auf einer naturwissenschaftlichen Theorie aufgebaut werden. Aber sie muß ihr Verständnis vom Menschen in Beziehung setzen zum Verstehen der Natur überhaupt, denn der Mensch ist ein Teil der Natur, und in jeder Aussage über den Menschen sind Aussagen über die Natur im ganzen enthalten.

Die Kapitel dieses Buches, die von den Dimensionen und Zweideutigkeiten des Lebens handeln, sprechen das explizit aus, was in jeder Theologie – selbst in der antiphilosophischsten – implizit enthalten ist. Selbst wenn die Theologen Fragen über die Beziehung des Menschen zur Natur und zum Universum vermieden, so würden diese Fragen von den Menschen doch ständig gestellt, zum Teil aus existentieller Not, zum Teil aus dem Bemühen um intellektuelle Redlichkeit. Wenn keine Antwort gegeben wird, kann das ein Stein des Anstoßes für das ganze religiöse Leben eines Menschen werden. Das sind die Gründe, warum ich es gewagt habe, vom theologischen Gesichtspunkt aus eine Philosophie des Lebens zu entwickeln, obwohl ich mir des damit verbundenen Risikos bewußt war.

Ein System ist keine *summa*, und das vorliegende System ist nicht einmal vollständig. Einige Themen sind weniger ausführlich behandelt worden als andere, z. B. die Erlösung, die Trinität und die einzelnen Sakramente. Aber ich hoffe, daß es nicht zu viele Probleme gibt, die ganz übergangen wurden. Meine Auswahl war in den meisten Fällen von der aktuellen Problemsituation abhängig, wie sie sich in der heutigen theologischen Debatte spiegelt. Dieser Faktor ist auch für die Darstellung einiger Fragen und Antworten verantwortlich, bei der ich mich der traditionellen Terminologie bedient habe, während für andere Darstellungen neue Wege des Denkens und der Sprache versucht wurden. Die zweite Methode habe ich in einigen der eschatologischen Kapitel angewandt, die das System beschließen und zum Ausgangspunkt des Systems zurückkehren – im Sinne von Röm. 11, 36: „Denn von ihm und durch ihn und zu ihm sind alle Dinge." In diesen Kapiteln wird der Versuch gemacht – nicht das Mysterium des „zu ihm" aufzulösen –, sondern es so zu deuten, daß eine sinnvolle Alternative zu den primitiven und oft abergläubischen Vorstellungen vom *eschaton* gegeben wird, ganz gleich ob das *eschaton* mehr individuell oder mehr universal gedacht wird.

Die kirchengeschichtliche Situation, aus der mein System hervorgegangen ist, ist durch Ereignisse charakterisiert, die die religiöse Bedeutung alles nur traditionell Theologischen weit überschreiten. Am wichtigsten ist die Begegnung der geschichtlichen Religionen mit dem Säkularismus und den „quasi-Religionen", die dem Säkularismus entstammen[1]. Eine Theologie, die sich nicht ernsthaft mit der Kritik an der Religion durch das säkulare Denken, insbesondere durch spezielle Formen des säkularen Glaubens wie den liberalen Humanismus, den Nationalismus und den Sozialismus, beschäftigt, würde *a-kairos* sein. Sie würde die Forderung des geschichtlichen Augenblicks nicht erfüllen. Ein anderes wichtiges Charakteristikum der gegenwärtigen Situation ist der weniger dramatische, aber immer wichtiger werdende Austausch zwischen den geschichtlichen Religionen, der teilweise durch die gemeinsame Front aller Religionen gegen die auf sie eindringenden säkularen Kräfte bedingt ist, teilweise durch die Überwindung des räumlichen Abstandes zwischen den verschiedenen religiösen Zentren durch die

---

[1] Vgl. meine Schrift „Das Christentum und die Begegnung der Weltreligionen". Stuttgart. Evangelisches Verlagswerk 1963.

moderne Technik. Wieder muß ich sagen, daß eine christliche Theologie, die nicht imstande ist, mit den anderen Religionen in einen
schöpferischen Dialog einzutreten, ihre weltgeschichtliche Chance ver-
paßt und provinziell bleibt. Schließlich sollte die protestantische systematische Theologie auf die gegenwärtige positive Beziehung zwischen
Katholizismus und Protestantismus eingehen. Sie sollte beachten, daß
die Reformation nicht nur ein religiöser Gewinn, sondern auch ein religiöser Verlust war. Obwohl mein System ausgesprochen protestantisch
ist in seiner Betonung des „protestantischen Prinzips", erhebt es doch
gleichzeitig die Forderung, daß das „protestantische Prinzip" mit der
„katholischen Substanz" geeint werden muß. Das habe ich in dem Teil
über die Kirche, einem der längsten des Systems, ausführlich dargestellt.
Jetzt ist ein *kairos*, ein Augenblick voller Möglichkeiten für die prote-
stantisch-katholischen Beziehungen, und die protestantische Theologie
muß sich dessen bewußt werden und bleiben.

Seit den zwanziger Jahren unseres Jahrhunderts sind verschiedene
Systeme protestantischer Theologie entwickelt worden, einige über eine
ganze Periode von drei Jahrzehnten und mehr hinweg. (Auch ich be-
trachte meine Vorlesung über „Systematische Theologie" in Marburg
im Jahre 1924 als den Anfang meiner Arbeit an dem vorliegenden
System). Meine Methode ist sehr verschieden von denen der ihr unmittelbar vorangehenden Periode. Das gilt besonders für den amerikanischen Protestantismus, in dem auf der einen Seite philosophische Kritik
und auf der anderen konfessioneller Traditionalismus das Aufkommen
einer konstruktiven systematischen Theologie verhinderten. Diese
Situation hat sich erheblich geändert. Die weltgeschichtlichen Ereignisse
und die beunruhigende, historisch-kritische Methode der Bibelerfor-
schung haben die protestantische Theologie dazu gezwungen, ihre gesamte Tradition zu revidieren. Und das kann nur durch „systematische
Konstruktion" geleistet werden.

17

VIERTER TEIL

DAS LEBEN UND DER GEIST

I. DAS LEBEN, SEINE ZWEIDEUTIGKEITEN UND DIE FRAGE NACH UNZWEIDEUTIGEM LEBEN

A

DIE VIELDIMENSIONALE EINHEIT DES LEBENS

1. Das Leben: Essenz und Existenz

Die Tatsache, daß in einem gewöhnlichen Lexikon unter dem Stichwort „Leben" mehr als zehn verschiedene Bedeutungen aufgeführt sind, macht es verständlich, warum viele Philosophen zögern, das Wort „Leben" überhaupt zu gebrauchen und warum andere es auf den Bereich von lebenden Wesen beschränken, womit sie zugleich den Gegensatz von Leben und Tod herausstellen. Andrerseits gab es in Europa an der Wende vom 19. zum 20. Jahrhundert eine große philosophische Schule, die „Lebensphilosophie". Zu ihr gehörten Männer wie Nietzsche, Dilthey, Bergson, Simmel und Scheler, und sie beeinflußte noch eine Reihe anderer Philosophen, insbesondere die Existentialisten. Zur gleichen Zeit entstand in Amerika die „Prozeßphilosophie", die ihren Vorläufer im Pragmatismus, vertreten durch James und Dewey, hatte und zur vollen Höhe durch Whitehead und seine Schule geführt wurde. Der Begriff „Prozeß" ist weniger doppelsinnig als der Begriff „Leben", aber auch inhaltsärmer. Der lebende und der tote Körper sind beide in gleicher Weise „Prozessen" unterworfen, aber in der Wirklichkeit des Todes verneint das Leben sich selbst. Wenn in Ausdrücken wie „wiedergeborenes Leben" oder „ewiges Leben" das Wort Leben eine besondere Betonung erhält, dann deutet es auf den Sieg über diese Verneinung hin. Vielleicht könnte man sogar sagen, daß die Worte, die die verschiedenen Sprachen für „Leben" geschaffen haben, aus der Erfahrung des Todes herrühren.

Leben ist die „Aktualisierung des Seins" (Aristoteles). Dieser Lebensbegriff vereinigt zwei Hauptqualitäten des Seins, die meinem ganzen theologischen System zugrunde liegen. Die beiden Qualitäten sind das „Essentielle" und das „Existentielle". Aber nur diejenige Essenz, die

21

die Potentialität hat, aktuell zu werden, ist Teil des Lebens. Potentialität ist diejenige Weise des Seins, die die Macht *(dynamis)* hat, aktuell zu werden (z. B. die Potentialität eines jeden Baumes ist seine „Baumheit", die bewirkt, daß er sich als Baum entfaltet). Es gibt andere Essenzen, die diese Macht nicht haben; dazu gehören die geometrischen Formen (z. B. das Dreieck). Diejenigen Formen, die aktuell werden, unterwerfen sich den Bedingungen der Existenz – der Endlichkeit, der Entfremdung, dem Konflikt usw. Das bedeutet nicht, daß sie damit ihren essentiellen Charakter verlieren (Bäume bleiben Bäume), aber es bedeutet, daß sie unter die Struktur der Existenz fallen und dem Wachstum, dem Verfall und dem Tod unterworfen sind. Ich gebrauche das Wort „Leben" als Ausdruck für eine „Mischung" von essentiellen und existentiellen Strukturen. Philosophiegeschichtlich könnte man sagen, daß ich die aristotelische Unterscheidung von *dynamis* (Potentialität) und *energeia* (Aktualität) existentialistisch gebrauche. Damit bin ich nicht weit von Aristoteles' eigener Auffassung entfernt, der die dauernde ontologische Spannung zwischen Materie und Form in allem, was existiert, betont.

Dieser ontologische Lebensbegriff liegt dem universalen Lebensbegriff zugrunde, wie ihn die „Lebensphilosophen" verstanden haben. Wenn die Aktualisierung des Potentiellen eine Strukturbedingung aller Wesen ist und diese Aktualisierung „Leben" genannt wird, dann führt dies automatisch zum universalen Lebensbegriff, der alles Seiende umfaßt. Folgerichtig muß das Entstehen und Vergehen von Sternen und Felsen ebenfalls „Lebensprozeß" genannt werden. Der universale Lebensbegriff befreit das Wort „Leben" von seiner Bindung an den organischen Bereich und erweitert es zu einem Fundamentalbegriff, der in einem theologischen System verwendet werden kann, allerdings nur, wenn er existentiell interpretiert wird. Der Ausdruck „Prozeß" kann nicht existentiell interpretiert werden, obwohl es in manchen Fällen hilfreich ist, von „Lebensprozessen" zu reden.

Der ontologische Lebensbegriff verlangt zwei Betrachtungsweisen, die „essentialistische" und die „existentialistische". Die erste handelt von der Einheit und Mannigfaltigkeit des Lebens in seiner essentiellen Struktur. Sie beschreibt das, was man die „vieldimensionale Einheit des Lebens" nennen könnte. Nur wenn diese Einheit und die Beziehung der Dimensionen und Bereiche verstanden werden, können wir die existentiellen Zweideutigkeiten aller Lebensprozesse richtig analysieren und die Frage nach unzweideutigem oder ewigem Leben angemessen stellen.

2. Gegen den Begriff „Schicht"

Die Mannigfaltigkeit des Seienden hat von jeher den menschlichen Geist veranlaßt, nach der Einheit in der Mannigfaltigkeit zu suchen, weil der Mensch die ihm begegnende Mannigfaltigkeit der Dinge nur mit Hilfe einender Prinzipien verstehen kann. Eines der universalsten Prinzipien ist das Prinzip der hierarchischen Ordnung, in der alle Gattungen und Arten und durch sie jedes einzelne Ding ihren eigenen Ort haben. Diese Art, in das scheinbare Chaos der Wirklichkeit Ordnung zu bringen, unterscheidet Grade und Schichten des Seins. Ontologische Qualitäten, z. B. ein „höherer Grad von Universalität" oder eine „reichere Entfaltung der Potentialität", bestimmen den Ort, der einer Seinsschicht zugewiesen wird. Das alte Wort „Hierarchie" (ursprünglich: heilige Ordnung von Mächten, aufgebaut nach ihrer sakramentalen Bedeutsamkeit) ist für diese Art des Denkens der charakteristischste Ausdruck. Hierarchie kann sowohl auf irdische Herrschaftsverhältnisse wie auf Gattungen und Arten in der Natur angewandt werden, z. B. auf das Anorganische, das Organische, das Psychische usw. In dieser Sicht ist die Wirklichkeit eine Pyramide von Schichten, die in vertikaler Richtung aufeinanderfolgen. Die Höhe der jeweiligen Schicht richtet sich nach ihrer Seinsmächtigkeit und ihrem Wertgrad. Dieses Bild, das dem Herrschaftsaufbau entnommen ist, gibt den höheren Schichten zwar eine höhere Qualität aber eine geringere Quantität an Exemplaren. Die Spitze ist monarchisch, ganz gleich ob der Monarch ein Priester, ein Kaiser, ein Gott oder der Gott des Monotheismus ist.

Der Ausdruck „Schicht" ist eine Metapher, die die Gleichheit aller Objekte, die sich in einer bestimmten Schicht befinden, betont. Sie sind auf eine gemeinsame Ebene gebracht, auf der sie festgehalten werden, und es gibt keine organische Bewegung von einer Schicht zur anderen; die höhere Schicht ist nicht in der niederen enthalten und die niedere nicht in der höheren. Die Schichten stehen oft in Konflikt miteinander, sei es, daß die eine die andere beherrscht oder gegen sie revoltiert. In der Geschichte des Denkens (und auch der sozialen Strukturen) ist die wesenhafte Unabhängigkeit der einzelnen Schichten voneinander zwar modifiziert worden, z. B. bei Thomas von Aquinos Definition von Natur und Gnade, wonach die Gnade die Natur nicht verneint, sondern erfüllt. Aber die Weise, in der die Gnade, durch die die Natur erfüllt wird, beschrieben ist, zeigt, daß das hierarchische System nicht gebrochen ist. Erst durch Nikolaus Cusanus' Formel von der *coincidentia oppositorum* (z. B. des Unendlichen mit dem Endlichen) und durch Luthers Prinzip der Rechtfertigung des Sünders (der Heilige wird ein

Sünder genannt und der Sünder ein Heiliger, wenn er von Gott angenommen wird) verlor das hierarchische Prinzip seine Macht und wurde außer Kraft gesetzt. Im religiösen Bereich wurde es durch die Lehre vom „allgemeinen Priestertum aller Gläubigen" und im sozial-politischen Bereich durch das demokratische Prinzip der Gleichheit der menschlichen Natur in jedem einzelnen Menschen ersetzt. Sowohl das protestantische als auch das demokratische Prinzip negieren die voneinander unabhängigen und hierarchisch aufgebauten Schichten von Seinsmächtigkeiten.

Die Metapher „Schicht" verrät ihre Mängel, wenn die Beziehung zwischen verschiedenen Schichten untersucht wird. Die Wahl der Metapher hat weitreichende Konsequenzen für unsere ganze kulturelle Situation. Und umgekehrt enthüllt die Wahl einer Metapher die Eigenart einer kulturellen Situation. Die Frage der Beziehung des Organischen zum Anorganischen führt zu dem immer wiederkehrenden Problem, ob biologische Prozesse durch mathematisch-physikalische Methoden voll erklärt werden können, oder ob ein teleologisches Prinzip eingeführt werden muß, das die innere Gerichtetheit des organischen Wachstums erklärt. Wenn die Metapher „Schicht" das Feld beherrscht, verschlingt entweder das Anorganische das Organische, oder die anorganischen Prozesse werden durch eine ihnen fremde „vitalistische" Kraft erklärt – ein Gedanke, der verständlicherweise bei den Physikern und ihren biologischen Anhängern auf leidenschaftlichen und berechtigten Protest stößt.

Eine andere Folge des Gebrauchs der Metapher „Schicht" zeigt sich, wenn man die Beziehung des Organischen zum Geistigen untersucht. Gewöhnlich wird diese Beziehung als Beziehung von Körper und Geist aufgefaßt. Wenn Körper und Geist Schichten darstellen, kann man das Problem ihrer Beziehung zueinander nur so lösen, daß man das Geistige auf das Körperliche zurückführt (Biologismus und Psychologismus) oder daß man den geistigen Fähigkeiten Einwirkung auf die biologischen und psychischen Prozesse zuschreibt. Die letzte Behauptung ruft leidenschaftlichen und berechtigten Widerstand bei den Biologen und Psychologen hervor. Sie bekämpfen die Einführung einer „Seele" als einer eigenständigen Substanz, der eine selbständige Kausalität zukommt.

Eine dritte Folge des Gebrauchs der Metapher „Schicht" zeigt sich, wenn wir die Beziehung von Religion und Kultur zu erklären suchen. Wenn man z. B. sagt, daß die Kultur die Schicht sei, in der der Mensch selbst schöpferisch ist, während die Religion die Schicht sei, in der er die göttliche Selbstmanifestation empfängt, womit der Religion Autori-

24

tät über die Kultur zugestanden wird, dann sind, wie die Geschichte lehrt, zerstörerische Konflikte zwischen Religion und Kultur unausbleiblich. Unter diesem Aspekt versucht die Religion als die höhere Schicht, die Kultur oder einige ihrer Funktionen zu beherrschen, z. B. Wissenschaft, Kunst, Ethik oder Politik. Diese Unterdrückung der autonomen kulturellen Funktionen hat oft zu revolutionären Reaktionen geführt, wobei die Kultur versucht hat, die Religion zu absorbieren und sie den Normen der autonomen Vernunft zu unterwerfen. Auch hier zeigt sich wieder, daß der Gebrauch der Metapher „Schicht" nicht nur eine Frage der Angemessenheit oder Unangemessenheit ist, sondern auch eine Frage der Entscheidung über Probleme der menschlichen Existenz.

Dieses Beispiel führt uns zu der Frage, ob die Beziehung zwischen Gott und Mensch (einschließlich seiner Welt) – wie im religiösen Dualismus und theologischen Supranaturalismus – durch die Unterscheidung zweier Schichten, der göttlichen und der menschlichen, beschrieben werden kann. Wenn man zu einer Antwort auf diese Frage gelangen will, ist es nützlich, eine Entmythologisierung der religiösen Sprache zu versuchen. Entmythologisierung richtet sich nicht gegen mythologische Vorstellungen als solche, sondern gegen die supranaturalistische Methode, die den Mythos literalistisch[1] versteht. Die Unzahl abergläubischer Konsequenzen, die ein solcher Supranaturalismus hat, zeigt deutlich, wie gefährlich die Metapher „Schicht" für das theologische Denken ist.

3. Dimensionen, Bereiche, Grade

Die vorangegangenen Betrachtungen führen zu der Einsicht, daß die Metapher „Schicht" (und auch ähnliche Metaphern wie „Ebene") bei der Beschreibung von Lebensprozessen vermieden werden muß. Ich schlage daher vor, statt dessen die Metapher „Dimension" zu gebrauchen und in Verbindung mit ihr die Begriffe „Bereich" und „Grad". Das Wichtige ist jedoch nicht der Ersatz der einen Metapher durch eine andere, sondern die veränderte Sicht der Wirklichkeit, die sich in der Wahl der anderen Metapher ausdrückt.

Die Metapher „Dimension" ist ebenfalls der räumlichen Sphäre entnommen, aber sie beschreibt die Verschiedenheit der Seinsbereiche in einer solchen Weise, daß diese nicht in Konflikt miteinander geraten können. Die Dimensionen des Raumes treffen sich in ein und dem-

---

[1] Die Worte Literalismus und literalistisch sind unübersetzbar. Sie bezeichnen eine theologische Haltung, die Symbole wörtlich nimmt und sie dadurch ins Abergläubische und Absurde verkehrt.

selben Punkt. Sie kreuzen sich, ohne sich zu stören. Wenn die Metapher Schicht durch die Metapher Dimension ersetzt wird, haben wir es deshalb mit einer Begegnung mit der Wirklichkeit zu tun, in der die Einheit des Lebens jenseits seiner Konflikte sichtbar wird. Die Konflikte werden keineswegs verneint, aber sie sind nicht durch die Hierarchie der Schichten verursacht. Sie sind die Folge der Zweideutigkeit aller Lebensprozesse und daher überwindbar, ohne daß eine angebliche Schicht durch eine andere zerstört würde. Diese Konflikte setzen die Lehre von der vieldimensionalen Einheit des Lebens nicht außer Kraft.

Ein Grund für den Gebrauch der Metapher Schicht ist das Faktum, daß es weite Bereiche der Wirklichkeit gibt, in denen gewisse Charakteristika des Lebens nicht sichtbar sind, z. B. die ungeheure Masse anorganischer Materie, in der keine Spuren organischen Lebens angetroffen werden, und die vielen Formen organischen Lebens, in denen weder die psychische noch die geistige Dimension sichtbar ist. Kann man die Metapher „Dimension" auf solche Fälle anwenden? Ich glaube, man kann es. Sie kann auf die Tatsache hinweisen, daß gewisse Dimensionen des Lebens, auch wenn sie nicht in Erscheinung treten, dennoch potentiell vorhanden sind. Die Unterscheidung des Potentiellen vom Aktuellen impliziert, daß alle Dimensionen stets gegenwärtig sind, wenn nicht aktuell, so doch potentiell. Die Aktualisierung einer Dimension ist von Bedingungen abhängig, die nicht immer gegeben sind. Die erste Bedingung für die Aktualisierung einer Dimension (außer der der anorganischen) ist, daß andere sich bereits aktualisiert haben müssen. So ist z. B. die Aktualisierung der organischen Dimension nicht möglich ohne die vorausgegangene Aktualisierung der anorganischen, und die Dimension des Geistigen würde potentiell bleiben ohne die vorausgegangene Aktualisierung des Organischen. Aber das ist nur eine der Bedingungen. Die andere ist, daß in dem Bereich, der durch die bereits erfolgte Aktualisierung einer Dimension charakterisiert ist, bestimmte Konstellationen entstehen müssen, die die Aktualisierung einer neuen Dimension ermöglichen. Milliarden von Jahren hat es auf der Erde bedurft, bevor der anorganische Bereich die Entstehung von Wesen begünstigte, die unter der Herrschaft der organischen Dimension stehen, und weitere Millionen von Jahren mußten vergehen, bis der organische Bereich die Erscheinung eines Wesens mit Sprache begünstigte. Und wieder dauerte es Tausende von Jahren, bis das sprachbegabte Wesen zu dem geschichtlichen Menschen wurde, in dem wir uns selbst erkennen. In all diesen Fällen wurden potentielle Dimensionen aktuell, weil Bedingungen für die Aktualisierung dessen gegeben waren, was bereits potentiell vorhanden war.

Wir wollen den Begriff „Bereich" für ein Gebiet des Lebens verwenden, in dem eine bestimmte Dimension vorherrscht. „Bereich" ist ebenso wie „Schicht" und „Dimension" eine Metapher, aber sie ist nicht eigentlich eine räumliche Metapher, sondern eher eine soziologische. Man spricht von dem Herrscher in einem Bereich, und gerade diese Wortbeziehung macht die Metapher anwendbar, weil – metaphorisch gesprochen – ein Bereich ein Ausschnitt der Wirklichkeit ist, in dem eine spezielle Dimension vorherrschend ist und den Charakter eines jeden Exemplars bestimmt, das ihr angehört, sei es den eines Menschen oder eines Atoms. In diesem Sinne spricht man beispielsweise vom vegetativen Bereich, vom animalischen Bereich oder vom geschichtlichen Bereich. In allen sind alle Dimensionen potentiell gegenwärtig, und einige sind aktualisiert. Im Menschen sind alle Dimensionen aktualisiert, aber seinen besonderen Charakter erhält der menschliche Bereich durch die Dimensionen des Geistigen und des Geschichtlichen. Im Atom ist nur eine und zwar die anorganische Dimension aktualisiert, aber alle anderen sind potentiell vorhanden. Symbolisch ausgedrückt könnte man sagen: „Als Gott das Atom schuf, da schuf er potentiell den Menschen – und mit ihm alle anderen Dimensionen des Lebens." Sie sind alle in jedem Bereich gegenwärtig, teils nur potentiell, teils (oder ganz) aktuell. Unter den Dimensionen, die aktualisiert sind, charakterisiert eine den jeweiligen Bereich, während die anderen, die auch in ihm aktualisiert sind, nur die Bedingung dafür abgeben, daß sich die bestimmende Dimension aktualisieren kann. Diese selbst ist keine Bedingung für die vorausgehenden. Das Anorganische kann aktualisiert sein ohne die gleichzeitige Aktualisierung des Organischen, aber das Umgekehrte ist nicht möglich.

Die letzte Bemerkung führt zu der Frage, ob es Wertunterschiede zwischen den verschiedenen Dimensionen gibt. Die Frage muß bejaht werden, denn das, was zu seiner Voraussetzung etwas anderes hat, dem es etwas weiteres zufügt, ist um dieses reicher. Der geschichtliche Mensch bringt die geschichtliche Dimension zu allen anderen Dimensionen hinzu, die in seinem Sein als Voraussetzung enthalten sind. Er nimmt daher wertmäßig die höchste Stelle ein, vorausgesetzt, daß das Kriterium für ein solches Werturteil die Kraft eines Individuums ist, eine größtmögliche Zahl von Potentialitäten zu aktualisieren. Das ist ein ontologisches Kriterium, gemäß der Regel, daß Werturteile auf Qualitäten der bewerteten Gegenstände beruhen müssen. Es ist ein Kriterium, daß nicht mit dem der „Vollkommenheit" verwechselt werden darf. Der Mensch ist das höchste Wesen in unserem Erfahrungsbereich, aber er ist keineswegs das vollkommenste Wesen. Die letzte Betrachtung zeigt, daß die Verwerfung der Metapher „Schicht" nicht die Leugnung von Werturteilen zur Folge hat – Werte hier als Grade der Seinsmächtigkeit verstanden.

4. Die Dimensionen des Lebens und ihre gegenseitigen Beziehungen

a) Die Dimensionen im anorganischen und organischen Bereich. – Wir haben verschiedene Bereiche der Wirklichkeit und ihr Bestimmtsein durch spezifische Dimensionen erwähnt, z. B. die anorganische, die organische, die geschichtliche. Wir müssen nun fragen, welches das Prinzip ist, nach dem man eine Dimension des Lebens als Dimension definieren kann. Als erstes muß gesagt werden: Es gibt keine bestimmte Zahl von Dimensionen, denn Dimensionen werden nach wandelbaren Kriterien bestimmt. Man ist berechtigt, von einer besonderen Dimension zu sprechen, wenn die phänomenologische Beschreibung irgendeines Gebietes der begegnenden Wirklichkeit einheitliche kategoriale und andere Strukturen aufweist. Eine phänomenologische Beschreibung gibt die Wirklichkeit so wieder, wie sie sich darbietet, bevor näher auf theoretische Erklärungen oder Ableitungen eingegangen wird. In vielen Fällen hat diejenige Begegnung zwischen Geist und Wirklichkeit, aus der die Sprache hervorgeht, den Weg zu einer späteren phänomenologischen Betrachtung vorbereitet. In anderen Fällen führt die phänomenologische Betrachtung zur Entdeckung einer neuen Dimension des Lebens oder umgekehrt zur Reduktion von zwei oder mehr der bisher aufgestellten Dimensionen auf eine. Unter diesen Gesichtspunkten können verschiedene Dimensionen des Lebens beschrieben werden, ohne daß damit endgültige Aussagen gemacht werden sollen. Vielmehr ist es die Absicht einer Erörterung der Dimensionen im Zusammenhang eines theologischen Systems, die vieldimensionale Einheit des Lebens zu zeigen und den Ursprung und die Folgen der Zweideutigkeiten aller Lebensprozesse konkret zu bestimmen.

Der besondere Charakter einer Dimension, die diesen Namen verdient, zeigt sich in der Art, wie unter ihrer Vorherrschaft die Kategorien Zeit, Raum, Kausalität und Substanz eine besondere Prägung erhalten. Die vier genannten Kategorien haben universale Gültigkeit für alles, was existiert. Aber das bedeutet nicht, daß es nur *eine* Zeit, *einen* Raum, *eine* Kausalität und *eine* Substanz gibt. Denn die Kategorien ändern ihren Charakter unter der Vorherrschaft einer jeden Dimension. Anorganischer Raum und organischer Raum sind verschiedene Räume. Psychologische Zeit und geschichtliche Zeit sind verschiedene Zeiten, und anorganische Kausalität und geistige Kausalität sind verschiedene Kausalitäten. Das bedeutet jedoch nicht, daß die Kategorien als das, was sie unter der Vorherrschaft einer niederen Dimension sind, unter der Vorherrschaft einer höheren Dimension verschwinden, vielmehr kehren sie in der Kategorie der höheren Dimension als eines ihrer Elemente wieder, z. B. geht die anorganische Substanz nicht in der organischen Substanz verloren, und die physikalische Zeit wird nicht in der geschichtlichen Zeit verneint; das gleiche gilt von Kausalität und Raum. In der geschichtlichen Zeit oder in der geschichtlichen Kausalität z. B. sind alle vorangegangenen Formen von Zeit oder Kausalität gegenwärtig, aber sie haben nicht dieselbe Funktion wie zuvor. Sie schaffen die Basis, die Geschichte überhaupt erst möglich macht, aber das Geschichtliche als solches ist nicht durch sie determiniert (die geschichtliche Kausalität ist komplexer als die physikalische Kausalität, aber die physikalische Kausalität ist nicht außer Kraft gesetzt[1]). Eine solche Betrachtungsweise gibt ein sicheres Fundament ab für die Ablehnung jeder reduktionistischen Ontologie, sei sie naturalistisch oder idealistisch.

In Übereinstimmung mit der Tradition nennen wir die anorganische die erste Dimension. Der verneinende Begriff „anorganisch" weist schon auf die Unbestimmtheit des Gebietes hin, das von diesem Begriff umfaßt wird. Es könnte vielleicht möglich und angemessen sein, mehr als eine Dimension im anorganischen Bereich zu unterscheiden, wie es z. B. früher üblich war und teils für gewisse Zwecke noch ist, die Unterteilung in Chemie und Physik vorzunehmen, obwohl die Unterscheidung zwischen ihnen immer mehr in den Hintergrund tritt und die Erkenntnis ihrer Einheit wächst. Auch gibt es Anzeichen dafür, daß sowohl vom Makrokosmos als auch vom Mikrokosmos als von speziellen Dimensionen gesprochen werden könnte. Ob jedoch das Anorganische als *ein* Bereich anzusprechen ist oder nicht – es bleibt das Faktum bestehen, daß es sich phänomenologisch von den Bereichen unterscheidet, die durch andere Dimensionen bestimmt sind.

Die religiöse Bedeutung des Anorganischen ist unermeßlich, obwohl die Theologie es bisher noch kaum beachtet hat. In den meisten theologischen Erörterungen wird der allgemeine Begriff „Natur" für die verschiedensten Dimensionen des „Natürlichen" benutzt. Dies ist einer der Gründe dafür, daß der quantitativ so riesige Bereich des Anorganischen eine so starke anti-religiöse Wirkung auf die Menschen gehabt hat – sowohl in der Antike wie in der Moderne. Eine „Theologie des Anorganischen" fehlt bis zum heutigen Tage. Nach dem Prinzip der vieldi-

---

[1] Eine ausführlichere Darstellung dieses Gedankengangs findet sich in Teil V, S. 367 ff.

mensionalen Einheit des Lebens muß das Anorganische in die vorliegende Betrachtung der Lebensprozesse und ihrer Zweideutigkeiten mit einbezogen werden. Nach der bisherigen Tradition pflegte das Problem des Anorganischen als das Problem der Materie erörtert zu werden. Der Begriff „Materie" hat eine ontologische und eine naturwissenschaftliche Bedeutung. Naturwissenschaftlich betrachtet ist Materie dasjenige, was den anorganischen Prozessen zugrunde liegt. Wenn jedoch das Ganze der Wirklichkeit auf anorganische Prozesse reduziert wird, so ist das Ergebnis eine nicht-wissenschaftliche ontologische Theorie, Materialismus oder reduktionistischer Naturalismus genannt. Die spezielle Behauptung dieser Theorie ist nicht etwa die These, daß Materie in allem Existierenden ist – das muß jede Metaphysik einschließlich aller Formen von Positivismus zugeben –, sondern daß die Materie, die wir unter der Dimension des Anorganischen antreffen, die einzige Art von Materie sei.

In der anorganischen Dimension sind die Potentialitäten in solchen Dingen aktualisiert, die der physikalischen Analyse unterworfen, bzw. in raum-zeitlichen Beziehungen gemessen werden können. Wie bereits angedeutet, haben solche Messungen ihre Grenzen im Bereich des sehr Kleinen und des sehr Großen, des Mikro- und des Makrokosmos. Hier reichen Zeit, Raum und Kausalität im physikalischen Sinne und die auf ihnen beruhende Logik nicht aus, um die Phänomene hinreichend zu beschreiben. Wenn man dem Prinzip Hegels folgt, daß unter gewissen Bedingungen Quantität in Qualität umschlägt, so kann man die Dimensionen des Subatomaren, des Astronomischen und des Dazwischenliegenden – die der alltäglichen menschlichen Begegnung mit der Wirklichkeit – unterscheiden. Wenn man jedoch den Umschlag von Quantität in Qualität verneint, so spricht man von *einer* Dimension im anorganischen Bereich und betrachtet das Gebiet der alltäglichen Begegnung mit der Wirklichkeit als einen Sonderfall des Mikro- oder des Makrokosmos.

Die spezifischen Charakteristika der Dimension des Anorganischen kommen zum Vorschein, wenn man die Charakteristika des Anorganischen mit denen der anderen Dimensionen vergleicht. Vor allem werden diese Charakteristika in ihrer Beziehung zu den Kategorien (vgl. die Kategorienlehre im fünften Teil) und zu den allgemeinen Lebensprozessen deutlich. Das Anorganische hat eine bevorzugte Stellung unter den Dimensionen, insofern es die erste Bedingung für die Aktualisierung jeder anderen Dimension ist. Darum würden alle anderen Seinsgebiete sich auflösen, wenn ihre erste Bedingung, nämlich die Konstellation anorganischer Strukturen, verschwände – biblisch ausgedrückt

„ . . . daß du wieder zu Erde werdest, davon du genommen bist."
(Gen. 3, 19). Diese Tatsache ist auch der Grund für Theorien wie den
oben erwähnten „reduktionistischen Naturalismus" oder den „reduktionistischen Materialismus", die Materie mit anorganischer Materie
identifizieren. Materialismus im eben geschilderten Sinne ist eine „Ontologie des Todes."

Die Dimension des Organischen ist für jede Philosophie des Lebens
von so zentraler Wichtigkeit, daß schon rein sprachlich die fundamen-
tale Bedeutung von „Leben" *organisches* Leben ist. Aber „organisches
Leben" umfaßt noch deutlicher als der anorganische Bereich mehrere
Dimensionen. Der strukturelle Unterschied zwischen einem typischen
Exemplar des vegetativen und einem solchen des animalischen Bereichs
macht es ratsam, trotz der Unbestimmtheit der Grenzen im organischen
Bereich zwei Dimensionen zu unterscheiden. Eine solche Unterscheidung ist berechtigt, weil in dem Bereich, der durch die animalische
Dimension bestimmt ist, eine andere Dimension zur Erscheinung
kommt – die Dimension des Bewußtseins, einschließlich seines ihm zu-
geordneten Elements des Unbewußten oder kurz: des Psychischen. Die
organische Dimension ist durch Gestalten charakterisiert, die auf sich
selbst bezogen sind, sich selbst zu erhalten suchen, über sich hinauswach-
sen und sich fortpflanzen.

Das theologische Problem, das sich aus den Unterschieden zwischen
der organischen und der anorganischen Dimension ergibt, wurde durch
die Evolutionstheorie und durch die ungerechtfertigten Angriffe der
traditionellen Theologie auf sie akut. Der strittige Punkt ist nicht nur
das Problem, wie der Übergang vom Anorganischen zum Organischen
zu denken sei, sondern auch die Frage, was für eine Bedeutung die Evo-
lutionslehre für die Lehre vom Menschen hat. Einige Theologen benutzten unser Unwissen über die Entstehung des Organischen aus dem Anorganischen als Grundlage eines Beweises für die Existenz Gottes. Sie
behaupteten, die Entstehung der „ersten Zelle" könne nur durch ein
spezielles Eingreifen Gottes verständlich gemacht werden. Die Biologie
muß eine solche Erklärung, die mit supranaturaler Kausalität arbeitet,
naturgemäß ablehnen. Sie versucht, unsere Erkenntnis von der Entstehung organischen Lebens und ihrer Bedingungen immer mehr zu erweitern, und dieser Versuch hat zweifellos große Erfolge erzielt. Die
Frage nach dem Ursprung der Arten ist schwerwiegender. Hier geraten
zwei Auffassungen miteinander in Widerspruch: die aristotelische und
die evolutionistische. Die erste betont die Ewigkeit der Arten, nämlich
in ihrer Potentialität *(dynamis)*, die zweite betont die Bedingungen, die
zu ihrer Entstehung geführt haben, nämlich in ihrer Aktualität *(ener-*

geia). Der Widerspruch der beiden Auffassungen löst sich auf, wenn
man sagt: Die Dimension des Organischen ist potentiell im Anorganischen gegenwärtig; wann sie sich aktualisiert, hängt von einer Konstellation von Bedingungen ab. Es ist die Aufgabe der Biologie und der
Biochemie, diese Bedingungen aufzufinden.

Eine ähnliche Lösung kann für ein weiteres Problem gefunden werden: das Problem des Übergangs von der vegetativen zur animalischen
Dimension, speziell des Phänomens des Psychischen im Individuum.
Auch hier hilft uns für die Lösung des Problems die Unterscheidung von
potentiell und aktuell. Potentiell ist das Psychische in jeder Dimension
gegenwärtig, aktuell erscheint es erst in der animalischen Dimension.
Man hat versucht, das Psychische auch im vegetativen Bereich aufzufinden, aber sein Vorhandensein kann hier weder verneint noch bejaht
werden, da es auf keine Weise verifiziert werden kann, weder durch
intuitives Teilhaben noch durch Analogieschlüsse auf Grund von Erfahrungen, die der Mensch in sich selber findet. Im Hinblick auf diesen
Sachverhalt ist es klüger, das Psychische nur auf die Bereiche anzuwenden, wo Analogieschlüsse es im hohen Grad wahrscheinlich machen und
eine starke Einfühlung möglich ist, z. B. bei höheren Tieren.

Unter besonderen Bedingungen bringt die Dimension des Psychischen
eine weitere Dimension zur Verwirklichung, die des Geistigen. Soweit
die menschliche Erfahrung reicht, ist dies nur im Menschen geschehen.
Die Frage, ob sich das Geistige noch an irgendeiner anderen Stelle im
Universum aktualisiert hat, kann bis jetzt weder positiv noch negativ
beantwortet werden[1].

b) Der Geist als eine Dimension des Lebens. – In den semitischen und
den indogermanischen Sprachen gehen die Worte für „Geist" auf ein
Wort für „Atem" zurück. Es war die Erfahrung des Atmens, besonders
aber das Erlöschen des Atmens beim Tode, die die Menschen zu der
Frage trieb: Was hält das Lebendige am Leben? Und die Antwort lautete: ·der Atem. Wo Atem ist, da ist Lebenskraft. Wo Atem aufhört,
da erlischt das Leben.

Als die Kraft des Lebens darf der Geist nicht mit dem anorganischen
Substrat, das durch ihn beseelt wird, identifiziert werden. Er ist vielmehr die Macht der Beseelung selbst und nicht ein Teil, der dem anorganischen System hinzugefügt wird. Trotzdem gab es philosophische
Entwicklungen, verbunden mit mystischen und asketischen Tendenzen

---

[1] Auf die theologische Bedeutung dieses Problems habe ich in Bd. II,
S. 105 f. aufmerksam gemacht.

der Spätantike, die Geist und Körper trennten. In der Moderne erreichten diese Entwicklungen ihren Höhepunkt bei Descartes und vor allem im englischen Empirismus. In ihm wurde das Wort „spirit" durch das Wort „mind" ersetzt, und das Wort „mind" erhielt mehr und mehr die Bedeutung von Intellekt. In diesem Prozeß verschwand das Element der Kraft, das mit dem ursprünglichen Geist-Begriff verbunden war, und schließlich wurde das Wort für Geist (spirit) selbst aufgegeben. Man kann es in der gegenwärtigen Diskussion im englischen Sprachbereich kaum mehr gebrauchen. Trotz verschiedener Versuche, es wieder einzuführen, kann es sich nicht mehr gegen das Wort „mind" durchsetzen. Unter diesen Umständen ist es kaum möglich, das Wort „spirit" im anthropologischen Sinn wieder einzuführen. Nur in der religiösen Sphäre wird das Wort gebraucht, dann aber mit einem großen „S" geschrieben und bedeutet „Geist Gottes". Das ist interessant, weil es zeigt, daß es unmöglich ist, den göttlichen Geist des Elementes der Kraft zu berauben – der göttliche Geist ist schöpferisch. Der Satz „Gott ist Geist" kann im Englischen weder durch den Satz „God is mind" noch „God is intellect" wiedergegeben werden.

In allen modernen Sprachen besteht die theologische Notwendigkeit, Geist als eine Dimension des Lebens neu zu verstehen, denn jeder religiöse Ausdruck ist ein Symbol, das Material aus der gewöhnlichen Erfahrung verwendet; und das Symbol kann nicht verstanden werden, wenn man das Symbol-Material nicht versteht. (Das Symbol „Vater", angewandt auf Gott, ist ohne Sinn für jemanden, der nicht weiß, was Vater bedeutet.) Es ist nicht unwahrscheinlich, daß das Symbol „Heiliger Geist" wenigstens zum Teil deswegen aus dem lebendigen Bewußtsein der Christenheit verschwunden ist, weil man nicht mehr versteht, was menschlicher Geist ist.

Aber es gibt andere Ursachen für die Schwierigkeiten im Gebrauch des Wortes „Geist". Wenn man z. B. vom Geist einer Nation oder vom Geist einer Gesetzgebung oder vom Geist eines Kunststils spricht, meint man den essentiellen Charakter dessen, was in diesen Manifestationen ausgedrückt ist. Die Beziehung auf seinen ursprünglichen Sinn, die das Wort „Geist" hier hat, beruht auf der Tatsache, daß es sich in diesen Fällen um eine Selbstmanifestation menschlicher Gruppen handelt und eine solche immer von der Dimension des Geistes und seinen verschiedenen Funktionen bedingt ist.

Eine Verwirrung stiftet der Gebrauch des Wortes Geist, wenn man von einer „geistigen Welt" spricht, besonders wenn man dabei an etwas wie die platonische Ideenwelt denkt. Hier aber muß scharf unterschieden werden: das Leben in der Welt der Ideen ist geistiges Leben, aber die Welt der Ideen kann nicht „geistige Welt" genannt werden. Sie ist „essentielle Welt" oder „Wesens-Welt", die Ideen sind Potentialitäten des Lebens, aber nicht selber Leben, während der Geist eine Dimension des Lebens ist. Mythisch gesprochen könnte man sagen, daß es im Paradies der träumenden Unschuld potentiell, aber nicht aktuell Geist gibt. Adam vor dem Fall ist potentiell, aber nicht aktuell geistig (und geschichtlich).

Eine weitere Quelle semantischer Verwirrung ist der Gebrauch der Worte „Geist" und „Geister" für individuelle körperlose Wesen. Er ist deshalb irreführend, weil eine solche Bezeichnung die Existenz eines Geist-Bereichs voraussetzt, der von den übrigen Bereichen des Lebens getrennt ist. Der Geist wird dann eine Art anorganischer Materie und verliert seinen Charakter als eine Dimension des Lebens, die potentiell oder aktuell in allem Leben gegenwärtig ist. Diese Problematik wird deutlich bei den sogenannten „spiritistischen" Gruppen, die den Versuch machen, mit den „Geistern" der Verstorbenen in Verbindung zu treten und sie zu physikalischen Äußerungen zu veranlassen (Geräusche, Worte, körperliche Bewegungen und visuelle Erscheinungen). Wer behauptet, solche Erfahrungen gemacht zu haben, schreibt „Geistern" die Möglichkeit physikalischer Kausalität zu. Die Art, in der ihre Manifestationen beschrieben werden, postuliert eine veränderte psychophysische Existenz menschlicher Wesen nach ihrem Tod. Wenn es jedoch eine solche Existenz gäbe, wäre sie weder im religiösen Sinne geistbestimmt, noch hätte sie etwas mit dem zu tun, was das Christentum „Ewiges Leben" nennt. Genau wie die Frage der „übersinnlichen Wahrnehmung" sind die spiritistischen Phänomene eine Sache empirischer Forschung, deren Ergebnis – ob es positiv oder negativ ausfällt – keinerlei Bedeutung für das Problem des menschlichen Geistes und seines Verhältnisses zum göttlichen Geist hat.

Es ist interessant, daß in der englischen Sprache das Wort „spirited" den Sinn von lebendig, vital, kraftvoll usw. erhalten hat, der in dem Wort „spirit" liegt. Es wird gebraucht, um Platos Begriff des *thymoeides* zu übersetzen, einer Funktion der Seele, die zwischen Rationalität und Sensualität liegt und der Tugend des Mutes entspricht, die ihrerseits die Aristokratie des Schwertes charakterisiert. In alledem zeigt sich, daß Geist und Kraft nicht im Gegensatz zueinander stehen, sondern daß Kraft eines der beiden Elemente des Geistes ist – das andere ist „Leben im Sinn".

Da die Dimension des Geistes für uns nur im Menschen erscheint, ist es notwendig, den Begriff Geist mit anderen Begriffen zu vergleichen, die in der Lehre vom Menschen gebraucht werden, vor allem mit den Begriffen „Seele" und „Vernunft". Das Wort Seele hat ein ähnliches Geschick erlitten wie das Wort „spirit" im Englischen. Das gilt vor allen Dingen in der Psychologie, d. h. der Wissenschaft von der Seele. Die moderne Psychologie ist eine „Psychologie ohne Seele". Einer der Gründe für den Verlust des Seelenbegriffs ist die Ablehnung der Idee einer unsterblichen Seelensubstanz in der Erkenntnistheorie seit Hume und Kant. Jedoch ist das Wort Seele in der Dichtung und im täglichen Leben gebräuchlich geblieben und bezeichnet oft den Sitz der Gefühle und der Leidenschaften. In der heutigen Lehre vom Menschen werden viele der Phänomene, die früher der Seele zugeschrieben wurden, in der Persönlichkeits-Psychologie behandelt. Jedenfalls muß man sagen, daß das Wort Seele, während es noch in der liturgischen, biblischen und dichterischen Sprache seinen Platz hat, seinen Nutzen für die allgemeine wie auch für die theologische Beschreibung des Menschen verloren hat.

Der Begriff der Vernunft ist im ersten Teil des Systems in dem Teil „Vernunft und Offenbarung" ausführlich behandelt worden. Dort wurde der Unterschied zwischen technischer oder formaler und ontologischer Vernunft betont. Hier handelt es sich um die Frage nach dem Verhältnis beider Bedeutungen von Vernunft zum Geist. Vernunft im Sinne von *logos* ist die sinnvolle Form, nach der die Wirklichkeit in all ihren Dimensionen und der Geist in all seinen Funktionen strukturiert sind. Es gibt Vernunft in der Bewegung eines Elektrons wie in den ersten Worten eines Kindes, wie in jeder Schöpfung des Geistes. Der Geist als eine Dimension des Lebens umfaßt mehr als Vernunft. Er umfaßt *eros*, Leidenschaft, Gefühl, aber ohne Vernunftstruktur wäre er nicht fähig, irgend etwas zu schaffen. Vernunft im Sinne der technischen Vernunft, z. B. im Sinne wissenschaftlicher Beweisführung, ist eine der Fähigkeiten des menschlichen Geistes in der kognitiven Sphäre. Sie ist ein Werkzeug für die wissenschaftliche Analyse und die technische Beherrschung der Wirklichkeit.

Obgleich diese semantischen Erwägungen keineswegs vollständig sind, können sie hier genügen, um auf den Gebrauch gewisser zentraler Begriffe in den folgenden Kapiteln vorzubereiten und um – ob durch Zustimmung oder Widerspruch – größere Exaktheit im Gebrauch anthropologischer Begriff in theologischen Gedankengängen zu bewirken.

c) *Die Dimension des Geistes in ihrem Verhältnis zu den vorausgehenden Dimensionen.* – Zwei Fragen müssen zunächst behandelt werden. Die erste bezieht sich auf das Verhältnis des Geistes zu der psychischen und der biologischen Dimension, die zweite betrifft die Dimension, die der Dimension des Geistes in der Reihe der Verwirklichungen folgt: die geschichtliche Dimension. An dieser Stelle kann die geschichtliche Dimension nur vorläufig behandelt werden. Die ausführliche Betrachtung kann erst im letzten Teil des Systems erfolgen, in dem Abschnitt „Geschichte und Reich Gottes". Hier müssen wir vor allem auf die erste Frage eingehen: das Verhältnis des Geistes zur Dimension des Psychischen.

Das Auftreten einer neuen Dimension des Lebens hängt von einer bestimmten Konstellation von Bedingungen in der vorausgehenden Dimension ab. Eine bestimmte Konstellation von Bedingungen ermöglicht, daß im Anorganischen das Organische erscheint. Und eine bestimmte Konstellation von Bedingungen ermöglicht, daß im Organischen die Dimension des Psychischen sich aktualisiert. Auf die gleiche Weise ermöglichen bestimmte Konstellationen, daß die Dimension des Geistes sich aktualisiert. Die Ausdrücke „ermöglichen" und „Konstellation von Bedingungen" für das Aktuell-werden einer Dimension sind entscheidend in diesen Ausführungen. Die Frage ist nicht, wie die Bedingungen zustande gekommen sind – das ist eine Sache des Zusammenwirkens von Freiheit und Schicksal unter dem lenkenden Schaffen Gottes, d. h. der göttlichen Vorsehung. Die Frage ist vielmehr, wie die Aktualisierung des Potentiellen aus der besonderen Konstellation von Bedingungen erfolgt.

Um diese Frage zu beantworten, müssen wir die geschichtliche Dimension vorwegnehmend erörtern. Diese letzte und allumfassende Dimension des Lebens kommt nur im Menschen zu ihrer vollen Aktualisierung. Im Menschen als dem Träger des Geistes sind die Bedingungen für sie geschaffen. Aber die Dimension des Geschichtlichen zeigt sich in allen Bereichen des Lebens – wenn auch unter der Vorherrschaft anderer Dimensionen. Dieser universale Charakter der Dimension des Geschichtlichen ist es, der in der Lebens- und Prozeßphilosophie dazu geführt hat, die Kategorie des „Werdens" zum höchsten ontologischen Rang zu erheben. Aber man muß daran festhalten, daß der Anspruch auf diesen Rang allein der Kategorie des Seins zukommt, denn während das „Werden" relatives Nicht-Sein *(me on)* einschließt und zugleich überwindet, ist das Sein als solches die Verneinung des absoluten Nicht-Seins *(ouk on)*. Wenn diese Behauptung vorgegeben ist, kann man einräumen, daß „Werden" und „Prozeß" universale Qualitäten des Lebens sind. Fraglich bleibt jedoch, ob die Worte „Werden" und „Prozeß" ausreichen, um die vorwärtstreibende Kraft des Lebens als ganzem auszudrücken. Sie bringen etwas nicht zum Ausdruck, wodurch alles Leben charakterisiert ist, nämlich die Schaffung des Neuen. Und gerade dies ist machtvoll gegenwärtig in der geschichtlichen Dimension, die in jedem Bereich des Lebens – wenn auch oft unterdrückt – aktuell ist, denn die geschichtliche Dimension ist diejenige, unter deren Vorherrschaft das Neue geschaffen wird.

Nach dieser vorläufigen Bemerkung über die geschichtliche Dimension wenden wir uns der Beantwortung der gestellten Frage zu: Die Aktualisierung einer Dimension ist ein Ereignis in der Geschichte des Universums, aber es ist kein Ereignis, das auf einen bestimmten Punkt in Raum und Zeit festgelegt werden kann. In langen Zeiten des Übergangs haben die Dimensionen innerhalb eines Bereiches – metaphorisch gesprochen – miteinander gerungen. Ganz offensichtlich gilt das für den Übergang vom Anorganischen zum Organischen, vom Pflanzlichen zum Tierischen, vom Biologischen zum Psychischen. Und es gilt ebenso für den Übergang vom Psychischen zum Geistigen. Wenn wir den Menschen als den Organismus definieren, in dem die Dimension des Geistes vorherrscht, können wir keinen bestimmten Punkt aufweisen, an dem der Mensch auf der Erde erschienen ist. Es ist sehr wahrscheinlich, daß lange Zeit sich der Kampf der Dimensionen in Tierkörpern abgespielt hat, die anatomisch und physiologisch dem uns bekannten geschichtlichen Menschen ähnlich waren, bis schließlich die Bedingungen für jenen Sprung gegeben waren, der die Herrschaft der Dimension des Geistes begründete. Aber wir müssen noch einen Schritt weitergehen. Der gleiche Kampf der Dimensionen, der schließlich die scharfe Trennung zwischen Lebewesen, die Sprache haben, und solchen, die keine haben, schuf, geht auch heute noch weiter. In jedem menschlichen Wesen spielt er sich ab als der immerwährende Kampf um die Vorherrschaft des Geistes. Aber der Mensch kann nicht „nicht Mensch" sein, wie das Tier nicht „nicht Tier" sein kann. Der Mensch kann bis zu einem gewissen Grade jenen schöpferischen Akt verfehlen, in dem die Vorherrschaft des Psychischen durch die Vorherrschaft des Geistes besiegt wird. Wie wir sehen werden, ist dies das Problem des moralischen Aktes.

Diese Betrachtungen führen folgerichtig zur Ablehnung der Lehre, nach der Gott an einer bestimmten Stelle des Entwicklungsprozesses einem sonst vollkommen ausgebildeten menschlichen Körper eine „unsterbliche Seele" hinzufügte und ihn mit dieser Seele zum Träger des Geistes machte. Dieser Gedanke und verbunden mit ihm die Metapher „Schicht" und eine entsprechende supranaturalistische Lehre vom Menschen zerreißen die vieldimensionale Einheit des Lebens, vor allem die Einheit des Psychischen und des Geistigen, und machen damit eine Psychologie der Persönlichkeit unmöglich. Anstatt den Geist von dem ihn bedingenden psychischen Bereich zu trennen, sollten wir versuchen, den Vorgang zu beschreiben, durch den der Geist aus einer Konstellation bedingender psychischer Faktoren hervorgeht. Jeder Akt des Geistes gründet sich auf ein vorgegebenes psychisches Material und setzt einen Sprung voraus, der nur für ein völlig zentriertes Selbst möglich ist, und das heißt für ein Wesen, das frei ist.

Das Verhältnis des Geistes zum psychisch vorgegebenen Material läßt sich sowohl im Erkenntnisakt als auch im moralischen Akt beobachten. Jeder geistige Akt, dessen Ziel Erkenntnis ist, beruht auf Sinneseindrücken, auf bewußt und unbewußt bejahten wissenschaftlichen Traditionen und Erfahrungen, auf unbewußten und bewußten autoritären Einflüssen, auf Willens- und Gefühlselementen, die immer gegenwärtig sind. Ohne dieses Material würde das Denken ohne Inhalt sein. Um aber dieses Material in Erkenntnis umzusetzen, muß Verschiedenes mit ihm vorgenommen werden. Das Material muß geordnet, einiges ausgeschieden, anderes hinzugenommen werden, und es muß nach den Regeln methodischer Kriterien und der Logik verknüpft und bereinigt werden. Dies alles wird vom Zentrum der Person geleistet, das keineswegs mit irgendeinem einzelnen psychischen Element identisch ist. Erst die Freiheit des Zentrums von dem psychischen Material macht den Erkenntnisakt möglich. Ein solcher Akt ist eine Manifestation des Geistes. Wir sagten, daß das Person-Zentrum weder mit irgendeinem der psychischen Elemente identisch, noch daß es ein weiteres, zu ihnen hinzukommendes Element ist. Wäre das der Fall, dann würde das Person-Zentrum selbst zum psychischen Material gehören und könnte nicht der Träger des Geistes sein. Aber andrerseits steht das Person-Zentrum dem psychischen Material nicht fremd gegenüber. Es ist *sein* Zentrum, aber erhoben in die Dimension des Geistes. Im Bereich der höheren Tiere ist das psychische Zentrum ein im Gleichgewicht befindliches organisches Ganzes, das von der äußeren Situation abhängt, aber nicht mechanisch, sondern spontan auf sie reagiert. In einem Lebensprozeß, der von der Dimension des Geistes beherrscht ist, trägt das Psychische seinen eigenen Inhalt zu der Ganzheit des Person-Zentrums bei. Diesen eignet sich das Person-Zentrum durch Überlegung und Entscheidung an. In diesem Vorgang aktualisiert es seine eigenen Potentialitäten, und indem es das tut, transzendiert es sich selbst. Diesem Phänomen kann man in jedem Erkenntnisakt begegnen.

Dieselbe Situation liegt beim moralischen Akt vor. Auch hier ist eine Menge psychischen Materials im psychischen Zentrum geeint; Triebe, Neigungen, Wünsche, mehr oder weniger zwanghafte Neigungen, sittliche Erfahrungen, ethische Traditionen und autoritäre Einflüsse, Beziehungen zu anderen Menschen und soziale Bedingungen. Der moralische Akt ist aber nicht die „Resultante" der einzelnen sich gegenseitig begrenzenden Vektoren. Das zentrierte Selbst ist es, das sich als ein personales Selbst manifestiert und die einzelnen Elemente unterscheidet, voneinander trennt, verwirft oder auswählt und miteinander verbindet und auf diese Weise sie alle transzendiert. Der Akt, oder genauer, der ganze Komplex der Akte, in dem sich das ereignet, hat den Charakter der Freiheit – Freiheit nicht in dem falschen Sinn eines indeterminierten Willküraktes, sondern im Sinne einer Ganzheits-Reaktion eines zentrierten Selbst, das abwägt und entscheidet. Solche Freiheit ist mit Schicksal verbunden, und zwar in der Weise, daß das psychische Material, das in den moralischen Akt einbezogen ist, den Pol des Schicksals repräsentiert, während das abwägende und entscheidende Selbst den Pol der Freiheit repräsentiert – Schicksal und Freiheit hier im Sinne der ontologischen Polarität verstanden[1].

Diese Beschreibung geistiger Akte widerlegt zwei falsche Auffassungen: erstens die dualistische Gegenüberstellung von Geistigem und Psychischem und zweitens die Reduktion des Geistigen auf einen psychischen Reaktionsmechanismus. Das Prinzip der vieldimensionalen Einheit verlangt die Ablehnung sowohl des Dualismus als auch des psychologistischen und biologistischen Monismus. Nietzsche drückt im Zarathustra die innere Dialektik im Verhältnis des Geistes zu den vorausgehenden Dimensionen des Lebens aus, wenn er vom Geist sagt: „Geist ist Leben, das selber ins Leben schneidet; an der eignen Qual mehrt es sich das eigne Wissen."

d) Normen und Werte in der Dimension des Geistes. – Als wir das Verhältnis des Geistes zu seinen psychischen Voraussetzungen erörterten, haben wir mehrfach das Wort „Freiheit" gebraucht. Es beschrieb die Weise, in der der Geist sich gegenüber dem psychischen Material verhält. Solche Freiheit ist nur möglich, weil es Normen gibt, denen sich der Geist unterwirft. Er unterwirft sich ihnen, um frei zu sein – frei innerhalb der Grenzen, die ihm durch das psychische und biologische Schicksal gesetzt sind. Freiheit und Unterwerfung unter gültige Normen sind ein und dasselbe. Daraus erwächst die Frage: Was ist der Ursprung dieser Normen?

Auf diese Frage können drei Antworten gegeben werden. Jede von

---

[1] Vgl. Bd. I, S. 214 ff.

ihnen hat in Vergangenheit und Gegenwart eine Rolle gespielt. Es sind die Antworten des Pragmatismus, der Wertphilosophie und der Ontologie. Wenn sie sich in mancher Hinsicht auch widersprechen, schließen sie sich doch nicht gegenseitig aus. Jede leistet einen wichtigen Beitrag zur Lösung des Problems, aber die ontologische Antwort ist die entscheidende und kehrt in den beiden anderen Antworten wieder, ganz gleich, ob die Vertreter dieser Antworten darum wissen oder nicht. Nach der pragmatischen Theorie über die Herkunft der Normen hat das Leben seinen Maßstab in sich selbst. Es braucht sich nicht zu transzendieren, um über sich zu urteilen. Die Normen des Geistes sind dem Leben des Geistes immanent. Diese Auffassung stimmt mit unserer Lehre von der vieldimensionalen Einheit des Lebens und mit unserer Ablehnung der Metapher „Schicht" insofern überein, als auch nach dieser Lehre die Normen des Lebens nicht von außerhalb des Lebens stammen. Aber der Pragmatismus ist nicht in der Lage zu zeigen, wie einzelne Lebensmöglichkeiten Norm für das Ganze des Lebens werden können. Wo immer die pragmatische Methode auf ethische, politische oder ästhetische Phänomene angewandt wird, wählt sie Normen aus, deren Auswahl von höheren und schließlich höchsten Normen bestimmt wird. Wo dieser letzte Punkt erreicht wird, ist uneingestanden die pragmatische Methode verlassen und durch ein ontologisches Prinzip ersetzt, das keiner pragmatischen Beurteilung unterworfen werden kann, weil es selbst die Norm alles Urteilens ist.

Diese Situation ist von der Wertphilosophie klar erkannt worden. Die Wertphilosophie spielt im gegenwärtigen philosophischen Denken eine große Rolle und hat das nicht-philosophische und sogar das populäre Denken stark beeinflußt. Ihr großes Verdienst besteht darin, daß sie die Gültigkeit der Normen gerettet hat, ohne dabei Zuflucht zu einer heteronomen Theologie oder einer Art von Metaphysik zu nehmen, deren Zusammenbruch es gerade war, der die Wertphilosophie hervorgerufen hat (beispielsweise bei Männern wie Lotze, Ritschl, den Neukantianern u. a.). Sie wollten – im Gegensatz zum pragmatischen Relativismus – objektive Geltung retten, aber ohne in metaphysischen Absolutismus zu verfallen. In ihren Wert-Hierarchien versuchten sie, Normen für eine Gesellschaft aufzustellen, die ohne *geheiligte* Hierarchien waren. Aber sie konnten dabei die Frage nicht beantworten: Auf welcher Grundlage dürfen die Werte den Anspruch erheben, Maßstäbe für das Leben abzugeben? Welches ist ihre Bedeutung für die Lebensprozesse in der Dimension des Geistes, in der sie Gültigkeit beanspruchen? Warum soll sich das Leben, das der Träger des Geistes ist, überhaupt nach ihnen richten? Welches ist das Verhältnis des Sein-

Sollens zum Sein? Diese Fragen haben einige Wertphilosophen veranlaßt, sich erneut dem ontologischen Problem zuzuwenden.

Die pragmatische Lösung muß in neuer Form wieder aufgenommen werden: Es ist richtig, daß die Normen für das Leben im Bereich des Geistes aus dem Leben selber stammen müssen – sonst könnten sie für das Leben keine Bedeutung haben; aber das Leben ist zweideutig, weil es essentielle und existentielle Elemente in sich vereinigt. Das Essentielle – im Menschen und in seiner Welt – ist der Ursprung, aus dem die Normen für das Leben im Bereich des Geistes stammen. Die essentielle Natur des Seienden, die *logos*-bestimmte Struktur der Wirklichkeit – wie die Stoa und das Christentum sie nennen würden – ist der „Himmel der Werte", von dem die Wertphilosophie spricht. Wenn diese Auffassung akzeptiert und die ontologische Antwort neu formuliert wird, erhebt sich jedoch die Frage: Wie können wir diesen „Werte-Himmel" erreichen, wie können wir etwas über die *Logos*-Struktur des Seins, über die essentielle Natur des Menschen und seiner Welt wissen, da wir sie nur durch ihre zweideutigen Manifestationen, durch jene Mischung von Essentiellem und Existentiellem, die wir Leben nennen, kennen? Die Manifestationen sind zweideutig, weil sie nicht nur enthüllen, sondern gleichzeitig auch verhüllen. Es gibt keinen geraden und sicheren Weg, auf dem man zu den Normen des Handelns im Bereich des Geistes gelangen könnte. Die Sphäre des Essentiellen ist teils sichtbar, teils verborgen. Deshalb ist die Anwendung einer Norm auf eine konkrete Situation im Bereich des Geistes stets ein Wagnis. Sie erfordert Mut und Bereitschaft, ein mögliches Scheitern auf sich zu nehmen. Der Wagnis-Charakter des Lebens in seinen schöpferischen Funktionen bewahrheitet sich auch in der Dimension des Geistes – in der Moralität, der Kultur und der Religion.

B

DIE SELBST-AKTUALISIERUNG DES LEBENS UND IHRE ZWEIDEUTIGKEITEN[1]

Grundlegende Betrachtung: Die Hauptfunktionen des Lebens und ihre Zweideutigkeit.

Leben wurde als Aktualisierung potentiellen Seins definiert. In jedem Lebensprozeß findet solche Aktualisierung statt. Die Ausdrücke „Akt", „Aktion", „aktuell" (abgeleitet vom lateinischen *agere*) beschreiben ein Herausgehen aus einem Zentrum. Aber dieses Herausgehen geschieht so, daß das Zentrum dabei nicht verloren wird. Das Gleichbleiben-mit-sich-selbst (Selbst-Identität) bleibt in dem Herausgehen-aus-sich-selbst (Selbst-Veränderung) erhalten. Infolgedessen kann man von einem dritten Schritt im Lebensprozeß reden, nämlich der Rückkehr-zu-sich-selbst. Wir unterscheiden also drei Elemente im Lebensprozeß: Selbst-Identität, Selbst-Veränderung und Rückkehr-zu-sich-selbst. Nur durch diese drei Schritte wird in dem Prozeß, den wir Leben nennen, Potentialität zu Aktualität.

In diesem Charakter der Lebensprozesse drückt sich auch die erste Funktion alles Lebens aus, die „Selbst-Integration". In der Selbst-Integration wird das Zentrum des Selbst etabliert, zum Aus-sich-Herausgehen getrieben und hineingezogen in die Selbst-Veränderung, dann wieder zurückgeholt, aber bereichert mit den Inhalten, die durch die Selbst-Veränderung hinzugewonnen wurden.

Zentriertheit gehört zu jedem Lebensprozeß, und zwar in doppelter Hinsicht: als Gegebenes und als Aufgegebenes. Die Bewegung, in der die Zentriertheit aktualisiert wird, haben wir „Selbst-Integration des Lebens" genannt. Die Vorsilbe „Selbst" bedeutet, daß es das Leben selbst ist, das in jedem Prozeß der Selbst-Integration auf Zentriertheit hinarbeitet. Es gibt nichts außerhalb des Lebens, das die Ursache der Bewegung – weg vom Zentrum zur Selbst-Veränderung und zurück zum Zentrum – wäre. Es ist das Wesen des Lebens selbst, das sich in der Funktion der Selbst-Integration in jedem einzelnen Lebensprozeß ausdrückt.

Aber der Prozeß der Aktualisierung enthält nicht nur die Funktion

---

[1] Das entsprechende englische Wort *ambiguity* betont mehr die grundsätzliche und bleibende Problematik einer Sache als das deutsche Wort „Zweideutigkeit". (D. Hrsg.)

der Selbst-Integration, der Kreisbewegung des Lebens von einem Zentrum weg und wieder zu ihm zurück, sondern auch die Funktion der Hervorbringung neuer Zentren, d. h. die Funktion des Sich-Schaffens. In ihr schreitet die Bewegung der Aktualisierung des Potentiellen (die Bewegung des Lebens) in horizontaler Richtung weiter. Auch in ihr sind Selbst-Identität und Selbst-Veränderung wirksam, aber unter der Vorherrschaft der Selbst-Veränderung. Das Leben drängt auf das Neue hin. Das ist nicht ohne Zentriertheit möglich, aber es geschieht, indem das individuelle Zentrum überschritten wird. Es ist das Prinzip des Wachstums, das die Funktion des Sich-Schaffens bestimmt – Wachstum einerseits in der Kreisbewegung eines selbstzentrierten Wesens und andrerseits in der Schöpfung eines neuen Zentrums außerhalb dieses Zirkels.

Das Wort „Schöpfung" ist eines der großen Symbolworte, das die Beziehung Gottes zum Universum beschreibt. Die moderne Sprache hat die Worte „schöpferisch", „schöpferische Kraft" und sogar „Schöpfung" auch auf den Menschen und auf nicht-menschliche Wesen, ihre Handlungen und ihre Produkte angewandt. Und es ist daher folgerichtig, ganz allgemein von der selbst-schöpferischen Funktion des Lebens zu sprechen. Allerdings ist das Leben nicht in einem absoluten Sinne selbst-schöpferisch. Der schöpferische Grund, aus dem es kommt, ist immer vorausgesetzt. Und doch können wir von der göttlichen Schöpfung nur sprechen, weil schöpferische Kraft auch in uns ist – sowie wir vom göttlichen Geist nur sprechen können, weil wir selbst Geist haben.

Die dritte Richtung, in der die Aktualisierung des Potentiellen sich bewegt, ist im Gegensatz zur zirkulären und horizontalen die vertikale Richtung. Die Metapher „vertikal" bezeichnet die Funktion des Lebens, die wir die selbst-transzendierende Funktion nennen können. An sich könnte der Ausdruck „Selbst-Transzendierung" auch für die beiden anderen Funktionen gebraucht werden: Jede Selbst-Integration – die Bewegung von der Identität weg durch die Veränderung hindurch und zurück zur Identität – ist eine Art von Selbst-Transzendierung, und in jedem Wachstumsprozeß transzendiert ein späteres Stadium ein früheres in horizontaler Richtung. Aber in beiden Fällen bleibt die Selbst-Transzendierung innerhalb der Grenzen des endlichen Lebens. Eine endliche Situation wird von einer anderen endlichen Situation transzendiert, aber das endliche Leben an sich ist nicht transzendiert. Deshalb ist es angemessener, den Ausdruck „Selbst-Transzendierung" auf jene Lebensfunktion zu beschränken, in der das Leben über sich als endliches Leben hinaustreibt. Das Leben ist *Selbst*-Transzendierung, weil es nicht durch etwas ihm Fremdes, das nicht Leben ist, transzendiert wird. Das Leben ist durch die ihm eigene Natur beides: Es ist *in* sich und *über* sich hinaus, und diese Situation wird offenbar in der Funktion der Selbst-Transzendierung. Diese Erhebung des Lebens über sich selbst wird nur in der Dimension des Geistes sichtbar, und zwar als die Erfahrung des „Heiligen". Als Analogie dazu findet sich in den nicht-menschlichen Bereichen der Drang des Lebens zu seiner höchstmöglichen Sublimierung. Zusammenfassend können wir sagen: In dem Prozeß der Aktualisierung vom Potentiellen zum Aktuellen, den wir Leben nennen, unterscheiden wir drei Funktionen: Selbst-Integration unter dem Prinzip der Zentriertheit; das Sich-Schaffen unter dem Prinzip des Wachstums; Selbst-Transzendierung unter dem Prinzip des Heiligen. Die fundamentale Struktur der Selbst-Identität und der Selbst-Veränderung ist in jeder Funktion wirksam, und jede Funktion ist abhängig von den Grundpolaritäten des Seins: die Selbst-Integration von der Polarität „Individualisation und Partizipation", das Sich-Schaffen von der Polarität „Dynamik und Form" und die Selbst-Transzendierung von der Polarität „Freiheit und Schicksal". Und die Struktur der Selbst-Identität und Selbst-Veränderung beruht auf der ontologischen Grundstruktur der Selbst-Welt-Korrelation. (Die Beziehung zwischen der Struktur und den Funktionen des Lebens zu den ontologischen Polaritäten wird bei der Erörterung der einzelnen Funktionen ausführlich behandelt werden.)

Die drei Funktionen des Lebens vereinigen Elemente der Selbst-Identität mit Elementen der Selbst-Veränderung. Aber diese Einheit wird durch die existentielle Entfremdung, die das Leben in die eine oder andere Richtung treibt, ständig bedroht: Selbst-Integration durch Desintegration, Sich-Schaffen durch Zerstörung und Selbst-Transzendierung durch Profanisierung und Dämonisierung. Jeder Lebensprozeß steht in der Zweideutigkeit, in der positive und negative Elemente gemischt sind, und zwar so, daß eine endgültige Trennung des Negativen vom Positiven nicht möglich ist: das Leben ist in jedem Augenblick zweideutig. Meine Absicht ist, die einzelnen Funktionen des Lebens nicht in ihrem essentiellen Charakter, d. h. getrennt von ihrer existentiellen Verzerrung zu behandeln, sondern so, wie sie mit ihren Zweideutigkeiten im Prozeß ihrer Aktualisierung sich wirklich darbieten, denn das Leben steht weder in seiner reinen Essenz noch in seiner reinen Existenz – es ist zweideutig.

1. Die Selbst-Integration des Lebens und ihre Zweideutigkeiten

a) Individualisation und Zentriertheit. – Die erste der Polaritäten der Struktur des Seins ist die Polarität von Individualisation und Partizipation. Individualisation manifestiert sich in der Funktion der Selbst-Integration durch das Prinzip der Zentriertheit. Zentriertheit ist eine Qualität der Individualisation, insofern das individuelle, d. h. unteilbare Ding ein zentriertes Ding ist. Wenn wir die Metapher weitertreiben, können wir sagen: Ein Zentrum ist ein Punkt, und ein Punkt kann nicht geteilt werden. Ein zentriertes Seiendes kann ein anderes Seiendes aus sich hervorbringen, oder es kann gewisser Teile beraubt werden, die zum Ganzen gehören, aber es kann nicht geteilt, es kann nur zerstört werden. Ein vollindividualisiertes Seiendes ist daher zugleich ein vollzentriertes Seiendes. In den Grenzen unserer menschlichen Erfahrung hat nur der Mensch diese Qualität vollständig, in allem anderen Seienden gibt es Zentriertheit und Individualisation nur beschränkt.

Der Ausdruck „Zentriertheit", aus der Sphäre der Geometrie stammend, wird metaphorisch auf die Struktur eines Seienden angewandt, in dem alle Wirkungen, die auf einen seiner Teile ausgeübt werden, sich auf dem Weg über ein Zentrum auf alle Teile erstrecken. Eine solche Struktur wird oft durch Worte wie „eine Ganzheit" oder „eine Gestalt" ausgedrückt. Beide Worte werden auf alle Dimensionen – außer der anorganischen – angewandt. Aber gelegentlich wird auch sie mit einbezogen. Die Richtung des Denkens, die wir eingeschlagen haben, schließt sich der umfassenderen Anwendung des Begriffs an. Da Individualisation ein ontologischer Pol ist und als solcher universale Bedeutung hat und Zentriertheit von Individualisation nicht zu trennen ist (denn Zentriertheit ist die Bedingung für die Aktualisierung des Individuums im Leben), hat auch sie universale Bedeutung. Der Begriff „Zentriertheit" ist den Begriffen „Gestalt" oder „Ganzheit" vorzuziehen, denn Zentriertheit setzt keine integrierte Gestalt voraus, sondern ist auf alle Prozesse des Aus-sich-Herausgehens und Zu-sich-Zurückkehrens anwendbar. Beide Bewegungen werden von einem Punkt dirigiert, der nicht lokalisiert werden kann, aber die Richtung der beiden Grundbewegungen allen Lebens bestimmt. Im Sinne des Aus-sich-Herausgehens und Zu-sich-Zurückkehrens gibt es Zentriertheit unter der Herrschaft aller Dimensionen des Seins. – Zum Zentrum gehört eine Peripherie, nämlich ein bestimmter Raum oder, unmetaphorisch ausgedrückt, eine Mannigfaltigkeit von Elementen. Dies entspricht der Partizipation, die zur Individualisation in polarem Gegensatz steht. Individualisation trennt. Das am meisten individualisierte Seiende ist das unerreichbarste und das einsamste. Aber zugleich hat es die größte Möglichkeit universaler Partizipation. Es kann mit der ganzen Welt in Beziehung treten und kann in sich den *eros* haben, der es im Theoretischen und im Praktischen zu universaler Partizipation treibt. Es kann am Universum in all seinen Dimensionen partizipieren und Elemente des Universums in sich hineinziehen. Daher bewegt sich der Prozeß der Selbst-Integration zwischen dem Zentrum und der Mannigfaltigkeit der Welt, die ins Zentrum hineingenommen wird. Diese Beschreibung der Integration macht die Möglichkeit der Desintegration sichtbar. Desintegration bedeutet die Unfähigkeit, Selbst-Integration zu erreichen oder zu bewahren. Diese Unfähigkeit kann sich in doppelter Weise äußern: entweder als Unfähigkeit, eine verengte, starre und unbewegbare Zentriertheit aufzulockern – in diesem Fall ist zwar ein Zentrum vorhanden, aber es ist nicht mehr das Zentrum eines Lebensprozesses, dessen Inhalte wechseln und wachsen, sondern es ist der Tod der reinen Selbst-Identität; oder als Unfähigkeit, zu sich selbst zurückzukehren, weil die Mannigfaltigkeit der auseinanderstrebenden Kräfte das verhindert. In diesem Fall ist Leben vorhanden, aber es strebt auseinander und schwächt seine Zentriertheit, und es besteht die Gefahr, daß das Zentrum ganz verlorengeht – der Tod der vollständigen Selbst-Veränderung. Selbst-Integration, zweideutig gemischt mit Desintegration, bewegt sich in jedem Lebensprozeß zwischen diesen beiden Extremen.

b) Selbst-Integration und Desintegration im allgemeinen: Gesundheit und Krankheit. – Zentriertheit ist ein universales Phänomen. Sie findet sich daher auch im anorganischen Bereich, sowohl in seiner mikrokosmischen wie in seiner makrokosmischen Dimension wie im Bereich der alltäglichen Erfahrung. Sie findet sich im Atom wie im Stern, im Molekül wie im Kristall. Zentriertheit schafft Strukturen, die den bildenden Künstler inspirieren und gelegentlich von ihm intuitiv erkannt werden, ehe die Wissenschaft sie entdeckt. Unter diesem Gesichtspunkt kann man von der Individualität des Atoms und des Kristalls sprechen. Beide können nicht geteilt, sondern nur zertrümmert werden, d. h. ihre Zentriertheit kann zerstört, und Teile ihrer Einheit können abgespalten und in andere Zentren eingeordnet werden. Welches Gewicht diese Tatsachen haben, wird deutlich, wenn man sich einen völlig unzentrierten Bereich anorganischen Seins vorstellt. Er wäre das Chaos, das in den Schöpfungsmythen als Wasser symbolisiert ist. Individuelle Zentriertheit in den mikrokosmischen und makrokosmischen

Sphären und in allen Zwischenbereichen ist der „Anfang" der Schöpfung. Aber dem Prozeß der Selbst-Integration wirken Kräfte der Desintegration entgegen, der Anziehung wirken Kräfte der Abstoßung entgegen, der Konzentration (im Idealfalle auf einen Punkt) wirkt die Expansion entgegen (im Idealfalle bis ins Unendliche), und der Fusion wirkt die Scheidung entgegen. Die Zweideutigkeit von Selbst-Integration und Desintegration ist in diesen Prozessen wirksam, ja sie ist sogar in ein und demselben Prozeß wirksam. Integrierende und desintegrierende Kräfte kämpfen in jeder Situation miteinander, und jede Situation ist ein Kompromiß zwischen diesen Kräften. Dadurch erhält auch der anorganische Bereich dynamischen Charakter, der nicht ausschließlich auf quantitative Weise beschrieben werden kann. Man könnte sagen: Kein Ding, das in der Natur vorkommt, ist ein bloßes Ding, wenn Ding hier etwas bedeutet, das *allseitig* bedingt ist, d. h. ein bloßes Objekt, ohne irgendeine Art von „Sein an sich" oder Zentriertheit. Vielleicht kann nur der Mensch „Dinge" produzieren, indem er zentrierte Strukturen auflöst und die Stücke neu zu technischen Gegenständen zusammensetzt. Aber auch hier gilt: Obgleich die technischen Gegenstände kein Zentrum an sich haben, können sie doch ein Zentrum erhalten, das ihnen der Mensch gibt (z. B. der Computor). Diese Betrachtung des anorganischen Bereichs und seiner Dimensionen ist ein entscheidender Schritt vorwärts in dem Versuch, die Kluft zwischen dem Anorganischen und Organischen einschließlich dem Psychischen zu überwinden. Wie jede andere Dimension so gehört auch das Anorganische zum Leben, und wir finden in ihm die Möglichkeit zur Integration und zur Desintegration wie in allen Lebensbereichen.

Selbst-Integration und Desintegration sind am deutlichsten in der Dimension des Organischen erkennbar. Jedes Lebewesen ist ausgeprägt zentriert, ganz gleich, an welchem Punkt in der Entwicklungsreihe man von Lebewesen zu sprechen beginnt. Es reagiert als ein Ganzes. Sein Leben besteht im Prozeß des Aus-sich-Herausgehens und Zu-sich-Zurückkehrens. Es nimmt Elemente der ihm begegnenden Wirklichkeit in sich hinein und assimiliert sie seinem zentrierten Ganzen, oder es stößt sie zurück, wenn Assimilierung nicht möglich ist. Es stößt in den Raum vor, soweit es ihm seine individuelle Struktur erlaubt, und es zieht sich zurück, wenn es diese Grenzen überschritten hat, oder wenn andere Lebewesen oder besondere Umstände es zum Rückzug zwingen. Es entfaltet seine Teile harmonisch unter seinem einigenden Zentrum und, wenn ein Teil sich lösen und die Einheit sprengen will, wird er in die Einheit unter das Zentrum zurückgeholt.

Der Prozeß der Selbst-Integration ist für das Leben konstitutiv, aber er ist es in dauerndem Konflikt mit dem der Desintegration; integrierende und desintegrierende Tendenzen sind in jedem Augenblick zweideutig gemischt. Die fremden Elemente, die assimiliert werden müssen, haben die Tendenz, sich selbständig zu machen und die zentrierte Ganzheit zu zerreißen. Viele Krankheiten, insbesondere Infektionskrankheiten, können als eine Unfähigkeit des Organismus verstanden werden, in seine Selbst-Identität zurückzukehren. Er kann die fremden Elemente, die er nicht assimilieren konnte, nicht mehr ausscheiden. Aber Krankheit kann auch die Folge einer zu großen Selbstbeschränkung der zentrierten Ganzheit sein, der Tendenz, die Selbst-Identität aufrechtzuerhalten, indem die Gefahren des Aus-sich-Herausgehens vermieden werden: Lebensschwäche manifestiert sich z. B. in der Weigerung, sich zu bewegen, die notwendige Nahrung aufzunehmen, an der Umwelt teilzunehmen usw. In dem Bestreben, sich zu sichern, versucht der Organismus, in sich zu ruhen, aber da dies der Funktion der Selbst-Integration widerspricht, führt es zu Krankheit und Desintegration.

Diese Auffassung vom Wesen der Krankheit zwingt uns dazu, alle biologischen Theorien abzulehnen, die ihren Lebensbegriff nach dem Modell desintegrierten Lebens bilden, z. B. nach dem Modell unzentrierter Prozesse, die nur mit Methoden der quantitativen physikalischen Analyse erfaßt werden können. Ob unzentrierte und berechenbare Prozesse durch Krankheit verursacht werden (sie *sind* das Wesen der Krankheit) oder ob sie künstlich durch das Experiment herbeigeführt werden– beide stehen im Gegensatz zum normalen Prozeß der Selbst-Integration. Beide sind keine Modelle gesunden, sondern kranken Lebens.

Im Bereich des Organischen unterscheidet man zwischen niederen und höheren Formen des Lebens. Zu dieser Unterscheidung muß vom theologischen Standpunkt etwas gesagt werden, weil nahezu alle Formen organischen Lebens, insbesondere die höheren Formen, als religiöse Symbole verwendet worden sind und weil der Mensch – gegen den Protest vieler Naturalisten[1] – oft das höchste Lebewesen genannt worden ist. Als erstes muß gesagt werden, daß das „höchste" nicht zu verwechseln ist mit dem „vollkommensten" Wesen. Vollkommenheit bedeutet Aktualisierung aller Potentialitäten eines Wesens. Daher kann ein niederes Lebewesen vollkommener sein als ein höheres, wenn seine Potentialitäten voll verwirklicht sind. Und das höchste Lebewesen, der Mensch, kann weniger vollkommen sein als irgendein anderes Lebewesen, weil er nicht nur in der Verwirklichung seines möglichen Seins

---

[1] Vgl. Systematische Theologie, Bd. II, S. 11 ff.

scheitern, sondern darüberhinaus sein wahres Sein verleugnen und verkehren kann. Daraus folgt, daß ein höheres Lebewesen nicht schon an sich vollkommener ist. Wenn wir nun fragen, welches die Kriterien sind, die ein höheres von einem niederen Lebewesen unterscheiden, und warum der Mensch das höchste Lebewesen ist, obwohl er der größten Unvollkommenheit fähig ist, so muß man antworten: Die Kriterien sind einerseits das Vorhandensein eines bestimmenden Zentrums und andererseits die Zahl der Inhalte, die vom Zentrum geeint werden. Diese beiden Kriterien führen zu der Feststellung, daß die animalische Dimension über der vegetativen steht, die psychische über der organischen und die Dimension des Geistes über den anderen. Nach diesen Kriterien erweist sich der Mensch als das höchste Lebewesen, weil sein Zentrum scharf fixiert ist und weil die Zahl der Inhalte praktisch unbegrenzt ist. Im Gegensatz zu allen anderen Lebewesen hat der Mensch nicht nur Umwelt, er hat „Welt", die strukturierte Einheit aller möglichen Inhalte. Dies letztere mit allen sich aus ihm ergebenden Konsequenzen macht den Menschen zum höchsten aller Wesen.

Der entscheidende Schritt in der Selbst-Integration des Lebens – im Hinblick auf die beiden Kriterien – ist die Entstehung des Psychischen oder des Bewußtseins[1] an einem gewissen Punkt innerhalb des animalischen Bereiches. Bewußtsein-haben bedeutet, daß alle Begegnungen eines Wesens mit seiner Umgebung so erlebt werden, daß sie auf das erlebende Subjekt bezogen sind. Ein solcher Vorgang setzt ein bestimmendes Zentrum voraus, und er hat zur Folge, daß die Menge der aufgenommenen Inhalte weit größer ist als bei einem Lebewesen ohne Bewußtsein, sei es auch eines der am höchsten entwickelten. Wo das Bewußtsein fehlt, ist jede Begegnung nur momentan. Mit dem Bewußtsein öffnen sich Vergangenheit und Zukunft in Form von Erinnerung und Erwartung. Wenn es sich dabei auch nur um unmittelbar Zurückliegendes oder Erwartetes handelt, so ist die Tatsache als solche – wo sie in der Tierwelt auftaucht – Beweis, daß eine neue Dimension, die psychische, entstanden ist.

Zur Selbst-Integration im psychischen Bereich gehört wie in allen höheren Bereichen die Bewegung des „Aus-sich-heraus" und des „Zu-sich-zurück", aber als unmittelbare Erfahrung. Das Zentrum eines Lebewesens unter der Herrschaft des Psychischen kann das „psychische Selbst" genannt werden. „Selbst" in diesem Sinne darf nicht als ein

---

[1] „Bewußtsein" ist hier als Übersetzung des englischen Wortes *self-awareness* gewählt worden. Es darf nicht mit dem englischen Wort *consciousness* gleichgesetzt werden. (D. Hrsg.)

„Gegenstand" mißverstanden werden – ein Gegenstand, über dessen Existenz oder Nichtexistenz man streiten könnte. „Selbst" kann auch nicht als Teil eines größeren Ganzen aufgefaßt werden, „Selbst" ist vielmehr der Punkt, auf den alle Bewußtseinsinhalte bezogen sind. Die Handlungen, die von einem Zentrum ausgehen, sind so auf die Umwelt bezogen, daß sie entweder Reize aufnehmen oder auf Reize reagieren. In der Dimension des Psychischen geschieht das in der Form von Wahrnehmen und Antworten. Diese Prozesse sind bedingt durch die auch im anorganischen und organischen Bereich geltende Grundstruktur von Individualisation und Partizipation.

Die Erörterung des psychischen Bereichs und der zu ihm gehörenden Funktionen ist deshalb so schwierig, weil der Mensch gewöhnlich die Dimension des Psychischen nur in Einheit mit der Dimension des Geistes erfährt. Das psychische und das personhafte Selbst sind im Menschen normalerweise geeint. Nur in ganz bestimmten Situationen wie im Traum, Rausch oder Halbschlaf usw. ist eine partielle Trennung möglich. Die Trennung ist aber niemals so vollständig, daß sie eine klar umrissene Beschreibung des Psychischen als solchem gestatten würde. Um diese Schwierigkeit zu umgehen, hat man versucht, die Dimension des Psychischen mit Hilfe der Tierpsychologie zu beschreiben. Die Grenzen dieses Zuganges liegen in der Unfähigkeit des Menschen, am psychischen Selbst, sogar der höchsten Tiere, einfühlend zu partizipieren. Er kann z. B. auf diese Weise nicht verstehen, was psychische Gesundheit und psychische Krankheit ist: man hat bei Tieren Desintegration künstlich herbeigeführt, z. B. übertriebene Angst oder Feindschaft, aber man kann diese Phänomene nicht direkt beobachten, sondern nur, insoweit sie sich im Biologischen manifestieren. Das Psychische als solches ist sozusagen eingebettet in die beiden angrenzenden Dimensionen, die des Organischen und die des Geistigen, und kann darum nur durch Analyse und Analogieschlüsse in indirekter Weise erforscht werden.

Wenn man sich dieser Grenzen bewußt ist, kann man mit gewisser Einschränkung über die Strukturen von Gesundheit und Krankheit, von gelungener oder verfehlter Selbst-Integration in der psychischen Sphäre reden und behaupten, daß dieselben Faktoren wie in den vorausgehenden Dimensionen auch hier wirksam sind: Kräfte, die der Selbst-Identität und der Selbst-Veränderung entgegenarbeiten. Das psychische Selbst kann entweder durch die Unfähigkeit zu assimilieren zerstört werden, z. B. wenn es ihm nicht gelingt, der zentrierten Einheit eine extensiv oder intensiv überwältigende Menge von Eindrücken zu assimilieren, oder es kann das Gegenteil eintreten: das psychische

Selbst wird unfähig, dem zerstörerischen Druck der Eindrücke, die das Selbst in zu viele oder zu entgegengesetzte Richtungen zu ziehen versuchen, zu widerstehen oder unter solchem Druck einzelne psychische Funktionen mit anderen in Einklang zu bringen. Im ersten Fall kann Desintegration durch die Furcht des psychischen Selbst, sich zu verlieren, eintreten. Dann ist das Ergebnis, daß es Reizen gegenüber gleichgültig geworden ist und schließlich in Erstarrung endet. Im zweiten Fall kann die Selbst-Veränderung die Selbst-Integration verhindern oder ganz zerstören – die Zweideutigkeiten der Selbst-Integration im psychischen Bereich bewegen sich zwischen diesen Polen.

c) Die Selbst-Integration des Lebens in der Dimension des Geistes: Moralität oder die Konstituierung des personhaften Selbst. – Im Menschen ist völlige Zentriertheit zwar essentiell gegeben, sie ist aber nicht aktuell, solange der Mensch sie nicht in Freiheit und Schicksal verwirklicht. Der Akt, in dem der Mensch seine essentielle Zentriertheit verwirklicht, ist der moralische Akt. Moralität ist die Funktion des Lebens, durch die der Bereich des Geistes konstituiert wird. Ein moralischer Akt ist daher nicht ein Akt, in dem göttliche oder menschliche Gebote befolgt werden, sondern ein Akt, in dem das Leben sich in der Dimension des Geistes integriert, und das bedeutet, daß es sich als Person in einer Gemeinschaft von Personen konstituiert. Moralität ist die Totalität derjenigen Akte, in denen ein *potentiell* Personhaftes aktuell zur Person wird. Solche Akte sind nicht einmalig, sondern ein sich immerfort wiederholendes Geschehen. Die Konstituierung der Person als Person kommt während des ganzen Lebensprozesses niemals an ein Ende. Moralität setzt eines voraus: die *potentiell* völlige Zentriertheit dessen, in dem das Leben in der Dimension des Geistes aktualisiert wird. „Völlige Zentriertheit" bedeutet: einer Welt gegenüberstehen und zugleich als ein Teil zu ihr gehören. Diese Situation befreit das Selbst von der Gebundenheit an die Umwelt, von der jedes Wesen in den anderen Dimensionen abhängig ist. Der Mensch lebt in einer „Umwelt", aber er hat eine „Welt". Theorien, die den Menschen nur aus seiner Umwelt zu erklären versuchen, reduzieren ihn auf die Dimension des Organisch-Psychischen und berauben ihn der Dimension des Geistes. Auf diese Weise machen sie es unmöglich zu verstehen, wie der Mensch eine Theorie haben kann, die den Anspruch erhebt, wahr zu sein, z. B. auch die Umwelt-Theorie. Aber der Mensch hat eine Welt, d. h. ein strukturiertes Ganzes unendlicher Potentialitäten und und Aktualitäten. In der Begegnung mit seiner Umwelt (z. B. mit *diesem* Haus, *diesem* Baum, *dieser* Person) erfährt er beides, Umwelt und Welt, oder genauer gesagt, in und durch seine Begegnung mit den Dingen seiner Umwelt erfährt er Welt. Er transzendiert ihren bloßen Umwelt-Charakter. Wäre das anders, dann wäre er nicht völlig zentriert. In gewissen Teilen seines Seins wäre er nur Teil seiner Umwelt, und dieser Teil wäre dann nicht ein Element seines zentrierten Selbst. Aber der Mensch kann sein Selbst jedem Teil seiner Welt gegenüberstellen, auch seinem Selbst als einem Teil seiner Welt.

Dies ist die erste Voraussetzung der Moralität und der Dimension des Geistes im allgemeinen. Die zweite Voraussetzung folgt aus der ersten. Weil der Mensch eine Welt hat, der er als ein völlig zentriertes Selbst gegenübersteht, kann er Fragen stellen und Antworten und Gebote vernehmen. Diese Möglichkeit, die die Dimension des Geistes kennzeichnet, ist einzigartig, weil sie zweierlei einschließt: Freiheit vom bloß Gegebenen und Normen, die den moralischen Akt durch Freiheit bestimmen. Wie oben gezeigt, drückt sich in den Normen die essentielle Struktur der Wirklichkeit, von Selbst und Welt, aus, sie stehen gegen die existentiellen Bedingungen der bloßen Umwelt. Und wieder wird es deutlich, daß Freiheit Offenheit für Normen ist, die unbedingte – weil essentielle – Gültigkeit haben. Sie sind Ausdruck des essentiellen Seins, und die moralische Seite der Funktion der Selbst-Integration ist die Totalität der Akte, in denen den Geboten der Essentialität gehorcht oder widersprochen wird. Man kann auch sagen: der Mensch ist fähig, auf diese Gebote zu antworten, und diese Fähigkeit macht ihn zu einem „verantwortlichen" Wesen. Jeder moralische Akt ist ein antwortender Akt, eine Antwort auf eine gültige Forderung, selbst dann, wenn die Antwort eine Weigerung zu antworten ist. Wenn sich der Mensch weigert, gibt er den Kräften der Desintegration freien Lauf, er handelt als Geistiger gegen den Geist, denn er kann sich als geistiges Wesen niemals loswerden. Er konstituiert sich als ein völlig zentriertes Selbst auch in seinen anti-essentiellen, d. h. anti-moralischen Akten. Diese Akte enthüllen moralische Zentriertheit selbst dann, wenn sie die Tendenz haben, das moralische Zentrum aufzulösen.

Bevor wir die Erörterung über die Konstituierung des personhaften Selbst fortsetzen, mag es nützlich sein, ein semantisches Problem zu besprechen. Das Wort „moralisch" und die von ihm abgeleiteten Worte sind mit so vielen negativen Assoziationen belastet, daß es unmöglich scheint, sie in irgendeinem positiven Sinne zu gebrauchen. „Moralisch" erinnert an Moralismus, an Unmoral mit ihren sexuellen Beiklängen, an konventionelle Moral usw. Aus diesem Grunde hat man vorgeschlagen, das Wort „moralisch" durch das Wort „ethisch" zu ersetzen. Aber das ist keine wirkliche Lösung, weil nach einer gewissen Zeit das Wort

„ethisch" mit denselben Nebenbedeutungen belastet wäre. Daher ziehe ich vor, das Wort „Ethik" und seine Ableitungen für die Wissenschaft vom moralischen Akt zu gebrauchen. Das ist allerdings nur dann eine brauchbare Lösung, wenn das Wort „moralisch" und das Wort „Moralität" von den negativen Beiklängen, die es seit dem 18. Jahrhundert entstellt haben, befreit werden kann. Die vorangegangenen wie die folgenden Erörterungen sind ein Versuch in dieser Richtung. Der Begriff „Moralität" wird hier nicht wie bei Kant für die moralische Haltung des Einzelnen gebraucht, sondern für das Gesamtgebiet, das durch die moralische Funktion konstituiert wird.

Wir müssen uns jetzt der Frage zuwenden, die sich an diesem Punkt erhebt: Wie erfährt der Mensch in seiner Begegnung mit dem Seienden das, was sein soll, und wie kommt es, daß er die moralischen Gebote als Gebote von unbedingter Gültigkeit erfährt? In gegenwärtigen Diskussionen über Ethik ist auf der Grundlage der protestantischen und Kantischen Einsicht mit wachsender Übereinstimmung die Antwort gegeben worden: Es geschieht in der Begegnung von Person mit Person, ganz gleich, bis zu welchem Grade die Personhaftigkeit der Begegnenden entwickelt ist. Das „Sein-sollende" wird grundsätzlich in der Ich-Du-Beziehung erfahren. Diese Situation kann auch wie folgt beschrieben werden: Der Mensch, der seiner Welt gegenübersteht, hat als möglichen Inhalt seines zentrierten Selbst das ganze Universum zur Verfügung. Es gibt zwar praktische Grenzen, die die Endlichkeit eines jeden Lebewesens setzt, aber grundsätzlich ist die ganze Welt dem Menschen unbeschränkt offen, alles kann zum Inhalt seines Selbst werden. Das ist auch die strukturelle Basis für die Unbegrenztheit der *libido* im Zustand der Entfremdung, es ist die Vorbedingung für den Wunsch des Menschen, „die ganze Welt zu gewinnen". Aber dem Versuch des Menschen, die ganze Welt in sich hineinzunehmen, ist eine Grenze gesetzt: das andere Selbst. Man kann den anderen sich unterwerfen und ihn ausbeuten, ja sogar physisch und psychisch vernichten, aber man kann das andere Selbst sich nicht einverleiben und es dem eigenen Zentrum assimilieren. Dieser Versuch, wie er von totalitären Herrschern unternommen wurde, ist gescheitert. Niemand kann einer anderen Person das Recht rauben, eine Person zu sein und als Person behandelt zu werden. Deshalb ist das andere Selbst die unbedingte Grenze für den eigenen Wunsch, die ganze Welt zu assimilieren, und die Erfahrung dieser Grenze ist die Erfahrung des „Sein-sollenden", des moralischen Imperativs. Mit dieser Erfahrung beginnt die moralische Konstituierung des Selbst in der Dimension des Geistes. Personhaftes moralisches Leben entsteht durch die Begegnung von Person mit Person und auf keine andere Weise. Wenn man sich ein Lebewesen vorstellen könnte mit der psychosomatischen Struktur des Menschen, das aber völlig außerhalb jeder menschlichen Gemeinschaft lebte, so könnte ein solches Wesen seinen potentiellen Geist nicht aktualisieren. Es würde in alle Richtungen getrieben werden, nur durch seine Endlichkeit begrenzt, aber es würde niemals das „Sein-sollende" erfahren. Deshalb ereignet sich die Selbst-Integration der Person als Person nur in der Gemeinschaft, in der die ständige Begegnung eines zentrierten Selbst mit anderen zentrierten Selbsten möglich ist und aktuell wird.

Die Gemeinschaft selbst ist ein Phänomen des Lebens, zu dem es in allen Bereichen Analogien gibt. Die Tatsache, daß das moralische Selbst nur in der Gemeinschaft möglich ist, ist mit der Polarität von Individualisation und Partizipation gegeben. Keiner der Pole kann sich ohne den anderen aktualisieren. Das gilt für die Funktion des Sich-Schaffens ebenso wie für die Funktion der Selbst-Integration, und es gibt auch keine Selbst-Transzendierung des Lebens als die über Individualisation und Partizipation in ihrer wechselseitigen Abhängigkeit.

Es wäre möglich, die Erörterung von Zentriertheit und Selbst-Integration in bezug auf Partizipation und Gemeinschaft hier fortzusetzen, aber das würde Beschreibungen vorwegnehmen, die zur Dimension des Geschichtlichen gehören, und durch eine solche Vorwegnahme würde das Verständnis der Lebensprozesse erschwert. Dadurch würde z. B. die falsche Annahme gestützt, daß Moralität in der gleichen Weise wie auf die einzelne Person auch auf die Gemeinschaft Bezug habe. Aber die Struktur der Gemeinschaft einschließlich der Struktur ihrer Zentriertheit ist qualitativ verschieden von der Struktur der Person. Die Gemeinschaft ist ohne volle Zentriertheit und ohne diejenige Freiheit, die identisch ist mit vollständiger Zentriertheit. Das verwirrende Problem der Sozialethik ist, daß die Gemeinschaft aus Individuen besteht, die Träger des Geistes sind, wohingegen die Gemeinschaft selbst – weil ihr ein zentriertes Selbst fehlt – nicht Träger des Geistes ist. Wo diese Situation richtig erkannt wird, ist die Idee einer personifizierten, nach moralischen Geboten handelnden Gemeinschaft (wie sie manche Formen des Pazifismus voraussetzen) unmöglich. Diese letzten Betrachtungen lassen es als zweckmäßig erscheinen, die Funktionen des Lebens, die sich auf die Gemeinschaft beziehen, erst im Zusammenhang der umgreifendsten Funktion, nämlich der geschichtlichen, zu besprechen. Hier steht die Frage zur Debatte, wie die Person zur Person werden kann. Wenn man dabei die gemeinschaftsbildenden Eigenschaften der Einzelperson betrachtet, so bedeutet das noch nicht, daß man die Gemeinschaft selbst erörtert.

d) Die Zweideutigkeiten der personhaften Selbst-Integration: das Mögliche, das Wirkliche und die Zweideutigkeit des Opfers. – Wie jede andere Form der Selbst-Integration, so bewegt sich auch die personhafte Selbst-Integration zwischen den Polen des Bei-sich-Bleibens und des Aus-sich-Herausgehens. Integration ist der Zustand des Gleichgewichts zwischen den beiden Polen, Desintegration ist das Zerreißen des Gleichgewichts. Beide Tendenzen sind unter den Bedingungen der existentiellen Entfremdung im aktuellen Lebensprozeß stets wirksam. Das menschliche Leben vereint zweideutig essentielle Zentriertheit und existentielle Zerrissenheit. Es gibt keinen Augenblick im menschlichen Lebensprozeß, in dem das eine oder das andere ausschließlich vorherrschte.

Wie im organischen und im psychischen so beruht auch im personalen Bereich die Zweideutigkeit der Selbst-Integration auf dem Faktum, daß jedes Lebewesen den ihm täglich begegnenden Erfahrungsinhalt in die zentrierte Einheit hineinnehmen muß, ohne dabei – sei es durch dessen Quantität oder Qualität – zerrissen zu werden. Nach dem Prinzip der Zentriertheit ist personhaftes Leben immer das Leben einer bestimmten Person, wie in allen anderen Dimensionen Leben immer das Leben eines individuellen Wesens ist. Wenn ich von meinem Leben spreche, ist alles eingeschlossen, was zu mir gehört: mein Körper, mein Bewußtsein, meine Erinnerungen und Erwartungen, meine Vorstellungen und Gedanken, mein Wille und meine Gefühle. All dies gehört zu der zentrierten Einheit, die ich bin. Ich versuche, diese Inhalte zu erweitern, indem ich aus mir herausgehe, und versuche, die Inhalte zu bewahren, indem ich zu der zentrierten Einheit, die ich bin, zurückkehre. In diesem Prozeß begegne ich unzähligen Möglichkeiten. Jede von ihnen bedeutet, wenn ich ihr nachgebe, für mich eine Selbst-Veränderung und insofern die Gefahr der Zerreißung. Ich muß, um das, was ich jetzt bin, zu bewahren, viele Möglichkeiten von mir fernhalten, oder ich muß einiges von dem, was ich jetzt bin, für etwas Mögliches hingeben, für etwas, das mein zentriertes Selbst bereichert und erweitert. So schwankt mein Lebensprozeß zwischen dem Möglichen und dem Wirklichen und verlangt von mir die Hingabe des einen für das andere. In diesem Phänomen zeigt sich der Opfer-Charakter alles Lebens.

Jedes Individuum hat Potentialitäten, die es zu verwirklichen trachtet; es folgt hierin der allgemeinen Bewegung alles Seins vom Potentiellen zum Aktuellen. Einige der Potentialitäten erreichen niemals das Stadium konkreter Möglichkeiten: geschichtliche, soziale und persönliche Bedingungen schränken die Möglichkeiten weitgehend ein. Dafür ein Beispiel: Vom Standpunkt der menschlichen Potentialitäten hat ein

Indianer aus Zentral-Amerika die gleichen Potentialitäten wie ein nord-
amerikanischer College-Student, aber er hat nicht die gleichen Möglichkeiten, sie zu realisieren. Seine Auswahlmöglichkeiten sind viel begrenzter, obwohl auch er Möglichkeiten für die Wirklichkeit opfern
muß und umgekehrt.

Man könnte unzählige Beispiele für diese Situation anführen. Wir
müssen mögliche Interessen für diejenigen, die wirklich sind oder
wirklich werden können, opfern. Wir müssen mögliche Werke oder
einen möglichen Beruf dem opfern, was wir gewählt. haben. Wir
müssen mögliche menschliche Beziehungen für die wirklichen Beziehungen opfern oder wirkliche für mögliche. Wir müssen die
Wahl treffen zwischen einem festgefügten, jedoch beschränkten Aufbau unseres Lebens und dem Durchbrechen möglichst vieler Beschrän-
kungen und dem damit verbundenen Verlust an eindeutiger Gerichtetheit. Wir müssen ständig zwischen Fülle und Armut entscheiden
und auch zwischen speziellen Formen der Fülle und speziellen Formen
der Armut. Es gibt eine Fülle des Lebens, in die man durch die Angst,
in einer oder in vielen Beziehungen arm zu bleiben, getrieben wird.
Aber diese Fülle kann über unsere Kraft gehen, ihr und uns selbst gerecht zu werden. Und dann wird Fülle zu leerer Betriebsamkeit.
Auch das Umgekehrte kann geschehen: Wenn die entgegengesetzte
Angst – nämlich die, sich in der Lebensfülle zu verlieren – teilweise
Resignation oder völlige Abkehr vom Leben bewirkt, dann bedeutet
Armut ein leeres Beharren in sich selbst.

In der zentrierten Einheit der Person finden sich die verschiedensten
Tendenzen, deren jede das Zentrum beherrschen will. Wir haben auf
solche Konflikte schon in Verbindung mit dem psychischen Selbst hingewiesen; hier sind z. B. Zwangsneurosen der Ausdruck für den Verlust des Gleichgewichts und für die Vorherrschaft eines partiellen Elementes. Die gleichen Konflikte in den Prozessen der Selbst-Integration
finden sich in der Dimension des Geistigen. In diesem Bereich wird der
Kampf verschiedener Tendenzen – ontologisch gesehen – als Konflikt
der Werte oder – subjektiv gesehen – als Konflikt der Pflichten beschrieben. Eine der vielen moralischen Normen – vielleicht unter dem
Druck bestimmter Erfahrungen – ergreift vom personhaften Zentrum
Besitz und erschüttert das Gleichgewicht der Wesenselemente innerhalb
der zentrierten Einheit. Das kann zu einem Scheitern der Selbst-Integration gerade in solchen Persönlichkeiten führen, die eine strenge und
enge Moral haben, während in anderen Fällen unterdrückte Normen
zerstörerisch ausbrechen können. Die Zweideutigkeit des Opfers zeigt
sich selbst in der moralischen Funktion des Geistes.

Die Selbst-Integration des Lebens verlangt das Opfer des Möglichen für das Wirkliche und des Wirklichen für das Mögliche. Das ist ein unausweichlicher Prozeß in allen außergeistigen Dimensionen und führt in der Dimension des Geistes unausweichlich zu Entscheidungen. Allgemein wird das Opfer als unzweideutig gut angesehen. Im Christentum, in dem nach christlichem Symbolismus Gott sich selbst opfert, scheint das Opfer über jeder Zweideutigkeit zu stehen. Aber das ist ein Irrtum, wie das theologische Denken und die Bußpraxis wissen. Sie wissen, daß jedes Opfer ein moralisches Wagnis ist und daß verborgene Motive selbst ein anscheinend heroisches Opfer fragwürdig machen können. Daraus folgt keineswegs, daß ein solches Opfer nicht gebracht werden sollte, der moralische Imperativ verlangt es ständig. Aber das Wagnis muß mit Bedacht unternommen werden, mit dem Wissen, daß es ein Wagnis und nichts unzweideutig Gutes ist, auf das sich das Gewissen verlassen könnte. Ein solches Wagnis liegt in der Entscheidung, ob das Wirkliche für das Mögliche oder das Mögliche für das Wirkliche geopfert werden soll. Das „ängstliche Gewissen" hat die Tendenz, das Wirkliche dem Möglichen vorzuziehen, weil das Wirkliche zum mindesten vertraut, das Mögliche dagegen unbekannt ist. Aber das moralische Wagnis, eine wichtige Möglichkeit zu opfern, kann ebenso groß sein wie das Wagnis, eine wichtige Wirklichkeit zu opfern. Die Zweideutigkeit des Opfers wird offenbar, wenn die Frage gestellt wird: Was soll geopfert werden? Das Selbstopfer kann wertlos sein, wenn das Selbst nicht wert ist, geopfert zu werden. Für den anderen, für den das Opfer gebracht wird, ist es ohne Nutzen, denn er empfängt nichts. Und es nützt auch dem nichts, der das Opfer bringt, denn er erreicht dadurch keine Selbst-Integration. Er erfährt höchstens an sich selbst die Macht des Schwachen über den Starken, für den das Opfer gebracht wurde. Und umgekehrt: Wenn das Selbst wert ist, geopfert zu werden, erhebt sich die Frage, ob der, für den es gebracht wird, wert ist, es zu empfangen. Es könnte sein, daß er es für seine egoistischen Zwecke mißbraucht. Das gleiche gilt, wenn das Opfer nicht für eine Person, sondern für eine Sache gebracht wird. Die Zweideutigkeit des Opfers ist nur ein Teil – wenn auch ein entscheidender und stets vorhandener – der allgemeinen Zweideutigkeit des Lebens in der Funktion der Selbst-Integration. Es zeigt die menschliche Situation in ihrer Mischung von essentiellen und existentiellen Elementen und die Unmöglichkeit, diese in unzweideutiger Weise in gute und schlechte zu scheiden.

e) Die Zweideutigkeiten des moralischen Gesetzes: der moralische Imperativ, die moralischen Normen, die moralische Motivation. – Die

Erörterung des Konfliktes der Normen und die Notwendigkeit, einige von ihnen preiszugeben, um andere verwirklichen zu können, hat gezeigt, daß die Zweideutigkeit der personhaften Selbst-Integration letztlich im Charakter des moralischen Gesetzes selbst wurzelt. Da die Moralität die konstitutive Funktion des Geistes ist, ist ihre Analyse und der Beweis für ihre Zweideutigkeit für das Verständnis des Geistes und damit der menschlichen Situation überhaupt entscheidend. Zweifellos führt eine solche Untersuchung zu den biblischen und klassisch-theologischen Urteilen über die Bedeutung des Gesetzes und seiner Rolle für das Verhältnis von Gott und Mensch.

Die drei Funktionen des Geistes – Moralität, Kultur und Religion – sollen hier und im folgenden getrennt behandelt werden. Nur wenn das geschehen ist, können ihre essentielle Einheit, ihre aktuellen Konflikte und ihre mögliche Wiedervereinigung in Betracht gezogen werden. Dieser triadische Rhythmus ergibt sich notwendig, weil die drei Funktionen des Lebens nur durch das wiedervereinigt werden können, was sie alle transzendiert, d. h. durch die neue Wirklichkeit oder den göttlichen Geist. Der menschliche Geist aus sich selbst kann diese Wiedervereinigung nicht schaffen.

Drei Hauptprobleme des moralischen Gesetzes müssen untersucht werden: der unbedingte Charakter des moralischen Imperativs, die Normen des moralischen Handelns und die moralische Motivation. Die Zweideutigkeit des Lebens in der Dimension des Geistes zeigt sich in jedem der drei Probleme.

Wie wir gesehen haben, hat der moralische Imperativ deshalb Geltung, weil er unser essentielles Sein gegenüber unserer existentiellen Entfremdung repräsentiert. Aus diesem Grund ist er unbedingt (kategorisch), seine Geltung hängt nicht von äußeren oder inneren Bedingungen ab: er ist unzweideutig. Aber die Unzweideutigkeit bezieht sich nicht auf irgendeinen konkreten Inhalt, sie bedeutet vielmehr, daß der moralische Imperativ der Form nach unbedingt ist. Das führt zu der Frage, ob es überhaupt einen moralischen Imperativ geben kann. Darauf kann als erstes geantwortet werden: Die Begegnung mit einer anderen Person schließt die unbedingte Forderung ein, den anderen als Person anzuerkennen. Von daher leitet sich grundsätzlich die unbedingte Geltung des moralischen Imperativs ab. Aber damit ist noch nicht gesagt, welche Art von Begegnung eine solche Erfahrung schafft. Dazu bedarf es genauerer Beschreibung. Es gibt unzählige Begegnungen mit Personen in der Wirklichkeit, die potentiell personhafte Begegnungen sind, aber es aktuell niemals werden (z. B. mit Menschen in einer Masse zusammen sein, über irgendwelche Personen in der Zeitung lesen usw.). Der Übergang von der potentiell personhaften zur aktuell personhaften Begegnung ist voll zahlloser Zweideutigkeiten. Viele davon stellen uns vor qualvolle Entscheidungen. Die Frage allein: Wer ist mein Nächster? mit all ihren Problemen muß immer wieder neu beantwortet werden, trotz – oder besser wegen – der einen Antwort, die Jesus im Gleichnis vom barmherzigen Samariter gegeben hat. Die Antwort zeigt, daß die abstrakte Formel „Anerkennung des anderen als Person" nicht ausreicht, sondern erst im Akt der „Teilnahme am anderen" konkret wird. (Das folgt aus der ontologischen Polarität von Individualisation und Partizipation.) Ohne Teilnehmen am anderen kann man nicht wissen, was der Begriff „anderes Selbst" bedeutet und welches der Unterschied zwischen einem „Ding" und einer „Person" ist. Selbst das Wort „Du" kann für die Beschreibung der Begegnung nicht gebraucht werden, denn das setzt Partizipation voraus, die immer vorhanden sein muß, wenn man einen anderen als Person anredet. Man muß daher fragen: Welche Art von Partizipation ist es, die das moralische Selbst konstituiert? Es kann zweifellos nicht die Partizipation der eigenen individuellen Eigenschaften an denen des anderen gemeint sein. Das wäre nur eine mehr oder weniger gelungene Übereinstimmung zweier Individualitäten, die zu Sympathie oder Antipathie, zu Freundschaft oder Feindschaft führen kann. Sie wäre eine Sache des Zufalls, die für den moralischen Imperativ nicht konstitutiv sein kann. Der moralische Imperativ fordert, daß das eigene Selbst am Zentrum des anderen Selbst partizipiert und folglich auch dessen individuelle Besonderheiten akzeptiert, auch dann, wenn es mit ihnen nicht übereinstimmt. Diese „Aufnahme" des anderen Selbst dadurch, daß man an seinem personhaften Zentrum teilhat, ist der innerste Kern der Liebe. Die vorläufige formale Antwort, daß der Unbedingtheitscharakter des moralischen Imperativs in der Begegnung von Person mit Person erfahren wird, ist nun hineingenommen in die materiale Antwort, daß es die Liebe ist, die dem moralischen Imperativ die Konkretheit gibt, die die Zentriertheit der Person verwirklicht und das Fundament für das Leben des Geistes legt.

Liebe als die letzte Norm des moralischen Gesetzes steht über der Unterscheidung von formaler und materialer Forderung. Aber wegen des formalen Elementes in ihr enthüllt die These von der Liebe als letzter Norm die Zweideutigkeit des moralischen Gesetzes, z. B. auch in dem Ausdruck „Gesetz der Liebe". Das Problem kann auch so formuliert werden: Wie verhält sich Partizipation am Zentrum des anderen Selbst zur Annahme oder Ablehnung seiner individuellen Eigenschaften? Was ist, allgemein gesprochen, die essentielle und was ist die existentielle Beziehung zwischen den verschiedenen Qualitäten der Liebe? Und was besagt die Mischung von Essentiellem und Existentiellem in jedem moralischen Akt für die Gültigkeit der Liebe als letzter Norm? Diese Fragen müssen gestellt werden, um die Zweideutigkeit des moralischen Gesetzes im Hinblick auf seine Geltung zu zeigen. Zugleich führen sie zu der Frage der Zweideutigkeit des moralischen Gesetzes in bezug auf seinen Inhalt – d. h. zum Problem der konkreten Gebote.

Die konkreten Gebote sind gültig, weil sie die essentielle Natur des Menschen ausdrücken und sein essentielles Sein gegen ihn in seinem Zustand der existentiellen Entfremdung stellen. Dabei erhebt sich die Frage: Wie ist moralische Selbst-Integration möglich angesichts der zweideutigen Mischung von essentiellen und existentiellen Elementen, die das Leben charakterisiert? Unsere Antwort lautet: durch die Liebe! Denn die Liebe enthält in sich das unbedingte Prinzip der Gerechtigkeit und paßt es den ständig wechselnden Bedingungen der konkreten Situation an.

Diese Lösung ist entscheidend für die Frage nach dem Inhalt des moralischen Gesetzes. Aber sie kann von zwei Seiten aus angegriffen werden. Man kann den reinen Formalismus der ethischen Theorie verteidigen, wie er z. B. bei Kant vorliegt, und die Liebe als unbedingtes Prinzip verwerfen, weil sie zu zweideutigen Entscheidungen führt, die keine unbedingte Geltung beanspruchen können. Aber in Wirklichkeit konnte selbst Kant den radikalen Formalismus, den er proklamierte, nicht durchhalten. In seiner Konzeption des moralischen Imperativs erwies er sich als liberaler Erbe des Christentums und der Stoa. Wahrscheinlich ist radikaler ethischer Formalismus logisch nicht durchführbar, weil die Form immer noch Spuren dessen enthält, wovon sie abstrahiert ist. Unter diesen Umständen ist es realistischer, den Inhalt, von dem abstrahiert wurde, beim Namen zu nennen und die Prinzipien so zu formulieren, daß in ihnen der Radikalismus der reinen Form mit dem konkreten Inhalt geeint ist. Trotz der Zweideutigkeiten in der Anwendung ist es das Prinzip der Liebe, das diese Einheit schafft.

Der Inhalt des moralischen Gesetzes ist geschichtlich bedingt. Darum hat Kant versucht, die ethische Norm von allen konkreten Inhalten zu befreien, und darum haben umgekehrt die meisten Formen des Naturalismus absolute Prinzipien des moralischen Handelns verworfen. Sie behaupten, daß der Inhalt des moralischen Imperativs durch biologische und psychologische Notwendigkeiten oder durch soziologische und kulturelle Wirklichkeiten bedingt ist. Eine solche Auffassung schließt absolute ethische Normen aus und beschränkt sich auf einen kalkulierenden ethischen Relativismus.

Die Wahrheit des ethischen Relativismus beruht auf der Unfähigkeit des moralischen Gesetzes, unzweideutige Gebote aufzustellen – unzweideutig sowohl in ihrer allgemeinen Form als auch in ihrer konkreten Anwendung. Jedes moralische Gesetz ist abstrakt in bezug auf die einzigartige konkrete Situation. Das gilt für das moralische Gesetz, das sich aus dem sogenannten Naturrecht ableitet, ebenso wie für das sogenannte geoffenbarte Gesetz. Die Unterscheidung von natürlichem und geoffenbartem Moralgesetz ist ethisch bedeutungslos, weil nach der klassischen protestantischen Theologie die Zehn Gebote ebenso wie die Gebote der Bergpredigt Neuformulierungen des moralischen Naturrechts sind. Dieser Sachverhalt war lange übersehen worden nach Zeiten, in denen der ursprüngliche Sinn der Gebote teils vergessen, teils entstellt worden war. Dieser ursprüngliche Sinn ist das, was mit dem moralischen Naturrecht gemeint ist oder, in unserer Terminologie, mit der „essentiellen Natur des Menschen", die gegen ihn in seiner existentiellen Entfremdung steht. Wenn das Gesetz in die Formen bestimmter Gebote gegossen wird, trifft es niemals auf das Hier und Jetzt einer konkreten Situation zu. Es kann für eine spezielle Situation gelten, besonders in der Form des Verbots, aber für eine andere Situation kann es sich gerade in dieser Form als falsch erweisen. Jede moralische Entscheidung verlangt eine gewisse Freiheit gegenüber dem als Gesetz formulierten moralischen Gebot. Jede moralische Entscheidung ist darum ein Wagnis, denn es gibt keine Garantie, daß es das Gebot der Liebe erfüllt – die unbedingte Forderung, die aus der Begegnung mit dem anderen folgt. Dieses Wagnis muß man auf sich nehmen, aber wenn man das tut, erhebt sich die Frage: Wie ist es möglich, unter diesen Bedingungen personhafte Selbst-Integration zu erreichen? Auf diese Frage gibt es keine Antwort innerhalb der bloßen Moralität und ihrer Zweideutigkeiten.

Die Zweideutigkeit des moralischen Gesetzes in bezug auf seinen Inhalt zeigt sich ebenso in seiner abstrakten Formulierung wie bei seiner konkreten Anwendung. Die Zweideutigkeit der Zehn Gebote z. B. ist darin begründet, daß sie trotz ihrer universalen Form geschichtlich durch die israelitische Kultur und durch den Einfluß der benachbarten Kulturen bedingt sind. Selbst die sittlichen Forderungen des Neuen Testaments, die Forderungen Jesu eingeschlossen, spiegeln die geschichtliche Situation (nämlich die des römischen Imperiums) wider, die unter anderem durch das fehlende Interesse des Einzelnen an den Problemen der sozialen und politischen Existenz gekennzeichnet war. Solche Abhängigkeit findet sich in allen Perioden der Geschichte der Kirche. Die ethischen Fragen und die darauf gegebenen Antworten änderten sich, und jede Antwort und jede Formulierung des moralischen Gesetzes blieb zweideutig. Die essentielle Natur des Menschen, die in der Liebe ihren höchsten Ausdruck hat, verbirgt und enthüllt sich gleichzeitig in den Lebensprozessen. Wir haben keinen unzweideutigen Zugang zur essentiellen, d. h. geschaffenen Natur des Menschen und ihren Potentialitäten. Wir haben nur einen indirekten und zweideutigen Zugang zu den Offenbarungserfahrungen, die der ethischen Weisheit aller Nationen zugrunde liegen, die aber trotz ihres Offenbarungscharakters nicht unzweideutig sind: das Empfangen der Offenbarung durch den Menschen macht die Offenbarung selbst zweideutig.

Aus diesen Betrachtungen folgt, daß unser Gewissen zweideutig ist – in dem, was es uns befiehlt, und in dem, was es uns verbietet. Im Hinblick auf unzählige geschichtliche und psychologische Fälle kann man nicht leugnen, daß es ein „irrendes Gewissen" gibt. Die Konflikte zwischen Tradition und Revolution, zwischen Gesetzlichkeit und Liberalität, zwischen Autorität und Autonomie machen es unmöglich, sich einfach auf die „Stimme des Gewissens" zu verlassen. Es ist ein Wagnis, seinem Gewissen zu folgen; es ist ein größeres Wagnis, ihm zu widersprechen. Aber es gibt Fälle, in denen das größere Wagnis gefordert ist. Obwohl es sicherer ist, dem Gewissen zu folgen, kann trotzdem das Ergebnis zerstörerisch sein. Damit enthüllt sich die Zweideutigkeit des Gewissens und führt zu der Frage nach einer unzweideutigen moralischen Gewißheit – einer Gewißheit, die im Leben nur fragmentarisch zu erreichen ist.

Das Prinzip der Liebe ist Ausdruck für die unbedingte Geltung des moralischen Imperativs, und es ist der umfassende Ausdruck für alle ethischen Inhalte. Aber es hat noch eine dritte Funktion: es ist die Quelle der moralischen Motivation[1]. Sofern Liebe den moralischen Imperativ in sich enthält, befiehlt sie, droht sie und verspricht sie, und all das mit unbedingter Gültigkeit, weil Erfüllung des Gesetzes Wiedervereinigung mit dem eigenen essentiellen Sein ist. Das Gesetz ist „gut", sagt Paulus. Aber es ist gerade diese Bejahung des Gesetzes, die zu seiner tiefsten und gefährlichsten Zweideutigkeit führt, sie ist das, was Paulus, Luther und Augustin zu ihren revolutionären Einsichten trieb. Das Gesetz als Gesetz ist Ausdruck für die Entfremdung des Menschen von sich selbst. Im Zustand der reinen Potentialität oder der geschaffenen Unschuld (die kein geschichtlicher Zustand ist) gibt es kein Gesetz, weil

---

[1] Vgl. das 3. Kapitel in meiner Schrift „Das religiöse Fundament des moralischen Handelns", Ges. Werke, Bd. III.

der Mensch essentiell mit dem geeint ist, zu dem er gehört: dem göttlichen Grund der Welt und seiner selbst. Was sein sollte und was ist, ist im Zustand der Potentialität identisch. In der Existenz ist diese Identität zerbrochen und in jedem Lebensprozeß ist die Identität und Nichtidentität dessen, was ist, und dessen, was sein soll, gemischt. Daher sind Gehorsam und Ungehorsam gegenüber dem Gesetz untrennbar miteinander verflochten. Das Gesetz hat die Kraft, teilweise Erfüllung herbeizuführen, aber indem es das tut, treibt es gleichzeitig zum Widerstand, weil das Gesetz gerade durch seinen ureigensten Charakter als Gebot unser Getrenntsein vom Zustand der Erfüllung bestätigt. Das Gesetz erzeugt Feindschaft gegen Gott, den anderen Menschen und das eigene Selbst. Daraus ergeben sich die verschiedenen Haltungen gegenüber dem Gesetz.

Die Tatsache, daß das Gesetz bis zu einem gewissen Grade den Menschen dazu antreibt, es zu erfüllen, führt zu der Täuschung, daß es wirklich Wiedervereinigung mit unserem essentiellen Sein herbeiführen könne, d. h. völlige Selbst-Integration des Lebens im Bereich des Geistes. Diese Täuschung führt zur Täuschung über uns selbst, die besonders charakteristisch für die „Gerechten" ist – die Pharisäer, die Puritaner, die Pietisten, die Moralisten, die „Menschen guten Willens". Sie sind „gerecht", und sie verdienen es, bewundert zu werden. Auf einer begrenzten Basis sind sie zentriert, stark, selbstsicher, dominierend. Es sind Menschen, die ständig moralisch urteilen, auch wenn sie es nicht in Worten ausdrücken. Gerade durch ihre „Rechtschaffenheit" sind sie oft verantwortlich für die Desintegration derer, denen sie begegnen und die ihre Verurteilung fühlen.

Die andere Haltung gegenüber dem Gesetz, wahrscheinlich die der meisten Menschen, ist ein resigniertes Hinnehmen der Tatsache, daß das Gesetz nur begrenzt erfüllt werden und niemals eine Wiedervereinigung mit dem, was wir sein sollten, zustande bringen kann. Die meisten Menschen leugnen die Gültigkeit des Gesetzes nicht, sie verfallen nicht der Gesetzlosigkeit, und so wählen sie den ständigen Kompromiß. Das ist die Haltung derer, die versuchen, dem Gesetz zu gehorchen, und die zwischen Erfüllung und Nichterfüllung hin- und herschwanken, zwischen einer begrenzten Zentriertheit und einer begrenzten Auflösung. Sie sind gut im Sinne konventioneller Gesetzlichkeit, und ihre fragmentarische Erfüllung des Gesetzes ermöglicht das Leben der Gesellschaft. Aber ihr Gutsein ist, wie auch das der „Gerechten", zweideutig – nur ist es mit weniger Selbsttäuschung und weniger Arroganz gemischt als das der ersten Gruppe.

Es gibt noch eine dritte Haltung gegenüber dem Gesetz, die die radikale Annahme des Gesetzes mit einer völligen Verzweiflung über die Möglichkeit, es zu erfüllen, verbindet. Diese Haltung ist das Ergebnis leidenschaftlicher Versuche, ein „Gerechter" zu sein und das Gesetz ohne Kompromiß in seinem unbedingten Ernst zu erfüllen. Wenn ein solches Streben immer wieder scheitert, wird das zentrierte Selbst in dem Konflikt zwischen Wollen und Tun zerrissen. Die unbewußten Motive der persönlichen Entscheidungen werden durch die Gebote nicht verändert – ein Faktum, das von der modernen Psychoanalyse wiederentdeckt und methodisch beschrieben worden ist. Das, was im Gesetz an Antriebskraft wirkt, wird von den unbewußten Motiven abgelehnt, teils durch direkten Widerstand, teils durch Rationalisierung und – im sozialen Bereich – durch die Schaffung von Ideologien. Die motivierende Kraft des Gesetzes ist geschwächt durch das, was Paulus das widerstreitende Gesetz in unseren Gliedern nennt. Diese Situation ändert sich auch nicht, wenn alle Gesetze auf das eine „Gesetz der Liebe" reduziert werden, weil Liebe, als Gesetz auferlegt, noch weniger erfüllt werden kann als ein einzelnes Gesetz. Die Einsicht in diese Situation führt zu der Frage nach einer moralischen Motivation, die die Erfüllung des Gesetzes möglich macht, die den Inhalt des Gesetzes bejaht, aber nicht in der Form des Gesetzes[1].

2. Das Sich-Schaffen des Lebens und seine Zweideutigkeiten

a) Dynamik und Wachstum. – Die zweite Polarität in der Struktur des Seins ist die von Dynamik und Form. Sie ist in der Funktion des Lebens wirksam, die wir das Sich-Schaffen des Lebens genannt haben. Wachstum ist der Prozeß, in dem eine geformte Wirklichkeit über sich hinaus zu einer anderen Form hintreibt, die die ursprüngliche Wirklichkeit in sich gleichzeitig bewahrt und verändert (daher die enge Beziehung zu dem Pol Dynamik in der Polarität von Dynamik und Form). Dieser Prozeß ist die Weise, in der das Leben sich schafft. Es ist ein schöpferischer Prozeß, wenn auch nicht im Sinne ursprünglicher Schöpfung: Das Leben ist sich gegeben durch das göttliche Schaffen, das alle Lebensprozesse transzendiert und ihnen zugrunde liegt. Auf diesem Fundament schafft sich das Leben durch den dynamischen Prozeß des Wachsens. Das Phänomen des Wachsens ist fundamental in allen Dimensionen des Lebens. Es wird häufig als die letztgültige Norm von solchen Philosophen bezeichnet, die ausdrücklich alle anderen letzt-

---

[1] Für eine ausführlichere Behandlung dieses Problems vgl. „Das religiöse Fundament des moralischen Handelns".

gültigen Normen ablehnen. Der Begriff „wachsen" wird auch auf Prozesse in der Dimension des Geistes und auf das Werk des göttlichen Geistes angewandt. „Wachstum" ist eine Hauptkategorie in der Beschreibung des individuellen wie des sozialen Lebens, und in der Prozeßphilosophie ist die Idee des Wachstums der verborgene Grund für die Bevorzugung des Begriffs des „Werdens" gegenüber dem des „Seins".

Dynamik steht in polarer wechselseitiger Beziehung zu Form. Sich-Schaffen ist immer das Schaffen von Form. Alles was wächst, hat Form. Die Form macht ein Ding zu dem, was es ist. So ist es auch die Form, die eine Schöpfung der menschlichen Kultur zu dem macht, was sie ist: ein Gedicht, ein Bauwerk, ein Gesetz usw. Jedoch ist hier eine Einschränkung nötig: Eine Reihe aufeinanderfolgender Formen ist noch nicht Wachstum. Ein anderes Element, und zwar vom Pol der Dynamik, kommt hinzu. Jede neue Form ist nur dadurch möglich, daß sie die Grenzen einer alten Form durchbricht. Mit anderen Worten: Es gibt ein Moment des „Chaos" zwischen der alten und der neuen Form, ein Moment des „Nicht-mehr-Form-Seins" und des „Noch-nicht-Form-Seins". Dieses Chaos ist niemals absolut. Es kann nicht absolut sein, weil gemäß der Struktur der ontologischen Polaritäten „Sein" niemals ohne Form ist. Und so hat auch selbst das relative Chaos noch Form. Aber das relative Chaos mit seiner relativen Form ist nur ein Übergangsstadium, und als solches ist es eine Gefahr für die Funktion des Sich-Schaffens des Lebens. In solchen Gefahrenmomenten kann das Leben an seinen Ausgangspunkt zurückfallen und das Schaffen verhindern, oder es kann sich bei dem Versuch, eine neue Form zu gewinnen, selbst zerstören. Man denke an die Lebensgefahr bei jeder Geburt, sowohl bei Individuen wie bei Arten, an das psychologische Phänomen der Verdrängung, an die Gefahren bei der Schaffung eines neuen sozialen Gebildes oder eines neuen Kunststiles. Das Element des Chaotischen, das dabei eine Rolle spielt, findet sich schon in den Schöpfungsmythen, auch in den Schöpfungsmythen des Alten Testaments. Schöpfung und Chaos gehören zusammen, und sogar der exklusive Monotheismus der biblischen Religion bestätigt diese Struktur des Lebens. Sie kehrt in den symbolischen Beschreibungen des göttlichen Lebens wieder, seiner abgründigen Tiefe, seines Charakters als brennendes Feuer, seines Leidens mit der Kreatur oder seines vernichtenden Zornes. Aber im göttlichen Leben gefährdet das Element des Chaotischen die ewige Erfüllung nicht, während es im Leben des Geschöpfes unter den Bedingungen der Entfremdung zur Zweideutigkeit des Sich-Schaffens führt. Zerstörung kann als das Vorherrschen des Elementes des Chaotischen über die Form in der Dynamik des Lebens bezeichnet werden.

In keinem Lebensprozeß gibt es nur Zerstörung. Kein Seiendes kann nur negativ sein. In jedem Lebensprozeß sind Strukturen der Schöpfung mit „Strukturen der Destruktion" gemischt, und zwar in solcher Weise, daß sie nicht voneinander getrennt werden können. Und im aktuellen Lebensprozeß kann man niemals mit Sicherheit feststellen, von welcher der beiden Kräfte ein Prozeß beherrscht ist.

Man könnte fragen, warum Integration und Desintegration als besondere Funktionen des Lebens verstanden werden sollen, denn man könnte Integration als eine Art des Sich-Schaffens des Lebens und Desintegration als eine Art von Zerstörung auffassen. Sie müssen jedoch ebenso wie die Polaritäten, die ihnen zugrunde liegen, unterschieden werden: Selbst-Integration konstituiert das individuelle Sein in seiner Zentriertheit, Sich-Schaffen verleiht den Impuls, der das Leben unter dem Prinzip des Wachstums von einem zentrierten Zustand zu einem anderen treibt. Zentriertheit schließt Wachstum nicht ein, Wachstum setzt Zentriertheit voraus, denn es bedeutet das Verlassen eines Zustandes der Zentriertheit und das Weitergehen zu einem anderen. Desintegration findet in einer zentrierten Einheit statt, und sie kann zum Tode, d. h. zur Zerstörung führen. Aber die andere und häufigere Ursache der Zerstörung ist die Begegnung einer zentrierten Einheit mit einer anderen zentrierten Einheit (z. B. Tod durch Unglücksfall oder durch Infektion).

b) Sich-Schaffen und Zerstörung außerhalb der Dimension des Geistes: Leben und Tod. – Wie Zentriertheit so ist auch Wachstum eine universale Funktion des Lebens. Aber während der Begriff der Zentriertheit der Dimension des Anorganischen mit seinen geometrischen Figuren entnommen ist, stammt der Begriff des Wachstums aus der organischen Dimension. Er ist eines ihrer grundlegenden Charakteristika. Beide Begriffe werden als Metaphern gebraucht, sofern es sich um universale Prinzipien in allen drei Funktionen handelt; sie werden wörtlich gebraucht, sofern es sich um den Bereich, dem sie entnommen sind, handelt.

„Wachstum" wird als Metapher verwendet, wenn vom anorganischen Bereich die Rede ist – vom Makrokosmos, vom Mikrokosmos und von dem der alltäglichen Erfahrung. Das Problem von Wachstum und Verfall in der makrokosmischen Sphäre ist so alt wie die Mythologie und so neu wie die moderne Astronomie. Beispiele dafür sind der Mythos vom rhythmischen Prozeß der Verbrennung und Erneuerung des Kosmos, die Diskussion über die Entropie, die Bedrohung durch den Wärmetod der Welt oder durch die neue astronomische Theorie von der Expansion des Kosmos. Solche Gedanken zeigen – wie sich die Menschheit immer bewußt gewesen ist –, daß in den allgemeinen Lebensprozessen die Zweideutigkeit von Schöpfung und Zerstörung liegt – auch in der anorganischen Dimension. Die Bedeutung dieser Ideen für die Religion ist offensichtlich, aber sie sollten niemals dazu mißbraucht werden (wie es mit der Lehre von der Entropie geschehen ist), daraus Argumente für die Existenz eines höchsten Wesens abzuleiten.

Die Zweideutigkeit von Schöpfung und Zerstörung zeigt sich in gleicher Weise im Mikrokosmos, besonders in der subatomaren Sphäre. Der ständige Wechsel von Entstehung und Zerfall der kleinsten Materie-Teilchen, die wechselseitige Zerstörung, wie sie im Begriff der „Gegenmaterie" zum Ausdruck kommt, der radioaktive Zerfall – in all diesen Begriffen wird eine bestimmte Auffassung vom Leben sichtbar: Das Leben schafft sich, und das Leben wird zerstört – auch in der anorganischen Dimension. Diese mikrokosmischen Prozesse sind der Hintergrund für Wachstum und Verfall auch im Makrokosmos des anorganischen Bereichs, selbst bei Dingen, die den Eindruck unveränderlicher Dauer geben und dafür symbolisch verwendet werden (z. B. Steine, Metalle usw.).

Die Begriffe Sich-Schaffen und Zerstören, Wachstum und Verfall erreichen ihre volle Bedeutung in den Bereichen, die von der Dimension des Organischen beherrscht sind, denn hier werden Leben und Tod in ihrem ursprünglichen Sinn erfahren. Daß Leben und Sterben zu den Lebensprozessen gehören, braucht nicht hervorgehoben zu werden, aber es ist wichtig, die zweideutige Verflechtung von Sich-Schaffen und Zerstören in allen Bereichen des Organischen zu zeigen. In jedem Wachstumsprozeß sind die Bedingungen des Lebens auch die Bedingungen des Sterbens. Der Tod ist in jedem Lebensprozeß gegenwärtig, von seinem Anfang bis zu seinem Ende, obwohl der aktuelle Tod eines Lebewesens nicht nur von der Zweideutigkeit seines eigenen individuellen Lebensprozesses, sondern auch von seiner Stellung innerhalb der Totalität des Lebens abhängt. Aber der Tod von außen könnte keine Gewalt über ein Lebewesen haben, wenn der Tod von innen nicht beständig am Werke wäre.

Von daher wird die Behauptung verständlich, daß der Augenblick unserer Zeugung nicht nur der Augenblick ist, in dem wir anfangen zu leben, sondern auch der Augenblick, in dem wir anfangen zu sterben. Die gleiche Zell-Konstitution, die einem Wesen die Kraft zu leben gibt, treibt auch zur Auslöschung dieser Kraft. Diese Zweideutigkeit von Schöpfung und Zerstörung in allen Lebensprozessen ist eine fundamentale Erfahrung allen Lebens. Die Lebewesen sind sich dieser

Tatsache mehr oder weniger bewußt, und das Antlitz eines jeden Lebewesens drückt die Zweideutigkeit von Wachstum und Verfall aus.

Die Zweideutigkeit von Schöpfung und Zerstörung ist nicht nur auf das Wachstum der Lebewesen selbst beschränkt, sondern bezieht sich auch auf ihr Wachstum in Beziehung zu anderem Leben. Das individuelle Leben spielt sich im Zusammenhang mit allem Leben ab. In jedem Augenblick eines Lebensprozesses begegnet es fremdem Leben, und diese Begegnung hat schöpferische und zerstörerische Folgen für beide Seiten. Das Leben wächst, indem es anderes Leben unterdrückt oder beiseite schiebt oder in sich aufnimmt – Leben lebt von Leben.

Die letzten Betrachtungen führen zu dem Begriff des Kampfes als eines Symptoms der Zweideutigkeit des Lebens in allen Bereichen, aber am deutlichsten im organischen Bereich und in diesem am bedeutsamsten in seiner geschichtlichen Dimension (siehe Teil V des Systems). Jeder Blick auf die Natur bestätigt die Wirklichkeit des Kampfes als eines zweideutigen Mittels des Sich-Schaffens des Lebens – eine Tatsache, die Heraklit klassisch formuliert hat, als er den Kampf den Vater aller Dinge nannte. Man könnte eine „Phänomenologie der Begegnungen" schreiben und darin zeigen, wie das Wachstum des Lebens bei jedem Schritt Konflikte mit anderem Leben auslöst. Dabei könnte man darauf hinweisen, daß es für die Selbstverwirklichung des Individuums nötig ist, soweit wie möglich vorzustoßen und bei dem unvermeidlichen Zusammenstoß mit gleichen Versuchen und Erfahrungen anderen Lebens Niederlagen und Siege zu erleben. In Stoß und Gegenstoß bewirkt das Leben ein vorläufiges Gleichgewicht in allen Dimensionen, aber es gibt keine Gewißheit darüber, wie die Konflikte ausgehen werden. Das Gleichgewicht, das in einem Moment hergestellt wird, kann im nächsten Moment schon wieder zerstört sein. Das ist im Verhältnis der Lebewesen zueinander sogar dann der Fall, wenn sie derselben Art angehören. Aber der Kampf wird noch deutlicher zum Instrument des Wachsens bei der Begegnung solcher Arten, bei denen die eine sich von der anderen ernährt. Ein Kampf auf Leben und Tod geht in allem vor, was wir „Natur" nennen, und wegen der vieldimensionalen Einheit des Lebens erstreckt sich dieser Kampf auch auf den Menschen und auf die Geschichte der Menschheit. Er ist eine universale Struktur des Lebens. Die Nichtbeachtung dieser Tatsache liegt dem theoretischen und praktischen Scheitern des legalistischen Pazifismus zugrunde, der versucht, dieses Charakteristikum aller Lebensprozesse zu eliminieren – zumindest in der geschichtlichen Menschheit.

Leben lebt von anderem Leben, aber Leben lebt auch mit Hilfe von anderem Leben: es wird verteidigt, gehütet und durch Gruppenbildung gestärkt. Das Überleben des Stärksten ist das Mittel, durch das das Leben im Prozeß des Sich-Schaffens sein vorläufiges Gleichgewicht erreicht – ein Gleichgewicht, das ständig durch die Dynamik des Seins und das Wachstum des Lebendigen bedroht ist. Nur durch die Verschwendung unzähliger Samen und Individuen kann in der Natur ein vorläufiges Gleichgewicht aufrechterhalten werden. Ohne solche Verschwendung würden ganze Gruppen von Lebewesen aussterben, wie es geschieht, wenn klimatische Veränderungen stattfinden oder der Mensch störend eingreift. Die Bedingungen für den Tod sind auch die Bedingungen für das Leben.

Der individuelle Lebensprozeß geht im Sich-Schaffen auf zweierlei Weise über sich hinaus: durch Arbeit und durch Fortpflanzung. Der Fluch, der in der Geschichte vom Sündenfall über Adam und Eva ausgesprochen wird, bringt die Zweideutigkeit der Arbeit als einer Form des Sich-Schaffens des Lebens machtvoll zum Ausdruck. Das englische wort „labor" wird für beides gebraucht: für Geburtswehen und die Arbeit des Ackerbaus. „Labor" ist die Folge der Austreibung aus dem Paradies und wird der Frau und dem Mann auferlegt. Es gibt fast keine positive Bewertung der Arbeit im Alten Testament und nicht viel im Neuen Testament und in der mittelalterlichen Kirche (selbst im Mönchstum). Eine Glorifizierung der Arbeit blieb erst dem Protestantismus, der industriellen Gesellschaft und dem Sozialismus vorbehalten. Bei diesen wird die Last der Arbeit oft verschwiegen (besonders aus erzieherischen Gründen), und oft wird das Bewußtsein von ihr verdrängt, z. B. durch die gegenwärtige Ideologie des Aktivismus und durch Menschen, die in demselben Moment, in dem sie aufhören zu arbeiten, eine innere Leere empfinden. Diese Extreme in der Bewertung der Arbeit zeigen die Zweideutigkeit der Arbeit – eine Zweideutigkeit, die in jedem Lebensprozeß in der Dimension des Organischen sichtbar ist.

Das individualisierte und dadurch von anderem abgetrennte Leben greift über sich hinaus, um anderes Leben zu assimilieren – nicht nur in der anorganischen, sondern auch in der organischen Dimension. Aber um das zu können, muß es seine sicher bewahrte Selbst-Identität aufgeben, es muß das Glück des erfüllten In-sich-Ruhens opfern: es muß sich abmühen. Selbst wenn es von der *libido* oder vom *eros* getrieben ist, entgeht es nicht der Mühsal, sein potentielles Gleichgewicht zugunsten eines aktuellen schöpferischen Un-Gleichgewichts aufzugeben. In der konkret symbolischen Sprache des Alten Testaments heißt es: „Ja, mir hast Du Arbeit gemacht mit Deinen Sünden und hast mir

Mühe gemacht mit Deinen Missetaten" (Jes. 43, 24). Von diesem Standpunkt aus muß die romantische Entwertung des technischen Fortschritts verworfen werden. Insofern die Technik unzählige Menschen von der Mühsal der Arbeit, die sie körperlich zugrunde richtet, befreit und die Aktualisierung ihrer geistigen Potentialitäten ermöglicht, ist der technische Fortschritt eine heilende Kraft gegenüber den Wunden, die durch die zerstörerischen Folgen der Arbeit verursacht werden.

Es gibt aber noch eine andere Seite der Zweideutigkeit der Arbeit. Die Arbeit verhindert das Beharren in der Selbst-Identität des individuellen Lebewesens, sie bewirkt das Über-sich-Hinausgehen. Das ist der Grund, warum die Seligkeit des Himmels, die in den Mythen als Nichtbetätigung vorgestellt wird, von vielen Menschen mit Entsetzen verworfen wird. Sie identifizieren diese Seligkeit mit einer Hölle ewiger Langeweile und ziehen dieser eine Hölle der ewigen Pein vor. Das zeigt, daß für ein Wesen, dessen Leben durch Zeit und Raum bedingt ist, die Arbeit ein Ausdruck seines wahren Lebens ist und als ein größerer Segen angesehen wird als der Zustand der träumenden Unschuld oder der reinen Potentialität. Das Seufzen unter der Last der Arbeit ist zweideutig mit der Angst gemischt, sie zu verlieren – ein Zeugnis für die Zweideutigkeit des Sich-Schaffens des Lebens.

Die auffälligste und zugleich geheimnisvollste Zweideutigkeit in der Funktion des Sich-Schaffens des Lebens ist die Zweideutigkeit der Sexualität oder, konkreter gesprochen, die Zweideutigkeit der sexuellen Differenzierung und Wiedervereinigung. Hier erreicht der selbstschöpferische Prozeß des Lebens in der Dimension des Organischen seine höchste Kraft und seine tiefste Zweideutigkeit. Die Individuen werden zueinander getrieben, die höchste Ekstase zu erleben, aber in diesem Erlebnis, in dieser Vereinigung zweier Selbste, verschwindet das individuelle Selbst. In der Tierwelt kommt es vor, daß die Individuen sterben oder der Partner getötet wird. Die sexuelle Vereinigung des Getrennten dient nicht nur dem Sich-Schaffen des individuellen Lebens, sondern auch dem Leben der Art. Auch die Erhaltung der Art ist beides zugleich: Verneinung und Erfüllung der Individuen. – Beim Hervorbringen von Individuen geschieht es von Zeit zu Zeit, daß eine neue Art geschaffen wird, ein Vorgang, der schon die geschichtliche Dimension vorwegnimmt.

Die Erörterung der Zweideutigkeit der Fortpflanzung berührt ebenso wie die Zweideutigkeit der Arbeit bereits den Bereich, der den Übergang von der Dimension des Organischen zu der des Geistes darstellt – den Bereich des Psychischen. Wie schon früher gezeigt, ist es schwer, ihn von den beiden Nachbarbereichen, zwischen denen er eine Brücke ist, zu trennen. Man kann jedoch einige Elemente aus den Nachbarbereichen abstrahieren und durch sie den Bereich des Psychischen charakterisieren.

Die Zweideutigkeit des Sich-Schaffens erscheint im psychischen Bereich als die „Zweideutigkeit des Lust-Schmerz-Prinzips" und die „Zweideutigkeit des Lebens-Triebs und Todes-Triebs". Zunächst scheint es einleuchtend, daß jeder schöpferische Lebensprozeß – wenn Bewußtsein vorhanden ist – eine Quelle der Lust und jeder zerstörerische Lebensprozeß eine Quelle des Schmerzes ist. Von dieser einfachen und anscheinend unzweideutigen Behauptung ist das scheinbare psychologische Gesetz abgeleitet, nach dem jeder Lebensprozeß sucht, Lust zu gewinnen und Schmerz zu vermeiden. Diese Schlußfolgerung ist aber völlig falsch. Gesundes Leben folgt dem Prinzip des Sich-Schaffens, und im schöpferischen Moment fragt ein Lebewesen weder nach Lust noch nach Schmerz. Lust und Schmerz können den schöpferischen Akt begleiten, aber sie werden als Ergebnis des Aktes weder angestrebt noch vermieden. Deshalb ist die Frage irreführend: Erstrebt der schöpferische Akt nicht eine Lust höherer Art, selbt wenn Schmerz damit verbunden ist, und bestätigt das nicht das Lustprinzip? Das muß verneint werden, denn diese Behauptung impliziert, daß der Mensch mit Absicht im schöpferischen Akt Glück erstrebt, aber diese Absicht ist im schöpferischen Akt als solchem nicht enthalten. Sicherlich erfüllt Schöpfung etwas, wozu das Leben in seinem Innersten getrieben wird und dessen klassischer Ausdruck der Begriff *eros* ist. Das ist der Grund, warum erfolgreiches Schaffen Freude macht, aber es wäre kein schöpferischer Akt und auch keine Freude der Erfüllung, wenn der Akt als ein Mittel, Freude zu finden, beabsichtigt wäre. Der schöpferische Akt verlangt Hingabe an den Gegenstand des *eros*, und die Freude wird zerstört, wenn man darüber nachdenkt, ob Lust oder Schmerz die Folgen sind. Das Lust-Schmerz-Prinzip beherrscht allein das kranke, unzentrierte und daher unfreie und unschöpferische Leben.

Die Zweideutigkeit von Lust und Schmerz ist am sinnfälligsten in einem Phänomen, das oft „morbid" genannt worden ist, das aber dennoch im gesunden wie im kranken Leben universal gegenwärtig ist – das Erlebnis des Schmerzes in der Lust und der Lust im Schmerz. Das psychologische Material, das diese Zweideutigkeit im Sich-Schaffen des Lebens beweist, ist sehr reichhaltig, aber es ist nicht immer richtig verstanden worden. An sich ist das Phänomen nicht – wie der Ausdruck „morbid" vermuten läßt – eine eindeutige Entstellung des Lebens, sondern vielmehr ein immer vorhandenes Symptom der Zweideutigkeit des Lebens in der Dimension des Psychischen. Es zeigt sich eindrucksvoll in zwei Charakteristika des Sich-Schaffens des Lebens – im Kampf und in der Sexualität.

In der Zweideutigkeit des Lust-Schmerz-Prinzips ist die Vorwegnahme der anderen Zweideutigkeit, nämlich der des „Lebens-Triebs und Todes-Triebs" enthalten. Die beiden letzten Bezeichnungen sind Versuche, Phänomene zu begreifen, die tief in der schöpferischen Funktion des Lebens wurzeln. Es ist einer der Widersprüche der Natur, daß ein Lebewesen einerseits sein Leben bejaht, andrerseits verneint. Die Selbstbejahung des Lebens wird gewöhnlich als selbstverständlich angesehen, die Selbstverneinung dagegen selten, und wenn sie als psychologisches Faktum betrachtet wird wie in Freuds Theorie des Todes-Triebs, lehnen sich selbst orthodoxe Schüler Freuds dagegen auf. Aber die Fakten, die in der unmittelbaren Selbstwahrnehmung gegeben sind, beweisen die Zweideutigkeit des Lebens, wie Freud sie beschrieben hat (und wie auch Paulus sie gesehen hat, wenn er von der Traurigkeit der Welt, die zum Tode führt, spricht). In jedem bewußten Wesen ist sich das Leben seiner Begrenztheit bewußt, es fühlt dumpf, daß es ein Ende hat, und die Symptome der Erschöpfung seiner Lebenskraft bringen ihm diese Tatsache nicht nur zum Bewußtsein, sondern erwecken sogar eine Sehnsucht nach dem Ende. Es ist kein akuter Zustand des Schmerzes, der den Wunsch erweckt, sich loszuwerden, weil man schmerzlos werden möchte (obwohl dies auch vorkommen kann), sondern es ist die existentielle Erkenntnis der eigenen Endlichkeit, die die Frage aufwirft, ob die Fortsetzung der endlichen Existenz es wert ist, die damit verbundene Last zu tragen. Solange aber das Leben währt, wird dieser Tendenz durch die Selbstbejahung des Lebens entgegengewirkt, durch den Wunsch, die Identität zu erhalten, obgleich es die Identität eines endlichen, vergänglichen Individuums ist. Selbstmord muß also als die Aktualisierung eines latenten Impulses in allem Leben verstanden werden. Das ist der Grund für selbstmörderische Phantasien in den meisten Menschen und die relative Seltenheit wirklichen Selbstmordes. Der Selbstmord bringt eindeutig zum Vorschein, was gemäß der Natur des Lebens zweideutig bleiben sollte.

Alle diese Faktoren sind bisher außerhalb der Dimension des Geistes und der Geschichte betrachtet worden, sie haben aber den Grund für eine Beschreibung des Sich-Schaffens des Lebens in diesen beiden Dimensionen gelegt.

c) Sich-Schaffen des Lebens in der Dimension des Geistes: die Kultur.–
1. Die Grundfunktionen der Kultur: Sprache und Technik.

Kultur *(cultura,* abgeleitet von *colere,* etwas pflegen) bedeutet, sich um etwas bemühen, es lebendig erhalten, es wachsen lassen. In diesem Sinne kann der Mensch alles, dem er begegnet, „kultivieren", aber indem er das tut, läßt er das Objekt, das er „kultiviert", nicht unverändert. Er macht etwas Neues daraus, und zwar in verschiedener Weise: aufnehmend in den Funktionen der *theoria* und umgestaltend in den Funktionen der *praxis.* In beiden Fällen schafft die Kultur etwas Neues, das über die begegnende Wirklichkeit hinausgeht. Das Neue in der Kultur ist vor allem die Schöpfung von Sprache und Technik. Sie gehören zusammen. Im ersten Buch der Bibel fordert Gott den Menschen auf, den Tieren Namen zu geben (Sprache) und den Garten zu „kultivieren" (Technik). Und ähnlich ist es bei Sokrates: Wenn er den Sinn von Worten diskutiert, weist er dabei auf technische Probleme hin, z. B. die des Handwerks, der Strategie usw. Auch im Pragmatismus wird die Geltung von Begriffen an ihrer technischen Anwendbarkeit gemessen. Sprechen und Gebrauch von Werkzeugen gehören zusammen.

Sprache dient der Mitteilung und der Bezeichnung. Ihre mitteilende Funktion ist in der Tierwelt durch Laute und Gesten vorbereitet, aber volle Mitteilung ist erst möglich, wenn die bezeichnende Funktion der Sprache hinzukommt. In der Sprache wird Mitteilung zur wechselseitigen Partizipation an einem Sinn-Universum. Der Mensch hat die Möglichkeit solcher Mitteilung, weil er als vollständig zentriertes Selbst einer Welt gegenübersteht. Das befreit ihn von der Bindung an die konkrete Situation, an das spezifische Hier und Jetzt seiner Umwelt. Er erfährt Welt in jedem Konkreten, er erfährt das Universale in jedem einzelnen. Der Mensch hat Sprache, weil er eine Welt hat, und er hat eine Welt, weil er Sprache hat, und er hat beides, weil er in der Begegnung von Selbst mit Selbst auf eine definitive Grenze stößt: wenn er richtungslos von einem Hier und Jetzt zum anderen vorstößt, wird er durch die Erfahrung des anderen Selbst auf sich selbst zurückgeworfen, und es wird ihm dadurch möglich, auf die begegnende Wirklichkeit als ein Gegenüber und eine Welt zu blicken. Hier liegt die gemeinsame Wurzel von Kultur und Moralität. Eine Bestätigung dieser Gedankengänge erleben wir bei manchen psychischen Erkrankungen: Wenn z. B. ein Mensch die Fähigkeit verliert, anderen Personen als Person zu begegnen, verliert er auch die Fähigkeit sinnvollen Sprechens. Ein Strom von Worten ohne Sinnstruktur und ohne mitteilende Kraft ergießt sich aus ihm, und er vergißt die begrenzende „Wand" des anderen, der ihm zuhört. Bis zu einem gewissen Grade ist das eine Gefahr für jeden Menschen. Die Unfähigkeit zuzuhören ist beides: kultureller Verfall und moralisches Versagen.

Wir haben nicht die Absicht, im Rahmen dieses Buches eine Sprach-philosophie zu bieten. Ein solcher Versuch wäre im Hinblick auf die von früheren und heutigen Philosophen geleistete Arbeit auf diesem Gebiet unangebracht und für unsere Zwecke auch nicht notwendig. Aber wir haben die Sprache an den Anfang unserer Betrachtungen über das Sich-Schaffen des Lebens in der Dimension des Geistes gestellt, weil sie für alle kulturellen Funktionen grundlegend ist. Keine der Funktionen ist ohne Sprache denkbar, sei es die technische, die politische, die kognitive, die ästhetische, die ethische oder die religiöse. Um in allen Gebieten anwendbar sein zu können, muß die Sprache unendlich vari-abel sein, sowohl hinsichtlich der besonderen kulturellen Funktion, in der sie gebraucht wird, als auch hinsichtlich der Begegnung mit der Wirklichkeit, die sie ergreifen soll. In beiderlei Hinsicht offenbart die Sprache Grundlegendes über das Wesen der Geistesfunktionen und ihrer Unterschiede. Wenn man Semantik in diesem weiteren Sinne ver-steht, dann könnte und sollte sie als Zugang zu dem Bereich des Geistes gebraucht werden. Wir müssen hier etwas näher auf ihre Bedeutung für die systematische Theologie eingehen.

Die Sprache ergreift die begegnende Wirklichkeit auf zweierlei Weise; Heidegger hat dafür die Worte *Zuhandensein* und *Vorhanden-sein* geprägt. *Zuhanden* im wörtlichen Sinne ist ein Gegenstand, den man handhaben oder für bestimmte Zwecke manipulieren kann. (Der Zweck kann ein Mittel für weitere Zwecke sein.) *Vorhandensein* da-gegen hat die Bedeutung von „existieren". Das erste bezeichnet eine technische, das zweite führt zu einer kognitiven Beziehung zur Wirk-lichkeit. Beiden kommt eine ihnen eigene Sprache zu, die sich jedoch gegenseitig nicht ausschließen, sondern ineinander übergehen. Die Sprache, die zum *Zuhandensein* gehört, ist die alltägliche, oft recht primitive und begrenzte Sprache, sie ist die Grundlage für alle anderen Arten von Sprache.

Aber chronologisch ist sie vielleicht nicht die erste Sprache. Die mythologische Sprache scheint gleich alt zu sein. Sie verbindet das tech-nische Ergreifen von Gegenständen mit einer religiösen Erfahrung. Religiöse Erfahrung bedeutet, daß im Begegnenden eine Qualität erfah-ren wird, die von höchster Bedeutung ist, auch für das tägliche Leben, dieses aber in solcher Weise transzendiert, daß eine andere Sprache not-wendig wird: die Sprache der religiösen Symbole und ihrer verschie-denen Kombinationen – des Mythos. Die religiöse Sprache ist sym-bolisch-mythologisch, auch dann, wenn sie Fakten und Ereignisse deu-tet, die eigentlich in den Bereich der alltäglichen Begegnung mit der Wirklichkeit gehören. Die heute oft übliche Verwechslung dieser beiden

Arten von Sprache ist eines der ernstesten Hindernisse für das Verstehen der Religion. Die Situation ist genau umgekehrt wie in der vorwissenschaftlichen Epoche der Menschheit, in der die Sprache des Mythos verstanden, aber die täglich begegnende Wirklichkeit, das Objekt der technischen Sprache, nicht adäquat begriffen wurde.

Die Sprache des Mythos wie die Sprache des gewöhnlichen technischen Umgangs mit der Wirklichkeit können beide in zwei andere Arten der Sprache übergehen: in die Sprache der Dichtung und in die Sprache der Wissenschaft. Wie die religiöse, so lebt auch die dichterische Sprache in Symbolen, aber die dichterischen Symbole drücken eine andere Qualität der Begegnung mit der Wirklichkeit aus als die religiösen. Sie zeigen auf bildhafte Weise eine Dimension des Seins, die auf andere Weise nicht ausgedrückt werden kann. Dabei gebraucht die dichterische (wie die religiöse) Sprache die Gegenstände der gewöhnlichen Erfahrung für ihre Symbolbildung. Auch hier verhindert die Verwechslung dieser verschiedenen Arten von Sprache (der dichterischen mit der religiösen, der technischen mit der dichterischen) das Verstehen der Funktionen des Geistes, zu denen sie gehören.

Das gilt im besonderen für die kognitive Funktion und die Sprache, die von ihr geschaffen ist. Sie hat in alle anderen Arten von Sprache Eingang gefunden, teils weil sie in ihnen in einer vorwissenschaftlichen Form schon enthalten ist, teils weil sie eine direkte Antwort auf die Frage gibt, die indirekt in allen Funktionen des menschlichen Schaffens gestellt wird – die Frage nach der Wahrheit. Aber die Wahrheit, die mit der methodischen Forschung der Wissenschaft gesucht und in der künstlichen Sprache, die für diesen Zweck entwickelt wurde, ausgedrückt wird, sollte scharf von der Wahrheit unterschieden werden, die in der mythologischen und dichterischen Begegnung mit der Wirklichkeit erfahren und in symbolischer Sprache ausgedrückt wird.

Ein weiteres, universales und in der Sprache bereits angelegtes Charakteristikum der Kultur ist die Dreiheit der Elemente: Gegenstand (Material), Form und Gehalt (Substanz). Nur dasjenige aus der Mannigfaltigkeit des Seienden kann zum Gegenstand bzw. Material einer kulturellen Schöpfung werden, was von der Sprache schon begriffen ist. Die Sprache trifft – metaphorisch gesprochen – eine Auswahl aus der Vielfalt der Gegenstände, und nur diejenigen gehen in sprachliche Formung über, die von Bedeutung sind – sei es für das technische Universum der Mittel und Zwecke, das Universum der Kunst, das Universum der Wissenschaft oder ein anderes. Die auswählende Funktion der Sprache konstituiert die Gegenstände in den einzelnen Kulturgebieten, je nach der Verschiedenheit des betreffenden Gebietes.

Die Verschiedenheit der Kulturgebiete hat ihre Ursache in der Form, dem zweiten und entscheidenden Element einer kulturellen Schöpfung Die Form macht eine kulturelle Schöpfung zu dem, was sie ist: zu einem philosophischen Essay, einem Gemälde, einem Gesetz, einem Gebet. In diesem Sinn ist Form die Essenz einer kulturellen Schöpfung. Form ist einer jener Begriffe, die nicht definiert werden können, weil jede Definition ihn voraussetzt. Solche Begriffe können nur so erklärt werden, daß man sie in Konfiguration mit anderen, ähnlichen Begriffen bringt.

Das dritte Element nennen wir den Gehalt oder die Substanz einer kulturellen Schöpfung. Während der Gegenstand frei gewählt und die Form beabsichtigt ist, ist die Substanz sozusagen der Boden, aus dem die Schöpfung wächst. Substanz ist in einer Kultur, einer Gruppe, einem Individuum unbewußt gegenwärtig und gibt dem Schaffenden Leidenschaft und Triebkraft und seinen Schöpfungen Sinn und Bedeutung. Die Substanz einer Sprache gibt ihr ihren spezifischen Charakter und ihre Ausdruckskraft. Das ist der Grund, warum Übersetzung aus einer Sprache in eine andere nur in solchen Gebieten befriedigend sein kann, in denen das Formale gegenüber dem Gehalt vorherrscht (z. B. in der Mathematik). Sie ist äußerst schwierig oder sogar unmöglich, wenn der Gehalt vorherrscht. In der Dichtung z. B. ist Übersetzung im Wesentlichen unmöglich, weil die Dichtung der unmittelbare Ausdruck eines Gehaltes durch ein Individuum ist. Die Begegnung mit der Wirklichkeit, auf der das Wesen einer bestimmten Sprache beruht, unterscheidet sich von der Begegnung mit der Wirklichkeit, auf der eine andere Sprache beruht. Aber gerade diese Begegnung in ihrer Totalität und ihrer Tiefe *ist* die Substanz der kulturellen Schöpfung.

Das Wort „Stil" wird gewöhnlich in der Kunst angewandt, aber es kann auch auf andere Funktionen des kulturellen Lebens angewandt werden und drückt dann einen speziellen, vom Gehalt bestimmten Form-Charakter einer Gruppe von Kultur-Schöpfungen aus. Man kann z. B. von einem Stil des Denkens, der Forschung, der Ethik, des Rechts oder der Politik sprechen. Wenn man das Wort Stil in dieser Weise gebraucht, findet man, daß der Stil eines Gebietes oft Analogien in anderen Gebieten innerhalb eines bestimmten Kulturkreises hat. Diese Tatsache macht den Stil zu einem Schlüssel für das Verständnis dafür, wie eine bestimmte Gruppe oder eine bestimmte Epoche der Wirklichkeit begegnet, obgleich ein neuer Stil auch der Ursprung von Konflikten zwischen den Forderungen der Form und denen des Gehaltes sein kann.

Unsere Charakterisierung der Sprache nimmt Erörterungen über

Strukturen und Spannungen des kulturellen Schaffens voraus, die in späteren Kapiteln wiederkehren werden. Darin zeigt sich die fundamentale Wichtigkeit der Sprache für das Sich-Schaffen des Lebens in der Dimension des Geistes. Als wir die verschiedenen Arten von Sprache erörterten, begannen wir mit der Sprache, die sich auf den gewöhnlichen technischen Umgang mit der täglich erfahrenen Wirklichkeit bezieht, aber wie schon angedeutet, ist die technische Funktion nur eine der Funktionen, durch die sich das Leben im Bereich des Geistes schafft.

Wie die Sprache durch ihre Allgemeinbegriffe von der Bindung an das „Hier und Jetzt" befreit, so befreit die technische Bearbeitung der gegebenen Wirklichkeit durch Erfindung von Werkzeugen von den Banden der natürlichen Lebensbedingungen. Höhere Tiere gebrauchen unter besonderen Bedingungen ebenfalls Werkzeuge, aber sie schaffen sie nicht zu unbegrenztem Gebrauch. In der Herstellung ihrer Nester, Höhlen, Behausungen usw. sind sie an einen bestimmten Plan gebunden, und sie können ihre Werkzeuge nicht über diesen speziellen Zweck hinaus gebrauchen. Der Mensch produziert Werkzeuge als Werkzeuge. Um das zu können, muß er jedoch Allgemeinbegriffe haben, d. h. er muß Sprache haben. Die Macht der Werkzeuge ist abhängig von der Macht der Sprache – der *logos* ist das erste. Wenn der Mensch *homo faber* genannt wird, wird er implizit *anthropos logikos* genannt, d. h. das Wesen, das durch den *logos* bestimmt und fähig ist, sinnvolle Worte zu gebrauchen.

Die befreiende Macht der Werkzeuge besteht darin, daß es durch sie möglich wird, Zwecke zu verwirklichen, die nicht im organischen Prozeß selbst enthalten sind. Wo immer Werkzeuge als Werkzeuge auftauchen, ist die Funktion bloßen Wachstums überschritten. Der entscheidende Unterschied liegt darin, daß der organische Prozeß innere Ziele *(tele)* hat, die durch den Prozeß selbst bestimmt sind, aber nicht über die organischen Notwendigkeiten hinausführen. Demgegenüber sind die äußeren Zwecke der technischen Produktion nicht beschränkt, sondern stellen unendliche Möglichkeiten dar. Raumfahrt z. B. ist ein technisches Ziel und eine technische Möglichkeit, aber sie ist nicht durch die organischen Notwendigkeiten eines Lebewesens bestimmt. Sie ist eine Sache freier Wahl. Diese Tatsachen führen zu einer Spannung, die viele Konflikte in unserer heutigen Kultur hervorrufen. Der unbegrenzte Charakter der technischen Möglichkeiten kann eine Perversion schaffen, eine Umkehrung von Mitteln und Zwecken. Die Mittel werden zu Zwecken nur, weil sie Möglichkeiten sind. Aber wenn Möglichkeiten zu Zwecken werden, nur weil sie Möglichkeiten sind und aus keinem anderen Grund, dann ist der ursprüngliche Sinn von Zweck verloren-gegangen – dann kann jede Möglichkeit verwirklicht werden. Es gibt kein letztes Ziel, in dessen Namen Widerstand geleistet werden könnte. Die Produktion der Mittel wird zu einem Ziel in sich selbst. Wie beim zwangsneurotischen Reden das Reden selbst zum Zweck wird, so wird die Produktion von Mitteln ein Zweck in sich selbst. Eine solche Ver-kehrung kann eine ganze Kultur bestimmen, in der die Produktion der Mittel zum Ziel geworden ist, über das hinaus es kein Ziel mehr gibt. Mit dem Hinweis auf dieses Problem in unserer Kultur ist die Bedeu-tung der Technik nicht geleugnet, sondern ihre Zweideutigkeit auf-gezeigt.

2. DIE FUNKTIONEN DER THEORIA: DER KOGNITIVE UND DER ÄSTHETI-SCHE AKT. Durch ihre Dualität weisen die beiden grundlegenden Funktionen der Kultur, Sprache und Technik, auf eine allgemeine Dualität im kulturellen Schaffen des Geistes hin. Diese Dualität geht letztlich auf die ontologische Polarität von „Individualisation" und „Partizipation" zurück, die in den Lebensprozessen in allen Dimen-sionen vorhanden ist. Jedes individuelle Wesen hat die Eigenschaft, für andere individuelle Wesen offen zu sein. Die Lebewesen „nehmen ein-ander auf" und verändern sich dadurch wechselseitig. Sie „empfangen" und „reagieren". Im organischen Bereich nennen wir diese Beziehung die Reiz-Reaktions-Struktur, in der Dimension des Psychischen spre-chen wir von „Aufnehmen" und „Umgestalten", und in der Dimen-sion des Geistes möchte ich vorschlagen, sie *theoria* und *praxis* zu nennen. Ich schlage die griechische Form der Worte vor, weil in den modernen Worten „Theorie" und „Praxis" Sinn und Macht der antiken Worte verloren gegangen sind. *Theoria* ist der Akt, in dem die begeg-nende Welt angeschaut wird, um einen Teil von ihr als ein sinnvoll strukturiertes Ganzes in das zentrierte Selbst aufzunehmen. Jedes ästhetische Bild und jeder kognitive Begriff ist solch ein strukturiertes Ganzes. Der Geist sucht prinzipiell nach einem Bild, das alle Bilder einschließt (z. B. Dantes *Divina Comedia*), und nach einem Begriff, der alle Begriffe einschließt (z. B. Einsteins Versuch, eine Weltformel zu finden), aber in der Wirklichkeit erscheint das Universum als Ganzes nie in unmittelbarer Anschauung, sondern nur durch partielle Bilder und Begriffe hindurch. Daher ist jede partikulare kulturelle Schöpfung der *theoria* ein Spiegel der begegnenden Wirklichkeit, wenn auch nur ein Fragment des ganzen Sinn-Universums. Diese Beziehung zum Uni-versalen drückt sich auch in der Sprache aus, denn die Sprache bewegt sich in Allgemeinbegriffen. In jedem Allgemeinbegriff bricht die Welt

durch die bloße Umwelt hindurch. Derjenige, der den Satz ausspricht: „Das ist ein Baum", hat die „Baumheit" in einem individuellen Baum erkannt und damit ein Fragment des Sinn-Universums.

In diesem Beispiel haben wir die Sprache als kognitiven Ausdruck der *theoria* verstanden, aber dasselbe Beispiel können wir auch für die ästhetische Seite der *theoria* anführen. Wenn van Gogh einen Baum malt, wird er zum Abbild seiner dynamischen Vision von der Welt. Van Gogh trägt etwas bei zum Sinn-Universum, indem er ein Bild sowohl von der „Baumheit" schafft wie vom Universum, das sich in einem Einzelexemplar Baum widerspiegelt.

Die Ausdrücke „Bild" und „Begriff" für die zwei Weisen, in denen die *theoria* die Wirklichkeit durch die ästhetische und die kognitive Funktion aufnimmt, bedürfen der Rechtfertigung. Beide Ausdrücke werden in einem sehr weiten Sinn gebraucht: Bild für alle ästhetischen Schöpfungen, Begriff für alle kognitiven Schöpfungen. Man wird gewiß zugeben, daß die darstellende und literarische Kunst Bilder produzieren – sinnliche oder vorgestellte –, aber die Anwendung des Wortes „Bild" auf die Musik könnte man als fragwürdig bezeichnen. Diese Erweiterung des Begriffs „Bild" läßt sich damit rechtfertigen, daß man auch in der Musik von „Figuren" spricht und damit einen Ausdruck, der *per definitionem* visuell ist, auf das Gebiet der Töne überträgt. Und das ist nicht die einzige Übertragung eines Begriffs aus einem Gebiet auf ein anderes: man spricht auch in bezug auf Musik von Farben und Ornamenten, von Dichtung und Drama. Aus diesem Grunde gebrauchen wir den Ausdruck „Bild" trotz seines visuellen Ursprungs für das Ganze des ästhetischen Schaffens (wie auch Plato den visuellen Ausdruck *eidos* oder „Idee" universal verwendet).

Die Frage, ob ein Begriff oder ein Satz das wichtigste Instrument der Erkenntnis sei, ist für mich eine leere Frage, weil in jedem definierten Begriff zahllose Sätze implizit enthalten sind und gleichzeitig jeder Satz zu neuen Begriffen führt, die die alten voraussetzen.

Die Unterscheidung zwischen dem Ästhetischen und dem Kognitiven ist schon früher in Verbindung mit der Beschreibung der Struktur der Vernunft besprochen worden. Aber die Struktur der Vernunft ist nur ein Element in der Dynamik des Lebens und in den Funktionen des Geistes: sie ist das statische Element im Sich-Schaffen des Lebens in der Dimension des Geistes. Als wir im Teil I (Vernunft und Offenbarung) über die existentiellen Konflikte der Vernunft sprachen, hätten wir statt dessen besser und ausführlicher von den existentiellen Konflikten sprechen sollen, die durch die zweideutige Anwendung rationaler Strukturen im Schaffen des Geistes erzeugt werden. Denn Vernunft ist die Struktur von Bewußtheit und Welt, während Geist deren dynamische Aktualisierung in der Person und in der Gemeinschaft ist. Genau gesprochen gibt es in der Vernunft, die selbst Struktur ist, keine Zweideutigkeiten, sondern nur im Geist, der Leben ist.

Die meisten Probleme, die sich auf die kognitive Funktion des Menschen beziehen, sind schon in dem Teil „Vernunft und Offenbarung" (Bd. I) erörtert worden. Hier müssen wir nur auf die fundamentale Spannung im kognitiven Prozeß hinweisen, die zu seinen Zweideutigkeiten führt. Im kognitiven Akt wie analog in allen Funktionen des sich schaffenden Lebens in der Dimension des Geistes (Moralität und Religion eingeschlossen) gibt es einen fundamentalen Konflikt zwischen dem schöpferischen Ziel des Geistes und der Situation, aus der dieses Ziel geboren ist und die zugleich das Erreichen des Ziels unmöglich macht – der Situation der Entfremdung. Diese Situation wurzelt in der Trennung von Subjekt und Objekt, einer Trennung, die zugleich die Bedingung dafür ist, daß überhaupt eine Kultur mit ihren Schöpfungen der *theoria* und *praxis* entstehen kann.

Man kann daher sagen, daß der kognitive Akt aus dem Wunsch geboren wird, die Kluft zwischen Subjekt und Objekt zu überbrücken. Der vieldeutige Ausdruck für das Resultat einer solchen Wiedervereinigung ist „Wahrheit". Das Wort wird sowohl von der Wissenschaft wie von der Religion beansprucht und zuweilen auch von der Kunst. Wenn eines dieser Gebiete das Wort ausschließlich für sich beanspruchen würde, müßte für die anderen Gebiete ein anderes Wort gefunden werden. Aber wie mir scheint, ist das nicht notwendig, weil das zugrunde liegende Phänomen in allen drei Disziplinen dasselbe ist: die fragmentarische Wiedervereinigung des erkennenden Subjekts mit dem zu erkennenden Objekt im Akt der Erkenntnis.

Das Ziel, Wahrheit zu finden, ist nur ein Element in der ästhetischen Funktion. Ihre Hauptintention besteht darin, Qualitäten des Seins, die nur durch das künstlerische Schaffen ergriffen werden können, zum Ausdruck zu bringen. Das Ergebnis künstlerischen Schaffens ist das „Schöne" genannt worden und zuweilen mit der „Wahrheit", zuweilen mit dem „Guten", zuweilen mit beiden zu einer Dreiheit der höchsten Werte vereint worden. Der Begriff „Schönheit" hat die Kraft verloren, die er in der Verbindung vom „Wahren und Schönen" *(kalon k'agathon)* im Griechischen hatte. In der heutigen Ästhetik ist er wegen seiner Bindung an die dekadente Phase des klassischen Stils – den verschönernden Naturalismus – beinahe überall auf Ablehnung gestoßen. Vielleicht könnte man statt dessen von „Ausdruckskraft" sprechen. Das würde den ästhetischen Idealismus oder Naturalismus nicht ausschließen, und es würde auf das Ziel der ästhetischen Funktion – den Ausdruck – hinweisen. Die Spannung, die in der ästhetischen Funktion besteht, ist die Spannung zwischen dem Ausdruck und dem, was ausgedrückt werden soll. Man könnte von Wahrheit und Unwahrheit des Ausdrucks sprechen. Es scheint mir aber angemessener, von authentischem oder nicht-authentischem Ausdruck zu sprechen. Etwas kann aus zwei Gründen nicht-authentisch sein: entweder, weil es die Oberfläche wiedergibt, anstatt die Tiefe auszudrücken, oder weil es die Subjektivität des Künstlers ausdrückt statt seine künstlerische Begegnung mit der Wirklichkeit. Ein Kunstwerk ist authentisch, wenn es die Begegnung zwischen Bewußtsein und Welt ausdrückt. Dabei wird eine sonst verborgene Qualität eines Stückes des Universums und durch dieses das Universum selbst mit einer sonst verborgenen Qualität des Bewußtseins und damit der Person als ganzer vereint. In der ästhetischen Begegnung zwischen Bewußtsein und Welt gibt es unzählige Möglichkeiten, von denen der künstlerische Stil wie das individuelle Werk abhängen. Die Spannung in der ästhetischen Funktion ist von der Spannung in der kognitiven Funktion verschieden. Aber auch diese Spannung wurzelt letztlich in der existentiellen Entfremdung von Selbst und Welt, die sich in der kognitiven Funktion als Trennung von Subjekt und Objekt ausdrückt. Aber in der ästhetischen Begegnung wird eine wirkliche Vereinigung von Selbst und Welt erreicht. Es gibt in dieser Vereinigung verschiedene Grade der Tiefe und der Authentizität, die von der schöpferischen Kraft des Künstlers abhängen, aber eine gewisse Vereinigung findet immer statt. Das ist der Grund dafür, daß Philosophen, z. B. solche der Kantischen Schule (der klassischen wie der neu-kantischen), in der Kunst den höchsten Selbstausdruck des Lebens gesehen haben – und nicht nur dies, sondern auch die Antwort auf die Frage, die aus der Begrenztheit aller anderen Funktionen folgt. Und es ist auch der Grund dafür, daß sehr hochentwickelte Kulturen versuchen, die religiöse durch die ästhetische Funktion zu ersetzen. Aber dieser Versuch wird weder der menschlichen Situation gerecht noch dem Wesen der Ästhetik. Ein Kunstwerk ist eine Vereinigung von Selbst und Welt innerhalb von Begrenzungen sowohl auf der Seite des Selbst wie auf der Seite der Welt. Die Begrenzung auf der Seite der Welt besteht darin, daß die letzte Wirklichkeit, die alle Qualitäten transzendiert, nicht erreicht wird, obgleich in der ästhetischen Funktion als solcher *eine* sonst verborgene Qualität des Universums erfaßt wird. Und die Begrenzung auf der Seite des Selbst besteht darin, daß in der ästhetischen Funktion das Selbst die Wirklichkeit in Bildern ergreift und nicht mit der Totalität des menschlichen Seins. Diese doppelte Begrenztheit hat zur Folge, daß die Einheit von Subjekt und Objekt ein Element der Unwirklichkeit hat. Sie bleibt „Schein" und nimmt etwas vorweg, was noch nicht existiert. Die Zweideutigkeit der ästhetischen Funktion ist die Verflochtenheit von Sein und Schein in ihr.

Die ästhetische Funktion ist nicht auf das künstlerische Schaffen beschränkt, wie auch die kognitive Funktion nicht auf das wissenschaftliche Arbeiten beschränkt ist. Es gibt vorwissenschaftliche und vorkünstlerische Funktionen des Geistes. Sie durchdringen das ganze Leben des Menschen, und es wäre falsch, den Begriff schöpferisch nur auf das berufsmäßige künstlerische und wissenschaftliche Schaffen anzuwenden. So werden z. B. die Erkenntnis und die Ausdruckskraft, die im Mythos leben – und oft in jungen Jahren erfahren werden – für die meisten Menschen zu einem Zugang zu allen Arten der Kultur. Und die gewöhnliche Beobachtung von Tatsachen und Ereignissen ebenso wie direkte ästhetische Erlebnisse in der Natur und in der Begegnung mit Menschen sind täglich im Sich-Schaffen des Lebens in der Dimension des Geistes wirksam.

3. Die Funktionen der Praxis: die Person- und Gemeinschaftbildenden Akte. *Praxis* ist die Gesamtheit der kulturellen Akte zentrierter Personen, die als Glieder von sozialen Gruppen handeln – in Richtung auf andere und in bezug auf sich selbst. *Praxis* in diesem Sinne ist das Sich-Schaffen des Lebens in der Person und der Gemeinschaft. Daher schließt sie die Akte ein, die auf sich selbst, auf andere Personen und auf Gruppen gerichtet sind, zunächst auf die Gruppen, zu denen die Personen gehören, und dann durch sie auf andere und indirekt auf die Menschheit als ganze.

In den Funktionen der *praxis*, in denen sich das Leben in der Dimension des Geistes in mannigfaltiger Weise schafft, gibt es Spannungen, die zu Zweideutigkeiten führen und die Frage nach dem Unzweideutigen dringend machen. Es ist nicht leicht, traditionelle Namen für diese Funktionen zu finden, denn die Gebiete überschneiden sich, und häufig fehlt es an genügender Unterscheidung zwischen den Funktionen selbst und ihrer wissenschaftlichen Interpretation. Man kann von sozialen Beziehungen sprechen, vom Recht, von Verwaltung, von Politik sowie von personhaften Beziehungen und personhafter Entwicklung. Und da all diese Funktionen der *praxis* unter bestimmten Normen stehen, könnte man sie unter den Begriff „Ethik" unterordnen und dabei zwischen Individual- und Sozialethik unterscheiden. Aber der Begriff „Ethik" bezeichnet in erster Linie die Wissenschaft von den Prinzipien, der Gültigkeit und der Motivation des moralischen Aktes, wie wir ihn früher beschrieben haben. Darum ist es für das Verständnis der Funktionen des Geistes wahrscheinlich vorteilhafter, wenn wir „Ethik" als die Wissenschaft vom moralischen Handeln bezeichnen und die theologische Analyse der kulturellen Funktionen zu einer „Theologie der Kultur" zusammenfassen. Der entscheidende Grund für diese semantische Unterscheidung ist die fundamentale Stellung, die dem moralischen Handeln zukommt, wenn es als die Selbst-Konstituierung des Geistes verstanden wird. Gleichzeitig zeigt die vorgeschlagene Terminologie klar, daß der spezielle Inhalt der Moral eine Schöpfung des kulturellen Sich-Schaffens des Lebens ist.

Praxis ist in der Dimension des Geistes das Handeln, das auf Wachstum gerichtet ist. Zur Erreichung der Ziele des Wachstums bedarf es der Mittel und Werkzeuge. In dieser Hinsicht ist *praxis* eng verbunden mit Technik (wie *theoria* mit Sprache). Die verschiedenen Funktionen der *praxis* gebrauchen Werkzeuge, die ihren Zwecken angemessen sind, wobei es sich nicht nur um materielle Werkzeuge handelt – nämlich solche Werkzeuge, die in Verbindung mit dem Wort den Menschen ursprünglich von dem Gebundensein an die Umwelt befreit haben –, sondern auch um Mittel für Zwecke, wie sie in der Wirtschaft, Medizin, Verwaltung und Erziehung erstrebt werden. Diese Bereiche sind komplexe Funktionen des Geistes, die letzte Normen, wissenschaftliches Material, menschliche Beziehungen und eine große technische Erfahrung umfassen. Ihre hohe Bewertung in der westlichen Welt ist z. T. auf das jüdisch-christliche Symbol des „Reiches Gottes" zurückzuführen, in dem die Wirklichkeit den Zielen Gottes dienstbar gemacht wird. In der *theoria* sind, wie wir feststellten, Wahrheit und ästhetischer Ausdruck die Ziele des kulturellen Schaffens. Wir müssen jetzt die entsprechenden Begriffe für die Ziele der *praxis* finden. Der Begriff, der als erster gegeben ist, ist der des „Guten" *(agathon, bonum)*, und das Gute muß als die essentielle Natur eines Seienden und die Erfüllung der Potentialitäten, die in ihm liegen, definiert werden. Das Gute in diesem Sinne ist das Ziel von allem, was ist; es beschreibt das innere Ziel der Schöpfung selbst. Es gibt jedoch keine spezielle Antwort auf die Frage: Aber welches ist das Gute, auf das die *praxis* hinzielt? Um das zu finden, benötigen wir andere Begriffe, die dem Begriff des Guten untergeordnet sind und eine spezielle Qualität des Guten ausdrücken. Einer dieser Begriffe ist Gerechtigkeit. Sie entspricht dem Begriff der Wahrheit im Bereich der *theoria*. Gerechtigkeit ist das Ziel aller kulturellen Akte, die die Umwandlung der Gesellschaft bezwecken. Der Begriff Gerechtigkeit kann auch auf das Individuum bezogen werden, in dem Sinne, daß es sich „gerecht" verhält. Aber für diesen Sachverhalt wird häufiger das Wort „rechtschaffen" gebraucht. Der ist rechtschaffen, der Gerechtigkeit ausübt. Aber damit sind wir nicht der Notwendigkeit enthoben, nach einem Wort zu suchen, das das personhaft Gute bezeichnet, so wie „Gerechtigkeit" das sozial Gute bezeichnet. Es ist bedauerlich, daß das Wort „Tugend" (im Griechischen *areté*, im Lateinischen *virtus*) seine ursprüngliche Bedeutung vollständig verloren hat und heute beinahe lächerliche Assoziationen erweckt. Doch wäre es eine verwirrende Vorwegnahme späterer Ausführungen, wollten wir hier schon solche religiösen Begriffe wie fromm, gerechtfertigt, heilig, geistlich usw. gebrauchen, denn sie gehören zur christlichen *Antwort* auf die Fragen, die in der Zweideutigkeit der *praxis* begründet sind.

Ein solcher Begriff wie der der Tugend im Sinne von *areté* weist auf die Aktualisierung der essentiellen menschlichen Möglichkeiten hin. Deshalb wäre es möglich, direkt von der Erfüllung der menschlichen Potentialitäten zu sprechen und das *telos* der *praxis*, soweit es sich auf Personen bezieht, als *humanitas* zu bezeichnen. Der Gebrauch des lateinischen Wortes *humanitas* wie der Gebrauch der griechischen Worte *theoria* und *praxis* hat den Vorteil, die vielen irreführenden Assoziationen, die das Wort „Humanität" hervorruft, zu vermeiden. Unter *humanitas* verstehe ich die Erfüllung des inneren *telos* des Menschen in bezug auf sich selbst und seine personhaften Beziehungen. *Humanitas* ist der korrespondierende Begriff zu „Gerechtigkeit", die als Erfüllung des inneren *telos* sozialer Gruppen und ihrer wechselseitigen Beziehungen verstanden werden soll.

An diesem Punkt erhebt sich die Frage, welche Qualitäten im Wesen der *humanitas* und der Gerechtigkeit die Spannungen verursachen, die zu ihrer Zweideutigkeit führen. Die allgemeine Antwort darauf ist dieselbe wie die, die wir bei der Beschreibung der Zweideutigkeiten im Sich-Schaffen des Lebens in der Funktion der *theoria* gegeben haben: die unendliche Kluft zwischen Subjekt und Objekt unter den Bedingungen existentieller Entfremdung. In den Funktionen der *theoria* besteht die Kluft einerseits zwischen dem erkennenden Subjekt und dem zu erkennenden Objekt und andererseits zwischen dem sich ausdrückenden Subjekt und dem Objekt, das ausgedrückt werden soll. In den Funktionen der *praxis* besteht die Kluft einerseits zwischen der existierenden Person und der Erfüllung ihres *telos* – dem Stand essentieller *humanitas* –; und andererseits zwischen der existierenden Sozialordnung und dem *telos*, für das gekämpft wird – dem Zustand universaler Gerechtigkeit. Diese Kluft zwischen Wirklichkeit und Ziel im Praktischen ist analog der Kluft zwischen Subjekt und Objekt im Theoretischen.

Jeder kulturelle Akt ist der Akt eines zentrierten Selbst, er hat sein

Fundament in der moralischen Selbst-Integration der Person innerhalb der Gemeinschaft. Insofern die Person Träger der Kultur ist, ist sie allen Spannungen der Kultur unterworfen, sowohl denen, die wir bereits erörtert haben, wie auch denen, die wir im folgenden besprechen werden. Eine Person, die an einer kulturellen Bewegung – ihrem Wachstum und ihrem möglichen Verfall – teilhat, ist selbst kulturell schöpferisch. In diesem Sinne ist jeder Mensch schöpferisch, schon durch die Sprache und durch den Gebrauch von Werkzeugen. Dieses universale Charakteristikum sollte von dem, was wir im ursprünglichen Sinne „schöpferisch" nennen, unterschieden werden. Nur wenige Menschen sind in diesem ursprünglichen Sinne schöpferisch. Obwohl die Unterscheidung notwendig ist, sollte sie nicht mechanisch gehandhabt werden, denn im wirklichen Leben gibt es zahlreiche kaum erkennbare Übergänge.

Als Träger der Kultur ist jeder Mensch den Zweideutigkeiten der Kultur unterworfen, sowohl im subjektiven wie im objektiven Sinn des Wortes Kultur. Zweideutigkeit gehört zum geschichtlichen Schicksal des Menschen.

d) Die Zweideutigkeiten des kulturellen Aktes: Sinn-Setzung und Sinn-Zerstörung. – 1. Die Zweideutigkeiten im sprachlichen, kognitiven und ästhetischen Sich-Schaffen des Lebens. Das Wort ist der Träger von Sinn. Deshalb ist die Sprache die erste Schöpfung des Sich-Schaffens des Lebens in der Dimension des Geistes. Die Sprache durchdringt jeden kulturellen Akt und indirekt alle Funktionen des Geistes. Sie hat aber eine engere Beziehung zu den Funktionen der *theoria* – der kognitiven und ästhetischen –, ebenso wie der technische Akt eine engere Beziehung zu den Funktionen der *praxis* hat, obwohl er in jeder Funktion der Kultur gegenwärtig ist. Aus diesem Grunde möchte ich die Zweideutigkeiten der Sprache in Verbindung mit den Zweideutigkeiten der Wahrheit und der Ausdruckskraft, und die Zweideutigkeiten der Technik in Verbindung mit den Zweideutigkeiten der *humanitas* und der Gerechtigkeit behandeln.

Als Träger von Sinn befreit das Wort von der Bindung an die Umwelt – eine Bindung, der das Leben in allen vorausgehenden Dimensionen unterworfen ist. Sinn setzt ein Bewußtsein voraus, das über das nur Psychische hinausgeht. In jedem sinnvollen Satz wird etwas universal Gültiges ausgesprochen, selbst wenn der Gegenstand, über den man spricht, ein zeitgebundenes Einzelnes ist. Kulturen leben in solchen Sinn-Setzungen. Die Sinn-Inhalte sind einander so gleich oder voneinander so verschieden wie die Sprachen der verschiedenen sozialen Gruppen. Die Sinn-setzende Macht der Sprache hängt von den verschiedenen Weisen ab, in denen der menschliche Geist der Wirklichkeit begegnet. Diese Begegnungen finden in den verschiedenen, oben genannten Sprachformen ihren Ausdruck – in der mythischen, der wissenschaftlichen, der künstlerischen Sprache und in der des täglichen Lebens. All dies ist ständiges Tätigsein, ständiges Sich-Schaffen des Lebens, wodurch ein Sinn-Universum gesetzt wird. Es bleibt der Logik und Semantik überlassen, sich wissenschaftlich mit den Strukturen und Normen eines solchen Sinn-Universums zu beschäftigen.

Die Zweideutigkeit, die diesem Prozeß anhaftet, beruht auf der Tatsache, daß das Wort während es ein Sinn-Universum schafft, zugleich den Sinn von der Wirklichkeit trennt, auf die er bezogen ist. Der Akt, in dem der menschliche Geist das Objekt ergreift, der Akt, auf dem die Sprache beruht, reißt eine Kluft auf zwischen dem ergriffenen Objekt und dem Sinn, der durch das Wort gesetzt wird. Die der Sprache anhaftende Zweideutigkeit besteht darin, daß sie, indem sie die Wirklichkeit in Sinn transformiert, gleichzeitig Geist und Wirklichkeit voneinander trennt. Dafür gibt es unzählige Beispiele, die jedoch auf einige Haupttypen der Zweideutigkeit zurückgeführt werden können: die Armut der Sprache trotz ihres Reichtums, wodurch das Ergriffene verfälscht wird; die Beschränkung der Allgemeingültigkeit, die dadurch entsteht, daß eine spezielle Sprache eine spezielle Begegnung mit der Wirklichkeit ausdrückt, und viele Strukturen, die in anderen Sprachen erscheinen, unausgedrückt bleiben; die Unbestimmtheit innerhalb eines Sinnzusammenhanges, die dazu führt, daß der Geist durch Worte betrogen wird; der unmitteilsame Charakter der Sprache infolge von beabsichtigten und unbeabsichtigten Assoziationen im Inneren des Sprechenden und des Hörenden; die Freiheit der Sprache, die dadurch gegeben ist, daß Begrenzungen, die aus der Sache oder aus der Situation folgen, durchbrochen werden, z. B. leeres Reden und die Reaktion dagegen (Flucht ins Schweigen); das Manipulieren der Sprache, um bestimmte Zwecke zu erreichen, ohne daß die Worte auf Realitäten bezogen sind (Schmeichelei, Polemik oder Propaganda); und schließlich die Perversion der Funktion der Sprache in ihr Gegenteil (Verbergen, Verdrehen und Lügen).

Das waren Beispiele für Prozesse, die in allen Formen der Sprache in der einen oder anderen Weise stattfinden, trotz gegenteiliger Prozesse: dem erfolgreichen – wenn auch fragmentarischen – Kampf gegen die vermeidbaren Zweideutigkeiten, wie ihn die semantischen Untersuchungen ständig führen. Dadurch wird verständlich, daß im biblischen Denken Wort und Macht im Schöpfer geeint sind, daß das Wort in der Gestalt des Christus zu einer historischen Person wird und daß es die ekstatische Selbstmanifestation des göttlichen Geistes ist. In diesen Symbolen ergreift das Wort nicht nur die ihm begegnende Wirklichkeit; es wird selbst eine Wirklichkeit jenseits der Spaltung in Subjekt und Objekt.

Die Zweideutigkeiten des kognitiven Aktes beruhen auf der Spaltung zwischen Subjekt und Objekt. Diese Spaltung ist die Voraussetzung für alle Erkenntnis und gleichzeitig das Negative in aller Erkenntnis. Zu allen Zeiten hat die Erkenntnistheorie zu zeigen versucht, wie im Akt des Erkennens eine letzte Einheit von Subjekt und Objekt erreicht werden kann. Nach den verschiedenen Theorien wird die Einheit erreicht, indem entweder die eine der beiden Seiten negiert oder ein übergreifendes Prinzip aufgestellt wird, das beide Seiten umfaßt. Beide Versuche sind immer wieder aufs neue gemacht worden, um die Möglichkeit der Erkenntnis darzulegen. Die Realität der Spaltung jedoch kann man nicht umgehen, denn jeder Erkenntnisakt ist durch sie bestimmt.

Auch hier kann nur eine begrenzte Zahl von Beispielen gegeben werden. Als erstes möchte ich die „Zweideutigkeit der Beobachtung" erwähnen. Beobachtung wird gewöhnlich als die zuverlässige Grundlage aller Erkenntnis angesehen, aber ihre Zuverlässigkeit schützt sie nicht vor Zweideutigkeit. Der Beobachter ist bestrebt, die Phänomene so zu sehen, wie sie „wirklich" sind. Das gilt sowohl in der Geschichte wie in der Physik, in der Medizin wie in der Ethik. „Wirklich" bedeutet in diesem Zusammenhang „unabhängig vom Beobachter". Es gibt aber keine Unabhängigkeit vom Beobachter. Das Beobachtete verändert sich in der Beobachtung. Diese Tatsache ist in der Philosophie, in den Geisteswissenschaften und in der Geschichte anerkannt, aber in jüngster Zeit ist sie auch in der Biologie, der Psychologie und der Physik festgestellt worden. Das Resultat der Beobachtung ist nicht das „Wirkliche selbst", sondern die „begegnete Wirklichkeit", und vom Standpunkt einer absoluten Wahrheit ist „begegnete Wirklichkeit" verzerrte Wirklichkeit.

Als nächstes Beispiel für die Zweideutigkeit in der kognitiven Funktion sei die „Zweideutigkeit der Abstraktion" erwähnt. Der Erkenntnis-Akt versucht, die Essenz eines Objektes oder eines Prozesses zu erfassen, indem er von den vielen Einzelheiten, in denen die Essenz vorhanden ist, abstrahiert. Das gilt sogar für die Geschichte, wo solche umfassende Begriffe wie „Renaissance" oder „chinesische Kunst" eine Unzahl konkreter Fakten umfassen, deuten und – zugleich verhüllen. Jeder Begriff zeigt diese Zweideutigkeit der Abstraktion, die häufig dazu führt, das Wort „abstrakt" im abwertenden Sinne zu gebrauchen. Aber schließlich ist jeder Begriff eine Abstraktion – und nach dem Neurologen Kurt Goldstein ist es die Fähigkeit zur Abstraktion, die den Menschen zum Menschen macht.

Das Problem der „Zweideutigkeit der Wahrheit als ganzer" hat viele Diskussionen hervorgerufen. Jede Aussage über einen Gegenstand gebraucht Begriffe, die definiert werden müssen, und das gleiche gilt für die Begriffe, die bei diesen Definitionen gebraucht werden, und so geht es weiter bis ins Unendliche. Jede partikulare Aussage ist vorläufig, weil sie nicht alle Definitionen der dafür gebrauchten– und mit ihnen zusammenhängenden – Begriffe mitumfassen kann. Ein endliches Wesen, das behauptet – wie es einige Metaphysiker tun –, das Ganze zu umfassen, täuscht sich selbst. Deshalb muß man zugeben, daß die einzige Wahrheit, die dem Menschen in seiner Endlichkeit gegeben ist, eine fragmentarische, gebrochene und sogar „unwahre" Aussage ist, wenn sie an der „Wahrheit als ganzer" gemessen wird. Aber diesen Maßstab anzulegen, ist in sich selbst „unwahr", denn das würde bedeuten, daß der Mensch von jeder Wahrheit ausgeschlossen wäre, selbst von der Wahrheit dieser These.

Eine weitere Zweideutigkeit ist die „Zweideutigkeit der Begriffs-Modelle". Dieses Problem führt tief hinein in eine metaphysische Diskussion. Heute wird sie vor allem im Gebiet der Physik ausgetragen; hier deuten einige Physiker die zentralen physikalischen Begriffe, z. B. Atom, Kraftfeld usw., als bloße Produkte des menschlichen Geistes, denen kein *fundamentum in re* zukomme, während andere Physiker den gegenteiligen Standpunkt einnehmen. Dasselbe Problem besteht in der Soziologie bei dem Begriff „soziale Klasse", in der Psychologie bei dem Begriff „Komplex" und in der Geschichte bei den Namen für geschichtliche Epochen. Die Zweideutigkeit liegt hier wie dort in der Tatsache, daß beim Schaffen von größeren Begriffs-Modellen der kognitive Akt die begegnende Wirklichkeit verändert, und zwar so sehr, daß sie unerkennbar wird.

Schließlich muß noch auf die „Zweideutigkeit des Begründens" hingewiesen werden, bei der eine Kette von Argumenten herangezogen wird, aber nicht herangezogene Argumente, die das erkennende Subjekt nicht beachtet, eine entscheidende Rolle spielen können. Das gilt sowohl für die geschichtlichen Zusammenhänge, wo es sich um den unbemerkten Einfluß der sozialen Stellung auf die Argumente des erkennenden Subjekts handelt – die „Ideologie" –, wie für die psychologischen Zusammenhänge, in denen die psychische Verfassung des erkennenden Subjekts einen unbewußten Einfluß ausübt – die „Rationalisierung"[1]. Jede Begründung hängt von den erwähnten Einflüssen ab, selbst dann, wenn strenge Disziplin geübt wird; die fundamentale Kluft zwischen Subjekt und Objekt kann methodisch nicht überwunden werden.

Aus diesen Beispielen wird verständlich, warum diejenigen, die um die Zweideutigkeit des kognitiven Aktes wissen, oft den Versuch machen, der Zweideutigkeit dadurch zu entgehen, daß sie die Kluft durch mystische Vereinigung überspringen. Nach ihrer Auffassung ist Wahrheit die mystische Überwindung der Subjekt-Objekt-Spaltung.

Ein anderer Weg, das Unzweideutige zu finden, wird oft in der Kunst beschritten. In der künstlerischen Intuition und ihren „Bildern" wird eine Wiedervereinigung des anschauenden Bewußtseins und der Wirklichkeit, die auf keine andere Weise zu erreichen ist, für möglich gehalten. Aber die ästhetischen Bilder sind nicht weniger zweideutig als die kognitiven Begriffe und das Wort, das die Dinge erfaßt. In der ästhetischen Funktion repräsentiert die Kluft zwischen dem Ausdruck und dem, was ausgedrückt werden soll, die Spaltung zwischen den Akten der *theoria* und der begegnenden Wirklichkeit.

Die Zweideutigkeiten, die sich von dieser Spaltung herleiten, sind in den Konflikten der Stilelemente, die jedes Kunstwerk charakterisieren, und in den Konflikten der ihnen zugrunde liegenden ästhetischen Begegnung mit der Wirklichkeit sichtbar. Die Stilelemente sind das Naturalistische, das Idealistische und das Expressionistische. Jeder der drei Begriffe leidet unter den verschiedenen Zweideutigkeiten der Sprache, wie wir sie beschrieben haben, aber wir können ohne diese Begriffe nicht auskommen. – Im Naturalismus steckt der künstlerische Impuls, den Gegenstand, wie er sich gewöhnlich darbietet oder wissenschaftlich formuliert wird, darzustellen – oft drastisch übertrieben. Wenn diesem Impuls nachgegeben wird, erdrückt der Gegenstand den Ausdruck, und das Resultat ist eine fragwürdige Nachahmung der Natur – die Zweideutigkeit des naturalistischen Stils. – Idealismus bezieht sich in diesem Zusammenhang auf den gegenteiligen künstlerischen Impuls, den Impuls, über die begegnende Wirklichkeit in Richtung auf das hinauszugehen, was die Dinge ihrem Wesen nach sind und daher sein sollten. Es ist die Vorwegnahme einer Erfüllung, die in der Wirklichkeit nicht vorzufinden, die – theologisch gesprochen – eschatologisch ist. Die meisten Werke unserer klassischen Kunst sind stark von diesem Impuls geprägt, wenn auch nicht ausschließ-

---

[1] Das im englischen Text gebrauchte Wort *rationalisation* bedeutet Vorgabe rationaler und idealer Gründe für emotionale und selbstische Handlungsweisen. (D. Hrsg.)

lich, denn kein Stil ist vollständig von einem der drei Stilelemente beherrscht. Aber auch beim idealistischen Stil finden wir Zweideutigkeit: Der natürliche Gegenstand, dessen Darstellung das Ziel des ästhetischen Schaffens ist, geht in der vorwegnehmenden Darstellung des Ideals verloren, und darin liegt die Zweideutigkeit des idealistischen Stils. Ein Ideal ohne Fundament in der Wirklichkeit wird der begegnenden Wirklichkeit aufgezwungen, und die Wirklichkeit wird verschönert und korrigiert, um mit dem Ideal in Einklang gebracht zu werden – ein Verfahren, das zu Sentimentalität und Unaufrichtigkeit führen kann. Auf diese Weise ist die religiöse Kunst der letzten hundert Jahre verdorben worden. Eine solche Kunst ist immer noch Ausdruck – aber Ausdruck für den schlechten Geschmack einer·kulturell entleerten Zeit.

Das dritte Stil-Element ist das expressionistische. Das Wort Expressionismus soll in diesem Zusammenhang auf den künstlerischen Impuls hinweisen (der in den meisten Perioden der menschlichen Geschichte maßgebend gewesen ist), durch die alltäglich begegnende Wirklichkeit hindurchzubrechen, anstatt sie nachzuahmen oder ihre essentielle Vollendung vorwegzunehmen, wie es das naturalistische oder das idealistische Stilelement tun. Der Expressionismus gebraucht Stücke aus der alltäglich begegnenden Wirklichkeit, um ein Sinngebilde zu schaffen, das zwar durch sie vermittelt ist, aber über sie hinausweist. Das ist der Grund, warum große religiöse Kunst durch das expressionistische Stilelement bedingt ist, obgleich es auch, und oft zuerst, in Stilen vorkommt, die keine oder noch keine wichtigen religiösen Kunstwerke hervorgebracht haben. Das gilt z. B. für die Entwicklung der bildenden Kunst in Europa und Amerika seit 1900. Wenn wir von dem expressionistischen Element sprechen, so wollen wir damit eine Verwechslung mit dem expressionistischen Stil einer bestimmten Periode der deutschen bildenden Kunst vermeiden. Zugleich kommt in dem Begriff „expressionistisches Element" zum Ausdruck, was wir von der ästhetischen Funktion überhaupt ausgesagt haben, nämlich, daß sie das expressive Schaffen der Kultur ist. Aber auch hier wird die Zweideutigkeit alles kulturellen Schaffens nicht vermieden. Sie besteht in der Tatsache, daß die Kraft des Expressiven den Gegenstand sowohl in seinem naturgegebenen Dasein wie auch in seinen Möglichkeiten der Vollendung aufhebt und daß das Ausgedrückte sozusagen in einem leeren Raum steht. Da aber weder in der Natur noch im Geist ein leerer Raum bestehen kann, so wird er häufig mit der reinen Subjektivität des Künstlers oder des Beschauers gefüllt. Das Bild, das kein Kriterium mehr hat, weder in der empirischen Wirklichkeit noch in einer gültigen Norm, wird zum Bild einer letztlich bedeutungslosen Subjektivität. Das ist die Zweideutigkeit des expressionistischen Elementes in den verschiedenen Kunststilen.

2. DIE ZWEIDEUTIGKEITEN DER TECHNISCHEN UND PERSONHAFTEN UMGESTALTUNG. Alle Zweideutigkeiten des Sich-Schaffens des Lebens in den Funktionen der *theoria* beruhen letztlich auf der Subjekt-Objekt-Spaltung unter den Bedingungen der Existenz: Das Subjekt versucht, die Kluft zu überbrücken – durch Einfangen und Ergreifen des Objektes in Worte, Begriffe und Bilder. Aber es gelingt ihm nicht, die Kluft bleibt bestehen, und somit bleibt auch das Subjekt bei sich selbst. Etwas anderes ereignet sich im Sich-Schaffen des Lebens in den Funktionen der *praxis*, das technische Element eingeschlossen. Bei diesen Funktionen wird das Objekt nach Begriffen und Bildern verändert, und dieser Vorgang verursacht die Zweideutigkeit des kulturellen Schaffens.

Wir haben gesehen, daß die befreiende Macht des Wortes und die befreiende Macht der Technik zusammengehören. Sprache und Technik befähigen den menschlichen Geist, Zwecke zu setzen und zu verfolgen, d. h. über die Umwelt-Situation hinauszugehen. Aber um Werkzeuge herstellen zu können, muß man die innere Struktur des zu verarbeitenden Materials kennen und sich nach seinem Verhalten unter den erwarteten Bedingungen richten. So unterwirft das Werkzeug, das den Menschen befreit, ihn gleichzeitig den Regeln, nach denen es hergestellt werden muß.

Diese Betrachtung führt zu der Unterscheidung von drei Zweideutigkeiten der Technik, ganz gleich, ob es sich um einen Hammer handelt, der dem Bau einer Hütte, oder um eine Gruppe von Maschinen, die dem Bau eines künstlichen Satelliten dient. Die erste Zweideutigkeit ist die „Zweideutigkeit von Freiheit und Begrenztheit", die zweite die „Zweideutigkeit von Mittel und Zweck" und die dritte die „Zweideutigkeit von Selbst und Ding" im technischen Schaffen. Von mythischen Zeiten an bis zu unserer Epoche haben diese drei Zweideutigkeiten weithin das Schicksal der Menschheit bestimmt, aber vielleicht war sich keine Epoche ihrer so bewußt wie die unsrige.

Die „Zweideutigkeit von Freiheit und Begrenztheit" in der technischen Produktion ist in Mythen und Legenden machtvoll ausgedrückt. Sie steht hinter der biblischen Erzählung vom Baum der Erkenntnis, von dem Adam gegen den Willen der *Elohim* ißt, und ebenso hinter dem griechischen Mythos von Prometheus, der den Menschen gegen den Willen der Götter das Feuer bringt. Am nächsten liegt uns vielleicht die Geschichte vom Turmbau zu Babel, die von dem Wunsch des Menschen handelt, unter einem Symbol geeint zu werden, das die Endlichkeit des Menschen überwindet und die göttliche Sphäre erreichbar macht. In all diesen Fällen ist das Ergebnis schöpferisch und zerstörerisch zugleich, und das ist das Schicksal der technischen Produktion zu allen Zeiten. Die Technik eröffnet einen Weg, dessen Ende nicht abzusehen ist, und Verursacher dieser technischen Grenzenlosigkeit ist ein begrenztes und endliches Wesen. Dieser Konflikt wird in den erwähnten Mythen klar zum Ausdruck gebracht, und auch unsere heutigen Naturwissenschaftler haben ihre Stimme erhoben und auf die zerstörerischen Möglichkeiten hingewiesen, durch die die wissenschaftlichen und technischen Erfindungen die Menschheit bedrohen.

Die „Zweideutigkeit von Mittel und Zweck" steht mit der eben besprochenen Zweideutigkeit in enger Beziehung. Sie bringt die Grenzenlosigkeit der technischen Produktion noch klarer durch die unausgesprochene Frage zum Ausdruck: Wozu das alles? Solange man die Antwort gibt: „Für die physische Existenz des Menschen und seine notwendigsten Bedürfnisse", bleibt das Problem verborgen. Es ist zwar untergründig vorhanden, denn was zu den notwendigsten Bedürfnissen des Menschen gehört, kann nicht mit Sicherheit beantwortet werden. Aber das Problem kommt klar zum Vorschein, wenn, nach der Befriedigung der notwendigsten Bedürfnisse, neue Bedürfnisse (wie z. B. in einer dynamischen Wirtschaft) geschaffen werden, um befriedigt zu werden. Das technisch Mögliche wird zur immer neuen Versuchung für Mensch und Gesellschaft. Das Suchen nach Erfindungen – wichtigen oder spielerisch anreizenden *(gadgets)* – wird zum Zweck an sich, da ein höherer Zweck nicht vorhanden ist. Diese Zweideutigkeit ist weithin verantwortlich für die Entleertheit unseres gegenwärtigen Lebens. Und es ist nicht möglich, eine Änderung herbeizuführen, indem man sagt: Die Produktion soll nicht fortgesetzt werden. Das ist genauso unmöglich, wie es unmöglich ist, dem Naturwissenschaftler im Hinblick auf die Zweideutigkeit seines Schaffens zu sagen: Höre mit deiner Forschung auf! Zweideutigkeiten können nicht dadurch überwunden werden, daß man ein Element, das zum sich-schaffenden Leben gehört, auszuscheiden versucht.

Ähnlich verhält es sich mit der „Zweideutigkeit von Selbst und Ding". Ein technisches Produkt ist im Gegensatz zu einem Naturgegenstand ein „Ding". In der Natur gibt es keine „Dinge", d. h. Objekte, die nichts als Objekte sind und überhaupt kein Element der Subjektivität besitzen. Aber die Produkte der Technik sind „Dinge" im engsten Sinne des Wortes. Es gehört zur Freiheit des Menschen, durch die Technik Naturgegenstände in „Dinge" zu verwandeln: Bäume in Holz, Pferde in Pferdestärken, Menschen in eine Quantität Arbeitskraft. Indem der Mensch Gegenstände in Dinge verwandelt, zerstört er ihre natürlichen Strukturen und Beziehungen. Dabei ereignet sich mit dem Menschen dasselbe, was sich mit den Gegenständen ereignet, die er umformt. Er wird selbst zu einem Ding unter Dingen. Sein Selbst wird zu einem Ding dadurch, daß es bloße Dinge produziert und mit ihnen arbeitet. Je mehr Wirklichkeit der Mensch durch den technischen Prozeß in ein Stück Dingwelt umwandelt, um so stärker wird auch er selbst verändert. Er wird selbst Teil eines technischen Produktes und verliert den Charakter eines unabhängigen Selbst. Die Befreiung, die dem Menschen durch die technischen Möglichkeiten gegeben wird, kehrt sich in ihr Gegenteil um – der Mensch wird zum Sklaven seiner technischen Welt. Dieser Vorgang ist eine echte Zweideutigkeit im Sich-Schaffen des Lebens, und sie kann nicht mit Romantik überwunden werden, d. h. durch die Rückkehr zu einer sogenannten „Natur" im vortechnischen Zustand. Für den Menschen ist die Technik etwas „Natürliches", und bleibende Versklavung im Sinne einer natürlichen Primitivität wäre für ihn etwas Unnatürliches. So kann auch diese Form der Zweideutigkeit der Technik nicht dadurch beseitigt werden, daß man die Technik aufgibt. Wie die anderen Zweideutigkeiten führt auch sie zu der Frage nach unzweideutigem Leben, besonders nach einer unzweideutigen Beziehung von Selbst und Welt, und d. h. zu der Frage nach dem „Reiche Gottes".

Der technische Akt durchzieht alle Funktionen der *praxis* und trägt zu ihren Zweideutigkeiten bei. Aber diese Funktionen haben ihre eigenen Ursachen der Zweideutigkeit von Schöpfung und Zerstörung. Unter diesen wenden wir uns jetzt der Erörterung der Zweideutigkeit im Gebiet des Personhaften und des Gemeinschaftlichen zu.

Im Bereich des personhaften Sich-Schaffens des Lebens müssen wir zwischen dem „Personhaften an sich" und dem „Personhaften in Beziehung" unterscheiden, obwohl beide im realen Leben nicht zu trennen sind. In Hinsicht auf beide ist das Ziel des kulturellen Aktes die Aktualisierung der Potentialitäten des Menschen als Menschen. Es ist *humanitas* in diesem Sinne und im Sinne unserer früheren Definition. *Humanitas* wird erreicht durch Selbst-Bestimmung und durch Bestimmt-werden von anderen in Wechselwirkung. Der Mensch ist nicht nur um seine eigene *humanitas* besorgt, sondern auch um die der anderen – eben darin drückt sich seine *humanitas* aus. Aber in beidem – im Sich-durch-sich-selbst-Bestimmen und im Durch-andere-bestimmt-Werden – zeigt sich die allgemeine Zweideutigkeit der personhaften Selbstverwirklichung. Sie zeigt sich in der Beziehung zwischen demjeni-

gen, der bestimmt, und demjenigen, der bestimmt wird. Der Begriff
„Selbst-Bestimmung" weist auf die Zweideutigkeit von Identität und
Nicht-Identität hin. Denn das bestimmende Subjekt kann sich nur
durch die Kraft dessen, was es essentiell (seinem Wesen nach) ist, bestimmen; aber unter den Bedingungen der Existenz ist es nicht „identisch" mit dem, was es essentiell ist. Deshalb ist es nicht möglich, sich
durch Selbst-Bestimmung zu voller *humanitas* zu erheben. Trotzdem
ist sie gefordert, weil ein Selbst, das von außen her bestimmt wäre,
aufhören würde, ein Selbst zu sein – es würde zum Ding werden: Darin
liegt die „Zweideutigkeit der Selbst-Bestimmung", die Würde und die
Not jeder verantwortlichen Persönlichkeit (verantwortlich im Sinne
des „Antwortens" auf die „lautlose Stimme" unseres essentiellen Seins)
Man könnte auch von der „Zweideutigkeit des guten Willens" sprechen. Um das Gute zu wollen, muß der Wille an sich gut sein. Er muß
sich selbst zum Guten bestimmen, und das heißt, genau gesagt, daß der
gute Wille den guten Willen schaffen muß, aber das führt zu einem
regressus ad infinitum. Unter solchen Gesichtspunkten zeigen Ausdrücke wie „Selbst-Erziehung", „Selbst-Disziplin" und „Selbst-Hei-
lung" ihre tiefe Zweideutigkeit. Sie implizieren, daß ihre Ziele schon
erreicht seien, was bedeuten würde, daß sie als Begriffe abgelehnt werden müssen. Damit ist vor allem der in sich widerspruchsvolle Begriff
der Selbsterlösung verworfen.

Im Gegensatz zur Selbst-Bestimmung steht das „Bestimmt-Werden".
Darunter verstehen wir die personhafte Selbst-Verwirklichung, insofern sie durch die Einwirkung einer anderen Person bestimmt wird.
Das geschieht unabsichtlich in jedem Akt personhafter Partizipation
und absichtlich im Bereich der Erziehung und überall dort, wo ein
lenkender Einfluß auf andere ausgeübt wird. In all diesen Beziehungen erscheint eine Zweideutigkeit, die in folgender Weise formuliert
werden kann: Für das Wachstum einer Person wirken, bedeutet zugleich: für seine Entpersönlichung wirken. Der Versuch, ein Subjekt als
Subjekt der Verwirklichung seines Wesens näher zu bringen, enthält
die Gefahr, es zu einem Objekt zu machen. Wir wollen zuerst die
praktischen Probleme betrachten, die aus der „Zweideutigkeit der
Erziehung" folgen. Wenn man in der Erziehung versucht, die Inhalte
der Kultur weiterzugeben, so steht man zwischen zwei Gefahren: der
extrem autoritären und der extrem liberalen Erziehung. Wenn die Extreme auch selten rein verwirklicht sind, so sind sie doch als Elemente
in der Erziehung stets vorhanden und die Ursache dafür, daß die
Erziehung der Person zum Person-sein eine der zweideutigsten kulturellen Bemühungen ist. Das gleiche gilt für den Versuch, eine Person

dadurch zu erziehen, daß man sie in das Leben einer sie erziehenden Gruppe aufnimmt. Auch hier erscheinen die Extreme der autoritären Disziplin und des liberalen „laissez-faire" im Erziehungsprozeß, wenn auch selten völlig ausgeprägt, so doch immer als Möglichkeiten vorhanden. Entweder drohen sie, die Person als Person zu zerbrechen, oder sie hindern sie daran, zu wirklicher Formung zu gelangen. In dieser Hinsicht ist das Hauptproblem der Erziehung, daß jede auch noch so behutsame Erziehungsmethode das bewirkt, was sie vermeiden will, nämlich den Menschen, der erzogen werden soll, zum Objekt zu machen.

Ein anderes Beispiel für die Zweideutigkeit des persönlichen Wachstums ist die „Zweideutigkeit der helfenden Beratung". Dieser Begriff wird hier für alle Hilfe im Dienste des Wachstums einer Person gebraucht. Es kann sich dabei um psychotherapeutische oder andere Formen helfender Beratung handeln, z. B. um die Hilfe, die ein Teil des Lebens in der Familie ist, um den gegenseitigen, meist unabsichtlichen Beistand in jeder Freundschaft und in allen Beziehungen im Bereich der Erziehung, soweit sie mit helfender Beratung verbunden sind. Das auffallendste Beispiel ist heute die psychotherapeutische Praxis mit ihren Zweideutigkeiten. Eine der großen Errungenschaften der psychoanalytischen Theorie ist ihre Einsicht in die Entpersönlichung nicht nur des Patienten, sondern auch des Analytikers als Folge der „Übertragung" und ihre Methode, diese Situation durch Aufhebung der „Übertragung" zu überwinden. Das kann aber nur Erfolg haben, wenn die Zweideutigkeit, die mit allem Bemühen um persönliches Wachstum verbunden ist, überwunden wird. Und das ist nur möglich, wenn die Subjekt-Objekt-Spaltung überwunden wird. Unzweideutiges Leben ist unmöglich, solange die Subjekt-Objekt-Spaltung besteht.

Wenn wir uns dem Bereich der zwischenmenschlichen Beziehung zuwenden, finden wir eine andere Form der Zweideutigkeit – die „Zweideutigkeit der personhaften Partizipation". In erster Linie findet sie sich in der direkten Beziehung von Person zu Person, aber auch in der Beziehung der Person zum Unpersönlichen ist sie vorhanden. Die „Zweideutigkeit der personhaften Partizipation" nimmt unzählige Formen an, die sich zwischen den Extremen der Selbst-Abschließung und der Selbst-Preisgabe bewegen. In jedem Akt personhafter Partizipation findet sich ein Element der Zurückhaltung und ein Element der Hingabe. In den Versuchen, das andere Selbst zu verstehen, manifestiert sich die Selbst-Abschließung, indem man eigene Vorstellungen vom anderen auf ihn projiziert, wodurch sein wahres Wesen verdeckt wird und nur die Projektionen des Erkennenden übrigbleiben. Diese

Bilderwand zwischen Person und Person macht jede erkennende Partizipation zwischen ihnen zutiefst zweideutig (wie z. B. die Analyse der Vorstellungen, die die Kinder von ihren Eltern haben, überzeugend gezeigt hat). Und es gibt die andere Möglichkeit: die eigenen Bilder vom anderen aufzugeben und diejenigen aufzunehmen, die dieser von sich selbst hat oder denjenigen aufzwingen möchte, die ihn zu verstehen suchen. – Auch die emotionale Partizipation ist den Zweideutigkeiten der Selbst-Abschließung und der Selbst-Preisgabe unterworfen. In der Wirklichkeit ist emotionale Partizipation am anderen oft bloßes emotionales Oszillieren im eigenen Selbst und bloße Vorspiegelung der Partizipation am anderen. Ein großer Teil der sogenannten romantischen Liebe hat diesen Charakter. Die Zweideutigkeit einer solchen Liebe zeigt sich darin, daß man den anderen gerade deshalb nicht erreicht, weil man versucht, gefühlsmäßig in sein geheimstes Wesen einzudringen. Und es gibt auch das andere: die chaotische Selbst-Preisgabe, die in einem Akt schamlosen sich Wegwerfens alles Eigene dem anderen preisgibt. Aber der andere kann mit dieser Liebe nichts anfangen, weil er eine leere Hülse empfängt, die ihre Eigenart und ihr Geheimnis verloren hat. Auch hier erkennen wir, daß in jedem Akt emotionaler Partizipation tiefe Zweideutigkeiten wirksam sind, die zusammen mit den kognitiven Zweideutigkeiten Ursache für die unerschöpfliche Fülle schöpferisch-zerstörerischer Situationen in der Beziehung von Person zu Person sind. – Es ist offensichtlich, daß nicht nur die erkennende, sondern auch die handelnde Partizipation an Personen analoge Strukturen aufweist. Die Bilder, die man sich vom anderen macht, und die emotionale Selbst-Abschließung im Gewand der Partizipation erzeugen mannigfaltige Formen gegenseitiger Zerstörung in der Begegnung von Person mit Person: Bei Angriffen auf einen Menschen ist es oft nicht der Mensch selbst, den man angreift, sondern das Bild, das man von ihm hat. Und in anderen Fällen ist der Wunsch nach Befriedigung der Selbst-Preisgabe das leitende Motiv und nicht die Erfüllung der Wünsche des anderen. Das Verlangen nach Partizipation verkehrt sich in Selbst-Abschließung, wenn man sich vom anderen abgewiesen fühlt, gleichgültig ob die Abweisung tatsächlich oder nur eingebildet ist. Die unzähligen Mischungen von Feindseligkeit und Hingabe gehören zu den hervorstechendsten Beispielen für die Zweideutigkeiten des Lebens.

3. DIE ZWEIDEUTIGKEITEN DER GEMEINSCHAFT-BILDENDEN GESTALTUNG. Der Rahmen, innerhalb dessen sich das kulturelle Schaffen abspielt, ist das Leben und das Wachstum der sozialen Gruppe. Die Be-

handlung dieses Rahmens habe ich bis zu diesem Punkt aufgeschoben, weil die Struktur des personhaften Selbst und die Struktur der Gemeinschaft verschieden sind.

Während in jedem personalen Akt das erkennende, abwägende und entscheidende Subjekt ein zentriertes Selbst ist, hat die soziale Gruppe kein solches Zentrum. Nur als Analogie kann man den Sitz der Autorität und Macht das Zentrum einer Gruppe nennen, aber in vielen Fällen sind Macht und Autorität aufgespalten. Trotzdem bleibt die Gruppe als Gruppe bestehen, sei es, daß ihr Zusammenhalt in weit zurückliegenden Lebensprozessen wurzelt, sei es, daß unbewußte Kräfte ihn bewirken, die stärker als irgendwelche politischen oder sozialen Autoritäten sind. Die Person ist durch die Freiheit ihres Handelns für die Konsequenzen ihres Handelns verantwortlich. Das Handeln des Repräsentanten einer Gruppe kann höchst verantwortlich oder völlig unverantwortlich sein – immer hat die Gruppe die Konsequenzen zu tragen. Aber die Gruppe ist keine personale Einheit, die als ganzes für ihre Akte verantwortlich gemacht werden kann, z. B. für solche, die ihr gegen den Willen ihrer Majorität oder durch die vorläufige Überlegenheit eines Teils der Gruppe in Situationen, in denen die Macht gespalten ist, aufgezwungen werden. Das Leben einer sozialen Gruppe gehört in die geschichtliche Dimension, die die anderen Dimensionen in sich vereinigt und diese noch um die Richtung auf die Zukunft hin erweitert. Obwohl wir die geschichtliche Dimension erst im fünften Teil des Systems behandeln wollen, müssen wir hier schon die Zweideutigkeiten erörtern, die aus dem Prinzip der Gerechtigkeit als solchem folgen, ohne uns jedoch auf eine Diskussion der Gerechtigkeit in der geschichtlichen Dimension einzulassen.

In der Funktion der Kultur schafft das Leben sich in menschlichen Gruppen, deren Wesen und Entwicklung Gegenstand der Soziologie und der Geschichtsschreibung ist. Hier stellen wir jedoch die normative Frage: Was sind soziale Gruppen ihrer essentiellen Natur nach, und welche Zweideutigkeiten erscheinen im aktuellen Prozeß ihrer Selbst-Verwirklichung? Während wir in den vorangegangenen Kapiteln die Zweideutigkeiten des Wachstums der Person in Richtung auf *humanitas* besprochen haben, müssen wir jetzt die Zweideutigkeiten des Wachstums der sozialen Gruppe in Richtung auf Gerechtigkeit behandeln.

Man kann zwischen sozialen Organismen einerseits und solchen Organisationsformen andrerseits unterscheiden, die zur Erhaltung der Gerechtigkeit nötig sind. Zu ersteren, die sich durch natürliches Wachstum verwirklichen, gehören Familie, Freundschaft, örtliche und berufliche Gemeinschaft, Stamm und Nation. Aber als Teile des kulturellen Schaffens sind sie zugleich Gegenstand des organisierenden Handelns. Faktisch sind sie niemals das eine ohne das andere. Darin unterscheiden sie sich von der „Herde" in der organisch-psychischen Dimension. Die „Gerechtigkeit" einer Herde oder einer Gruppe von Bäumen ist die natürliche Kraft der Stärkeren, mit der sie ihre Potentialitäten gegen den natürlichen Widerstand der anderen zur Aktualisierung bringen. In einer menschlichen Gruppe jedoch sind die Beziehungen ihrer Glieder durch traditionelle Regeln geordnet, die sich entweder durch Konvention eingebürgert haben oder durch Gesetz festgelegt sind. Die natürlichen Unterschiede in der Seins-Mächtigkeit fehlen zwar auch in solchen Gebilden nicht, aber sie sind Prinzipien untergeordnet, die mit der Idee der Gerechtigkeit gegeben sind. Die Deutung dieser Prinzipien hat unendlich variiert, aber die Gerechtigkeit selbst ist der Identitätspunkt in allen Interpretationen. Die Beziehungen von Mann und Frau, Eltern und Kindern, Verwandten und Freunden, Gliedern derselben örtlichen Gruppe, Bürgern desselben Staates usw. werden von Gesetzen geregelt, die direkt oder indirekt versuchen, auf eine bestimmte Weise Gerechtigkeit zu verwirklichen. Das gilt auch für die Beziehung zwischen Siegern und Besiegten innerhalb derselben sozialen Gruppe. Die Gerechtigkeit, die dem Sklaven zuteil wird, ist immer noch Gerechtigkeit, wie ungerecht Sklaverei von einem höheren Gesichtspunkt auch erscheinen mag. Gemäß der Polarität von Dynamik und Form kann keine soziale Gruppe ohne Form sein, und die Form der sozialen Gruppe ist durch das jeweilige Verständnis der Gerechtigkeitsidee innerhalb der Gruppe geprägt.

Die Zweideutigkeiten der Gerechtigkeit erscheinen, wo immer Gerechtigkeit gefordert oder verwirklicht wird. Das Wachstum einer sozialen Gruppe ist voller Zweideutigkeiten, die – wenn sie nicht verstanden werden – entweder zu einer Haltung verzweifelnder Resignation führen, in der überhaupt nicht mehr an die Möglichkeit der Gerechtigkeit geglaubt wird, oder zu einer utopischen Haltung, in der eine vollkommene Gerechtigkeit erwartet wird – eine Erwartung, auf die später die Enttäuschung folgt.

.Die erste Zweideutigkeit in der Verwirklichung der Gerechtigkeit ist die „Zweideutigkeit der Zugehörigkeit". Eine soziale Gruppe ist eine Gruppe, weil sie eine bestimmte Art von Menschen einbezieht und alle anderen ausschließt. Sozialer Zusammenhalt ist unmöglich, ohne daß viele ausgeschlossen werden. Der besondere Charakter der sozialen Gruppe macht es unmöglich, sie ganz der Dimension des Geistes unterzuordnen. Sie besitzt nicht die moralische Zentriertheit des personhaften Selbst, und aus diesem Grunde unterscheidet man oft zwischen sozial-ökonomischen und geistesgeschichtlichen Prozessen. Aber eine solche Unterscheidung ist unrichtig, denn das Element der Gerechtigkeit wird einerseits in allen Gruppen durch Akte des Geistes verwirklicht, und andrerseits sind alle Bereiche, die durch die Dimension des Geistes beherrscht werden, zumindest teilweise von sozialökonomischen Kräften abhängig. Es gehört zur essentiellen Gerechtigkeit einer Gruppe, ihre Zentriertheit zu erhalten, und daher versucht die Gruppe, in allen Akten, in denen sie sich verwirklicht, ein Zentrum herzustellen. Das Zentrum geht dem Wachstum einer sozialen Gruppe nicht voraus, sondern in jedem Moment finden gleichzeitig Selbst-Zentrierung und Wachstum statt. Deshalb müssen wir hier die Zweideutigkeiten, die aus der Selbst-Integration und dem Sich-Schaffen des Lebens folgen, gemeinsam behandeln und in dieser Hinsicht Erörterungen der geschichtlichen Dimension vorausnehmen. Der Unterschied der geschichtlichen Dimension sowohl von den Dimensionen, die der Dimension des Geistes vorausgehen als auch von der Dimension des Geistes selbst, ist deutlich: In der geschichtlichen Dimension sind Selbst-Integration und Sich-Schaffen ein und derselbe Akt des Lebens. Und nicht nur die Dimensionen, sondern auch die Prozesse des Lebens treffen zusammen unter der allumfassenden Dimension des Geschichtlichen[1]. Da in der geschichtlichen Dimension die drei Lebensprozesse zusammenfallen, kann die „Zweideutigkeit der Zugehörigkeit" sowohl auf den Prozeß der Selbst-Integration wie auf den Prozeß des Sich-Schaffens angewandt werden. Dieses Problem ist der Gegenstand zahlloser soziologischer Untersuchungen, deren praktische Konsequenzen – ganz gleich, welche Lösungen vorgeschlagen wurden – sehr groß sind. Die „Zweideutigkeit der Zugehörigkeit" hat zur Folge, daß in jedem Akt, durch den der Zusammenhalt gestärkt wird, Individuen oder Gruppen in der Grenzzone abgelehnt oder ausgestoßen werden, und umgekehrt, daß jeder Akt, durch den dieselben Individuen und Gruppen aufgenommen oder behalten werden, den Zusammenhalt der Gruppe schwächt. Individuen oder Gruppen in solchen Grenzsituationen sind z. B. Individuen aus einer anderen sozialen Klasse, Individuen, die in eine enge Familien- oder Freundschaftsgruppe eintreten, national oder rassenmäßig Fremde, Minderheiten-Gruppen, „Non-Conformists" oder neu Hinzukommende, die nur abgelehnt werden, weil sie neu hinzukommen.

Die zweite Zweideutigkeit in der Verwirklichung der Gerechtigkeit

---

[1] Vgl. Teil V, I A 3 b.

ist die „Zweideutigkeit der Gleichheit". Natürliche Ungleichheit zwischen Individuen und Gruppen ist keine statische Verschiedenheit, sondern die Folge ständiger konkreter Entscheidungen. Solche Entscheidungen finden in jeder Begegnung von Seiendem mit Seiendem statt, in jedem einander Anblicken, in jeder Unterhaltung, in jeder Forderung, jeder Frage, jeder Bitte. Sie ereignen sich in jeder Konkurrenz-Situation innerhalb der Familie, der Schule, der Arbeit, des Geschäfts, des geistigen Schaffens, der sozialen Beziehungen und des politischen Machtkampfes. In all diesen Begegnungen gibt es ein Vorwärtsstoßen, ein Ausprobieren, ein sich Zurückziehen, ein Herausdrängen, ein Zusammenschmelzen, ein sich Trennen – ein fortgesetzter Wechsel von Sieg und Niederlage. Diese dynamischen Ungleichheiten sind in allen Dimensionen aktuell – vom Beginn eines Lebensprozesses bis zu seinem Ende. In der Dimension des Geistes stehen sie unter dem Prinzip der Gerechtigkeit und dem zu ihm gehörenden Element der Gleichheit. Die Frage ist: In welchem Sinne schließt Gerechtigkeit Gleichheit ein? Darauf gibt es eine unzweideutige Antwort: Jede Person ist jeder anderen gleich, insofern sie Person ist. In dieser Hinsicht gibt es keinen Unterschied zwischen einer vollentfalteten Person und einem Geisteskranken, der nur potentiell Person ist. Im Namen des Prinzips der Gerechtigkeit, das beiden innewohnt, verlangen sie, als Person anerkannt zu werden. Die Gleichheit ist bis zu diesem Punkt unzweideutig, und auch ihre Konsequenzen sind logisch unzweideutig: Gleichheit vor dem Gesetz in all den Beziehungen, in denen das Gesetz die Verteilung von Rechten und Pflichten, Chancen und Einschränkungen, Gütern und Lasten bestimmt und in gerechter Weise Gehorsam oder Ungehorsam gegenüber dem Gesetz, Verdienst oder Verschulden vergilt und Kompetenz und Inkompetenz abwägt.

Obwohl die logischen Implikationen des Prinzips der Gleichheit unzweideutig sind, ist ihre konkrete Anwendung zweideutig. Die vergangene und die gegenwärtige Geschichte liefern dafür unleugbare Beweise. In der Vergangenheit wurde ein Geisteskranker nicht einmal als potentielle Person anerkannt, und auch in der Gegenwart ist diese Anerkennung noch immer begrenzt. Darüber hinaus gibt es in diesem Jahrhundert schreckliche Rückfälle in eine dämonische Zerstörung der Gerechtigkeit. Auch wenn sich das in Zukunft ändern sollte, würden damit die Zweideutigkeiten des Konkurrenzkampfes nicht geändert; sie wirken ständig in der Richtung auf Ungleichheit der Menschen – in den täglichen Begegnungen, im Aufbau der Gesellschaft und in den politischen Schöpfungen. Schon der Versuch, das Prinzip der Gleichheit – die unzweideutige Anerkennung der Person als Person –

auf die Praxis anzuwenden, kann zerstörerische Folgen haben und die
Verwirklichung der Gerechtigkeit verhindern. Ein solcher Versuch
kann das Recht, das in einer speziellen Machtgruppe verkörpert ist,
dieser wegnehmen und es Individuen und Gruppen geben, deren geringere Seinsmächtigkeit dem ihr so verliehenen Recht nicht entspricht.
Oder Individuen und Gruppen werden unter Bedingungen gehalten,
die die Entfaltung ihrer Potentialitäten technisch unmöglich machen.
Oder eine bestimmte Konkurrenz-Situation wird aufgehoben, dafür
aber eine andere geschaffen und damit die eine Ursache ungerechter
Ungleichheit beseitigt, dafür aber eine andere geschaffen. Oder es wird
mit ungerechten Mitteln gearbeitet, um ungerechte Macht zu brechen.
Diese Beispiele zeigen, daß ein Zustand unzweideutiger Gerechtigkeit
ein Produkt utopischer Phantasie bleibt.

Die dritte Zweideutigkeit in der Selbstverwirklichung einer sozialen Gruppe ist die „Zweideutigkeit der Führung". Sie zieht sich durch
alle menschlichen Beziehungen, sei es die zwischen Eltern und Kindern
oder die zwischen Herrscher und Beherrschten. In ihr manifestiert sich
in vielen Formen die Zweideutigkeit von Schöpfung und Zerstörung,
die alle Lebensprozesse charakterisiert. „Führung" ist eine Struktur,
die in der Entwicklungsgeschichte schon sehr früh innerhalb des organischen Bereichs auftritt und sich in der Dimension des Psychischen,
des Geistes und der Geschichte voll verwirklicht. Man macht es sich
zu leicht, wenn man das Führungs-Phänomen nur auf das unterschiedliche Verhältnis der Kräfte in einer Gruppe und auf das Streben des
Stärkeren nach Unterdrückung des Schwächeren zurückführt. Das ist
zwar ein immer vorhandener Mißbrauch des Führerprinzips, aber nicht
sein Wesen. Führung ist das soziale Analogon zu Zentriertheit. Wie
wir sehen, ist es nur eine Analogie, aber es ist eine gültige. Denn ohne
die „Zentriertheit", die die Führung herstellt, sind Selbst-Integration
und Selbst-Verwirklichung einer Gruppe nicht möglich. Diese Funktion
der Führung kann von einem Faktum abgeleitet werden, das gegen sie
zu sprechen scheint, nämlich der personalen Zentriertheit des Einzelnen in der Gruppe. Ohne einen Führer oder eine führende Minorität
könnte eine Gruppe nur durch psychologische Gewalt geeint werden,
die alle Individuen in einer ähnlichen Weise dirigiert wie Massen in
einer Schocksituation, in der Spontaneität und Freiheit verlorengehen
und die Einzelnen zu keiner unabhängigen Entscheidung fähig sind.
Die Propagandisten aller Schattierungen versuchen, solche „Massen-
reaktionen" herbeizuführen. Sie wollen keine Führer sein, sondern
Manager, die eine kausal determinierte Massenbewegung dirigieren.
Aber gerade diese Möglichkeit, die Macht der Führung zu mißbrauchen,

um sie in Massenmanipulation umzuformen, zeigt, daß diese „Massen-Führung" nicht das wahre Wesen der Führung ist. Wahre Führung achtet die zentrierte Person, die sie führen soll, und ist auf ihre Integration bedacht. Die eben beschriebene Möglichkeit des Abgleitens in Massenmanipulation zeigt die Zweideutigkeit der Führung. – Der Führer vertritt nicht nur die Macht und die Gerechtigkeit der Gruppe, sondern auch sich selbst, seine Seinsmächtigkeit und die mit ihr gegebene Gerechtigkeit. Und er vertritt nicht nur seine Person, sondern auch die soziale Schicht, in der er lebt und die er freiwillig oder unfreiwillig repräsentiert. Diese Situation ist die ständige Quelle der Zweideutigkeit einer jeden herrschenden Macht, sei es einer Diktatur, einer Aristokratie oder eines Parlaments. Das gilt sogar für freiwillige Zusammenschlüsse, deren gewählte Führer von den gleichen zweideutigen Motiven geleitet werden wie die politischen Herrscher. Die Zweideutigkeit der „Rationalisierung"[1] oder der Ideologie ist in jeder Führungsstruktur gegenwärtig. Aber der Versuch, solche Strukturen abzuschaffen, z. B. durch Anarchie, hebt sich selbst auf, weil das entstehende Chaos der Nährboden für die Diktatur ist und die Zweideutigkeiten des Lebens nicht dadurch überwunden werden können, daß ein Vakuum geschaffen wird.

Man hat in bestimmten Fällen für das Wort „Führer" das Wort „Autorität" eingeführt; das ist aber eine irreführende Verwendung eines viel fundamentaleren Begriffs, mit dem besondere Formen der Zweideutigkeit verbunden sind. „Autorität" (abgeleitet von *augere*, *auctor*) bezeichnet vor allem die Fähigkeit, etwas zu beginnen und dann zu vermehren, zu vergrößern. In diesem Sinne gibt es Autoritäten in allen kulturellen Bereichen. Sie folgen aus der Spezialisierung allen Lebens und sind unvermeidlich, weil ein Einzelner als endliches Wesen in seiner Erkenntnis und in seinem Können begrenzt ist. Diese Situation ist an sich noch nicht zweideutig, aber die Zweideutigkeit der Führung in Form der Autorität setzt ein, sobald die faktische Autorität, die auf Sachkenntnis beruht, zu einer prinzipiellen Autorität fixiert wird. Eine solche Autorität ist gewöhnlich mit einer bestimmten gesellschaftlichen Stellung verbunden, z. B. der des Priesters als Priester, des Gelehrten als Gelehrten, der Eltern als Eltern. In vielen dieser Fälle üben Menschen mit weniger Kenntnissen und Fähigkeiten Autorität über Menschen mit mehr Kenntnissen aus, wodurch der ursprüngliche Sinn der Autorität verloren geht. Dies ist aber nicht nur ein bedauerlicher Zustand, der vermieden werden könnte und

---

[1] Siehe Fußnote auf S. 89.

sollte, sondern auch Ausdruck einer unvermeidbaren Zweideutigkeit. Das ist besonders deutlich im Falle der elterlichen Autorität, aber es trifft auch auf unterschiedliche Altersgruppen im allgemeinen zu, auf die Beziehung von Sachkennern zu Laien, die sich an sie wenden, und von Machthabern zu denen, über die sie herrschen. Alle institutionelle Hierarchie beruht auf der Umwandlung von faktischer in prinzipielle Autorität. Aber da es Autorität über *Personen* ist, kann im Namen der Gerechtigkeit gegen sie rebelliert werden. Prinzipielle Autorität versucht, solche Auflehnung zu verhindern, und hier zeigt sich eine weitere Zweideutigkeit: Eine erfolgreiche Auflehnung gegen die Autorität würde die soziale Struktur des Lebens untergraben, während Unterwerfung unter die Autorität gerade die Grundlage der Autorität – das personhafte Selbst und seinen Anspruch auf Gerechtigkeit – zerstören würde.

Die vierte Zweideutigkeit der Gerechtigkeit ist die „Zweideutigkeit des Gesetzes". Wir haben bereits die Zweideutigkeit des moralischen Gesetzes behandelt, sowohl seine Berechtigung wie seine Unfähigkeit, das zu leisten, was es leisten soll: nämlich die Wiedervereinigung des existientiellen Seins mit dem essentiellen Sein des Menschen. Die Zweideutigkeiten des Gesetzes, z. B. der staatlichen Gesetze in Form von Zivil- und Strafrecht, haben eine ähnliche Struktur. Man erwartet von diesen Gesetzen, daß sie allein der Gerechtigkeit dienen; statt dessen bewirken sie mit der Gerechtigkeit zugleich Ungerechtigkeit.

Die Zweideutigkeit des Gesetzes hat zwei Gründe, einen äußeren und einen inneren. Der *äußere* Grund ist die Beziehung zwischen dem formulierten Gesetz und den Autoritäten, die die Gesetze geben, auslegen und handhaben. Hierbei beeinflussen die Zweideutigkeiten der Autorität den Charakter der Gesetze. Die Gesetze sollen Gerechtigkeit ausdrücken, aber sie sind zugleich auch Ausdruck einer speziellen politischen Machtgruppe. Diese Situation ist nicht nur unvermeidbar, sondern sie folgt aus dem Wesen des Seienden, d. h. der vieldimensionalen Einheit des Lebens und all seinen Funktionen. Jede Schöpfung in der Dimension des Geistes vereint Ausdruck mit Geltung. Sie drückt eine individuelle oder soziale Situation aus, die sich in einem speziellen Stil manifestiert. Der Stil der Gesetzgebung durch eine bestimmte Machtgruppe in einer bestimmten Epoche sagt uns nicht nur etwas über die logische Lösung juristischer Probleme, sondern verrät uns auch etwas von der wirtschaftlichen und sozialen Schichtung jener Zeit und von der Eigenart der herrschenden Klassen oder Gruppen. Trotzdem ist die logische Struktur des Gesetzes nicht einfach durch Diktate des Machtwillens oder durch politischen Druck ersetzt, z. B. dem von Ideologien, die die Bewahrung oder Veränderung einer bestehenden Machtstruktur beabsichtigen. Das formulierte Gesetz kann nicht einfach anderen Zwecken dienstbar gemacht werden, es behält auch seine eigenen Strukturen, und es kann nur deshalb fremden Zwecken dienen, weil es seine eigene Struktur bewahrt; denn Macht ohne gültiges Recht zerstört sich selbst.

Die *innere* Zweideutigkeit des Gesetzes ist unabhängig von den Autoritäten, die die Gesetze geben, auslegen und handhaben. Sie beruht auf der Abstraktheit des formulierten Gesetzes, das (ebenso wie das moralische Gesetz) der konkreten Situation in ihrer Einzigartigkeit unangemessen ist, denn nach dem Prinzip der Individualisation ist jede Situation einzigartig – wenn sich auch manche Situationen ähneln. Vielen Rechts-Systemen liegt ein Bewußtsein dieser Tatsache zugrunde; sie haben daher Sicherheitsmaßnahmen gegen das Prinzip der abstrakten Gleichheit eines jeden vor dem Gesetz eingebaut, aber die Ungerechtigkeit, die aus dem abstrakten Charakter des Gesetzes folgt und der konkreten einzigartigen Situation keine Rechnung trägt, kann dadurch nur zum Teil aufgehoben werden.

e) Die Zweideutigkeiten des Humanismus. – Wenn die Kutur ein Sinn-Universum schafft, tut sie es nicht im leeren Raum bloßen Geltens Sinn-Setzung ist immer die Verwirklichung dessen, was potentiell im Träger des Geistes, nämlich im Menschen vorliegt. Diese These habe ich bereits gegen die anti-ontologischen Wertphilosophen verteidigt. Sie muß jetzt in einer ihrer entscheidenden Folgerungen erörtert werden, d. h. es muß die in ihr enthaltene Antwort auf die Frage diskutiert werden: Was ist das letzte Ziel aller Kulturschöpfung? Was ist der Sinn der Schaffung eines Sinn-Universums?

Wie aus der ontologischen Ableitung der Werte folgt, hat die Antwort zwei Seiten, eine makrokosmische und eine mikrokosmische. Die makrokosmische lautet: Das Sinn-Universum ist die Erfüllung der Potentialitäten des Seins-Universums. In der menschlichen Welt verwirklichen sich die unerfüllten Potentialitäten der Materie, wie sie z. B. im Atom erscheinen. Diese Potentialitäten aktualisieren sich jedoch nicht in den Atomen, Molekülen, Kristallen, Pflanzen oder Tieren, sofern sie für sich bleiben, sondern nur, insoweit sie Teile oder Kräfte der Dimensionen sind, die im Menschen aktuell werden. Diese Lösung läßt die Frage der Sinnerfüllung des Universums als ganzen noch offen. Erst bei der Behandlung der Selbst-Transzendierung des Lebens und ihren Zweideutigkeiten, sowie bei der Behandlung der Symbole

des unzweideutigen, d. h. des ewigen Lebens, kann eine Antwort gegeben werden.

In der mikrokosmischen Antwort wird der Mensch als der Ort und
das Mittel betrachtet, durch die ein Sinn-Universum verwirklicht wird.
Geist und Mensch sind aneinander gebunden, und nur im Menschen
erreicht das Universum eine vorläufige und fragmentarische Erfüllung.
Das ist die Wurzel der humanistischen Idee als der mikrokosmischen
Antwort auf die Frage nach dem Ziel der Kultur. Hierin liegt die
Rechtfertigung des Humanismus, der nicht das Prinzip einer philo-
sophischen Schule, sondern das allen philosophischen Schulen gemein-
same Prinzip ist. Allerdings müssen wir eine Einschränkung machen:
Die humanistische Idee kann angesichts der Zweideutigkeiten aller
Kultur nur aufrechterhalten werden, wenn diese Zweideutigkeiten
nicht verschwiegen werden und wenn der Humanismus bis zu dem
Punkt konsequent durchgeführt wird, an dem er selbst die Frage nach
unzweideutigem Leben stellt.

Der Begriff Humanismus ist weit umfassender als der Begriff *humanitas*. Wir haben *humanitas* als die Erfüllung des personhaften
Lebens definiert und sie in Parallele zu dem Begriff Gerechtigkeit und
– im Blick auf alle Funktionen des Geistes – auch zu den Begriffen der
Wahrheit und der Ausdruckskraft gesetzt. Humanismus ist eine Haltung, die in diesen Prinzipien und in der Kultur, die durch diese Prinzipien bestimmt ist, lebt. *Humanitas* drückt eines der inneren Ziele
aus, für das der Humanismus steht.

Der Humanismus darf nicht als Rationalismus kritisiert werden. Die
Kritik ist insofern unberechtigt, als der Humanismus versichert, daß
das Ziel der Kultur die Verwirklichung der Potentialitäten ist, die im
Menschen als dem Träger des Geistes liegen. Anders steht es mit einer
humanistischen Philosophie, die die Zweideutigkeiten in der Idee des
Humanismus nicht zugeben will und darum abgelehnt werden muß.
Die Zweideutigkeiten des Humanismus beruhen auf der Tatsache, daß
er die selbst-transzendierende Funktion des Lebens nicht beachtet und
die schöpferische Funktion absolut setzt. Das bedeutet nicht, daß der
Humanismus die Religion ignoriert. Gewöhnlich, wenn auch nicht
immer, ordnet der Humanismus Religion unter die menschlichen Potentialitäten ein und betrachtet sie darum als eine der kulturellen
Schöpfungen. Aber gerade weil er so verfährt, leugnet er letztlich die
Selbst-Transzendierung des Lebens und damit den innersten Charakter der Religion.

Da der Humanismus als Prinzip und als Haltung in engster Beziehung zu dem Problem der Erziehung steht, ist es aufschlußreich, seine

Zweideutigkeiten in Verbindung mit den Zweideutigkeiten der Erziehung aufzuzeigen, besonders mit einer Zweideutigkeit der Erziehung, die im Gebiet des Personhaften wie des Gemeinschaftlichen erscheint. „Erziehen" bedeutet, jemanden „herausziehen", und zwar aus dem Stadium der „Ungeformtheit". Aber weder das Wort noch unsere gegenwärtige Art der Erziehung beantworten die Frage: „Wozu erziehen?" Der reine Humanismus würde antworten: „Zu der Verwirklichung aller menschlichen Potentialitäten." Da jedoch der unendliche Abstand zwischen dem Individuum und dem Menschengeschlecht als ganzem dies unmöglich macht, müßte die eigentliche humanistische Antwort lauten: „Die Verwirklichung der menschlichen Potentialitäten dieses bestimmten Individuums im Rahmen seines besonderen geschichtlichen Schicksals." Diese Begrenzung ist jedoch für das humanistische Ideal verhängnisvoll, soweit es den Anspruch erhebt, die endgültige Antwort auf die Frage der Erziehung und der Kultur im allgemeinen zu geben. Wegen der menschlichen Endlichkeit kann niemand das humanistische Ideal erfüllen: entscheidende menschliche Potentialitäten werden immer unverwirklicht bleiben. Und noch mehr: Die Bedingungen, unter denen der Mensch lebt – ganz gleich, ob in aristokratischen oder demokratischen Systemen –, schließen die überwiegende Mehrzahl menschlicher Wesen von den höheren Formen der Kultur und der Bildung aus. Die mit dem humanistischen Ideal gegebene Exklusivität hindert den Humanismus daran, das letzte Ziel der menschlichen Kultur zu sein. Es ist die Zweideutigkeit der humanistischen Erziehung, daß sie einzelne oder Gruppen von allen übrigen im aristokratischen Sinne isoliert, und je mehr sie sie isoliert, desto erfolgreicher kann die humanistische Erziehung sein. Zugleich wird aber dieser Erfolg in Frage gestellt, denn die Gemeinschaft zwischen Mensch und Mensch als immer offene Möglichkeit gehört zum humanistischen Ideal selbst. Wenn solche Offenheit durch die humanistische Erziehung eingeschränkt wird, gerät diese Erziehung in Widerspruch mit sich selbst. Daher muß die Frage: „Wohin soll die Erziehung führen"? so beantwortet werden, daß jeder, der eine Person ist, mit umfaßt wird. Aber die Kultur kann diese Antwort nicht finden – eben wegen der Zweideutigkeiten des Humanismus. Nur ein sich selbst-transzendierender Humanismus könnte diese Frage beantworten – die Frage nach dem Sinn der Kultur und dem Ziel der Erziehung.

Und wir müssen uns noch an etwas anderes erinnern[1]. Das humanistische Ideal ist nicht imstande, die menschliche Situation in ihrer exi-

---

[1] Vgl. Bd. II, S. 89 ff.

stentiellen Entfremdung zu sehen. Ohne Selbst-Transzendierung wird die humanistische Forderung zum Gesetz und fällt unter die Zweideutigkeiten des Gesetzes. Der Humanismus selbst führt zu der Frage nach einer Kultur, die sich selbst transzendiert.

3. Die Selbst-Transzendierung des Lebens und ihre Zweideutigkeiten

a) Freiheit und Endlichkeit. – Die Polarität von Freiheit und Schicksal (und ihre Analogien in den Bereichen des Seins, die der Dimension des Geistes vorausgehen) schafft dem Leben die Möglichkeit, sich selbst zu transzendieren, und diese Möglichkeit kann zur Wirklichkeit werden. Das Leben ist bis zu einem gewissen Grade frei von sich selbst, d. h. von der totalen Gebundenheit an seine Endlichkeit. Die vertikale Linie, die die Selbst-Transzendierung symbolisiert, durchstößt sowohl die Kreislinie der Zentriertheit als auch die horizontale Linie des Wachstums. In den Worten des Paulus (Röm. 8, 19–22) ist die Sehnsucht der gesamten Schöpfung nach der Befreiung vom „Dienst der Eitelkeit" und den „Banden der Sterblichkeit" mit tiefer poetischer Einfühlung beschrieben. Diese Worte sind ein klassischer Ausdruck für die Selbst-Transzendierung des Lebens in allen Dimensionen. Man kann auch an Aristoteles' Lehre denken, daß die Bewegung aller Dinge, durch ihren *eros* verursacht, auf den „unbewegten Beweger" gerichtet ist.

Die Frage, wie sich die Selbst-Transzendierung des Lebens manifestiert, kann nicht, wie im Falle der Selbst-Integration und des Sich-Schaffens, empirisch beantwortet werden. Man kann von ihr nur in Worten reden, die die Spiegelung der Selbst-Transzendierung der Dinge im menschlichen Bewußtsein beschreiben, denn der Mensch ist der Spiegel, in dem die Beziehung eines jeden Endlichen zum Unendlichen bewußt wird. Es gibt keine empirische Beobachtung dieser Beziehung, weil alle empirische Erkenntnis sich auf das wechselseitige Verhältnis endlicher Dinge bezieht, aber nicht auf das Verhältnis des Endlichen zum Unendlichen.

Der Selbst-Transzendierung des Lebens steht die Profanisierung gegenüber, eine Tendenz, die ebensowenig wie die Selbst-Transzendierung empirisch beschrieben, sondern nur im Spiegel des menschlichen Bewußtsein gesehen werden kann. Profanisierung wie Selbst-Transzendierung erscheinen im menschlichen Bewußtsein als eine Erfahrung, die sich in allen Epochen der menschlichen Geschichte findet. Der Mensch hat, wo immer er volle Menschlichkeit erlangt hat, für den Konflikt zwischen Bejahung und Verneinung der Heiligkeit des Lebens

Zeugnis abgelegt. Und selbst in Ideologien wie dem Kommunismus hat der Versuch der totalen Profanisierung überraschend damit geendet, daß das Profane selbst die Weihe der Heiligkeit erhielt. Das Wort „profan" drückt in seiner eigentlichen Bedeutung das aus, was ich „Widerstand gegen die Selbst-Transzendierung" nennen würde; es bedeutet: vor den Toren des Tempels, außerhalb des Heiligen stehen bleiben. Im Englischen wird das Wort „profane", das irreführende Nebenbedeutungen hat, gewöhnlich durch das Wort „secular" ersetzt, und die Weigerung, in das Heilige einzugehen, wird als Weltanschauung „Säkularismus" genannt. Aber das bringt den Gegensatz zu „heilig" nicht so scharf heraus wie das Wort „profan", und daher möchte ich das Wort „profan" beibehalten, um den Widerstand gegen die Selbst-Transzendierung in allen Dimensionen des Lebens auszudrücken.

An dieser Stelle möchte ich eine allgemeine Bemerkung einflechten: In jedem Akt der Selbst-Transzendierung ist Profanisierung gegenwärtig, oder in anderen Worten: das Leben transzendiert sich in zweideutiger Weise. Obwohl es diese Zweideutigkeit von Selbst-Transzendierung und Profanisierung im eigentlichen Sinne der Begriffe nur im religiösen Bereich gibt, gibt es Analogien dazu in allen Dimensionen.

b) Selbst-Transzendierung und Profanisierung im allgemeinen: die Größe des Lebens und ihre Zweideutigkeiten. – Das sich selbst-transzendierende Leben erscheint im Spiegel des menschlichen Bewußtseins als Größe und Würde. Größe kann quantitativ verstanden werden, und sofern das geschieht, kann sie gemessen werden. Wenn aber Größe in Verbindung mit der Selbst-Transzendierung des Lebens gebraucht wird, dann ist sie ein qualitativer Begriff. Größe im qualitativen Sinn drückt Seins- und Sinnmächtigkeit aus, sie weist auf ein letztes Sein und einen letzten Sinn hin und gibt dem Hinweisenden die Würde, die ihm dadurch zukommt. Das klassische Beispiel ist der griechische Heros, der die höchste Macht und den höchsten Wert innerhalb der Gruppe, zu der er gehört, repräsentiert. Durch seine Größe kommt er der göttlichen Sphäre nahe, in der die Fülle des Seins und Sinnes in Götter-Gestalten symbolisiert anschaubar wird. Aber wenn der Heros die Grenzen seiner Endlichkeit überschreitet, wird er zurückgestoßen von dem „Zorn der Götter". Größe schließt Wagnis ein und die Bereitschaft des Heros, Tragik auf sich zu nehmen. Wenn er an den tragischen Folgen untergeht, verliert er dadurch weder seine Größe noch seine Würde. Und es ist die Kleinheit – die Furcht, über die Endlichkeit hinauszustoßen, die Bereitschaft, das Endliche als gegeben hinzunehmen, die Tendenz, sich in den Grenzen des Althergebrachten zu bewegen, die Durchschnitts-Existenz mit ihrem Wunsch nach Sicherheit – diese Kleinheit ist es, die mit der Größe und Würde des Lebens in Konflikt gerät.

In der Literatur wird die Größe des physischen Universums in reicher Fülle gepriesen, aber Größe wird hier selten definiert. Das Wort bezieht sich zunächst auf die quantitative Ausdehnung des Universums in Zeit und Raum. Aber es weist noch stärker auf das qualitative Geheimnis der Struktur eines jeden kleinsten Teils des Universums und auf die Struktur des Ganzen hin. „Geheimnis" bedeutet hier: die Unendlichkeit der Fragen, mit denen jede Antwort den menschlichen Geist aufs neue konfrontiert. Die Wirklichkeit – jedes Stück Wirklichkeit – ist unerschöpflich und enthüllt etwas vom Geheimnis des Seins selbst, das die endlose Reihe wissenschaftlicher Fragen und Antworten transzendiert. Die Größe des Universums liegt in seiner Macht, dem immerfort drohenden Chaos zu widerstehen – jenem Chaos, dessen sich die Mythen, einschließlich der biblischen Geschichten, deutlich bewußt sind. Dasselbe Bewußtsein findet sich in rationaler Form in der Ontologie und in den kosmologischen Deutungen der Geschichte und liegt zahlreichen Schöpfungen der Poesie und Malerei zugrunde.

Aber wo das ist, was das Leben groß macht, ist auch das, was das Leben klein macht. Das Leben im anorganischen Bereich ist nicht nur groß, es ist in seiner Größe auch klein. Seine Potentialitäten bleiben unentfaltet, und was sichtbar ist, ist nur seine Endlichkeit, religiös gesprochen ist es „Staub und Asche". Es ist, wie die zyklische Geschichtsdeutung behauptet, Stoff für das „kosmische Feuer", in dem jede kosmische Periode ihr Ende hat, und es ist, wie die Technik zeigt, Material für Analyse und Kalkulation – zum Zwecke der Produktion von Werkzeugen. Weit davon entfernt, groß zu sein, ist das Leben im Bereich des Anorganischen nichts als Material, aus dem Dinge gemacht werden. Und es gibt Philosophen, die das ganze physische Universum als ein großes „Ding" ansehen, eine von Gott geschaffene (oder in Ewigkeit existierende) kosmische Maschine. So ist das Universum vollständig profanisiert, zunächst im anorganischen Bereich und, nachdem alles andere auf das Anorganische reduziert wird, in seiner Ganzheit. Es gehört zur Zweideutigkeit des Lebens, daß beide Qualitäten, Größe und Kleinheit, immer in allen Lebensstrukturen vorhanden sind.

Als Beispiel für diese Zweideutigkeit im anorganischen Bereich können wir auf die technischen Gebilde hinweisen, die als bloße Dinge der Verunstaltung, der Zerstückelung und der Häßlichkeit (z.B. Schmutz und Abfall) preisgegeben sind. Die technischen Gebilde können jedoch auch in sublimer Weise ihrem Zweck angemessen sein. Sie können eine ästhetische Ausdruckskraft zeigen, die nicht durch äußere Ornamente, sondern durch innere Formkraft geschaffen ist. Auf diese Weise können Dinge, die bloße Dinge sind, sich transzendieren und an der Größe teilhaben.

Selbst-Transzendierung im Sinne von Größe enthält Selbst-Transzendierung im Sinne von Würde. Der Begriff Würde scheint ausschließlich dem Person- und Gemeinschafts-Bereich anzugehören, weil er volle Zentriertheit und Freiheit voraussetzt. Ein Element der Würde ist Unverletzlichkeit. Im Bereich des Personhaften bedeutet Unverletzlichkeit die unbedingte Forderung der Person, als Person anerkannt zu werden. Die Frage ist jedoch, ob Würde im Sinne von Unverletzlichkeit allen Lebensbereichen zugeschrieben werden kann, einschließlich dem anorganischen Bereich. Mythos und Dichtung haben diesem Gedanken Ausdruck gegeben und die Idee der Würde auf das Ganze der Wirklichkeit bezogen – einschließlich dem Anorganischen, insbesondere den vier Elementen und ihren Manifestationen in der Natur. Es ist versucht worden, den Polytheismus aus der überwältigenden Größe der Naturmächte abzuleiten. Aber die Götter repräsentieren niemals Größe allein, sie repräsentieren immer auch Würde. Sie handeln nicht nur, sondern sie gebieten auch, und ein fundamentales Gebot aller Religionen ist, die höhere Würde der Götter anzuerkennen. Ein Element des Seins, das durch einen Gott repräsentiert wird, erhält dadurch Würde, und die Verletzung dieser Würde wird durch den Zorn des Gottes gerächt. Das war, geschichtlich gesehen, die Weise, wie die Menschheit die Würde der realen Dinge, besonders derjenigen im anorganischen Bereich, anerkannte. Man glaubte, daß die Götter die Elemente repräsentieren, und das konnte man nur, weil die Elemente an der selbsttranszendierenden Funktion des Lebens teilhaben. Die Selbst-Transzendierung des Lebens in allen Dimensionen macht den Polytheismus erst möglich. Die Hypothese, daß der Mensch der Wirklichkeit zuerst in der Form der Totalität der Dinge als Dinge begegnete und dann diese Dinge zu göttlicher Würde erhob, ist absurder als die Absurditäten, die dem Primitiven zugeschrieben werden. Tatsächlich erlebte der Mensch als erstes die Erhabenheit des Lebens, seine Größe und Würde, aber er erlebte sie in zweideutiger Verbindung mit Kleinheit und Niedrigkeit. Die polytheistischen Götter repräsentieren die Selbst-Transzendierung des Lebens; das ist die bleibende und nicht zu leugnende Gültigkeit des polytheistischen Symbolismus: er hat die Funktion, die Selbst-Transzendierung des Lebens in allen Dimensionen gegen einen abstrakten Monotheismus zu betonen. Denn der Monotheismus steht in der Gefahr – indem er alle Macht und Ehre dem einen Gott zuschreibt –, alle Dinge in reine Objekte zu verwandeln und der Wirklichkeit auf diese Weise ihre Macht und ihre Würde zu nehmen.

Die vorausgehende Diskussion nimmt in gewisser Weise die Analyse der Religion und ihrer Zweideutigkeiten voraus. Das ist gerechtfertigt einmal durch die vieldimensionale Einheit des Lebens, zum anderen durch die Notwendigkeit, Analogiebegriffe, wie Größe und Würde, im anorganischen Bereich durch Rückgang auf das, zu dem sie eine Analogie bilden, verständlich zu machen (z. B. auf die polytheistischen Götter). Nur auf diese Weise kann überhaupt von Größe und Würde im anorganischen Bereich gesprochen werden. Eine Frage aus der Diskussion über die Größe des Lebens blieb jedoch unbeantwortet, nämlich die Frage, ob und wie der technische Gebrauch der anorganischen und organischen Materialien ihre Größe und Würde verletzt. Dieses Problem ist zumeist in Verbindung mit der zerstörerischen Wirkung der Technik auf den Menschen erörtert worden; nur einige romantische Philosophen haben dabei das Material selbst im Blick gehabt. Es ist leicht, diese Philosophen als romantisch abzutun, aber es ist nicht so leicht, im Hinblick auf das Symbol der Schöpfung die Frage selbst abzutun: Ist ein Stück geschaffener Wirklichkeit dadurch, daß es in ein Werkzeug gezwängt wird, entwürdigt? Die Antwort auf dieses noch unerforschte Problem könnte vielleicht lauten: Die Gesamtbewegung des anorganischen Universums enthält unzählige Begegnungen von Partikeln und Massen, bei denen jeweils einige durch Umwandlung ihre Identität verlieren. Der technische Akt des Menschen kann als eine Fortsetzung dieser Prozesse aufgefaßt werden. Aber darüber hinaus verursacht der Mensch einen neuen Konflikt – den Konflikt zwischen der Steigerung von Potentialitäten der Materialien (z. B. bei der Erfindung des elektrischen Lichts, des Flugzeugs, chemischer Synthesen) und der dadurch entstehenden Zerstörung des natürlichen Gleichgewichts zwischen kleineren oder größeren Teilen des Universums (z. B. der Umwandlung von fruchtbarem Land in Wüste oder der Vergiftung der Atmosphäre). In solchen Prozessen ist deutlich sichtbar, wie die Intensivierung (Vergrößerung) zugleich zur Deteriorierung (Verkleinerung) führt. Solche Zweideutigkeiten liegen der Angst zugrunde, die sich in den frühen Mythen ausdrückt, nach denen der Mensch seine Grenze überschreitet und dabei selbst zerstört wird. Es ist dieselbe Angst, von der ein Teil der heutigen Naturwissenschaftler erfaßt ist: in beiden Fällen fürchtet man, ein Tabu zu brechen.

Vieles, was wir über Größe und Würde im anorganischen Universum gesagt haben, gilt in gleicher Weise für den organischen Bereich und die in ihm herrschenden Dimensionen. Die Größe eines jeden Lebewesens und die unendliche Erhabenheit seiner Struktur sind in allen Zeitaltern von Dichtern, Malern und Philosophen hervorgehoben worden. Die Unverletzlichkeit der Lebewesen kommt in den sie schützenden Geboten zum Ausdruck, die in vielen Religionen enthalten sind, in ihrer Bedeutung für die polytheistische Mythologie und in der tatsächlichen Partizipation des Menschen am Leben der Pflanzen und Tiere (im Leben wie in der Dichtung). All dies ist so bekannt, daß es keines weiteren Kommentars bedarf, aber die damit verbundenen Zweideutigkeiten verlangen eine ausführliche Behandlung, nicht nur um ihrer selbst willen, sondern auch, weil sie die Zweideutigkeiten in den Dimensionen des Geistes und der Geschichte vorbereiten.

Die Größe und Würde eines Lebewesens ist zweideutig mit Kleinheit und Entwürdigung verflochten. Die allgemeine Regel, daß alle Organismen durch die Assimilation anderer Organismen leben, bedeutet, daß sie füreinander zu Dingen werden, zum „Nahrungs-Ding" sozusagen, sie werden gefressen, verdaut und ausgeschieden. Das ist radikale Entwürdigung ihres Eigenlebens. Dem Gesetz „Leben lebt von Leben" ist der Mensch sogar gegenüber dem Menschen gefolgt – im Kannibalismus. Aber dagegen erhob sich schon früh ein Widerstand, als der Mensch immer mehr lernte, seinesgleichen als einer Person zu begegnen. Der Mensch hörte auf, als ein „Nahrungs-Ding" behandelt zu werden, aber in anderer Weise blieb er ein Ding – ein „Arbeits-Ding". In der Beziehung des Menschen zu allen anderen Lebewesen fand eine Wandlung erst statt, als seine Beziehung zu bestimmten höheren Tieren (in Indien zu den Tieren im allgemeinen) der Beziehung von Mensch zu Mensch ähnlich wurde. Dies zeigt deutlich die Zweideutigkeit zwischen der prinzipiellen Würde und Unverletzlichkeit des Lebens und der tatsächlichen Verletzung von Leben durch Leben. Dagegen zeigt die biblische Vision des Friedens in der Natur eine unzweideutige Selbst-Transzendierung im Bereich des Organischen, deren Verwirklichung die bestehenden Bedingungen des organischen Lebens ändern würde (Jesaja 11, 6–9).

In der Dimension des Bewußtseins hat die Selbst-Transzendierung den Charakter der Intentionalität: Wer sich seiner selbst bewußt ist, ist dadurch über sich selbst hinaus. Das, was ein Element in allem Leben ist, das Subjektive, wird im Menschen zum wirklichen Subjekt, und das Element des Objektiven, das in allem Leben enthalten ist, wird für den Menschen zum wirklichen Objekt, nämlich zu etwas, das dem Subjekt „entgegengeworfen" ist *(objectum)*. Die Größe dieser Entwicklung in der Geschichte der Natur kann kaum überschätzt werden, und das gilt auch von der neuen Würde, die aus ihr folgt. Bewußtsein ist selbst in seinen keimhaften Anfängen das Hinausgehen eines Lebewesens über sich selbst und bedeutet einen Schritt vorwärts, der an Größe mit keinem anderen in den vorhergehenden Dimensionen verglichen werden kann. Diese Situation findet ihren Ausdruck in der Polarität von Lust und Schmerz, die jetzt eine neue Bedeutung gewinnt. Lust kann als das Bewußtsein seiner selbst als Subjekt betrachtet werden in dem Sinne, in dem das Selbst oben als der Träger des schöpferischen *eros* beschrieben wurde. Schmerz muß dann als Bewußtsein seiner selbst betrachtet werden, nachdem das Selbst seiner Selbstbestimmung beraubt und zum Objekt gemacht worden ist. Das Tier, das einem anderen Wesen zum „Nahrungs-Ding" dienen soll, leidet in dieser Situation und versucht, ihr zu entkommen. Eine Anzahl der höheren Tiere und alle Menschen erfahren Schmerz, wenn ihre Würde als Subjekt verletzt wird. Sie haben Schamgefühle, wenn sie zu einem Ding gemacht werden, das man wie alle anderen Dinge betrachtet – körperlich und psychologisch –, oder wenn sie zum Objekt der Kritik gemacht werden, selbst dann, wenn die Kritik positiv ist, oder wenn sie als Folge negativer Urteile bestraft werden. Die Scham kann schmerzhafter als etwaiges körperliches Leiden sein. In diesen Fällen ist das Zentrum des Selbst seiner Größe und Würde beraubt. Die beschriebenen Vorgänge spielen sich in der Dimension des Bewußtseins ab und nicht in der Dimension des Geistes, wobei aber daran erinnert werden muß, daß die Dimension des Bewußtseins auf der einen Seite in die Dimension des Geistes, auf der anderen Seite in die Dimension des Organischen hineinragt.

Diese Beurteilung der Subjekt-Objekt-Spaltung als eines entscheidenden Momentes in der Selbst-Transzendierung des Lebens scheint der mystischen Tendenz zu widersprechen – jener Tendenz, die die Selbst-Transzendierung mit der Transzendierung der Subjekt-Objekt-Spaltung identifiziert. Der Widerspruch ist jedoch nur scheinbar, denn selbst in den ausgesprochenen Formen der Mystik ist die mystische Selbst-Transzendierung nicht identisch mit einem Zurückgehen ins vegetative Stadium unterhalb der Dimension des Psychischen. Es gehört zum ureigenen Wesen der Mystik, die Subjekt-Objekt-Spaltung – nachdem sie im personalen Bereich zu ihrer vollen Entfaltung gekommen ist – zu überwinden, aber nicht, sie zu negieren. Mystik sucht nach etwas jenseits der Spaltung, in dem sie sowohl überwunden als auch aufgehoben ist.

c) Größe und Tragik. – Die Selbst-Transzendierung des Lebens, die sich dem Menschen als Größe des Lebens offenbart, führt unter den Bedingungen der Existenz zur Zweideutigkeit von Größe und Tragik. Nur das Große ist fähig, Tragik zu erfahren. In Griechenland waren die Heroen die Träger der höchsten Werte und der höchsten Macht und die großen Familien Gegenstand der Tragik, sowohl in den Mythen als auch in den Tragödien. Die „Kleinen" oder Häßlichen und Bösen stehen unterhalb der Ebene, auf der die Tragödie spielt. Es gibt jedoch eine Grenze dieser aristokratischen Haltung. Jeder Bürger von Athen wurde von der Regierung aufgefordert, an den Aufführungen der Tragödien teilzunehmen, worin sich die Auffassung ausdrückt, daß kein menschliches Wesen ohne eine gewisse Größe ist, die Größe nämlich, „göttlicher Natur" zu sein. Sofern die Aufführungen der Tragödien jeden Bürger einbezogen, waren sie ein Akt demokratischer Wertung des Menschen als eines möglichen Gegenstandes der Tragödie und daher als Träger von Größe.

Die Frage entsteht, ob es in den anderen Dimensionen des Lebens etwas Analoges zur tragischen Größe gibt. Die Frage muß bejaht werden. Alle Wesen bejahen sich in ihrer endlichen Macht zu *sein;* mit anderen Worten, sie bejahen ihre Größe (und Würde), ohne sich ihrer bewußt zu sein. Ihre Bejahung manifestiert sich in der Beziehung zu anderen Wesen. In dieser Beziehung sind sie den Gesetzen des universalen *logos* unterworfen (Heraklit), durch die sie in ihre Grenzen zurückgewiesen werden, wo immer sie diese überschritten haben. Dies ist die tragische Erklärung des Leidens in der Natur – eine Erklärung, die weder mechanistisch noch romantisch, sondern realistisch ist, d. h. abgeleitet aus dem zweideutigen Charakter der Lebensprozesse selbst.

Obwohl es in der Natur Analogien zur menschlichen Situation gibt, ist das Bewußtsein um Tragik und daher die Tragödie als solche nur in der Dimension des Geistes möglich. Der Begriff der Tragik wurde zuerst im Zusammenhang mit der dionysischen Religion konzipiert, aber er ist wie der apollinische *logos* ein universal gültiger Begriff. Er beschreibt die Universalität der menschlichen Entfremdung und ihre Unausweichlichkeit, obwohl der Mensch für seine Entfremdung verantwortlich bleibt. In Teil III des Systems habe ich zwei Elemente der menschlichen Entfremdung behandelt: *hybris* und Konkupiszenz. Sie wurden dort nur in ihrer Negativität beschrieben. Im gegenwärtigen Zusammenhang der Lebensprozesse erscheinen sie in zweideutiger Verbindung: *hybris* zweideutig verflochten mit Größe, Konkupiszenz mit *eros. Hybris* darf nicht mit Stolz im Sinne von Eitelkeit – der Überkompensierung für Kleinheit – verwechselt werden. *Hybris* ist die

Selbsterhebung der Großen über die Grenzen ihrer Endlichkeit, die zur Zerstörung anderer und ihrer selbst führt.

Wenn Größe unausweichlich mit Tragik verbunden ist, so ist es verständlich, daß viele der Tragik zu entgehen suchen, indem sie Größe vermeiden. Dieser Prozeß vollzieht sich zwar nur im Unbewußten, ist aber einer der verbreitetsten unter den Lebensprozessen in der Dimension des Geistes. In vieler Beziehung ist es möglich, Tragik zu vermeiden, indem man Größe vermeidet, aber in einem letzten Sinne ist es nicht möglich, denn jeder Mensch besitzt die Größe, für sein Schicksal wenigstens teilweise verantwortlich zu sein. Und wenn er sich der Pflicht entzieht, Größe in dem Rahmen, in dem sie in seinem Leben möglich ist, zu verwirklichen, wird er zu einer kläglichen Figur. Die Angst vor der Tragik führt ihn zum tragischen Verlust seiner selbst. Er büßt die Größe ein, die mit dem Besitz eines Selbst gegeben ist.

Es gehört zur Zweideutigkeit von Größe und Tragik, daß die Träger des Tragischen sich ihrer Situation nicht bewußt sind. Einige der großen Tragödien sind Tragödien der Enthüllung der menschlichen Situation (z. B. Ödipus, der sich blendet, nachdem seine Augen in den Spiegel gesehen haben, den ihm die „Boten" vorhalten und der ihm seine eigene Situation enthüllt). Und es gibt ganze Kulturen, wie die Spätantike oder die moderne westliche Kultur, denen ihre tragische *hybris* ebenfalls durch prophetische „Boten" offenbart wurde, und zwar in dem Augenblick, in dem die Katastrophe nahte. Solche „Boten" waren im späten Rom die heidnischen und christlichen Seher, die das Ende des Römischen Reiches voraussagten, und im 19. und frühen 20. Jahrhundert die existentialistischen Propheten, die den heraufkommenden Nihilismus ankündigten.

Wenn die Frage nach der Schuld des tragischen Helden gestellt wird, lautet die Antwort, daß er die Funktion der Selbst-Transzendierung in ihr Gegenteil verkehrt, indem er sich mit dem identifiziert, auf das die Selbst-Transzendierung gerichtet ist – mit der Größe an sich. Er widersetzt sich der Selbst-Transzendierung insofern, als er sich der Forderung widersetzt, seine eigene Größe zu transzendieren. Er ist blind in bezug auf die Grenzen seines Rechtes, einen besonderen Wert zu beanspruchen.

Es ist nicht möglich, sinnvoll über das Tragische zu reden, ohne die Zweideutigkeit der Größe verstanden zu haben. Traurige Ereignisse sind noch keine tragischen Ereignisse, denn Tragik ist nur da vorhanden, wo Größe vorhanden ist. Obwohl Größe und Tragik und ihre Zweideutigkeit in allen Dimensionen vorhanden sind, gibt es Bewußtsein von ihnen nur in der Dimension des Geistes. In dieser Dimension geschieht noch etwas weiteres: Größe offenbart sich als abhängig vom letzten Seinsgrund. Wo das erkannt wird, wird das Große zum Heiligen. Das Heilige liegt jenseits des Tragischen, obwohl diejenigen, die das Heilige repräsentieren, wie alle anderen Wesen unter dem Gesetz der Größe und der Tragik stehen[1].

d) Religion in ihrer Beziehung zu Moralität und Kultur. – Da der Begriff des Heiligen im zweiten Teil des theologischen Systems erörtert wurde und Definitionen des Religionsbegriffs implizit in jedem Teil vorkommen, können wir uns hier darauf beschränken, die Religion in ihrer fundamentalen Beziehung zu Moralität und Kultur zu behandeln. Dabei wird sich die hochdialektische Struktur des menschlichen Geistes und seiner Funktionen zeigen. Logischerweise sollte hier der Ort sein, wo eine ausführlich entwickelte Religionsphilosophie (einschließlich einer Interpretation der Religionsgeschichte) folgen müßte, aber das ist in den Grenzen dieses Systems, das keine *summa* ist, nicht möglich.

Von den Beziehungen zwischen Moralität, Kultur und Religion möchte ich erst ein Essential- und dann ein Existentialbild geben. Gemäß ihrer Wesensstruktur liegen Moralität, Kultur und Religion ineinander. In ihrer Einheit konstituieren sie die essentielle Struktur des Geistes, in der sie zwar unterscheidbar, aber nicht voneinander trennbar sind.

Moralität oder die Konstituierung der Person als Person in der Begegnung mit anderen Personen ist essentiell mit Kultur und Religion verbunden: Die Kultur gibt der Moralität ihre Inhalte (die konkreten Ideale der Person und der Gemeinschaft und die wechselnden moralischen Gesetze). Die Religion gibt der Moralität den Unbedingtheitscharakter des moralischen Imperativs, das höchste Ziel des moralischen Handelns (die Wiedervereinigung des Getrennten in der Liebe) und die Gnade als die Motivation des moralischen Handelns. – Die Kultur oder die Schöpfung eines Sinn-Universums in *theoria* und *praxis* ist essentiell mit Moralität und Religion verbunden: Die objektive Gültigkeit der kulturellen Schöpfungen in all ihren Funktionen beruht auf der Begegnung von Person mit Person, durch die der Willkür Grenzen gesetzt sind. Ohne die Kraft des moralischen Imperativs würde keine Forderung in der kognitiven, ästhetischen, personhaften und gemeinschaftsbildenden Funktion vernommen, geschweige denn erfüllt werden, weder die logische Forderung im Denken, noch die ästhetische Forderung im Anschauen, noch die personale Forderung der *humanitas,* noch

---

[1] Vgl. Bd. II, S. 143 f.

die soziale Forderung der Gerechtigkeit. Das religiöse Element der Kultur ist die unerschöpfliche Tiefe jedes echten Werkes. Man kann es die Substanz der Kultur oder den Grund nennen, aus dem die Kultur lebt. Es ist das Element des Unbedingten, das der Kultur an sich fehlt, auf das sie aber hinweist. – Die Religion oder die Selbst-Transzendierung des Lebens in der Dimension des Geistes ist essentiell mit Moralität und Kultur verbunden: Es gibt keine Selbst-Transzendierung in der Dimension des Geistes ohne die Konstituierung des moralischen Selbst durch den unbedingten Imperativ, und diese Selbst-Transzendierung kann nur innerhalb des Sinn-Universums der Kultur Form gewinnen.

Dieses Bild von den essentiellen wechselseitigen Beziehungen der drei Funktionen des Geistes ist sowohl „übergeschichtliche Erinnerung" wie „utopische Vorwegnahme". Als das eine oder andere ist es das Kriterium für die wirklichen Beziehungen der drei Funktionen unter den Bedingungen der Existenz. Aber es ist mehr als ein äußeres Kriterium, insofern essentielle und existentielle Elemente im Leben stets gemischt sind und die Einheit der drei Funktionen genauso real ist wie ihr Getrenntsein. Diese Mischung ist der Grund aller Zweideutigkeiten in der Dimension des Geistes. Und nur weil das essentielle Element im Leben wirksam bleibt – wenn auch in zweideutiger Weise –, kann das Essentialbild als Kriterium für das Leben entworfen werden.

Wir gehen nun zum Bild des existentiellen Verhältnisses der drei Funktionen über: Die drei Funktionen des Lebens in der Dimension des Geistes trennen sich voneinander, wenn sie sich aktualisieren. In der essentiellen Einheit gibt es keinen moralischen Akt, der nicht zugleich ein Akt der Kultur und der Religion wäre: es gibt keine Moralität für sich im Zustand der „träumenden Unschuld". Und in der essentiellen Einheit der drei Funktionen gibt es keinen kulturellen Akt, der nicht gleichzeitig ein Akt der Selbst-Transzendierung wäre: es gibt keine Kultur für sich im Zustand der „träumenden Unschuld". Und in der essentiellen Einheit der drei Funktionen gibt es keinen religiösen Akt, der nicht gleichzeitig ein Akt der moralischen Selbst-Integration und des kulturellen Sich-Schaffens wäre: es gibt keine Religion für sich im Zustand der „träumenden Unschuld".

Das Leben beruht jedoch auf dem Verlust der „träumenden Unschuld", auf der Selbstentfremdung des essentiellen Seins und auf der zweideutigen Mischung von essentiellen und existentiellen Elementen. Im aktuellen Leben finden wir Moralität für sich mit ihren Zweideutigkeiten, Kultur für sich mit ihren Zweideutigkeiten und Religion für sich mit ihren tiefen Zweideutigkeiten. Den letzteren müssen wir uns jetzt zuwenden.

Wir haben Religion als die Selbst-Transzendierung des Lebens in der Dimension des Geistes definiert. Diese Definition ermöglicht einerseits das Bild der essentiellen Verbundenheit der Religion mit Moralität und Kultur und erklärt andererseits die Zweideutigkeiten der drei Funktionen in ihrer Getrenntheit. Die Selbst-Transzendierung des Lebens wirkt sich aus in der Unbedingtheit des moralischen Aktes und in der unerschöpflichen Tiefe des Sinns in allen einzelnen Sinngehalten der Kultur. In allen Bereichen des geistigen Lebens finden wir Größe, die auf das Heilige hinweist. Die Selbst-Integration des Lebens im moralischen Akt und das Sich-Schaffen des Lebens im kulturellen Akt haben Größe und potentielle Heiligkeit, denn in ihnen transzendiert sich das Leben in vertikaler Richtung, in Richtung auf das Unbedingte. Aber wegen der Zweideutigkeit allen Lebens sind sie gleichzeitig profan, sie widersetzen sich der Selbst-Transzendierung. Das ist ein unvermeidbarer Vorgang, weil sich Moralität und Kultur aus ihrer essentiellen Einheit mit der Religion gelöst und verselbständigt haben.

Aus der Definition der Religion als Selbst-Transzendierung des Lebens in der Dimension des Geistes folgt – und das ist entscheidend –, daß Religion vor allem als eine Qualität der beiden anderen Funktionen des Geistes und nicht als selbständige Funktion angesehen werden muß. Diese Folgerung ist eine logische Notwendigkeit, denn die Selbst-Transzendierung des Lebens kann keine selbständige Funktion neben anderen sein, sonst müßte sie ebenfalls transzendiert werden und das in endloser Wiederholung. Das Leben kann sich nicht von sich aus in einer seiner Sonderfunktionen transzendieren. Das ist das Argument gegen die Definition der Religion als einer Funktion des menschlichen Geistes. Man kann nicht bestreiten, daß Theologen, die dieses Argument vorbringen, sich in einer starken Position befinden. Wenn an der Definition der Religion als einer Funktion des menschlichen Geistes festgehalten wird, ist es deshalb konsequent, den Religionsbegriff überhaupt abzulehnen, jedenfalls innerhalb einer Theologie, die den Anspruch erhebt, auf Offenbarung gegründet zu sein.

Aber diese Ablehnung des Religions-Begriffs macht die Tatsache unverständlich, daß es Religion im Bereich des Geistigen nicht nur als eine Qualität der Moral und der Kultur, sondern auch als eine Sondersphäre neben ihnen gibt. Die Tatsache der Religion als einer Sondersphäre (z. B. in der Form der Kirche) ist eines der schwierigsten Probleme für das Verständnis des geistigen Lebens. Wenn Religion die Selbst-Transzendierung des Lebens im Bereich des Geistes ist, dann sollte sie nicht ein besonderes Gebiet neben anderen konstituieren. Jeder Akt des Lebens sollte über sich hinausweisen, und kein besonderer reli-

118

giöser Akt sollte notwendig sein. Aber auch im Bereich des Geistes – wie
in allen Bereichen des Lebens – steht der Selbst-Transzendierung die
Profanisierung entgegen. Moralität und Kultur werden – wenn sie von
der Religion existentiell getrennt sind – „säkular" oder „profan". Sie
weisen nicht nur auf das Heilige hin, sondern sie verhüllen es auch.
Unter dem Druck der Profanisierung wird der moralische Imperativ
bedingt, abhängig von Befürchtungen und Hoffnungen – ein Ergebnis
psychischen und sozialen Zwangs. Die Befolgung eines letzten moralischen Ziels wird durch Nützlichkeitserwägungen ersetzt, und die Befolgung des Gesetzes wird zum vergeblichen Versuch freier Selbst-
Bestimmung. Die Selbst-Transzendierung im moralischen Akt ist verschwunden, die Moralität ist nur noch ein Wählen zwischen endlichen
Möglichkeiten, d.h. sie ist im Sinne unserer Definition profan geworden,
selbst wenn sie so streng und gnadenlos in ihren Forderungen ist, wie
es manche Formen der religiösen Ethik sind. Eine solche Moralität fällt
unvermeidlich den Zweideutigkeiten des Gesetzes anheim. Unter dem
Druck der Profanisierung verliert in analoger Weise die Schöpfung
eines Sinn-Universums die Substanz, die sie in der Selbst-Transzendierung erhält – die Kultur verliert einen höchsten und unerschöpflichen Sinn. Dieses Phänomen ist allgemein bekannt und ist von den
heutigen Kulturkritikern ausführlich erörtert worden, meist unter dem
Thema der „Säkularisierung der Kultur". Sie haben dabei oft mit
Recht auf ähnliche Phänomene in der Antike hingewiesen und aus den
beiden Beispielen – der Antike und der Moderne – eine allgemeine
Regel über die Beziehung zwischen Kultur und Religion in der westlichen Geistesgeschichte abgeleitet. Mit dem Verlust der religiösen Substanz wird die Kultur immer mehr zur leeren Hülle. Das Leben im Sinn
ist nicht möglich ohne die unerschöpfliche Quelle des Sinns, auf die die
Religion hinweist.

Aus dieser Situation folgt mit Notwendigkeit, daß die Religion zu
einer Sondersphäre des Geistes wird, denn die Selbst-Transzendierung
in der Dimension des Geistes kann nur durch ein Endliches, in dem sie
anschaubar wird, real werden. Daraus ergibt sich die Dialektik der
Selbst-Transzendierung. Sie besteht darin, daß etwas zugleich transzendiert und nicht transzendiert wird (z. B. heilige Personen oder
Gegenstände); zur Selbst-Transzendierung gehört die endliche Existenz
(sonst gäbe es nichts, was transzendiert werden könnte), aber das
Endliche muß auch verneint und in gewissem Sinne im Akt der Selbst-
Transzendierung ausgelöscht werden. Dies ist die Situation aller geschichtlichen Religionen. Religion als Selbst-Transzendierung bedarf
der geschichtlichen Religion und muß sie zugleich verneinen.

e) Die Zweideutigkeiten der Religion. – 1. DAS HEILIGE UND DAS PROFANE. Im Gegensatz zu den anderen Bereichen ist die Zweideutigkeit der Selbst-Transzendierung im Bereich der Religion eine doppelte. Es ist erstens die schon besprochene Zweideutigkeit der Größe, die ein universales Charakteristikum allen Lebens ist und die in der Religion als die „Zweideutigkeit von Heiligem und Profanem" erscheint; und es ist zweitens die „Zweideutigkeit von Göttlichem und Dämonischem". Man kann sagen, daß sich die Religion immer zwischen den zwei Gefahrenpunkten – Profanisierung und Dämonisierung – bewegt. In jedem religiösen Akt sind beide stets gegenwärtig – offen oder versteckt.

Wir haben gesehen, wie im Prozeß der Profanisierung Moral und Kultur ihre religiöse Substanz verlieren. Und wir haben weiter gesehen, warum das Leben, um sich als Selbst-Transzendierung zu behaupten, eine Sondersphäre schafft, die durch Selbst-Transzendierung definiert ist, nämlich Religion. Gerade dieser Charakter der Religion ist es, der zu einer Verdoppelung der Zweideutigkeiten in ihr führt. Als die selbst-transzendierende Funktion des Lebens behauptet die Religion, die Antwort auf die Zweideutigkeiten des Lebens in allen Dimensionen zu sein: sie transzendiert deren endliche Spannungen und Konflikte. Aber indem sie dies behauptet, fällt sie in noch größere Spannungen, Konflikte und Zweideutigkeiten. Die Religion ist der höchste Ausdruck der Größe und Würde des Lebens; in der Religion wird Größe zu Heiligkeit. Dennoch ist die Religion auch die radikale Widerlegung des Anspruchs des Lebens auf Heiligkeit; in ihr wird das Heilige am meisten entheiligt. Die Einsicht in diese Zweideutigkeiten ist von zentraler Bedeutung für ein vorurteilsloses Verständnis der Religion. Sie sollten bei aller kirchlichen und theologischen Arbeit immer im Bewußtsein sein, denn sie sind der Beweggrund für alle religiöse Erwartung einer Wirklichkeit, die die Religion als Sondersphäre überwindet.

Die Religion ist heilig, insofern sie auf Manifestationen des Heiligen selbst, nämlich des Grundes des Seins, beruht. Jede Religion ist Aufnahme von Offenbarungserfahrungen und Antwort auf sie. Das ist ihre Größe und ihre Würde und macht die Dinge und Handlungen, in denen sie sich ausdrückt, heilig. In diesem Sinne kann man von heiligen Schriften, heiligen Gemeinschaften, heiligen Handlungen, heiligen Ämtern und heiligen Personen sprechen. Das Prädikat „heilig" bedeutet, daß alle diese Realitäten mehr sind, als sie in ihrer unmittelbaren endlichen Erscheinung darstellen. Sie sind selbst-transzendierend oder, von der Seite, zu der sie hinführen, gesehen – vom Standpunkt des Heiligen aus – transparent. Diese Heiligkeit ist nicht ihre moralische oder kognitive oder etwa „religiöse" Qualität, sondern ihre Macht, über sich hinauszuweisen. Wenn das Prädikat „heilig" sich auf Personen bezieht, so ist die aktuelle Partizipation der Person am „Heiligen" in vielen Graden möglich, vom niedrigsten bis zum höchsten. Es ist nicht die persönliche Qualität, die über den Grad der Partizipation entscheidet, sondern die Macht der Selbst-Transzendierung. Augustin hatte die tiefe Einsicht, als er in den Donatistischen Streit eingriff, daß es nicht die besonderen Eigenschaften des Priesters sind, die ein Sakrament wirksam machen, sondern die Transparenz seines Amtes und die Funktion, die er ausübt. Hätte das geistliche Amt nicht diesen Sinn, so könnte das Prädikat „heilig" nicht darauf angewandt werden. Aus all dem folgt, daß die Zweideutigkeit der Religion nicht mit dem „Paradox der Heiligkeit" identisch ist, das wir in Verbindung mit den Lehren vom Christen und von der Kirche ausführlich behandeln wollen[1].

Die erste Zweideutigkeit der Religion ist die Gegenwart profanisierender Elemente in jedem religiösen Akt. Sie erscheinen in zwei sich widersprechenden Weisen, als „institutionelle" und als „kritisch-reduktive" Profanisierung. Institutionalisierung ist nicht auf die sogenannte institutionelle Religion beschränkt. Wie die Psychologie gezeigt hat, gibt es „Institutionen" auch im inneren Leben des einzelnen Menschen, „rituelle Handlungen", wie Freud sie genannt hat (z. B. Einhalten bestimmter Formen beim Aufstehen, bei Mahlzeiten, bei Begegnungen), die Weisen des Handelns und Reagierens schaffen und erhalten. Die ständig wiederkehrenden Angriffe auf die „institutionelle" oder „organisierte" Religion beruhen auf einem tief eingewurzelten Irrtum: Man übersieht, daß das Leben in allen Formen seiner Selbstverwirklichung „organisiert" ist. Ohne Form könnte es keine Dynamik haben. Das gilt im persönlichen wie im sozialen Leben. Aber die Angriffe richten sich nicht eigentlich auf die Religion als solche, sondern auf die Zweideutigkeiten der Institutionalisierung. Anstatt daß die Religion das Endliche in Richtung auf das Unendliche transzendiert, wird sie in ihrer institutionalisierten Form zu einem Teil der endlichen Wirklichkeit: einer Reihe von Vorschriften, nach denen man sich richten muß, einer Reihe von Lehrsätzen, die anerkannt werden müssen, einer Machtgruppe mit allen Implikationen der Machtpolitik. Die Kritiker der Religion können in solchen Strukturen den selbst-transzendierenden, großen und heiligen Charakter der Religion nicht mehr erkennen, weil sie den soziologischen Gesetzen unterworfen ist, die alle säkularen Gruppen regieren. Selbst im persönlichen religiösen Leben des Einzel-

---

[1] Vgl. Teil IV, S. 257 ff.

nen ist der institutionalisierte Charakter nicht beseitigt, denn der Inhalt des persönlichen religiösen Lebens ist immer dem religiösen Leben der Gruppe entnommen. Auch die Sprache des stummen Gebets ist durch die Tradition geformt. Der Inhalt des persönlichen religiösen Lebens kann darum die gleichen Schäden zeigen, die in der organisierten Gruppe auftreten: eine zwangsneurotische devotionale Haltung, eine zwangshafte Verteidigung von Absurditäten, die Benutzung des Gebetes als Mittel zu einem Zweck und die Erwartung von Wundern im abergläubischen Sinn. Die Kritiker solcher Dinge haben mit ihrer Kritik recht und dienen mit ihr der Religion oft besser als die, gegen die sich ihre Kritik richtet. Es wäre jedoch utopische Täuschung, wenn man glaubte, daß man mit Hilfe dieser Kritik die profanisierenden Tendenzen im religiösen Leben beseitigen und die reine Selbst-Transzendierung zum Heiligen hin bewahren könne. Die Einsicht in die unausweichliche Zweideutigkeit des Lebens verhindert eine solche Utopie. In allen Formen der Religion – beim Einzelnen und in der Gemeinschaft – sind profanisierende Elemente am Werk und umgekehrt: Die am stärksten profanisierenden Formen der Religion ziehen ihre Lebensfähigkeit aus den Elementen der Größe und Heiligkeit in ihnen. Die Kleinbürgerlichkeit der alltäglichen Religion ist kein Beweis gegen ihre Größe, und die Weise, in der sie herabgezogen wird auf die Ebene unwürdiger Mechanisierung, ist kein Beweis gegen ihre Würde. Das Leben, das sich transzendiert, bleibt immer auch in sich selbst, und aus dieser Spannung folgt die erste Zweideutigkeit der Religion.

Nachdem wir die eine Weise dieser Zweideutigkeit – nämlich die der Institutionalisierung – beschrieben haben, wenden wir uns der anderen – der reduktiven Kritik – zu. Sie beruht auf der Tatsache, daß Kultur die Form der Religion ist und Moralität der Ausdruck ihres absoluten Ernstes. Dieser Tatbestand kann dazu führen, die Religion auf Kultur und Moralität zu reduzieren und die religiösen Symbole ausschließlich als Schöpfungen der kulturellen Tätigkeit zu deuten, entweder als ästhetische Bilder oder als verhüllte Begriffe. Wenn man den mythischen Schleier entfernt, sieht man in den Symbolen nichts als eine Kombination von primitiver Wissenschaft und primitiver Dichtung. Die Mythen sind nach dieser Auffassung Schöpfungen der *theoria* und haben als solche bleibende Bedeutung, aber ihr Anspruch, Ausdruck des Transzendenten zu sein, muß aufgegeben werden. In ähnlicher Weise werden die Manifestationen der Religion in der *praxis*, die rituellen Handlungen, gedeutet: Die heilige Person und die heilige Gemeinschaft werden als Entwicklungsformen des personhaften und des gemeinschaftlichen Lebens im allgemeinen verstanden

122

und den Prinzipien der *humanitas* und Gerechtigkeit unterworfen, aber ihr Anspruch, daß sie über diese Prinzipien hinausweisen, wird abgelehnt.

In den bisher entwickelten Gedankengängen ist die reduktive Kritik der Religion keine radikale. Es wird der Religion immer noch ein Platz innerhalb der menschlichen Kulturschöpfungen zugestanden, und ihre Nützlichkeit in moralischer Beziehung wird anerkannt. Aber das ist nur ein Anfangsstadium im Prozeß der Reduktion. Er führt bald zu folgender Alternative: Entweder muß die Religion als solche anerkannt werden, oder sie hat kein Anrecht auf einen Platz im kulturellen Schaffen oder innerhalb der Moralität. Die Religion, die im Prinzip in jeder Funktion des menschlichen Geistes zu Hause ist, ist, bildlich gesprochen, heimatlos geworden. Die wohlwollende Behandlung, die sie von seiten dieser Kritiker erfährt, verschafft ihr dennoch keinen Platz, und die wohlwollenden Kritiker selbst werden bald radikaler: im kognitiven Bereich wird der Religion ihre Existenzberechtigung genommen, indem sie psychologisch und soziologisch erklärt und als Illusion oder Ideologie enthüllt wird. Im ästhetischen Bereich werden die religiösen Symbole durch endliche Gegenstände im naturalistischen Stil verschiedenster Prägung ersetzt (besonders im kritischen Naturalismus und in gewissen Typen der nicht-gegenständlichen Kunst). In der Erziehung wird der Mensch nicht mehr in das Mysterium des Seins eingeführt, auf das die Religion hinweist, sondern in die Traditionen, deren Bedürfnisse und Ziele trotz ihrer Vielzahl endlich bleiben. Die Gemeinschaften dienen der Verwirklichung einer Gesellschaft, die jede Art von Symbolen der Selbst-Transzendierung verwirft und die Kirchen in Organisationen verwandelt, die dem säkularen Leben dienen. In großen Teilen der heutigen Menschheit spielt sich diese reduktive Profanisierung der Religion erfolgreich ab – nicht nur im kommunistischen Osten, auch im demokratischen Westen. Weltgeschichtlich gesehen ist in unserer Zeit diese Art der Profanisierung von sehr viel größerem Einfluß als die institutionelle.

Dennoch gelingt auch dieser Versuch des kritischen Reduktionismus nicht, die Zweideutigkeit der Religion durch eine eindeutige Lösung zu überwinden. Zunächst müssen wir uns daran erinnern, daß die profanisierenden Kräfte der Religion nicht einfach entgegenstehen, sondern daß sie es der Religion möglich machen, sich überhaupt auszudrücken. Die aktuelle Religion lebt in kognitiven Formen – von der Sprache angefangen bis hin zur Ontologie –, und diese sind kulturelle Schöpfungen. Indem sich die Religion der Sprache, der historischen Forschung, der psychologischen Beschreibungen der menschlichen Seele, der existentialistischen Analyse der menschlichen Situation, der vor-philosophischen wie der philosophischen Begriffe bedient, gebraucht sie profanes Material, das sich im Prozeß der reduktiven Profanisierung verselbständigt. Die Religion kann nur deshalb säkularisiert und schließlich in säkulare Formen aufgelöst werden, weil in ihrem Wesen selbst die Spannung zwischen dem Transzendenten und Profanen liegt.

Die sich daraus ergebende Zweideutigkeit zeigt sich nicht nur in der religiösen Selbst-Transzendierung selbst, sie erstreckt sich auch noch auf den Prozeß der reduktiven Profanisierung: es ist die Zweideutig-keit des radikalen Säkularismus, daß er der Religion nicht entgehen kann – Religion hier nicht verstanden als Sonderfunktion des mensch-lichen Geistes, sondern im weiteren Sinn als Erfahrung des Unbe-dingten im moralischen Imperativ und in der unerschöpflichen Tiefe der Kultur. Dem Element der Selbst-Transzendierung in dieser Erfah-rung kann der Säkularismus nicht entgehen, selbst wenn er sie zu ver-decken sucht und vermeidet, ihr Ausdruck zu verleihen. Ein Beispiel für eine solche Erfahrung soll das Gemeinte verdeutlichen: Wenn ein radikal säkularer Philosoph, der in einem totalitären Regime lebt, von den Mächten des Regimes aufgefordert wird, die Resultate seiner Wissenschaft zu verleugnen, so kann es geschehen, daß er einer solchen Aufforderung widersteht. Wenn er es tut, so folgt er dem unbedingten Imperativ, der von ihm verlangt, wissenschaftlich redlich zu sein – bis zur Selbstpreisgabe. Ähnlich ist es, wenn ein radikal säkularer Schrift-steller, der einen Roman mit vollem Engagement seiner ganzen Person geschrieben hat, erleben muß, daß er als reine Unterhaltungslektüre benutzt wird. Er empfindet das als Mißbrauch und Profanisierung. Die Beispiele illustrieren meine These, daß es der reduktiven Profanisie-rung zwar gelingen kann, die Religion als eine spezielle Funktion ab-zuschaffen, aber daß es ihr nie gelingen wird, *die* Religion abzuschaf-fen, die als eine Qualität in allen Funktionen des Geistes immer gegen-wärtig ist – die Qualität des Unbedingten.

2. DAS GÖTTLICHE UND DAS DÄMONISCHE. Die zweite Form der Zweideutigkeit in der Religion ist die „Zweideutigkeit von Göttlichem und Dämonischem". Das Symbol des Dämonischen bedarf heute keiner besonderen Rechtfertigung mehr wie vor dreißig Jahren, als es in die religiöse Sprache wieder eingeführt wurde. Inzwischen ist es ein viel gebrauchter und viel mißbrauchter Begriff geworden, um antigöttliche Kräfte im Leben des Einzelnen und der Gemeinschaft zu bezeichnen. Durch den häufigen Gebrauch hat es oft den zweideutigen Charakter verloren, der ihm eigen ist. In der mythologischen Schau sind Dämonen

124

„Dämoni

göttlich-antigöttliche Wesen. Sie sind nicht einfach Verneinungen des Göttlichen, sondern partizipieren an der Macht und Heiligkeit des Göttlichen, aber in verzerrter Weise. Der Begriff „dämonisch" muß heute abgelöst von seinem mythologischen Hintergrund verstanden werden. Das Dämonische widerstrebt nicht der Selbst-Transzendierung, wie es das Profane tut, sondern verfälscht die Selbst-Transzendierung, indem es einen bestimmten Träger der Heiligkeit mit dem Heiligen selbst identifiziert. In diesem Sinne sind alle polytheistischen Götter dämonisch, weil der Seins- und Sinngrund, auf dem sie entstanden sind, das Endliche ist, so groß und würdig es auch sein mag. Der Anspruch eines Endlichen, unendlich und von göttlicher Größe zu sein, ist das Charakteristikum des Dämonischen. In allen Religionen ereignet sich Tag für Tag Dämonisierung, sogar in der Religion, die im „Kreuz" die Negation jedes absoluten Anspruchs des Endlichen symbolisiert. Die Frage nach einem unzweideutigen Leben im religiösen Bereich ist darum in radikalster Weise gegen die „Zweideutigkeit des Göttlichen und Dämonischen" gerichtet.

Das Tragische ist – wie schon besprochen – die innere Zweideutigkeit menschlicher Größe, aber der Held der Tragödie trachtet nicht nach göttlicher Größe. Er will nicht werden „wie Gott". Er berührt sozusagen die göttliche Sphäre, und er wird von ihr zurückgestoßen und zur Selbstzerstörung getrieben, aber er beansprucht keine Göttlichkeit für sich. Anders verhält es sich mit dem Dämonischen. Wo der Anspruch auf Göttlichkeit erhoben wird, sprechen wir vom Dämonischen. Das Hauptcharakteristikum des Tragischen ist der Zustand der Blindheit, das Hauptcharakteristikum des Dämonischen ist der Zustand der Gespaltenheit.

Das Phänomen der Gespaltenheit wird verständlich, wenn man es auf dem Hintergrunde des dämonischen Anspruchs auf Göttlichkeit sieht: *Ein* endliches Element wird zu unendlicher Macht und Bedeutung erhoben und ruft dadurch notwendig die Reaktion anderer endlicher Elemente hervor, die sich solchem Anspruch widersetzen oder ihn selbst erheben. So ruft z. B. die dämonische Selbsterhebung einer Nation über alle anderen im Namen ihres Gottes oder Wertsystems den Widerstand anderer Nationen im Namen *ihres* Gottes hervor. Die dämonische Selbsterhebung eines speziellen Elementes innerhalb der zentrierten Person und sein Anspruch auf Herrschaft führt zur Reaktion anderer Elemente und zu einem gespaltenen Bewußtsein. So führt in der polytheistischen Religion der Anspruch *eines* Wertes, der durch *einen* Gott repräsentiert wird und das Kriterium aller anderen Werte zu sein behauptet, zu den Spaltungen, wie sie für alle polytheistischen

125

Religionen charakteristisch sind. Eine Folge dieser Spaltung ist der Zustand der Besessenheit, d. h. der Zustand, in dem man in der Gewalt der Mächte ist, die die Spaltung schaffen – der Gewalt des Dämonischen. Besessenheit ist dämonische Besessenheit. Die Freiheit, die mit der Zentriertheit des Selbst gegeben ist, ist durch die dämonische Spaltung verlorengegangen. Solche dämonischen Strukturen in Person und Gemeinschaft können nicht durch Akte der Freiheit oder des guten Willens überwunden werden. Sie werden im Gegenteil durch solche Akte verstärkt – es sei denn, daß die verändernde Macht sozusagen eine göttliche Struktur, d. h. eine Struktur der Gnade ist.

Wo immer das Dämonische erscheint, trägt es religiöse Züge, auch im Gebiet der Moralität und der Kultur. Das ergibt sich als logische Folge des Ineinanderliegens der drei Funktionen des Lebens in der Dimension des Geistes und des doppelten Begriffs der Religion: als Ergriffensein von dem, was uns unbedingt angeht, und als besonderer Bereich konkreter Symbole. Dafür gibt es unzählige Beispiele: die Forderung unbedingter Hingabe an den Staat, der sich selbst mit göttlicher Würde umkleidet; kulturelle Funktionen, die alle anderen beherrschen, z. B. in der Form eines wissenschaftlichen Absolutismus; Einzelmenschen (z. B. Führertypen), die sich zu Götzen machen; spezielle Triebe im Inneren des Menschen, die das personale Zentrum in ihre Gewalt bringen – in all diesen Fällen hat die Selbst-Transzendierung eine dämonisch entstellte Form angenommen.

Ein treffendes Beispiel der „Zweideutigkeit des Göttlichen und Dämonischen" im kulturellen Bereich ist das Römische Reich, dessen Größe, Würde und Erhabenheit allgemein anerkannt waren. Aber es wurde dämonisch, als es sich mit göttlicher Heiligkeit umgab und den Zwiespalt schuf, der den anti-dämonischen Kampf des Christentums und die dämonische Verfolgung der Christen hervorrief.

Dieses historische Beispiel führt uns zur Betrachtung der Dämonisierung der Religion im engeren Sinne. Die fundamentale Zweideutigkeit der Religion hat eine tiefere Wurzel als jede andere Zweideutigkeit des Lebens, denn die Religion ist der Ort, an dem die Antwort auf die Frage nach dem Unzweideutigen empfangen wird. Die Religion ist im Hinblick auf die Antwort, die sie enthält, unzweideutig, im Hinblick auf die Aufnahme dieser Antwort höchst zweideutig, denn sie vollzieht sich in den wechselnden Formen der menschlichen moralischen und kulturellen Existenz. Diese Formen partizipieren am Heiligen, auf das sie hinweisen, aber sie sind nicht das Heilige selbst. Insofern sie den Anspruch erheben, das Heilige zu sein, sind sie dämonisch.

Aus diesem Grunde hat eine Reihe von Theologen dagegen protestiert, das Wort Religion auf das Christentum anzuwenden. Statt von Religion sprechen sie von Offenbarung, denn Religion definieren sie als den vergeblichen Versuch des Menschen, von sich aus Gott zu erreichen. Sie übersehen dabei, daß ihre Definition nur auf eine dämonisierte Religion zutrifft, und sie übersehen weiter, daß jede Religion auf Offenbarung beruht und jede Offenbarung sich in der Form der Religion ausdrücken muß. Soweit die Religion auf Offenbarung beruht, ist sie unzweideutig, soweit sie Aufnahme der Offenbarung ist, ist sie zweideutig. Das gilt von allen Religionen, auch von denen, die von ihren Anhängern geoffenbarte Religionen genannt werden. Aber keine Religion ist geoffenbart. Religion ist das Geschöpf der Offenbarung und zugleich deren Verzerrung.

Keine Theologie kann auf den Religionsbegriff verzichten, obwohl die Kritik an der Religion ein Element in der Geschichte aller Religionen ist. Die Kraft der Offenbarung, die den Religionen zugrundeliegt, schafft überall ein Gefühl für den Gegensatz zwischen dem unzweideutigen Leben, auf das die Selbst-Transzendierung des Lebens gerichtet ist, und den oft erschreckenden Verzerrungen der geschichtlichen Religionen. Man kann die Geschichte der Religionen, insbesondere der großen Religionen, als die Geschichte eines ständigen innerreligiösen Kampfes gegen die Religion deuten, eines Kampfes, der für die Heiligkeit des Heiligen geführt wird. Das Christentum behauptet, daß im Kreuz des Christus der endgültige Sieg in diesem Kampf errungen ist, aber selbst in diesem Anspruch, vielmehr in der Form dieses Anspruchs, zeigen sich dämonische Züge: das, was vom Kreuz Christi gilt, nämlich, daß es unzweideutig ist, wird fälschlich auf das Leben der Kirche übertragen. Ihre Zweideutigkeiten werden geleugnet, obwohl sie in ihrer Geschichte ihre zerstörerische Macht gezeigt haben. Auch hier möchte ich einige Beispiele für die Dämonisierung der Religion im allgemeinen geben. Die Religion als eine geschichtliche Wirklichkeit muß sich ständig der Schöpfungen der Kultur in *theoria* und *praxis* bedienen. Dabei trifft sie eine Auswahl, indem sie gewisse kulturelle Formen gebraucht und andere verwirft. In diesem Prozeß wird ein besonderer Bereich einer religiösen Kultur neben den anderen kulturellen Bereichen etabliert. Und die Religion als die Selbst-Transzendierung des Lebens in allen Bereichen fordert, daß sich die anderen Bereiche ihr unterwerfen. Diese Forderung ist berechtigt, insofern die Religion auf das hinweist, was alle Bereiche transzendiert, aber die Forderung wird dämonisch, wenn die Religion als endliche Größe diesen Anspruch für sich als Religion und ihre endlichen Formen erhebt. Ihre Funktion ist es, auf das Heilige hinzuweisen, aber nicht, sich selbst Heiligkeit zu verleihen.

Wir können diesen Vorgang an Hand einiger Beispiele näher erläutern. Wie früher, aber in umgekehrter Reihenfolge erwähnt, gibt es vier Funktionen des kulturellen Schaffens: die Gemeinschaft-bildende, die Person-bildende, die ästhetische und die kognitive. Die Religion verwirklicht sich in sozialen Gruppen, die mit politischen Gruppen verbunden oder von ihnen getrennt sein können. In beiden Fällen stellen sie ein soziales, rechtliches und politisches Gebilde dar, das dadurch geweiht ist, daß das Heilige in ihnen wie in einem Schrein gegenwärtig ist. An dieser Weihe lassen diese Gruppen auch die übrigen Gemeinschaftsgebilde teilnehmen und versuchen dabei, Macht über sie zu gewinnen. Stoßen sie dabei auf Widerstand, so versuchen sie, diese anderen Gruppen zu unterwerfen oder zu zerstören. Die Macht der Träger des Heiligen beruht auf dem unbedingten Charakter des Heiligen, in dessen Namen sie den Widerstand all derer zu brechen suchen, die die Symbole der Selbst-Transzendierung einer bestimmten religiösen Gemeinschaft ablehnen. In ihm liegt die Quelle der Macht derer, die eine religiöse Gemeinschaft repräsentieren. Aus derselben Quelle rührt die Beständigkeit und Zähigkeit der heiligen Institutionen her, der geheiligten Sitten, der von Gott befohlenen Gesetze, der hierarchischen Ordnungen, der Mythen und Symbole. Aber diese Beständigkeit und Zähigkeit verraten ihre göttlich-dämonische Zweideutigkeit. Die Träger des Heiligen fühlen sich berechtigt, alle Kritik abzulehnen, die z. B. im Namen der Gerechtigkeit gegen sie gerichtet wird. Sie weisen eine solche Kritik im Namen des Heiligen ab, das ja das Prinzip der Gerechtigkeit in sich trägt, und sie sind bereit, die Leiber und Geister derer zu zerbrechen, die Widerstand leisten. Für diese Zweideutigkeit der Religion brauchen keine Beispiele angeführt zu werden. Sie füllen die Blätter der Weltgeschichte. Es genügt zu zeigen, warum die Frage nach unzweideutigem Leben die Religion transzendieren muß, obwohl die Antwort in der Religion gegeben wird.

Im Bereich des persönlichen Lebens zeigt sich die „Zweideutigkeit des Göttlichen und Dämonischen" in der Person des „Heiligen". Hier handelt es sich um den Konflikt zwischen der Idee der *humanitas* und der der Heiligkeit und um den Kampf des Göttlichen und Dämonischen in der Entwicklung der Person zu ihrem inneren Ziel. Diese Konflikte, die zugleich integrierend und desintegrierend, schöpferisch und zerstörerisch sind, spielen sich im religiösen Leben des Einzelnen ab. Dabei geschieht es, daß die Religion ihr eigenes Ideal der geheiligten Persönlichkeit dem Ideal der *humanitas* entgegenstellt und im

Individuum ein schlechtes Gewissen schafft, falls es sich nicht dem ab- soluten Anspruch der Religion beugt. Die Psychologen wissen um die Verwüstung, die dieser Konflikt im persönlichen Leben anrichten kann. Oft ist es in der Geschichte der Religion das verneinend-asketische Prinzip, das religiöse Weihe erhält und als ein verurteilender Richter gegen die lebensbejahenden Elemente der Idee der *humanitas* steht. Aber die Macht, die in dem religiösen Bild persönlicher Heiligkeit lebt, könnte nicht existieren, wenn es nicht auch die andere Seite gäbe, nämlich den Einfluß, der von dem göttlichen, anti-dämonischen und anti-profanen Wesen des Heiligen auf die Person ausgeht. Daraus folgt aber wieder, daß die Antwort auf die Frage nach unzweideu- tigem Leben nicht die Idee der „heiligen Person" sein kann, obgleich die Antwort nur in der Tiefe der sich selbst-transzendierenden Person empfangen werden kann, religiös gesprochen, im Glaubensakt.

Die Diskussion über die „Zweideutigkeit des Göttlichen und Dä- monischen" im Bereich der *theoria* dreht sich naturgemäß um das Pro- blem der Lehre, besonders wenn die Lehre als verbindliches Dogma auf- tritt. Der Konflikt, der hier entsteht, ist der Konflikt zwischen der geheiligten und unveränderlichen Wahrheit des Dogmas und der Wahr- heit, die das Prinzip der dynamischen Veränderung in sich trägt. Aber es ist nicht der theoretische Konflikt an sich, in dem sich die „Zwei- deutigkeit des Göttlichen und Dämonischen" zeigt, sondern seine Aus- wirkung auf die „geheiligte" Gemeinschaft und die „geheiligte" Per- sönlichkeit. Hier geht es um die dämonische Unterdrückung ehrlichen Gehorsams gegenüber den Strukturen, in denen die Wahrheit erscheint. Was in dieser Beziehung im kognitiven Bereich geschieht, vollzieht sich ähnlich im ästhetischen Bereich. Die Unterdrückung genuiner Aus- drucksformen in Kunst und Literatur ist der Unterdrückung genuiner Einsichten parallel. Sie geschieht im Namen einer religiös geweihten Wahrheit und eines religiös geweihten Stils. Zweifellos öffnet die Re- ligion auch die Augen für sonst ungesehene Wahrheiten und unent- deckte ästhetische Möglichkeiten. Denn hinter der religiösen Lehre und der religiösen Kunst steht die Macht der Offenbarung. Aber die dämonische Entstellung beginnt, wenn neue Einsichten zur Oberfläche drängen und im Namen des Dogmas, im Namen der geheiligten Wahr- heit niedergehalten werden oder wenn neue Stile die inneren Tenden- zen einer Zeit ausdrücken wollen und daran gehindert werden im Namen religiös gebilligter Ausdrucksformen. In all diesen Fällen werden die Widerstand leistende Gruppe und die sich befreienden In- dividuen Opfer einer Verzerrung von Wahrheit und Ausdruckskraft – im Namen des Heiligen. Aus all dem folgt, daß Religion nicht die —

Antwort auf die Frage nach unzweideutigem Leben ist, weder direkt in ihrer Beziehung zu Gerechtigkeit und *humanitas,* noch indirekt in Beziehung zu Wahrheit und Ausdruckskraft. Und doch kann die Antwort nur durch die Religion empfangen werden.

C

DIE FRAGE NACH UNZWEIDEUTIGEM LEBEN UND SEINE SYMBOLE

In allen Lebensprozessen ist ein essentielles und ein existentielles Element – geschaffene Gutheit und Entfremdung– so miteinander verflochten, daß weder das eine noch das andere ausschließlich wirksam ist. Das Leben umfaßt immer essentielle und existentielle Elemente – das ist die Wurzel seiner Zweideutigkeit.

Die Zweideutigkeiten des Lebens erscheinen in allen Dimensionen, in allen Prozessen, in allen Bereichen. Daher ist die Frage nach unzweideutigem Leben überall latent vorhanden. Alle Geschöpfe sehnen sich nach einer unzweideutigen Erfüllung ihrer essentiellen Möglichkeiten. Aber nur im Menschen als dem Träger des Geistes werden die Zweideutigkeiten bewußt erlebt und daher auch die Frage nach unzweideutigem Leben bewußt gestellt. Er erlebt die Zweideutigkeit des Lebens in allen Dimensionen, da er an allen Dimensionen partizipiert, und er erlebt sie unmittelbar in sich selbst als die Zweideutigkeiten der Funktionen des Geistes: der Moralität, der Kultur, der Religion. Aus diesen Erfahrungen heraus stellt der Mensch die Frage nach unzweideutigem Leben; es ist die Frage nach einem Leben, in dem das erreicht ist, worauf sich seine Selbst-Transzendierung richtet.

Da die Religion die Selbst-Transzendierung des Lebens im Bereich des Geistes ist, stellt der Mensch die Frage nach unzweideutigem Leben zuerst in der Religion, und in der Religion erhält er die Antwort auf sie. Aber die Antwort ist nicht identisch mit der Religion, denn die Religion ist selbst zweideutig. Die Erfüllung des Verlangens nach unzweideutigem Leben transzendiert jede Form von Religion und jedes religiöse Symbol, das Ausdruck dieser Erfüllung ist. Der Mensch kann in seiner Selbst-Transzendierung das niemals erreichen, zu dem hin er sich transzendiert, aber er kann dessen Selbst-Manifestation in der zweideutigen Form der Religion empfangen.

Der religiöse Symbolismus hat drei Hauptsymbole für unzweideutiges Leben geschaffen: „Gegenwart des göttlichen Geistes", „Reich Gottes" und „Ewiges Leben". Jedes dieser Symbole sowie ihre gegenseitigen Beziehungen bedürfen einer kurzen Vorbetrachtung.

„Gegenwart des göttlichen Geistes" (englischer Text: *Spiritual Presence*) bedeutet die Gegenwart des göttlichen Lebens im kreatürlichen Leben oder „Gott dem menschlichen Geist gegenwärtig". Wir können in dieser Weise reden, da der göttliche Geist kein gesondertes Wesen ist. – Das Wort *presence*[1] weist in seiner ursprünglichen Bedeutung auf die Anwesenheit eines Souveräns oder eine Gruppe hoher Würdenträger hin. Indem wir dies Wort benutzen, bringen wir zum Ausdruck, daß das göttliche Leben in dem kreatürlichen Leben anwesend oder gegenwärtig ist. *Spiritual Presence* (Gegenwart des göttlichen Geistes) ist daher das erste Symbol, das die Unzweideutigkeit des Lebens ausdrückt. Es hat direkten Bezug auf die Zweideutigkeit des Lebens in der Dimension des Geistes, aber durch die vieldimensionale Einheit des Lebens hat es indirekt Bezug auf alle Dimensionen. Es wird der leitende Begriff in den jetzt folgenden Kapiteln des 4. Teils des Systems sein.

Das zweite Symbol für unzweideutiges Leben ist „Reich Gottes". Das Symbol-Material entstammt der geschichtlichen Dimension des Lebens und der Dynamik der geschichtlichen Selbst-Transzendierung. „Reich Gottes" ist die Antwort auf die Zweideutigkeiten der geschichtlichen Existenz, aber wegen der vieldimensionalen Einheit des Lebens ist das Symbol auch die Antwort auf die Zweideutigkeiten in der geschichtlichen Dimension aller anderen Bereiche. Die Dimension der Geschichte aktualisiert sich auf der einen Seite in geschichtlichen Ereignissen, die aus der Vergangenheit in die Gegenwart hineinragen und diese bestimmen, und auf der anderen Seite in der geschichtlichen Spannung, die in der Gegenwart erlebt wird, aber unumkehrbar sich auf die Zukunft zubewegt. Deshalb steht das Symbol „Reich Gottes" für zweierlei: einmal für den Kampf des unzweideutigen Lebens gegen die Kräfte der Zweideutigkeit, zum anderen für die letzte Erfüllung, auf die die Geschichte zuläuft.

Das führt zum dritten Symbol für unzweideutiges Leben: „Ewiges Leben". Das Material für dieses Symbol ist der von Raum und Zeit beherrschten endlichen Welt entnommen, aber es durchbricht diese Schranken. „Ewiges Leben" überwindet die Gefangenschaft in den kategorialen Grenzen der endlichen Existenz. Es bedeutet nicht: endlose Fortsetzung dieser Existenz, sondern den Sieg über ihre Zwei-

---

[1] Wir müssen hier auf den englischen Ausdruck *Spiritual Presence* Bezug nehmen, weil nur das Wort *presence*, nicht aber das Wort „Gegenwart" die oben erwähnte ursprüngliche Bedeutung hat. (D. Hrsg.)

131

deutigkeiten. Dieses Symbol in Verbindung mit dem Symbol „Reich Gottes" wird der leitende Begriff im 5. Teil des Systems „Geschichte und Reich Gottes" sein.

Die Beziehung der drei Symbole „Gegenwart des göttlichen Geistes", „Reich Gottes" und „Ewiges Leben" zueinander kann auf die folgende Weise beschrieben werden: Alle drei Begriffe sind symbolische Ausdrucksformen der Antwort, die die Offenbarung auf die Frage nach unzweideutigem Leben gibt. Unzweideutiges Leben kann beschrieben werden als Leben in der „Gegenwart des göttlichen Geistes", als Leben im „Reich Gottes" und als „Ewiges Leben". Wie wir oben gezeigt haben, benutzen die drei Symbole ganz verschiedenes Symbol-Material und bringen dadurch verschiedene Bedeutungsgehalte derselben Sache zum Ausdruck, obgleich sie sich auf dieselbe Idee des unzweideutigen Lebens beziehen.

Das Symbol „Gegenwart des göttlichen Geistes" nimmt Bezug auf die Dimension des Geistes, dessen Träger der Mensch ist. Um aber im menschlichen Geist gegenwärtig zu sein, muß der göttliche Geist auch in allen anderen Dimensionen, die sich im Menschen aktualisiert haben, anwesend sein, und das bedeutet – auch im Universum.

Das Symbol „Reich Gottes" ist ein soziales Symbol, das der geschichtlichen Dimension entstammt, insofern sie sich im geschichtlichen Leben des Menschen aktualisiert hat, aber die geschichtliche Dimension ist potentiell in allem Leben gegenwärtig. Daher bezieht sich das Symbol „Reich Gottes" ebenso wie das Symbol „Gegenwart des göttlichen Geistes" auch auf das Universum und seine Bestimmung. Die Geschichte als unumkehrbare Bewegung auf ein Ziel hin fügt der Bedeutung des Symbols ein weiteres Element hinzu, nämlich die eschatologische Erwartung, die Erwartung der Erfüllung dessen, worauf die Selbst-Transzendierung zustrebt und die Geschichte sich hinbewegt. Wie der göttliche Geist wirkt und kämpft das „Reich Gottes" in der Geschichte, aber als ewige Erfüllung des Lebens ist das „Reich Gottes" jenseits der Geschichte. Das Symbol-Material des dritten Symbols, „Ewiges Leben", entstammt der kategorialen Struktur der Endlichkeit. Aber ebenso wie „Gegenwart des göttlichen Geistes" und „Reich Gottes" ist „Ewiges Leben" ein universales Symbol, das sich auf alle Dimensionen des Lebens bezieht. Es ist das universalste Symbol, da es die beiden anderen mitumfaßt. „Gegenwart des göttlichen Geistes" schafft „Ewiges Leben" in denen, die von ihm ergriffen sind, und „das Reich Gottes" ist die Erfüllung des zeitlichen Lebens im „Ewigen Leben".

Die drei Symbole für unzweideutiges Leben schließen einander ein.

Da aber das Symbol-Material, das in ihnen gebraucht wird, verschieden ist, sollte man sie auseinanderhalten und für bestimmte Seiten des unzweideutigen Lebens gebrauchen: „Gegenwart des göttlichen Geistes" für die Überwindung der Zweideutigkeiten in der Dimension des Geistes, „Reich Gottes" für die Überwindung der Zweideutigkeiten in der Dimension der Geschichte und „Ewiges Leben" für die Überwindung der Zweideutigkeiten des Lebens jenseits der Geschichte. Trotz dieser Unterschiede überschneiden sich die drei Symbole: Wo „Gegenwart des göttlichen Geistes" ist, da ist auch auch „Reich Gottes" und „Ewiges Leben"; wo „Reich Gottes" ist, da ist auch „Ewiges Leben" und „Gegenwart des göttlichen Geistes"; wo „Ewiges Leben" ist, da ist auch „Gegenwart des göttlichen Geistes" und „Reich Gottes". Die Betonung ist verschieden, aber der Sinn der Sache ist der gleiche: unzweideutiges Leben.

Wir können nur deshalb nach unzweideutigem Leben fragen, weil das Leben den Charakter der Selbst-Transzendierung hat. In allen Dimensionen bewegt sich das Leben in vertikaler Richtung über sich hinaus. Aber innerhalb keiner Dimension erreicht es das, worauf es sich hinbewegt – das Unbedingte. Es erreicht es nie, aber das Verlangen danach besteht. In der Dimension des Geistes ist es die Frage nach unzweideutiger Moralität und unzweideutiger Kultur, beide jedoch wiedervereint mit unzweideutiger Religion. Die Antwort auf diese Frage heißt: Offenbarung und Erlösung. Offenbarung und Erlösung sind sozusagen „Religion jenseits von Religion", aber auch sie werden zur Religion, wenn sie vom Menschen erlebt werden. In der religiösen Symbolik sind sie das Werk des „göttlichen Geistes" oder des „Reiches Gottes" oder des „Ewigen Lebens". Die Frage nach unzweideutigem Leben wird in allen Religionen gestellt. Die Antwort auf sie liegt allen Religionen zugrunde und verleiht ihnen Größe und Würde. Sobald aber Frage und Antwort in den besonderen Formen einer konkreten Religion erscheinen, werden sie zweideutig. Es ist eine uralte Erfahrung aller Religionen, daß die Frage nach etwas, das sie transzendiert, durch erschütternde und umwandelnde Erfahrungen der Offenbarung und der Erlösung eine Antwort erhält, daß aber unter den Bedingungen der Existenz sogar das absolut Große – die göttliche Selbst-Manifestation in der Religion – nicht nur groß, sondern auch unwürdig, nicht nur göttlich, sondern auch dämonisch werden kann.

II. DIE GEGENWART DES GÖTTLICHEN GEISTES

A

DIE MANIFESTATION DES GÖTTLICHEN GEISTES IM MENSCHLICHEN GEIST

1. Der Charakter der Manifestation des göttlichen Geistes im menschlichen Geist

a) Menschlicher Geist und göttlicher Geist: grundsätzliche Betrachtung. – Wie wir gesehen haben, ist Geist als eine Dimension des Lebens die Einheit von Seins-Macht und Seins-Sinn. Geist kann definiert werden als Aktualisierung von Macht und Sinn in ihrer Einheit. Soweit unsere Erfahrung reicht, gibt es das nur im Menschen, und zwar im Menschen als ganzem, d. h. in allen Dimensionen des Lebens, die in ihm verwirklicht sind. Wenn der Mensch sich selbst als Mensch erfährt, wird er sich bewußt, daß er in seinem ganzen Wesen durch die Dimension des Geistes bestimmt ist. Diese unmittelbare Erfahrung gibt uns die Möglichkeit, von „Gott als Geist" und vom „göttlichen Geist" zu sprechen. Wie alle Aussagen über Gott sind auch diese Ausdrücke symbolisch. Auch in ihnen wird empirisches Material als Symbol-Material gebraucht und damit gleichzeitig transzendiert. Ohne sich selbst als Geist zu erfahren, wäre der Mensch nicht fähig, von Gott als Geist oder vom Geiste Gottes zu reden. Es gibt keine Lehre vom göttlichen Geist ohne ein Verständnis des Geistes als einer Dimension des Lebens.

Die Frage nach der Beziehung zwischen göttlichem Geist und menschlichem Geist wird gewöhnlich durch die metaphorische Aussage beantwortet, daß der göttliche Geist im menschlichen Geist „wohnt" und „wirkt". Das Wörtchen „in" in diesem Satz enthält alle Probleme der Beziehung zwischen dem Göttlichen und dem Menschlichen, dem Unbedingten und dem Bedingten, dem schöpferischen Grund und der kreatürlichen Existenz. Wenn der göttliche Geist *in* den menschlichen Geist einbricht, so bedeutet das nicht, daß er dort einen „Ruheplatz" findet, sondern daß er den menschlichen Geist über sich hinaus treibt.

Das „in" des göttlichen Geistes bedeutet ein „über sich hinaus" des menschlichen Geistes. Der Geist als eine Dimension des endlichen Lebens wird zur Selbst-Transzendierung getrieben, er wird von etwas Letztem und Unbedingtem ergriffen. Er ist noch der menschliche Geist, er bleibt, was er ist, aber zu gleicher Zeit geht er unter dem Einwirken des göttlichen Geistes über sich hinaus. Für diesen Zustand des Ergriffenseins durch den göttlichen Geist, gibt es ein klassisches Wort, das Wort „Ekstase". Es beschreibt sehr treffend die menschliche Situation unter dem Wirken des göttlichen Geistes.

Wir haben im Teil I des Systems, im Abschnitt „Vernunft und Offenbarung", das Wesen der Offenbarungs-Erfahrung, ihren ekstatischen Charakter und ihre Beziehung zur kognitiven Seite des menschlichen Geistes, beschrieben. In dem gleichen Abschnitt brachten wir auch eine ähnliche Beschreibung der Erlösungs-Erfahrung, die ein Element der Offenbarungs-Erfahrung ist, wie auch die Offenbarungs-Erfahrung ein Element der Erlösungs-Erfahrung ist. Der göttliche Geist äußert sich in beiden Erfahrungen ekstatisch, d. h. er treibt den menschlichen Geist über sich hinaus, ohne seine essentielle, d. h. rationale Struktur – seinen *Logos*-Charakter – zu zerstören. Die Ekstase zerstört nicht die Zentriertheit des integrierten Selbst. Wo der *Logos*-Charakter des menschlichen Geistes vernichtet wird, handelt es sich nicht um das Wirken des göttlichen Geistes, sondern um dämonische Besessenheit.

Obwohl die ekstatische Gegenwart des göttlichen Geistes die rationale Struktur des menschlichen Geistes nicht zerstört, schafft sie doch im menschlichen Geist etwas, wozu dieser selbst nicht fähig ist. Wo der göttliche Geist den menschlichen Geist ergreift, schafft er unzweideutiges Leben. Der Mensch in seiner Selbst-Transzendierung kann nach dem göttlichen Geist verlangen, aber er kann ihn nicht auf sich herabzwingen – er muß von ihm ergriffen werden. Der Mensch bleibt immer er selbst. Er wird durch seine Selbst-Transzendierung dazu getrieben, die Frage nach unzweideutigem Leben zu stellen, aber die Antwort muß ihm durch die schöpferische Macht des göttlichen Geistes gegeben werden. Die natürliche Theologie ist eine Beschreibung der menschlichen Selbst-Transzendierung und der Frage, die entsteht, wenn sich der Mensch seiner Zweideutigkeit bewußt wird. Aber die natürliche Theologie kann diese Fragen nicht beantworten.

In dieser Grenze der natürlichen Theologie kommt die Wahrheit zum Ausdruck, daß der menschliche Geist unfähig ist, den göttlichen Geist auf sich herabzuzwingen. Schon der Versuch gehört unmittelbar zu den Zweideutigkeiten der Religion und mittelbar zu den Zweideutigkeiten von Kultur und Moralität. Wenn religiöse Hingabe oder sittlicher Gehorsam oder wissenschaftliche Redlichkeit imstande wären, den göttlichen Geist zu zwingen, auf uns „herabzusteigen", so wäre der Geist, der „herabstiege", der menschliche Geist in religiöser Verkleidung. Wo das geschähe, wäre es nichts als der Versuch des menschlichen Geistes selbst, sich zum göttlichen Geist zu erheben. Das Endliche kann das Unendliche nicht zwingen; der Mensch kann Gott nicht zwingen. Der menschliche Geist als eine Dimension des Lebens ist zweideutig wie alles Leben; nur der göttliche Geist schafft unzweideutiges Leben.

Die letzten Betrachtungen führen zu der Frage nach der Beziehung zwischen der vieldimensionalen Einheit des Lebens und der Gegenwart des göttlichen Geistes. Die These von der vieldimensionalen Einheit des Lebens hat uns bisher dazu gedient, dualistische und supranaturalistische Lehren vom Menschen und von seiner Beziehung zu Gott abzuwehren. Im gegenwärtigen Zusammenhang taucht erneut die Frage auf, ob die Gegenüberstellung von menschlichem Geist und göttlichem Geist nicht wieder ein dualistisch-supranaturalistisches Element einführt. Die grundlegende Antwort ist, daß die Relation des Endlichen zu dem, was unendlich und daher über jeden Vergleich erhaben ist, sicher nicht adäquat durch eine Metapher ausgedrückt werden kann, die die Relation zweier endlicher Gebiete beschreibt. Andrerseits kann die Beziehung zum göttlichen Seinsgrund nicht anders als durch Metaphern des Endlichen und die Sprache der Symbole beschrieben werden. Diese Schwierigkeit kann nie ganz behoben werden, sie entspringt der menschlichen Situation selbst. Aber es ist möglich, in theologischer Sprache auf die menschliche Situation hinzuweisen und auf die unvermeidliche Begrenztheit aller Versuche, die Beziehung zum Unbedingten zu beschreiben. Eine Möglichkeit besteht darin, die Metapher „Dimension" zu gebrauchen, aber so, daß man einen radikalen Unterschied macht, je nachdem, ob man sie auf Seiendes oder auf das Sein-Selbst anwendet. Das ist vorausgesetzt, wenn von „Dimension der Tiefe", „Dimension des Unbedingten" oder „Dimension des Ewigen" gesprochen wird, wie ich es selbst verschiedentlich getan habe. Es ist klar, daß die Metapher „Dimension" in diesen Ausdrücken etwas anderes bedeutet als bei unserer Beschreibung der Dimensionen des Lebens. Sie ist nicht eine Dimension neben anderen in der Reihe von Dimensionen, und sie ist in ihrer Aktualisierung nicht von der der vorhergehenden Dimension abhängig, sondern sie ist der Grund des Seins für alle Dimensionen und das Ziel, dem sie alle zustreben. Wenn der Begriff „Dimension" in Zusammensetzungen wie „Dimension der Tiefe" usw. gebraucht wird, so ist damit die Dimension gemeint, in der alle Dimensionen wurzeln und von der sie verneint oder bejaht sind. Das bedeutet jedoch, daß die Metapher zum Symbol geworden ist.

Es gibt noch einen anderen Weg, die Beziehung des menschlichen Geistes zum göttlichen Geist auszudrücken. Man kann die Metapher „Dimension" fallen lassen und statt dessen sagen, daß – da das Endliche potentiell ein Element im göttlichen Leben ist – alles Endliche durch die Beziehung zum Göttlichen bestimmt sei. Aber in der existentiellen Entfremdung des Endlichen vom Unendlichen ist diese Beziehung verdeckt. Nur in dem, was wir Selbst-Transzendierung des Lebens genannt haben, ist, mythisch gesprochen, die „Erinnerung" der wesenhaften Einheit des Endlichen und Unendlichen erhalten. Das dualistische Element dieser Redeweise ist sozusagen vorläufig und vorübergehend. Es dient zur Unterscheidung des Aktuellen vom Potentiellen, des Existentiellen vom Essentiellen. Aber es drückt weder einen Dualismus der Schichten noch einen Supranaturalismus des Göttlichen aus.

Die Frage ist aufgeworfen worden, ob nicht das Ersetzen der Metapher „Schicht" durch die Metapher „Dimension" der Methode der Korrelation von existentiellen Fragen und theologischen Antworten widerspricht. Das träfe aber nur dann zu, wenn der göttliche Geist eine neue Dimension in der Reihe der Dimensionen des Lebens darstellte. Das ist aber nicht der Fall, wie durch die vorangegangene Betrachtung deutlich geworden sein sollte. Der Begriff „Dimension" wird in seiner Anwendung auf Gott symbolisch gebraucht. Daher muß auch ein Ausdruck wie „Dimension des Unbedingten" symbolisch verstanden werden im Gegensatz zum metaphorischen Gebrauch des Wortes, wenn es auf die verschiedenen Dimensionen des Lebens angewandt wird. Obwohl in der essentiellen Beziehung des göttlichen zum menschlichen Geist von gegenseitigem Innewohnen gesprochen werden muß, bleibt für den Stand existentieller Entfremdung nur die Korrelation von Frage und Antwort übrig, aber im einen wie im andern Fall muß das „Nebeneinander von Schichten" ausgeschlossen werden.

b) Struktur und Ekstase. – Die Gegenwart des göttlichen Geistes zerstört nicht die Struktur des zentrierten Selbst, des Trägers der Dimension des Geistes. Ekstase negiert Struktur nicht. Das folgt aus der oben erörterten Ablehnung des Dualismus. Ein Dualismus der Schichten dagegen führt mit zwingender Logik zur Zerstörung des Endlichen, z. B. zur Zerstörung des menschlichen Geistes zugunsten des göttlichen Geistes. In religiöser Sprache könnte man sagen: Gott hat es nicht nötig, die geschaffene Welt in ihrer essentiellen Gutheit zu zerstören, um sich den Menschen zu offenbaren. Ich habe darüber ausführlicher im Zusammenhang mit dem Wunder-Begriff gesprochen und dabei „Wunder" im supranaturalistischen Sinn des Wortes abgelehnt. Das bezog sich auch auf das Wunder der Ekstase, die durch den göttlichen Geist geschaffen wird, wenn die Ekstase als etwas verstanden wird, das die geschaffene Struktur des menschlichen Geistes zerbricht. Nun kann aber nicht bestritten werden, daß wir in der Geschichte der Religion eine große Zahl von Berichten und Beschreibungen finden, die den Eindruck erwecken, als ob die Gegenwart des göttlichen Geistes Ekstasen bewirke, die der rationalen Struktur des menschlichen Geistes widersprechen. Seit frühesten Zeiten und auch noch in der biblischen Literatur haben Manifestationen des göttlichen Geistes Wundercharakter: Der göttliche Geist hat physische Wirkungen. Er versetzt einen Menschen von einem Ort an einen anderen, er verursacht wunderhafte Veränderungen im menschlichen Körper (z. B. die Schaffung neuen Lebens im Körper auf übernatürliche Weise), die Durchdringung fester Körper usw. Der göttliche Geist hat auch außerordentliche psychologische Wirkungen, die den Intellekt und den Willen mit Kräften ausstatten, die außerhalb der natürlichen Fähigkeiten des Menschen liegen (z. B. Kenntnis fremder Sprachen beim Zungenreden, das Eindringen in die innersten Gedanken eines Menschen und Heilungen über große Entfernungen hinweg). So fragwürdig die Historizität dieser Berichte auch sein mag, so stellen sie doch zwei wichtige Merkmale des göttlichen Geistes heraus: seinen universalen und seinen außergewöhnlichen Charakter. Universal bezieht sich auf die Wirkung, die nach den Wunderberichten die Gegenwart des göttlichen Geistes auf alle Dimensionen des Lebens hat. Diese Berichte zeigen – darin liegt ihre Tiefe –, daß der göttliche Geist nicht nur die Fragen beantwortet, die in der religiösen Sphäre vorliegen, sondern daß er auch in alle anderen Sphären eingreift.

Wir müssen jetzt die Frage erörtern, auf welche Weise der göttliche Geist auf das geistige Leben des Menschen einwirkt. Die theologische Tradition kennt dafür zwei Begriffe „Inspiration" und „Infusion". Beide Begriffe sind Metaphern aus dem räumlichen Bereich und bedeuten „Einhauchung" und „Eingießung". Schon bei der Behandlung des Begriffs Offenbarung haben wir die Vorstellung zurückgewiesen, daß Inspiration eine Unterrichtsstunde sei mit dem Zweck, Informationen über Gott oder göttliche Gegenstände zu vermitteln. Der göttliche Geist ist kein „Lehrer", sondern eine sinntragende Macht, die den menschlichen Geist in einer ekstatischen Erfahrung ergreift. Nachdem der Akt der Erfahrung vorbei ist, kann ein „Lehrer" (nämlich der systematische Theologe) das Sinnelement der ekstatischen Inspiration analysieren und formulieren, aber wenn die theologische Arbeit beginnt, ist die Inspiration schon Vergangenheit geworden.

In der frühen Kirche und später im Katholizismus ist der zweite Begriff, „Eingießung", ein zentraler Begriff für das Verhältnis des göttlichen Geistes zum menschlichen Geist. Ausdrücke wie *infusio fidei* oder *infusio amoris* sagen aus, daß Glaube und Liebe eine *infusio spiritus sancti* sind, d. h. sie beruhen auf der Eingießung des göttlichen Geistes. Der Protestantismus war und blieb diesem Begriff *infusio* gegenüber immer mißtrauisch, weil er – wie die Geschichte gezeigt hat – in der späteren katholischen Kirche oft magisch-gegenständlich verstanden worden ist. Der göttliche Geist wurde zu einer Substanz, die eingeflößt werden kann, ohne dem Selbst zum Bewußtsein zu kommen, und die vom Priester im Vollzug des Sakraments vermittelt werden kann – allerdings nur, wenn die das Sakrament empfangende Person keinen Widerstand leistet. Diese a-personale Auffassung des göttlichen Geistes führte zu einer Vergegenständlichung alles religiösen Lebens und hatte ihren Höhepunkt im Ablaßhandel. Im protestantischen Denken wird der göttliche Geist immer personal verstanden: Glaube und Liebe sind Kraftwirkungen des Geistes auf das zentrierte Selbst, und Träger dieser Kraft ist das „Wort" – auch in den Sakramenten. Deshalb zögert der Protestantismus, den Begriff Eingießung für das Wirken des göttlichen Geistes im menschlichen Geist zu gebrauchen.

Aber dieses Zögern ist nicht ganz berechtigt, und der Protestantismus ist in diesem Punkt nicht konsequent. Bei der Interpretation der Pfingstgeschichte und ähnlicher Berichte im Neuen Testament, besonders der Apostelgeschichte und einigen Stellen der Briefe (z. B. bei Paulus), kann es der Protestant nicht vermeiden, von der „Ausgießung des Heiligen Geistes" zu sprechen. Und er tut es mit Recht. Denn selbst wenn man den Begriff Inspiration vorzieht, kann man gewissen substantiellen Anklängen nicht entgehen, denn auch der „Atem" ist eine Substanz, die in den eindringt, der den Geist empfängt. Man kann Metaphern mit substantiellen Elementen nicht vermeiden und sollte sie deshalb mit gutem Gewissen gebrauchen. Und es gibt noch einen anderen Grund, warum wir uns nicht gegen das „Substantielle" sträuben und Worte wie „Eingießung" und „Inspiration" vermeiden sollten, nämlich die Wiederentdeckung der Bedeutung des Unbewußten und die daraus folgende Neubewertung von Symbolen und Sakramenten. Diese Umwertung vollzog sich trotz der traditionellen protestantischen Betonung des Lehrhaften und Moralischen und damit der Betonung des Wortes als des einzigen Vermittlers des göttlichen Geistes.

Aber wie man auch „Eingießung" und „Inspiration" beschreibt – die Grundregel muß bleiben, daß die Beschreibung keine Ansatzpunkte für die Zerstörung der menschlichen Struktur bieten darf. Die Einheit von Struktur und Ekstase hat ihren klassischen Ausdruck in der Paulinischen Geist-Lehre gefunden. Paulus ist in erster Linie ein Theologe des Geistes, und seine Christologie und seine Eschatologie sind zentral von seiner Geist-Lehre bestimmt. Auch seine Lehre von der „Rechtfertigung im Glauben durch Gnade" unterstützt und verteidigt seinen Hauptgedanken, daß mit der Erscheinung des Christus ein neuer Stand der Dinge gekommen ist, der vom göttlichen Geist geschaffen wurde. Paulus betont dabei stark das ekstatische Element in der Erfahrung des göttlichen Geistes und befindet sich damit in Übereinstimmung mit den neutestamentlichen Berichten, die diese Erfahrung beschreiben. Die Erfahrungen, die er bei anderen beobachtete, machte er auch bei sich selbst. Er wußte, daß jedes „erfolgreiche" Gebet, d. h. ein Gebet, das die Wiedervereinigung mit Gott schafft, ekstatischen Charakter hat. Ein solches Gebet kann der menschliche Geist nicht bewirken, weil „der Mensch nicht weiß, wie er beten soll", aber der göttliche Geist kann „durch den Menschen beten", selbst dann, wenn der Mensch ohne Worte betet („aber der Geist vertritt uns mit unaussprechlichem Seufzen"). Die Formel „in Christus sein", die Paulus oft benutzt, ist nicht als psychologische Einfühlung in Christus zu verstehen, sondern sie ist die ekstatische Partizipation an Christus, der „der Geist ist", durch den man in der Gegenwart der „Kraft des Geistes" lebt. Aber gleichzeitig wehrt sich Paulus gegen ekstatische Erscheinungen, in denen die rationale Struktur der Person oder der Gemeinschaft zerrissen wird. Er hat das klassisch im ersten Korintherbrief ausgedrückt, wo er von den Gaben des Geistes spricht und das ekstatische „Zungenreden" ablehnt, sobald es Chaos schafft und die Gemeinschaft zerstört. Er verwirft weiter persönliche ekstatische Erfahrungen, wenn sie Selbst-Überhebung erzeugen, und er unterstellt alle Gaben des Geistes der *agape*, der höchsten Schöpfung des göttlichen Geistes. In dem großen Hymnus auf die *agape* (1. Kor. 13) beschreibt er, wie die Struktur der ethischen Forderung und die durch den Geist geschaffene Ekstase in der *agape* auf vollkommene Weise geeint sind. – In analoger Weise spricht er vom Erkennen. In den ersten drei Kapiteln desselben Briefes zeigt er den Weg, wie die Strukturen der Erkenntnis mit der Geist-geschaffene Ekstase geeint sind. Die vom göttlichen Geist geschaffene Beziehung zum göttlichen Seinsgrund ist nicht agnostisch (und nicht amoralisch). Sie umfaßt die Erkenntnis der Tiefen des göttlichen Lebens. Wie Paulus in diesen Kapiteln zeigt, handelt es sich hier nicht um eine Erkenntnis, die als Resultat der aufnehmenden Funktion des menschlichen Geistes gewonnen wurde, sondern um eine Erkenntnis von ekstatischem Charakter. Schon die von ihm gebrauchte Sprache macht den ekstatischen Charakter von *agape* und *gnosis* deutlich. In beiden ist die rationale Form – einmal des Moralischen, dann des Kognitiven – mit der ekstatischen Erfahrung des Geistes geeint.

Die Kirche hat in Vergangenheit und Gegenwart ständig mit dem Problem der Paulinischen Geistlehre gerungen. Konkreter Anlaß waren die ekstatischen Bewegungen (Schwärmer). Die Kirche mußte die Verwechslung von Ekstase und Chaos bekämpfen und sich für die Erhaltung der Struktur einsetzen. Aber wenn sie das tat, entstand das Problem, wie sie die institutionelle Profanisierung des „Geistes" verhindern könne, die schon in der frühen Kirche als Folge der Verdrängung des „Charisma" durch das „Amt" auftrat. Die Kirche muß vor allem die Profanisierung vermeiden, die sich im heutigen Protestantismus weithin zeigt, in dem Ekstase durch Lehre und Moral ersetzt wird. Das Paulinische Kriterium der Einheit von Struktur und Ekstase steht gegen beide Formen der Profanisierung. Dieses Kriterium anzuwenden, ist die ständige Pflicht der Kirche trotz des Risikos, das es enthält. Es ist ihre Pflicht, weil eine Kirche, die in ihren institutionellen Formen lebt und Geist-geschaffene Ekstase mißachtet, den chaotischen und zerreißenden Formen der Ekstase Einlaß bietet und damit verantwortlich ist für die säkulare Reaktion gegen den Geist. Auf der anderen Seite setzt sich die Kirche, die die ekstatischen Bewegungen ernst nimmt, der Gefahr aus, daß die Wirkung des Geistes mit bloßer psychischer Überreizung verwechselt wird.

Dieser letztgenannten Gefahr kann man begegnen, wenn man das Verhältnis der Ekstase zu den verschiedenen Dimensionen des Lebens untersucht. Die Ekstase, die durch den göttlichen Geist geschaffen wird, ereignet sich in der Dimension des Geistes, wie wir es in den vorhergehenden Kapiteln über das Verhältnis des menschlichen Geistes zum göttlichen Geist erörtert haben. Die vieldimensionale Einheit des Lebens, wie sie im Menschen vorliegt, bewirkt jedoch, daß alle Dimensionen an der Geist-geschaffenen Ekstase teilnehmen. Das ist unmittelbar in der psychischen Dimension sichtbar, während die organische und die anorganische Dimension nur mittelbar davon betroffen sind. Das Vorhandensein der Ekstase in der psychischen Dimension macht es verständlich, daß man versucht hat, die Religion als ein rein psychologisches Phänomen zu erklären. Wir sehen in dieser Erklärung eine unzulässige Reduktion, mit anderen Worten: eine reduktive Profanisierung der Selbst-Transzendierung des Menschen. Solche Erklärungen werden durch die oft vorhandenen negativen Aspekte der Ekstase bestärkt, deren Behandlung man dann mit Recht der Psychologie überläßt. Gewisse religiöse Bewegungen in unserer Gesellschaft (wie auch schon in früheren) geben dem Versuch der psychologisierenden Reduktion eine erhebliche Grundlage. Interessanterweise fand dieser Versuch einen Verbündeten im kirchlichen Autoritarismus, der die Geist-Bewegungen nicht weniger heftig, aber aus anderen Gründen, bekämpfte. Für die Geist-Bewegungen ist es schwer, sich gegen das Bündnis der kirchlichen und psychologischen Kritiker zu behaupten.

Dieses Kapitel ist eine Verteidigung der ekstatischen Manifestation des göttlichen Geistes gegen die kirchliche Kritik. Dabei ist das Neue Testament die wirkungsvollste Waffe. Aber diese Waffe zu führen, ist nur dann berechtigt, wenn gleichzeitig die psychologische Kritik abgewehrt oder zumindest in die richtige Perspektive gerückt wird.

Die Lehre von der vieldimensionalen Einheit des Lebens liefert uns das Fundament für die Abwehr der psychologischen Kritik. Die psychologische (und biologische) Bedingtheit der Ekstase wird in diesem Zusammenhang als selbstverständlich vorausgesetzt. Da aber die Dimension des Geistes potentiell in der Dimension des Psychischen gegenwärtig ist, können sich aus der Dynamik des Psychischen geistige Strukturen erheben. Das geschieht z. B., wenn ein mathematisches Problem gelöst, ein Gedicht geschrieben oder eine Gesetzesentscheidung gefällt wird, und es geschieht in jeder prophetischen Aussage, jeder mystischen Kontemplation und jedem erfolgreichen Gebet – die Dimension des Geistes aktualisiert sich innerhalb der Dimension des Psychischen und unter den Bedingungen des Biologischen.

In den letzten drei Beispielen haben wir Erfahrungen Geist-geschaffener Ekstase herangezogen. Wir müssen jedoch an diesem Punkt auf ein spezielles Phänomen eingehen: Die Ekstase ist durch ihre Transzendierung der Subjekt-Objekt-Struktur die große heilende Kraft im psychischen Bereich. Aber in der Ekstase liegt eine Gefahr: Metaphorisch gesprochen kann die Subjekt-Objekt-Struktur „nach oben" und „nach unten" transzendiert werden. Ekstatische Ergriffenheit kann mit emotionaler oder biologischer Berauschtheit verwechselt werden. Aber solche Berauschtheit ist ein Herabsinken unter die Subjekt-Objekt-Struktur, und nicht eine Erhebung über sie. Berauschtheit ist ein Versuch, der eigenen Geistigkeit zu entfliehen und auf diese Weise persönlicher Zentriertheit, Verantwortlichkeit und Rationalität zu entgehen. Obwohl das letztlich nicht möglich ist, weil der Mensch der Träger der Dimension des Geistes ist, gibt es doch eine vorübergehende Erleichterung von den Lasten der persönlichen und sozialen Existenz. Auf die

Dauer jedoch ist Berauschtheit zerstörerisch und verstärkt die Spannungen, denen der Mensch entgehen möchte. Das unterscheidende Merkmal von Rausch und Ekstase ist, daß im Rausch geistige und religiöse Schöpferkraft verschwinden, während sie in der Ekstase erhöht sind. Rausch ist eine Hinkehr zu leerer Subjektivität, die sich von den objektiven Inhalten der Realität entfernt. Was bleibt, ist ein Vakuum.

Im Gegensatz dazu führt die Ekstase (analog zu dem schöpferischen Enthusiasmus der Kultur in *theoria* und *praxis*) zum Ergreifen des Reichtums der objektiven Welt in ihrer Mannigfaltigkeit, aber auf eine Weise, in der diese Inhalte zugleich durch die Gegenwart des göttlichen Geistes transzendiert sind. Der Prophet, der das göttliche Wort gegen die Gesellschaft seiner Zeit spricht, kennt diese Gesellschaft wie der schärfste soziologische Analytiker, aber er sieht die Situation unter der Einwirkung des göttlichen Geistes und im Lichte des Ewigen. Der kontemplative Mystiker kann um die ontologische Struktur des Universums wissen, aber er sieht sie zugleich ekstatisch unter der Einwirkung des göttlichen Geistes und im Lichte des Grundes und Ziels alles Seins. Der ernsthafte Beter bleibt sich seiner eigenen Situation bewußt und bezieht auch die Situation des Nächsten mit ein, aber er sieht beides unter dem Einfluß des göttlichen Geistes und im Lichte der göttlichen Vorsehung. In solchen Erfahrungen ist die objektive Welt nicht in reine Subjektivität aufgelöst. Sie ist „bewahrt" und „erhöht". Die Subjekt-Objekt-Struktur im rein psychischen Sinn ist transzendiert. Die unabhängige Existenz des Subjekts wie des Objekts ist überwunden; eine höhere Einheit ist geschaffen. Das beste und universalste Beispiel einer solchen ekstatischen Einigung ist wieder das Gebet. Jedes ernsthafte und „erfolgreiche" Gebet – bei dem Gott nicht wie ein beliebiger Gesprächspartner behandelt wird, wie es in vielen Gebeten der Fall ist – ist ein Sprechen zu Gott in dem Sinne, daß Gott zwar logisches Objekt ist für den, der betet. Doch kann Gott niemals zum Objekt werden, es sei denn, daß er gleichzeitig Subjekt ist. Die Paradoxie dieses Gedankens löst sich auf, wenn man sich klar macht, daß der göttliche Geist, der den Betenden ergreift, Gott selbst ist, so daß man sagen kann: Gott spricht durch uns zu sich selbst. Das Gebet ist eine „unmögliche Möglichkeit". Nur insofern als in ihm die Subjekt-Objekt-Struktur überwunden wird, ist es eine Möglichkeit, d. h. eine ekstatische Möglichkeit. Darin liegt sowohl die Größe des Gebets als auch die Gefahr seiner ständigen Profanisierung. Das Wort „ekstatisch", das so viele negative Beiklänge hat, kann in seiner positiven Bedeutung vielleicht gerettet werden, wenn es als der wesenhafte Charakter des Gebets verstanden wird.

Als Kriterium, das darüber entscheidet, ob ein außergewöhnlicher Bewußtseinszustand Ekstase im Sinne der Ergriffenheit durch den göttlichen Geist oder bloßer subjektiver Rausch ist, dient die Frage, ob es sich um Schöpferisches oder Zerstörerisches handelt. Echte Ekstase ist schöpferisch, Rausch ist zerstörerisch. Aber auch dieses Kriterium ist nicht ohne Risiko; es ist jedoch das einzige, das die Kirche gebrauchen kann, um „die Geister zu unterscheiden".

c) Die Mittler des göttlichen Geistes[1]. – 1. SAKRAMENTALE BEGEGNUNGEN UND DIE SAKRAMENTE. Nach der theologischen Tradition wirkt der göttliche Geist durch das Wort und durch die Sakramente. Und weiter: Die Kirche ist auf Wort und Sakrament gegründet, die Verwaltung beider macht sie zur Kirche. Ich sehe es als meine doppelte Aufgabe an, erstens diese traditionelle Auffassung von der Kirche im Lichte unseres Verständnisses des göttlichen Geistes und seines Verhältnisses zum menschlichen Geist neu zu interpretieren; und zweitens die Frage nach den Mittlern des göttlichen Geistes so zu erweitern, daß sie auch alle persönlichen und geschichtlichen Ereignisse, in denen der göttliche Geist wirksam ist, mit einbezieht. Die Dualität von Wort und Sakrament wäre nicht so bedeutsam, wenn sie nicht das ursprüngliche Phänomen repräsentierte, daß die Wirklichkeit entweder durch die lautlose Gegenwart der Objekte als Objekte oder durch die sprachliche Selbstmitteilung eines Subjekts gegenüber einem anderen Subjekt vermittelt wird. Auf beide Arten wird in den Dimensionen des Psychischen und des Geistes Kommunikation hergestellt. Ein begegnendes Selbst kann sich auf indirektem Wege bemerkbar machen, indem es von sich als einem subjektiven Selbst Zeichen gibt. Das geschieht durch Laute in den Dimensionen unterhalb der geistigen Dimension. Wegen der Folge der Dimensionen geht das wortlose Zeichen dem Wort voraus (in der Tierwelt). Und das bedeutet auf unser Problem übertragen, daß das Sakrament „älter" ist als das „Wort".

„Wort" und „Sakrament" bezeichnen die beiden Weisen, wie sich der göttliche Geist den Menschen mitteilt. Worte, durch die der göttliche Geist spricht, sind „Wort Gottes" oder abgekürzt „das Wort". Gegenstände, die Träger des göttlichen Geistes sind, werden im sakramentalen Akt zu sakramentalen Elementen. Obwohl, wie gesagt, das Sakramentale älter ist als das Wort, ist das Wort – wenn auch als lautloses – im Erlebnis des Sakraments gegenwärtig. Das ist der Fall, weil die Er-

---

[1] Als Übersetzung des englischen Worts *media* wurde vom Autor das Wort „Mittler" gewählt, um die theologisch belasteten Worte „Heilsmittel" und „Gnadenmittel" zu vermeiden. (D. Hrsg.)

fahrung sakramentaler Wirklichkeit schon zur Dimension des Geistes
gehört, nämlich zur religiösen Funktion. Deshalb ist die sakramentale
Wirklichkeit nicht ohne „Wort", auch wenn es „lautloses Wort" ist. Der
Begriff „sakramental" hat eine weitere und zwei engere Bedeutungen.
Er sollte aber von seinen engeren Bedeutungen befreit werden. Die
christlichen Kirchen übersehen in ihrem Streit über Sinn und Zahl der
Sakramente, daß es außer den sogenannten großen Sakramenten –
was auch ihre Zahl sein mag, sieben, fünf oder zwei – noch sehr viele
andere „sakramentsartige" Dinge gibt, die mit dem lateinischen Wort
sacramentalia bezeichnet werden. Im weitesten Sinne des Wortes ist
„sakramental" alles, durch das der göttliche Geist erfahren wird; in
einem engeren Sinne sind solche Gegenstände und Handlungen sakramental, in denen eine religiöse Gemeinschaft ihre Begegnungen mit dem
göttlichen Geist ausdrückt, und im engsten Sinne bezieht sich „sakramental" auf die großen Sakramente, in denen sich eine religiöse Gemeinschaft verwirklicht. Wenn die Bedeutung von „sakramental" im weitesten Sinne nicht mehr gesehen wird, verlieren auch die *sacramentalia*
und die großen Sakramente ihre religiöse Bedeutung. Das erste geschah
in der Reformation, das zweite in den verschiedenen protestantischen
Denominationen. Diese ganze Entwicklung wurzelt letztlich in einer
Lehre vom Menschen, die dualistische Tendenzen enthält, und kann nur
dadurch überwunden werden, daß man die vieldimensionale Einheit
des Menschen versteht. Wenn das Wesen des Menschen nur unter den
Begriffen des Bewußtseins, des Intellekts und des Willens erfaßt wird,
dann können nur Worte – lehrhafte oder moralische – Träger des göttlichen Geistes sein. Es gibt dann keine Geist-tragenden Gegenstände
oder Handlungen; nichts Sinnliches, das das Unbewußte erreicht und
beeindruckt, wird als Übermittler des göttlichen Geistes anerkannt. Die
Sakramente – falls sie noch beibehalten werden – werden zu veralteten
Überresten aus der Vergangenheit. Aber die Betonung der bewußten
Seite des psychischen Selbst ist nicht allein verantwortlich für das
Schwinden des sakramentalen Denkens, ebenso verantwortlich dafür
ist das Mißverständnis des Sakramentalen als magisch, wovon auch das
Christentum nicht frei ist. Die Reformation war ein Generalangriff auf
den römisch-katholischen Sakramentalismus. Ihr Hauptargument war,
daß die Lehre vom *opus operatum* die Sakramente zu unpersönlichen
Akten einer magischen Technik machte, mit anderen Worten, das Sakra-
ment soll kraft seines bloßen Vollzugs wirken. Die innere Haltung des
Empfangenden, der Glaube im Sinne des unbedingten Ergriffenseins,
spielt dabei keine Rolle und ist für den Empfang der geistigen Kraft des
Sakraments nicht erforderlich. Die einzige Einschränkung ist die, daß

derjenige, der das Sakrament empfängt, gegen seine Wirkung keinen Widerstand leisten darf. Die Reformation verurteilte eine solche Auffassung des Sakraments als magisch. Deshalb muß eine klare Grenzlinie gezogen werden zwischen der Wirkung eines Sakraments vom Unbewußten her auf das Bewußtsein und zwischen magischer Technik, die das Unbewußte unter Ausschaltung des Willens beeinflussen will. Obwohl Magie als technische Methode seit der Renaissance allmählich den technischen Methoden der Naturwissenschaft gewichen ist, gibt es in der Beziehung von Mensch zu Mensch ein magisches Element, wie es auch wissenschaftlich erklärt werden mag. Ein magisches Element in diesem Sinne gibt es zwischen dem Prediger und den Hörern der Predigt, dem politischen Redner und der Versammlung, dem Schauspieler und den Zuschauern, zwischen Freund und Freund und dem Liebenden und dem Gegenstand seiner Liebe. Als ein Element in einem größeren Ganzen, das von dem zentrierten Selbst bestimmt ist, ist Magie ein Ausdruck der vieldimensionalen Einheit des Lebens. Aber wenn sie als ein spezieller, beabsichtigter Akt ausgeübt wird, der das personhafte Zentrum umgeht, wird sie eine dämonische Entstellung. Dieser Gefahr kann jedes Sakrament erliegen.

Die Furcht vor Dämonisierung hat den reformierten Protestantismus und viele Sekten – im Gegensatz zum Luthertum – dazu veranlaßt, das Sakrament als Mittler des göttlichen Geistes mehr oder weniger abzulehnen. Das Ergebnis war, daß die Gegenwart des göttlichen Geistes intellektuell oder moralisch verstanden wurde oder als mystische Innerlichkeit wie im Quäkertum. Nachdem im 20. Jahrhundert das Unbewußte wiederentdeckt wurde, ist es der christlichen Theologie wieder möglich, die sakramentale Vermittlung des göttlichen Geistes positiv zu werten. Man könnte theologisch sogar so weit gehen, zu sagen: Wenn die Erfahrung des göttlichen Geistes sich nur im Bewußtsein abspielt, ist sie nur eine intellektuelle, aber keine wirkliche Erfahrung des göttlichen Geistes. Daraus folgt weiter, daß zur Erfahrung des göttlichen Geistes ein sakramentales Element gehört, so verborgen es auch sein mag. In theologischer Terminologie könnte man sagen, Gott ergreift jede Seite des Menschen durch beides: die sakramentale und die worthafte Vermittlung. Die von mir oft gebrauchte Formel „protestantisches Prinzip *und* katholische Substanz" bezieht sich fundamental auf die Einheit von Wort und Sakrament in der Vermittlung des göttlichen Geistes. Der Gedanke der vieldimensionalen Einheit macht diese Formel anthropologisch möglich. Der Katholizismus hat immer versucht, alle Dimensionen in sein System des Lebens und Denkens einzubeziehen, aber er hat dabei in wachsendem Maße die

Seite geopfert, die in der prophetischen Kritik der Religion und dem protestantischen Prinzip zum Ausdruck kommt.

Das sakramentale Material ist kein Zeichen, das auf etwas hinweist, was ihm fremd ist. Wenn wir die früher entwickelte Theorie des Symbols anwenden, können wir sagen: Das sakramentale Material ist kein Zeichen, sondern ein Symbol. Als solches ist es wesenhaft auf das bezogen, was es ausdrückt. Die Materialien Wasser, Feuer, Öl, Brot, Wein haben ihnen innewohnende Qualitäten, die sie für ihre sakramentale Funktion geeignet und darum unersetzlich machen. Bildhaft ausgedrückt: Der göttliche Geist „benutzt" die Mächte des Seins in der Natur, um in den menschlichen Geist „einzudringen". Dabei muß jedoch betont werden, daß es nicht ihre Qualitäten als solche sind, die sie zum Mittler des göttlichen Geistes machen, sondern die Tatsache, daß sie in die sakramentale Einheit mit dem göttlichen Geist aufgenommen sind. Von dieser Betrachtungsweise aus müssen zwei Sakramentsauffassungen abgelehnt werden: die katholische, die in ihrer Transsubstantiations-Lehre dem Symbol seinen symbolischen Charakter nimmt und daher das sakramentale Material zu einem Ding macht, über das man verfügen kann; und die von Zwingli kommende reformierte Auffassung mit ihrer Lehre vom zeichenhaften Charakter des Sakraments. Ein sakramentales Symbol ist weder ein Ding noch ein Zeichen. Es nimmt teil an der Macht dessen, was es symbolisiert, und kann deshalb zum Mittler des göttlichen Geistes werden.

Die einzelnen Sakramente haben eine lange Entwicklungsgeschichte hinter sich. Kein Teil der Wirklichkeit ist von vornherein von der Möglichkeit ausgeschlossen, irgendwann einmal zum sakramentalen Material zu werden. In bestimmten Konstellationen erweist es seine Eignung als Symbol und wird tatsächlich zum Symbol. Dabei spielen oft magische Traditionen eine Rolle (z. B. sakramentale Mahlzeiten) oder historische Ereignisse, an die man sich erinnert (z. B. der Auszug aus Ägypten, das letzte Abendmahl Jesu) und die dann zu dem werden, was die formgeschichtliche Forschung „heilige Legende" nennt, und schließlich zum Sakrament. Meistens sind die sakramentalen Symbole mit den großen Augenblicken im Leben des Menschen (Geburt, Reife, Ehe, drohender Tod) oder mit bestimmten religiösen Ereignissen (Eintritt in die religiöse Gruppe, Übernahme bestimmter Aufgaben innerhalb der Gruppe) verbunden. Darüber hinaus gibt es sakramentale Akte, in denen sich die religiöse Gruppe immer wieder konstituiert. Sakramentale Akte beider Arten sind oft identisch.

Angesichts dieser Situation muß man fragen, ob die Gemeinschaft im göttlichen Geist an bestimmte sakramentale Akte gebunden sei. Die

Antwort enthält ein negatives und ein positives Element: Insofern es sich um die Gemeinschaft handelt, in der das Neue Sein in Jesus dem Christus sich verwirklicht, müssen alle sakramentalen Akte dem Kriterium des Neuen Seins unterworfen werden, auf das diese Gemeinschaft gegründet ist. *In concreto* bedeutet das, daß alle dämonischen Elemente ausgeschieden werden müssen, z. B. Tier- oder Menschenopfer. Und es gibt noch eine zweite Einschränkung: Die sakramentalen Akte, durch die der Geist des Neuen Seins im Christus sich dem menschlichen Geist mitteilt, müssen in Beziehung stehen zu den geschichtlichen und lehrhaften Symbolen, in denen die Offenbarungsereignisse und schließlich *das* Offenbarungsereignis Ausdruck gefunden haben (das Ereignis der Kreuzigung oder das Symbol des Ewigen Lebens). Aber innerhalb dieser beiden Grenzen ist die Kirche völlig frei, alle Objekte als sakramentale Symbole zu verwenden, die sich als geeignet erweisen und die symbolische Kraft haben. Die Debatte über die Zahl der Sakramente ist nur insofern berechtigt, als in dieser Form echte theologische Probleme diskutiert werden, z. B. die religiösen Probleme der Heirat und Scheidung, des Priestertums und der Laienwelt. Nur auf Grund von Prinzipien, die in solchen Diskussionen erörtert werden, konnte und kann die Reduktion der Sakramente von sieben auf zwei gerechtfertigt werden. Vor allem ist das Argument, daß Jesus sie selbst eingesetzt habe, zurückzuweisen. Der Christus ist nicht gekommen, um neue rituelle Gesetze zu geben. Er ist das Ende des Gesetzes. Die endgültige Auswahl der großen Sakramente aus der Vielzahl der sakramentalen Möglichkeiten hängt von Tradition, Wertung und Kritik ab. Die entscheidende Frage ist jedoch, ob die Sakramente die innere Mächtigkeit besitzen, Mittler des göttlichen Geistes zu sein. Wenn z. B. eine große Zahl ernsthafter Menschen innerhalb einer religiösen Gemeinschaft nicht mehr von bestimmten Sakramenten ergriffen ist – wie ehrwürdig und feierlich sie auch sein mögen –, so muß ernstlich gefragt werden, ob sie nicht ihre sakramentale Kraft verloren haben.

2. WORT UND SAKRAMENT. In unserer Analyse der sakramentalen Gegenstände und Handlungen hatten wir gefunden, daß sie vom Wort nicht zu trennen sind, weil die Sprache der fundamentale Ausdruck des menschlichen Geistes ist. Wir hatten weiter auf das Phänomen des „lautlosen Sprechens" hingewiesen und es in das, was man Sprache nennt, mit einbezogen. Das Wort ist aus diesen Gründen neben den Sakramenten der andere und letztlich wichtigere Mittler des göttlichen Geistes. Wenn menschliche Worte Träger des göttlichen Geistes werden, werden sie „Wort Gottes" genannt. Man sollte betonen, daß

„Wort Gottes" ein Ausdruck ist, der menschliche Worte als Mittler des göttlichen Geistes charakterisiert. Wir haben darüber ausführlich in Band I des Systems gesprochen[1]. Innerhalb der Lehre vom Geist müssen wir kurz die folgenden Punkte wiederholen: Gott spricht nicht eine besondere Sprache, und er ist nicht gebunden an besondere Dokumente, die in hebräischer, aramäischer, griechischer oder irgendeiner Sprache geschrieben sind. Solche Dokumente an sich sind nicht „Wort Gottes". Sie können zum „Wort Gottes" werden, wenn sie die Macht haben, den menschlichen Geist zu ergreifen. Das bezieht sich positiv und negativ auch auf die biblische wie auf jede andere Literatur. Die Bibel enthält nicht „Worte Gottes" (oder wie Calvin gesagt hat „oracula Dei"), aber bestimmte biblische Worte können einem Menschen in einer besonderen Situation zum „Wort Gottes" werden. Die einzigartige Stellung der Bibel beruht auf der Tatsache, daß sie das Dokument der zentralen Offenbarung ist, und zwar nach beiden Seiten: Dokument der Offenbarungs-Ereignisse selbst und Dokument ihrer Aufnahme durch die Jünger. Darauf beruht es, daß innerhalb der christlichen Kultur die Worte der Bibel ständig und in fundamentaler Weise „Wort Gottes" geworden sind. Sie bewähren diese Kraft Tag für Tag sowohl für Menschen innerhalb wie außerhalb der Kirche. Aber die Bibel ist nicht der einzige Mittler, und nicht alles in ihr ist zu jeder Zeit ein Mittler. In vielen ihrer Teile ist sie immer nur potentiell ein Mittler, und sie wird zum aktuellen Mittler nur in dem Maße, in dem sie Menschen ergreift. Ein Wort ist „Wort Gottes" nur, insofern es Wort Gottes *für* jemanden ist.

Daraus ergibt sich, daß die Zahl der Worte, die zum „Wort Gottes" werden können, unbegrenzt ist. Alle menschlichen Worte sind grundsätzlich für die Möglichkeit offen, „Wort Gottes" zu werden. Das gilt auch für alle religiösen und kulturellen Dokumente, d. h. für die gesamte Literatur, und darin nicht nur für das Große und Würdige, sondern auch für das Durchschnittliche, Unbedeutende und Profane – wenn es den menschlichen Geist so trifft, daß es in ihm die Frage nach dem, was ihn unbedingt angeht, erweckt. Selbst das gesprochene Wort einer alltäglichen Unterhaltung kann zum Mittler des göttlichen Geistes werden, genauso wie ein gewöhnlicher Gegenstand in einer besonderen konkreten Situation, unter gewissen äußeren oder inneren Umständen, sakramentalen Charakter erlangen kann.

Doch wiederum müssen wir ein Kriterium aufstellen gegen falsche Erhebungen menschlicher Worte zur Würde des „Wortes Gottes". Die-

---

[1] Vgl. Bd. I, S. 187 ff.

ses Kriterium ist das biblische Wort. Es ist der höchste Prüfstein für das, was für jemanden „Wort Gottes" werden oder nicht werden kann. Nichts ist Wort Gottes, das dem Glauben und der Liebe widerspricht, die das Werk des Geistes sind und das Neue Sein konstituieren, das in Jesus als dem Christus Wirklichkeit geworden ist.

3. DAS PROBLEM DES „INNEREN WORTES". Die vorangegangenen Erörterungen haben gezeigt, daß das Wirken des göttlichen Geistes an bestimmte Mittler gebunden ist. So innerlich sich das Wirken des Geistes auch vollziehen mag, die Mittler haben eine objektive Seite, z. B. sakramentale Gegenstände und Handlungen, Laute und Buchstaben. Es erhebt sich die Frage, ob überhaupt solche Mittler nötig sind oder ob es nicht möglich ist, daß der göttliche Geist im Menschen unmittelbar ohne äußere Träger wirkt. Diese Frage ist mit großer Leidenschaft zu allen Zeiten von allen sogenannten Geist-Bewegungen (Schwärmer) gestellt worden, und ganz ausdrücklich in der Reformationszeit. Das christliche Gewissen war durch die Reformatoren von der kirchlichen Autorität befreit worden und wollte keine neuen Autoritäten, wie den Buchstaben der Bibel oder von Theologen aufgestellte Glaubensbekenntnisse, anerkennen. Die Schwärmer führten ihren Angriff sowohl auf den Papst von Rom wie auf den neuen Papst – die Bibel und ihre gelehrten Hüter – im Namen des Geistes. Da Geist bedeutet „Gott gegenwärtig dem menschlichen Geist", kann keine Lebens- und Gedankenform vom göttlichen Geist ganz abgeschnitten sein. Gottes Gegenwart ist an keine seiner eigenen Manifestationen gebunden. Der Geist bricht durch die festgelegten Formen von Wort und Sakrament. Die Geist-Bewegungen hatten daraus die Folgerung gezogen, daß der Geist keine solchen Mittler brauche. Nach ihnen wohnt er in der Tiefe der Person, und wenn er spricht, spricht er als „inneres Wort". Wer auf dieses „innere Wort" hört, empfängt neue und persönliche Offenbarungen, die unabhängig von der kirchlichen Tradition sind. Die Schwärmer konnten sich in ihrer Auffassung auf die Lehre vom Geist und auf die Freiheit des Geistes berufen, der an keine der zweideutigen Formen der Religion gebunden ist. Ich muß bekennen, daß in diesem Punkt das vorliegende System wesentlich, obgleich nur indirekt, von den Geist-Bewegungen beeinflußt ist, und zwar auf zweierlei Weise: Die Geist-Bewegungen wirkten allgemein auf die westliche Kultur (auch auf Theologen wie Schleiermacher), und sie wirkten im besonderen durch ihre Kritik an den traditionellen Formen des religiösen Lebens und Denkens. Gerade wegen dieses Einflusses müssen wir jedoch kritische Einschränkungen machen.

Zunächst ist der Ausdruck „inneres Wort" unglücklich. Als die franziskanischen Theologen des 13. Jahrhunderts auf dem „göttlichen" Charakter der Formalprinzipien der Erkenntnis im menschlichen Geist bestanden oder die deutschen Mystiker des 14. Jahrhunderts von der Gegenwart des *logos* in der menschlichen Seele sprachen, waren sie von demselben Beweggrund getrieben wie die Geist-Bewegungen zu allen Zeiten. Aber sie behaupteten nicht, daß der göttliche Geist ohne Offenbarung und Tradition im Menschen wirken könne. Der Terminus „inneres Wort" jedoch könnte die Nebenbedeutung haben, daß das Werk des Geistes von Offenbarung und Tradition unabhängig sei. Wenn das der Fall wäre, wäre es fraglich, ob man noch von Wort reden könnte. Denn Wort ist seiner Natur nach ein Mittel der Kommunikation zwischen zwei Wesen mit zentriertem Selbst, die als solche voneinander getrennt sind. Wenn aber keine *zwei* Zentren vorhanden sind, was soll „inneres Wort" dann bedeuten? Enthält es dann nicht die stillschweigende Voraussetzung, daß Gott oder der *logos* oder der Geist das andere Selbst sind? Sicherlich kann man das – wenn man sich der symbolischen Weise seines Sprechens bewußt ist – bejahen in dem Sinne, wie die Propheten von der Stimme Jahwes sprechen, die sie in ekstatischer Erfahrung gehört haben. Aber nicht nur die Propheten wiesen auf solche Erfahrungen hin, zu allen Zeiten haben die Menschen von ähnlichen Erlebnissen berichtet. Auch die „lautlose" Stimme des Gewissens ist als das Sprechen des göttlichen Geistes zum menschlichen Geist gedeutet worden. Aus diesen Betrachtungen geht hervor, wie mißverständlich der Ausdruck „inneres Wort" ist. Selbst in symbolischer Sprache ist es eine fragwürdige Redeweise. Wenn wir Gott Allwissenheit, Liebe, Zorn und Barmherzigkeit zuschreiben, dann sprechen wir in der Tat in Symbolen und schreiben ihm Realitäten zu, die aus der Erfahrung des Selbst genommen sind. Aber „Selbst" ist ein Strukturbegriff und kann nicht im gleichen Sinne Symbol werden wie die vorher genannten Begriffe. Wenn das Neue Testament sagt, daß Gott Geist ist, oder wenn Paulus von dem Zeugnis des göttlichen Geistes für unseren Geist spricht, dann ist der Strukturbegriff des Selbst in diesem Symbolen enthalten, aber es ist irreführend, ihn explizit zu machen. Kein Pol der Grundpolarität von Selbst und Welt kann symbolisch auf Gott angewandt werden. Wenn Gott zu uns spricht, dann ist das nicht das „innere Wort", sondern es ist sein Geist, der uns – metaphorisch gesprochen – von außen ergreift, aber dieses „von außen" liegt jenseits von außen und innen, es transzendiert beide. Nur weil Gott auch im Menschen ist, kann der Mensch nach Gott fragen und kann Gottes Antwort vom Menschen vernommen werden. Die Begriffe innen und außen verlieren ihren Gegensatz in der Beziehung von Gott und Mensch. Wenn der Terminus „inneres Wort" bedeuten soll, daß der Mensch zu sich selbst spricht, muß er verworfen werden.

Aus all dem folgt, daß die Frage: Spricht Gott zum Menschen ohne Mittler? verneint werden muß. Das Wort als Mittler ist immer gegenwärtig, weil das Leben des Menschen in der Dimension des Geistes durch das Wort bestimmt ist, ganz gleich, ob es lautlos ist oder nicht. Der denkende Geist denkt stets in Worten. Er spricht in lautlosen Worten, aber er spricht nicht mit sich selbst, um sich selbst etwas mitzuteilen. Der Mensch erinnert sich an das, was seit Beginn seines Lebens zu ihm gesprochen worden ist, und er fügt es innerlich zu einem sinnvollen Ganzen. Deshalb reden und schreiben die Propheten und Mystiker und alle, die von sich behaupten, eine göttliche Inspiration erhalten zu haben, in der Sprache der Tradition, aus der sie kommen. Wenn Gott zu den Propheten spricht, dann spricht er zu ihnen in ihrer eigenen Sprache. Er gibt ihnen keine neuen Worte und macht sie nicht mit neuen Tatsachen bekannt, sondern er stellt das, was ihnen bekannt ist, in das Licht des Unbedingten und befiehlt ihnen, aus dieser Situation in ihrer eigenen Sprache seine Botschaft zu verkünden. Wenn die Schwärmer der Reformationszeit vom „inneren Wort" sprachen, das sie in der Sprache ihrer Zeit empfangen hatten, so war es das Wort der Bibel, der Tradition, der Reformatoren, jedoch erleuchtet durch ihre eigene Erfahrung von der Gegenwart des Geistes. Im Lichte dieser Erfahrung deuteten sie z. B. die Situation der untersten Klassen ihrer Gesellschaft und gewannen gleichzeitig die Gewißheit, daß der Geist die Freiheit hat, durch die kirchliche und biblizistische Heteronomie hindurchzubrechen, wie er es bei den Reformatoren getan hatte. Die sozialen Einsichten dieser Gruppen mit ihrem prophetischen Charakter waren Vorwegnahmen von vielen späteren christlichen sozialen Bewegungen, bis zum *social gospel* und zur religiössozialistischen Bewegung unserer Zeit. Die mystischen Tendenzen der radikalen Bewegungen der Reformation nahmen Einsichten der modernen Religionsphilosophie und der Theologie der Erfahrung voraus.

Aber der Widerstand der Reformatoren gegen die Geist-Bewegungen ihrer Zeit hatte noch einen anderen Grund. Die Reformatoren fürchteten – und darin waren sie in Übereinstimmung mit der gesamten Tradition der Kirche –, daß das letzte Kriterium aller Offenbarungs-Erfahrung, das Neue Sein in Jesus als dem Christus, in der Unmittelbarkeit der Geist-Erfahrung verlorenginge. Darum banden sie den Geist an das Wort, nämlich an die biblische Botschaft vom Christus. Darin ist an sich nichts Falsches, denn die Theologie beruht auf der Offenbarung Jesu als des Christus als der zentralen Offenbarung. Aber diese Bindung wurde in dem Moment gefährlich, als die Offenbarung im Christus mit einer forensischen Lehre von der Rechtfertigung durch den Glauben identifiziert wurde, wobei die Glauben-schaffende Wirkung des Geistes durch den intellektuellen Akt der Anerkennung der „Lehre von der Vergebung allein durch Gnade" ersetzt war. Das war sicher nicht die Absicht, aber es war die Wirkung des Prinzips „allein durch das Wort". Die Funktion des göttlichen Geistes wurde zweideutig beschrieben, entweder als das Zeugnis des Geistes für die Wahrheit der biblischen Botschaft oder für die Wahrheit der biblischen Worte. Die erste Auffassung entspricht dem Wesen und Wirken des göttlichen Geistes: er erhebt den menschlichen Geist in die transzendente Einheit unzweideutigen Lebens und gibt ihm die unmittelbare Gewißheit der Wiedervereinigung mit Gott, d. h. er befreit von der Autorität des Buchstabens und schafft unmittelbare religiöse Gewißheit. Die zweite Auffassung einer intellektuellen Anerkennung der Bibelworte in ihrem wörtlichen Sinn widerspricht jedoch dem Wesen des göttlichen Geistes und führt zu einer falschen Sicherheit in der Form der Unterwerfung unter eine heteronome Autorität. Darin liegt im Grunde eine Mißachtung der Kontinuität des schöpferischen Wirkens des Geistes im Einzelnen und in der Gemeinschaft. Es waren wieder die Geist-Bewegungen, die einen biblischen Gedanken heraushoben, der noch im frühen Luther lebendig gewesen, aber im Sieg der nachreformatorischen Orthodoxie über die Geist-Bewegungen verlorengegangen war. In dem nun folgenden Streit ging aber auch in den Geist-Bewegungen etwas verloren, was den Widerstand der Orthodoxie gegen sie rechtfertigte. Sie konzentrierten sich ausschließlich auf ihre „Innerlichkeit", anstatt, wie es Luther gefordert hatte, über sich hinauszublicken auf das, was Gott tut, der den Menschen annimmt, auch wenn er unannehmbar ist. Sie verwechselten das Wort, das Gott zu ihnen sprach, mit den Worten der Frömmigkeit, die sie zu sich selbst sprachen. Die letzte Betrachtung jedoch führt über das Problem der Mittler des göttlichen Geistes hinaus.

2. Das Werk des göttlichen Geistes im menschlichen Geist: Die Schöpfung von Glauben und Liebe

a) Die transzendente Einheit und die Teilnahme an ihr. – Alle Zweideutigkeiten des Lebens wurzeln in der Trennung und dem Ineinander von essentiellen und existientiellen Elementen des Seins.

Deshalb bedeutet Schöpfung unzweideutigen Lebens die Wiedervereinigung dieser Elemente im Lebensprozeß. Wiedervereinigung bedeutet, daß das aktuelle Sein der wahre Ausdruck des essentiellen Seins ist. Wiedervereinigung ist nicht Rückkehr zu dem Stand der „träumenden Unschuld", sie wird vielmehr auf dem Wege über Entfremdung, Kampf und Entscheidung erreicht. In der Wiedervereinigung von essentiellem und existentiellem Sein wird das zweideutige Leben über sich hinausgehoben zu einer transzendenten Einheit, die es aus eigener Kraft nicht hätte erreichen können. Diese Einheit beantwortet die Fragen, die in den Lebensprozessen und in den Funktionen des Geistes enthalten sind. Sie ist die direkte Antwort auf die Fragen, die in den Zweideutigkeiten der Funktion der Selbst-Transzendierung liegen. Die transzendente Einheit erscheint im menschlichen Geist als das ekstatische Erlebnis, das, von der einen Seite gesehen, Glaube, von der anderen Seite gesehen, Liebe genannt wird. Glaube und Liebe sind die Manifestationen der transzendenten Einheit, die der göttliche Geist im menschlichen Geist schafft. „Transzendente Einheit" ist eine Qualität des unzweideutigen Lebens und darum der Symbole für das unzweideutige Leben: „Gegenwart des göttlichen Geistes", „Reich Gottes" und „Ewiges Leben".

Glaube und Liebe können in folgender Weise voneinander unterschieden werden: Glaube ist der Zustand des Ergriffenseins von der transzendenten Einheit, und Liebe ist der Zustand des Hineingenommenseins in die transzendente Einheit. Aus dieser Beschreibung folgt, daß rein logisch der Glaube das Primäre und die Liebe das Sekundäre ist, aber in der Wirklichkeit ist das eine nie ohne das andere vorhanden. Glaube ohne Liebe hebt den Zustand der Entfremdung nicht auf, er bleibt in der Zweideutigkeit der Selbst-Transzendierung des Lebens. Liebe ohne Glaube ist eine zweideutige Wiedervereinigung von Getrenntem, d. h. ohne das letzte Kriterium der transzendenten Einheit. Weder Glaube allein noch Liebe allein ist eine Schöpfung des göttlichen Geistes, sondern Ausdruck zweideutiger Religiosität.

Die letzten Betrachtungen erfordern eigentlich eine volle Erörterung dessen, was Glaube und was Liebe ist, aber das ginge über den Rahmen des Systems hinaus. Ich verweise deshalb auf meine beiden Bücher, von denen sich das eine ausführlich mit dem Glauben, das andere mit der Liebe befaßt[1]. An dieser Stelle ist es jedoch nötig,

---

[1] „Wesen und Wandel des Glaubens", Berlin 1961, und „Liebe, Macht, Gerechtigkeit", Tübingen 1955.

den Ort aufzuweisen, den die beiden Begriffe im theologischen System einnehmen, und auf diese Art ihr Verhältnis zu anderen theologischen Begriffen und religiösen Symbolen zu zeigen. Seit der Entstehung des Neuen Testaments gehören Glaube und Liebe zu den zentralen Begriffen des christlichen Lebens und theologischen Denkens. Wie man aus der gegenwärtigen theologischen Diskussion ersehen kann, sind sie nicht immer in gleicher Weise und sicher nicht immer adäquat interpretiert worden.

b) Die Gegenwart des göttlichen Geistes als Glaube. – Kaum ein Wort der religiösen Sprache „schreit" so nach semantischer Reinigung wie das Wort Glaube. Es wird beständig mit Für-wahrhalten von etwas verwechselt, das geringe Wahrscheinlichkeit hat oder von vornherein unglaubwürdig oder absurd oder sinnlos ist. Nur äußerst schwer gelingt es, das Wort Glaube von solchen entstellenden Deutungen zu befreien und seinen echten Sinn wieder zu sehen. Ein Grund für diese Schwierigkeit liegt darin, daß die christlichen Kirchen die Botschaft des Neuen Seins im Christus oft als eine „Absurdität" beschrieben haben, die auf Grund biblischer oder kirchlicher Autorität für wahr gehalten werden muß, ob sie dem Menschen einsichtig ist oder nicht. Ein weiterer Grund liegt darin, daß die Kritiker der Religion ihre Kritik auf diesen verzerrten Glaubensbegriff richteten und dadurch in ihren Angriffen leichtes Spiel hatten.

Glaube muß sowohl formal wie material definiert werden: Die formale Definition umfaßt jede Art von Glauben in allen Religionen und Kulturen. Sie lautet: Glaube ist der Zustand des Ergriffenseins durch das, worauf sich die Selbst-Transzendierung richtet: das Unbedingte in Sein und Sinn. Auf eine kurze Formel gebracht, kann man sagen: Glaube ist Ergriffensein durch das, was uns unbedingt angeht, wobei der Ausdruck „was uns unbedingt angeht" ein subjektives und ein objektives Element verbindet. Auf der einen Seite ist es ein Anliegen des Menschen, auf der anderen Seite beansprucht es Unbedingtheit, ganz gleich, ob es zum Anliegen gemacht wird oder nicht. In diesem formalen Sinne von Glauben als unbedingtem Anliegen hat jeder Mensch Glauben, denn es gehört zum Wesen des menschlichen Geistes – im Sinne der Selbst Transzendierung des Lebens –, auf etwas Unbedingtes bezogen zu sein. So wertlos der konkrete Inhalt des Glaubens sein mag, niemand kann von sich behaupten, daß er gar keinen Glauben habe. Dieser formale Glaubensbegriff ist fundamental und universal. Er widerspricht der Vorstellung, daß die Weltgeschichte der Kampfplatz zwischen Glauben und Unglauben sei. Im formalen Sinne

[handschriftliche Randnotiz: formaler Glaubensbegriff]

gibt es keinen Unglauben als Gegensatz zum Glauben; vielmehr gibt es in aller Geschichte und vor allem in der Geschichte der Religion die verschiedensten Formen des Glaubens mit würdigen oder unwürdigen Inhalten. Unwürdig ist der Inhalt dann, wenn etwas Endliches und Bedingtes sich mit der Würde des Unendlichen und Unbedingten bekleidet. Der Kampf, der in aller Geschichte gefochten wird, ist ein Kampf zwischen Glaubensformen, die auf eine unbedingte Wirklichkeit gerichtet sind, und solchen, die sich auf bedingte Wirklichkeiten richten, aber Unbedingtheit für sie beanspruchen.

Das führt auf den materialen Glaubensbegriff. Glaube ist definiert worden als der Zustand, in dem der Mensch vom göttlichen Geist ergriffen und für die transzendente Einheit unzweideutigen Lebens geöffnet ist. Bezieht man diese Definition auf die konkrete christliche Botschaft, so kann man sagen: Glaube ist der Zustand des Ergriffenseins durch das Neue Sein, wie es in Jesus als dem Christus erschienen ist. In dieser Formulierung ist die formale und universale Glaubensdefinition zu einer inhaltlichen und speziellen geworden. Das Christentum behauptet aber, daß in dieser speziellen Definition des Glaubens das ausgedrückt sei, worauf alle Formen des Glaubens zielen. Glaube als der Zustand, vom göttlichen Geist geöffnet zu sein für die transzendente Einheit unzweideutigen Lebens, ist eine allgemeingültige Definition und nicht auf das Christentum beschränkt.

Die hier gegebene Definition von Glaube hat wenig Ähnlichkeit mit den traditionellen Definitionen, in denen Intellekt, Wille oder Gefühl mit dem Akt des Glaubens gleichgesetzt werden. Trotz ihrer psychologischen Primitivität halten sie sich mit Hartnäckigkeit, sowohl im populären als auch im wissenschaftlichen Sprachgebrauch. Daher ist es angebracht, daß wir noch einige Betrachtungen über das Verhältnis des Glaubens zu den geistigen Funktionen des Menschen anfügen. Glaube als die Überwindung der Konflikte und Zweideutigkeiten im Leben des Geistes durch den göttlichen Geist darf nicht mit intellektueller Zustimmung zu Aussagen verwechselt werden, die sich auf Vorgänge im Bereich der Subjekt-Objekt-Struktur der Wirklichkeit beziehen. Deshalb können Glaubensaussagen nicht der Verifizierung durch experimentelle Erfahrung unterworfen werden. Glaube ist auch nicht die Annahme von Aussagen oder Werturteilen aufgrund von Autorität, auch dann nicht, wenn von dieser Autorität behauptet wird, daß sie göttlich sei, denn dann würde sofort die Frage auftauchen: Welches ist das Kriterium für eine Autorität, die göttlich zu sein behauptet? Diese Frage ließe sich nicht beantworten. Eine Aussage wie: „Ein Wesen mit dem Namen Gott existiert" ist keine Glaubens-

[handschriftliche Randnotizen:] materialer Glaubensbegriff · *Glaube u. die geistigen Funktionen des Men- schen*

aussage, sondern ein kognitiver Satz ohne genügende Evidenz. Die Bejahung wie die Verneinung einer solchen Behauptung ist in gleicher Weise absurd. Dieses Urteil bezieht sich auf alle Versuche, gegenständlichen Aussagen im Bereich der Geschichte, des menschlichen Geistes oder der Natur göttliche Autorität zu verleihen. Sie sind niemals Glaubensaussagen, und sie dürfen auch niemals im Namen des Glaubens gemacht werden. Nichts ist unwürdiger, als den Glauben da einzuführen, wo es an Evidenz oder Beweiskraft für eine gegenständliche Aussage mangelt.

Diese Einsicht hat zu dem Versuch geführt, den Glauben in engere Beziehung zur Moralität zu rücken. An Stelle eines intellektuell verstandenen Glaubensbegriffs setzte man einen moralisch-voluntaristischen Glaubensbegriff. Ein so verstandener Glaube ist das Resultat eines „Willens zu glauben" oder eines Gehorsamsaktes. Aber es entstehen sofort zwei Fragen: „Was soll geglaubt werden?" und „Wem soll man gehorchen?". Wenn diese Fragen ernst genommen werden, sind wir wieder beim intellektuellen Glaubensbegriff, denn der Glaube kann nicht definiert werden als „Wille zum Glauben überhaupt" oder als „Gehorsam gegenüber einem Befehl überhaupt". Sobald Inhalte für den Willen zu glauben oder den Glaubensgehorsam gesucht werden, befindet man sich den gleichen Schwierigkeiten gegenüber wie beim intellektuellen Glaubensbegriff. Wenn man zum Beispiel unter Glaubensgehorsam die gehorsame Annahme des „Wortes Gottes" versteht und sie von einem Menschen verlangt, so verlangt man damit etwas, was nur derjenige befolgen kann, der bereits im Stand des Glaubens ist und darum anerkennt, daß das Wort, das er hört, „Wort Gottes" ist. Der Glaubensgehorsam setzt Glauben voraus, aber er schafft ihn nicht.

Am häufigsten wird Glaube im populären Sprachgebrauch mit Gefühl verwechselt. Aber nicht nur hier, sondern auch von Wissenschaftlern und Philosophen wird der Glaube in den Bereich des Gefühls verbannt. Sie lehnen zwar den Anspruch der Religion auf Wahrheit ab, aber sie leugnen nicht, daß die Religion eine ungeheure psychologische und soziologische Macht darstellt. Sie schreiben solche Wirkung dem undefinierbaren und daher undiskutierbaren Bereich des „ozeanischen Gefühls" (Freud) zu, und sie bekämpfen die Religion nur, wenn sie versucht, ihre Grenzen zu überschreiten und in den Bereich des Erkennens und Handelns einzudringen. Sicherlich enthält der Glaube als Ausdruck der ganzen Person auch emotionale Elemente, aber er besteht nicht nur aus ihnen. Alle Seiten der *theoria* und der *praxis* sind im Glaubensakt vorhanden und durch den göttlichen Geist über sich hinausgehoben.

Wie die klassische Theologie richtig gelehrt hat, ist im Glauben ein Element der „Zustimmung" vorhanden, d. h. erkenntnismäßige Annahme der Wahrheit. Diese Zustimmung bezieht sich nicht auf Aussagen über Objekte in Zeit und Raum, sondern auf unsere Beziehung zu dem, was uns unbedingt angeht, und auf die Symbole, die diese Beziehung ausdrücken [1].

Zweifellos ist im Glauben auch ein Element des Gehorsams enthalten, ein Punkt, in dem Paulus, Augustin, Thomas und Calvin übereinstimmen. Aber Glaubensgehorsam ist nicht heteronome Unterwerfung unter eine göttlich-menschliche Autorität. Vielmehr ist es der Akt, sich offen zu halten für den göttlichen Geist, der uns ergriffen und geöffnet hat. Man könnte sagen: Es ist Gehorsam durch Teilnahme und nicht durch Unterwerfung – wie es auch in der *Liebe* der Fall ist.

Schließlich ist auch ein emotionales Element im Glauben, im Zustand des Ergriffenseins durch den göttlichen Geist. Aber es ist nicht das unbestimmte Gefühl, von dem oben gesprochen wurde, sondern das Schwanken zwischen der Angst der eigenen Endlichkeit und dem ekstatischen Mut, der die Angst besiegt, indem er sie in der Kraft der transzendenten Einheit unzweideutigen Lebens in sich hineinnimmt.

Die vorausgegangene Erörterung des Glaubens und der Geistesfunktionen hat zweierlei gezeigt: erstens, daß der Glaube weder mit einer menschlichen Geistesfunktion identifiziert, noch aus ihr abgeleitet werden kann. Glaube kann weder durch Prozesse des Intellekts, noch durch Bemühungen des Willens, noch durch Bewegungen des Gefühls erzeugt werden. Zweitens haben wir erkannt, daß der Glaube alle Geistesfunktionen umfaßt, eint und der umwandelnden Macht des göttlichen Geistes unterwirft. Diese Aussage bekräftigt die fundamentale theologische Wahrheit, daß in der Beziehung zu Gott alles durch Gott ist. Der Geist des Menschen kann die letzte Realität – das, auf das hin er sich selbst transzendiert – nicht durch eine seiner Funktionen erreichen. Aber das Unbedingte kann alle diese Funktionen ergreifen und sie über sich hinausheben, indem es den Glauben schafft.

Obwohl der Glaube eine Schöpfung des göttlichen Geistes ist, lebt er doch in der Struktur des menschlichen Geistes, in seinen Funktionen und seiner Dynamik. Glaube stammt nicht *vom* Menschen, aber er lebt *im* Menschen. Der Mensch ist sich dessen bewußt, daß der göttliche Geist in ihm wirkt. Da Geist und Glaube *im* Menschen sind, weiß er um sie. Daher muß eine Behauptung abgelehnt werden, die man im Interesse der radikalen Transzendenz Gottes gemacht und in die Form

---

[1] Eine ausführliche Behandlung dieser Zusammenhänge findet sich in Bd. I, im Teil „Vernunft und Offenbarung".

gebracht hat: „Ich glaube nur, daß ich glaube." Trotzdem enthält dieser Satz eine Wahrheit: er warnt uns vor der Selbstsicherheit, mit der wir behaupten, im Stande des Glaubens zu sein.

In bezug auf den Inhalt des Glaubens lassen sich drei Elemente unterscheiden: erstens das Element des Geöffnetwerdens durch den göttlichen Geist, zweitens das Element des Aufnehmens des göttlichen Geistes trotz der unendlichen Kluft zwischen göttlichem und menschlichem Geist, und drittens das Element der Erwartung der endgültigen Teilnahme an der transzendenten Einheit unzweideutigen Lebens. Diese drei Elemente liegen ineinander, aber sie folgen nicht aufeinander, sie sind gegenwärtig, wo immer Glaube ist. Das erste Element ist Glaube als reine Passivität des Menschen in seiner Beziehung zum göttlichen Geist; das zweite Element ist Glaube in seinem paradoxen Charakter, nämlich als Mut, das Ja des Glaubens festzuhalten trotz allem, was ihm widerspricht; das dritte Element des Glaubens ist das der Hoffnung auf Erfüllung dessen, was im Glauben antizipiert ist. Diese drei Elemente sind Ausdruck für die menschliche Situation und die Situation des Lebens im allgemeinen in seiner Beziehung zum Unbedingten. Wenn wir uns an die Charakterisierung des Neuen Seins erinnern, wie sie im Band II des Systems gegeben wurde, erkennen wir die Parallelität zu den Begriffen „Wiedergeburt", „Rechtfertigung" und „Heiligung". Diese drei Elemente werden wiederkehren, wenn wir später die Überwindung der Zweideutigkeiten durch den göttlichen Geist behandeln.

Der Glaube ist in allen Lebensprozessen wirksam – in der Religion, der Moralität und der Kultur sowie in den vorausgehenden Dimensionen des Lebens, sofern sie die Bedingung für die Dimension des Geistes sind. Hier müssen wir uns jedoch darauf beschränken, das Wesen und die Grundstruktur des Glaubens herauszuarbeiten. Wie der Glaube durch die Kraft seines Ursprungs aus dem göttlichen Geist die Zweideutigkeiten des Lebens überwindet, ist das Thema des letzten Abschnittes dieses Teils (Teil IV). Hier muß noch hervorgehoben werden, daß es durchaus im Sinne der biblischen Auffassung ist, wenn wir den Glauben als eine Art übergreifender unabhängiger Macht betrachten wie auch die Vision der Sünde als einer mythischen Macht, die die Welt regiert, ihre biblische Fundierung, besonders im Paulinischen Denken, hat. Die subjektive Verwirklichung von Glauben und Sünde und die Probleme, die sich daraus ergeben, sind sekundär gegenüber der objektiven Realität der beiden übergreifenden Mächte, obgleich die subjektive und die objektive Seite nicht voneinander getrennt werden können.

c) Die Gegenwart des göttlichen Geistes als Liebe. – Während Glaube der Zustand des Ergriffenseins durch den göttlichen Geist ist, ist Liebe der Zustand des Hineingenommenseins in die transzendente Einheit unzweideutigen Lebens durch den göttlichen Geist. Eine solche Definition bedarf einer semantischen und einer ontologischen Erweiterung. Auch der Begriff der Liebe muß von falschen Interpretationen und Assoziationen gereinigt werden. Als erstes müssen wir die Beschreibung der Liebe als Gefühl zurückweisen, wenn wir auch später ein echtes emotionales Element in der Liebe feststellen werden. Im gegenwärtigen Zusammenhang müssen wir nur betonen, daß die Liebe sich in allen Funktionen des Geistes verwirklicht, ihre Wurzeln jedoch im Wesen des Lebens selbst hat. Liebe ist der Drang nach Wiedervereinigung des Getrennten – das gilt ontologisch und darum universal. Die Liebe ist in allen drei Lebensprozessen wirksam, sie bewirkt Integration, sie schafft das Neue und treibt das Seiende über sich hinaus zur Wiedervereinigung mit dem Seinsgrund. Sie ist das „Blut" des Lebens und erscheint darum in vielen Formen, in denen sie Getrenntes wiedervereinigt. Wir haben auf die Zweideutigkeiten in den verschiedenen Formen und damit auf die desintegrierenden Kräfte im Prozeß der Selbst-Integration hingewiesen. Darüber hinaus stellten wir die Frage nach einer unzweideutigen Wiedervereinigung des Getrennten, besonders bei der Besprechung der Moralität im Zusammenhang mit der Begegnung von Person mit Person. Die Antwort auf diese Frage ist: die Liebe im Sinne von *agape*, wie sie durch die Gegenwart des göttlichen Geistes im Einzelnen und in der Gruppe geschaffen ist. *Agape* ist unzweideutige Liebe, und darum kann sie der menschliche Geist nicht aus eigener Kraft herbeiführen. Wie der Glaube ist auch die *agape* die ekstatische Teilhabe des endlichen Geistes an der transzendenten Einheit unzweideutigen Lebens. Derjenige, der im Stande der *agape* ist, ist in diese Einheit hineingezogen.

Aus dieser Sicht ist es möglich, die katholisch-protestantische Kontroverse über die Beziehung von Glauben und Liebe zu lösen. Wir haben bereits angedeutet, daß der Glaube der Liebe logisch vorausgeht, weil Glaube sozusagen die menschliche Reaktion auf den Einbruch des göttlichen Geistes in den menschlichen Geist ist. Glaube ist die ekstatische Aufnahme des göttlichen Geistes, der die Tendenz des menschlichen Geistes, in sich selbst und seiner Endlichkeit zu ruhen, in ihr Gegenteil wendet. Diese Auffassung des Glaubens bestätigt Luthers These, daß der Glaube empfängt und nichts als empfängt. Aber die katholisch-augustinische Betonung der Liebe muß ebenso stark verfochten werden, und zwar durch die These von der wesenhaften Untrennbarkeit von Glauben und Liebe in der Partizipation an der transzendenten Einheit unzweideutigen Lebens. Von da aus gesehen ist Liebe nicht nur eine Folge des Glaubens, sondern die eine Seite des Wirkens des göttlichen Geistes, dessen andere Seite der Glaube ist. Das Verhältnis von Glauben und Liebe wird nur dann verfälscht, wenn die Werke der Liebe als Voraussetzung für die Gegenwart des göttlichen Geistes verstanden werden. Das protestantische Prinzip, nach dem in der Beziehung des Menschen zu Gott alles durch Gott getan wird, ist die dauernde Waffe gegen eine solche Verfälschung.

An diesem Punkt kann Antwort auf die weitere Frage gegeben werden: Warum wird in dieser Darstellung der fundamentalen Schöpfung des göttlichen Geistes nicht die Hoffnung zu Glauben und Liebe hinzugefügt, anstatt sie als das dritte Element im Glauben, nämlich als seine auf die Zukunft gerichtete Seite zu betrachten? Darauf läßt sich sagen: Wenn Hoffnung im systematischen Sinne (und nicht nur im homiletischen wie in der Formel des Paulus) eine dritte Form der Schöpfung des göttlichen Geistes wäre, so müßte sie mit dem Glauben auf einer Stufe stehen. Sie wäre ein selbständiger Akt vorwegnehmender Erwartung, dessen Beziehung zum Glauben zweideutig wäre. Damit fiele sie unter das gleiche Verdikt wie das „Glauben, daß...", das in scharfem Widerspruch zu dem wahren Sinn des Glaubens steht. Hoffnung ist entweder ein Element des Glaubens oder ein „Werk" des menschlichen und nicht des göttlichen Geistes.

Diese ganze Betrachtung bestätigt die Einsicht von der essentiellen Einheit von Glauben und Liebe. Auch die Liebe wird zu einem „Werk" des menschlichen und nicht des göttlichen Geistes, wenn wir die essentielle Untrennbarkeit von Glauben und Liebe negieren.

Die Liebe ist kein Gefühl, obwohl sie starke emotionale Elemente enthält, wie sie auch die anderen Funktionen des menschlichen Geistes enthalten. Aus diesem Grunde ist es berechtigt, die Erörterung über das Verhältnis der Liebe zu den geistigen Funktionen mit einer Betrachtung über das Verhältnis von Liebe und Gefühl zu beginnen. Das entspricht unserem Vorgehen bei der Erörterung über das Verhältnis des Glaubens in den geistigen Funktionen, die wir mit einer Betrachtung über das Verhältnis von Glauben und Intellekt begannen. Das emotionale Element in der Liebe ist – wie jedes Gefühl – das Mitschwingen des *ganzen* Menschen im Akt der Wiedervereinigung, gleich ob im Moment der Vorwegnahme oder im Moment der Erfüllung. Es wäre falsch zu sagen, daß die Erwartung des Glückes der Wiedervereinigung die treibende Kraft der Liebe sei. Den Trieb zur Wiedervereinigung gibt es auch in Dimensionen, in denen Bewußtsein und daher

Vorwegnahme fehlen. Und selbst wo volles Bewußtsein vorhanden ist, ist der Drang zur Wiedervereinigung nicht durch die Vorwegnahme einer erwarteten Lust verursacht, wie es im Lust-Schmerz-Prinzip angenommen wird. Vielmehr ist es so, daß der Drang nach Wiedervereinigung zur essentiellen Struktur des Lebens gehört und daher als Lust, Freude, Seligkeit – entsprechend den verschiedenen Dimensionen des Lebens – erfahren wird. Als die ekstatische Partizipation an der transzendenten Einheit unzweideutigen Lebens wird die *agape* als Seligkeit erfahren *(makaria* oder *beatitudo* im Sinne der Seligpreisungen). Aus diesem Grunde kann das Wort *agape* symbolisch auf das göttliche innertrinitarische Leben angewandt werden, wodurch das Symbol der göttlichen Seligkeit einen konkreten Sinn erhält[1]. Das emotionale Element darf aus dem Liebesbegriff nicht entfernt werden. Ohne die emotionale Qualität ist die Liebe nichts anderes als „guter Wille" und nicht Liebe. Dasselbe gilt für die Liebe des Menschen zu Gott; sie ist nicht Gehorsam, mit dem sie einige anti-mystische Theologen praktisch gleichsetzen.

Dennoch ist Liebe nicht Gefühl. Sie ist die Bewegung des ganzen Seins einer Person auf eine andere Person hin mit dem Verlangen, die existentielle Trennung zu überwinden. Darin ist ein Willenselement enthalten, der Wille nämlich, sich mit dem anderen zu vereinigen. Solch ein Wille gehört wesenhaft zu jeder Liebesbeziehung, sonst könnte die Mauer der Trennung niemals durchstoßen werden, denn das emotionale Element allein ist nicht stark genug. Wie immer unter den Bedingungen der Existenz müssen natürliche Widerstände auf beiden Seiten der Liebesbeziehung überwunden werden, und das ist ohne Willen nicht möglich. Es ist dieses Willenselement in der Liebe, auf das sich das Doppelgebot der Liebe des Alten und Neuen Testaments hauptsächlich bezieht. Liebe ohne den Willen zur Liebe, nur gestützt auf die Kraft des Gefühls, kann nie zum anderen durchdringen.

Die Beziehung der Liebe zur kognitiven Funktion des Geistes ist am vollsten im klassisch-griechischen und hellenistisch-christlichen Denken entwickelt worden, und zwar auf mystischem Hintergrund. Platos Lehre von der Liebe weist auf die Funktion des *eros* hin, die den Erkennenden aus der Armut seines eigenen Daseins in die Fülle des wahren Seins emporhebt. Bei Aristoteles bewegt der *eros* aller Dinge das Universum in Richtung auf die reine Form. Im hellenistisch-christlichen Sprachgebrauch bedeutet das Wort *gnosis* Erkenntnis, den sexuellen Akt und die mystische Einigung, und auch das deutsche Wort „erken-

---

[1] Dieser Gedanke ist ausführlicher behandelt in Teil V, S. 456 ff.

nen" wurde für die sexuelle Einigung gebraucht. Die Liebe schließt die Kenntnis des Geliebten ein, aber sie ist keine Kenntnis, die auf dem Wege des Analysierens und Berechnens gewonnen wird, sondern teilnehmende Erkenntnis, die den Erkennenden und den Erkannten in jedem Akt liebender Erkenntnis verwandelt. Liebe ist wie Glaube ein Zustand der ganzen Person; in jedem Akt der Liebe sind alle Funktionen des menschlichen Geistes beteiligt.

Während das Wort „Glaube" in erster Linie religiöse Bedeutung hat, ist das Wort Liebe so vieldeutig, daß man es in vielen Fällen durch das neutestamentliche Wort *agape* ersetzen muß, besonders da, wo man unter Liebe die Schöpfung des göttlichen Geistes versteht. Das ist zwar nicht immer durchführbar, besonders nicht in der Homiletik und Liturgie. Außer dieser Einschränkung gibt es aber auch ein systematisches Problem, das sich aus dem vieldeutigen Gebrauch des Wortes in den modernen Sprachen ergibt. In allen Arten der Liebe, die im Griechischen durch verschiedene Worte bezeichnet wurden – *philia* für Freundschaft, *eros* für das Verlangen nach dem Guten (einschließlich dem Schönen und Wahren), *epithymia* für Begierde und schließlich *agape* für die Schöpfung des göttlichen Geistes –, gibt es einen Punkt der Identität, der es gestattet, sie alle mit dem einen Wort „Liebe" zu bezeichnen: dies ist der „Drang nach Wiedervereinigung des Getrennten". Er gibt dem Leben die innere Dynamik. Liebe in diesem Sinne ist *eine,* und sie ist unteilbar. Man hat versucht, einen absoluten Gegensatz zwischen *agape* und *eros* zu konstruieren (wobei *eros* die drei anderen Arten der Liebe mit enthält), aber die Folge war, daß die *agape* zu einem Moralbegriff reduziert wurde, nicht nur in der Beziehung vom Menschen zu Gott, sondern auch in der Beziehung von Mensch zu Mensch. Und der *eros,* der in dieser Terminologie *philia* und *epithymia* (oder *libido*) mit einschließt, wurde profanisiert und erhielt eine rein sexuelle Bedeutung und wurde damit der möglichen Teilhabe am unzweideutigen Leben beraubt. Trotzdem enthält die Betonung des Gegensatzes zwischen *agape* und den anderen Arten der Liebe eine wichtige Wahrheit: *agape* ist eine ekstatische Manifestation des göttlichen Geistes. Sie ist nur möglich in Einheit mit dem Glauben. Sie ist das Hereingezogensein in die transzendente Einheit des unzweideutigen Lebens. Aus diesem Grunde ist sie von den anderen Qualitäten der Liebe unabhängig; sie kann sich mit ihnen einen, sie kann sie richten und sie kann sie verwandeln. *Agape* als eine Schöpfung des göttlichen Geistes besiegt die Zweideutigkeiten aller anderen Arten der Liebe.

Agape hat diese Macht – darin ist sie dem Glauben ähnlich –, weil sie die Struktur des Neuen Seins hat: sie ist rezeptiv, paradox und antizipatorisch. Die erste Qualität der *agape* ist die uneingeschränkte Aufnahme des Gegenstandes der Liebe, die zweite Qualität der *agape* ist das Festhalten am Gegenstand der Liebe trotz seiner entfremdeten, profanisierten oder dämonischen Existenz, und die dritte Qualität der *agape* ist die Antizipation eines Zustandes, in dem Heiligkeit, Größe und Würde des Gegenstandes der Liebe wiederhergestellt sind. Jemanden in Form der *agape* lieben, heißt, ihn so sehen, wie Gott ihn von Ewigkeit her sieht – als ein einzigartiges und unvergleichliches Selbst. Das letzte Ziel der *agape* – göttlicher wie menschlicher – ist es, den Gegenstand der Liebe in die transzendente Einheit unzweideutigen Lebens zu erheben.

Das alles wird von der *agape* gesagt – *agape* als einer übergreifenden Macht, die jeder persönlichen oder sozialen Verwirklichung vorausgeht. In dieser Beziehung steht *agape* auf der gleichen Ebene wie Sünde und Glaube, die als übergreifende Mächte über das Leben walten. Aber es besteht doch ein Unterschied zwischen *agape* und den beiden anderen Mächten: *agape* ist, wie Paulus sagt, größer als Glaube und Hoffnung. *Agape* ist ein Element des göttlichen Lebens selbst. Glaube ist ein Element des Neuen Seins, wie es sich in Zeit und Raum verwirklicht, aber er ist kein Element des göttlichen Lebens, und Sünde ist ein Element des entfremdeten Seins. *Agape* ist als erstes die Liebe, mit der Gott die Kreatur liebt und durch die Kreatur sich selbst. Die drei Charakteristika der *agape* müssen zuerst der *agape* Gottes zu seinen Geschöpfen zugeschrieben werden, und dann erst der *agape* der Geschöpfe zueinander.

Noch eine Beziehung bleibt zu erörtern: die Liebe der Menschen zu Gott. Das Neue Testament gebraucht das Wort *agape* auch für diese Beziehung, läßt aber dabei die drei Elemente der *agape* Gottes zu seinen Geschöpfen und auch der *agape* der Menschen untereinander außer Betracht. Keines dieser Elemente ist in der Liebe des Menschen zu Gott vorhanden. Und doch kann das Wort *agape* auch hier gebraucht werden, weil es letztlich die Wiedervereinigung des Getrennten bedeutet und in dieser Bedeutung besonders auf die Liebe des Menschen zu Gott angewandt werden kann: *agape* vereinigt alle Arten der Liebe und ist doch etwas, das sie alle transzendiert. Vielleicht wird das am besten auf folgende Weise ausgedrückt: In der Beziehung zu Gott verschwindet der Unterschied zwischen Liebe und Glauben. Von Gott im Glauben ergriffen und ihm in Liebe zugetan sein, ist ein und derselbe Zustand im Leben des Geschöpfes. Es ist die Teilnahme an der transzendenten Einheit unzweideutigen Lebens.

B

DIE MANIFESTATION
DES GÖTTLICHEN GEISTES
IN DER GESCHICHTLICHEN MENSCHHEIT

1. Göttlicher Geist und Neues Sein:
Das Zweideutige und das Fragmentarische

Die Gegenwart des göttlichen Geistes erhebt den Menschen durch Glauben und Liebe in die transzendente Einheit unzweideutigen Lebens. Sie schafft das Neue Sein jenseits der Spaltung von Essenz und Existenz und folglich jenseits der Zweideutigkeiten des Lebens. In den vorangegangenen Kapiteln haben wir die Manifestation des göttlichen Geistes im menschlichen Geist beschrieben. Im folgenden müssen wir den Ort innerhalb der geschichtlichen Menschheit bestimmen, an dem das Neue Sein als die Schöpfung des göttlichen Geistes manifest ist. Das ist jedoch nicht möglich, ohne auf die geschichtliche Dimension des Lebens Bezug zu nehmen, die erst im fünften Teil des Systems („Die Geschichte und das Reich Gottes") behandelt wird. Hinweise auf die Geschichte sind in allen Teilen des Systems erforderlich. Begriffe wie Offenbarung, Vorsehung und Neues Sein in Jesus als dem Christus können ohne Bezug auf die Geschichte nicht sinnvoll behandelt werden. Es ist jedoch zweierlei, ob man die geschichtlichen Implikationen theologischer Probleme behandelt, oder ob man die Geschichte selbst zum theologischen Problem und zum ausdrücklichen Thema macht. Während das letztere im fünften Teil des Systems geschehen soll, müssen wir uns mit dem ersteren bereits an dieser und anderen Stellen des Systems befassen.

Der Einbruch des göttlichen Geistes in den menschlichen Geist ereignet sich nicht in isolierten Einzelnen, sondern in sozialen Gruppen, da alle Funktionen des menschlichen Geistes – moralische Selbst-Integration, kulturelles Sich-Schaffen und religiöse Selbst-Transzendierung – durch die Ich-Du-Beziehung im sozialen Zusammenhang bedingt sind. Deshalb ist es notwendig, das Wirken des göttlichen Geistes in den Momenten der Geschichte zu zeigen, die für seine Selbst-Manifestation innerhalb der Menschheit entscheidend sind.

Die Gegenwart des göttlichen Geistes ist in aller Geschichte sichtbar, aber die Geschichte als solche ist nicht die Manifestation des göttlichen Geistes. Wie im Geist des Einzelnen, so gibt es auch in einer geschichtlichen Gruppe besondere Kennzeichen, durch die sich die Gegenwart des göttlichen Geistes verrät. Das erste Kennzeichen ist das Vorhandensein lebendiger Symbole in *theoria* und *praxis*, durch die eine soziale Gruppe ihre Offenheit für den göttlichen Geist ausdrückt. Das zweite Kennzeichen ist das Erscheinen von Personen und Bewegungen, die die tragisch-unvermeidbare Profanisierung und Dämonisierung dieser Symbole bekämpfen. Diese beiden Kennzeichen für die Gegenwart des göttlichen Geistes finden sich nicht nur in religiösen, sondern auch in quasi-religiösen Gruppen, und in gewissem Sinn sind es in beiden Gruppen die gleichen Phänomene. Denn wo immer ein anti-dämonischer Kampf erfolgreich ist, wandelt sich auch der Charakter der sozialen Gruppe, in der er ausgetragen wird. Das bekannteste Beispiel dafür ist der Kampf der Propheten gegen die Profanisierung und Dämonisierung der Jahwe-Religion in Israel und Juda und die radikale Umformung Israels unter der Einwirkung des göttlichen Geistes, der durch die Propheten wirkte. Ähnliche Vorgänge (besonders in radikalen Bewegungen, deren Ziel z. B. Reinigung des Kultus ist) mit ihrer Wirkung auf die soziale Gruppe finden sich überall in der Geschichte der Menschheit. Kennzeichen für die Gegenwart des göttlichen Geistes fehlen an keinem Ort und zu keiner Zeit der Geschichte. Der göttliche Geist, d. h. Gott als dem menschlichen Geist gegenwärtig, bricht in alle Geschichte ein in Form von Offenbarungserfahrungen mit erlösender und erneuernder Kraft. Wir haben darüber in den Kapiteln über die universale Offenbarung und die Idee des Heiligen ausführlich gesprochen. Wenn wir das dort Erarbeitete jetzt auf die Lehre vom göttlichen Geist und seine Manifestationen anwenden, können wir folgende Aussage machen: Die Menschheit ist niemals alleingelassen, der göttliche Geist wirkt in ihr in jedem Augenblick und kommt in einigen großen Augenblicken – in den geschichtlichen *kairoi* – zum Durchbruch.

Da die Menschheit von Gott niemals alleingelassen ist, sondern ständig unter dem Einfluß des göttlichen Geistes steht, ist zu allen Zeiten Neues Sein in der Geschichte. Immer und überall ist Partizipation an der transzendenten Einheit unzweideutigen Lebens vorhanden. Aber diese Partizipation ist „fragmentarisch". Wir müssen diesem Begriff unsere Aufmerksamkeit zuwenden, denn er bedeutet etwas ganz anderes als Zweideutigkeit. Wenn wir von der Gegenwart des göttlichen Geistes oder vom Neuen Sein oder von der *agape* sprechen, so meinen wir etwas Unzweideutiges. Es kann zwar in die Zweideutigkeiten des Lebens hineingezogen werden, besonders in der Dimension des Geistes, aber an sich ist es unzweideutig. Doch ist es in seiner Manifestation in Raum und Zeit „fragmentarisch". (Die vollendete trans-

166

zendente Einheit ist ein eschatologischer Begriff.) Fragmentarische Verwirklichung hat den Charakter der Antizipation: Paulus spricht von der fragmentarischen und antizipatorischen Verwirklichung des göttlichen Geistes, der Wahrheit, der Vision Gottes usw. Das Neue Sein ist fragmentarisch und antizipatorisch gegenwärtig, aber insofern es gegenwärtig ist, ist es als Unzweideutiges gegenwärtig. Das Fragment einer zerbrochenen Statue eines Gottes drückt unzweideutig die Macht des Gottes aus, den sie darstellt. Das Fragment eines „erfolgreichen" Gebets erhebt den Menschen zu der transzendenten Einheit unzweideutigen Lebens. Die fragmentarische Weise, in der eine Gruppe den göttlichen Geist aufnimmt, macht diese Gruppe für einen Augenblick zu einer heiligen Gemeinschaft. In der fragmentarischen Erfahrung des Glaubens und der fragmentarischen Verwirklichung der Liebe nimmt der Einzelne an der transzendenten Einheit unzweideutigen Lebens teil. Diese Unterscheidung zwischen dem Zweideutigen und dem Fragmentarischen macht es uns möglich, die Manifestationen des Geistes uneingeschränkt zu bejahen und sich ihnen uneingeschränkt hinzugeben, obgleich wir uns dessen bewußt bleiben, daß in dem Akt der Bejahung und der Hingabe selbst die Zweideutigkeit des Lebens wieder hervortritt. Bewußtsein um diese Situation ist das entscheidende Kriterium religiöser Reife. Es gehört zum Wesen des Neuen Seins, daß es seine eigene Verwirklichung in Raum und Zeit dem Kriterium unterwirft, mit dem es selbst die Zweideutigkeiten des Lebens richtet. Das ist der Weg, auf dem das Neue Sein diese Zweideutigkeiten überwindet, wenn auch fragmentarisch.

2. Die Gegenwart des göttlichen Geistes und die Antizipation des Neuen Seins in den Religionen

Man könnte unter diesem Titel eine ganze Religionsgeschichte schreiben, weil er einen Schlüssel darstellt, mit dessen Hilfe man Sinn in der verwirrenden Mannigfaltigkeit des religiösen Lebens der Menschheit entdecken kann. Und man könnte auch viele quasi-religiöse Phänomene finden, die als Manifestationen des göttlichen Geistes verstanden werden können. Aber ein solches Programm ginge über den Rahmen eines theologischen Systems hinaus. Wir müssen uns darauf beschränken, einige typische Manifestationen des göttlichen Geistes zu behandeln, und auch ihre Erörterung ist von vornherein dadurch ernsthaft beeinträchtigt, daß wirkliches Verstehen Partizipation voraussetzt. Man kann durch distanzierte Beobachtung und noch mehr durch einfühlendes Verstehen sehr vieles über fremde Religionen und Kulturen erfahren. Aber keiner der beiden Wege vermittelt demjenigen, der in der christlich-humanistischen Kultur des Westens aufgewachsen ist, eine zentrale Erfahrung einer asiatischen Religion. Durchaus ernsthafte Begegnungen zwischen Vertretern der beiden Welten beweisen das. Besonders was die buddhistische Religion betrifft, wird oft ein ganz oberflächliches Kennenlernen als wirkliche Kenntnis ausgegeben, so daß man die Warnung eines großen Chinakenners beherzigen sollte, der nach dreißigjährigem Aufenthalt in China von sich sagte, daß er gerade anfinge, ein wenig vom chinesischen Geist zu verstehen. Der einzig wirkliche Weg zum Verständnis einer anderen Religion ist die aktuelle Teilnahme an ihrem Leben. Die hier folgenden typologischen Betrachtungen sind nur gerechtfertigt, weil in allen menschlichen Wesen die Dimension des Geistes verwirklicht und dadurch eine gewisse Identität zwischen ihnen geschaffen ist. Aus dieser gemeinsamen Quelle entspringen geistige Ähnlichkeiten, die bis zu einem gewissen Grade existentielle Partizipation möglich machen. – Jede große Religion umfaßt eine Zahl von Elementen, die in der Gesamtstruktur dieser Religion von untergeordneter Bedeutung, in einer anderen Religion aber beherrschend sind. So kann z. B. der christliche Theologe die östliche Mystik nur insoweit verstehen, als er selbst zu dem mystischen Element im Christentum einen Zugang hat. Da aber gerade das Gewicht der einzelnen Elemente in einer Religion die Struktur des Ganzen bestimmt, kann auch dieser begrenzte Zugang zum Verständnis einer Religion zu Täuschungen führen. Das sollte beim Lesen der folgenden Erörterungen bedacht werden.

Die originale Mana-Religion scheint eine starke Betonung auf die Gegenwart des Geistes in der „Tiefe" alles Seienden zu legen. Diese göttliche Macht in allen Dingen ist unsichtbar, geheimnisvoll und nur durch bestimmte Riten erreichbar. Nur eine besondere Gruppe von Menschen, die Priester, hat ein Wissen von ihr. Diese frühe Vision vom göttlichen Geist als universaler Substanz ist bis in unsere Zeit lebendig geblieben und kehrt in vielen Formen auch in den sogenannten Hoch-Religionen wieder, sogar in den christlichen Sakramenten. In säkularisierter Form findet sie sich in der romantischen Natur-Philosophie, die das Göttliche in der Tiefe der schaffenden Natur sieht und die aus religiöser Ekstase ästhetischen Enthusiasmus gemacht hat.

Wenden wir uns den Religionen der großen Mythologien zu, so sind als zwei der prägnantesten Beispiele Indien und Griechenland zu nennen. In beiden Mythologien sind die göttlichen Mächte von der Welt geschieden, obwohl sie die Welt beherrschen – entweder Teile von ihr oder die ganze Welt. Die göttlichen Manifestationen sind außergewöhnlich, im Körperlichen wie im Psychischen; Natur und Geist wachsen ekstatisch über sich hinaus, wenn sich der göttliche Geist ihrer bemächtigt. Gerade in diesem Punkt kann man den Einfluß erkennen, den das mythologische Stadium der Geist-Erfahrung auf alle späteren Stadien – das Christentum eingeschlossen – ausgeübt hat. (Aus diesem Grunde sind alle radikalen Versuche, die Religion zu entmythologisieren, vergeblich. Was man tun kann und tun sollte, ist, sie zu „deliteralisieren", d. h. ihre wörtliche Bedeutung zu verneinen. Das gilt jedenfalls für Menschen, die nicht nur in der Lage, sondern auch willens sind, rationale Kriterien bei der Deutung der religiösen Symbole anzuwenden.) Im mythologischen Stadium der Religion (das selbst das Ergebnis eines reinigenden Prozesses im vormythologischen Stadium ist) erscheinen Kräfte, die ihre profanisierten und dämonisierten Formen bekämpfen und die Aufnahme des göttlichen Geistes in verschiedenen Richtungen verändern. Die griechischen und hellenistischen Mysterienkulte sind gute Beispiele dafür: das Göttliche ist in der konkreten Gestalt eines Mysterien-Gottes verkörpert. Dabei ist das mystische Element stärker betont als im gewöhnlichen Polytheismus, der der Profanisierung weit mehr geöffnet ist. Die ekstatische Teilnahme am Schicksal des sterbenden Gottes wird zum Modell, das auch vom monotheistischen Christentum gebraucht wird, um das Teilhaben am Sterben und Auferstehen des Christus zum Ausdruck zu bringen.

Der Kampf gegen die Dämonisierung des Geistes ist besonders sichtbar in der Art, wie der religiöse Dualismus über das mythologische Stadium hinausgeht. Der erste Versuch, diese Dämonisierung durch einen religiösen Dualismus zu überwinden, wurde in Persien unternommen und später vom Manichäismus und ähnlichen religiösen Bewegungen fortgeführt (Mithraskult, Katharer). Das Dämonische wurde auf einen der beiden sich gegenüberstehenden Götter konzentriert, wodurch der andere Gott von allen dämonischen Elementen befreit wurde. Obwohl der dualistische Versuch, der Dämonisierung zu entgehen, letztlich erfolglos war (weil er eine Spaltung im Seinsgrund voraussetzt), war und ist sein Einfluß auf monotheistische Religionen wie das späte Judentum und das Christentum sehr groß. Auch heute noch zeigt sich die Angst vor dämonisiertem Geist in der Furcht vor dem Satan, z. B. im Exorzismus und in der Formel, in der der Täufling „dem Teufel und allem seinem Wesen und allen seinen Werken entsagt".

Die beiden wichtigsten Beispiele der Geist-Erfahrung in der Religionsgeschichte sind die asiatische und die europäische Mystik und der exklusive Monotheismus des Judentums, von dem sich weitere Reli-

in Mystik

gionen ableiten. Die Mystik erlebt die Gegenwart des göttlichen Geistes jenseits aller konkreten Träger, wie sie das mythologische Stadium und seine verschiedenen Abwandlungen charakterisieren. Sowohl die göttlichen Gestalten als auch die konkreten Objekte, in denen sie erscheinen – personhafte wie unpersönliche – verlieren ihre letzte Bedeutung, obwohl sie oft eine vorläufige Bedeutung als Stufen in dem geistigen Aufstieg zum Unbedingten haben. Aber der göttliche Geist wird erst am Ende dieses Weges vollkommen erfahren, nachdem der menschliche Geist die vorläufigen Stadien hinter sich gelassen hat und in der Ekstase vom göttlichen Geist ergriffen ist.

Auf diese radikale Weise transzendiert die Mystik jede konkrete Verkörperung des Göttlichen, indem sie die Subjekt-Objekt-Struktur der Endlichkeit transzendiert. Aber hier liegt auch die Gefahr der Mystik, die Gefahr, daß das zentrierte Selbst, das Subjekt der Geist-Erfahrung, ausgelöscht wird. Das ist der Punkt, an dem Osten und Westen sich schwer verstehen können, denn die östliche Mystik erstrebt als Ziel allen religiösen Lebens ein „formloses Selbst", während der Westen (selbst in der christlichen Mystik) versucht, auch in der ekstatischen Geist-Erfahrung die Gegenstände des Glaubens und der Liebe – Persönlichkeit und Gemeinschaft – zu erhalten.

Die westliche Auffassung wurzelt letztlich in dem Kampf der jüdischen Propheten gegen die Profanisierung und Dämonisierung der priesterlichen Religion ihrer Zeit. In der Religion des Alten Testaments löscht der göttliche Geist das zentrierte Selbst nicht aus, wie es in der östlichen Mystik geschieht, sondern er erhebt es in Geisteszustände, die die gewöhnlichen Möglichkeiten des menschlichen Geistes und die Akte des Willens transzendieren. Die positive Haltung zu Persönlichkeit und Gemeinschaft (und damit auch, im Gegensatz zu den mystischen Religionen, zu Sünde und Vergebung) geht letztlich darauf zurück, daß für die prophetische Religion die Gegenwart des göttlichen Geistes die Gegenwart des Gottes der *humanitas* und der Gerechtigkeit ist. Das wird sehr deutlich in der Beschreibung der zwei verschiedenen Formen der Ekstase in der Erzählung von Elias und den Baalspriestern. Die Ekstase, die der Baals-Geist im Geist und Leib seiner Priester erzeugt, ist von Rauschzuständen und Selbstverstümmelung begleitet, während die Ekstase des Elias die Ekstase des Gebetes ist, in der er als ein personhaftes Selbst das göttliche Du erfährt. Solche Ekstase transzendiert in ihrer Intensität und Wirkung allerdings die gewöhnliche Erfahrung, aber sie zerstört nicht das Person-Zentrum des Propheten und ist nicht mit physischen Rauschzuständen verbunden. In allen seinen Teilen folgt das Alte Testament dieser Linie: Der göttliche Geist schenkt sich nur

170

da dem Menschen, wo *humanitas* und Gerechtigkeit nicht verletzt werden. Dieses Kriterium wenden die Propheten auch gegen ihre eigene Religion an und verurteilen deren profanisierende und dämonisierende Tendenzen. Das gleiche Kriterium wird vom Neuen Testament aufgegriffen und erscheint in der Geschichte der Kirche in allen Reformbewegungen, von denen die protestantische Reformation nur eine ist.

3. Die Gegenwart des göttlichen Geistes in Jesus als dem Christus: Eine Geist-Christologie

Der göttliche Geist war in Jesus als dem Christus ohne Verzerrung gegenwärtig. In ihm erschien das Neue Sein als das Kriterium aller Geist-Erfahrung in Vergangenheit und Zukunft. Obwohl Jesus den individuellen Bedingungen seines menschlichen Geistes und den sozialen Bedingungen seiner Zeit unterworfen war, war er doch vollkommen vom göttlichen Geist ergriffen. Der göttliche Geist hatte von seinem Geist Besitz ergriffen, oder um ein anderes Bild zu gebrauchen: „Gott war in ihm." Das macht ihn zum Christus, nämlich zur entscheidenden Verkörperung des Neuen Seins für die geschichtliche Menschheit. Obwohl das christologische Problem das zentrale Thema des dritten Teils des Systems war, kehrt es doch in allen Teilen wieder, und in Verbindung mit der Lehre vom göttlichen Geist werden verschiedene Ergänzungen zu den früheren christologischen Aussagen nötig.

Die synoptischen Evangelien zeigen klar, daß die früheste christliche Tradition durch eine Geist-Christologie bestimmt war. Nach dieser Tradition wurde Jesus im Augenblick seiner Taufe vom göttlichen Geist ergriffen. Dieses Ereignis bestätigte ihn als den erwählten „Sohn Gottes". Ähnliche ekstatische Erlebnisse werden in den Evangelien immer wieder berichtet. Diese Berichte zeigen z. B., wie der göttliche Geist Jesus in die Wüste treibt und durch visionäre Versuchungen führt, wie er ihm die Kraft der Weissagung gibt, sowohl in bezug auf Ereignisse wie auf Menschen, und wie er ihn zum Überwinder dämonischer Mächte und zum geisterfüllten Heiler von Seele und Leib macht. Der göttliche Geist ist die Macht hinter dem ekstatischen Erlebnis seiner Verklärung, und der Geist gibt ihm die Gewißheit für die richtige Stunde, den *kairos,* für sein Handeln und Leiden. Innerhalb dieser Geist-Christologie erhob sich die Frage, wie der göttliche Geist ein Gefäß finden konnte, das für ihn völlig geöffnet war. Die Antwort wurde in der Geschichte von Jesu Zeugung durch den göttlichen Geist gegeben. Diese Antwort ist insofern berechtigt, als der Mensch eine

171

psychosomatische Einheit ist. Daraus wurde mit Recht geschlossen, daß in Jesus eine Disposition gegeben war, die es ihm ermöglichte, zum vollkommenen Träger des Geistes zu werden. Man könnte sagen: Der Geist schafft sich das Gefäß, in dem er wohnen will. Diese Einsicht muß jedoch nicht notwendig zu einer halb-doketischen Legende führen, die Jesus seiner vollen Menschlichkeit beraubt, indem sie einen menschlichen Vater bei seiner Zeugung ausschließt. Die Lehre von der vieldimensionalen Einheit des Lebens beantwortet die Frage nach dem Träger des göttlichen Geistes und seiner psychosomatischen Einheit ohne eine solche zweideutige Lösung.

Wir müssen nun Glauben und Liebe, die beiden Schöpfungen des göttlichen Geistes, im Sein Jesu als des Christus in ihrer Einheit betrachten. Die sich selbst opfernde Liebe des Christus ist das Zentrum der Evangelien und der Interpretation durch die Apostel. Dieses Zentrum ist das Prinzip der *agape*, das in ihm verkörpert ist und von ihm in die Welt ausstrahlt, in der die *agape* nur in zweideutiger Form zu finden war und zu finden ist. Dies und nichts anderes bezeugt das Neue Testament, und die größten Theologen der Kirche stimmen einmütig damit überein, trotz aller Verschiedenheiten in der Interpretation.

Die Bibel enthält wenige Stellen, in denen vom Glauben Jesu die Rede ist, und auch die spätere Theologie hat dieses Thema kaum behandelt. Der Grund hierfür scheint darin zu liegen, daß der Begriff „Glaube" ein Element des „trotzdem" enthält und damit für den nicht angemessen ist, der als „Sohn" in ununterbrochener Einheit mit dem „Vater" steht. Diese Auffassung wird zweifellos von der *Logos*-Christologie und ihren Voraussetzungen in der Paulinischen Christologie unterstützt. Worte wie „Ich glaube, hilf meinem Unglauben" können dem, in dem der *logos* Fleisch geworden ist, nicht in den Mund gelegt werden. Und ebensowenig kann das, was wir heute unter Glauben verstehen – ein Sprung, ein Akt des Mutes, ein Wagnis, das Glaube und Zweifel einschließt –, dem zugeschrieben werden, der sagt, daß „er und der Vater eins sind". Aber wir müssen weiter fragen, ob solche Aussagen nicht eine gefährliche „krypto-monophysitische" Tendenz enthalten, die Jesus seiner vollen Menschlichkeit berauben. Dieses Problem existiert sogar im Protestantismus, obwohl die monophysitische Gefahr durch die reformatorische Betonung der „Niedrigkeit des Christus" und durch das Bild des „leidenden Knechtes" weitgehend eingeschränkt ist. Glaube im Sinne des Protestantismus wird von der Lehre der „Rechtfertigung aus Gnade durch den Glauben" bestimmt, d. h. von der Lehre von der Annahme dessen, der unannehmbar ist, und d. h. von der Vergebung der Sünden. Aber Glaube in diesem Sinne kann dem Christus gewiß nicht zugeschrieben werden. Man kann dem Christus nicht das Paradox des Glaubens als Attribut zuschreiben, da er selbst das Paradox ist.

Das Problem kann nur dadurch gelöst werden, daß man Glauben definiert als den Zustand des Ergriffenseins vom göttlichen Geist und durch ihn von der Macht der transzendenten Einheit unzweideutigen Lebens. Wir haben in diesem Sinn vom Glauben als einer beinahe personifizierten übergreifenden Macht gesprochen. An diesem Punkt zeigt sich, wie wichtig unsere Unterscheidung von „zweideutig" und „fragmentarisch" ist. Sie macht uns vollends verständlich, was der Glaube des Christus ist. Das dynamische Bild, das die Evangelien vom „Glauben des Christus" zeichnen, zeigt Züge des Fragmentarischen, z. B. Elemente des Kampfes, der Erschöpfung, sogar der Verzweiflung. Aber nirgends zeigt es Züge der Profanisierung oder Dämonisierung seines Glaubens. Der göttliche Geist verläßt ihn nie, er ist immer von der Macht der transzendenten Einheit unzweideutigen Lebens getragen. Wenn wir dies den „Glauben des Christus" nennen, so gebrauchen wir hier das Wort „Glaube" in seinem unzweideutigen Charakter. Nur wenn es so in seinem biblischen Sinn als geistige Realität verstanden wird, kann man in angemessener Weise vom „Glauben des Christus" sprechen, ebenso wie man von der „Liebe des Christus" spricht.

Aus der Geist-Christologie der synoptischen Evangelien ergeben sich zwei weitere theologische Folgerungen. Die erste ist die Einsicht, daß es nicht der menschliche Geist des Mannes Jesu von Nazareth ist, der ihn zum Christus macht, sondern der göttliche Geist (d. h. Gott in ihm), der in ihm wohnt und die treibende Kraft in ihm ist. Diese Einsicht steht gegen eine Jesus-Theologie, die den Menschen Jesus zum Gegenstand des christlichen Glaubens macht. Das kann in scheinbar gut orthodoxer Form geschehen, wie im Pietismus, oder in humanistischen Begriffen, wie im theologischen Liberalismus. Im ersten Fall wird die christliche Botschaft, daß es Jesus *als* der Christus ist, in dem das Neue Sein erschien, entstellt, im anderen Fall mißachtet. Beide Auffassungen stehen im Widerspruch zur Paulinischen Geist-Christologie, in der es heißt: „Der Herr ist der Geist", und „wir kennen ihn nicht mehr nach dem Fleisch" (d. h. in seiner geschichtlichen Existenz), sondern als den Geist, der lebt und gegenwärtig ist. Solche Aussagen befreien das Christentum von der Gefahr einer heteronomen Unterwerfung unter ein Individuum als Individuum: Der Christus ist Geist und nicht Gesetz.

173

Die zweite theologische Einsicht, die aus der Geist-Christologie folgt, ist die Einsicht, daß Jesus als der Christus das Mittelglied in der Kette der geschichtlichen Manifestationen des Geistes ist. Er ist kein isoliertes Ereignis, das sozusagen vom Himmel fällt. Auch hier entstellen das pietistische und das liberale Denken die christliche Botschaft, indem sie Jesus gegenüber der Vergangenheit und der Zukunft zu isolieren versuchen. Demgegenüber erkennt die Geist-Christologie, daß derselbe göttliche Geist, der Jesus zum Christus macht, in der Gesamtgeschichte der Offenbarung und Erlösung wirksam ist – vor und nach dem Erscheinen Jesu als des Christus. Das Ereignis „Jesus als der Christus" ist einzigartig, aber nicht isoliert: es ist von Vergangenheit und Zukunft abhängig, wie Vergangenheit und Zukunft von ihm abhängig sind. Es ist das qualitative Zentrum in einem Prozeß, der aus einer unbestimmten Vergangenheit kommt und in eine unbestimmte Zukunft geht, symbolisch gesprochen: vom Anfang der Geschichte zum Ende der Geschichte.

Die Gegenwart des göttlichen Geistes im Christus als der Mitte der Geschichte macht ein volles Verständnis der Manifestationen des göttlichen Geistes in der Geschichte möglich. Die Verfasser des Neuen Testaments und die spätere Kirche sahen dieses Problem und gaben bedeutsame Antworten darauf. Die grundlegende Antwort war, daß der göttliche Geist, der in der Geschichte wirkt, derselbe Geist ist, der in Jesus dem Christus wirkt. Gott in seiner Selbst-Manifestation – wo immer sie sich ereignet – ist derselbe Gott, der sich entscheidend und letztgültig im Christus manifestiert hat. Deshalb müssen die Manifestationen des göttlichen Geistes – gleich ob vor oder nach der Erscheinung des Christus – an dieser zentralen Manifestation gemessen werden. In diesem Zusammenhang bedeutet „vor Christus" nicht nur „vor dem Jahre eins" unserer Zeitrechnung, sondern es bedeutet auch und vor allem: *vor* einer existentiellen Begegnung mit Jesus als dem Christus, einer Begegnung, die wahrscheinlich niemals überall zu ein und derselben Zeit geschehen wird. Denn selbst wenn alle Heiden und Juden Jesus als die Antwort auf ihre letzten Fragen akzeptierten, so würden innerhalb des Christentums immer wieder Bewegungen entstehen, die sich von ihm abwenden, wie es zu allen Zeiten geschehen ist. „Vor Christus" kann daher nur bedeuten: „Vor einer existentiellen Begegnung mit dem Neuen Sein in ihm". – Die Behauptung, daß Jesus der Christus ist, enthält implizit die Aussage, daß der Geist, der ihn erfüllt und zum Christus macht, derselbe Geist ist, der in all denen wirkt, die an allen Orten und zu allen Zeiten vom göttlichen Geist ergriffen wurden, bevor Jesus als historische Persönlichkeit auf der Erde erschien. In der biblischen Sprache und in der Theologie der Kirche wurde dieser Gedanke in dem Schema der „Prophezeiung und Erfüllung" ausgedrückt. Wir sollten uns durch eine oft absurde Entstellung dieser Idee im primitiven wie im theologischen Literalismus nicht davon abhalten lassen, ihre Wahrheit zu sehen, die Wahrheit nämlich, daß der Geist, der Jesus zum Christus machte, derselbe Geist ist, der die Menschheit auf die Begegnung mit dem Neuen Sein in ihm vorbereitet hat und beständig weiter vorbereitet. Die Weise, wie das geschieht, wurde in dem vorangegangenen Kapitel beschrieben. Diese Beschreibung des Wirkens des Geistes ist für alle die gültig, die direkt oder indirekt unter dem Einfluß der existentiellen Begegnung mit dem Neuen Sein in Jesus als dem Christus stehen. Dabei gibt es überall das Ergriffensein vom Geist, Profanisierung und Dämonisierung im Prozeß der Aufnahme und Verwirklichung und den prophetischen Protest, der zur Erneuerung führt.

Trotzdem sind seit den biblischen Zeiten ernsthafte theologische Diskussionen über das Problem geführt worden, wie sich der Geist Jesu als des Christus zu dem Geist verhält, der die Menschen nach dem historischen Erscheinen Jesu ergriffen hat. Diese Frage ist im vierten Evangelium in der Form beantwortet worden, daß Jesus das Kommen des heiligen Geistes als des Trösters ankündigt. Die Frage konnte nicht ausbleiben, nachdem im vierten Evangelium die Geist-Christologie durch die *Logos*-Christologie ersetzt war. Die Antwort auf sie hat zwei Seiten und hat in dieser Form die Haltung der Kirche seither bestimmt: Nach der Rückkehr des inkarnierten *logos* zum Vater wird der Geist seinen Platz einnehmen und die Bedeutung seiner Erscheinung offenbar machen. In der göttlichen Ökonomie folgt der Geist dem Sohn, obwohl zugleich der Sohn der Geist ist. Der Geist, der in der Kirche wirkt, schafft nicht, was er offenbart. Jede seiner Offenbarungen steht unter dem Kriterium seiner Manifestation in Jesus als dem Christus. Dieser Gedanke enthält eine Kritik an den antiken und modernen Geist-Theologien, welche lehren, daß die Offenbarungen des Geistes in der Kirche qualitativ über das hinausgehen, was im Sein des Christus gegeben ist. Die Montanisten, die radikalen Franziskaner und die Wiedertäufer sind Vertreter dieser Haltung, und die Erfahrungstheologien unserer Zeit gehören in dieselbe Gedankenrichtung. Nach ihnen treibt die fortschreitende religiöse Erfahrung (oft gedacht als Verschmelzung der Weltreligionen) qualitativ über Jesus als den Christus hinaus, und nicht nur quantitativ, wie es auch das vierte Evangelium anerkennt. Es ist klar, daß solche Gedanken die Lehre von Jesus als dem Christus untergraben. Mit dem Vorhandensein von mehr als einer Manifestation des göttlichen Geistes, die Letztgültigkeit beansprucht, würde der Begriff der Letztgültigkeit aufgehoben und die dämonische Spaltung des Bewußtseins verewigt.

Ein anderer Aspekt desselben Problems tritt in dem Streit zutage, der seit Jahrhunderten die Ost- und Westkirche voneinander trennt. Es geht dabei um die Frage, ob der heilige Geist vom Vater allein ausgeht oder vom Vater und vom Sohn. Die Ostkirche vertrat die erste Ansicht, die Westkirche die zweite *(filioque)*. In dieser scholastischen Form erscheint uns die Frage heute völlig leer und fast absurd, und wir können kaum verstehen, wie sie einmal so ernstgenommen wurde, daß sie zu dem endgültigen Schisma zwischen Rom und den östlichen Kirchen beitragen konnte. Wenn wir sie jedoch ihrer scholastischen Form entkleiden, erkennen wir ihren tiefen Sinn. Wenn die Ostkirche lehrte, daß der Geist nur vom Vater allein ausgeht, wollte sie damit die Möglichkeit einer direkten, theozentrischen Mystik offenlassen (natürlich einer sozusagen „getauften" Mystik). Im Gegensatz dazu bestand die Westkirche darauf, das christozentrische Kriterium auf alle christliche Frömmigkeit anzuwenden, und da für sie die Anwendung dieses Kriteriums das Vorrecht des Papstes als des Stellvertreters Christi ist, wurde die römisch-katholische Kirche zu einer weniger biegsamen und weit legalistischeren Religion als die Ostkirchen. In Rom ist die Freiheit des Geistes durch das kanonische Recht eingeschränkt. Das Wirken des Geistes ist gesetzlich umschrieben. Dies war aber sicher nicht die Absicht des Verfassers des vierten Evangeliums, als er Jesus sagen ließ, daß der Geist in alle Wahrheit führen werde.

4. Die Gegenwart des göttlichen Geistes und das Neue Sein in der Geistgemeinschaft

a) *Das Neue Sein in Jesus als dem Christus und in der Geistgemeinschaft.* — Wie wir in dem christologischen Teil des Systems ausführlich erörtert haben, wäre der Christus nicht der Christus geworden ohne die, die ihn als den Christus aufnahmen. Er hätte nicht der Bringer des Neuen Seins sein können ohne die, die das Neue Sein durch ihn empfingen. Deshalb muß das Wirken des göttlichen Geistes in der Geschichte der Menschheit unter dreifachem Aspekt gesehen werden: erstens als die Vorbereitung für die zentrale Manifestation des göttlichen Geistes in allen Teilen der Menschheit, zweitens als die zentrale Manifestation des göttlichen Geistes in Jesus als dem Christus, und drittens als die Manifestation des göttlichen Geistes in der Geistgemeinschaft. Ich gebrauche für letztere nicht das Wort Kirche, das nur im Zusammenhang mit der Zweideutigkeit der Religion gebraucht werden kann. An dieser Stelle sprechen wir von dem, was fähig ist, diese Zweideutigkeit zu überwinden – dem Neuen Sein in seinen verschiedenen Erscheinungen innerhalb der Geschichte. Begriffe wie „Leib Christi", „Gemeinde Gottes" *(ecclesia)* oder „Gemeinde Christi" sind Ausdrücke für das unzweideutige Leben, das der göttliche Geist schafft; sie weisen auf das hin, was ich „Geistgemeinschaft" nenne. Das Verhältnis von Geistgemeinschaft zu dem vieldeutigen Begriff „Kirche" soll später erörtert werden.

Die Geistgemeinschaft ist unzweideutig, sie ist Neues Sein, geschaffen durch den göttlichen Geist. Aber sie ist, obgleich sie die Verwirklichung unzweideutigen Lebens ist, dennoch fragmentarisch wie auch die Manifestation des unzweideutigen Lebens im Christus und in denen, die den Christus erwarteten, fragmentarisch war. Die Geistgemeinschaft ist eine unzweideutige, wenn auch fragmentarische Schöpfung des göttlichen Geistes. „Fragmentarisch" bedeutet hier, daß sie unter den Bedingungen der Endlichkeit erscheint, aber Entfremdung und Zweideutigkeit siegreich überwindet.

Die Geistgemeinschaft hat den Geist in dem Sinne, wie Luther das Wort verwendete, d. h. „unsichtbar", „verborgen", „nur dem Glauben zugänglich", jedoch als eine unüberwindliche Realität. Darin steht sie in Analogie zu der verborgenen Gegenwart des Neuen Seins in Jesus und in denen, die die Träger der Vorbereitung für das Neue Sein in ihm waren. Aus der Verborgenheit der Geistgemeinschaft folgt ihre dialektische Beziehung zu den Kirchen (Identität und Nicht-Identität), ebenso wie aus derselben Art Verborgenheit des Geistes die dialektische Beziehung des Christus zu Jesus folgte und, um ein anderes Beispiel zu nennen, die dialektische Beziehung der Offenbarung zu der Geschichte der Religion. In allen drei Fällen sehen nur die „Augen des Glaubens", was verborgen oder Geist-gewirkt ist, aber sie sind selbst eine Schöpfung des göttlichen Geistes: nur Geist kann Geist erkennen.

Das Verhältnis des Neuen Seins im Christus zum Neuen Sein in der Geistgemeinschaft wird in einigen wichtigen Geschichten des Neuen Testaments symbolisch dargestellt. Eine von ihnen, die zugleich höchst bedeutsam für den Sinn des Namens Christus ist, wirft auch ein Licht auf das Verhältnis des Christus zur Geistgemeinschaft. Es ist die Geschichte, in der Petrus in Cäsarea Philippi zu Jesus sagt: Du bist der Christus, und Jesus ihm antwortet: Diese Einsicht ist dir nicht durch Fleisch und Blut vermittelt, sondern durch meinen Vater im Himmel; das heißt: sie ist nicht das Resultat gewöhnlicher Erfahrung, sondern sie ist durch den göttlichen Geist bewirkt. Der göttliche Geist hat den individuellen Geist des Petrus ergriffen und fähig gemacht, den göttlichen Geist in Jesus, also das, was ihn zum Christus macht, zu erkennen. Dieses Erkennen ist das Fundament der Geistgemeinschaft, die von Petrus und den anderen Jüngern repräsentiert wird und gegen die die dämonischen Mächte machtlos sind. Aus diesem Grunde können wir sagen: Wie der Christus nicht der Christus wäre ohne die, die ihn als den Christus aufnehmen, so wäre die Geistgemeinschaft nicht Geistgemeinschaft, wenn sie nicht auf dem Neuen Sein gegründet wäre, wie es im Christus erschienen ist.

An der Pfingstgeschichte werden die Merkmale der Geistgemeinschaft am klarsten sichtbar. Die Geschichte enthält historische, legendäre und mythologische Elemente, deren Unterscheidung eine Aufgabe der historischen Forschung ist. Für unsere Zwecke ist nur die Symbolik ihrer einzelnen Elemente wichtig. Wir können fünf solcher Elemente unterscheiden. Das erste ist der ekstatische Charakter der Entstehung der Geistgemeinschaft. Damit wird bestätigt, was wir früher über die Einheit von Struktur und Ekstase gesagt haben: das Pfingstereignis ist ein Beispiel für diese Einheit, es ist ekstatisch mit allen Charakteristika der Ekstase, aber es ist eine Ekstase, die mit Glauben, Liebe, Einheit im Geist und Universalität vereinigt ist, wie die anderen Elemente der Geschichte zeigen. Im Lichte dieser Beschreibung der Ekstase in der Pfingstgeschichte müssen wir sagen, daß ohne Ekstase keine Geistgemeinschaft entstehen kann.

Das zweite Element in der Pfingstgeschichte ist die Schaffung des Glaubens in den Jüngern. Dieser Glaube war durch die Kreuzigung dessen, von dem sie angenommen hatten, daß er der Träger des Neuen Seins sei, bedroht und fast zerstört. Vergleichen wir die Pfingstgeschichte mit den paulinischen Auferstehungsberichten, so finden wir, daß es in beiden Fällen eine ekstatische Erfahrung war, die den Glauben der Jünger wieder festigte und sie aus dem Zustand totaler Ungewißheit befreite. Die sich in Galiläa zerstreuenden Jünger waren keine Manifestation der Geistgemeinschaft. Erst nachdem sie vom göttlichen Geist ergriffen und in ihrem Glauben wieder gefestigt waren, wurden sie zur Manifestation der Geistgemeinschaft. Im Lichte dieser Beschreibung der Pfingstgeschichte können wir sagen, daß es ohne den Sieg des Glaubens über den Zweifel keine Geistgemeinschaft gibt.

Das dritte Element in der Pfingstgeschichte ist das Entstehen einer Liebe, die sich sofort im gegenseitigen Dienen zeigt, besonders gegenüber Menschen in Not, auch wenn es Fremde sind, die sich erst kurz zuvor der Gemeinschaft angeschlossen haben. Im Lichte dieser Beschreibung des Liebesdienstes in der Pfingstgeschichte müssen wir sagen, daß es ohne dienende Liebe keine Geistgemeinschaft gibt.

Das vierte Element in der Pfingstgeschichte ist die Schaffung der Einigkeit im Geist. Die Gegenwart des göttlichen Geistes bewirkte, daß sich Individuen aus den verschiedensten Nationalitäten und Traditionen einten und sich im sakramentalen Mahl zusammenfanden; und das Zungenreden der Jünger bedeutete, daß die Zerstreuung der Menschheit, wie sie in der Geschichte vom Turmbau zu Babel symbolisiert ist, überwunden wurde. Im Lichte dieser Beschreibung der Einheit im Geist in der Pfingstgeschichte müssen wir sagen, daß es ohne Gemeinschaft im Geist der voneinander entfremdeten Glieder der Menschheit keine Geistgemeinschaft gibt.

Das fünfte Element in der Pfingstgeschichte ist die Schaffung der Universalität, die sich in dem missionarischen Eifer derer ausdrückt, die vom göttlichen Geist ergriffen sind. Ihnen erschien es unmöglich, die Botschaft von dem, was jedem Einzelnen von ihnen widerfahren war, nicht allen zu verkünden. Denn das Neue Sein wäre nicht das Neue Sein, wenn die Menschheit als ganze und selbst das Universum nicht an ihm teilhätten. Im Lichte dieser Beschreibung der Universalität in der Pfingstgeschichte müssen wir sagen, daß es ohne Offenheit für alle Individuen, Gruppen und Dinge und ohne den Willen, sie sich aufzunehmen, keine Geistgemeinschaft gibt.

Alle diese Elemente, die in unserem System als die Kennzeichen der Geistgemeinschaft wiederkehren werden, sind vom Bilde Jesu als des Christus und des Neuen Seins, das in ihm sichtbar ist, abgeleitet. In symbolischer Sprache hat man von ihm als dem Haupt und von der Kirche als seinem Leib gesprochen. In einer mehr psychologischen Symbolik wurde er der Bräutigam und die Kirche die Braut, in einer mehr ethischen Symbolik wurde er der Herr der Kirche genannt. Diese Bilder weisen alle auf dasselbe hin: der göttliche Geist ist der Geist Jesu als des Christus, und der Christus ist das Kriterium, dem jeder sich unterwerfen muß, der von sich behauptet, den Geist zu besitzen.

b) Die Geistgemeinschaft in ihrem latenten und manifesten Stadium.–
Die Geistgemeinschaft steht zwar unter dem Kriterium der Erscheinung Jesu als des Christus, aber sie ist nicht identisch mit den christlichen Kirchen. Daraus ergibt sich die Frage: In welchem Verhältnis steht die Geistgemeinschaft zu den vielen religiösen Gemeinschaften in der Geschichte der Religion? Mit dieser Frage taucht das schon früher behandelte Problem wieder auf: Wie verhält sich die universale Offenbarung zur letztgültigen Offenbarung, und wie verhält sich die Gegenwart des göttlichen Geistes in der Periode vor der Begegnung mit dem Christus zu der Periode nach der zentralen Offenbarung des

Neuen Seins in ihm? Im gegenwärtigen Zusammenhang jedoch wollen wir die Erscheinung der Geistgemeinschaft in der Periode der Vorbereitung beschreiben. Wir gehen dabei von der Voraussetzung aus, daß da, wo der göttliche Geist wirkt und es darum Offenbarung und Erlösung gibt, auch Geistgemeinschaft sein muß. Wenn jedoch die Erscheinung des Christus die zentrale Manifestation des göttlichen Geistes ist, dann muß die Erscheinung der Geistgemeinschaft in der Vorbereitungs-Periode anders aussehen als ihre Erscheinung in der Periode der Aufnahme des zentralen Ereignisses. Ich schlage vor, die Geistgemeinschaft in der Periode der Vorbereitung als Geistgemeinschaft in ihrer „Latenz" und in der Periode der Aufnahme als Geistgemeinschaft in ihrer „Manifestation" zu bezeichnen.

Viele Jahre hindurch habe ich von „latenter" und „manifester" Kirche gesprochen. Diese Formulierung hat Zustimmung und Ablehnung gefunden. Oft ist sie fälschlicherweise mit der klassischen Unterscheidung von sichtbarer und unsichtbarer Kirche verwechselt worden. Die Unterscheidung von „Geistgemeinschaft" und „Kirche", die hier gemacht wird, kann mit dazu beitragen, daß „latent" nicht mit „unsichtbar" und „manifest" nicht mit „sichtbar" verwechselt wird. Die Geistgemeinschaft ist latent, solange sie der zentralen Offenbarung in Jesus dem Christus nicht begegnet ist, und die Geistgemeinschaft ist manifest, nachdem eine solche Begegnung erfolgt ist. Die Worte „vor" und „nach" haben eine doppelte Bedeutung: Einerseits beziehen sie sich auf das weltgeschichtliche Ereignis (Jesus als der Christus), den „großen *kairos*", der die Mitte der Geschichte ein für allemal konstituiert hat. Andrerseits beziehen sie sich auf die immer neuen, aber abgeleiteten *kairoi*, in denen eine religiöse oder kulturelle Gruppe dem zentralen Ereignis existentiell begegnet. Im folgenden gebrauchen wir die Worte „vor" und „nach" im zweiten Sinne und nur indirekt im ersten Sinne.

Der konkrete Anlaß für die Unterscheidung zwischen einem latenten und einem manifesten Stadium der Geistgemeinschaft war meine Begegnung mit Gruppen außerhalb der organisierten Kirche, die in eindrucksvoller Weise zeigten, daß das Neue Sein, wie es zentral im Christus erschienen ist, in ihnen lebendig war, obgleich sie sich dessen nicht bewußt waren und es auch nicht akzeptiert hätten, wenn man es ihnen bewußt gemacht hätte. Bestimmte Gruppen sind hier zu nennen: die Jugendbewegung, pädagogische, künstlerische und politische Bewegungen und Einzelne ohne sichtbare Verbindung miteinander, in denen das Wirken des göttlichen Geistes fühlbar war. Sie gehörten zu keiner Kirche, ja sie standen ihr sogar oft gleichgültig oder ablehnend gegenüber, aber sie waren doch von der Geistgemeinschaft nicht ausgeschlossen. Wenn man diese Bewegungen mit den Kirchen vergleicht und sieht, wieviel Profanisierung und Dämonisierung in den Kirchen vorhanden ist, so ist es unmöglich, die Kirchen mit der Geistgemeinschaft zu identifizieren und solche säkularen Gruppen von ihr auszuschließen. Ein Unterschied besteht jedoch: Die Kirchen repräsentieren die Geistgemeinschaft in manifester, die erwähnten Gruppen in latenter Form. Das Wort „latent" enthält ein negatives und ein positives Element. Latenz ist ein Zustand, in dem etwas teilweise aktuell, teilweise potentiell ist. Man kann Latenz nicht dem zuschreiben, was nur potentiell ist. Im Stand der Latenz gibt es Elemente, die aktualisiert, und Elemente, die noch nicht aktualisiert sind. Gerade das charakterisiert die Geistgemeinschaft in ihrer Latenz. In ihr wirkt der Geist in Glauben und Liebe, aber es fehlt das letzte Kriterium von Glauben und Liebe, die transzendente Einheit unzweideutigen Lebens, wie sie im Glauben und in der Liebe des Christus manifest ist. Aus diesem Grunde ist die Geistgemeinschaft in ihrem latenten Stadium der Profanisierung und Dämonisierung besonders ausgesetzt. Es fehlt ihr ein letztes Prinzip des Widerstandes, wie es die als Kirche organisierte Geistgemeinschaft besitzt und selbstkritisch – wie in den prophetischen und reformatorischen Bewegungen – anzuwenden vermag.

Es war die unter dem Mantel des Humanismus verborgene latente Geistgemeinschaft, die mich auf den Begriff der Latenz gebracht hat, aber es hat sich gezeigt, daß dieser Begriff auch sonst anwendbar ist. Er kann auf die ganze Geschichte der Religion angewandt werden, die weitgehend mit der Geschichte der Kultur identisch ist.

Geistgemeinschaft in ihrer Latenz gibt es in der ganzen Menschheit: in der national-religiösen Gemeinschaft Israels, in den Propheten-Schulen und Tempel-Gemeinschaften, später in den Synagogen in Palästina und in der Diaspora, sowie in den mittelalterlichen und modernen Synagogen. Es gibt Geistgemeinschaft in ihrer Latenz auf islamischem Boden in der Gemeinschaft der Anbetung, in den Theologen-Schulen und in den mystischen Bewegungen. Es gibt Geistgemeinschaft in ihrer Latenz in Gemeinschaften, die die großen mythologischen Götter anbeten, in esoterischen Priestergemeinschaften, in den Mysterien-Kulten der spät-antiken Welt, in den halb-wissenschaftlichen, halb-rituellen Philosophen-Schulen des Griechentums. Es gibt Geistgemeinschaft in ihrer Latenz in der klassischen Mystik in Asien und Europa und in den monastischen und halb-monastischen Gruppen, die aus der Mystik hervorgingen. In ihnen allen und in noch vielen anderen ist der göttliche Geist und darum die Geistgemeinschaft wirklich. In ihnen allen gibt es Elemente des Glaubens im Sinne des Ergriffenseins von etwas Letztem, Unbedingtem, und es gibt Elemente der Liebe im Sinne der transzendenten Wiedervereinigung des Getrennten. Aber in all dem ist die Geistgemeinschaft noch latent. Das letzte Kriterium, nämlich der Glaube und die Liebe des Christus, ist diesen Gruppen noch nicht erschienen, gleich ob sie vor oder nach den Jahren 1 bis 30 bestanden. Da dieses Kriterium fehlt, sind diese religiösen Gemeinschaften unfähig, sich im Sinne des Kreuzes Christi selbst radikal zu verneinen und radikal zu verwandeln. Man könnte auch sagen, sie leben in Richtung auf die Geistgemeinschaft in ihrem manifesten Stadium. Auch wenn sie den Christus ablehnen, werden sie unbewußt in Richtung auf ihn getrieben. Vielleicht lehnen sie ihn in der Art ab, wie die christlichen Kirchen ihn predigen und ihn ihnen nahezubringen versuchen. Dann kann es sein, daß ihre Ablehnung ein besserer Ausdruck der Geistgemeinschaft ist als das, was ihnen von den Kirchen gebracht wird, wenigstens in gewissen Beziehungen. Sie können Kritiker der Kirchen im Namen der Geistgemeinschaft werden, und das gilt sogar für solche anti-religiösen und anti-christlichen Bewegungen wie den Kommunismus. Denn auch von ihm müssen wir behaupten, daß er nicht leben könnte, wenn er keine Elemente der Geistgemeinschaft in sich trüge. Auch der Kommunismus ist teleologisch auf die Geistgemeinschaft bezogen.

Für die Praxis der christlichen Verkündigung, insonderheit für die Mission – sowohl die äußere wie die innere –, ist es wichtig, daß Heiden, Humanisten, Juden als Glieder der latenten Geistgemeinschaft angesehen werden, und nicht als völlig Außenstehende, die aufgefordert werden, in die Geistgemeinschaft einzutreten. Auch diese Einsicht kann als machtvolle Waffe gegen kirchliche und geistliche Arroganz dienen.

c) *Die Kennzeichen der Geistgemeinschaft.* – Ob latent oder manifest – die Geistgemeinschaft ist die Gemeinschaft des Neuen Seins. Sie ist durch den göttlichen Geist geschaffen, der sich im Neuen Sein in Jesus als dem Christus manifestiert hat. Dieser Ursprung bestimmt ihren Charakter: sie ist die Gemeinschaft des Glaubens und der Liebe. Die verschiedenen Elemente dieses Glaubens verlangen besondere Betrachtungen, teils um ihrer selbst willen, teils weil sie die Kriterien liefern, unter denen die Kirchen beschrieben und beurteilt werden müssen, denn die Kirchen sind beides: Verwirklichung und Entstellung der Geistgemeinschaft.

Als die Gemeinschaft des Neuen Seins ist die Geistgemeinschaft die Gemeinschaft des Glaubens. Der Ausdruck „Gemeinschaft des Glaubens" deutet auf die Spannung zwischen dem Glauben des einzelnen Gliedes und dem Glauben der Gemeinschaft als ganzer hin. In der

Geistgemeinschaft – das gehört zu ihrem Wesen – führt diese Spannung niemals zum Bruch (wie es in den Kirchen geschieht). Die Gegenwart des göttlichen Geistes, durch den der Einzelne im Akt des Glaubens ergriffen wird, transzendiert die inviduellen Bedingungen, Voraussetzungen und Glaubensformen. Der göttliche Geist vereinigt ihn mit dem Gott, der den Menschen durch alle diese Bedingungen hindurch ergreifen kann, ohne sich an eine von ihnen zu binden. Die Geistgemeinschaft enthält eine reiche Mannigfaltigkeit von Glaubensformen und schließt keine aus. Sie ist nach allen Richtungen hin offen, weil sie auf der zentralen und universalen Manifestation des göttlichen Geistes beruht. Trotzdem ist es in allen Fällen Glaube, der die Kluft zwischen dem Unendlichen und dem Endlichen schließt, wenn auch immer nur fragmentarisch als teilweise Vorwegnahme der transzendenten Einheit unzweideutigen Lebens. Selbst unzweideutig, ist dieser Glaube der Geistgemeinschaft das Kriterium für den Glauben der Kirche, indem er ihre Zweideutigkeiten überwindet. Die Geistgemeinschaft ist heilig, da sie durch Glauben an der Heiligkeit des göttlichen Lebens teilhat, und sie gibt auch den religiösen Gemeinschaften, deren unsichtbare geistige Essenz sie ist, Heiligkeit.

Als die Gemeinschaft des Neuen Seins ist die Geistgemeinschaft auch die Gemeinschaft der Liebe. Wie wir gesehen haben, enthält die Geistgemeinschaft die Spannung zwischen dem Glauben der Einzelnen mit ihren vielfältigen Erfahrungen und dem Glauben der Gemeinschaft als ganzer. Ebenso enthält sie die Spannung zwischen der endlosen Vielfalt der Liebesbeziehungen und der *agape*, die Wesen mit Wesen in der transzendenten Einheit unzweideutigen Lebens eint. Wie die Spannung zwischen der Vielfalt der Glaubensformen und dem Glauben der Gemeinschaft als ganzer nicht zum Zerfall führt, so hindert auch die Vielfalt der Liebesbeziehungen die *agape* nicht, das Getrennte in der transzendenten Einheit unzweideutigen Lebens wiederzuvereinigen. Obgleich die Liebe als Liebe in den verschiedenen Dimensionen vielfältig ist und wegen der Getrenntheit aller Dinge in Raum und Zeit fragmentarisch sein muß, ist sie doch Liebe als Vorwegnahme der vollkommenen Einheit im ewigen Leben. Als solche ist sie das Kriterium der Liebe in den Kirchen, unzweideutig ihrem Wesen nach und fähig, die Zweideutigkeiten zu besiegen. Die Geistgemeinschaft ist heilig, da sie durch die Liebe an der Heiligkeit des göttlichen Lebens teilnimmt, und sie gibt den religiösen Gemeinschaften, deren unsichtbare geistige Essenz sie ist, Heiligkeit.

Die Einheit und Universalität der Geistgemeinschaft folgt notwendig aus ihrem Charakter als Gemeinschaft des Glaubens und der

Liebe. Die Einheit drückt sich in der Tatsache aus, daß die Spannungen des Glaubens und die Spannungen der Liebe, wie im vorhergehenden beschrieben, nicht zum Zerfall führen. Die Geistgemeinschaft kann die Verschiedenheit der psychologischen und soziologischen Strukturen, der geschichtlichen Entwicklung sowie die verschiedensten Symbole, Andachts- und Lehrformen in sich tragen. Die Einheit der Geistgemeinschaft ist nicht ohne Spannungen, aber sie zerbricht nicht an ihnen. Sie ist fragmentarisch und vorwegnehmend, weil Zeit und Raum ihr Grenzen setzen, aber sie ist unzweideutig und daher das Kriterium für die Einheit religiöser Gruppen, deren unsichtbare geistige Essenz sie ist. Diese Einheit ist wie der Glaube und die Liebe ein Ausdruck der Heiligkeit der Geistgemeinschaft, die an der Heiligkeit des göttlichen Lebens partizipiert.

Die Universalität der Geistgemeinschaft bezieht sich auf das Faktum, daß die Spannung der endlosen Vielfalt der Liebesbeziehungen und der *agape* nicht zu einem Bruch zwischen ihnen führt. Die Geistgemeinschaft kann die Verschiedenheiten der Qualitäten der Liebe in sich tragen. Es gibt keinen Konflikt zwischen *agape* und *eros*, zwischen *agape* und *philia*, zwischen *agape* und *libido*. Es bestehen Spannungen, wie sie jeder dynamische Prozeß mit sich bringt. Die Dynamik allen Lebens, selbst in der transzendenten Einheit unzweideutigen Lebens, ist spannungsreich. Aber nur in der Entfremdung des zweideutigen Lebens werden Spannungen zu Konflikten. Die *agape* ist in der Geistgemeinschaft nicht nur mit den anderen Qualitäten der Liebe geeint, sie stiftet auch ihre Einheit untereinander. Praktisch bedeutet das, daß die ungeheuren Verschiedenheiten der Menschen nach Geschlecht, Alter, Nation, Tradition und Charakter – typologische und individuelle Verschiedenheiten – der Teilnahme an der Geistgemeinschaft nicht im Wege stehen. Die bildhafte Rede, daß alle Menschen Kinder desselben Vaters sind, ist nicht falsch, hat aber einen hohlen, unrealistischen Klang. Das wirkliche Problem ist, ob trotz der existentiellen Entfremdung der Kinder Gottes von Gott und der Kinder Gottes untereinander Teilnahme an einer transzendenten Einheit möglich ist. Diese Frage wird durch die Geistgemeinschaft beantwortet und durch das Wirken der *agape* als der Manifestation des göttlichen Geistes in ihr gelöst. Wie Glaube, Liebe und Einheit unzweideutig in der Geistgemeinschaft verwirklicht sind, so ist auch die Universalität unzweideutig, wenn auch fragmentarisch und vorwegnehmend. Die Grenzen der Endlichkeit beschränken die volle Verwirklichung der Universalität in jedem Moment der Zeit und an jeder Stelle des Raumes: Die Geistgemeinschaft ist nicht das Reich Gottes in letzter Vollendung. Aber sie ist unzweideutig und darum das Kriterium für die Universalität religiöser Gruppen, deren unsichtbare geistige Essenz sie ist. Die Universalität ist wie Glaube, Liebe und Einheit ein Ausdruck der Heiligkeit der Geistgemeinschaft, die an der Heiligkeit des göttlichen Lebens partizipiert.

d) Die Geistgemeinschaft und die Einheit von Religion, Kultur und Moralität. – Die transzendente Einheit unzweideutigen Lebens, an der die Geistgemeinschaft partizipiert, erstreckt sich auch auf die Einheit der drei Funktionen des Lebens in der Dimension des Geistes – Religion, Kultur und Moralität. Diese Einheit gehört zur essentiellen Natur des Menschen, sie ist in ihm angelegt, ist aber unter den Bedingungen der Existenz zerbrochen und wird erst durch den göttlichen Geist in ihr neu geschaffen. Wo das geschieht, da ist Geistgemeinschaft, gleichgültig ob es in einer religiösen oder profanen Gemeinschaft geschieht.

In der Geistgemeinschaft ist die Religion keine Sonderfunktion. Wir haben schon an anderer Stelle über die beiden Begriffe von Religion gesprochen, dem engeren und dem weiteren. Der engere Begriff hat überhaupt keinen Platz in der Geistgemeinschaft, denn alle Seiten des geistigen Lebens werden von der Gegenwart des göttlichen Geistes ergriffen. Die Bibel behauptet, daß es im vollendeten Reich Gottes keinen Tempel gibt, denn Gott „wird bei ihnen wohnen, und sie werden sein Volk sein, und er selbst, Gott mit ihnen, wird ihr Gott sein". Der göttliche Geist, der die Geistgemeinschaft schafft, schafft kein getrenntes Stück Wirklichkeit, in dem allein er sich verwirklicht und empfangen werden kann, sondern er ergreift alle Wirklichkeit, jede Funktion, jede Situation. Er ist die „Tiefe" aller kulturellen Schöpfungen und stellt in ihnen eine vertikale Richtung zu ihrem letzten Grund und Ziel her. In der Geistgemeinschaft gibt es keine religiösen Symbole, weil die begegnende Wirklichkeit in ihrer Ganzheit symbolischer Ausdruck für die Gegenwart des göttlichen Geistes geworden ist, und es gibt keine besonderen religiösen Akte, weil jeder Akt auch ein Akt der Selbst-Transzendierung ist.

Die essentielle Beziehung zwischen Religion und Kultur – nämlich „Kultur als die Form der Religion und Religion als die Substanz der Kultur" – ist in der Geistgemeinschaft verwirklicht. Und sie ist unzweideutig verwirklicht, wenn auch Spannungen und innere Dynamik nicht fehlen. Aber wie die früher besprochenen Kennzeichen der Geistgemeinschaft, so ist auch diese Verwirklichung fragmentarisch und antizipatorisch. Die biblische Vision von der heiligen Stadt ohne Tempel ist die Vision einer letzten Erfüllung, aber als solche ist sie zugleich Beschreibung der heiligen Gemeinschaft, wenn auch in Antizipation und fragmentarischer Verwirklichung. Der zeitliche Prozeß und die Begrenztheit des endlichen Bewußtseins verhindern das aktuelle Ineinander von religiöser Selbst-Transzendierung und kulturellem Schaffen. Daß bald das eine, bald das andere überwiegt, ist nicht zu vermeiden, aber das räumliche oder zeitliche Neben- oder Nacheinander bedeutet nicht, daß das Kulturelle und Religiöse sich gegenseitig ausschließen. Wo das der Fall ist, d. h. wo Religion und Kultur voneinander getrennt sind, da entstehen die Zweideutigkeiten des religiösen wie des kulturellen Lebens. Die unzweideutige, wenn auch fragmentarische Einheit von Religion und Kultur in der Geistgemeinschaft ist das Kriterium der religiösen und kulturellen Gruppen und die verborgene Macht in ihnen, die gegen Zerspaltung und Zweideutigkeit kämpft.

Obgleich Religion im engeren Sinne in der Geistgemeinschaft fehlt, ist Religion im weiteren Sinne in ihr lebendig und in unzweideutiger Weise mit Moralität geeint. Wir haben Moralität als die Konstituierung der Person als Person in der Begegnung mit anderen Personen definiert. Ist aber Religion im engeren Sinne von Moralität getrennt, sind beide gezwungen, ihre Selbständigkeit aufrechtzuerhalten: die Moralität muß ihren autonomen Charakter gegen religiöse Gebote verteidigen, die ihr von außen auferlegt werden, eine Verteidigung, die Kant in monumentaler Weise durchgeführt hat; auf der anderen Seite muß sich die Religion gegen Versuche verteidigen, die sie als Illusion abtun wollen oder als die Quelle störender Eingriffe in die autonome Moral betrachten – eine Verteidigung, die Schleiermacher in eindrucksvoller Weise geleistet hat. In der Geistgemeinschaft bestehen Konflikte solcher Art nicht. Die Religion ist in ihr keine spezielle Funktion, sondern das Ergriffensein vom göttlichen Geist, und das setzt die Konstituierung der Person im moralischen Akt voraus – die Vorbedingung für alles Geistige, und, wie wir früher gezeigt haben, damit auch die Vorbedingung für das Ergriffenwerden durch den göttlichen Geist. Der Begriff Geistgemeinschaft selbst verweist auf den personhaft-gemeinschaftlichen Charakter, in dem das Neue Sein erscheint. Es kann nicht anders erscheinen als in einer Gemeinschaft von Personen. Da das Moralische konstitutiv für den menschlichen Geist in allen seinen Funktionen ist, so würde ein Eingriff der Religion in das Moralische nicht nur dieses, sondern auch die übrigen Funktionen des Geistes einschließlich der religiösen selbst gefährden. Aber diese Möglichkeit besteht in der Geistgemeinschaft nicht, weil es in ihr Religion in engerem Sinne nicht gibt. Dagegen drückt sich die Einheit von Religion und Moralität in der Geistgemeinschaft darin aus, daß das Moralische in sich selbst religiös im Sinne des weiteren Begriffs von Religion ist.

Das Religiöse im Moralischen ist zunächst der Unbedingtheits-Charakter des moralischen Imperativs. Wenn wir nach dem Grund seiner Unbedingtheit fragen, müssen wir zunächst die Antwort geben: Der moralische Imperativ ist unbedingt, weil er ein Ausdruck des essentiellen Seins des Menschen ist. Bejahen, was wir essentiell sind, und dem moralischen Imperativ gehorchen, ist ein und dasselbe. Dann aber muß man fragen: Warum soll man sein essentielles Sein bejahen, warum darf man sich nicht zerstören? Und darauf lautet die Antwort: weil die Person als Person einen unendlichen Wert hat, oder theologisch ausgedrückt, weil sie zur transzendenten Einheit unzweideutigen Lebens gehört, oder in traditioneller Sprache, weil der Mensch das Ebenbild Gottes ist. Wo immer man sich dessen bewußt ist, da ist – wenn auch noch so verborgen – der göttliche Geist am Werk. Der Glaubensakt und die Bejahung des Unbedingtheits-Charakters des moralischen Imperativs ist ein und dasselbe. – Über den religiösen Ursprung der ethischen Inhalte, nämlich der Liebe unter dem Kriterium der *agape*, ist im Zusammenhang mit den Schöpfungen des Geistes gesprochen worden[1]. Dort wurde gezeigt, daß die Liebe in ihren sonstigen Qualitäten, wenn sie nicht unter dem Kriterium der *agape* stehen, zweideutig ist. *Agape* aber ist die unzweideutige, wenn auch fragmentarische Schöpfung des göttlichen Geistes. – Wenn wir die Frage nach der motivierenden Kraft des moralischen Imperativs stellen, so ist sie für die Geistgemeinschaft nicht das Gesetz, sondern die Gegenwart des göttlichen Geistes, die in bezug auf die Erfüllung der Gebote Gnade ist[2]. Gnade in diesem Sinne ist die Kraft, die aus dem Teilhaben an der transzendenten Einheit fließt und die Erfüllung der moralischen Forderung möglich macht. Durch das Wirken des göttlichen Geistes schafft die vorausgehende transzendente Einheit die Einheit der zentrierten Person: mit sich selbst, mit der begegnenden Welt und mit dem Grund von Selbst und Welt. Dieses „Vorausgehen" charakterisiert das Wirken des göttlichen Geistes als Gnade. Nichts anderes konstituiert die Persönlichkeit und die Gemeinschaft als die transzendente Einheit, die sich in der Geistgemeinschaft als Gnade manifestiert. Die Verwirklichung der Person als Person ohne Gnade treibt die Person in die Zweideutigkeit des Gesetzes. Moralität in der Geistgemeinschaft ist das Werk der Gnade.

Trotzdem bleibt die Einheit von Religion und Moralität fragmentarisch, denn sie hat Grenzen in Zeit und Raum. Die Einheit bleibt

---

[1] Vgl. Teil IV, S. 159 ff.

[2] Siehe auch meine Schrift „Das religiöse Fundament des moralischen Handelns".

immer antizipatorische Einheit, weil nicht alle aktuellen menschlichen Beziehungen an ihr partizipieren. Auch die Person und die Gemeinschaft, die in der Gnade stehen, d. h. für das Wirken des göttlichen Geistes geöffnet sind, stehen nicht in der Vollendung. Aber die Idee der Vollendung ist das Kriterium der Moralität in religiösen und profanen Personen und Gruppen. Die Ethik des „Reiches Gottes" ist der Maßstab für die Ethik in den Kirchen und der Gesellschaft.

Aus der Einheit der Religion mit Kultur und Moralität folgt auch die Einheit von Kultur und Moralität. Diese Einheit bezieht sich erstens auf die Inhalte, die die Moral von der Kultur empfängt, denn der unbedingte moralische Imperativ ist zunächst ohne Inhalt; er bringt seine Inhalte nicht selber hervor. Der moralische Inhalt stammt aus der Kultur und hat daher Teil an allen Relativitäten der Kulturschöpfungen. Seine Relativität hat nur eine Grenze, und das ist der Akt der Konstituierung des personhaften Selbst in der Begegnung von Person mit Person. Damit sind wir bereits auf den Inhalt des moralischen Imperativs gestoßen — auf die Liebe in allen Dimensionen des Lebens, die die andere Person in einem Akt der Wiedervereinigung bejaht[1]. In der Liebe kommen der moralische Imperativ und die moralischen Inhalte, die aus der Kultur stammen, zusammen und konstituieren die Moral der Geistgemeinschaft. Die Liebe ist den ständigen Veränderungen des kulturellen Schaffens unterworfen, aber zugleich behält sie ihren Charakter als Liebe. Da die Moral in der Geistgemeinschaft Liebe ist, gibt es in ihr keine Gebottafeln, sondern nur die Gegenwart des göttlichen Geistes, der Liebe schafft und der auch Dokumente der Weisheit schafft, die dem Wirken der Liebe allgemeine Richtungen geben (z. B. die Zehn Gebote). Solche Dokumente sind keine moralischen Gesetze. Über ihre Gültigkeit und ihre Anwendung im speziellen Fall entscheidet die Liebe. Auf diese Weise ist die Moralität von den wechselnden kulturellen Situationen abhängig und zugleich unabhängig durch die Liebe, die der Geist schafft. In der Geistgemeinschaft sind Moralität und Kultur in der transzendenten Einheit unzweideutigen Lebens geeint.

Auch diese Einheit ist — obwohl unzweideutig — fragmentarisch und antizipatorisch wegen der Endlichkeit der Einzelnen und der Gruppen, die moralisch handeln. Jede moralische Entscheidung — auch die vom göttlichen Geist eingegebene — schließt andere moralische Möglichkeiten aus. Das heißt nicht, daß das Handeln der Liebe zweideutig ist, wohl aber, daß jeder Akt der Liebe fragmentarisch ist. Er wirkt in Richtung auf das Unbedingte, auf die alles umgreifende Vollendung,

---

[1] Vgl. meine Schriften „Liebe, Macht, Gerechtigkeit", Tübingen 1953, und „Das religiöse Fundament des moralischen Handelns".

aber er erreicht sie nicht. Trotzdem ist die Einheit von Moralität und Kultur das Kriterium für die geistige Situation in allen religiösen und profanen Gruppen, und diese Einheit ist zugleich die verborgene Macht des göttlichen Geistes in denen, die die Zweideutigkeiten, die aus der existentiellen Trennung von Moralität und Kultur folgen, zu überwinden suchen.

So wie die Kultur der Moralität den Inhalt gibt, so verleiht die Moralität der Kultur letzten Ernst. Kultur ohne letzten Ernst ist das, was Kierkegaard als „ästhetisches Stadium" charakterisiert hat und was später Ästhetizismus genannt wurde. Kierkegaard meinte damit die distanzierte Haltung gegenüber Kulturschöpfungen, die diese nur im Sinne des ästhetischen Genusses wertet – eine Haltung, die nicht von dem *eros* zur Schöpfung selbst getragen ist. Der Ästhetizismus sollte nicht mit dem Element des Spiels im Schaffen und Erleben der kulturellen Schöpfungen verwechselt werden. Das Spiel ist eines der charakteristischsten Ausdrucksformen der Freiheit des Geistes, und man sollte nicht übersehen, daß dem freien Spiel ebensoviel Ernst zukommt wie der notwendigen Arbeit. Wo wirklicher Ernst ist, da ist die bewußte oder unbewußte Kraft des unbedingten moralischen Imperativs am Werk. Eine Kultur, die in ihren Schöpfungen den Ernst des moralischen Elements vermissen läßt, wird oberflächlich und selbst-zerstörerisch, und eine Moralität, die gegen das Spiel in der Kultur opponiert und sich als „Rückkehr zur Ernsthaftigkeit" versteht, negiert ihre eigene Ernsthaftigkeit und wird zum leeren Moralismus. Sie entleert das Leben von all dem, was ihm Wärme, Reichtum, Unmittelbarkeit und Freude gibt. Im Ästhetizismus wie im Moralismus fehlt die einigende Liebe. In der Geistgemeinschaft gibt es keine ästhetisierende Distanziertheit, an ihre Stelle tritt der suchende Ernst derer, die in jeder kulturellen Form oder Aufgabe den letzten Sinn erfahren wollen. Die Gegenwart des göttlichen Geistes vereinigt den Ernst der moralischen Selbst-Integration mit dem Reichtum des kulturellen Schaffens und gibt damit die Antwort auf die Frage, die in der Selbst-Transzendierung von Kultur und Moralität enthalten ist. Daher gibt es in der Geistgemeinschaft keine Möglichkeit für einen Konflikt zwischen einem verantwortungslosen Genießen der kulturellen Schöpfungen und der Haltung moralischer Überlegenheit über die Kultur im Namen eines moralistischen Rigorismus. Aber obgleich es in der Geistgemeinschaft keine Konflikte gibt, gibt es die Spannung, die in der Existenz zu diesen Konflikten führt, weil die Einheit von Kultur und Moralität auch in der Geistgemeinschaft fragmentarisch und antizipatorisch bleibt. Trotz dieser Begrenztheit ist die Einheit von moralischem Ernst und kultureller Offenheit das Kriterium für die Beziehung von Moralität und Kultur in allen religiösen und profanen Gruppen.

Wie die vorangegangene Beschreibung zeigt, ist die Geistgemeinschaft beides: sichtbar und verborgen, wie es das Neue Sein in all seinen Formen ist. Sie ist ebenso sichtbar und verborgen wie die zentrale Manifestation des Neuen Seins in Jesus als dem Christus, ebenso sichtbar und verborgen wie die Gegenwart des göttlichen Geistes, die das Neue Sein in der Geschichte der Menschheit und indirekt im ganzen Universum schafft. Das ist der Grund, warum wir den Begriff Geistgemeinschaft eingeführt haben, denn wo der göttliche Geist wirkt, da wirkt er sichtbar in Verborgenheit. Er ist nur dem Glauben zugänglich – Glauben als dem Zustand, in dem der Mensch vom göttlichen Geist ergriffen ist. Wie wir schon früher gesagt haben: Geist wird nur durch Geist erkannt.

A

DIE GEGENWART DES GÖTTLICHEN GEISTES
UND DIE ZWEIDEUTIGKEITEN DER RELIGION

1. Die Geistgemeinschaft, die Kirche und die Kirchen

a) Der ontologische Charakter der Geistgemeinschaft.–Der Ausdruck Geistgemeinschaft wurde von uns eingeführt, um das Element der Kirche scharf hervorzuheben, das vom Neuen Testament „Leib Christi" und von den Reformatoren „unsichtbare oder geistliche Kirche" genannt wird. Im Vorhergehenden haben wir dasselbe Element zuweilen die „geistige Essenz der religiösen Gemeinschaften" genannt. Alle drei Ausdrücke schließen die Aussage ein, daß die Geistgemeinschaft nicht eine Gruppe ist, die neben anderen Gruppen existiert, sondern vielmehr eine Macht und eine Struktur, die in einer Gruppe wirkt und sie zu einer religiösen Gemeinschaft macht. Wenn das religiöse Fundament einer solchen Gruppe das Neue Sein in Jesus als dem Christus ist, dann nennen wir sie eine Kirche. Auf anderen Fundamenten ruhen Gruppen wie Synagogen, Tempel- und Mysterien-Gemeinschaften, mönchische und kultische Gruppen oder auch religiöse Bewegungen. Die Geistgemeinschaft ist in ihrer verborgenen Macht und Struktur in all diesen Gruppen gegenwärtig.

In der Sprache des Neuen Testaments wird die Gegenwart der Geistgemeinschaft in der christlichen Kirche in folgender Weise charakterisiert. Die Kirche ist *ecclesia*, die Versammlung all derer, die durch die *apostoloi*, die Boten des Christus, aus allen Nationen zur Gemeinschaft der *eleutheroi*, der „freien Bürger" des „Reiches Gottes", berufen sind. Es gibt eine „Kirche", eine „Gemeinde Gottes" (oder des Christus) der Herausgerufenen in jeder Stadt, in der die gute Botschaft *(euangelion)* erfolgreich gewesen und eine christliche Gemeinschaft *(koinonia)* entstanden ist. Aber es gibt auch übergreifende Einheiten jenseits der lokalen Kirchen: provinziale, nationale, universale und, nach der Spaltung der einheitlichen Kirche, konfessionelle und denominationelle. Die universale Kirche und ebenso die in ihr enthaltenen partikularen Kirchen werden immer unter zwei Aspekten gesehen, einmal als „Leib Christi", d. h. als Geistgemeinschaft, und zum anderen als eine soziale Gruppe. Unter dem ersten Aspekt gesehen, zeigt die Kirche alle Charakteristika, die wir in den vorangegangenen Kapiteln der Geistgemeinschaft zugeschrieben haben, unter dem zweiten Aspekt zeigt sie alle Zweideutigkeiten der Religion, der Kultur und der Moralität, die wir bereits mit den Zweideutigkeiten des Lebens im allgemeinen behandelt haben.

Aus semantischen Gründen haben wir das Wort Geistgemeinschaft für den Begriff „unsichtbare Kirche" oder „Kirche im essentiellen Sinn" eingeführt. Um neue Verwirrungen zu verhüten, werde ich im folgenden – außer in besonderen Fällen – immer von Kirchen sprechen, wenn die geschichtlichen Kirchen gemeint sind, und immer von Geistgemeinschaft, wenn von der Kirche im essentiellen Sinn die Rede ist. Sicherlich kann das Wort Kirche in der Einzahl nicht aus der liturgischen Sprache entfernt werden, aber die systematische Theologie hat das Recht, nicht-biblische und nicht-kirchliche Ausdrücke zu gebrauchen, wenn sie dazu dienen, den ursprünglichen Sinn traditioneller Begriffe von verwirrenden und verdunkelnden Assoziationen zu befreien. Die Reformatoren taten das auch, als sie eine scharfe Unterscheidung zwischen der sichtbaren und der unsichtbaren Kirche vornahmen. Auch sie mußten sich gefährlichen, ja dämonischen Entstellungen des wahren Sinnes des Wortes Kirche widersetzen.

Es kann nicht geleugnet werden, daß eine neue Terminologie, die in einer Beziehung nützlich ist, in anderer Beziehung aber Verwirrung stiften kann. Das war sicherlich der Fall mit der Unterscheidung von sichtbarer und unsichtbarer Kirche, und das gleiche könnte auch unserer Unterscheidung von „Geistgemeinschaft" und „Kirchen" widerfahren. Im ersten Fall besteht der Irrtum darin, daß die unsichtbare Kirche als eine Wirklichkeit neben der sichtbaren Kirche verstanden wird, oder genauer, neben den sichtbaren Kirchen. Aber im Denken der Reformatoren bestand die unsichtbare Kirche keineswegs neben den geschichtlichen Kirchen. Die unsichtbare Kirche war für sie die geistige Essenz der sichtbaren Kirchen. Wie alles Geist-Geschaffene ist sie verborgen, und doch gibt sie den sichtbaren Kirchen ihr Wesen. Das gleiche können wir von der Geistgemeinschaft sagen: sie hat keine Eigenständigkeit neben den Kirchen, sie ist ihre geistige Essenz und wirkt in ihnen als Kraft, als Struktur und als kämpfende Macht gegen ihre Zweideutigkeit.

Auf die Frage nach dem logisch-ontologischen Charakter der Geistgemeinschaft können wir in philosophischen Begriffen antworten, daß in ihr die Essentialität die Existenz bestimmt, obwohl die Existenz ihr ständig Widerstand leistet. Zwei Fehler müssen hier vermieden werden: erstens darf die Geistgemeinschaft nicht als „Idealbild" gedeutet werden, das gegen die Realität der Kirchen steht. Ein solches Idealbild erweckt die Erwartung, daß die aktuellen Kirchen sich in ständigem Fortschritt diesem Bilde annähern werden. Aber das führt zu der Frage: Was berechtigt zu einer solchen Erwartung? Oder konkreter: Woher kommt den Kirchen die Kraft, ein solches Ideal zu verwirklichen? Die übliche Antwort ist: Es ist die Kraft des göttlichen Geistes, der in den Kirchen wirkt. Aber diese Antwort führt zu der weiteren Frage, auf welche Weise der göttliche Geist in den Kirchen gegenwärtig ist. Auf welche Weise bedient sich der göttliche Geist des Wortes und der Sakramente als Mittel seines schöpferischen Wirkens? Wie kann Glauben geschaffen werden, außer durch die Macht des Glaubens, und wie kann Liebe geschaffen werden, außer durch die Macht der Liebe? Auf all diese Fragen ist die Antwort, daß essentielles Sein der Aktualisierung vorangehen muß. In der Sprache der Bibel heißt das: Die Kirche als der Leib Christi oder als der geistliche Tempel ist die „Neue Schöpfung", in die der einzelne Christ und die partikularen Kirchen hineingenommen werden. Diese Art des Denkens ist unserer Zeit fremd, viel fremder als sie anderen Zeiten der Kirchengeschichte, einschließlich der Reformationszeit, war. Aber es ist sicher biblisches Denken, und solange die Kirchen bejahen, daß Jesus der Christus, der Mittler des Neuen Seins ist, solange ist solches Denken theologisch notwendig.

Es muß jedoch noch eine andere Gefahr vermieden werden. Sie liegt in einer Form des Platonismus und des mythologischen Literalismus, die die transzendente Kirche als eine Versammlung von „Geistern", nämlich als eine Hierarchie von Engelwesen, Heiligen und Erlösten aus allen Zeiten und von allen Orten versteht, eine himmlische Hierarchie, die auf der Erde durch die kirchlichen Hierarchien und ihre sakramentale Basis repräsentiert wird. Diese Auffassung entstammt dem griechisch-orthodoxen Denken. Was auch ihre symbolische Wahrheit sein mag, sie ist nicht das, was wir Geistgemeinschaft genannt haben. Die „himmlische *ecclesia*" ist das supranaturalistische Gegenstück zur irdischen *ecclesia*, aber nicht das, was die irdischen Kirchen zu Kirchen macht, nämlich ihre geistige Essenz – die Geistgemeinschaft.

Die letzten Betrachtungen legen es nahe, nach einer Kategorie Ausschau zu halten, die weder realistisch, noch idealistisch, noch supranaturalistisch, sondern essentialistisch ist, eine Kategorie, die auf die Macht des Essentiellen hinter und im Existentiellen hinweist. Die Macht des Essentiellen zeigt sich in jedem Lebensprozeß: überall ist das

Essentielle eine der bestimmenden Mächte. Es ist keine kausale, sondern eine lenkende Macht. Man könnte sie *teleologisch* nennen, aber dieses Wort ist vielfach im Sinne einer speziellen Kausalität mißbraucht worden, und in diesem Sinne muß es von der Wissenschaft und Philosophie abgelehnt werden. Und doch können wir das Wort verwenden, wenn wir sagen: Die Geistgemeinschaft ist das innere *telos* der Kirchen und als solches die Quelle für alles, was die Kirchen zur Kirche macht.

Mit dieser essentialistischen Auffassung der Geistgemeinschaft verfügt die Theologie über eine Kategorie, die äußerst nützlich für das Verständnis des unzweideutigen Lebens als Ewiges Leben sein kann, denn Leben in der Geistgemeinschaft ist eine Antizipation des „Ewigen Lebens".

b) *Das Paradox der Kirchen.* – Das Paradox der Kirchen besteht darin, daß sie auf der einen Seite an den Zweideutigkeiten des religiösen Lebens und des Lebens im allgemeinen teilnehmen, daß sie aber auf der anderen Seite an dem unzweideutigen Leben der Geistgemeinschaft teilhaben. Das hat zur Folge, daß man die Kirchen nur verstehen und beurteilen kann, wenn man sie unter diesem doppelten Aspekt sieht. Die Notwendigkeit dieser Unterscheidung hat zu den Begriffen „unsichtbare" und „sichtbare Kirche" geführt, die wir bereits erwähnt haben. Wenn man diese Ausdrücke gebraucht, dabei aber beachtet, daß es sich nicht um zwei voneinander unabhängig bestehende Kirchen handelt, sondern um zwei Aspekte der einen Kirche in Zeit und Raum, ist diese Terminologie möglich und sogar unvermeidlich. Denn es ist immer wieder notwendig, den unsichtbaren Charakter der Geistgemeinschaft zu betonen, die die geistige Essenz in den konkreten Kirchen ist. Wenn dagegen die Worte „sichtbar" und „unsichtbar" so gebraucht werden, daß sie die Existenz zweier verschiedener Kirchen behaupten, dann ist die Folge, daß entweder die Kirchen, wie sie hier und jetzt sind, abgewertet werden oder daß die unsichtbare Kirche als ein irrelevantes Ideal beiseite geschoben wird. Beide Konsequenzen sind in vielen Stadien der Geschichte des Protestantismus hervorgetreten – die erste in gewissen Geist-Bewegungen, die zweite im liberalen Protestantismus.

Aus diesem Grunde mag es nützlich sein, in wissenschaftstheoretischer Sprache von dem soziologischen und dem theologischen Aspekt der Kirche zu reden. Jede Kirche ist eine soziologische Wirklichkeit und unterliegt damit den Gesetzen, die das Leben jeder sozialen Gruppe bestimmen; und sie nimmt wie jede soziale Gruppe an den Zweideutigkeiten der Lebensprozesse teil. Darum sind die Religions-Soziologen berechtigt, die Religion genauso zu untersuchen, wie sie andere Gegenstände der Soziologie, das Recht, die Künste und die Wissenschaften, untersuchen. Mit Recht weisen sie auf die soziologische Schichtung innerhalb der Kirchen hin: den Aufstieg und Niedergang von Eliten, die Machtkämpfe und die zerstörerischen Waffen, die dabei benutzt werden, auf Konflikte zwischen der Freiheit des Einzelnen und der Organisation, auf aristokratischen Esoterismus im Gegensatz zu demokratischem Exoterismus usw. In dieser Hinsicht ist die Kirchengeschichte Profangeschichte mit allen desintegrierenden, destruktiven und tragisch-dämonischen Elementen, die das Leben der Geschichte genauso zweideutig machen wie das Leben in allen anderen Lebensprozessen.

Wenn man ausschließlich diesen Aspekt im Blick hat, kann man sich auf zweierlei Weise zu den Kirchen verhalten: polemisch oder apologetisch. Wenn man sich polemisch verhält – was oft die Folge übertriebener Erwartungen und daraus resultierender Enttäuschungen ist –, so konzentriert man sich auf die oft kümmerliche Realität der konkreten Kirchen und vergleicht sie mit ihrem Anspruch, die Geistgemeinschaft zu verkörpern. Die Kirche an der Straßenecke verdeckt dann den Blick auf die Kirche im Sinn der Geistgemeinschaft.

Wenn umgekehrt die soziologische Realität der Kirchen zur Unterstützung apologetischer Zwecke hervorgehoben wird, dann wird ihre soziale Bedeutung betont. Die Kirche wird als die weitumfassendste, wirkungsvollste soziale Macht gepriesen, die so viel zur Steigerung des menschlichen Lebens beigetragen hat. Die Menschen werden aufgerufen, sich der Kirche anzuschließen, es doch einmal mit ihr zu versuchen, weil sie psychologische Sicherheit und gegenseitige Hilfe zu bieten hat. Nach dieser Auffassung ist die Geschichte der Kirchen ein Teil der Geschichte des menschlichen Fortschritts. Gegen diese Argumentation können die Kritiker der Kirchen mit Leichtigkeit auf die reaktionären, abergläubischen und sogar unmenschlichen Akte der Kirchen hinweisen, und sie haben das mit außerordentlichem Erfolg getan. Dieser Widerspruch zeigt, daß eine Beurteilung der Kirchen unter dem Aspekt ihrer soziologischen Funktionen oder ihres sozialen Einflusses in Vergangenheit und Zukunft äußerst unzulänglich ist. Eine Kirche, die nichts anderes ist als eine wohlwollende, sozial nützliche Gruppe, sollte durch andere Gruppen ersetzt werden, die nicht den Anspruch erheben, Kirche zu sein. Eine solche Kirche hat keine Existenzberechtigung.

Die andere Beurteilung der Kirchen ist die theologische. Sie verneint nicht den soziologischen Aspekt, aber sie verneint seine Ausschließlichkeit. Sie weist auf die Geistgemeinschaft hin, die in den Zweideutigkeiten der sozialen Wirklichkeit der Kirchen verborgen gegenwärtig ist.

195

Auch der theologischen Sicht droht, ähnlich wie der soziologischen, eine Gefahr, nämlich die der Exklusivität. Wir verstehen darunter jene Haltung, die zwar die soziologische Seite der Kirchen und ihre Zweideutigkeiten nicht leugnet, aber ihre Bedeutung für den Geist-Charakter der Kirchen verneint. Das ist die offizielle Lehre der römisch-katholischen Kirche, nach der die Kirche heilige Wirklichkeit ist, die jenseits der soziologischen Zweideutigkeiten steht. Von diesem Gesichtspunkt aus ist die Geschichte der Kirche heilige Geschichte, jenseits aller anderen Geschichte, trotz der Tatsache, daß sie zerstörerische und dämonische Züge aufweist, die ebenso stark und oft sogar stärker als die der Profangeschichte sind. Diese Lehre, die die Kirchen mit der Geistgemeinschaft identifiziert, hat zur Folge, daß die römisch-katholische Kirche in wesentlichen Dingen nicht kritisiert werden darf – in ihrer Lehre, ihrer Ethik, ihrer hierarchischen Organisation usw. Da die römisch-katholische Kirche ihre geschichtliche Existenz mit der Geistgemeinschaft identifiziert, wird jeder Angriff auf sie (selbst auf Nebensächlichkeiten) als ein Angriff auf die Geistgemeinschaft angesehen und daher als gegen den göttlichen Geist gerichtet. Hier liegt eine der Hauptwurzeln für kirchliche Arroganz und – als Reaktion dagegen – für anti-kirchliche und anti-hierarchische Bewegungen. Die römisch-katholische Kirche versucht, ihre Zweideutigkeit zu ignorieren und die soziologische Seite hinter der theologischen zu verbergen. Aber die Beziehung der beiden Seiten ist paradox. Sie kann nicht verstanden werden, wenn man die eine Seite eliminiert oder der anderen unterordnet.

Der paradoxe Charakter der Kirchen zeigt sich in der Art, wie die Charakteristika der Geistgemeinschaft auf die Kirchen übertragen werden müssen. Jedes von ihnen kann den Kirchen nur unter Hinzufügung eines „trotzdem" zugeschrieben werden. Das bezieht sich auf die Prädikate: Heiligkeit, Einheit und Universalität, sowie auf Glauben und Liebe, die wir im Zusammenhang mit den Zweideutigkeiten der Kirche in einem späteren Kapitel behandeln werden.

Die Kirchen sind heilig wegen der Heiligkeit ihres Fundamentes, des Neuen Seins. Ihre Heiligkeit ist nicht abhängig von ihren Institutionen, Lehren, ihrem Kultus und ihrem Gottesdienst, noch auch von ihren ethischen Prinzipien. Sie alle gehören zu den Zweideutigkeiten der Religion. Aber ebensowenig kann die Heiligkeit der Kirchen von der Heiligkeit ihrer Glieder abgeleitet werden, denn die Glieder sind heilig *trotz* ihrer aktuellen Unheiligkeit – sofern sie zur Kirche gehören wollen und das empfangen haben, was die Kirche selbst empfangen hat: das Neue Sein. Die Heiligkeit der Kirchen und der Christen ist nicht eine Sache, die aufgrund empirischer Tatsachen angenommen wird, sondern eine Sache des Glaubens, d. h. des Ergriffenseins von dem in der Kirche wirkenden Neuen Sein. Man könnte auch sagen, die Kirche ist heilig, weil sie eine Gemeinschaft derer ist, die „aus Gnade durch den Glauben gerechtfertigt" sind. Und das ist in der Tat die „frohe Botschaft", die die Kirchen ihren Gliedern verkündigen. Diese Botschaft ist auch für die Kirchen selbst gültig – die Kirchen, die in den Zweideutigkeiten der Religion leben, sind *trotzdem* heilig. Sie sind heilig, weil sie unter dem negativen und dem positiven Urteil des Kreuzes stehen.

Hier ist der Punkt, wo die Kluft zwischen Protestantismus und Katholizismus unüberbrückbar scheint. Die römisch-katholische Kirche akzeptiert (wenigstens im Prinzip) Kritik an jedem ihrer Glieder, auch am „Stellvertreter Christi", dem Papst, aber, wie wir gesehen haben, duldet sie keine Kritik an sich selbst als Institution, an ihren Lehrentscheidungen, ihrem traditionellen Ritus, ihren Moral-Prinzipien und ihrer hierarchischen Struktur. Die römisch-katholische Kirche fällt ihre Urteile auf der Basis ihrer Vollkommenheit als Kirche, aber diese Basis selbst wird nicht unter das Urteil gestellt. Der Protestantismus kann das Prädikat „heilig" nicht für seine Kirchen in Anspruch nehmen, wenn Heiligkeit mit institutioneller Vollkommenheit gleichgesetzt wird. In protestantischem Sinn ist die heilige Kirche die unvollkommene Kirche, und d. h. jede Kirche in Zeit und Raum.

Wenn, wie es unter Papst Johannes XXIII. im Zweiten Vatikanischen Konzil geschah, die römisch-katholische Kirche das Prinzip der Reformation in sich selbst wieder aufleben läßt und auch auf sich selbst anwendet, bleibt die Frage noch offen, wie weit eine solche Reformation gehen kann. Papst Johannes gab eine unmißverständliche Antwort: Die Lehrentscheidungen der Konzilien und Päpste sind das unveränderliche Fundament der Kirche. Und da hierarchische Strukturen und ethische Entscheidungen stets Gegenstand von Lehrentscheidungen gewesen sind, so gilt die Unantastbarkeit auch für sie. Aber es gibt noch eine zweite Antwort, die von Kardinal Bea gegeben wurde. Er fügte zu der ersten Antwort hinzu, daß trotz der Unveränderlichkeit der Lehren sich ihre jeweilige Interpretation wandeln müsse. Erst die Zukunft kann zeigen, wie weit das Prinzip der Reformation in der römisch-katholischen Kirche durch eine solche Interpretation wirksam sein wird.

Trotz allem sind die Kirchen Verkörperungen des Neuen Seins und Schöpfungen des göttlichen Geistes, und ihre geistige Essenz ist die Geistgemeinschaft, die durch die Zweideutigkeiten der Kirche hindurch in Richtung auf unzweideutiges Leben hinwirkt. Und das Werk des Geistes ist nicht vergeblich: In den Kirchen, auch wenn sie noch so entstellt sind, ist Kraft der Selbsterneuerung. Solange sie Kirchen sind und aufnehmend und weitergebend ihre Kraft aus dem Neuen Sein in Jesus dem Christus schöpfen, so lange wirkt der göttliche Geist in ihnen, und Symptome dieses Wirkens sind immer und überall sichtbar. Das ist besonders offenkundig in den Bewegungen der prophetischen Kritik und der Reformationen, auf die wir schon Bezug genommen haben und wieder Bezug nehmen werden, wenn wir von der Polarität von Tradition und Reformation sprechen werden. Unter allen Umständen gilt: Die Kirchen sind heilig, aber sie sind es in der Form des „trotzdem" oder des Paradoxes.

Das zweite Prädikat der Kirchen ist das Paradox ihrer Einheit. Die Kirchen bilden eine Einheit aufgrund der Einheit ihres Fundaments – des Neuen Seins, das in ihnen wirkt. Die Einheit der Kirchen kann nicht aus ihrer aktuellen Einheit abgeleitet werden, noch kann das Prädikat der Einheit ihnen wegen ihrer aktuellen Gespaltenheit versagt werden. Das Prädikat der Einheit ist von empirischen Wirklichkeiten und praktischen Möglichkeiten unabhängig. Es ist identisch mit der Abhängigkeit jeder aktuellen Kirche von der Geistgemeinschaft als ihrer geistigen Essenz. Das gilt von jeder Lokalkirche, jeder Konfession und Denomination, die auf das Ereignis „Jesus als der Christus" gegründet sind. Die Einheit der Kirche ist in ihnen allen real, obgleich sie alle voneinander getrennt sind.

Diese Auffassung widerspricht der Lehre der römisch-katholischen Kirche, die in ihrer Partikularität den Anspruch erhebt, die Einheit zu repräsentieren, und jede andere Gruppe ablehnt, die sich als Kirche versteht. Als Konsequenz dieses Absolutismus lehnte es die römisch-katholische Kirche bis vor kurzem ab, im rein Religiösen mit anderen Kirchen zusammenzuarbeiten. Obwohl diese Haltung jetzt gemildert ist, drückt sie das römisch-katholische Verständnis von der Einheit der Kirche aus. Das könnte nur geändert werden, wenn die römisch-katholische Kirche ihren Absolutheits-Anspruch aufgäbe und damit ihren besonderen Charakter.

Der Protestantismus dagegen weiß, daß das Prädikat der Einheit paradoxen Charakter hat. Er betrachtet die Teilung der Kirchen infolge der Zweideutigkeiten der Religion als unvermeidlich, aber nicht als etwas, das ihrer Einheit in Hinsicht auf ihr Fundament – ihre essentielle Einheit, die paradox in der Mischung von Einheit und Spaltung wirksam ist – widerspricht.

Der Kampf gegen diese Zweideutigkeit wird im Namen der Geistgemeinschaft geführt, in der die Einheit unzweideutig ist. Er ist in allen Versuchen sichtbar, die manifesten Kirchen wieder zu vereinigen und das, was wir „latente Kirche" genannt haben, in diese Einheit mit hineinzuziehen. Der wichtigste dieser Versuche in unserer Zeit ist das Werk des Weltrates der Kirchen. Die ökumenische Bewegung, deren offizieller Repräsentant der Weltrat ist, drückt das Bewußtsein der Einheit durch praktische Maßnahmen in vielen gegenwärtigen Kirchen überzeugend aus. Der Weltrat war fähig, veraltete Teilungen zu beseitigen, den Provinzialismus der Sonderkirchen zu verringern, den konfessionellen Fanatismus durch interkonfessionelle Zusammenarbeit zu ersetzen und eine neue Vision von der Einheit aller Kirchen in ihrem Fundament zu schaffen. Aber weder die ökumenische noch irgendeine andere zukünftige Bewegung kann die Zweideutigkeit von Einheit und Spaltung in der geschichtlichen Existenz der Kirchen überwinden. Selbst wenn es gelänge, eine organisierte Einheit aller Kirchen der Welt zu schaffen, und wenn alle „latenten" Kirchen in diese Einheit einbezogen wären, würden divergierende Bewegungen und neue Teilungen entstehen. Die Dynamik des Lebens, die Tendenz, heilige Formen zu bewahren, auch wenn sie längst veraltet sind, die Zweideutigkeiten, die in der soziologischen Existenz begründet sind, und vor allem die prophetische Kritik und das Verlangen nach Reformation würden neue und in vielen Fällen religiös berechtigte Teilungen verursachen. Die Einheit der Kirchen hat, wie ihre Heiligkeit, paradoxen Charakter: Die geteilte Kirche ist zugleich die eine Kirche.

Das dritte Prädikat der Kirche ist das Paradox ihrer Universalität. Die Kirchen sind universal wegen der Universalität ihres Fundaments – des Neuen Seins, das in ihnen wirksam ist. Das Wort „universal" gebrauche ich statt des Wortes „katholisch" (das, was alle angeht), weil seit der Spaltung durch die Reformation das Wort „katholisch" für die römische oder für so stark sakramentale Kirchen wie die griechisch-orthodoxe oder die anglikanische gebraucht wird. Obwohl das Wort „katholisch" aus diesem Grunde durch ein anderes ersetzt werden muß, bleibt die Wahrheit bestehen, daß eine Kirche, die keine „Katholizität" beansprucht, aufgehört hat, eine Kirche zu sein.

Jede Kirche ist universal sowohl intensiv wie extensiv; das folgt aus ihrem Charakter als Aktualisierung der Geistgemeinschaft. Die intensive Universalität der Kirche ist ihre Fähigkeit und ihr Wunsch, als Kirche an allem Geschaffenen in allen Dimensionen des Lebens teilzunehmen. Selbstverständlich schließt eine solche Teilnahme Kritik und Kampf gegen die Zweideutigkeiten allen Lebens in allen Bereichen des Seins ein. Das Prädikat der intensiven Universalität hält die Kirchen offen – offen, wie es das Leben selbst ist. Nichts, was geschaffen und darum essentiell gut ist, ist vom Leben der Kirchen und ihrer Glieder ausgeschlossen. Das ist der Sinn des Prinzips der *complexio oppositorum,* auf das die römisch-katholische Kirche mit Recht stolz ist. Es gibt nichts in der Natur, nichts im Menschen und nichts in der Geschichte, das nicht einen Platz in der Geistgemeinschaft hätte und daher auch in den Kirchen, deren geistige Essenz die Geistgemeinschaft ist. Das hat seinen klassischen Ausdruck in den mittelalterlichen Kathedralen und den scholastischen Systemen gefunden. In beiden hatten alle Dimensionen des Seins ihren Platz, selbst das Dämonische, das Häßliche und das Zerstörerische, allerdings in dienender Rolle (man denke z. B. an dämonische Gestalten und andere künstlerische Symbole in den mittelalterlichen Kathedralen). Die Gefahr dieser Universalität war, daß Elemente der Zweideutigkeit eindrangen, oder symbolisch gesprochen, daß das Dämonische gegen seine dienende Rolle revoltierte. Diese Gefahr veranlaßte den Protestantismus, die Fülle der *complexio oppositorum* durch die Armut einer „heiligen Leere" zu ersetzen. In dieser Hinsicht folgte er dem Judentum und dem Islam. (Man denke an den streng calvinistischen leeren Kirchenraum). Trotzdem verwarf der Protestantismus das Prinzip der Universalität nicht, denn es gibt eine Universalität der Leere wie der Fülle. Das Prinzip der Universalität ist nur dann verletzt, wenn ein Element oder mehrere Elemente zu absoluter Gültigkeit erhoben und andere Elemente ausgeschlossen werden. (Beispiele dafür sind gewisse Formen der Askese und die protestantische Abneigung gegen die bildende Kunst.) Wenn das geschieht, entweicht das Prinzip der Universalität aus den Kirchen in die profane Welt. Die Tatsache, daß während der Reformation und Gegenreformation die Kirchen die Universalität der Fülle und zuweilen sogar die der Leere aufgegeben hatten, war zum Teil die Veranlassung für die Entstehung eines weltweiten Säkularismus in der modernen Welt. Die Kirchen waren nur noch Segmente des Lebens und nahmen nicht mehr am Leben in seiner Fülle teil. Aber wie die aktuellen Kirchen sich auch verhalten mögen – ob sie das Prinzip der Universalität bejahen oder ablehnen –, sie sind ihrem Wesen nach universal. Es mag sein, daß sie Musik bejahen oder die bildende Kunst ausschließen, daß sie Arbeit bejahen und natürliche Vitalität ausschließen, daß sie philosophische Analyse bejahen und Metaphysik verneinen, daß sie bestimmte Stile des kulturellen Schaffens bejahen und bestimmte andere verneinen. So universal die Kirchen auch zu sein versuchen, ihre Universalität ist immer nur paradox in ihrer Partikularität gegenwärtig.

Das bisher Gesagte bezog sich auf die „intensive" Universalität der Kirche; es gilt aber auch von ihrer „extensiven" Universalität, d.h. von der Gültigkeit ihres Fundaments für alle Nationen, sozialen Gruppen, Rassen, Stämme und Kulturen. Wie das Neue Testament zeigt, ist der Anspruch auf extensive Universalität eine unmittelbare Folge der Aussage, daß Jesus der Träger des Neuen Seins ist. Das starke Gewicht, das Paulus dem Prinzip der Universalität gibt, beruht auf seiner eigenen Erfahrung als Diaspora-Jude. Er vereinte in sich selbst jüdische, griechische und römische Elemente und den Synkretismus der hellenistischen Epoche, und er brachte alle diese Elemente mit in die Kirche. Die Situation war damals ähnlich wie heute, da die Probleme der Nationalität, der Rassentrennung und der Pluralismus der Kulturen die gegenwärtige Theologie zwingen, die Universalität der Kirchen ebenso stark zu betonen wie Paulus.

Aber die Universalität ist in den Kirchen niemals voll verwirklicht. Das Prädikat der Universalität kann nicht aus ihrer aktuellen Situation abgeleitet werden. Im Lichte ihrer geschichtlich bedingten Partikularität ist die Universalität trotz der Existenz von Weltkirche und Weltkirchenrat paradox. Die griechisch-orthodoxe Kirche identifiziert die universale Geistgemeinschaft mit der Verschmelzung von christlicher Botschaft und byzantinischer Kultur; die römisch-katholische Kirche identifiziert sie mit sich selbst als der Kirche des kanonischen Rechts und des monarchischen Papstes. Der Protestantismus bekundet seinen Universalitätsanspruch dadurch, daß er versucht, fremde Religionen und Kulturen im Namen der Geistgemeinschaft der westlichen Zivilisation zu unterwerfen. In vielen Fällen hindern rassische, soziale und nationale Begrenzungen die Kirchen daran, die Universalität zu verwirklichen. Die quantitative oder extensive Universalität ist wie die qualitative oder intensive Universalität ein paradoxes Prädikat der Kirchen. Wie von den Prädikaten der Heiligkeit und Einheit müssen wir auch von der Universalität der Kirchen sagen, daß sie in deren Partikularität gegenwärtig ist. Und sie ist gewiß nicht ohne Wirkung geblieben: Seit den frühesten Zeiten haben alle Kirchen immer wieder versucht, die ihnen mangelnde Universalität zu überwinden – intensiv und extensiv.

Es ist eine der bedauerlichsten Entwicklungen der protestantischen Theologie der letzten 100 Jahre, daß sie sich von einer positivistischen Richtung beeinflussen ließ, wie sie sich beispielsweise bei Schleiermacher und Ritschl zeigt. Positivismus in der Theologie ist Verzicht auf Universalität. Wird eine partikulare Kirche im rein positivistischen Sinne bejaht, so wird damit ihr Wesensanspruch auf Universalität aufgegeben. Dieser Anspruch kann nur aufrecht erhalten werden, wenn man versteht, daß das Universale paradox im Partikularen gegenwärtig ist. Das, was bloß „positiv" gegeben ist, z. B. eine partikulare christliche Kirche, kann nicht universal verstanden werden.

Der gewöhnliche Laie, der im Gottesdienst die Worte des Apostolikums hört oder bekennt und mit ihnen die Heiligkeit, Einheit und Universalität der Kirche, versteht oft das Paradox der Kirchen, ohne den Begriff der Geistgemeinschaft zu kennen. Er fühlt den paradoxen Sinn dieser Worte, wenn sie auf die Kirchen angewandt werden, aufgrund der Erfahrung in seiner eigenen Kirche. Gewöhnlich ist er sogar realistisch genug, um den Gedanken zu verwerfen, daß eines Tages in der Zukunft die Prädikate der Heiligkeit, der Einheit und der Universalität ihren paradoxen Charakter verlieren und empirisch wahr werden könnten. Er kennt die Kirchen und ihre Glieder (einschließlich seiner selbst) genügend, um solchen utopischen Erwartungen nicht zu verfallen. Und trotzdem ist er durch die Macht der Worte ergriffen, weil sie die unzweideutige Seite der Kirche, nämlich die Geistgemeinschaft, zum Ausdruck bringen.

2. Das Leben der Kirchen und der Kampf gegen die Zweideutigkeiten der Religion

a) Glaube und Liebe im Leben der Kirchen. – 1. Die Geistgemeinschaft und die Kirchen als Gemeinschaften des Glaubens. Die Geistgemeinschaft ist die Gemeinschaft des Glaubens und der Liebe, sie nimmt teil an der transzendenten Einheit unzweideutigen Lebens. Diese Teilnahme ist fragmentarisch – wegen der Endlichkeit des Lebens; und sie ist nicht ohne Spannungen – wegen der Polarität von Individualisation und Partizipation, die zu einem endlichen Wesen gehört. Als Verwirklichung der Geistgemeinschaft sind die Kirchen Gemeinschaften des Glaubens und der Liebe, aber unter den Bedingungen der Existenz, in der die Zweideutigkeiten der Religion zwar im Prinzip besiegt, aber nicht beseitigt sind. Der Ausdruck „im Prinzip" bedeutet nicht *in abstracto,* sondern (wie die lateinischen und griechischen Worte *principium* und *arche) Ursprung und bestimmende Macht. In diesem Sinne sind „Gegenwart des göttlichen Geistes", das „Neue Sein" und die „Geistgemeinschaft" Prinzipien *(archai).* Die Zweideutigkeiten des religiösen Lebens sind im Leben der Kirchen „im Prinzip" überwunden, ihre selbstzerstörerische Macht ist gebrochen. Sie sind nicht völlig ausgeschieden – die dämonischen Gegenkräfte sind noch da–, aber sie sind, wie Paulus in Röm. 8 und an anderen Stellen sagt, durch das Neue Sein in Christus überwunden, mit anderen Worten: die dämonischen Strukturen der Destruktion können uns nicht von der Liebe

Gottes trennen. Die Zweideutigkeiten der Religion in den Kirchen sind durch unzweideutiges Leben besiegt, insofern das Neue Sein in ihnen verkörpert ist. Aber dieses „insofern" warnt uns davor, die Kirchen mit der transzendenten Einheit unzweideutigen Lebens gleichzusetzen. Wo Kirchen sind, da ist ein Ort, an dem die Zweideutigkeiten der Religion erkannt und bekämpft werden, auch wenn sie nicht beseitigt werden können.

Das gilt zunächst für den Akt, in dem der göttliche Geist aufgenommen und das Neue Sein verwirklicht wird – den Akt des Glaubens. In den Kirchen wird Glaube zu Religion und d. h., er wird zweideutig, zerstörerisch, dämonisch. Aber zugleich ist im Glauben der Kirche eine Macht des Widerstandes gegen all diese Entstellungen des Glaubens – der göttliche Geist und seine Verkörperung in der Geistgemeinschaft. Wenn wir die Kirchen oder irgendeine partikulare Kirche eine Gemeinschaft des Glaubens nennen, so meinen wir damit nicht, daß sie frei von solchen Verzerrungen des Glaubens sei, sondern daß sie ihrer Intention nach auf das Neue Sein in Jesus als dem Christus gegründet oder daß ihre tragende Kraft die Geistgemeinschaft ist.

Als wir die Geistgemeinschaft besprachen, wiesen wir auf die Spannung zwischen dem Glauben derer hin, die durch den göttlichen Geist ergriffen sind, und dem Glauben der Gemeinschaft, der zwar aus dem Glauben der Einzelnen besteht, aber zugleich mehr ist als der Glaube jedes Einzelnen und mehr als die Summe ihres Glaubens. In der Geistgemeinschaft ist diese Spannung gegenwärtig, aber sie führt nicht zum Bruch. In den Kirchen findet dieser Bruch ständig statt, und aus ihm ergeben sich die Zweideutigkeiten der Religion. Aber der Bruch ereignet sich so, daß ihm gleichzeitig auch Widerstand geleistet wird und er im Prinzip durch die Teilnahme der kirchlichen Gemeinschaft an der Geistgemeinschaft überwunden ist. Wenn wir angesichts dieser Situation vom „Glauben" der Kirche oder irgendeiner partikularen Kirche reden – was wollen wir damit sagen? Drei Aspekte dieser Frage müssen betrachtet werden: erstens, als in der frühen Kirche einzelne Juden oder Heiden sich entschieden, in die Kirche einzutreten und damit alles, was sie hatten, einschließlich ihr Leben, aufs Spiel setzten, war es nicht schwierig, von der Kirche als von einer „Gemeinschaft des Glaubens" zu sprechen. Aber sobald viele Menschen in die Kirche eintraten, und zwar mehr, weil sie ihnen ein religiöses Dach, und nicht, weil sie ihnen eine existentielle Entscheidung bedeutete, und als schließlich innerhalb einer ganzen Zivilisation alle Menschen, einschließlich der Kinder, zur Kirche gehörten, wurde ihre Beschreibung als einer Gemeinschaft des Glaubens fragwürdig. Der subjektive Glaubensakt *(fides qua creditur)* konnte bei den meisten Gliedern nicht mehr vorausgesetzt werden. Was übrig blieb, war das Glaubenbekenntnis der Kirche *(fides quae creditur)*. Naturgemäß erhob sich die Frage: Welches ist das Verhältnis dieser beiden Seiten des Glaubens? Wie auch die Antwort lautete, zahlreiche Zweideutigkeiten des religiösen Lebens erschienen immer wieder innerhalb der Kirche, und der Begriff des Glaubens selbst wurde so zweideutig, daß es gute, wenn auch nicht ausreichende Gründe gibt, das Wort Glaube in diesem Zusammenhang überhaupt fallen zu lassen.

Eine zweite Schwierigkeit des Begriffs „Gemeinschaft des Glaubens" ist in der Geschichte der Glaubensbekenntnisse begründet. Diese Geschichte ist eine typisch zweideutige Mischung aus Geist-geführter Schöpfung und den gesellschaftlichen Kräften, die die Geschichte beeinflussen. Dazu kommen psychologische Motive: Unwissenheit, Fanatismus, hierarchische Arroganz und politische Intrige. Wenn die Kirchen fordern, daß alle ihre gläubigen Glieder Formeln akzeptieren, die auf diese Weise zustande gekommen sind, so erlegt sie ihnen eine Last auf, die niemand, der die Situation durchschaut, ehrlich auf sich nehmen kann. Es ist ein dämonischer Akt und deshalb destruktiv für die Gemeinschaft des Glaubens, wenn der Glaube als unbedingte Unterwerfung unter Lehren interpretiert wird, wie sie sich in der sehr zweideutigen Geschichte der Kirche entwickelt haben.

Die dritte Schwierigkeit des Begriffs „Gemeinschaft des Glaubens" ergibt sich aus der Tatsache, daß sich eine profane Welt etabliert hat, die den Glaubensbekenntnissen der Kirchen gegenüber eine kritische, skeptische oder indifferente Haltung einnimmt. Und das gilt selbst für ernsthafte Glieder der Kirchen. Was kann Gemeinschaft des Glaubens bedeuten, wenn die Gemeinschaft wie auch ihre individuellen Glieder durch Kritik und Zweifel zerrissen sind? Diese Fragen zeigen deutlich, wie mächtig die Zweideutigkeiten der Religion innerhalb der Kirchen sind und wie schwer es dem Glauben ist, ihnen zu widerstehen.

Es gibt eine Antwort, die allen Teilen des hier vorliegenden Systems zugrunde liegt und die der fundamentale Inhalt des christlichen Glaubens ist; sie besagt, daß Jesus der Christus ist, der Träger des Neuen Seins. Es gibt viele verschiedene Weisen, diese Antwort zu beschreiben, aber es gibt in einer christlichen Kirche keine Möglichkeit, sie zu vermeiden. Jede Kirche ist auf sie gegründet. In diesem Sinne kann man sagen, daß eine Kirche eine Gemeinschaft derjenigen ist, die bejahen, daß Jesus der Christus ist. Der Name „Christ" enthält bereits diese Antwort. Für den Einzelnen bedeutet das, daß er eine persönliche Entscheidung vollziehen muß – nicht die, ob er die Aussage, daß Jesus der Christus ist, auch für seine Person annehmen kann, sondern, ob er einer Gemeinschaft angehören will, deren Fundament diese Aussage ist. Wenn er das nicht will, hat er die Kirche verlassen, selbst wenn er aus gesellschaftlichen oder politischen Gründen den Austritt nicht vollzieht. Viele formale Mitglieder in allen Kirchen haben mehr oder weniger bewußt den Wunsch, der Kirche nicht anzugehören. Die Kirche kann das ertragen, denn sie ist nicht von der Entscheidung der Einzelnen abhängig, sondern von der Geistgemeinschaft und ihren Mittlern.

Auch das Umgekehrte kann der Fall sein. Es gibt viele, die bewußt oder unbewußt zur Kirche gehören wollen, und in denen dieser Wunsch so stark ist, daß sie sich nicht vorstellen können, nicht zu ihr zu gehören, aber gleichzeitig sind sie in solchem Zweifel über die grundlegende Glaubensaussage, daß Jesus der Christus ist, daß sie nahe daran sind, sich von der Kirche zu trennen, wenn sie auch die Trennung äußerlich nicht vollziehen. In unserer Zeit trifft diese geschilderte Situation für sehr viele Menschen in den Kirchen zu, vielleicht für die Mehrzahl, wenn auch in verschiedenem Maße. Sie gehören zur Kirche, sind aber im Zweifel darüber, ob sie wirklich zu ihr gehören. Ihnen muß man sagen, daß das Kriterium ihrer Zugehörigkeit ihr ernsthafter Wunsch ist – gleichgültig ob bewußt oder unbewußt –, am Leben einer Gruppe teilzunehmen, die sich auf das Neue Sein gründet, wie es in Jesus als dem Christus erschienen ist. Dieser Gedanke kann all den Menschen helfen, deren Gewissen schwer belastet ist, weil ihnen die christlichen Symbole zweifelhaft geworden sind und sie doch meinen, sich ihnen unterwerfen zu müssen – im Denken, im Handeln und im Kultus. Ihnen muß man versichern, daß sie uneingeschränkt zur Kirche und durch sie zur Geistgemeinschaft gehören und daß sie in ihr zuversichtlich leben und wirken können.

Diese Lösung gilt auch für diejenigen Glieder der Kirche, die Ämter in ihr bekleiden, nur daß in diesem Fall, wie in jeder organisierten Gruppe, Fragen der Weisheit und des Taktes entstehen. Es ist unbestreitbar, daß jemand, der Fundament und Ziel einer Funktion, die er ausüben soll, verneint, die Pflicht hat, sich von ihr loszusagen, wie auch die Kirche die Pflicht hat, ihm dieses Amt zu entziehen.

Die erörterten Fragen über die Gemeinschaft des Glaubens führen zu einem anderen und noch schwierigeren Problem, das im Lichte des protestantischen Prinzips besonders schwierig ist. Die Frage ist: Wie verhält sich die Gemeinschaft des Glaubens – und die Kirche stellt den Anspruch, eine solche zu sein – zu Bekenntnissen und Lehraussagen im Predigen und Lehren und in anderen Funktionen, besonders dann, wenn sie von den Amtsträgern der Kirche ausgeübt werden? Die Frage muß durch konkrete Entscheidungen der konkreten Kirchen beantwortet werden, im Idealfall durch die universale Kirche, praktisch durch die verschiedenartigsten zentralen Organe zwischen ihr und den lokalen Kirchen. Die Glaubensbekenntnisse sind Resultate solcher Entscheidungen. Da sich die römisch-katholische Kirche mit der Geistgemeinschaft identifiziert, betrachtet sie ihre Glaubensentscheidungen als unbedingt gültig und unkorrigierbar und daher jede Abweichung von ihnen als häretische Trennung von ihr als der Geist-getragenen Kirche. Als Konsequenz dieser Haltung muß die römisch-katholische Kirche in gesetzlich festgelegter Weise gegen die vorgehen, die sie als Häretiker betrachtet. Früher tat sie das gegenüber allen ihren Gliedern, heute nur gegenüber denen, die ein Amt innehaben. Die protestantische Lehre von der Zweideutigkeit der Religion, selbst innerhalb der Kirchen, macht eine solche Reaktion unmöglich. Und doch müssen auch die protestantischen Kirchen ihre Glaubensgrundlagen formulieren und verteidigen, sowohl nach außen als auch gegen die Angriffe ihrer eigenen Amtsträger. Aber eine Kirche, die sich ihrer eigenen Zweideutigkeiten bewußt ist, muß zugeben, daß sie sich in ihrem Urteil irren kann, sei es in der Formulierung ihrer Glaubensbekenntnisse oder in deren Anwendung auf konkrete Fälle. Trotzdem muß die Kirche ihr Fundament schützen und Grenzen ziehen. Sie kann dem Kampf für ihren Glauben nicht ausweichen (wie z. B. im Fall der Nazi-Apostasie, der kommunistischen Häresie, der Rückfälle in römische Heteronomie oder der direkten Verwerfung des Fundamentes der Kirche, des Neuen Seins im Christus). Aber in diesem Kampf kann die Kirche selbst gefährlichen Irrtümern verfallen. Dieses Risiko gehört zum Leben jeder Kirche, die sich nicht über, sondern unter das Kreuz des Christus stellt, d. h. jeder Kirche, in der das prophetisch-protestantische Prinzip nicht durch hierarchischen oder doktrinellen Absolutismus unwirksam gemacht ist.

Die Frage, ob die Bejahung der Kirche als „Gemeinschaft des Glaubens" die Aufrechterhaltung des Begriffs der Häresie bedeutet, bleibt weiter bestehen. Diese Frage ist durch die Assoziationen, die sich mit dem Begriff der Häresie im Laufe der Geschichte der Kirche verbunden haben, belastet. Ursprünglich wurde das Wort Häresie für Abweichungen von der offiziellen kirchlichen Lehre gebraucht. Mit der Konstituierung des kanonischen Rechtes jedoch gewann es die Bedeutung der Verletzung des Lehrgesetzes. Als die Kirche dazu überging, das kanonische Gesetz mit dem bürgerlichen Gesetz gleichzusetzen, wurde der Häretiker zum Verbrecher. Die Verfolgung der Häretiker hat den ursprünglichen und berechtigten Sinn des Wortes Häresie für unser bewußtes – und vielleicht noch mehr für unser unbewußtes – Reagieren zerstört. Es ist fraglich, ob wir das Wort Häresie in ernsthaften Diskussionen noch beibehalten können. Ich bin mehr und mehr davon überzeugt, daß wir nicht versuchen sollten, es zu retten, obgleich wir dem Problem, auf das es hinweist, nicht entgehen können.

Zum Problem selbst kann folgendes gesagt werden: Die Ablehnung des Fundamentes einer Kirche, d. h. der Geistgemeinschaft und ihrer Manifestation im Christus, ist keine Häresie, sondern Trennung von der Gemeinschaft, für die das Problem der Häresie besteht. Das Problem der Häresie wird erst akut, wenn der unvermeidbare Versuch unternommen wird, die grundlegende christliche Aussage begrifflich zu formulieren. Vom Standpunkt des protestantischen Prinzips und in Anerkennung der Zweideutigkeiten der Religion und der immer latenten Gegenwart der Geistgemeinschaft kann man das Problem in folgender Weise lösen: Das protestantische Prinzip des unendlichen Abstandes zwischen dem Göttlichen und dem Menschlichen weist jede Auffassung zurück, die das Neue Sein mit irgendeiner formulierten Lehre gleichsetzt. Es ist zwar nötig, daß jede Kirche ihr Predigen und ihr Lehren auf eine spezielle Lehrtradition und auf eine spezielle Formulierung des Bekenntnisses gründet, wenn aber damit der Anspruch verbunden wird, daß diese Formulierungen die einzig möglichen sind, dann ist das protestantische Prinzip verletzt. Es gehört zum Wesen des Protestantismus, daß eine protestantische Kirche jeden Ausdruck des Denkens und Lebens in der Geschichte der Menschheit, der eine Schöpfung des göttlichen Geistes ist, in sich aufnehmen kann. Die römisch-katholische Kirche war für diesen Gedanken in ihrer Frühzeit sehr viel aufgeschlossener als in ihrer späteren Entwicklung, aber erst in der Gegenreformation hat sie sich völlig gegen jede Revision der aus der Vergangenheit stammenden Lehren verschlossen. Die prophetische Freiheit der Selbstkritik war verloren gegangen. Aber der Protestantismus, der selbst aus dem Kampf für diese Freiheit hervorgegangen war, verlor sie ebenfalls in der Zeit der theologischen Orthodoxie, hat sie aber immer wieder gefunden. Durch diese Freiheit und trotz der endlosen kirchlichen Spaltungen ist der Protestantismus eine „Gemeinschaft des Glaubens" geblieben. Er ist sich dessen bewußt – und sollte sich immer dessen bewußt bleiben –, daß er an zwei Wirklichkeiten teilhat: an der Geistgemeinschaft, die seine geistige Essenz ist, und an den inneren Zweideutigkeiten der Religion. Das Bewußtsein um diese beiden Pole liegt dem vorliegenden Versuch zugrunde, ein theologisches System zu entwickeln.

2. DIE GEISTGEMEINSCHAFT UND DIE KIRCHEN ALS GEMEINSCHAFTEN DER LIEBE. Wie die Kirchen „Gemeinschaften des Glaubens" sind, so sind sie auch „Gemeinschaften der Liebe". Aber sie sind es innerhalb der Zweideutigkeiten der Religion einerseits und innerhalb des Kampfes des göttlichen Geistes gegen diese Zweideutigkeiten andererseits. In seinen anti-donatistischen Schriften hat Augustin behauptet, daß Glaube auch außerhalb der Kirche möglich sei, z. B. in schismatischen Gruppen, daß aber Liebe im Sinne von *agape* auf die Gemeinschaft der Kirche beschränkt sei. Er konnte das nur aufgrund eines intellektualistischen Glaubensbegriffs sagen, der Glaube und Liebe voneinander trennt (z. B. Glaube verstanden als Annahme der Taufformel). Wenn jedoch Glaube als Ergriffensein von der Gegenwart des göttlichen Geistes definiert wird, dann können die beiden nicht voneinander getrennt werden. Aber Augustin hat darin recht, daß er die Kirche als eine „Gemeinschaft der Liebe" betrachtet. Wir haben das Wesen der Liebe besonders in ihrer *Agape*-Qualität in Verbindung mit der Geistgemeinschaft bereits ausführlich beschrieben. Jetzt müssen wir beschreiben, wie sie innerhalb der Kirchen verwirklicht ist und gegen deren Zweideutigkeiten kämpft.

Als „Gemeinschaft der Liebe" verwirklicht die Kirche die Geistgemeinschaft, die ihre geistige Essenz ist. Bei der Analyse des moralischen Aktes – der Konstituierung der Person als Person – fanden wir, daß dies nur in der Ich-Du-Begegnung mit der anderen Person geschehen kann und daß diese Begegnung nur in der *agape* konkret werden kann – der *agape*, die den anderen vom Gesichtspunkt des ewigen Sinnes seines Seins bejaht. Es gehört zum Wesen der Kirche, daß jedes ihrer Glieder essentiell eine solche Beziehung zu jedem anderen Glied hat und daß diese im zeitlichen und räumlichen Miteinander aktuell wird (das Neue Testament spricht von der „Liebe zum Nächsten"). Die Liebe realisiert sich in gegenseitiger Annahme des anderen trotz aller Getrenntheit, die aus der Tatsache folgt, daß die Kirche eine soziologisch bestimmte Gruppe ist. Wir denken dabei an politische, soziale, wirtschaftliche, pädagogische, nationale, rassische Verschiedenheiten und vor allem an persönliche Gegensätze, die sich in Sympathien und Antipathien ausdrücken.

In einigen Kirchen, besonders der frühen Kirche in Jerusalem, und vielen Sekten, hat der Gedanke der „Liebesgemeinschaft" zu einem „ekstatischen Kommunismus" geführt, d. h. zu einem Versuch, alle sozialen und wirtschaftlichen Verschiedenheiten zu beseitigen. Aber ein solcher Versuch ignoriert den Unterschied zwischen der theologischen und der soziologischen Seite der Kirchen und versteht vor allem den

Charakter der letzteren nicht und damit auch nicht die Zweideutigkeiten einer jeden „Gemeinschaft der Liebe". Oft führt gerade der ideologische Versuch, Forderungen der Liebe zwangsweise durchzusetzen,
zu besonders heftigen Formen der Feindseligkeit. Wie alles andere
in der Natur der Kirchen, hat auch die „Gemeinschaft der Liebe" den
Charakter des „trotzdem". Die Liebe in der Kirche ist die Manifestation der Liebe in der Geistgemeinschaft, aber unter den Bedingungen
der Zweideutigkeiten des religiösen Lebens. Aus dem Wesen der Kirche
als einer Gemeinschaft kann keine Forderung nach politischer, sozialer
oder ökonomischer Gleichheit abgeleitet werden. Aber aus dem Charakter der Kirche als „Gemeinschaft der Liebe" folgt, daß solche Formen der Ungleichheit angegriffen und abgeändert werden, die eine
aktuelle Gemeinschaft der Liebe und des Glaubens unmöglich machen.
(Sicherlich gibt es Menschen, die auch unter den schwersten äußerlichen
Bedingungen ihren Glauben festhalten und Liebe üben können.)
Situationen, die die Gemeinschaft der Liebe verhindern, können entweder durch extreme politische, soziale und wirtschaftliche Ungleichheiten verursacht sein oder durch Formen der Unterdrückung und
Ausbeutung, die die *humanitas* im Individuum und die Gerechtigkeit in
der Gruppe zerstören. Die Kirche muß ihr prophetisches Wort gegen
solche Formen von Unmenschlichkeit und Ungerechtigkeit richten, in
erster Linie aber gegen sich selbst und ihre eigene soziale Struktur. Und
zugleich muß sie den Opfern einer verkehrten Sozialstruktur, den
Opfern von Krankheit und Naturkatastrophen, Hilfe geben, um sowohl die Gemeinschaft der Liebe zu verwirklichen als auch für das
Maß materieller Güter zu sorgen, das für diese Opfer nötig ist, um
die Potentialität des Menschseins zu bewahren[1]. Das ist die Seite der
Liebe, die im heutigen Sprachgebrauch mit *caritas* bezeichnet wird und
die ebenso notwendig wie zweideutig ist. Sie ist zweideutig, weil sie
sich durch die Gewährung materieller Hilfe oft der Verpflichtung entzieht, dem Menschen als Menschen zu begegnen, und weil sie als ein
Mittel benutzt werden kann, die bestehenden sozialen Bedingungen
(selbst durchaus ungerechte), die die *caritas* nötig machen, aufrecht zu
erhalten. Dagegen versucht die wahre *agape*, Bedingungen zu schaffen,
die es dem anderen möglich machen, Liebe zu üben. (Dem entspricht
die psychotherapeutische Einsicht, daß der Mangel an Liebe der Haupt-
grund psychischer Störungen und die Erfahrung von Liebe die größte
Kraft für die Heilung ist.)
Jeder Akt der Liebe ist gleichzeitig ein Akt des Richtens über alles,

---

[1] Vgl. das Kapitel: „Die Funktion der Kirchen nach außen." Seite 246.

was gegen die Liebe steht. Die Kirche als „Gemeinschaft der Liebe" ist durch ihr bloßes Dasein das Urteil gegen alles, was der Liebe widerspricht. Dieses Urteil richtet sich gegen die Gemeinschaft sowohl außerhalb als innerhalb der Kirchen. Es muß von den Kirchen in beiden Richtungen bewußt und aktiv ausgesprochen werden, obwohl die Kirchen dadurch in die Zweideutigkeiten alles Urteilens – in die Probleme der Autorität und Machtausübung – hineingezogen werden.

Da die Kirche im Gegensatz zu anderen sozialen Gruppen im Namen der Geistgemeinschaft richtet, gerät sie in die Gefahr, daß ihr negatives Urteil radikaler, fanatischer, zerstörerischer und dämonischer wirkt als das Urteil irgendeiner anderen sozialen Gruppe. Aber auf der anderen Seite und aus demselben Grunde richtet die Kirche sich selbst in der Kraft des Geistes, der in ihr ist und gegen solche Entstellungen kämpft.

In der Beziehung zu ihren eigenen Gliedern vollzieht die Kirche ihr Urteil durch die Mittler des göttlichen Geistes, durch die Funktionen der Kirche und in einigen Kirchen, besonders den calvinistischen, durch die Kirchenzucht, die in ihnen, wie Wort und Sakrament, als Mittler anerkannt wird. Der Protestantismus war in seiner Bewertung der Kirchenzucht wegen ihrer hierarchischen und monastischen Mißbräuche im allgemeinen zurückhaltend. Sein Haupteinwand richtete sich gegen die Theorie und die Praxis der Exkommunikation. Vom protestantischen Prinzip aus ist Exkommunikation unmöglich, weil keine Instanz das Recht hat, sich zwischen Gott und Mensch zu stellen, sei es, um ihn mit Gott zu vereinigen, sei es, um ihn von Gott abzuschneiden. Das einfache Gebet des Exkommunizierten kann mehr rettende Macht für ihn haben, als alle Gnadenmittel der Kirche, von denen er ausgeschlossen ist. Im Protestantismus kann die Kirchenzucht nichts anderes sein als Beratung und im Falle von Amtsträgern Ausschluß von ihrem Amt. Richtende Liebe hat zum Ziel, die Gemeinschaft der Liebe wiederherzustellen, und nicht von dieser Gemeinschaft auszuschließen. Selbst ein zeitlich begrenzter Ausschluß hinterläßt Wunden, die vielleicht niemals wieder geheilt werden können. Ein solcher Ausschluß kann die Form gesellschaftlicher Ächtung durch die Kirchengemeinde annehmen, und das geschieht in protestantischen Gemeinden nicht selten und kann bedrückender und zerstörischer sein als die Exkommunikation, denn es ist ein Verstoß gegen die Geistgemeinschaft und die Aufgabe der Kirche. Ebenso oder noch gefährlicher ist es, wenn sich die Kirchen dem Leben und Denken derjenigen sozialen Gruppen anpassen, die in ihnen soziologisch den größten Einfluß ausüben. Dieses Problem ist besonders schwierig für den Pfarrer, und zwar sehr viel mehr im Protestantismus als im Katholizismus. Die protestantische

Lehre vom allgemeinen Priestertum aller Gläubigen beraubt den Pfarrer des Tabus, das den Priester in der römisch-katholischen Kirche schützt, und erhöht die Bedeutung des Laien entsprechend. Diese Situation macht ein prophetisches Urteil gegen die Lebensformen der Gemeinden, insonderheit der herrschenden Kreise in ihnen, so schwierig, daß es fast eine Unmöglichkeit ist. Die Folge ist oft eine soziologisch bestimmte Klassenkirche, eine häufige Erscheinung besonders im amerikanischen Protestantismus. Unter dem Vorwand, mit Takt und Vorsicht vorgehen zu müssen (etwas, das an sich dringend erwünscht ist), wird die richtende Funktion der „Gemeinschaft der Liebe" unterdrückt. Diese Situation schadet der Kirche weit mehr als der offene Angriff auf ihre Prinzipien durch andersdenkende und irrende Glieder.

Das bisher Gesagte bezog sich auf die „Gemeinschaft der Liebe" im Verhältnis zu ihren Gliedern. Dieselben Kriterien gelten selbstverständlich auch für die kirchlichen Amtsträger, aber nicht nur für sie, sondern auch für Laien, die in begrenzten Kreisen eine priesterliche Funktion ausüben, z. B. für Eltern gegenüber ihren Kindern und für die Eltern untereinander, für den Freund gegenüber dem Freund, für Führer einer freiwillig gebildeten Gruppe gegenüber ihren Mitgliedern, für Lehrer gegenüber ihren Schülern usw. Auch hier muß die „Gemeinschaft der Liebe" in dreifacher Weise zum Ausdruck kommen: in der bejahenden Liebe, in der richtenden Liebe und in der wiedervereinigenden Liebe. In der Macht des göttlichen Geistes muß die Kirche durch Geist-getragene Einzelne und Bewegungen gegen die Zweideutigkeiten dieser dreifachen Manifestation der Liebe kämpfen. Jede der drei Manifestationen ist eine Schöpfung des göttlichen Geistes, und in jeder von ihnen ist das große „trotzdem" des Neuen Seins wirksam. Aber in der dritten Form kommt es am machtvollsten zum Ausdruck – als die Botschaft und den Akt der Vergebung. Wie das richtende Element der Liebe so ist auch das vergebende Element der Liebe in allen kirchlichen Funktionen gegenwärtig, sofern sie von der Geistgemeinschaft bestimmt sind. Aber selbst im Akt der Vergebung sind die Zweideutigkeiten der Religion am Werk und widersetzen sich dem göttlichen Geist. Vergebung kann zu einem mechanischen Akt werden oder zu einem „es ist alles erlaubt" führen oder auch zur Demütigung dessen, dem man vergibt. In allen drei Fällen findet keine Wiedervereinigung in der Liebe statt, weil das Paradox der Vergebung nicht verstanden wird.

Auch die Frage des Verhältnisses einer partikularen Kirche als der Gemeinschaft der Liebe zu anderen Gemeinschaften außerhalb der Kirche ist voller Probleme. Vielleicht sind an keinem Punkt die Zweideutigkeiten der Religion schwieriger zu überwinden als hier. Das erste Problem bezieht sich auf das Verhältnis der Kirche zu Individuen solcher Gruppen, die außerhalb der Kirche stehen. Die Frage ist: Was fordert die Liebe von der Kirche, wenn sie ihnen begegnet? Die erste allgemeine Antwort darauf lautet: Sie müssen als Angehörige der Geistgemeinschaft in ihrer Latenz und infolgedessen als potentielle Glieder einer partikularen Kirche angenommen werden. Aber die Elemente der Liebe, die wir „Urteil" und „Wiedervereinigung" genannt haben, lassen die Frage entstehen: Unter welchen Bedingungen ist ihre volle oder partielle Annahme als Glieder möglich? Das ist eine höchst problematische Frage. Ist „Bekehrung" damit gemeint, und wenn ja, Bekehrung wozu? Zum Christentum oder zu einer Konfession oder Denomination, zum Glauben einer partikularen Kirche? Unsere Lehre von der Geistgemeinschaft in ihrer Latenz gibt darauf die Antwort: Wenn jemand den Wunsch hat, zur Gemeinschaft der Liebe in einer partikularen Kirche zu gehören, so kann es in dreifacher Weise geschehen: Der Betreffende kann ein vollgültiges Mitglied werden, wenn er Glaubensbekenntnis und Ordnung dieser bestimmten Kirche annimmt; oder er kann in seiner jetzigen partikularen Kirche bleiben und ein voll akzeptierter Gast in einer anderen Kirche werden; oder er kann in der Geistgemeinschaft in ihrer Latenz bleiben, z. B. als Jude, als Mohammedaner, als Humanist, als Mystiker und dergleichen, der in die Gemeinschaft der Liebe aufgenommen werden möchte, weil er sich seiner Zugehörigkeit zur Geistgemeinschaft bewußt ist. In diesem Fall kommt er als Besucher oder Freund zu einer partikularen Kirche. Solche Situationen finden sich heute häufig. Entscheidend ist immer, wenigstens auf protestantischem Boden, ob der Wunsch besteht, zu einer Gruppe zu gehören, deren Grundlage die Annahme Jesu als des Christus ist. Dieser Wunsch ersetzt ein Glaubensbekenntnis, und obgleich eine offizielle Bekehrung ausbleibt, öffnet er die Tür für den Eintritt in die Gemeinschaft der Liebe ohne Einschränkungen von seiten der Kirche.

Ein anderes ähnliches Problem besteht in bezug auf das Verhältnis der partikularen Kirchen zueinander, z. B. der lokalen, nationalen oder konfessionellen. Der Antagonismus zwischen den Kirchen, der sogar bis zur fanatischen Verfolgung der einen Kirche durch eine andere führen kann, hat teilweise soziale und politische Ursachen, die zu den Zweideutigkeiten der Kirchen als soziologische Gruppen gehören. Aber es gibt auch andere Gründe, die sich aus dem Kampf gegen Profanisierung und Dämonisierung herleiten. In jeder Kirche mit einem bestimmten Glaubensbekenntnis und einer bestimmten Ordnung des kirchlichen Lebens lebt eine tiefe Angst, daß die andere Kirche, die in

die Gemeinschaft der Liebe aufgenommen werden will, die Gemeinschaft der Liebe durch Profanisierung und Dämonisierung erschüt-
tern und schädigen könnte. In einer solchen Situation entstehen Fanatismus – ein Zeichen innerer Unsicherheit, und Verfolgung – ein Zeichen
der Angst. Das Mißtrauen und der Haß, die oft die Beziehungen religiöser Gruppen vergiften, sind die Folgen derselben Furcht, die früher
die Hexen- und Ketzerprozesse hervorrief. Hier liegt echte Furcht vor
dem Dämonischen vor, und sie kann niemals durch ein Ideal der Tole-
ranz, das auf Indifferenz oder Unterschätzung der Gegensätze gegründet ist, besiegt werden. Das Dämonische kann nur vom göttlichen Geist
besiegt werden. Er richtet positiv und negativ alle Ausdrucksformen
des Neuen Seins – in der einen Gemeinschaft der Liebe wie in der anderen. In ihnen allen – gleich, ob sie latente oder manifeste Erscheinungen
der Geistgemeinschaft sind – verwirklichen sich ständig profanisierende
und dämonisierende Tendenzen, wie auch der göttliche Geist ständig
am Werk ist. Darum kann eine Kirche die andere anerkennen, sofern sie
beide der Geistgemeinschaft angehören, durch die die Partikularitäten
jeder der beiden bejaht und gerichtet sind. Diese Betrachtungen bestätigen das, was wir in einem früheren Kapitel über den paradoxen
Charakter der Einheit der Kirchen ausgeführt haben.

*b) Die Funktionen der Kirchen, ihre Zweideutigkeiten und die Geist-
gemeinschaft.* – 1. DER ALLGEMEINE CHARAKTER DER FUNKTIONEN DER
KIRCHEN UND DIE GEGENWART DES GÖTTLICHEN GEISTES. Nachdem
wir in den vorangegangenen Kapiteln das Wesen und die Charakteristika der Kirchen in ihrer Beziehung zur Geistgemeinschaft erörtert
haben, müssen wir uns jetzt den Funktionen der Kirchen zuwenden,
in denen sich ihr Wesen lebendig verwirklicht. Jede dieser Funktionen ist eine unmittelbare und notwendige Konsequenz dessen, was eine
Kirche essentiell ist. Sie müssen immer vorhanden sein, wo eine lebendige Kirche ist, auch wenn sie zu gewissen Zeiten mehr verborgen als
sichtbar sind. Sie fehlen niemals, wenn auch die Formen, unter denen
sie erscheinen, äußerst verschieden sind. Man kann drei Gruppen von
Funktionen unterscheiden: Die der *Begründung*, die aus der Abhängigkeit der Kirchen vom Neuen Sein im Christus stammen, die der *Ausbreitung*, die aus dem universalen Anspruch der Geistgemeinschaft folgen, und die des *Aufbaus*, in denen sich die Kirchen in verschiedenen
Richtungen innerhalb der Existenz verwirklichen.
    An diesem Punkt erhebt sich eine allgemeine Frage, nämlich die,
in welchem Sinn eine Lehre von den Kirchen und ihren Funktionen
Gegenstand der systematischen Theologie und in welchem Sinn sie

Gegenstand der praktischen Theologie ist. Als erstes müssen wir darauf antworten, daß die Grenze zwischen beiden keineswegs scharf ist. Trotzdem kann man zwischen theologischen Prinzipien, die den Funktionen der Kirchen als Kirchen zugrunde liegen, und den praktischen Methoden, die für ihre Ausübung am geeignetsten sind, unterscheiden. Aufgabe der systematischen Theologie ist in erster Linie die Analyse der Prinzipien; Aufgabe der praktischen Theologie ist es, die besten Methoden für ihre Verwirklichung zu finden. (Diese Unterscheidung bedeutet nicht, daß das Denken des systematischen vom Denken des praktischen Theologen völlig getrennt werden könnte. Beide denken über beide Arten von Problemen nach, aber die Akzente liegen je nachdem auf der einen oder der anderen Seite.) Die folgenden systematischen Analysen werden häufig in praktische Beschreibungen übergehen, wie es auch schon in den vorangegangenen Kapiteln geschehen ist.

Die erste Aussage, die über die leitenden Prinzipien der Funktionen der Kirchen gemacht werden muß, ist, daß sie alle am Paradox der Kirchen teilhaben und darum in die Zweideutigkeiten des Lebens, insbesondere des religiösen Lebens, verflochten sind. Und es ist ihr Ziel, in der Kraft des göttlichen Geistes diese Zweideutigkeiten zu überwinden.

Entsprechend den drei Gruppen von Funktionen kann man drei Polaritäten von Prinzipien unterscheiden. Die begründenden Funktionen stehen unter der Polarität von *Tradition* und *Reformation*, die ausbreitenden Funktionen unter der Polarität von *Wahrheit* und *Anpassung* und die aufbauenden Funktionen unter der Polarität von *Transzendierung der Form* und *Bejahung der Form*. In diesen Polaritäten ist auch auf die Zweideutigkeiten hingewiesen, gegen die der göttliche Geist kämpft. Die Gefahr der Tradition ist dämonische *hybris*, die Gefahr der Reformation entleerende Kritik; die Gefahr der Wahrheit dämonische Absolutsetzung, die Gefahr der Anpassung entleerende Relativierung; die Gefahr der Transzendierung der Form dämonische Unterdrückung, die Gefahr der Bejahung der Form formalistische Entleerung. In Verbindung mit der Beschreibung der jeweiligen Funktion werden wir konkrete Beispiele für die Polaritäten und ihre Gefahren geben. An dieser Stelle müssen zuerst einige allgemeine Bemerkungen gemacht werden.

Das Prinzip der Tradition in den Kirchen ist nicht nur die bloße Anerkennung des Faktums, daß jede neue Generation aus dem kulturellen Erbe der vergangenen Generation lebt. Das gilt selbstverständlich auch für die Kirchen. Aber das Prinzip der Tradition hat in den Kirchen noch eine tiefere Bedeutung. Es gründet sich auf den Charakter der Kirche, nämlich ihre Fundierung im Neuen Sein, wie es in Jesus dem Christus erschienen ist. Das gibt der Tradition als dem verbindenden Glied zwischen dem Ursprung und jeder neuen Generation eine grundlegende Bedeutung, grundlegender als sie für nationale Gruppen oder kulturelle Bewegungen ist, deren Anfänge für ihre Entwicklung sehr viel unwesentlicher sind. Aber die Geistgemeinschaft wirkt in jeder Funktion der Kirchen, und daher sind alle Generationen ideell gegenwärtig, nicht nur die Generationen, die die zentrale Manifestation des Neuen Seins erfahren haben, sondern auch die, die es erwartet haben. In diesem Sinne ist die Tradition nicht partikular, obwohl sie alle partikularen Traditionen einschließt. Sie repräsentiert die Einheit der geschichtlichen Menschheit, deren Mitte die Erscheinung des Christus ist.

Die griechisch-orthodoxe Kirche versteht sich als die Kirche der lebendigen Tradition – im Gegensatz zu der rechtlich fixierten und päpstlich bestimmten römisch-katholischen Kirche. Die Kritik der Reformation richtete sich gegen viele Elemente in beiden Traditionen, aber es war besonders die römische Tradition, die den Begriff der Tradition an sich für das protestanische Gefühl verdächtig machte. Und doch ist Tradition ein Element im Leben aller Kirchen. Selbst die protestantische Kritik konnte sich nur mit Hilfe einzelner Elemente der römisch-katholischen Tradition etablieren, z. B. der Bibel, des altkirchlichen Dogmas, der augustinischen Gedankenwelt, der deutschen Mystik und des humanistischen Fundaments, die in allen Jahrhunderten von der Kirche bewahrt wurden. Es ist ein allgemeiner Grundzug der prophetischen Kritik einer religiösen Tradition, daß sie nicht von außen, sondern aus dem Zentrum der Tradition selbst kommt, und die entstellten Formen der Tradition im Namen ihres wahren Sinnes bekämpft. Es gibt keine Reformation ohne Tradition.

Der Begriff Reformation hat zweierlei Bedeutung. Gewöhnlich wird er auf ein einzigartiges Ereignis in der Kirchengeschichte angewandt, auf die protestantische Reformation des 16. Jahrhunderts. Aber er kann auch als ein ständiges Prinzip verstanden werden, das die treibende Kraft im Kampf des göttlichen Geistes gegen die Zweideutigkeiten der Religion ist. Die Reformation des 16. Jahrhunderts ereignete sich, weil die römisch-katholische Kirche das Prinzip der Reformation in einem Moment erfolgreich unterdrückt hatte, in dem der prophetische Geist nach einer Reformation der Kirche an „Haupt und Gliedern" verlangte. Offensichtlich gibt es kein objektives Kriterium für die Berechtigung einer reformatorischen Bewegung. Selbst die Bibel kann kein Kriterium abgeben, weil sie interpretiert werden muß. In Wirklichkeit ist jede Reformation ein Wagnis, das sich auf das Bewußtsein von der Freiheit des göttlichen Geistes gründet, und es ist der prophetische Geist, aus dem der Mut zu einem solchen Wagnis geboren wird. Der Protestantismus nimmt dieses Wagnis auf sich, selbst wenn es die Desintegration einer partikularen Kirche bedeutete. Er nimmt es in der Gewißheit auf sich, daß die Geistgemeinschaft, die geistige Essenz der Kirche, nicht zerstört werden kann.

Die Polarität von Tradition und Reformation führt zu einem Kampf des göttlichen Geistes mit den Zweideutigkeiten der Religion. Das Prinzip der Reformation ist das Korrektiv gegen dämonische Unterdrückung der Freiheit des Geistes durch eine Tradition, der absolute Gültigkeit zugestanden wird, entweder *in praxi* oder durch ein Rechtssystem. Da alle Kirchen eine Tradition haben, ist diese Versuchung immer vorhanden und oft erfolgreich. Die Tendenz zum Absolutismus ist weitgehend eine Folge der Angst, von dem abzuweichen, was heilig ist und was sich wieder und wieder als erlösende Kraft erwiesen hat. Mit dieser Angst ist die weitere Angst verbunden, daß unter dem Prinzip der Reformation die Kirchen einer auflösenden Kritik zum Opfer fallen könnten. Schleiermachers berühmte Worte „die Reformation geht fort" sind sicherlich wahr, aber sie lassen die angstvolle Frage entstehen: „Wo ist die Grenze, jenseits derer die Auflösung beginnt?" Diese Frage gibt den Hütern einer verabsolutierten Tradition die Macht, das Verlangen nach Reformation zu unterdrücken und das Gewissen derer zu beschwichtigen, die es besser wissen, aber nicht den Mut haben, einen neuen Weg zu gehen. In der Geistgemeinschaft sind die beiden Prinzipien der Tradition und der Reformation geeint. Sie stehen zwar in Spannung zueinander, aber es kommt nicht zum Konflikt. Insoweit eine Kirche von der Geistgemeinschaft bestimmt ist, wird der Konflikt zwischen Tradition und Reformation in eine Leben erweckende Spannung verwandelt.

Die zweite Polarität „Wahrheit und Anpassung" hat einen inneren Bezug zu den ausbreitenden Funktionen der Kirchen. Das in dieser Polarität enthaltene Problem drückt sich schon in dem Bemühen des Paulus aus, den Juden ein Jude und den Griechen ein Grieche zu sein. Gerade durch dieses Bemühen macht Paulus deutlich, daß er jede Lehre ablehnt, die das „Neue Sein" oder die „Neue Kreatur" entweder mit dem jüdischen Gesetz oder der griechischen Weisheit identifiziert, was im Gegensatz zu seiner eigenen Botschaft stünde. In diesem Bemühen kommt der ganze Konflikt zwischen Wahrheit und Anpassung sowie der Kampf des göttlichen Geistes für Überwindung des Konflikts in klassischer Weise zum Ausdruck.

In der frühen Kirche brach der Konflikt zwischen Wahrheit und

Anpassung dadurch auf, daß kleine Gruppen die Unterwerfung der Kirche unter das jüdische Gesetz verlangten, während die Mehrzahl, einschließlich der großen Theologen, die Anpassung an die Denkformen der griechischen und hellenistischen Philosophie forderte. Zu gleicher Zeit fanden die ins Christentum einströmenden Massen eine andere Form der Anpassung. Unter Duldung der kirchlichen Autoritäten setzten sich polytheistische Tendenzen durch, sei es in der Bilderverehrung, sei es im Heiligenkult – insonderheit im Marienkult. Ohne diese Anpassungen wäre das missionarische Werk der frühen Kirche unmöglich gewesen. Aber im Prozeß der Anpassung war der Inhalt der christlichen Botschaft ständig in Gefahr, um der Anpassung willen preisgegeben zu werden. Die Gefahr, daß der Pol der Wahrheit zugunsten des Pols der Anpassung aufgegeben werden könnte, war so groß, daß die großen religiösen Kämpfe im ersten Jahrtausend der Kirche im Lichte dieses Konfliktes beschrieben werden könnten.

Im Mittelalter war die Anpassung der christlichen Botschaft an die Feudalordnung der germanisch-romanischen Stämme eine missionarische und zugleich erzieherische Notwendigkeit, aber diese Anpassung vollzog sich oft unter Preisgabe der Wahrheit zugunsten der Anpassung. Der Kampf zwischen Kaiser und Papst kann teilweise als Reaktion der Kirche gegen die Identifikation der weltlichen und geistlichen Hierarchien im Feudalismus verstanden werden. Auch die spätmittelalterliche individualistische Frömmigkeit und die Reformation können als Widerstand gegen die Umwandlung der Kirche in ein alles umfassendes System der Feudalität aufgefaßt werden. Zweifellos konnte keine dieser Bewegungen, die für Wahrheit gegen Anpassung kämpfte, selbst der Anpassung entgehen. Trotz des Bruches zwischen Luther und Erasmus drang der humanistische Geist über Melanchthon, Zwingli und teilweise auch über Calvin in den Protestantismus ein. Und in den darauffolgenden Jahrhunderten setzte sich der Kampf zwischen Wahrheit und Anpassung mit unverminderter Stärke fort, und er ist auch heute noch eines der aktuellsten Probleme. Die Kämpfe sind keineswegs auf die missionarische Ausbreitung des Christentums in nichtchristlichen Kulturen beschränkt, sondern es gibt sie auch und oft noch heftiger in den vom Christentum geformten Kulturen. Die Veränderung des ganzen kulturellen Klimas seit dem 16. Jahrhundert und die Notwendigkeit, die junge Generation in die Kirche einzuführen, machen die Polarität von Wahrheit und Anpassung zu einem unausweichlichen und immer akuten Problem.

Wahrheitsverkündigung ohne Anpassung führt fast unvermeidlich dazu, daß man den Menschen die Wahrheit wie Steine an den Kopf wirft, ohne sich darum zu kümmern, ob sie aufgenommen werden kann. Das ist das, was man das „falsche Ärgernis" der Kirchen nennen könnte, das die Kirchen oft geben, während sie behaupten, das unumgängliche „rechte Ärgernis", nämlich das Paradox der Gegenwart des Göttlichen unter den Bedingungen der Existenz, zu geben. Wenn die Kirche nicht in den Kategorien und Begriffen spricht, die von denen verstanden werden, die sie gewinnen will, wird sie sich nicht nur nicht ausbreiten, sondern wird ihre eigenen Anhänger verlieren, denn auch die Anhänger leben in einer bestimmten Kultur und können die Botschaft vom „Neuen Sein" nur durch die Denkformen dieser Kultur aufnehmen. Wenn andererseits die Anpassung zur Relativierung der christlichen Wahrheit führt, wie es vor allem in den letzten Jahrhunderten geschehen ist, dann entsteht ein entleerter Säkularismus, in den im Gegenschlag dämonische Kräfte heteronomer Art einbrechen. Anpassung, in der das Prinzip der Wahrheit preisgegeben wird, kann die dämonischen Kräfte nicht besiegen, ganz gleich, ob sie religiös oder profan sind.

Die dritte Polarität, die mit den aufbauenden Funktionen verbunden ist, ist die von Form-Transzendenz und Form-Bejahung. Die Funktionen des Aufbaus benutzen die verschiedenen Bereiche der Kultur, um durch sie die Geistgemeinschaft im Leben der Kirchen darzustellen. Das gilt von *theoria* und *praxis* und darum vom ästhetischen und kognitiven wie vom Person- und Gemeinschaft-bildenden Bereich des geistigen Lebens. Jedem dieser Bereiche entnehmen die Kirchen Material: Stile, Methoden, Normen, Beziehungen usw., aber in einer solchen Weise, daß das Material zugleich akzeptiert und transzendiert wird. Wenn die Kirchen sich der ästhetischen und kognitiven, der Person- oder Gemeinschaft-bildenden Funktion bedienen, so tun sie es als Kirche in der rechten Weise nur, wenn der göttliche Geist in ihren Werken sichtbar ist; mit anderen Worten: die Funktionen müssen eine ekstatische, Form-transzendierende Qualität haben. Die Kirchen üben Verrat an ihrer Aufgabe als Kirche, wenn sie zu einer politischen Partei, einem Gericht, einer Schule, einer philosophischen Bewegung, einer Kunstakademie oder einem psychotherapeutischen Institut werden. Nur dann erweisen sich die Kirchen als Kirchen, wenn der göttliche Geist in die von ihnen benutzten Formen einbricht und sie über sich hinaustreibt. Es ist die Form-transzendierende geistige Qualität, die die aufbauenden Funktionen der Kirchen charakterisiert: die Funktionen der ästhetischen Selbst-Darstellung, der kognitiven Selbst-Interpretation, der Selbst-Verwirklichung im personhaften wie im sozial-politischen Bereich. Es ist nicht der Gegenstand als solcher, der sie zu Funktionen der Kirche macht, sondern ihr Form-transzendierender, ekstatischer Charakter.

Aber zugleich darf das Prinzip der Form-Bejahung nicht außer acht gelassen werden. In jeder Funktion der Kirche müssen kulturelle Formen gebraucht werden, ohne ihr Wesen und ihre strukturellen Forderungen zu verletzen. Das folgt aus unserer früheren Diskussion über Struktur und Ekstase. Trotz des Form-transzendierenden Charakters der religiösen Kunst müssen die Gesetze der Ästhetik befolgt, und trotz des Form-transzendierenden Charakters der religiösen Erkenntnis dürfen die Gesetze des Erkennens nicht verletzt werden. Und ein gleiches gilt für Personal- und Sozial-Ethik, Politik und Erziehung. Einige wichtige Probleme, die sich aus dieser Situation ergeben, sollen später erörtert werden. Hier müssen wir wieder auf zwei Gefahren hinweisen, zwischen denen sich die aufbauenden Funktionen im Leben der Kirchen bewegen. Wenn das Prinzip der Form-Transzendenz wirksam ist, ohne dem Prinzip der Form-Bejahung volles Recht zu geben, so unterdrücken die Kirchen die schöpferische Freiheit. Sie haben die Tendenz, im Einzelnen wie in der Gruppe das kulturelle Gewissen, das Gehorsam gegenüber den strukturellen Notwendigkeiten der speziellen Kulturschöpfungen fordert, zu unterdrücken. Sie verletzen z. B. künstlerische Ehrlichkeit im Namen eines geheiligten Stils; oder sie untergraben die wissenschaftliche Integrität, die zu radikalen Fragen über Natur, Mensch und Geschichte führt; oder sie zerstören die persönliche *humanitas* im Namen eines fanatischen Glaubens usw.

Am anderen Pol besteht die Gefahr, daß die Geist-gewirkten Schöpfungen profanisiert und entleert werden, so daß sie für dämonische Einbrüche offen sind. Eine Form, die zu erstarrt ist, als daß sie transzendiert werden könnte, wird in wachsendem Maße bedeutungslos. Was einmal autonome Schöpferkraft war, die sich mit Recht gegen transzendierende Eingriffe wehrte, wird zu formaler Korrektheit und schließlich zu leerem Formalismus. Wo der göttliche Geist in den Kirchen machtvoll gegenwärtig ist, sind die beiden Prinzipien der Form-Transzendenz und der Form-Bejahung geeint.

2. Die Funktionen der Begründung in den Kirchen. Die systematische Theologie hat sich mit den Funktionen der Kirchen zu beschäftigen, weil sie zum Wesen der Kirchen gehören und zu ihrer Charakterisierung spezielle Elemente beitragen. Wenn die Funktionen zum Wesen der Kirchen gehören, dann müssen sie immer vorhanden sein, wo es Kirchen gibt. Sie können jedoch in verschiedenen Graden des bewußten Bemühens, der Intensität und der Angemessenheit erscheinen.

Es kann geschehen, daß sie von außen her beeinträchtigt werden oder mit anderen Funktionen verschmelzen, aber sie gehören als ein Element immer zum Wesen der Kirchen und drängen nach Verwirklichung.

Sie sind jedoch nicht immer in organisierter Form vorhanden. Funktionen und Institutionen sind nicht notwendig voneinander abhängig. Die Institutionen sind abhängig von den Funktionen, denen sie dienen; aber die Funktionen können auch ohne Institutionen existieren, und das ist oft der Fall. Die meisten institutionellen Entwicklungen beginnen spontan. Dazu ist es nötig, daß die Notwendigkeit einer Funktion religiös erlebt wird und daß dies Erlebnis zu konkretem Handeln führt und schließlich in eine institutionelle Form mündet. Wenn eine Institution veraltet, kann dieselbe Funktion auf andere Weise aufgenommen werden und zu einer neuen institutionellen Form anwachsen. Das stimmt mit dem überein, was wir früher über die Freiheit des Geistes gesagt haben. Der Geist befreit die Kirche von jeder Art rituellem Legalismus. Keine Institution – weder das Priestertum, das kirchliche Amt, spezielle Sakramente noch bestimmte Formen des Gottesdienstes – folgt notwendig aus dem Wesen der Kirche, aber die Funktionen, um derentwillen die Institutionen geschaffen wurden, folgen aus ihr. Sie fehlen nie vollständig.

Die erste Gruppe wollen wir die Funktionen der Begründung nennen. Da jede Kirche auf dem Neuen Sein beruht, wie es im Christus manifest ist und sich in der Geistgemeinschaft verwirklicht, so ist die Funktion der Begründung zunächst die Funktion der Aufnahme. Das gilt für die Kirche als ganze ebenso wie für jedes einzelne Glied. Wenn eine Kirche von ihren Gliedern Aufnahmebereitschaft verlangt, aber sich selbst als Kirche weigert aufzunehmen, so wird sie entweder zu einem statischen, hierarchischen System, das sich darauf beruft, einmal aufnahmebereit gewesen zu sein, und sich nun weigert, wieder aufzunehmen, oder sie wird zu einer religiösen Gruppe mit persönlichen Erfahrungen, die leicht in Säkularismus übergehen. Die Funktion der Aufnahme führt unmittelbar zur Funktion des Vermittelns. Was die Kirche aufnimmt, vermittelt sie gleichzeitig durch Wort und Sakrament. Derjenige, der aufnimmt, vermittelt auch, und andererseits hat er nur insoweit aufgenommen, als der Prozeß der Vermittlung ständig weitergeht. In der Praxis sind Aufnehmen und Vermitteln dasselbe: die Kirche ist Priester und Prophet sich selbst gegenüber. Derjenige, der predigt, predigt zu sich selbst als Hörer, und derjenige, der zuhört, ist ein potentieller Prediger. Die Identität von Aufnehmen und Vermitteln schließt die Etablierung einer hierarchischen Gruppe aus, die allein vermittelt, während alle anderen nur aufnehmen.

Der Akt der Vermittlung vollzieht sich teilweise im Gottesdienst, teilweise in Begegnungen zwischen dem Priester, der vermittelt, und den Laien, die aufnehmen. Aber diese Trennung ist nicht vollständig: derjenige, der vermittelt, muß sich selbst antworten, und derjenige, der antwortet, vermittelt seinem Mittler. Der Seelsorger wie jeder geistige Berater sollte in der Beratung nie ausschließlich Subjekt sein. Er sollte den, den er berät, niemals zu einem Objekt machen, das man „richtig" behandeln muß in der Hoffnung, ihm helfen zu können. Wo das geschieht, wie häufig in der kirchlichen Seelsorge (aber auch in der psychologischen Beratung), da ist die kirchliche Funktion der Vermittlung religiös zweideutig geworden. Aber wo die Vermittlung durch die Gegenwart des göttlichen Geistes bestimmt ist, unterwirft sich der Seelsorger selbst den Urteilen und Forderungen, die er zu vermitteln sucht. Er erkennt die Wahrheit an, daß er grundsätzlich in derselben Situation steht wie der, den er berät. Nur das kann ihm die Möglichkeit geben, das heilende Wort für den anderen zu finden. Derjenige, der selbst vom göttlichen Geist ergriffen ist, kann zu einem anderen, der seiner Hilfe bedarf, so sprechen, daß der andere sich durch diese Vermittlung für den göttlichen Geist öffnet und so Hilfe findet. Denn der Geist kann nur das heilen, was für ihn offen ist.

Das Verhältnis von Seelsorge und Psychotherapie soll später behandelt werden. Wo aufgenommen und vermittelt wird, da gibt es auch Antwort. Die Antwort besteht im Bejahen dessen, was aufgenommen wird, im Bekennen des Glaubens und im Hinwenden zu der Quelle, von der empfangen wird, nämlich dem Gottesdienst. Der Ausdruck „Bekennen des Glaubens" wird mißverstanden, wenn man ihn mit der Annahme von Bekenntnisformeln und deren Wiederholung in der Liturgie gleichsetzt. Die Funktion des Bekennens begleitet alle Funktionen der Kirche. Sie drückt sich in Dichtung und Prosa, in sinnfälligen Symbolen und Liedern aus. Sie kann auch in formulierten Glaubensbekenntnissen konzentriert ausgedrückt und in theologischen Begriffen fixiert werden. Eine Kirche ist nicht konsequent, wenn sie einerseits vermeidet, ein Glaubensbekenntnis ausdrücklich zu formulieren, während sie andererseits in jedem ihrer liturgischen und praktischen Akte indirekt den Inhalt ihres Glaubens bekennt. Die andere Seite der Funktion des Antwortens drückt sich im Gottesdienst aus. In ihm wendet sich die Kirche zu dem letzten Grund ihres Seins, zu dem Schöpfer der Geistgemeinschaft, zu dem Gott, der Geist ist. Wo immer er im persönlichen oder gemeinschaftlichen Erleben erfahren wird, da sind die, die ihn erfahren, vom göttlichen Geist ergriffen, denn nur Geist kann Geist erfahren, wie nur Geist „die Geister unterscheiden kann".

Gottesdienst

Gottesdienst als die Antwort der Kirche auf das, was sie von Gott empfangen hat, umfaßt Anbetung, Gebet und Kontemplation. Die Anbetung der Kirche, die in Lobpreis und Dank besteht, ist die ekstatische Anerkennung der Heiligkeit Gottes und des unendlichen Abstandes von ihm, der zugleich als Geist unserem Geist gegenwärtig ist. Diese Anerkennung ist keine theoretische Behauptung, sondern ein paradoxes Teilhaben des Endlichen und Entfremdeten am Unendlichen, zu dem es gehört. Wenn eine Kirche die Majestät Gottes preist, drücken sich darin zwei Elemente aus: der völlige Gegensatz zwischen der kreatürlichen Kleinheit des Menschen und der unendlichen Größe des Schöpfers einerseits und die Erhebung in die Sphäre der göttlichen Herrlichkeit andrerseits, so daß die Lobpreisung seiner Ehre zugleich eine, wenn auch fragmentarische, Teilnahme an ihr ist. Diese Einheit ist paradox, und sie kann nicht zerrissen werden, ohne auf der einen Seite ein dämonisches Bild von Gott zu schaffen und auf der anderen Seite ein Bild vom Menschen, das ohne echte Würde ist. Gegen eine solche Entstellung des Sinnes der Anbetung wirkt die Gegenwart des göttlichen Geistes, die den, der anbetet, an dem, der angebetet wird, teilhaben läßt. Anbetung in diesem Sinne ist keine Demütigung des Menschen, sie würde jedoch ihren Sinn verlieren, wenn sie etwas anderes bezweckte, als Gott zu preisen. Anbetung, die zur Selbst-Glorifikation des Menschen geschieht, hebt sich selbst auf und dringt niemals zu Gott durch.

Das zweite Element des Gottesdienstes ist das Gebet. Wir haben im Zusammenhang mit Gottes lenkendem Schaffen grundlegend über das Gebet gesprochen[1], und als Hauptpunkt hervorgehoben, daß jedes ernsthafte Gebet etwas Neues schafft. Diese Schöpfung, an der Freiheit beteiligt ist, ist – wie jeder freie Akt des Menschen – in Gottes lenkendes Schaffen einbezogen. Das Neue, das im Bitt-Gebet geschaffen wird, ist der Geist-gewirkte Akt, in dem der Inhalt unserer Wünsche und Hoffnungen in die Gegenwart des göttlichen Geistes erhoben wird. Ein Gebet, in dem das geschieht, ist „erhört", selbst wenn ihm Ereignisse folgen, die dem konkreten Inhalt des Gebets widersprechen. Das gleiche gilt von Fürbitten, die nicht nur eine neue Beziehung zu denen schaffen, für die das Gebet gesprochen wird, sondern die auch eine Änderung in der Beziehung zu Gott bewirken, sowohl von seiten des Betenden wie dessen, für den gebetet wird. Darum ist es falsch, das Gebet auf Dankgebete zu beschränken. Dieser Gedanke der Ritschl-schen Schule wurzelt in der Angst vor der immer drohenden magischen Entstellung des Gebets und den abergläubischen Folgen für die populäre Frömmigkeit. Aber diese Angst ist, systematisch gesprochen, unbe-

[1] Vgl. Bd. I, S. 303 ff.

gründet, obgleich im Hinblick auf die Praxis des Gebets überaus verständlich. Danksagung gegenüber Gott ist ein Ausdruck von Anbetung und Lobpreis, aber keine feierliche Anerkennung, die Gott veranlassen soll, denen weitere Wohltaten zukommen zu lassen, die Dankbarkeit zeigen. Es ergäbe eine ganz unrealistische Beziehung des Menschen zu Gott, wenn die Bittgebete aufgegeben würden. Die Folge wäre, daß jedes Aussprechen der menschlichen Bedürfnisse Gott gegenüber, das Hadern mit Gott, weil er nicht erhört (Hiob), und das Ringen des menschlichen Geistes mit dem göttlichen Geist vom Gebet ausgeschaltet wären. Hiermit ist nicht das letzte Wort über das Gebetsleben gesagt, aber jedes weitere Wort wäre flach und profan, so wie es zahllose Gebete sind, sobald die Kirche und ihre Glieder das Paradox des Gebetes vergessen. Paulus drückt das Paradox des Gebetes in klassischer Weise aus, wenn er von der menschlichen Unfähigkeit zum richtigen Beten spricht und vom göttlichen Geist sagt, daß er die Betenden vor Gott vertritt „mit unaussprechlichem Seufzen" (Röm. 8, 26). Es ist der Geist Gottes, der Gott anruft, wie es umgekehrt Gott ist, der den Geist Gottes im Menschen erkennt und versteht. In all diesen Fällen ist das Subjekt-Objekt-Schema, das „Sprechen zu jemand anderem", überwunden: der, der durch uns spricht, ist der, zu dem wir sprechen.

Geist-geschaffenes Gebet in diesem Sinne (und nicht eine profane Unterhaltung mit einem anderen Wesen, genannt Gott) führt zu dem dritten Element im Gottesdienst: zur Kontemplation. Kontemplation ist das Stiefkind im protestantischen Gottesdienst. Erst seit kurzem ist die liturgische Stille in einigen protestantischen Kirchen eingeführt worden, und sicher gibt es keine Kontemplation ohne Stille. Kontemplation ist die Teilnahme an dem, was das Subjekt-Objekt-Schema überwindet und mit ihm die objektivierende und subjektivierende Sprache und darum auch die Zweideutigkeit der Sprache (auch die lautlose Sprache des Selbstgespräches). Die Vernachlässigung der Kontemplation in den protestantischen Kirchen ist begründet in ihrer Person-zentrierten Auffassung der Gegenwart des göttlichen Geistes; aber Geist transzendiert auch das Personhafte, sofern das Personhafte mit Bewußtsein und moralischer Selbst-Integration gleichgesetzt wird. Die Gegenwart des göttlichen Geistes ist ekstatisch, und ekstatisch sind auch Kontemplation, Gebet und Gottesdienst in all ihren Formen. Die Antwort auf die Einwirkung des göttlichen Geistes muß selbst Geist-bedingt sein, und das heißt, sie muß das Subjekt-Objekt-Schema der gewöhnlichen Erfahrung ekstatisch transzendieren. Das geschieht am deutlichsten im Akt der Kontemplation, und man könnte sagen, daß jedes ernsthafte Gebet zur Kontemplation führen muß, denn in der

Kontemplation ist das Paradox des Gebetes offenbar: die Identität und Nicht-Identität dessen, der betet, mit dem, zu dem gebetet wird – Gott als Geist.

Diese Beschreibung der Gegenwart des göttlichen Geistes in der Kontemplation widerspricht den Methoden der mittelalterlichen Mystik, nach denen die Kontemplation stufenweise erreicht wird (z. B. in dem Schritt von der Meditation zur Kontemplation) und die Kontemplation selbst eine Brücke zur mystischen Einigung mit Gott ist. Dieses Denken von einer stufenweisen Annäherung an Gott gehört zu den Zweideutigkeiten der Religion, weil es Gott wie eine belagerte Festung betrachtet, die sich denen ergibt, die ihre Wälle ersteigen können. Nach dem protestantischen Prinzip ist Gottes Hingabe das erste, eine Gabe seiner Freiheit, durch die er die Entfremdung zwischen sich und dem Menschen in dem einen unbedingten und totalen Akt der vergebenden Gnade überwindet. Alle Schritte, in denen die Gnade angeeignet wird, folgen dem göttlichen Akt, wie Wachstum der Geburt folgt. Kontemplation ist im Protestantismus nicht eine Stufe, sondern eine Qualität, nämlich eine Qualität des Gebetes, in der sich der Betende bewußt ist, daß das Gebet an den gerichtet ist, der das rechte Gebet in ihm schafft.

3. DIE FUNKTIONEN DER AUSBREITUNG IN DEN KIRCHEN. Das Prinzip der Universalität der Geistgemeinschaft erfordert die ausbreitenden Funktionen der Kirchen. Da die Universalität der Geistgemeinschaft in dem Bekenntnis zu Jesus als dem Christus enthalten ist, gehören die Funktionen der Ausbreitung zu jeder Kirche. Die erste Funktion der Ausbreitung – historisch und systematisch – ist die Mission. Sie ist so alt wie der Befehl Jesu, mit dem er die Jünger in die Städte Israels sandte, und sie ist so erfolgreich und erfolglos, wie diese erste Mission es war. Nach zweitausend Jahren missionarischer Tätigkeit ist die Mehrzahl der Menschheit immer noch nicht christlich, und doch gibt es keinen Platz auf der Erde, der nicht auf irgendeine Weise von der christlichen Kultur berührt wäre.

Trotz des fragmentarischen und zweideutigen Charakters, den die Auswirkung der Mission hatte und hat, vollzieht sich die Funktion der Ausbreitung in jedem Moment im Leben der Kirche. Wenn immer aktive Glieder der Kirchen Menschen außerhalb der Kirche begegnen, werden sie, freiwillig oder unfreiwillig, zu Missionaren der Kirchen. Ihre bloße Existenz ist missionarisch. Der Zweck der Mission als einer institutionellen Funktion der Kirche ist weder, einzelne von der „ewigen Verdammnis" zu retten – das Ziel der pietistischen Mission –, noch ist er die gegenseitige Befruchtung von Religionen und Kulturen, sondern er besteht in der Aktualisierung der Geistgemeinschaft in den konkreten Kirchen auf der ganzen Welt. Eine der Zweideutigkeiten der Religion, die die Mission gefährdet, ist der Versuch der Missionare, die kulturell bestimmten Formen der eigenen Kirche im Namen des Neuen Seins fremden Kulturen aufzuzwingen. Das führt notwendig zu Reaktionen, die die ganze Wirkung der ausbreitenden Funktion der Kirche zerstören können. Und doch ist es für jede Kirche schwer, die christliche Botschaft von der speziellen Kultur, in der sie jeweils verkündet wird, zu trennen. In gewissem Sinne ist es unmöglich, da es keine abstrakte christliche Botschaft gibt; sie ist immer mit einer speziellen Kultur verflochten. Selbst der kritischste Versuch einiger weniger Missionen, sich ihrer eigenen kulturellen Traditionen zu entäußern, muß mißlingen. Aber wenn die Macht des Geistes in ihnen wirkt, sprechen sie von dem letzten und unbedingten Anliegen, obwohl sie ihre eigenen kulturellen Kategorien gebrauchen. Dieses Sprechen ist dann nicht eine Sache formaler Analyse, sondern paradoxer Transparenz. Wo der göttliche Geist gegenwärtig ist, kann ein Missionar in den Formen einer jeden Kultur die Gegenwart des Geistes ausstrahlen.

Die zweite der Funktionen der Ausbreitung, die Funktion der religiösen Erziehung, ist in dem Wunsch der Kirchen begründet, ihr Leben von Generation zu Generation fortzusetzen. Die religiöse Erziehung ist zu einem der wichtigsten Probleme im Leben der Kirchen geworden. Die vielen technischen Seiten der religiösen Erziehung interessieren uns hier nicht, aber das Problem der Erziehung als einer religiösen Funktion ist für die systematische Theologie wichtig. Als erstes muß betont werden, daß die christliche Erziehung mit dem Augenblick begann, in dem die erste christliche Familie in die Gemeinschaft der Kirche aufgenommen wurde. Christliche Erziehung folgt aus dem Selbstverständnis der Kirche als der Gemeinschaft des Neuen Seins oder als Aktualisierung der Geistgemeinschaft. Die Fragen und Schwierigkeiten, die die Eltern in bezug auf die christliche Erziehung ihrer Kinder haben, beruhen zum Teil auf ihren eigenen Glaubens-Zweifeln, zum Teil auf der Problematik des Erziehungsprozesses als solchem. Was das erste Problem betrifft, so kann allein der göttliche Geist den Mut geben, den christlichen Glauben zu bejahen und ihn der neuen Generation zu übermitteln. Was das zweite Problem betrifft, so kann die theoretische Pädagogik dazu beitragen, psychologische Irrtümer und mangelnde pädagogische Einsicht zu überwinden.

Die erzieherische Funktion der Kirchen besteht nicht in Information über die Geschichte der Kirche und ihr Lehrsystem. Wenn der Konfirmanden-Unterricht nichts anderes als dies zu geben hätte, würde er trotz der Vermittlung nützlichen Wissens seinen Zweck verfehlen. Aber es ist auch nicht die Aufgabe der religiösen Erziehung der Kirchen, eine persönliche Frömmigkeit zu erwecken, etwa im Sinne von Bekehrung. Eine solche Frömmigkeit verschwindet gewöhnlich mit der Situation, in der sie gefühlsmäßig erzeugt wurde. Die Aufgabe der Kirche ist vielmehr, jede neue Generation in die Wirklichkeit der Geistgemeinschaft, ihren Glauben und ihre Liebe, einzuführen. Das kann nur durch Teilhaben am Leben der christlichen Gemeinschaft, den verschiedenen Graden der Reife entsprechend, und durch Deutung der Lebensformen der Kirche, den verschiedenen Graden des Verstehens entsprechend, geschehen. Es gibt kein Verstehen des religiösen Lebens ohne Teilnahme an ihm, aber Teilnahme ohne Verstehen wird mechanisch und zwanghaft.

Die dritte der Funktionen der Ausbreitung ist die Evangelisation. Sie richtet sich auf die entfremdeten oder indifferenten Glieder der Kirche. Sie ist Mission an den Nicht-Christen innerhalb der christlichen Kultur. Sie kann zwei Formen annehmen, die ineinander übergehen, aber doch unterscheidbar sind, nämlich *praktische Apologetik* und *evangelistisches Predigen*. Wenn das Ergebnis der Evangelisation der Wunsch nach persönlicher seelsorgerischer Beratung ist, dann geht die Funktion der Ausbreitung in die der Vermittlung über.

Praktische Apologetik ist die praktische Anwendung des apologetischen Elements, das in jeder Theologie vorhanden ist. Wir haben in dem einleitenden Teil unseres Systems darauf hingewiesen, daß der Typ des theologischen Denkens, der in diesem System vertreten ist, mehr apologetisch als kerygmatisch ist. In dieser Rolle gibt die systematische Theologie die theoretische Grundlage für die praktische Apologetik. Auch hier muß zunächst betont werden, daß praktische Apologetik ein immer vorhandenes Element in allen Manifestationen des Lebens der Kirchen ist. Infolge ihres paradoxen Charakters werden den Kirchen ständig Fragen über ihr Wesen gestellt, auf die sie antworten müssen. Und die Kunst des Antwortens ist Apologetik. Die wirksamste Antwort ist zweifellos die Wirklichkeit des Neuen Seins in der Geistgemeinschaft und im Leben der Kirche, soweit dieses durch den Geist bestimmt ist. Es ist das wortlose Zeugnis der Gemeinschaft des Glaubens und der Liebe, das den Fragenden überzeugt, der durch die stärksten Argumente oft zum Schweigen gebracht, aber nicht überzeugt wird. Dennoch sind auch Argumente nötig; sie können dazu dienen, die intellektuellen Mauern des Skeptizismus und des Dogmatismus zu durchbrechen, mit denen die Kritiker der Kirche dem Andringen des Geistes Widerstand leisten. Und da solche Mauern ständig in uns allen erbaut werden und große Massen in allen sozialen Schichten von den Kirchen getrennt haben, müssen die Kirchen Apologetik treiben. Sonst können sie nicht wachsen, sondern nehmen ab und werden schließlich zu einer kleinen, unwirksamen Gruppe innerhalb einer dynamischen Kultur. Die soziologischen und psychologischen Bedingungen für eine erfolgreiche praktische Apologetik sind von einer Reihe von Faktoren abhängig, mit denen sich die praktische Theologie beschäftigen muß; aber die systematische Theologie hat die Aufgabe, die begrifflichen Fundamente zu legen, auf denen sich die praktische Apologetik aufbauen kann. Zugleich muß die systematische Theologie die Grenzen ihrer apologetischen Theorie wie auch die Grenzen selbst der geschicktesten apologetischen Praxis aufzeigen. Man könnte sagen, daß das Eingeständnis ihrer eigenen Grenzen selbst ein Element der apologetischen Funktion ist.

Evangelisation durch Predigt wie durch praktische Apologetik richtet sich auf Menschen, die innerhalb der christlichen Kultur leben, aber nicht mehr aktive Glieder einer Kirche sind und dem Christentum gleichgültig oder feindlich gegenüberstehen. Evangelisation durch Predigt ist mehr charismatisch bedingt als Evangelisation durch Apologetik. Sie hängt davon ab, daß in den Kirchen Menschen aufstehen, die fähig sind, im Namen und in der Kraft der Geistgemeinschaft zu jenen Gruppen zu sprechen, aber anders, als es die Kirchen normalerweise tun. Dadurch machen sie einen Eindruck auf die Hörer, den das gewöhnliche Predigen nicht macht. Es wäre unberechtigt zu behaupten, daß dieser Eindruck nur „psychologisch" und „emotional" wäre. Der Geist kann sich jeder psychologischen Gegebenheit und jeder Kombination von Faktoren bedienen, um das Zentrum der Person zu ergreifen, und unter dem Gesichtspunkt der vieldimensionalen Einheit des Menschen wäre es ohnehin unmöglich, das Psychologische einfach in Gegensatz zum Geistigen zu stellen. Dagegen ist es nicht unberechtigt, sondern der Situation angemessen, auf die Gefahren der Evangelisation als religiöses Phänomen mit allen Zweideutigkeiten solcher Phänomene hinzuweisen. Die Gefahr der Evangelisation ist die Vermengung des subjektiven Eindrucks des evangelistischen Predigens mit der Einwirkung des göttlichen Geistes auf den Menschen, die ihn über den Gegensatz von Subjektivität und Objektivität hinaushebt. Das Kriterium ist, daß der göttliche Geist schöpferisch ist; er schafft das Neue Sein, das nicht erregte Subjektivität, sondern Umwandlung der Person ist. Bloße Erregtheit führt nicht in die Geistgemeinschaft, selbst wenn die verschiedenen Elemente traditioneller Bekehrungserlebnisse vorhanden zu sein scheinen. Wenn dabei von Reue, Buße,

Glauben usw. gesprochen wird, bedeuten diese Worte nicht, was sie ursprünglich meinten, und darum bleibt ihre Wirkung momentan und vorübergehend. Dennoch wäre es falsch, wegen dieser Gefahren die Evangelisation und selbst einen einzelnen Evangelisten gänzlich zu verwerfen. Evangelisation ist nötig, aber sie sollte sich davor hüten, Erregung mit Ekstase zu verwechseln.

4. Die Funktionen des Aufbaus in den Kirchen. – *(a) Die ästhetische Funktion.* Funktionen des Aufbaus sind solche, in denen die Kirchen ihr Leben mit Hilfe der Schöpfungen der kulturellen Funktionen des menschlichen Geistes formen. Die Kirche ist niemals ohne die Funktionen des Aufbaus, und sie kann darum in allen wichtigen Entwicklungen nicht auf den Gebrauch kultureller Schöpfungen verzichten. Theologen, die den Gegensatz von göttlichem und menschlichem Geist absolut setzen, widersprechen sich schließlich selbst. Denn in den theologischen Argumenten selbst, mit denen sie ihre Gedanken formulieren müssen, bedienen sie sich nicht nur der Strukturen des menschlichen Geistes, sondern auch der geschichtlichen Inhalte, die der menschliche Geist geschaffen hat. Das ist besonders deutlich, wenn sie die Bibel zitieren, denn die biblische Sprache ist ein Ergebnis der vorangegangenen Gesamtentwicklung der menschlichen Sprache. Man kann die Kultur nur verwerfen, indem man sie selbst im Akt der Verwerfung gebraucht. Darin liegt die Inkonsequenz dessen, was man *diastasis* genannt hat, das heißt die radikale Trennung von Religion und Kultur.

Die Kirchen sind aufbauend in allen Richtungen des kulturellen Lebens, wie wir sie auf S. 213 ff. unterschieden haben. Sie sind aufbauend im Gebiet der *theoria* (im Ästhetischen wie im Kognitiven), und sie sind aufbauend im Gebiet der *praxis* (im Personhaften wie im Gemeinschaftlichen). Später werden wir diese Funktionen in ihrer unmittelbaren Beziehung zur Geistgemeinschaft behandeln; hier müssen wir ihre Rolle im Zusammenhang mit den aufbauenden Funktionen der Kirche untersuchen. Eine Frage ist zentral für sie alle: Wie verhält sich die autonome kulturelle Form dieser Funktionen (die sie zu dem macht, was sie sind) zu ihrem Gebrauch als Material für den Aufbau der Kirchen? Gibt es einen unvermeidlichen Konflikt zwischen ihrem Dienst im Aufbau der Kirchen und der Reinheit ihrer autonomen Form? Müssen Ausdruckskraft, Wahrheit, *humanitas* und Gerechtigkeit die in ihnen liegende Gesetzlichkeit ganz oder teilweise preisgeben, müssen sie entstellt werden, um dem Leben der Kirchen dienen zu können? Und wenn dieses dämonische Element in der Religion abgewiesen ist, wie kann der menschliche Geist andrerseits davor bewahrt werden, daß er das Wirken des göttlichen Geistes in sich durch Akte des Selbst-Schaffens ersetzt? Und wie kann das Leben der Kirche davor bewahrt werden, der Macht des profanen Elementes in der Religion zu erliegen? Anstatt eine allgemeine Antwort zu geben, wollen wir versuchen zu antworten, indem wir die besonderen Probleme in den einzelnen Funktionen des Aufbaues behandeln.

Die ästhetische Funktion erscheint in der Kirche als religiöse Kunst. In ihr drückt die Kirche den Sinn ihres Lebens in künstlerischen Symbolen aus. Gegenstand der künstlerischen Symbole in all ihren Formen sind die religiösen Symbole, die durch die ursprünglichen Offenbarungs-Erfahrungen geschaffen und von der Tradition der Kirchen weiterentwickelt werden. Die Tatsache, daß die künstlerischen Symbole die gegebenen religiösen Symbole in immer wechselnden Stilen zum Ausdruck bringen, erzeugt das Phänomen der „doppelten Symbolisierung". Ein Beispiel dafür ist der Isenheimer Altar von Matthias Grünewald, in dem die Kreuzigung und Auferstehung des Christus in der künstlerischen Sprache der nordischen Renaissance ausgedrückt ist, eines der seltenen Bilder, die protestantischen Geist atmen und zugleich große Kunstwerke sind. Hier haben wir nicht nur ein Beispiel von doppelter Symbolisierung, sondern zugleich auch ein Beispiel für die Macht des künstlerischen Ausdrucks, das zu verwandeln, was ausgedrückt wird. Das Bild von Grünewald bringt nicht nur die Erfahrung der vorreformatorischen Gruppen zum Ausdruck, zu denen er gehörte, es half auch, den Geist der Reformation zu verbreiten und ein Christusbild zu schaffen, das im radikalen Gegensatz zu den Mosaiken des Ostens stand, die schon im Jesuskind auf Marias Schoß den Weltherrscher zeigen. Dieser Gegensatz macht es verständlich, daß ein Bild wie das von Grünewald von der Ost-Kirche verworfen wurde, da die Ost-Kirche die Kirche der Auferstehung und nicht der Kreuzigung ist. Die Kirchen wußten sehr wohl, daß der künstlerische Ausdruck mehr ist als eine verschönernde Zutat für das Andachtsleben. Sie wußten, daß von dem künstlerischen Ausdruck Kräfte ausgehen, die das Leben beeinflussen – erhaltende oder verändernde Kräfte –, und darum versuchten sie, die religiöse Kunst zu beeinflussen und auf die Schöpfer dieser Kunst einen gewissen Zwang auszuüben. Das geschah am konsequentesten in der Ost-Kirche, aber es geschah auch in der römisch-katholischen Kirche, besonders auf dem Gebiet der Musik, und es zeigte sich selbst in den protestantischen Kirchen, besonders im Kirchenlied. Der Ausdruck verändert das, was er ausdrückt – das ist die Bedeutung der religiösen Kunst als einer Funktion des Aufbaus der Kirchen.

Diese Situation kann jedoch zu einem Konflikt führen zwischen der berechtigten Forderung der Kirchen, daß die religiöse Kunst, die sie aufnehmen, das ausdrückt, was sie bekennen, und der berechtigten Forderung der Künstler, sich der Stile bedienen zu dürfen, die ihr künstlerisches Gewissen ihnen vorschreibt. Diese beiden Forderungen können als zwei Prinzipien verstanden werden, durch die die religiöse Kunst bestimmt wird: das Prinzip der Weihe und das Prinzip der Wahrhaftigkeit.

Ein religiöser Gegenstand hat Weihe, wenn er die Macht hat, das Heilige in der Konkretheit einer speziellen Religion auszudrücken. Das Prinzip der Weihe in diesem Sinne ist eine Anwendung des umfassenderen Prinzips der Form-Transzendenz auf die religiöse Kunst. Es schließt den Gebrauch derjenigen religiösen Symbole ein, die zu einer speziellen religiösen Tradition gehören, und diejenigen Stilarten, die die Werke religiöser Kunst von denen säkularer Kunst unterscheiden. Die Gegenwart des göttlichen Geistes kann in der Architektur des Kirchenraumes, in der liturgischen Musik und Sprache, in bildlichen und plastischen Darstellungen und im feierlichen Charakter der Gesten aller am Gottesdienst Beteiligten zum Ausdruck kommen. Es ist die Aufgabe der ästhetischen Theorie in Zusammenarbeit mit der Psychologie, die Stile auf ihre religiöse Ausdruckskraft hin (ihre Kraft, das Gefühl der Weihe hervorzurufen) zu analysieren. Was immer das allgemeine künstlerische Ziel einer Periode sein mag, es gibt stets bestimmte Merkmale, die den sakralen vom säkularen Stil unterscheiden.

Es gibt jedoch eine Grenze für die Forderungen, die im Namen des Prinzips der Weihe an den Künstler gestellt werden, und diese Grenze ist das Prinzip der Wahrhaftigkeit. Es ist die Anwendung des umfassenderen Prinzips der Form-Bejahung auf die religiöse Kunst. Dies ist besonders wichtig in einer Periode, in der neue Kunststile erscheinen und das künstlerische Bewußtsein in dem Streit gegensätzlicher Ausdrucksformen gespalten ist. Das Prinzip der Wahrhaftigkeit ist ernsthaft gefährdet in solchen Situationen, wie sie in der Geschichte der westlichen Kirche häufig auftreten: Künstlerische Stile, in denen das Element der Weihe einmal kraftvoll zum Ausdruck kam, beanspruchen unbedingte Gültigkeit, da sie sich mit der Erinnerung an ekstatische Erfahrungen dem Bewußtsein tief eingeprägt haben. Sie werden dann im Namen des göttlichen Geistes gegen neue stilistische Entwicklungen verteidigt. Solche Ansprüche treiben die Künstler zu tiefen sittlichen Konflikten und die Glieder der Gemeinde zu Entscheidungen, die religiös oder künstlerisch verhängnisvoll sein können. Beide Seiten fühlen wenigstens im Unterbewußtsein, daß die alten Stilformen, soviel Weihe sie einst ausstrahlten, keine Ausdruckskraft mehr besitzen. Sie haben aufgehört, das auszudrücken, was sich in der Begegnung mit dem Heiligen in einer bestimmten konkreten Situation ereignet. Aber die neuen Stilformen haben noch keine Beziehung zur religiösen Symbolik gefunden. In einer solchen Situation kann das Gebot der Wahrhaftigkeit die Künstler zwingen, den Versuch aufzugeben, traditionelle Symbole zum Gegenstand der Darstellung zu wählen, oder zuzugeben, daß sie damit gescheitert sind, wenn sie es versucht haben. In ähnlicher Weise verlangt das Gebot der Wahrhaftigkeit von den Laien, daß sie sich ihre Unzufriedenheit mit den älteren Stilformen eingestehen, selbst wenn sie die neuen noch nicht zu würdigen wissen, vielleicht gerade deshalb nicht, weil diese bisher ihre sakrale Qualität noch nicht gezeigt haben. Für Künstler wie für Laien folgt aus dem Prinzip der Wahrhaftigkeit, daß sie keine Nachahmung von Stilen zulassen dürfen, die einmal die Kraft hatten, das Heilige auszustrahlen, sie aber in der gegenwärtigen Situation verloren haben. Das berühmteste – oder berüchtigste – Beispiel ist die Pseudo-Gotik in der Kirchen-Architektur.

Das Verhältnis zwischen den beiden Prinzipien der religiösen Kunst enthält noch ein anderes Problem. Es scheint Kunststile zu geben, die ihrem Wesen nach das Element der Weihe nicht vermitteln können und darum von der religiösen Kunst ausgeschlossen werden müssen. Man kann dabei an gewisse Arten des Naturalismus oder an den gegenwärtigen abstrakten Stil denken. Ihr Charakter macht ihren Gebrauch für bestimmte traditionelle Symbole unmöglich, z. B. der abstrakte Stil, weil er organische Gestalten und das menschliche Antlitz nicht darstellen kann, und der Naturalismus, weil er bei der Darstellung seiner Gegenstände die Selbst-Transzendierung des Lebens ausschließt. Man könnte sagen, daß nur solche Stile, die den ekstatischen Charakter der Geistgemeinschaft auszudrücken vermögen, sich für die religiöse Kunst eignen; und das würde bedeuten, daß in einem Stil, der der religiösen Kunst dienen soll, ein expressionistisches Element vorhanden sein muß. Das ist sicherlich wahr, aber damit wird kein konkreter Stil ganz ausgeschlossen, denn in jedem Stil, und noch deutlicher in jedem konkreten Kunstwerk, sind expressionistische Elemente enthalten, die auf die Selbst-Transzendierung des Lebens hindeuten. In allen Gebieten der Kunst können sowohl Idealismus wie Naturalismus das Heilige vermitteln. Aber die Geschichte der Kunst zeigt, daß die Stilarten, in denen das expressionistische Element vorherrscht, sich am besten für den künstlerischen Ausdruck des Heiligen eignen. Sie sind am besten fähig, den ekstatischen Charakter der Gegenwart des Geistes zu zeigen. Das ist der Grund, weshalb in Perioden, in denen Stile mit überwiegend expressionistischen Elementen verschwunden waren, keine große religiöse Kunst geschaffen wurde. Diese Betrachtungen sind vorzüglich aus der bildenden Kunst abgeleitet, aber mit gewissen Modifikationen sind sie auch für die anderen Künste gültig.

Wenn wir die Geschichte des Protestantismus betrachten, so finden wir, daß er zwar die von der frühen und der mittelalterlichen Kirche gepflegte Kirchenmusik und Liederdichtung weiterentwickelt und sogar übertroffen hat, daß jedoch seine schöpferische Kraft in den visuellen Künsten sehr gering war, vor allem auf Gebieten, in denen das ·Visuelle und das Akustische gleich wichtig sind, wie beim religiösen Tanz und bei den religiösen Spielen. Das steht in Zusammenhang mit der Wendung des späten Mittelalters vom Visuellen zum Akustischen. Mit der Reduktion der Sakramente an Zahl und Wichtigkeit und mit der stärkeren Beteiligung der Gemeinden am Gottesdienst gewannen Musik und Dichtung an Bedeutung. Dazu kam, daß die bilderfeindlichen Bewegungen im frühen Protestantismus und im evangelischen Radikalismus den Gebrauch der bildenden Künste in den Kirchen absolut verurteilten. Im Hintergrund dieser Verwerfung der bildenden Künste steht die Furcht, ja geradezu das Entsetzen vor einem Rückfall in den Götzendienst. Seit den frühen biblischen Zeiten bis zum heutigen Tage gibt es in der westlichen und islamischen Welt bilderfeindliche Bewegungen, die von Angst und Leidenschaft getragen sind, und es kann kein Zweifel darüber bestehen, daß die Künste des Auges anfälliger für götzendienerische Dämonisierung sind als die Künste des Ohres. Aber der Unterschied ist nur ein relativer. Das Wesen des Geistes selbst steht gegen den Versuch, das Auge bei der Erfahrung der Gegenwart des göttlichen Geistes auszuschließen. Entsprechend der vieldimensionalen Einheit des Lebens schließt die Dimension des Geistes alle anderen Dimensionen ein – also auch alles Sichtbare im gesamten Universum. Der Geist ragt in die physikalische, biologische und psychische Dimension hinein; das zeigt die Tatsache, daß er auf diesen Dimensionen beruht und sich aus ihnen erhebt. Darum kann er nicht nur in Worten zum Ausdruck kommen. Er hat eine sichtbare Seite, und das wird am deutlichsten im Antlitz des Menschen, das zugleich körperliche Gestalt ist und personhaft geistiges Leben ausdrückt. Diese Einheit von Körperlichem und Geistigem, der wir im täglichen Leben begegnen, bereitet uns auf die sakramentale Einheit von Materie und göttlichem Geist vor. Man sollte daran denken, daß es ein Mystiker war (Oetinger), der dafür die Worte gefunden hat: Leiblichkeit ist das Ende der Wege

Gottes. Das Fehlen der Künste des Auges im Protestantismus ist – obgleich geschichtlich verständlich – systematisch unhaltbar und für die Praxis bedauerlich.

Als wir auf die historische Tatsache hinwiesen, daß die Stile, in denen das expressionistische Element überwiegt, sich für die religiöse Kunst als die geeignetsten erweisen, stellten wir die Frage, unter welchen Umständen ein solcher Stil erscheinen kann. Die negative Antwort war klar: Die Religion darf den autonomen Künsten keinen speziellen Stil aufzwingen, da das dem Prinzip der künstlerischen Wahrhaftigkeit widersprechen würde. Ein neuer Stil entsteht als eine Schöpfung des sich-schaffenden Lebens in der Dimension des Geistes; er wird durch einen autonomen Akt des Künstlers geschaffen und zugleich durch das geschichtliche Schicksal, dem der Künstler unterworfen ist. Die Religion kann das geschichtliche Schicksal und das autonome Schaffen nur indirekt beeinflussen und nur dann, wenn unter dem Einwirken des göttlichen Geistes eine Kultur zur kulturellen Theonomie wird.

(b) Die kognitive Funktion. – Die kognitive Funktion erscheint in den Kirchen als Theologie. In ihr interpretieren die Kirchen ihre Symbole und bringen sie in Beziehung zu den allgemeinen Kategorien des Erkennens. Der Gegenstand der Theologie wie der religiösen Kunst sind die Symbole, die in ursprünglichen Offenbarungs-Erfahrungen gegeben sind und von der Tradition, die sich auf sie gründet, weiterentwickelt werden. Aber während die Kunst die religiösen Symbole in ästhetischen Symbolen ausdrückt, deutet die Theologie sie durch Begriffe, die den Kriterien der Rationalität unterworfen sind. Auf diese Weise entstehen die Lehren und Dogmen der Kirchen und geben Antrieb zu weiterer theologischer Begriffsarbeit.

Als erstes müssen wir über die kognitive Funktion der Kirchen sagen, daß sie ebenso wie die ästhetische Funktion immer vorhanden ist. Die Aussage, daß Jesus der Christus ist, enthält in gewisser Weise das ganze theologische System, wie die Tatsache, daß Jesus Gleichnisse erzählte, die künstlerischen Möglichkeiten des Christentums enthält.

Wir brauchen an diesem Punkt nicht über die Theologie als solche zu sprechen. Das ist im einleitenden Teil des Systems geschehen; aber im Licht der vorausgegangenen Erörterungen sind einige weitere Bemerkungen notwendig. Wie alle Funktionen der Kirche steht die Theologie unter den Prinzipien der Form-Transzendenz und der Form-Bejahung. In der ästhetischen Sphäre erscheinen diese Prinzipien, wie schon gesagt, als Weihe und Wahrhaftigkeit. In analoger Weise kann man im kognitiven Bereich von Meditation und Rationalität sprechen. Im meditativen Akt wird die Substanz der religiösen Symbole ergriffen. Im rationalen Akt werden die kognitiven Formen, in denen die religiöse Substanz begriffen wird, analysiert und beschrieben. Durch das meditative Element (das gelegentlich in ein kontemplatives Element übergehen kann) werden Subjekt und Objekt der Erkenntnis im Erlebnis des Heiligen geeint. Ohne eine solche Vereinigung bleibt das theologische Unternehmen eine Analyse von Strukturen ohne Substanz. Andrerseits kann die Meditation (einschließlich ihrer kontemplativen Elemente) ohne begriffliche Analyse ihrer Inhalte und ohne den Versuch einer konstruktiven Synthese keine Theologie schaffen. Das ist die Grenze einer sogenannten „mystischen Theologie". Sie kann nur in dem Maße Theologie sein, in dem die rationale Funktion mit am Werk ist.

Das meditative Element in der theologischen Arbeit richtet sich auf die konkreten Symbole, die ihren Ursprung in den Offenbarungs-Erfahrungen haben. Da die Theologie eine Funktion der Kirche ist, hat die Kirche das Recht, dem Theologen die konkreten Gegenstände für seine Meditation und Kontemplation zu liefern und eine Theologie zu verwerfen, in der diese Symbole verworfen werden oder ihren Sinn verloren haben. Auf der anderen Seite ist das Element der rationalen Erkenntnis nach allen Richtungen hin offen und kann nicht an eine spezielle Gruppe von Symbolen gebunden werden. Diese Situation scheint Theologie überhaupt auszuschließen, und die Geschichte der Kirche zeigt eine fortlaufende Reihe anti-theologischer Bewegungen, die von zwei Seiten unterstützt werden: einmal von denen, die die Theologie verwerfen, weil das rationale Element in ihr die konkrete Substanz der Kirche und ihre Symbole zu zerstören scheint, zum anderen von denen, die die Theologie verwerfen, weil das meditative Element die theologische Arbeit auf bestimmte, im voraus festgelegte Objekte und Lösungen einschränkt. Wenn diese Annahmen berechtigt wären, wäre Theologie tatsächlich nicht möglich. Aber es gibt Theologie, und es muß daher Wege geben, die Spannung von Meditation und Rationalität zu überwinden.

In diesem Zusammenhang stellen sich zwei Fragen: Besteht eine Analogie zwischen der Beziehung von Meditation und Rationalität in der Theologie und der Beziehung von Weihe und Wahrhaftigkeit in der religiösen Kunst? Und: Gibt es Formen einer begrifflichen Begegnung mit der Wirklichkeit, in der das meditative Element vorherrschend und wirksam ist, ohne daß dabei die diskursive Schärfe des Denkens unterdrückt wird? Die Antwort ist bejahend, da es innerhalb der Welt des Rationalen de facto einen theologischen Sektor gibt, nur darf er nicht die Herrschaft über die anderen Sektoren beanspruchen. Aber es muß die weitere Frage gestellt werden: Gibt es nicht Formen und Resultate des rationalen Denkens, die einen theologischen Sektor innerhalb der Welt des Rationalen ausschließen? Der Materialismus ist dafür als ein Beispiel herangezogen worden. Man hat behauptet, daß ein Materialist kein Theologe sein könne. Aber eine solche Auffassung ist sehr oberflächlich. Vor allem ist der Materialismus nicht eine philosophische Position, die nur auf Rationalität basiert. Er hat auch ein meditatives und ein theologisches Element in sich. Das gilt von allen philosophischen Positionen; unter ihren philosophischen Argumenten ist ein meditatives Element verborgen. Das bedeutet, daß Theologie auf der Basis einer jeden philosophischen Tradition möglich ist, so verschieden das jeweilig verwendete Begriffsmaterial auch sein mag. Wenn das meditative Element in einer speziellen Philosophie vorherrscht, so kann diese mit den künstlerischen Stilen verglichen werden, in denen das expressionistische Element vorherrscht. Von solchen Philosophien sagen wir heute, daß sie existentialistisch seien oder zumindest existentialistische Elemente enthielten. „Existentialistisch" wollen wir in diesem Zusammenhang solche Philosophien nennen, in denen die Frage nach der menschlichen Existenz in Zeit und Raum und nach der menschlichen Situation in Einheit mit der Situation alles Seienden gestellt und in Symbolen oder Begriffen beantwortet wird. Wir können in diesem Sinn von stark existentialistischen Elementen bei Heraklit, Sokrates, Plato, den Stoikern und Neuplatonikern sprechen. Ihnen entgegen steht eine andere Gruppe, die man „essentialistisch" nennen könnte: Anaxagoras, Demokrit, Aristoteles und die Epikureer, deren Interesse sich mehr auf die Struktur der Wirklichkeit als auf die Situation des Existierens richtet. In derselben Weise kann man die vorwiegend existentialistischen und die vorwiegend essentialistischen Philosophen in der Moderne unterscheiden. Zu den ersteren gehören: Cusanus, Pico, Bruno, Böhme, Pascal, Schelling, Schopenhauer, Nietzsche und Heidegger, zu den andern: Galilei, Bacon, Descartes, Leibniz, Locke, Hume, Kant und Hegel. Diese Aufzählung zeigt, daß es sich um die Betonung verschiedener Seiten, und nicht um einen einfachen Gegensatz handelt.

Man kann von Denk-Stilen in Analogie zu Kunst-Stilen sprechen. In beiden Fällen haben wir auf der einen Seite die idealistisch-naturalistische Polarität, auf der anderen Seite das expressionistische oder existentialistische Element. In Hinsicht auf den ekstatischen Charakter der Gegenwart des göttlichen Geistes können die Kirchen für ihre rationale Selbst-Interpretation besonders solche Gedankensysteme ge-

brauchen, in denen das existentialistische Element stark ist. (Man vergleiche hiermit die Bedeutung, die die früher genannten Philosophen
wie Heraklit, Plato, die Stoiker, die Neuplatoniker für die alte
Kirche hatten, und die Notwendigkeit, die sich für Thomas von
Aquino ergab, Aristotelische Gedanken mit heterogenen existentialistischen Elementen zu verschmelzen.) Aber wie im Fall der Künstler
dürfen die Kirchen auch den Philosophen keinen bestimmten Denkstil
vorschreiben. Der Denkstil ist das Ergebnis des Zusammenwirkens
autonomen philosophischen Schaffens und geschichtlichen Schicksals. Die
Theologie muß diesen Denkstil akzeptieren, gleich ob das existentialistische Element, das in aller Philosophie gegenwärtig ist, in ihm zum
Durchbruch kommt oder nicht. Sie braucht nicht auf einen solchen Durchbruch zu warten. Sie macht sich die essentialistischen Beschreibungen
der Wirklichkeit (z. B. vom Wesen des Menschen) zu eigen, ist aber
fähig, darüber hinaus deren existentialistische Voraussetzungen zu entdecken und sie in Bejahung und Verneinung zu gebrauchen (z. B. das
vorwegnehmende eschatologische Element im Idealismus und den ehrlichen, oft pessimistischen Realismus im naturalistischen Denken). Die
Theologie braucht weder den Idealismus noch den Naturalismus zu
fürchten.

Die letzten Betrachtungen gehen wie die entsprechenden im Kapitel
über die religiöse Kunst in eine „Theologie der Kultur" über, die wir
später diskutieren werden.

(c) Die Gemeinschaft-bildende Funktion. – Das Problem aller Funktionen des Aufbaus in den Kirchen ist die Beziehung der autonomen
kulturellen Formen zu deren Gebrauch als Material für das Leben der
Kirche. Wir haben das Problem schon in bezug auf die ästhetische und
kognitive Funktion der *theoria* erörtert und müssen es jetzt in bezug
auf die Funktionen der *praxis*, die Gemeinschaft- und Person-bildenden
Funktionen, behandeln. Wir müssen die Frage stellen: Muß die autonome Form dieser Funktionen zerbrochen werden, damit sie zu einer
Funktion des Aufbaus der Kirche werden können? Im Bereich der *theoria* bedeutet das sowohl die Frage, ob die essentiellen Forderungen der
ästhetischen Form (z. B. künstlerische Wahrhaftigkeit, Materialgerech-
tigkeit) preisgegeben werden müssen, wenn das Ästhetische in den
Dienst der Weihe gestellt wird, wie die andere Frage, ob die essentiellen Forderungen der kognitiven Form (z. B. die logischen Gesetze, die
empirischen Daten) preisgegeben werden müssen, wenn das Kognitive
mit Meditation geeint wird. Analog erhebt sich im Bereich der *praxis*
die Frage, ob die essentiellen Forderungen der Gerechtigkeit (z. B. die

Gleichheit vor dem Gesetz) aufrechterhalten werden können, wenn die Gerechtigkeit der Verwirklichung der religiösen Gemeinschaft dienen soll; und ob die essentiellen Forderungen der *humanitas* (z. B. die autonome Persönlichkeitsentwicklung) erreicht werden können, wenn die Verwirklichung persönlicher Heiligkeit erstrebt wird. Wenn die aufbauenden Funktionen der Kirche die Zweideutigkeiten der Religion – wenn auch nur fragmentarisch – in der Kraft des göttlichen Geistes besiegen sollen, dann müssen sie fähig sein, Gemeinschaft zu schaffen, in der Heiligkeit mit Gerechtigkeit geeint ist; und sie müssen fähig sein, Persönlichkeiten zu schaffen, in denen Heiligkeit mit *humanitas* geeint ist.

Die kirchliche Gemeinschaft ist heilig, insofern sie die Manifestation der Geistgemeinschaft ist. Aber die Kirchen sind nicht nur Manifestation, sondern zugleich Entstellung der Geistgemeinschaft. Trotzdem können wir von der Heiligkeit der kirchlichen Gemeinschaft sprechen, wenn wir unter Heiligkeit den ständigen Versuch der Kirchen verstehen, die Geistgemeinschaft zu verwirklichen. Die Heiligkeit der kirchlichen Gemeinschaft gerät mit dem Prinzip der Gerechtigkeit in Konflikt, wenn immer eine Kirche im Namen der Heiligkeit Ungerechtigkeiten begeht oder zuläßt. Innerhalb der christlichen Kultur geschieht es gewöhnlich nicht in der Weise, wie es in vielen heidnischen Religionen der Fall war, in denen z. B. der sakramentale Vorrang des Königs oder des Priesters ihm eine Position verschaffte, in der das Prinzip der Gerechtigkeit weitgehend aufgehoben war. Gegen diese Auffassung vor allem richtete sich der Zorn der alttestamentlichen Propheten. Es war nicht der Zorn gegen die Ungerechtigkeit als solche, sondern gegen die sakramental begründete Ungerechtigkeit, die in der herausgehobenen Position des Königs, der Priesterschaft usw. zum Ausdruck kam. Aber selbst innerhalb des Christentums ist das Problem aktuell, denn jede religiöse Hierarchie führt fast unvermeidlich zu sozialer Ungerechtigkeit. Auch wenn es wie im Protestantismus keine formale Hierarchie gibt, so gibt es doch Grade der Wichtigkeit in den Kirchen, und besonders die höheren kirchlichen Ränge sind sozial und ökonomisch von den höheren Rängen der sozialen Gruppen abhängig und oft gesellschaftlich mit ihnen verbunden. Das ist einer der Gründe, warum die Kirchen in den meisten Fällen die bestehenden gesellschaftlichen Mächte und deren Ungerechtigkeiten gegen die niederen Klassen unterstützt haben. (Ein anderer Grund ist die konservative Tendenz, die wir in dem Abschnitt über Tradition und Reformation beschrieben haben.) Das Bündnis der kirchlichen Hierarchien mit den feudalen Hierarchien im Mittelalter ist ein Beispiel für solche „heiligen Ungerechtigkeiten". Die Abhängigkeit des Pfarrers von den

Repräsentanten der ökonomisch und sozial einflußreichen Klassen in seiner Gemeinde ist ein modernes Beispiel. Man könnte sagen, daß eine solche Heiligkeit überhaupt keine Heiligkeit ist. Aber die Dinge liegen nicht so einfach, da der Begriff der Heiligkeit nicht auf den der Gerechtigkeit reduziert werden kann. Ungerechte Repräsentanten der Kirche können immer noch die religiöse Selbst-Transzendierung repräsentieren, für die die Kirchen durch ihre bloße Existenz zeugen. Aber sicherlich führt eine durch Ungerechtigkeit entstellte Repräsentanz des Heiligen schließlich zur Ablehnung der Kirchen, nicht nur von seiten derer, die unter der Ungerechtigkeit leiden, sondern auch von seiten derer, die geistig darunter leiden, daß Heiligkeit mit Ungerechtigkeit verbunden ist.

Bei der Beschreibung der Zweideutigkeiten des Gemeinschafts-Lebens fanden wir vier Arten von Zweideutigkeiten: die Zweideutigkeit der Zugehörigkeit, die Zweideutigkeit der Gleichheit, die Zweideutigkeit der Führung, die Zweideutigkeit des Gesetzes.

Jetzt erhebt sich die Frage: In welchem Sinne sind diese Zweideutigkeiten in einer Gemeinschaft überwunden, die den Anspruch erhebt, an der Geistgemeinschaft teilzuhaben und dadurch heilig zu sein? Die Zweideutigkeit der Zugehörigkeit ist in der Kirche insofern überwunden, als diese beansprucht, allumfassend zu sein, ungeachtet aller sozialen, rassischen und nationalen Grenzen. Dieser Anspruch ist unbedingt, aber seine Erfüllung ist bedingt und insofern ein ständiges Symptom für die Entfremdung des Menschen von seinem wahren Sein (man denke an die sozialen und rassischen Probleme innerhalb der Kirche). Darüber hinaus nimmt die Zweideutigkeit der Zugehörigkeit in den Kirchen eine besondere Form an, nämlich die Ausschließung derer, die einen anderen Glauben bekennen. Der Grund dafür ist klar: Jede Kirche betrachtet sich selbst als eine Gemeinschaft des Glaubens, der sich in bestimmten Symbolen ausdrückt. Deshalb schließt sie konkurrierende Symbole aus. Ohne ein solches Ausschließen könnte sie nicht existieren, aber andrerseits macht sie sich durch eben dieses Ausschließen der abgöttischen Abhängigkeit von ihren geschichtlich bedingten Symbolen schuldig. Wo immer die göttliche Gegenwart sich fühlbar macht, beginnt darum die Selbstkritik der Kirchen an ihren Symbolen im Namen ihrer Symbole. Das ist möglich, da in jedem authentischen religiösen Symbol ein Element enthalten ist, das das Symbol richtet und dadurch auch die, die es gebrauchen. Das Symbol wird nicht einfach verworfen, sondern es wird kritisiert und dadurch verändert. Indem die Kirche ihre eigenen Symbole kritisiert, manifestiert sie ihre Abhängigkeit von der Geistgemeinschaft, ihren fragmentarischen Charakter und das ständige Bedrohtsein von den Zweideutigkeiten der Religion, gegen die sie kämpfen soll.

Die zweite Zweideutigkeit der Gemeinschaft ist die der Gleichheit. Gleichheit als ein Element der Gerechtigkeit wird von den Kirchen als die Gleichheit aller vor Gott verstanden. Diese transzendente Gleichheit hat die Forderungen nach sozialer und politischer Gleichheit nicht unmittelbar zur Folge. Die Versuche, eine solche Gleichheit durchzuführen, hat keine christliche Grundlage, sondern wurzelt im antiken und modernen Stoizismus. Aber die Gleichheit vor Gott sollte auch bei denen, die zu Gott kommen, den Wunsch nach Gleichheit schaffen, d. h. Gleichheit innerhalb des Lebens der Gemeinde. Es ist wichtig zu wissen, daß schon im Neuen Testament, besonders im Jakobus-Brief, das Problem der Gleichheit im Gottesdienst diskutiert und der Einfluß der sozialen Ungleichheit auf den Gottesdienst verurteilt wurde. Die Vernachlässigung dieses Prinzips der Gleichheit in den Kirchen wirkte sich in der Behandlung der öffentlichen Sünder aus, nicht nur im Mittelalter, sondern, wenn auch mit anderen Methoden, noch heute. Die Kirchen folgten nur selten der Haltung Jesu gegenüber den „Zöllnern und Huren". Oft scheint es, als ob sie sich schämten, nach dem Beispiel Jesu die Gleichheit aller Menschen unter der Sünde anzuerkennen und damit auch die Gleichheit aller Menschen unter der Vergebung, obgleich sie beides im Prinzip bekennen. Der radikale Gegensatz, der zwischen gesellschaftlich verurteilten Sündern und gesellschaftlich anerkannten Gerechten aufgestellt wird, ist eine der sichtbarsten und unchristlichsten Verleugnungen des Prinzips der Gerechtigkeit. Gegenüber dieser Haltung vieler Gruppen und Einzelner in den Kirchen muß die Tatsache, daß die Psychologie des Unbewußten die Wirklichkeit des Dämonischen in *allen* Menschen wieder entdeckte, als Werk des göttlichen Geistes aufgefaßt werden. Auf diese Weise hat die Tiefenpsychologie wenigstens negativ die Gleichheit aller Menschen im Zustand der Entfremdung aufs neue zum Bewußtsein gebracht. Wenn die Kirchen nicht sehen, daß sich in dieser Entwicklung die Kritik des göttlichen Geistes an ihrer Haltung ausdrückt, werden sie zur Bedeutungslosigkeit herabsinken, und der göttliche Geist wird durch scheinbar atheistische und anti-christliche Bewegungen wirken.

Die Zweideutigkeit der Führung ist eng mit den Zweideutigkeiten der Zugehörigkeit und der Gleichheit verbunden, denn es sind die führenden Gruppen in einer Gemeinschaft, die andere ausschließen und dadurch Ungleichheit schaffen, selbst in der Beziehung zu Gott. Führung und ihre Zweideutigkeit gehören zu jeder geschichtlichen Gruppe. Die Geschichte der Tyrannei, die den größten Teil der menschlichen Geschichte umfaßt, ist keine Geschichte unglücklicher historischer Zufälle, sondern eine Geschichte der großen und unentrinnbaren Zweideutigkeiten des Lebens, von denen die Religion nicht ausgenommen ist. Religiöse Führung hat dieselben profanen und dämonischen Möglichkeiten wie jede andere Führung. Die ständigen Angriffe der Propheten und Apostel auf die religiösen Führer ihrer Zeit taten der Kirche keinen Schaden, sondern retteten sie, und genauso ist es heute. Die Tatsache z. B., daß die römisch-katholische Kirche die Zweideutigkeit der päpstlichen Führung nicht zugibt, rettet sie von manchen anderen Zweideutigkeiten der Führung, zeigt jedoch dämonische Möglichkeiten. Demgegenüber ist die protestantische Schwäche der dauernden Selbstkritik zugleich ein Zeichen ihrer Größe und ein Ausdruck für das Wirken des göttlichen Geistes in den protestantischen Kirchen.

Die Zweideutigkeit des Gesetzes ist so unvermeidlich wie die Zweideutigkeit von Führung, Gleichheit und Zugehörigkeit. Nichts in der menschlichen Geschichte hat Wirklichkeit ohne gesetzliche Form, wie nichts in der Natur Wirklichkeit hat ohne natürliche Form. Das gilt auch von den Kirchen, aber ihre gesetzliche Form hat nicht den Charakter eines unbedingten Gebotes. Der göttliche Geist gibt keine Gesetze für die Verfassung der Kirche, aber er führt die Kirchen zu dem rechten Gebrauch praktisch notwendiger Ämter und Institutionen. Er kämpft gegen die Zweideutigkeiten der Macht, die sich in dem täglichen Leben der kleinsten Dorfgemeinde ebenso auswirken wie im Leben der großen Kirchen. Kein kirchliches Amt, nicht einmal die Ämter in den apostolischen Kirchen, gründen sich auf ein direktes Gebot Gottes. Aber die Kirche und ihre Funktionen gründen sich auf ein solches Gebot. Art der Ämter und Institutionen, die der Kirche dienen, sind Sache soziologischer Angemessenheit, praktischer Brauchbarkeit und menschlicher Weisheit. Trotzdem kann man mit Recht fragen, ob Unterschiede in der Verfassung einer Kirche nicht von religiöser Bedeutung sind, da verschiedene Auffassungen des Verhältnisses von Gott und Mensch in der Form der Führung (monarchisch, aristokratisch, demokratisch) ihren Ausdruck finden. Das würde das Problem der kirchlichen Verfassung indirekt zu einem theologischen Problem machen und die Kämpfe und Spaltungen der Kirche über Verfassungsfragen verständlich machen. Zunächst kann man sagen, daß sich in den Verschiedenheiten der Verfassungen letzte theologische Prinzipien ausdrücken. Man denke an das protestantische Prinzip der Fehlbarkeit aller religiösen Institutionen und den sich daraus ergebenden Protest gegen die päpstliche Unfehlbarkeit; oder man denke an das protestantische Prinzip des „Priestertums aller Gläubigen" und den sich

daraus ergebenden Protest gegen eine Priesterschaft, die von der Laienwelt getrennt ist und die eine sakramentale Stufe in dem hierarchischen
Verhältnis zwischen Gott und Mensch darstellt. Solche Prinzipien sind
eine Sache unbedingten Anliegens. Die Funktionen der Kirche, und
darum gewisse Maßnahmen für ihre Ausübung, sind notwendig, aber
keine Sache unbedingten Anliegens. Aber die Frage, welche Methoden
man bevorzugt, ist eine praktische Frage, die nicht unmittelbar aus
einem letzten Prinzip folgt.

Die Zweideutigkeit, die mit der rechtlichen Organisation der Kirchen verbunden ist, hat dazu beigetragen, eine weitverbreitete Abneigung gegen die sogenannte „organisierte Religion" hervorzurufen.
Schon der Ausdruck „organisierte Religion" spricht ein Vorurteil aus,
denn nicht die Religion ist organisiert, sondern eine Gemeinschaft, die
eine Gruppe von religiösen Symbolen und Traditionen besitzt; und
eine solche Gemeinschaft ist ohne Organisation soziologisch unmöglich.
Sekten haben in ihrem ersten revolutionären Stadium oft versucht, der
gegebenen Organisation zu entgehen und in Anarchie zu leben, aber die
soziologischen Notwendigkeiten haben sie nicht losgelassen. Fast unmittelbar nach ihrer Trennung haben sie angefangen, neue Rechtsfor-
men aufzubauen, die oft enger und bedrückender waren als die der großen Kirchen; und oft sind solche Sekten selbst zu großen Kirchen mit
eigenen Rechtsproblemen geworden.

Aber die Abneigung gegen die organisierte Religion geht noch tiefer:
man will die religiöse Gemeinschaft als solche aufheben. Das aber ist
Selbsttäuschung. Da der Mensch nur in der Begegnung mit der anderen
Person Person werden kann und da die Sprache der Religion – selbst
wenn sie lautlose Sprache ist – von der Gemeinschaft abhängig ist,
bleibt alle „subjektive Religiosität" ein Reflex der Gemeinschafts-Tra-
dition, die sich verflüchtigt, wenn sie nicht ständig durch das Leben in
der Gemeinschaft des Glaubens und der Liebe genährt wird. Es gibt
nichts derartiges wie „private Religion", aber es gibt persönliche Reaktionen auf das Leben in der religiösen Gemeinschaft, und diese Reaktionen können einen schöpferisch revolutionären wie zerstörerischen
Einfluß auf die Gemeinschaft haben. Der Prophet geht in die Wüste,
um zur Gemeinschaft zurückzukehren, und der Eremit lebt von dem,
was er aus den Traditionen der Gemeinschaft mitgenommen hat; und
oft entwickeln sich wie im christlichen Mönchstum neue Gemeinschaften
in der Wüste.

Die Gegenüberstellung von privater und organisierter Religion wäre
reine Torheit, wenn dahinter nicht ein tieferes Motiv läge, nämlich die
notwendige religiöse Kritik an jeder Form von Religion, der persön-

lichen wie der gemeinschaftlichen. Hinter dem Kampf gegen die „organisierte Religion" liegt oft das Gefühl, daß Religion im engeren Sinne ein Ausdruck der Entfremdung des Menschen von Gott ist. So verstanden ist dieser Kampf nur eine andere Art, von der tiefen Zweideutigkeit der Religion zu reden. Man kann ihn deshalb als eine Klage darüber verstehen, daß die vollendete Wiedervereinigung des Entfremdeten noch nicht stattgefunden hat. Diese Klage lebt überall in den Herzen der einzelnen Glieder der Kirchen, und die Kirchen selbst geben ihr liturgisch immer wieder Ausdruck. Sie ist freilich umfassender und bedeutungsvoller als die gewöhnliche Kritik an der „organisierten Religion".

(d) Die Person-bildende Funktion. – Wir hatten von Eremiten und Mönchen als von Menschen gesprochen, die den Zweideutigkeiten zu entkommen suchen, die sich aus dem soziologischen Charakter jeder religiösen Gemeinschaft ergeben. Das können sie jedoch nur innerhalb gewisser Grenzen, die sich daraus ergeben, daß sie an einer religiösen Gemeinschaft mit soziologischen Charakteristika teilhaben oder sie begründen. Ihr Rückzug aus den Zweideutigkeiten ist immerhin innerhalb dieser Grenzen möglich, und er hat die machtvolle symbolische Funktion, auf ein unzweideutiges Leben in der Geistgemeinschaft hinzuweisen. Indem sie dieser Funktion dienen, spielen diese Männer eine bedeutungsvolle Rolle in den aufbauenden Funktionen der Kirche. Aber der Wunsch, den Zweideutigkeiten der religiösen Gemeinschaften zu entgehen, ist nicht das einzige Motiv für ihren Rückzug aus der Welt. Im Vordergrund steht das Problem der Gestaltung ihres persönlichen Lebens, das sie in der Hingabe an Gott führen wollen.

Die Zweideutigkeiten des persönlichen Lebens sind die Zweideutigkeiten in der Verwirklichung der *humanitas,* die wir als das innere *telos* der Person erkannt hatten. Sie erscheinen in der Beziehung der Person zu sich selbst und in ihrer Beziehung zu anderen: erstens, als der Versuch der Selbst-Bestimmung in Isolierung von anderen, zweitens, als das Bestimmt-Werden durch andere.

Die erste Frage, die wir stellen müssen, ist: Wie verhält sich das Ideal der Heiligkeit zum Ideal der *humanitas?* Früher hatten wir die Frage gestellt: Muß die Heiligkeit der Gemeinschaft notwendig ihre Gerechtigkeit zerstören? Analog müssen wir jetzt fragen: Muß das Ideal der Heiligkeit der Persönlichkeit notwendig das Ideal der *humanitas* zerstören? Welches ist ihr Verhältnis zueinander unter dem Einwirken des göttlichen Geistes? Das hierin enthaltene Problem ist das Problem von Askese und *humanitas.* Persönliche Heiligkeit ist oft ganz oder teilweise mit Askese identifiziert worden; aber neben den asketischen Handlungen ist es das Transparent-Werden des göttlichen Seinsgrundes, das einen Menschen zum Heiligen macht. Eine solche Transparenz jedoch (die sich nach der katholischen Lehre in der Fähigkeit, Wunder zu tun, ausdrückt) ist von der Unterdrückung vieler menschlicher Potentialitäten abhängig und steht daher im Widerspruch zur *humanitas*. Die fundamentale Frage ist, ob diese Spannung notwendigerweise zum Konflikt führen muß. Eine befriedigende Antwort läßt sich nur finden, wenn man zwei Typen der Askese unterscheidet. Hinter dem römisch-katholischen Ideal von mönchischer Askese liegt der metaphysisch-mystische Begriff von der Materie, die der Form Widerstand leistet, einen Widerstand, von dem sich alle Negativitäten der Existenz und die Zweideutigkeiten des Lebens ableiten. Man zieht sich von dem Materiellen zurück, um sich für den Geist zu öffnen – das ist die einzige Weise, wie der Geist von der Knechtschaft der Materie befreit werden kann. Eine Askese, die sich von einer solchen religiös begründeten Metaphysik herleitet, könnte man ontologisch nennen. Dieser Begriff der Askese führt zu der Auffassung, daß der, der sie übt, in der menschlich-göttlichen Hierarchie einen höheren Rang einnimmt als der, der in der an die Materie gebundenen „Welt" lebt. Legt man diesen Begriff der Askese unserer Frage zugrunde, so zeigt sich, daß zwischen Askese und *humanitas* ein unlösbarer Konflikt besteht. Wir müssen aber hinzufügen, daß dieser Form von Askese implizit eine Verleugnung der Lehre von der Schöpfung zugrunde liegt. Deshalb hat der Protestantismus diese Askese verworfen und trotz seiner Kämpfe mit den Humanisten den Weg für den religiösen Humanismus bereitet. Gemäß dem protestantischen Prinzip ist das Offensein für die Gegenwart des göttlichen Geistes nicht gleichbedeutend mit der Verneinung der Materie. Denn Gott als der Schöpfer ist der Materie wie dem Geistigen gleich nahe. Die Materie gehört zur „guten Schöpfung", und ihre humanistische Bejahung widerspricht nicht der Bejahung des göttlichen Geistes.

Aber es gibt eine andere Form der Askese, die sich sowohl im Judentum wie im Protestantismus entwickelt hat – es ist die Askese der „Selbst-Disziplin". Wir finden sie bei Paulus und Calvin. An Stelle des ontologischen Begriffs der Askese ist der moralische getreten. Er hat als Voraussetzung den entfremdeten Zustand der Existenz und den Willen, der Versuchung zu widerstehen, die von vielem ausgeht, was essentiell nicht schlecht ist. Daher entspricht diese Art der Askese der menschlichen Situation, und es gibt keine *humanitas* ohne sie. Der Einfluß des ontologischen Askese-Begriffs war jedoch so stark, daß die *humanitas* als *telos* ständig bedroht war, z. B. vom puritanischen Ideal der „Heiligkeit" mit seiner starken Verdrängung des Vitalen. Die radikale Einschränkung des Sexuellen und die Abstinenz von vielen anderen Potentialitäten, die an sich schöpferisch und gut sind, näherten diese Form der „Askese der Selbst-Disziplin" der ontologischen Askese der römisch-katholischen Kirche an. Diese Haltung hatte noch zwei andere Folgen: einerseits entwickelte sich aus der asketischen Verdrängung des Vitalen ein ans Dämonische grenzender Pharisäismus, andererseits richteten sich die Verbote gegen Dinge, die nichts mit den Prinzipien der christlichen Moral zu tun haben. Das Wort „heilig" selbst wurde seines religiösen Charakters entleert und auf Enthaltung von Alkohol, Spiel, Tanzen usw. angewandt und grenzte dadurch oft ans Lächerliche. Es ist zum Teil das Verdienst der tiefenpsychologischen Bewegung seit Freud, daß die Kirchen diesen entstellten Begriff von Heiligkeit weitgehend aufgegeben haben.

Demgegenüber steht die „Askese der Selbst-Disziplin" unter dem Einfluß des göttlichen Geistes, d. h. sie ist völlig mit dem *telos* der *humanitas* geeint. Sie ist mit dem „*eros* zum Gegenstand" verbunden, ohne die kein schöpferisches Werk möglich ist. Die Verbindung der Worte *eros* und Disziplin zeigt, daß das *telos* der *humanitas* die Idee persönlicher Heiligkeit einschließt, denn die Askese, die hier gefordert wird, ist die Überwindung einer subjektiven Selbst-Bejahung, die die Partizipation am Gegenstand verhindert. *Humanitas* in all ihren Schattierungen ist ebenso wie persönliche Heiligkeit im Sinne des Offenseins für den göttlichen Geist nicht von der Askese zu trennen, die die Einigung von Subjekt und Objekt möglich macht.

In unserer Beschreibung der Zweideutigkeiten der personhaften Selbstverwirklichung hatte sich gezeigt, daß die Trennung von Subjekt und Objekt die Zweideutigkeit schafft. Die Frage ist daher: Wie ist personhafte Selbst-Bestimmung möglich, wenn das bestimmende Subjekt es ebenso nötig hat, bestimmt zu werden, wie das bestimmende Objekt. Ohne die Lösung dieses Problems gibt es weder persönliche Heiligkeit noch *humanitas*. Die Lösung liegt darin, daß das bestimmende Subjekt durch das, was Subjekt und Objekt transzendiert, bestimmt wird – durch die Gegenwart des göttlichen Geistes. Die Wirkung des Geistes auf das Subjekt, das vom Objekt in der Existenz getrennt ist, wird „Gnade" genannt. Das Wort hat viele Bedeutungen, von denen einige später behandelt werden sollen, aber in jeder seiner Bedeutungen ist entscheidend, daß das göttliche Handeln dem menschlichen Handeln vorausgeht. Gnade bedeutet, daß die Gegenwart des göttlichen Geistes nicht herbeigeführt werden kann, sondern gegeben wird. Die Zweideutigkeit der Selbst-Bestimmung wird durch Gnade überwunden, es gibt keinen anderen Weg, sie zu überwinden und der Verzweiflung zu entrinnen, die sich aus dem Konflikt zwischen der Forderung der Selbst-Bestimmung und der Unmöglichkeit, sich im Sinne seines essentiellen Seins zu bestimmen, ergibt; denn man kann nicht in der Kraft dessen, was man essentiell ist, handeln, da man in der Existenz von ihm getrennt ist.

In der Beziehung von Person mit Person sind es die Funktionen der Erziehung und der persönlichen Beratung, die dem Menschen dazu verhelfen, das *telos* der *humanitas* zu erreichen. Wir haben die Zweideutigkeiten dieser beiden Funktionen darin gefunden, daß sie die Subjekt-Objekt-Trennung voraussetzen. Auch die Kirche kann in ihrem Erziehungswerk diesem Problem nicht entgehen, aber sie kann in der Macht des göttlichen Geistes gegen seine Zweideutigkeiten kämpfen. Während es in dem Verhältnis der Person zu sich selbst der göttliche Geist als Gnade ist, der die Selbst-Bestimmung möglich macht, ist es in dem Verhältnis der Person zur anderen Person der göttliche Geist als Schöpfer der Partizipation, der das wechselseitige Bestimmen und Bestimmt-Werden möglich macht. Nur die Gegenwart des göttlichen Geistes kann die Kluft zwischen Subjekt und Objekt in der Erziehung und Beratung überwinden, denn nur durch die Teilnahme an dem, was aus der vertikalen Dimension beide ergreift, wird die Spannung zwischen dem, der gibt, und dem, der nimmt, überwunden. Man könnte metaphorisch sagen, daß unter der Macht des göttlichen Geistes das Subjekt der Erziehung selbst Objekt und das Objekt der Erziehung selbst Subjekt wird. Als vom Geist Ergriffene sind beide zugleich Subjekt und Objekt. Für den aktuellen Erziehungs- und Beratungsprozeß bedeutet das, daß der, der reifer und dem Ziel der *humanitas* näher ist, nie das Bewußtsein verlieren darf, daß er zugleich unendlich von ihm entfernt ist. Darum sollte die Haltung der Überlegenheit und der Wille, den anderen zu beherrschen (wenn auch zu seinem Besten), durch die Einsicht ersetzt werden, daß Erzieher und Berater letztlich in derselben Situation sind wie die, denen sie helfen wollen. Und das bedeutet weiter, daß der, der sich seiner unendlichen Entfernung von der vollendeten *humanitas* bewußt ist, dennoch durch den göttlichen Geist, der ihn aus der vertikalen Dimension ergreift, an ihr teilhat. Der Geist läßt in der Beziehung von Mensch zu Mensch das Subjekt nie bloßes Subjekt sein und das Objekt nie bloßes Objekt bleiben. Darum ist der göttliche Geist gegenwärtig, wo immer die Subjekt-Objekt-Spaltung überwunden wird.

5. DIE FUNKTION DER KIRCHEN NACH AUSSEN. Wie wir schon gesagt haben, sind die Kirchen – trotz ihrer paradoxen Partizipation an der Geistgemeinschaft – soziologische Realitäten. Sie zeigen alle Zweideutigkeiten des sozialen Sich-Schaffens des Lebens. Durch ihre soziologische Seite kommt die Kirche ständig in Berührung mit anderen soziologischen Gruppen. In diesen Begegnungen ist sie gebend und empfangend. Es ist nicht die Aufgabe der systematischen Theologie, sich mit den praktischen Problemen zu befassen, die sich aus diesen Beziehungen ergeben. Sie muß jedoch die Prinzipien aufstellen, nach denen die Kirchen ihre Beziehungen zu anderen Gruppen gestalten müssen.

Es gibt drei Arten, auf die die „Funktion der Kirche nach außen" wirkt: erstens durch stilles Durchdringen, zweitens durch kritisches Urteilen, drittens durch politisches Handeln. Die erste Funktion kann beschrieben werden als die ständige Ausstrahlung ihrer geistigen Substanz auf alle Gruppen der Gesellschaft. Die bloße Existenz der Kirche übt Einfluß aus und verändert die sozialen Strukturen. Man könnte von einem Einströmen priesterlicher Substanz in die Gesellschaft sprechen, von der die Kirche selbst ein Teil ist. Angesichts der ungeheuren Säkularisierung des Lebens in den letzten Jahrhunderten ist man geneigt, diesen Einfluß zu unterschätzen. Aber wenn man sich die Kirche wegdächte, würde ihr Fehlen eine große Leere hinterlassen und sich die Bedeutung ihres stillen Einflusses zeigen, sowohl im Leben des Einzelnen wie in der Gemeinschaft. Selbst wenn die erzieherischen Möglichkeiten der Kirchen gesetzlich eingeschränkt sind, hat sie doch durch ihre Gegenwart erzieherischen Einfluß auf die Kultur einer Zeit, entweder direkt, indem sie ihre Substanz mitteilt, oder indirekt, indem sie einen Protest hervorruft gegen das, wofür sie steht.

Der Einfluß ist jedoch nicht einseitig; auch die Kirchen werden von den sich entwickelnden und wandelnden kulturellen Formen bewußt und unbewußt beeinflußt. Das gilt vor allem von den wechselnden Lebensformen, in denen eine Kultur ihre Erfahrungen zum Ausdruck bringt. Man kann darum sagen: Die Kirchen geben der Gesellschaft stillschweigend und unabsichtlich geistige Substanz, und die Kirchen empfangen ebenso stillschweigend und ohne ihr Zutun geistige Formen von derselben Gesellschaft. Dieser Austausch, der sich in jedem Moment vollzieht, ist die erste Beziehung der Kirche zur Kultur.

Die zweite Beziehung, in der die Funktion der Kirche nach außen zum Ausdruck kommt, ist das kritische Urteilen, das ebenfalls wechselseitig zwischen den Kirchen und den sozialen Gruppen ausgeübt wird. Diese Beziehung zwischen Kirche und Gesellschaft ist, obwohl erst in der Neuzeit besonders hervorgetreten, doch zu allen Zeiten vorhanden

246

gewesen, selbst in den theokratischen Systemen der Ost- und Westkirchen. Die Kritik der frühen Kirche an der Gesellschaft des römischen Imperiums richtete sich gegen die heidnischen Wege des Lebens und Denkens und verwandelte schließlich die heidnische Gesellschaft in eine christliche. Wenn die stille Durchdringung einer Gesellschaft durch die Gegenwart des göttlichen Geistes „priesterlich" genannt werden kann, so kann der offene Angriff gegen eine Gesellschaft im Namen des göttlichen Geistes „prophetisch" genannt werden. Sein Erfolg mag begrenzt sein, aber die Tatsache, daß die Gesellschaft unter ein Urteil gestellt wird, und – negativ oder positiv – auf das Urteil reagieren muß, ist schon selbst ein Erfolg. Auch eine Gesellschaft, die den Träger prophetischer Kritik zurückweist oder verfolgt, bleibt dennoch nicht unverändert. Sie kann in ihren dämonischen oder profanen Tendenzen geschwächt oder gestärkt werden – in beiden Fällen wird sie gewandelt. Deshalb sollten die Kirchen nicht nur für die Erhaltung und Stärkung ihres priesterlichen Einflusses kämpfen, sondern sie sollten die Träger prophetischer Kritik an den Negativitäten der Gesellschaft ermutigen – selbst dann, wenn es für die Träger dieser Kritik Verfolgung und Märtyrertum bedeutet. Das müssen die Kirchen trotz der Einsicht tun, daß das Ergebnis einer prophetischen Kritik der Gesellschaft niemals die Verwirklichung der Geistgemeinschaft ist, daß sie aber vielleicht einmal zu einem Zustand führen kann, der einer theonomen Gesellschaft nahe kommt – Theonomie verstanden als der Zustand, in dem alle kulturellen Formen eine Beziehung zum Unbedingten ausdrücken.

Auch hier ist die Beziehung wechselseitig, denn umgekehrt kritisiert auch die Gesellschaft die Kirche, und diese Kritik ist ebenso berechtigt wie die prophetische Kritik der Kirche an der Gesellschaft. Es ist die Kritik an der „heiligen Ungerechtigkeit" und an der „heiligen Unmenschlichkeit" innerhalb der Kirchen und innerhalb der Beziehung der Kirchen zu der Gesellschaft, in der sie leben. Die weltgeschichtliche Bedeutung dieser Kritik im 19. und 20. Jahrhundert ist offenkundig. Sie bewirkte als erstes eine fast unüberbrückbare Kluft zwischen den Kirchen und weiten Teilen der Gesellschaft, im besonderen der Arbeiterschaft, aber darüber hinaus veranlaßte sie die christlichen Kirchen, ihre Auffassung von Gerechtigkeit und *humanitas* zu revidieren. Es war eine Art umgekehrter Prophetie, eine unbewußte prophetische Kritik an der Kirche von außen her, ähnlich dem Einfluß, den die immer sich verändernden Kulturformen auf die Kirche ausüben, und den man als einen unbewußten priesterlichen Einfluß seitens der Kultur auf die Kirche bezeichnen könnte. Diese wechselseitige Kritik ist die zweite Funktion der Kirchen nach außen.

Die dritte Funktion der Kirchen nach außen ist ihr politisches Handeln. Während der „priesterliche" und der „prophetische" Einfluß sich innerhalb der religiösen Sphäre abspielen, scheint dieser dritte Einfluß ganz aus ihr herauszufallen. Aber dem ist nicht so: Der religiöse Symbolismus hat schon immer den priesterlichen und prophetischen Funktionen die königliche hinzugefügt. Die Christologie schreibt dem Christus neben dem prophetischen und priesterlichen das königliche Amt zu. Jede Kirche hat auch eine politische Funktion, die im engen Rahmen der Gemeinde ebenso ausgeübt wird wie auf höchster internationaler Ebene. Es ist eine Aufgabe der Kirchenführer aller Ränge, die Führer der anderen sozialen Gruppen so zu beeinflussen, daß sie das Recht der Kirchen zur Ausübung der priesterlichen und prophetischen Funktion anerkennen. Es gibt viele Wege, auf denen das geschehen kann, je nach der verfassungsmäßigen Struktur der Gesellschaft und der juristischen Stellung der Kirche in dieser. In jedem Fall aber gilt: Wenn die Kirchen politisch handeln, so müssen sie es im Namen der Geistgemeinschaft tun, d. h. die Kirchen müssen alle Methoden vermeiden, die der Geistgemeinschaft widersprechen, wie militärische Aktionen, vergiftende Propanganda, diplomatische List, das Erwecken von religiösem Fanatismus usw. Je entschiedener eine Kirche solche Methoden verwirft, um so größer wird ihre Macht letztlich sein, denn ihre wahre Macht liegt darin, daß sie eine Schöpfung des göttlichen Geistes ist. Die Tatsache, daß die römisch-katholische Kirche diesen Grundsätzen nicht immer gefolgt ist, hat viel zur Skepsis des Protestantismus gegenüber der „königlichen Funktion der Kirche" beigetragen. Aber eine solche Skepsis ist nicht berechtigt. Auch die protestantischen Kirchen können ihrer politischen Verantwortung nicht entgehen, und sie haben sie auch immer ausgeübt, wenngleich oft mit schlechtem Gewissen, da sie die „königliche Funktion" des Christus vergessen hatten. Da aber die königliche Funktion zu dem *gekreuzigten* Christus gehört, so muß auch die königliche Funktion von der „Kirche unter dem Kreuz" ausgeübt werden, d. h. von der Kirche in ihrer Niedrigkeit.

Indem sie das tut, erkennt sie an, daß es auch einen berechtigten politischen Einfluß der Gesellschaft auf die Kirche gibt. Man braucht nur an den Einfluß der spätantiken und der mittelalterlichen Gesellschaftsformen auf die Struktur der Kirchen zu denken. Jedes politische System ist das Ergebnis eines Kompromisses zwischen verschiedenen politischen Kräften innerhalb und außerhalb des Systems. Auch die Kirchen sind dem Gesetz des politischen Kompromisses unterworfen. Sie müssen bereit sein, nicht nur zu dirigieren, sondern sich auch dirigieren zu lassen. Allerdings gibt es eine Grenze in dem politischen Aufbau der Kirchen: ihr Charakter als Ausdruck der Geistgemeinschaft muß bewahrt bleiben. Dieser ist gefährdet, wenn das Symbol des „königlichen Amtes" des Christus, und damit auch des „königlichen Amtes" der Kirche, als ein theokratisch-politisches System mit totaler Herrschaft über alle Lebensbereiche verstanden wird. Andrerseits darf sich die Kirche auch nicht zum gehorsamen Diener des Staates machen lassen. Wenn sie sich die Rolle einer staatlichen Behörde aufzwingen läßt, so bedeutet das das Ende ihres königlichen Amtes und eine Erniedrigung, die nichts mit der Niedrigkeit des Kreuzes zu tun hat, wohl aber mit der Schwäche der Jünger, die vor dem Kreuz flohen.

Wenn wir uns nun den Prinzipien zuwenden, unter denen die Kirchen als Verwirklichung der Geistgemeinschaft sich zu anderen sozialen Gruppen stellen, finden wir eine Polarität zwischen dem Prinzip der Zugehörigkeit zu ihnen und dem Prinzip des Gegensatzes zu ihnen. Aus dem ersten Prinzip folgt, daß die Kirchen mit den übrigen Gruppen den Zweideutigkeiten des Lebens unterworfen sind; aus dem zweiten Prinzip folgt, daß sie gegen diese Zweideutigkeiten kämpfen. Weiter folgt aus dem ersten Prinzip, daß das Verhältnis der Kirchen zu den anderen Gruppen den Charakter der Wechselseitigkeit hat, wie wir ihn oben ausführlich beschrieben haben und wie es auf dem Boden der existentiellen Entfremdung nicht anders sein kann. Das Prinzip der Zugehörigkeit hat darum auch die Bedeutung, die Kirchen daran zu erinnern, daß ihre Heiligkeit eine bedingte ist und daß sie in dämonische *hybris* fallen, wenn sie ihre bedingte Heiligkeit zu unbedingter Heiligkeit erheben. Sobald das geschieht, wird ihre priesterliche, prophetische und königliche Funktion gegenüber der Welt zum Werkzeug eines Machtwillens, der zwar behauptet, dem Geist zu dienen, ihn aber in Wirklichkeit verrät. Es war die Erfahrung dieser Dämonisierung der römisch-katholischen Kirche im späten Mittelalter, die den Protest der Reformation und der Renaissance hervorrief. Dieser Protest befreite das Christentum zum großen Teil von der Unterwerfung unter die dämonisch verzerrte Macht der Kirche, da er auf die Zweideutigkeiten der bestehenden Religion aufmerksam machte.

Aber indem der Protestantismus dies erreichte, verursachte er den Verlust der anderen Seite der Funktion der Kirchen nach außen, nämlich den Verlust des Prinzips des Gegensatzes. Diese Gefahr war schon zu Beginn der beiden großen Bewegungen sichtbar. Beide propagierten einen Nationalismus, zu dessen Opfern sowohl Kultur wie Religion wurden. Die Opposition der Kirche gegen die nationalistische Ideologie mit ihren ungerechten Ansprüchen und unwahren Behauptungen wurde mit jedem Jahrzehnt der modernen Geschichte schwächer.

Die prophetische Stimme der Kirche wurde vom nationalistischen Fanatismus zum Schweigen gebracht. Ihre priesterliche Funktion wurde außer Kraft gesetzt, indem nationale „Sakramente" und „Riten", z. B. im Bereich der Erziehung, eingeführt wurden. Ihre königliche Funktion wurde nicht mehr ernst genommen und schließlich entmächtigt durch Unterwerfung der Kirchen unter die Nationalstaaten oder durch die liberale Idee der Trennung von Kirche und Staat, die die Kirchen aus dem Zentrum des öffentlichen Lebens verdrängte. In all diesen Fällen ging die Kraft zur Opposition verloren. Wenn aber die Kirche ihr radikales „Anders-Sein" verliert, verliert sie sich selbst und wird zu einem karitativen Verein. Ausdrücke wie „die Kirche gegen die Welt" bezeichnen das Prinzip des Gegensatzes, das in der Funktion der Kirche nach außen immer in Wirksamkeit bleiben sollte. Aber wenn ein Ausdruck wie dieser gebraucht wird, ohne durch einen entgegengesetzten wie „die Kirche in der Welt" im Gleichgewicht gehalten zu werden, klingt er arrogant und verdeckt die Zweideutigkeiten des religiösen Lebens.

Es gehört zu dieser Zweideutigkeit, daß die Welt, der die Kirche sich entgegenstellt, nicht einfach Nicht-Kirche ist, sondern daß sie in sich Elemente der Geistgemeinschaft in ihrer Latenz hat, die auf eine theonome Kultur hindrängen.

3. Der Einzelne in der Kirche und die Gegenwart des göttlichen Geistes

a) Der Eintritt des Einzelnen in die Kirche und die Erfahrung der Bekehrung. – Die Geistgemeinschaft ist die Gemeinschaft derer, die vom göttlichen Geist ergriffen und durch ihn in unzweideutiger, wenn auch fragmentarischer Weise bestimmt sind. In diesem Sinne kann man die Geistgemeinschaft eine „Gemeinschaft der Heiligen" nennen. Der Stand der Heiligkeit ist ein Zustand, in dem der Mensch transparent ist für den göttlichen Grund. Es ist der Zustand, in dem er durch Glauben und Liebe bestimmt ist. Wer an der Geistgemeinschaft partizipiert, ist mit Gott in Glauben und Liebe geeint. Das Neue Sein in ihm ist eine Schöpfung des göttlichen Geistes. All dies muß in paradoxer Weise von jedem Glied der Kirche gesagt werden, denn als ein aktives (nicht nur formales) Glied der Kirche ist er essentiell ein Glied der Geistgemeinschaft. Wie die Geistgemeinschaft die geistige Essenz der Kirchen ist, so ist das Neue Sein die geistige Essenz jedes aktiven Gliedes der Kirche. Es ist unendlich wichtig für den einzelnen Christen, sich bewußt zu werden, daß seine geistige Essenz als Glied der Kirche das Neue Sein ist, er selbst damit ein Glied der Geistgemeinschaft und daß

Gott ihn als solches sieht. Er muß begreifen, daß er trotz seiner Unheiligkeit ein Heiliger sein kann.

Aus den letzten Betrachtungen folgt, daß jeder, der aktiv zu einer Kirche und damit zur Geistgemeinschaft gehört, ein „Priester" und daher auch fähig ist, alle Funktionen des Priesters auszuüben. Dennoch müssen aus Gründen der kirchlichen Ordnung menschlich geeignete und theologisch ausgebildete Personen berufen werden, um die priesterlichen Funktionen regelmäßig auszuüben. Aber die Tatsache ihrer Sachkunde und ihrer Berufung zum Amt gibt ihnen religiös keinen höheren Rang gegenüber allen anderen, die an der Geistgemeinschaft teilhaben.

Die Frage, ob der Kirche oder dem Einzelnen „ontologisch" Priorität zukommt, hat zur Entstehung von zwei Kirchentypen geführt. Der eine betont den Primat der Kirche gegenüber dem Einzelnen, und der andere betont den Primat des Einzelnen gegenüber der Kirche. Im ersten Falle tritt der Einzelne in die Kirche ein, die immer schon da ist; er tritt in sie ein mit oder ohne bewußte Entscheidung (als Erwachsener oder als Kind); aber die Gegenwart des Neuen Seins in der Kirche geht allem voraus, was er ist und weiß. Das ist die theologische Berechtigung der Kindertaufe. Sie ist ein Hinweis auf die Tatsache, daß es im Leben des Menschen keinen bestimmten Augenblick gibt, in dem der Stand religiöser Reife mit Sicherheit festgesetzt werden kann. Der Glaube, der die Geistgemeinschaft konstituiert, ist eine Wirklichkeit, die dem persönlichen Glauben vorausgeht. Denn dieser ist immer im Werden, immer im Wandel begriffen, ständig im Schwinden und Wiedererscheinen. Aus diesem Grunde ist es eine Verführung zur Unwahrhaftigkeit, daß z. B. der quasi-sakramentale Akt der Konfirmation im 14. Lebensjahr als ein Akt freier Entscheidung für die Geistgemeinschaft angesehen wird. Die negative Reaktion ernsthafter Kinder, kurz nachdem sie feierlich und mit starker innerer Beteiligung sich als Glieder der Kirche bekannt haben, zeigt deutlich, wie ungesund und theologisch unhaltbar ein Akt wie die traditionelle Konfirmation ist.

Die Situation ist ganz anders, wenn der Primat des Einzelnen gegenüber der Kirche betont wird. In diesem Falle ist die Entscheidung Einzelner, sich zusammenzuschließen, der Akt, der eine Kirche konstituiert. Dabei ist allerdings vorausgesetzt, daß eine solche Entscheidung von der Gegenwart des göttlichen Geistes bestimmt ist, d. h. daß diejenigen, die den Zusammenschluß herbeiführen, Glieder der Geistgemeinschaft sind. Diese Voraussetzung läßt den Unterschied zwischen dem objektiven und subjektiven Kirchentyp weniger stark hervortreten, denn, um eine Kirche schaffen zu können, müssen die Einzelnen schon durch den göttlichen Geist ergriffen und daher Glieder der Geist-

gemeinschaft sein. Umgekehrt müssen die Träger der „objektiven"
Kirche (in die der Täufling eintritt) Persönlichkeiten sein, deren geistige
Essenz das Neue Sein ist. Der Begriff der Geistgemeinschaft überwindet
den Gegensatz zwischen einer „objektiven" und einer „subjektiven"
Deutung des Wesens der Kirche.

Die aktuelle Situation des Einzelnen in den Freiwilligkeits-Kirchen
bestätigt, daß die Unterscheidung auch in der Praxis ihre Schärfe verloren hat. Schon von der zweiten Generation an sind die einzelnen
Glieder durch die Atmosphäre der christlichen Familie und Gesellschaft
in die Kirche eingeschlossen. Auch hier geht die Kirche den freiwilligen
Entscheidungen voraus, wie es im entgegengesetzten Typus der Fall ist.

Die wichtige Frage ist: Wie wird aus der Gliedschaft in der Kirche
die Teilhabe an der Geistgemeinschaft? Die Antwort, die wir auf diese
Frage schon gegeben hatten, war eine negative: Es gibt keinen Augenblick im Leben des Menschen, der als der Beginn (oder das Ende) eines
solchen Teilhabens angesehen werden könnte. Das bezieht sich nicht nur
auf Menschen, die in der Atmosphäre einer kirchlich gesinnten Familie
oder Gemeinschaft aufgewachsen sind, sondern auch auf solche, die aus
einer völlig säkularisierten Umgebung kommen und sich erst später
einer Kirche in ernsthafter Entscheidung anschließen. In diesem Fall
kann man zwar den Zeitpunkt bestimmen, an dem sie Glieder der
Kirche wurden, aber nicht den Zeitpunkt, an dem die Macht des Neuen
Seins sie ergriff. Diese Behauptung scheint im Widerspruch zu dem Begriff der Bekehrung zu stehen, der in Bibel und Kirche und im Leben
des Einzelnen im Christentum wie in nicht-christlichen Religionen
eine so große Rolle spielt. Bekehrung in all diesen Fällen wird als der
ekstatische Moment betrachtet, in dem eine Person vom göttlichen Geist
ergriffen wird. Viele neutestamentliche Erzählungen (z. B. die vom
Damaskus-Erlebnis des Paulus) unterstützen eine solche Auffassung
von der Bekehrung, und auch in der übrigen Literatur schildern eine
Fülle von Beschreibungen ähnliche Bekehrungserlebnisse, oft in echter
und machtvoller Weise, oft sentimental entstellt, um beispielhaft zu
wirken. Ganz zweifellos sind Erlebnisse dieser Art überaus zahlreich,
und sie zeigen sehr auffällig den ekstatischen Charakter der Gegenwart des göttlichen Geistes, aber sie zeigen nicht – wie der Pietismus
meint – das Wesen der echten Bekehrung.

Diesen Behauptungen gegenüber muß gesagt werden, daß Bekehrung
mehr ist als ein noch so wichtiges plötzliches Erlebnis. So überwältigend
auch der Moment des Durchbruchs sein mag, ihm geht ein langer, teils
unbewußter Prozeß voraus, in dem die Kräfte sich entwickeln, die zum
Durchbruch führen. Das eigentliche Wesen der Bekehrung kann gut

252

aus den Worten abgelesen werden, mit denen sie in den verschiedenen Sprachen bezeichnet wird. Das Wort *šûb* im Hebräischen bezeichnet das Umkehren auf einem Wege, den man eingeschlagen hat, sowohl im Personhaften wie im Gemeinschaftlichen. Es bedeutet Abwendung von der Ungerechtigkeit zur Gerechtigkeit, von der Unmenschlichkeit zur Menschlichkeit, von den Götzenbildern zu Gott. Das griechische Wort *metanoia* spricht auch von einer Umkehr, aber in der Sphäre des Geistes: der Geist ändert seine Richtung, er wendet sich vom Zeitlichen weg und zum Ewigen hin, oder von sich selbst weg und zu Gott hin. Das lateinische Wort *conversio* vereinigt die räumliche mit der geistigen Vorstellung. Alle genannten Worte und die damit verbundenen Vorstellungen stimmen in zwei Punkten überein: in der Verneinung einer eingeschlagenen Richtung und in der Bejahung der entgegengesetzten Richtung. Das, was verneint wird, ist das Gebundensein an die existentielle Entfremdung; was bejaht wird, ist das Neue Sein, die Schöpfung des göttlichen Geistes. Wo ein Mensch mit seinem ganzen Sein den Weg verwirft, der von Gott wegführt, da spricht man von Reue – ein Begriff, der von seiner emotionalen Entstellung befreit werden muß. Wo ein Mensch mit seinem ganzen Sein sich dem Weg zuwendet, der zu Gott führt, da spricht man von Glauben – ein Begriff, der von seiner voluntaristischen Entstellung befreit werden muß. Die Einwirkung des göttlichen Geistes, die wir Bekehrung nennen, ist wegen der vieldimensionalen Einheit des Menschen in allen Dimensionen des menschlichen Lebens wirksam, aber primär in der Dimension des Geistes, und damit des Geschichtlichen, und sekundär in denen des Organischen und des Psychischen. Trotz allem Gesagten erweckt das Bild der Umkehr auf einem einmal eingeschlagenen Weg den Eindruck von etwas Momentanem, Plötzlichem. Das scheint die Position derer zu stärken, die den Begriff der Bekehrung auf solche ekstatischen Momente beschränken (die oben abgelehnte Position). Jede Bekehrung enthält ein Element der Entscheidung, und das Wort Entscheidung selbst weist auf einen momentanen Akt hin, in dem andere Möglichkeiten abgeschnitten werden. Aber wie von jeder Entscheidung gilt auch von dieser, daß sie im Inneren des Menschen vorbereitet ist, und, wenn die Bedingungen erfüllt sind, zum Durchbruch kommt. Ohne solche Vorbereitung wäre die Entscheidung ein Zufall und die Bekehrung ein emotionaler Ausbruch ohne Folgen. Das Neue würde bald vom Alten verschlungen werden, und es käme nicht zur Schöpfung des Neuen Seins im Menschen.

Bekehrung kann auch als der Übergang von dem latenten in das manifeste Stadium der Geistgemeinschaft beschrieben werden, wodurch ihr eigentlicher Charakter klar zum Ausdruck kommt. In dieser Form geschieht Bekehrung häufig. In ihr sind weder Reue noch Glaube etwas ganz Neues, denn der göttliche Geist schafft beide schon im latenten Stadium der Geistgemeinschaft. Daher gibt es keine absolute Bekehrung; aber es gibt relative Bekehrung vor und nach dem zentralen Ereignis, dem *kairos*, dem entscheidenden Wendepunkt, dem Geist-gewirkten, ekstatischen Augenblick.

Das ist wichtig für die evangelistische Tätigkeit der Kirchen, deren Aufgabe nicht ist, Menschen im absoluten Sinn zu bekehren, sondern sie aus dem latenten zum manifesten Teilhaben an der Geistgemeinschaft zu führen. Der Evangelist wendet sich nicht an „verlorene Seelen", an Menschen ohne Gott, sondern an Menschen, die latent schon zur Geistgemeinschaft gehören. Dabei kann man daran erinnern, daß Erfahrungen, die der Bekehrung ähnlich sind, von griechischen Philosophen (Parmenides und Plato) als Erfahrungen beschrieben werden, in denen einem Menschen durch göttliche Kraft die Augen geöffnet werden, oder durch die er aus der Dunkelheit ins Licht geführt wird. Auch an anderen Stellen der Geschichte des menschlichen Denkens wird von der Erleuchtung durch die Wahrheit in einer Weise gesprochen, die der Beschreibung der Bekehrung ähnlich ist. Das ist ein Ausdruck für die Tatsache, daß die Geistgemeinschaft ebenso auf Kultur und Moralität wie auf Religion bezogen ist, und daß, wo der Geist am Werk ist, immer auch eine radikale Umkehr erlebt wird.

b) Der Einzelne in der Kirche und die Erfahrung des Neuen Seins. –
1. DIE ERFAHRUNG DES NEUEN SEINS ALS SCHÖPFUNG (WIEDERGEBURT).
Der Mensch, der einer Kirche angehört – Kirche hier nicht verstanden als eine soziale Gruppe neben anderen, sondern als eine Gemeinschaft, deren geistige Essenz die Geistgemeinschaft ist –, ist eine Persönlichkeit, in dem das Neue Sein wirksam ist. Aber in seinem aktuellen Sein ist er ebenso wie die Kirchen selbst den Zweideutigkeiten des religiösen Lebens unterworfen. Diese paradoxe Situation ist auf verschiedene Weise beschrieben worden, je nachdem, von welchem Standpunkt aus man sie betrachtet. Es scheint zweckmäßig – und ist auch im Sinne der klassischen Tradition –, diese Situation als die Erfahrung des Neuen Seins zu beschreiben, aber mehrere Elemente in ihr zu unterscheiden, wiederum in Übereinstimmung mit der klassischen Tradition. Man kann die Erfahrung des Neuen Seins als Schöpfung (Wiedergeburt), die Erfahrung des Neuen Seins als Paradox (Rechtfertigung) und die Erfahrung des Neuen Seins als Prozeß (Heiligung) unterscheiden.

Man könnte die Frage stellen, ob es richtig sei, die Weisen der Partizipation am Neuen Sein als „Erfahrung" zu bezeichnen, da dieses Wort ein fragwürdiges subjektives Element enthält. Es ist jedoch völlig berechtigt, da wir an dieser Stelle von der Geist-bestimmten Persönlichkeit als Träger der Erfahrung des Geistes reden. Die objektive Seite von Wiedergeburt, Rechtfertigung und Heiligung haben wir bereits in dem Kapitel „Das Neue Sein in Jesus als dem Christus als die Macht der Erlösung" besprochen[1]. „Erfahrung" soll hier einfach bedeuten: der Gegenwart des göttlichen Geistes gewahr werden, d. h. der Zustand, vom göttlichen Geist ergriffen zu sein. Es ist die Frage erhoben worden, ob dieser Zustand jemals ein Objekt der „Erfahrung" werden könne, ob er nicht vielmehr nur ein Objekt des Glaubens bleiben müsse im Sinne des Satzes „Ich glaube nur, daß ich glaube" oder „Ich glaube an das Wirken des Geistes in mir, aber ich erfahre ihn nicht, und darum erfahre ich auch nicht meinen Glauben und meine Liebe". Aber selbst wenn ich nur glaube, daß ich glaube, muß es doch einen Grund für solch einen Glauben geben, und dieser Grund kann nichts anderes als die Partizipation an dem sein, was ich glaube und daher eine Art von Gewißheit, die die unendliche Regression verhindert: „Ich glaube, daß ich glaube, daß ich glaube" usw. Wie paradox unsere theologischen Aussagen auch sein mögen, wir müssen angeben können, auf welches Fundament sie sich gründen. Diese Überlegung rechtfertigt den Gebrauch des Begriffs „Erfahrung" für das Gewahrwerden der Gegenwart des göttlichen Geistes.

In der Bibel und in der theologischen Literatur wird der Zustand des Ergriffenseins vom göttlichen Geist „Wiedergeburt" genannt. Der Ausdruck Wiedergeburt (wie der Paulinische Ausdruck „Neue Kreatur") ist die biblische Grundlage für den abstrakten Begriff des Neuen Seins, aber beide meinen dieselbe Realität, nämlich das Ereignis, in dem der göttliche Geist ein personhaftes Leben ergreift und Glauben in ihm schafft.

Wenn von der *Erfahrung* der Wiedergeburt gesprochen wird, ist nicht gemeint, daß derjenige, der vom göttlichen Geist ergriffen ist, seine Erfahrung durch empirische Beobachtungen verifizieren könne. Obgleich „neugeboren", sind die Menschen noch keine neuen Wesen, sondern sie sind in eine neue Wirklichkeit eingetreten, die sie zu neuen Wesen machen kann. Das Teilhaben am Neuen Sein bringt nicht automatisch die *volle* Verwirklichung des Neuen Seins in einem Menschen mit sich.

---

[1] Bd. II, S. 178 ff.

Aus diesem Grunde hoben die Reformatoren und ihre Nachfolger bei der Beschreibung der Teilhabe des Menschen am Neuen Sein den paradoxen Charakter hervor und setzten statt der Wiedergeburt die Rechtfertigung an erste Stelle. Dabei wollten sie den Eindruck vermeiden, daß die Verwirklichung des Neuen Seins die Ursache dafür sei, daß der Mensch von Gott angenommen ist. Mit dieser Auffassung hatten sie recht, denn sie befreiten damit den Menschen von der angstvollen Frage: Bin ich wirklich wiedergeboren? Und wenn nicht, muß mich Gott nicht verwerfen? Solche Fragen zerstören den Sinn der frohen Botschaft, daß ich – obwohl unannehmbar – angenommen bin. Aber dann taucht die andere Frage auf: Wie kann ich annehmen, daß ich angenommen bin? Was ist die Quelle eines solchen Glaubens? Hierauf ist die einzig mögliche Antwort: Gott selbst als gegenwärtig im Geist. Jede andere Antwort würde Glauben zu einem „Für-wahr-Halten" herabsetzen, zu einem intellektuellen Akt, der durch Wille und Gefühl erzeugt wäre. Ein solcher Pseudo-Glaube aber ist nichts anderes als die Bejahung der *Lehre* von der Rechtfertigung, er ist aber noch nicht das wirkliche *Annehmen*, „daß ich angenommen bin", und er ist nicht der Glaube, der mit dem Begriff „rechtfertigender Glaube" gemeint ist. Dieser Glaube ist eine Schöpfung des göttlichen Geistes. Die Lehre, daß die Vergebung als Gabe des göttlichen Geistes dem rechtfertigenden Glauben folgt, war eine völlige Entstellung der Botschaft von der Rechtfertigung. Für Luther gab es keine größere und in gewissem Sinne keine andere Gabe des göttlichen Geistes als die Gewißheit, von Gott angenommen zu sein – den Glauben an Gottes Rechtfertigung des Sünders. Wenn dieser Glaube bejaht wird, dann wird deutlich, daß die Teilhabe am Neuen Sein – die das Werk des göttlichen Geistes ist – das grundlegende Element ist, das den Einzelnen zum Glied der Kirche macht (Kirche – insofern sie Verwirklichung der Geistgemeinschaft ist).

Dann aber kann die Frage auftreten: Wenn der göttliche Geist mich ergreifen und Glauben in mir schaffen soll, was kann ich dazu beitragen, diesen Glauben zu finden? Ich kann den göttlichen Geist nicht auf mich herabzwingen; was kann ich also anderes tun als abzuwarten? In vielen Fällen wird diese Frage nicht mit wirklichem Ernst gestellt, sondern in einer Art dialektischer Polemik und verlangt nicht ernsthaft nach einer Antwort. Denn dem, der so fragt, kann keine direkte Antwort gegeben werden, weil ihm mit jeder Antwort etwas gesagt würde, was er sein oder tun solle, und das würde gerade dem widersprechen, wonach er fragt – dem Glauben. Wenn aber die Frage: Was kann ich tun, um das Neue Sein zu erfahren? mit existentiellem Ernst gestellt wird, dann liegt die Antwort schon in der Frage, denn der existentielle

Ernst zeigt an, daß der Fragende bereits vom göttlichen Geist ergriffen ist. Wer letztlich beunruhigt ist über sein existentielles Entfremdetsein und dann die Frage nach der Wiedervereinigung mit dem Grund und Ziel seines Seins stellt, der ist bereits vom göttlichen Geist ergriffen. In dieser Situation ist die Frage: Was soll ich tun, um den göttlichen Geist zu erlangen? bedeutungslos geworden, denn der Mensch hat die wahre Antwort schon empfangen, und jede weitere Antwort würde sie nur entstellen.

Praktisch bedeutet das, daß das rein polemische Fragen über den Weg zur Wiedervereinigung nicht beantwortet werden kann und in seiner mangelnden Ernsthaftigkeit aufgedeckt werden muß. Aber demjenigen, dessen Fragen von letztem Ernst getragen ist, sollte geantwortet werden, daß sein tiefer Ernst bereits die Antwort in sich trägt und zeigt, daß er vom göttlichen Geist ergriffen und in seinem Zustand der Entfremdung angenommen ist. Schließlich sollte denjenigen, deren Fragen zwischen Ernst und dem Mangel an Ernst schwankt, ihre Lage bewußt gemacht werden; dann können sie entweder dieses Bewußtsein verdrängen und ihr Fragen überhaupt aufgeben, oder sie können es bejahen und durch eben diese Bejahung seinen Ernst beweisen.

2. DIE ERFAHRUNG DES NEUEN SEINS ALS PARADOX (RECHTFERTI-GUNG). Als wir die Beziehung von Wiedergeburt und Rechtfertigung behandelten, kamen wir bereits auf die zentrale Lehre der Reformation zu sprechen: den *articulus stantis et cadentis ecclesiae*, die Lehre von der Rechtfertigung durch Gnade im Glauben. Sie ist nicht nur eine Lehre oder ein Artikel neben anderen im System, sie ist zugleich auch ein Prinzip – der erste und grundlegende Ausdruck des protestantischen Prinzips selbst. Selbstverständlich ist sie auch eine besondere Lehre, aber sie sollte mehr als das sein, nämlich das Kriterium, dem jede einzelne These des theologischen Systems unterworfen ist. Das protestantische Prinzip besagt, daß in der Beziehung zu Gott Gott allein handelt und daß kein menschlicher Anspruch, besonders kein religiöser Anspruch, aber auch kein intellektuelles, moralisches oder religiöses „Werk" uns wieder mit ihm vereinigen kann. In diesem Sinn ist die Rechtfertigungslehre der Ausdruck des protestantischen Prinzips[1].

---

[1] Es war meine Absicht und es ist meine Hoffnung, daß das vorliegende theologische System in all seinen Teilen deutlich macht, daß der Rechtfertigungs-Gedanke das protestantische Prinzip schlechthin ausdrückt, wenn dieser Gedanke auch an vielen Stellen zu ganz „unorthodoxen" Formulierungen geführt hat. Bei jeder einzelnen Formulierung habe ich mir die Frage vorge-

Die Lehre von der Rechtfertigung stellt uns vor verschiedene semantische Schwierigkeiten. In dem Kampf mit Rom über das *sola fide* wurde die Lehre als „Rechtfertigung durch Glauben und nicht durch Werke" formuliert. Dies hat jedoch zu einer gefährlichen Verwirrung geführt, denn Glaube muß in einer solchen Formulierung als die Ursache für Gottes rechtfertigendes Handeln verstanden werden, und das bedeutete nichts anderes, als daß das moralische und rituelle Werk – wie es die katholische Lehre forderte – durch das intellektuelle Werk der Annahme einer Lehre ersetzt ist. Aber nicht der Glaube, sondern die Gnade ist die Ursache der Rechtfertigung, und das bedeutet: Gott allein ist die Ursache. Glaube ist der annehmende Akt, und dieser Akt ist selbst eine Gabe der Gnade. Darum sollte man von „Rechtfertigung durch Glauben" nur mit äußerstem Vorbehalt reden, und wenn irgendmöglich von „Rechtfertigung durch Gnade im Glauben" sprechen. Jeder protestantische Pfarrer sollte sich in Unterricht und Predigt ernstlich darum bemühen, diese gefährliche Entstellung der „frohen Botschaft" des Christentums zu beseitigen.

Noch auf einem anderen Gebiet besteht ein semantisches Problem, das beim Unterrichten und Predigen beachtet werden muß. Es betrifft das Wort „Rechtfertigung" selbst. Paulus gebrauchte es in der Diskussion über die legalistische Ausdeutung seiner Botschaft von der „Neuen Kreatur in Christus". Die ersten Verfechter dieser Ausdeutung, die Christen, die sich nicht von dem jüdischen Gesetz (einschließlich dem Ritual-Gesetz) trennen konnten, sprachen von Gerechtigkeit und Rechtfertigung (*sedaqâ* im Hebräischen). Paulus selbst war in dieser Terminologie groß geworden, und er konnte sie nicht vermeiden, wenn er mit früheren Gliedern der Synagoge diskutierte. Da „Rechtfertigung" ein biblischer Ausdruck ist, kann er auch heute in den christlichen Kirchen nicht vermieden werden. Aber in der Praxis des Unterrichts und der Predigt sollte er durch das Wort „Annahme" ersetzt werden. Annahme bedeutet: Wir sind von Gott angenommen, obwohl wir nach den Kriterien des Gesetzes unannehmbar sind (das Gesetz stellt unser essentielles Sein gegen unsere existentielle Entfremdung). Wir sind aufgefordert anzunehmen, daß wir angenommen sind. Diese Terminologie wäre selbst für solche Menschen annehmbar, für die die alttestamentlichen und neutestamentlichen Worte jeden Sinn verloren

---

legt: Würde durch eine andere Formulierung dem Gläubigen ein intellektuelles „Werk" auferlegt werden, z. B. die Unterdrückung von Zweifeln, die „Opferung" der Wahrhaftigkeit? Diese Frage an mich selbst war für alle hier gegebenen Formulierungen entscheidend.

haben, obwohl die Sache selbst, auf die diese Worte hinweisen, auch für sie von größter existentieller Bedeutung ist.

Eine dritte semantische Frage taucht bei dem Ausdruck „Vergebung der Sünden" auf, der den paradoxen Charakter der Erfahrung des Neuen Seins kennzeichnet. Es ist ein religiös-symbolischer Ausdruck, dessen Symbol-Material aus dem täglichen Leben genommen ist. Man denkt dabei an den Schuldner und an den, dem er verschuldet ist, z. B. Kind und Vater, Knecht und Herr oder an den Angeklagten und den Richter. Wie bei jedem Symbol, so ist auch hier die Analogie begrenzt. Die eine Begrenzung liegt darin, daß die Beziehung zwischen Gott und Mensch nicht den Charakter einer endlichen Beziehung zwischen endlichen und einander entfremdeten Wesen hat. Dagegen ist die Beziehung zwischen Gott und Mensch in ihrer Bedeutung unendlich und universal und unbedingt; und die göttliche Vergebung verlangt nicht wie die menschliche, daß dem, der vergibt, selbst vergeben werde. Die zweite Begrenzung der Analogie liegt in der Pluralform „Sünden". Die Menschen vergeben sich einzelne Sünden, z. B. Beleidigungen oder Übertretungen bestimmter Gebote oder Gesetze. Aber in der Beziehung zu Gott gibt es keine einzelnen Sünden, sondern die *eine* Sünde – die Trennung von Gott und den Widerstand gegen die Wiedervereinigung mit ihm. In der Vergebung einer einzelnen Sünde wird die Sünde als solche vergeben. Das Symbol der „Vergebung der Sünden" hat sich als gefährlich erwiesen, weil es das Bewußtsein auf einzelne Sünden und ihren moralischen Charakter gelenkt hat, statt auf die Entfremdung von Gott und damit auf den religiösen Charakter der Sünde hinzuweisen. Dennoch kann der Plural „Sünden" für den Singular "die Sünde als solche" stehen, und die einzelne Sünde kann ein Ausdruck für die Gesamtsituation des Menschen vor Gott werden. Sie kann erlebt werden als Manifestation der „Sünde als solcher", nämlich der Entfremdung von unserem wahren Sein. Als Paulus die Annahme der göttlichen Vergebung durch den Begriff „Rechtfertigung durch Gnade im Glauben" ersetzte, tat er als Theologe einen Schritt über die Symbolsprache Jesu hinaus. Er beantwortete damit die Fragen, die durch das Symbol der Vergebung gestellt sind, nämlich die Frage nach der Beziehung von Vergebung zu Gerechtigkeit und die Frage nach der Grundlage für die Gewißheit der Vergebung. Objektiv sind diese Fragen durch die Christologie beantwortet, nämlich durch die Versöhnungslehre, in der die Teilnahme Gottes an der existentiellen Entfremdung des Menschen und der Sieg über die dämonischen Kräfte zum Ausdruck gebracht ist. Hier aber sprechen wir von der subjektiven Seite und stellen die Frage: Wie ist es dem Menschen möglich zu bejahen, daß er angenommen ist? Wie kann er sein Schuldgefühl und seinen heimlichen Wunsch nach Strafe mit dem Gebet um Vergebung vereinigen, und was gibt ihm die Gewißheit, daß ihm vergeben ist?

Die Antwort liegt in dem Unbedingtheits-Charakter des göttlichen Aktes, in dem Gott den, der ungerecht ist, für gerecht erklärt. Das Paradox *simul justus simul peccator* drückt den Unbedingtheits-Charakter der göttlichen Vergebung aus. Wenn Gott einen Menschen annähme, der halb ein Sünder und halb ein Gerechter ist, dann wäre das göttliche Urteil durch das teilweise Gutsein des Menschen bedingt. Aber Gott verwirft nichts so entschieden wie das Halb-Gutsein des Menschen und vor allem wie die menschlichen Ansprüche, die sich darauf gründen. Wo die Botschaft der Vergebung kraft der Gegenwart des göttlichen Geistes vernommen wird, wendet sie den Blick des Menschen von dem ab, was in ihm selbst böse und gut ist, und zu der unendlichen göttlichen Güte hin, die jenseits von menschlichem Gut und Böse ist und die sich bedingungslos und unzweideutig gibt. Das moralische Gesetz als Gesetz und die Mischung von Furcht vor Bestrafung und Verlangen nach Bestrafung sind im Bereich der Zweideutigkeit gültig. Sie drücken die menschliche Situation als solche aus, aber innerhalb des Neuen Seins sind sie durch eine höhere Gerechtigkeit überwunden, die den, der ungerecht ist, dadurch gerecht macht, daß sie ihn annimmt. Diese transzendente Gerechtigkeit verneint nicht, sondern erfüllt die zweideutige menschliche Gerechtigkeit. Sie erfüllt auch das, was in der Forderung nach Strafe berechtigt ist, indem sie das zerstört, was zerstört werden muß, wenn die wiedervereinigende Liebe ihr Ziel erreichen soll. Nach der tiefen psychologischen Einsicht von Paulus und Luther ist es nicht so sehr das Übel in uns, was überwunden werden muß, als die *hybris,* die den Versuch macht, das Übel zu besiegen und die Wiedervereinigung mit Gott durch die Kraft des eigenen guten Willens zu erreichen. Diese *hybris* will den Schmerz der Unterwerfung unter Gottes Handeln vermeiden, einen Schmerz, der die Qual moralischer Kämpfe und asketischer Selbst-Quälerei weit übertrifft. Diese Preisgabe des eigenen Gutseins ist vorhanden, wo der Mensch bejaht, daß Gott ihn, den Unannehmbaren, angenommen hat. Der Mut, das eigene Gutsein Gott zu überantworten, ist ein wesentliches Element in dem Mut des Glaubens. In ihm wird das Paradox des Neuen Seins erlebt – die Zweideutigkeit von Gut und Böse ist überwunden, und unzweideutiges Leben ergreift den Menschen durch die Kraft des göttlichen Geistes.

All dies ist im Bilde Jesu als des Gekreuzigten sichtbar. Gottes Annahme des Unannehmbaren, Gottes Teilnahme an der Entfremdung des Menschen und sein Sieg über die Zweideutigkeit von Gut und Böse erscheinen in ihm in einmaliger, endgültiger und alles verwandelnder Weise. Sie erscheinen in ihm, aber sie sind nicht von ihm verursacht. Die Ursache ist Gott – Gott allein.

Das Paradox des Neuen Seins, das Prinzip der „Rechtfertigung durch Gnade im Glauben" liegt den Erfahrungen von Paulus, Augustin und Luther zugrunde, obgleich es bei jedem von ihnen andere Akzente hat. Bei Paulus liegt die Betonung auf der Überwindung des Gesetzes im Neuen Äon, den der Christus gebracht hat. Seine Botschaft von der Rechtfertigung setzt ein kosmisches Geschehen voraus, an dem der Einzelne teilhaben oder nicht teilhaben kann. Bei Augustin hat die Gnade den Charakter einer Substanz, die dem Menschen eingegossen wird, die Liebe schafft und die letzte Periode der Geschichte einleitet, in der der Christus durch die Kirche herrscht. Wieder ist es Gott und Gott allein, der dies bewirkt. Das transzendente Schicksal des Menschen ist durch die Vorsehung bestimmt. Die Vergebung der Sünden ist eine Voraussetzung für die Eingießung der Liebe, aber sie ist nicht der Ausdruck unserer ständigen Beziehung zu Gott. Das gibt der Kirche eine überragende Bedeutung im Leben des Einzelnen. Bei Luther ist die Rechtfertigung die persönliche Erfahrung des Einzelnen – sowohl des göttlichen Zornes über seine Sünde wie der göttlichen Vergebung. Beide führen ihn zu einer direkten und persönlichen Beziehung zu Gott. Es fehlt aber der kosmische und kirchliche Rahmen, wie er sich bei Paulus und Augustin findet. Darin liegt die Begrenztheit von Luthers Denken, die auf der einen Seite zu einer intellektualistischen Orthodoxie, auf der anderen Seite zu einem emotionalen Pietismus geführt hat. Gegen das subjektive Element gab es keinen Ausgleich auf der objektiven Seite. Aber seine „Psychologie" von Gericht und Rechtfertigung des Einzelnen ist eine der tiefsten Einsichten in der Geschichte der Kirche, und wird durch die Einsichten der modernen Tiefenpsychologie bestätigt.

Eine Frage bleibt, die von Paulus und Luther weder gestellt noch beantwortet wurde, während Johannes und Augustin sich ihrer bewußt waren: Wie verhält sich der Rechtfertigungsglaube zu der Situation des radikalen Zweifels? Radikaler Zweifel ist existentieller Zweifel am Sinn des Lebens als ganzem. Damit ist gesagt, daß der Mensch nicht nur an allem zweifelt, was mit der Religion im engeren Sinne zusammenhängt, sondern daß es für ihn überhaupt keinen letzten Lebenssinn gibt und damit auch die Religion im weiteren Sinne unter Zweifel steht. Wenn ein Mensch in dieser Situation die Botschaft hört, daß Gott den, der unannehmbar ist, annimmt, so ist sie für ihn bedeutungslos, weil das Wort „Gott" und das Problem, ob er von Gott angenommen oder verworfen ist, für ihn überhaupt ohne Sinn sind. Die Frage von Paulus: Wie werde ich vom Gesetz befreit? oder die Frage von Luther: Wie finde ich einen gnädigen Gott? werden in unserer Zeit durch die Frage ersetzt: Wie kann ich einen Sinn in dieser sinnlosen Welt finden? Die Frage des Johannes nach der Wahrheit und seine Antwort, daß der Christus die Wahrheit *ist*, sowie die Aussage Augustins, daß die Wahrheit gerade im ernsthaften Zweifel erscheint, sind unserer eigenen Situation näher als die Fragen und Antworten von Paulus und Luther. Unsere eigene Antwort muß eine Antwort auf die Frage sein, die in unserer Situation enthalten ist, obwohl die Antwort selbst aus der Botschaft vom Neuen Sein stammt.

Der erste Teil einer jeden Antwort auf unser Problem muß negativ sein: Gott als die Wahrheit und als die Quelle des Sinns kann weder durch intellektuelles „Werk" noch durch moralisches „Werk" erreicht werden. Die Frage: Was kann ich tun, um meinen radikalen Zweifel und das Gefühl der Sinnlosigkeit zu überwinden? kann nicht beantwortet werden, weil jede Antwort den Schein erweckt, als ob doch etwas getan werden könnte. Aber darin liegt gerade die Paradoxie des Neuen Seins, daß der Mensch eben in der Situation, in der er die Frage stellt, nichts tun kann. Man kann nur sagen (während man die Form jener Frage ablehnt), daß die Ernsthaftigkeit der Verzweiflung, aus der heraus die Frage gestellt wird, selbst die Antwort ist. Damit befinden wir uns auf der Ebene von Augustins Argument, daß in der Situation des Zweifels die Wahrheit, von der man sich getrennt fühlt, gegenwärtig ist, da in jedem Zweifel die Bejahung des Prinzips der Wahrheit vorausgesetzt ist. Analog dazu steht die Bejahung des Sinnes inmitten der Sinnlosigkeit, sobald die Frage nach dem letzten Sinn ernsthaft gestellt wird. In beiden Fällen ist die Beziehung zum Paradox der Rechtfertigung deutlich. Wir können darum von der Rechtfertigung – nicht des Sünders –, sondern des Zweiflers reden. Da in der Situation des Zweifels und des Gefühls der Sinnlosigkeit der Gedanke von Gott als dem Träger der Rechtfertigung untergegangen ist, kann man nur darauf hinweisen, daß, in der letzten Wahrhaftigkeit des Zweifels und der unbedingten Ernsthaftigkeit der Verzweiflung, Gott – ohne beim Namen genannt zu werden – wieder erscheint, nämlich in dem Erlebnis des Letzten und Unbedingten. In dieser Weise kann die Erfahrung des Neuen Seins als Paradox auf die Erkenntnisfunktion angewandt werden; in dieser Weise kann man zu den Menschen unserer Zeit sprechen und ihnen in Analogie zu der klassischen Form des Rechtfertigungsgedankens sagen, daß sie im Zweifel von der Wahrheit, und im Erlebnis der Sinnlosigkeit vom letzten Sinn ergriffen sind. Im Ernst der existentiellen Verzweiflung ist Gott ihnen gegenwärtig. Der Mut, dieses anzunehmen, ist ihr Glaube.

3. DIE ERFAHRUNG DES NEUEN SEINS ALS PROZESS (HEILIGUNG). – *(a) Typische Beschreibung des Prozesses der Heiligung.* – Die Wirkung des göttlichen Geistes auf den Einzelnen schafft in ihm einen Lebensprozeß, der auf die Erfahrung der Wiedergeburt gegründet ist, seine Tiefe durch die Erfahrung der Rechtfertigung erhält und sich als die Erfahrung der Heiligung entwickelt. Das, was Heiligung bedeutet, kann nicht aus dem Wort selbst erschlossen werden. Ursprünglich waren „Heiligung" und „Rechtfertigung" zwei Begriffe für dieselbe Erfahrung, nämlich die Überwindung der Zweideutigkeiten des persönlichen Lebens. Aber allmählich erhielt der Begriff der Rechtfertigung, besonders unter dem Einfluß von Paulus, die Bedeutung „Annahme dessen, der unannehmbar ist", während „Heiligung" die Bedeutung eines Prozesses tatsächlicher Umwandlung annahm. So verstanden ist Heiligung identisch mit einem Lebensprozeß, der unter der Macht des göttlichen Geistes steht. Es war immer eine wichtige theologische Aufgabe, den Charakter dieses Prozesses der Heiligung zu beschreiben, und verschiedenartige Beschreibungen waren oft der Ausdruck für verschiedenartige Lebenswege, die auf diese Weise ihre theologische Begründung fanden.

Wenn wir vergleichen, was die lutherische und die calvinistische Theologie wie die Theologie der radikalen Geist-Bewegung unter christlichem Leben verstehen, so finden wir Unterschiede, die für die Religion und die Kultur aller protestantischen Länder von Einfluß waren und noch sind. Obwohl alle protestantischen Kirchen sich einig waren in der Ablehnung des Gesetzes, wie es von der römisch-katholischen Kirche gepredigt und gehandhabt wurde, entwickelten sich doch wichtige Unterschiede, als sie versuchten, ihre eigene Lehre vom Gesetz zu formulieren. Luther und Calvin stimmten darin überein, daß sie dem Gesetz zwei Funktionen zuschrieben: Erstens hat es die Aufgabe, das Leben in politischen Gruppen zu regeln, indem es Überschreitungen verhindert oder bestraft, und zweitens soll es dem Menschen zeigen, was er essentiell ist und daher sein soll und wieweit er zum Bild seines wahren Seins im Widerspruch steht. Indem das Gesetz das essentielle Sein des Menschen zeigt, enthüllt es zugleich seine entfremdete Existenz und treibt ihn zu der Frage nach der Wiedervereinigung mit dem, wozu er wesenhaft gehört und wovon er entfremdet ist. Soweit ist die Position von Luther und Calvin die gleiche. Aber Calvin sprach noch von einer dritten Funktion des Gesetzes. Er meinte, daß es den Christen führen könne, sofern er vom göttlichen Geist ergriffen, aber noch nicht von der Macht des Negativen im Erkennen und im Handeln befreit ist. Luther verwarf diese Lösung mit dem Hinweis darauf, daß der göttliche Geist selbst den Menschen zu den Entscheidungen führe, in denen die Zweideutigkeiten des Lebens überwunden werden; der Geist befreie den Menschen vom Buchstaben des Gesetzes, gebe ihm Einsicht in die konkrete Situation und zugleich die Kraft, in dieser Situation nach der Forderung der *agape* zu handeln. Demgegenüber ist Calvins Lösung realistischer und besser geeignet, das Fundament für eine ethische Theorie abzugeben und ein diszipliniertes Leben der Heiligung zu unterstützen. Luthers Lösung ist ekstatischer, aber ungeeignet als Fundament für eine protestantische Ethik, jedoch voll schöpferischer Möglichkeiten für das persönliche Leben. Die Kirchen, die aus den reformatorischen Geist-Bewegungen entstanden, übernahmen vom Calvinismus die Lehre von der dritten Funktion des Gesetzes und die Kirchenzucht als einen Weg im Prozeß der Heiligung. Aber im Gegensatz zu Calvin verloren sie das Verständnis für den paradoxen Charakter der Kirchen und des Lebens des Einzelnen in der Kirche. In der Praxis leugnen sie die immer gültige Bedeutung des großen „trotzdem" im Prozeß der Heiligung. Nach dieser Auffassung kann Vollkommenheit in diesem Leben erreicht werden sowohl vom Einzelnen wie von Gruppen, die erwählt sind, Träger des göttlichen Geistes zu sein. In diesem Punkt kehren sie zur asketisch-katholischen Tradition zurück.

Die Folgen, die sich aus den verschiedenen Haltungen gegenüber dem Gesetz für die Auffassung vom christlichen Leben ergeben, sind erheblich: Im Calvinismus verstand man unter Heiligung einen Prozeß, der sich langsam aufwärts bewegt, in dem Glaube und Liebe in ständigem Fortschritt verwirklicht werden und die Macht des göttlichen Geistes im Einzelnen zunimmt. Der Mensch kann sich der Vollkommenheit nähern, sie aber niemals erreichen. Die frühen Vertreter der „radikalen Reformation" machten nicht einmal diese Einschränkung. Sie hielten die Vollkommenheit des Einzelnen für möglich, und zwar auf eine Art, die den paradoxen Charakter der christlichen Vollkommenheit auslöschte. Tatsächliche Vollkommenheit wird gefordert und für möglich gehalten. In der auserwählten Gruppe ist nicht nur die Heiligkeit des Ganzen verwirklicht, sondern die Einzelnen selbst sind Heilige. Diese Gruppe steht im Gegensatz zur „Welt", zu der auch die großen Kirchen gehören. Die Situation wurde noch problematischer, als die Heiligungs-Sekten selbst zu großen Kirchen wurden.

Obgleich dann das Ideal der unparadoxen Heiligkeit eines jeden Mitgliedes der Gruppe nicht mehr aufrechterhalten werden konnte, blieb doch das Ideal der Vollkommenheit in Kraft und bewirkte die Gleichsetzung der christlichen Idee der Erlösung mit der moralischen Vollkommenheit der einzelnen Glieder. Der Calvinismus, der zwar keinen Perfektionismus lehrt, aber starke perfektionistische Elemente enthält, hat einen Typus protestantischer Ethik geschaffen, in dem die fortschreitende Heiligung das Ziel des christlichen Lebens ist. Das gab ihm die Kraft, starke, selbstbeherrschte christliche Persönlichkeiten zu schaffen. Der einzelne Calvinist suchte eifrig, in sich Symptome seiner Auserwähltheit zu entdecken, und wenn er sie nicht finden konnte, erzeugte er sie durch das, was man „innerweltliche Askese" genannt hat, z. B. durch intensive Arbeit, Selbstbeherrschung, Unterdrückung der Vitalität, besonders in sexueller Beziehung. Diese perfektionistischen Tendenzen verstärkten sich, als sich der Perfektionismus der „radikalen Reformatoren" mit den perfektionistischen Elementen des Calvinismus vereinigte.

Im Luthertum war die Betonung des paradoxen Elementes in der Erfahrung des Neuen Seins so vorherrschend, daß Heiligung niemals im Sinne einer fortschreitenden Selbstvervollkommnung verstanden werden konnte. Statt dessen wurde das Leben als ständiges Auf und Ab von Ekstase und Angst, von Ergriffensein durch die *agape* und Zurückgeworfensein in die Entfremdung und Zweideutigkeit gesehen. Dieses Hin und Her zwischen Höhe und Tiefe wurde von Luther selbst radikal erlebt. Er erfuhr abwechselnd Augenblicke des Mutes und der Freude und Augenblicke dämonischer Anfechtungen, wie er seine Zustände von Zweifel und tiefer Verzweiflung nannte. Die Betonung der Kirchenzucht, die sich im Calvinismus und in den radikalen Geist-Bewegungen fand, fehlte im Luthertum, was schließlich dazu führte, daß das Ideal der Heiligung weniger ernst genommen und durch die Betonung des paradoxen Charakters des christlichen Lebens ersetzt wurde. In der Periode der Orthodoxie führte die Haltung des Luthertums zu jener Auflösung von Moral und religiösem Leben, gegen die sich der Pietismus erhob. Aber Luthers Erfahrung des Dämonischen führte andrerseits zu einem tiefen Verständnis der dämonischen Elemente im Leben überhaupt und im religiösen Leben im besonderen. Die jüngere Romantik, in der sich die existentialistische Bewegung des 20. Jahrhunderts vorbereitete, hätte sich schwerlich auf calvinistischem Boden entwickeln können. Sie gehörte ihrem Wesen nach zu einer Kultur, die von lutherischer Tradition durchdrungen war. (Eine Analogie dazu finden wir in der russischen Literatur und Philosophie, die aus der griechisch-orthodoxen Tradition hervorgegangen sind.)

(b) Vier Prinzipien, die das Neue Sein als Prozeß bestimmen. – Der Gegensatz zwischen den verschiedenen Typen, in denen der Prozeß der Heiligung gesehen und erlebt wird, vermindert sich unter dem Einfluß der profanen Kritik, die sie alle in Frage stellt. Deshalb müssen wir fragen, ob wir nicht nach neuen Kriterien für das „Leben in der Gegenwart des göttlichen Geistes" suchen müssen. Man kann mit der Aufstellung folgender Prinzipien antworten: erstens wachsendes Bewußt-werden, zweitens wachsendes Frei-werden, drittens wachsendes Verbunden-sein, viertens wachsende Selbst-Transzendierung. Wie sich diese Prinzipien in einem neuen Typus des Lebens in der Gegenwart des göttlichen Geistes vereinigen, kann nicht beschrieben werden, ehe es Wirklichkeit geworden ist. Aber Elemente eines solchen Lebens kann man bei Einzelnen und bei Gruppen finden, die das vorwegnehmen, was möglicherweise in der Zukunft liegt. Die Prinzipien selbst vereinigen religiöse wie profane Traditionen, und ihre Beschreibung kann in ihrer Gesamtheit ein noch nicht voll konkretisiertes, aber deutliches Bild des „christlichen Lebens" geben.

Das Prinzip des wachsenden Bewußt-werdens wird durch die heutige Tiefenpsychologie bestätigt, aber es ist nicht erst von ihr entdeckt worden. Es ist so alt wie die Religion selbst und kommt deutlich im Neuen Testament zum Ausdruck. Es ist das Prinzip, nach dem der Mensch im Prozeß der Heiligung seine aktuelle Situation immer deutlicher sieht und sich damit sowohl der Kräfte, die um ihn kämpfen und seine *humanitas* bedrohen, als auch der Antworten auf die Fragen, die in dieser Situation enthalten sind, immer deutlicher bewußt wird. Heiligung schließt die Erfahrung des Dämonischen wie die des Göttlichen ein. Solche Erfahrungen, die im Prozeß der Heiligung zunehmen, führen nicht zu dem Ideal des stoischen Weisen, der jenseits der Zweideutigkeiten des Lebens steht, da er seine Leidenschaften und Wünsche besiegt hat; sie führen vielmehr zum Bewußt-werden dieser Zweideutigkeiten, nicht nur bei anderen, sondern auch bei sich selbst, und zu der Fähigkeit, das Leben, einschließlich seiner vitalen Kräfte, trotz seiner Zweideutigkeiten zu bejahen. Das Prinzip des wachsenden Bewußt-werdens schließt ein feines Gefühl für die Forderungen des eigenen Wachstums ein, für die verborgenen Hoffnungen und Enttäuschungen in anderen, für die lautlose Stimme einer konkreten Situation, für die Grade der Echtheit im geistigen Leben des anderen und in sich selbst. Dieses Gefühl ist nicht eine Folge von Erziehung und

Bildung, sondern ein Zeichen des Wachstums unter der Einwirkung des göttlichen Geistes. Daher kann man es in jedem Menschen finden, der für den Geist offen ist. Die Aristokratie des menschlichen Geistes und die Aristokratie des göttlichen Geistes sind nicht identisch, obgleich sie zuweilen zusammenfallen können.

Das zweite Prinzip des Prozesses der Heiligung ist das Prinzip wachsender Freiheit. Dieses Prinzip des Lebens im Geist wird besonders stark bei Paulus und Luther betont. In der gegenwärtigen Literatur sind die Prophezeihungen von Nietzsche und der Kampf der Existentialisten um die Freiheit des personhaften Selbst von der Unterwerfung unter die Objekte, die es selbst geschaffen hat, von größter Wichtigkeit für das Verständnis dieses Prinzips. Auch hier liefert die Tiefenpsychologie einen Beitrag, wenn sie versucht, den Menschen von psychischen Zwängen zu befreien, die das Wachstum der geistigen Freiheit hindern. Wachstum in Geist-bestimmter Freiheit ist vor allem Wachstum in der Freiheit vom Gesetz. Das wird deutlich, sobald man das Gesetz als das essentielle Sein des Menschen interpretiert, das dem Menschen im Zustand der Entfremdung entgegengestellt wird. Je vollkommener der Mensch unter dem Einfluß des göttlichen Geistes mit seinem wahren Sein wiedervereinigt ist, um so freier ist er von den Forderungen des Gesetzes. Das ist schwer erreichbar, und Reife ist etwas sehr Seltenes. Da die Wiedervereinigung mit unserem wahren Wesen nur fragmentarisch gelingt, ist auch die Freiheit vom Gesetz immer nur fragmentarisch. Insoweit wir uns noch in der Entfremdung befinden, stehen wir Verboten und Geboten gegenüber, die ein schlechtes Gewissen in uns bewirken. Insoweit wir wiedervereinigt sind, verwirklichen wir in Freiheit, was wir essentiell sind – ohne jegliches Gebot. Die Freiheit vom Gesetz im Prozeß der Heiligung ist das wachsende Frei-werden von der gebietenden Form des Gesetzes, aber darüber hinaus ist sie auch Freiheit von dem spezifischen Inhalt eines Gesetzes. Denn spezifische Gesetze – obwohl sie die Erfahrung und die Weisheit der Vergangenheit enthalten – sind nicht nur hilfreich, sondern sie sind auch belastend, weil sie niemals auf die konkrete, jeweils neue und jeweils einzigartige Situation zutreffen können. Freiheit vom Gesetz gibt die Kraft, die gegebene Situation im Lichte der Gegenwart des göttlichen Geistes zu beurteilen und über die richtige Handlung zu entscheiden, die oft dem allgemeinen Gesetz widerspricht. Dieser Sachverhalt ist gemeint, wenn der Geist des Gesetzes in Widerspruch zu seinem Buchstaben gestellt wird (Paulus), oder wenn derjenige, der den Geist empfangen hat, für ermächtigt gehalten wird, neue und vielleicht bessere Gesetze zu geben als Moses (Luther), oder wenn – in profanisierter Form – der, der frei ist, sich zum Umwerten der Werte berufen fühlt (Nietzsche), oder wenn das existierende Selbst sich durch Entschlossenheit aus der Sackgasse des Daseins zu befreien sucht (Heidegger). Es ist ein Ziel der Heiligung, die Reife und Freiheit zu erreichen, neue Gesetze zu schaffen oder die alten in neuer Weise anzuwenden. Die Gefahr, daß eine solche Freiheit in Willkür ausartet, ist überwunden, wo die Macht der Wiedervereinigung durch den göttlichen Geist wirksam ist. Willkür ist ein Symptom der Entfremdung und der Verfallenheit an herrschende Bedingungen und psychologische Zwänge. Reife, Freiheit vom Gesetz, gibt die Kraft, den Mächten zu widerstehen, die solche Freiheit zu zerstören suchen, gleich ob sie aus dem Inneren der Person oder aus ihrer Umgebung stammen. Dabei ist es deutlich, daß sich der äußere Zwang nur durchsetzen kann, weil ihm innere Tendenzen, sich ihm zu unterwerfen, entgegenkommen. Der Widerstand gegen solche Tendenzen kann bis zu Askese und Martyrium führen, die auf sich genommen werden, um sich in einer konkreten Situation die Freiheit zu bewahren, aber nicht, um einen höheren Grad von Heiligkeit für sich selbst zu erreichen. Askese und Martyrium sind unter bestimmten Bedingungen Wege zur Heiligung, aber sie sind nicht Ziele im Prozeß der Heiligung.

Das dritte Prinzip ist das des wachsenden Verbunden-seins. Es stellt sozusagen das Gegengewicht zum Prinzip des wachsenden Frei-werdens dar, denn dieses, obwohl notwendig im Kampf gegen die verknechtenden Kräfte, kann zu einer Isolierung der reifen Persönlichkeit führen. Freiheit und Verbunden-sein (ebenso wie Bewußt-werden und Selbst-Transzendierung) wurzeln im *Glauben* und in der *Liebe* als den Schöpfungen des göttlichen Geistes. Diese sind gegenwärtig, wo immer der göttliche Geist manifest ist. Ohne sie gibt es keine Wiedergeburt, keine Erfahrung der Rechtfertigung, und sie bestimmen auch den Prozeß der Heiligung. Und das geschieht mit Hilfe der vier genannten Prinzipien. Das Prinzip des wachsenden Frei-werdens z. B. ist undenkbar ohne den Mut, das Wagnis einer falschen Entscheidung in der Kraft des *Glaubens* an das Paradox der Rechtfertigung einzugehen. Und das Prinzip des wachsenden Verbunden-seins kann nicht ohne die wiedervereinigende Macht der *agape* vorgestellt werden, die den Zustand des In-sich-Eingeschlossenseins wenigstens fragmentarisch überwindet. In beiden Fällen zeigen die Prinzipien der Heiligung einen konkreten Weg zur Geist-bestimmten Reife.

Verbunden-sein setzt ein Wissen um den anderen voraus und die Freiheit, das Verschlossen-sein in sich selbst und im anderen zu durchbrechen und eine innere Verbindung mit dem anderen herzustellen. Es gibt unzählige Hemmnisse in diesem Prozeß, wie man aus der reichen Literatur (die auch Analogien in der bildenden Kunst hat) erkennen kann, in der das Verschlossen-sein des einen gegenüber dem anderen beschrieben wird. Was die Dichtung beschreibt, bestätigt die Psychotherapie in ihrer Analyse von Introvertiertheit und unbewußter Feindseligkeit. Und die biblischen Berichte über das Verbunden-sein der Glieder in der Geistgemeinschaft weisen auf die gleiche Unverbundenheit der Menschen in der heidnischen Welt hin, aus der die Glieder der Kirche kamen. Aber auch in den Kirchen bleibt Verbundenheit zu allen Zeiten zweideutig mit Unverbundenheit gemischt.

Der Prozeß der Heiligung kann zu reifen Formen des Verbundenseins führen. Der heilige Geist ist mit Recht als die Macht beschrieben worden, die die Wand des Verschlossen-seins durchbricht. Das Verschlossen-sein in sich selbst kann auf die Dauer nur durch das Wirken des Geistes überwunden werden, das den Einzelnen ekstatisch über sich hinaushebt und so befähigt, den anderen zu finden, wenn auch dieser sich über sich hinaus heben läßt. Alle anderen menschlichen Beziehungen sind vorübergehend und zweideutig, und sind nicht nur Ausdruck von Verbunden-sein, sondern auch von Entfremdung. Alle menschlichen Beziehungen haben diesen Charakter. An sich sind sie nicht fähig, Einsamkeit, Verschlossen-sein und Feindseligkeit zu überwinden. Nur das Verbunden-sein in der Gegenwart des göttlichen Geistes ist fähig, das zu bewirken. Heiligung als die Entwicklung zur Geistbestimmten Reife kann das Verlassensein und das Versinken in der Masse überwinden, indem sie das Ineinander von schöpferischer Einsamkeit und dem Leben in der Gemeinschaft in Wechselwirkung schafft. Ein entscheidendes Zeichen Geist-gewirkter Reife ist die Fähigkeit zu schöpferischer Einsamkeit. Heiligung überwindet Introvertiertheit nicht dadurch, daß sie das persönliche Zentrum nach außen wendet und Extravertiertheit erzeugt, sondern dadurch, daß sie es in die eigene Tiefe und Höhe führt. Verbunden-sein bedarf der vertikalen Richtung, um sich in der horizontalen verwirklichen zu können.

Das bezieht sich auch auf die Beziehung zu sich selbst. Die Zustände von Verlassenheit, Introvertiertheit und Feindseligkeit stehen nicht nur im Gegensatz zum Verbunden-sein mit anderen, sondern auch zu wahrer Selbst-Bezogenheit. Hier muß bemerkt werden, daß die Worte, deren Vorsilbe „Selbst" ist, sprachlich zweideutig sind. Der Begriff Selbst-Zentriertheit kann gebraucht werden: einerseits, um die Größe des Menschen als eines völlig zentrierten Selbst zu bezeichnen, andererseits, um eine ethisch zu verwerfende Bindung an sich selbst zu beschreiben. Die Begriffe Selbst-Liebe und Selbst-Haß sind semantisch von zweifelhaftem Wert, da es schwierig ist, das Selbst als Subjekt von Liebe und Haß vom Selbst als Objekt von Liebe und Haß zu trennen, und ohne Getrennt-sein gibt es auch kein Verbunden-sein (Liebe) und keinen Widerstand gegen Verbunden-sein (Haß). Von derselben Zweideutigkeit ist auch der Begriff Selbst-Bezogenheit. Dennoch ist es schwer, solche Worte zu vermeiden. Man muß sich bei ihrem Gebrauch jedoch bewußt bleiben, daß sie im analogischen und nicht in ihrem wörtlichen Sinn gemeint sind.

Im analogischen Sinne kann man von dem Prozeß der Heiligung sagen, daß er ein reifes Verhältnis des Subjekts zu sich selbst schafft, indem er durch paradoxe Selbst-Bejahung sowohl Selbst-Erhebung wie Selbst-Verachtung überwindet und echte Wiedervereinigung des Selbst mit sich zuwege bringt. Solch eine Wiedervereinigung wird dadurch geschaffen, daß beide, das Selbst als Subjekt und das Selbst als Objekt, transzendiert werden. Das vom Objekt getrennte Subjekt versucht durch Selbst-Beherrschung und Selbst-Disziplin das Selbst als Objekt zu unterwerfen, das diesem Versuch widersteht und in Mitleid mit sich selbst fällt und vor sich flieht. Ein reifes Verhältnis zu sich selbst ist ein Zustand des Versöhntseins zwischen dem Selbst als Subjekt und dem Selbst als Objekt und der spontanen Bejahung des essentiellen Selbst jenseits von Subjekt und Objekt. Je mehr sich der Prozeß der Heiligung einem reifen Verhältnis zu sich selbst nähert, desto spontaner und selbst-bejahender (ohne Selbst-Erhebung oder Selbst-Erniedrigung) wird die Person.

Was heute „Suche nach Identität" genannt wird, ist das Suchen nach dem, was hier Selbst-Bezogenheit genannt wurde. Richtig verstanden richtet sich dieses Suchen nicht auf ein zufälliges Stadium in der Entwicklung des entfremdeten Selbst, sondern es richtet sich auf ein Selbst, das jedes zufällige Stadium seiner Entwicklung transzendiert und das in allen Veränderungen in seinem Wesen unverändert bleibt. Der Prozeß der Heiligung geht auf ein Stadium zu, in dem das „Suchen nach Identität" sein Ziel erreicht, nämlich die Identität des essentiellen Selbst, das durch alle Zufälligkeiten des existentiellen Selbst hindurchscheint.

Das vierte Prinzip, das den Prozeß der Heiligung bestimmt, ist das Prinzip der Selbst-Transzendierung. Das Ziel der Reife unter der Gegenwart des göttlichen Geistes schließt wachsendes Bewußt-werden, wachsendes Frei-werden und wachsendes Verbunden-sein ein, aber in allen drei Fällen kann, wie wir gesehen haben, dies Ziel nicht erreicht werden ohne wachsende Selbst-Transzendierung. Das bedeutet, daß die Heiligung nicht möglich ist ohne ein ständiges Selbst-Transzendieren in Richtung auf das Unbedingte, mit anderen Worten, ohne Partizipation am Heiligen.

Partizipation am Heiligen ist ein anderes Wort für religiöses Leben in der Gegenwart des göttlichen Geistes. Die Begriffe Partizipation am Heiligen und religiöses Leben müssen so verstanden werden, daß das Heilige sich selbst und das Profane umfaßt und daß der Begriff Religion im weiteren wie im engeren Sinne des Wortes gebraucht wird. Werden beide Worte ausschließlich im engeren Sinne, z. B. im Sinne von Andachtsleben oder Gebetsleben gebraucht, dann erschöpfen sie nicht den Sinn der Selbst-Transzendierung. Im reifen, Geist-bestimmten Leben mag es geschehen, daß Teilnahme am Gottesdienst der Gemeinde eingeschränkt oder sogar abgelehnt wird, daß Gebet der Meditation untergeordnet wird, ja sogar, daß Religion im engeren Sinne im Namen der Religion im weiteren Sinne in Frage gestellt wird – all das widerspricht nicht dem Prinzip der Selbst-Transzendierung. Es kann sogar geschehen, daß eine tiefere Erfahrung der Selbst-Transzendierung zu einer gesteigerten Kritik der Religion als Sonderfunktion führt. Aber trotz dieser Einschränkungen ist Selbst-Transzendierung eins mit religiösem Leben oder Partizipation am Heiligen.

In Diskussionen über Religion wird oft zwischen organisiertem und persönlichem religiösem Leben unterschieden. Aber diese Unterscheidung hat nur begrenzte Geltung; wer in der Einsamkeit betet, betet in den Worten der religiösen Tradition, die ihm die Sprache gegeben hat. Der, der ohne Worte Kontemplation übt, nimmt an einer langen Tradition teil, die von religiösen Persönlichkeiten innerhalb und außerhalb der Kirchen repräsentiert wird. Die Unterscheidung von persönlichem und organisiertem religiösem Leben hat nur Bedeutung, sofern sie bestätigt, daß es kein göttliches Gesetz gibt, das Teilnahme an der organisierten Religion fordert. Luther kämpfte heftig gegen die Aufrichtung eines solchen Gesetzes, aber zugleich schuf er eine Liturgie für den protestantischen Gottesdienst. Man kann im allgemeinen sagen, daß das Fernbleiben vom religiösen Leben der Gemeinschaft gefährlich ist, weil es ein Vakuum schaffen kann, in dem das religiöse Leben überhaupt untergeht.

Die Selbst-Transzendierung, die zum Prinzip der Heiligung gehört, ist in jedem Augenblick verwirklicht, in dem die Gegenwart des göttlichen Geistes erfahren wird. Das kann im Gebet geschehen, in der Meditation, in der Einsamkeit oder im Austausch mit Geist-gewirkten Erfahrungen anderer, im Gedankenaustausch innerhalb des profanen Lebens, in der Begegnung mit kulturellen Schöpfungen, inmitten von Arbeit oder Ruhe, in persönlicher Seelsorge oder in kirchlichen Feiern.

Die Gegenwart des göttlichen Geistes ist wie das Atmen einer anderen Luft, sie ist eine Erhebung über das Durchschnittsleben – das wichtigste Erlebnis im Prozeß der Heiligung. Vielleicht kann man sagen, daß mit wachsender Reife die Selbst-Transzendierung bestimmter und ihre Ausdrucksformen unbestimmter werden. Die Teilnahme am gemeinsamen religiösen Leben kann abnehmen, und die religiösen Symbole, in denen es sich vollzieht, können an Bedeutung verlieren, während gleichzeitig das Ergriffensein von der Gegenwart des göttlichen Geistes manifester und die Hingabe an den göttlichen Grund unseres Seins intensiver werden kann.

Das neuerwachte Interesse an der Religion in den Jahrzehnten nach dem Zweiten Weltkrieg war in der Erfahrung begründet, daß Leben ohne Selbst-Transzendierung mehr und mehr zur Entleerung führt. Das Verlangen nach einer solchen Transzendierung ist weit verbreitet. Man ist freier von Vorurteilen gegen die Religion geworden, da man sie als die Vermittlerin für die Erfahrung der Selbst-Transzendierung versteht und nach konkreten Symbolen für diese sucht.

Im Lichte der vier Prinzipien, die das Neue Sein als Prozeß bestimmen, können wir sagen: Das christliche Leben erreicht niemals den Zustand der Vollendung, es bewegt sich immer auf und ab, aber trotz seiner Veränderlichkeit ist es eine Bewegung zur Reife, wie fragmentarisch der Zustand der Reife auch sein mag. Heiligung kann im religiösen wie im profanen Bereich erscheinen, und sie transzendiert beide in der Macht des Geistes.

(c) Bilder der Vollkommenheit. – Die Verschiedenheiten in der Beschreibung des christlichen Lebens führen zu Verschiedenheiten in der Beschreibung des Ideals, dem der Prozeß der Heiligung zustrebt, dem Heiligen im Sinne der vollkommenen christlichen Persönlichkeit. Im Neuen Testament wird das Wort *hagios*, „der Heilige", auf alle Glieder der Gemeinde angewandt, auch auf diejenigen, die nach unseren Begriffen sicherlich keine Heiligen waren. Der Begriff „der Heilige" in seiner Anwendung auf den einzelnen Christen hat denselben paradoxen Charakter wie der Begriff Heiligkeit in seiner Anwendung auf die Kirche. Beide sind heilig wegen der Heiligkeit dessen, aus dem sie leben, des Neuen Seins im Christus. Dieser paradoxe Sinn der Heiligkeit ging verloren, als die frühe Kirche den Asketen und Märtyrern besondere Heiligkeit zusprach. Im Vergleich mit ihnen hörten die gewöhnlichen Glieder der Kirche auf, Heilige zu sein, und ein doppeltes Kriterium der Heiligkeit setzte sich durch. Aber niemals war man der Ansicht, daß der Heilige moralische Überlegenheit über die anderen

hat. Seine Heiligkeit bestand darin, daß er für das Göttliche transparent war. Diese Heiligkeit drückte sich nicht nur in seinen Worten und seinem persönlichen Charakter aus, sondern auch – und zwar sehr entscheidend – in seiner Geist-gewirkten Macht über Natur und Mensch. Ein Heiliger ist nach dieser Lehre ein Mensch, der Wunder tut. Wunder beweisen die Überlegenheit des Heiligen über die Natur, nicht aufgrund seines moralischen Charakters, sondern aufgrund der Kraft des Geistes in ihm. Heiligkeit transzendiert ihrem Wesen nach Moralität. Dennoch hat der Protestantismus die Idee der heiligen Persönlichkeit im Sinne des Katholizismus verworfen. Es gibt keine protestantischen Heiligen, oder genauer, keine Heiligen unter dem Kriterium des protestantischen Prinzips. Dafür kann man drei Gründe anführen: Erstens setzt die Unterscheidung zwischen denen, die Heilige genannt werden, und den anderen Christen einen Status der Vollkommenheit voraus, der dem Paradox der Rechtfertigung widerspricht, nach dem es der Sünder ist, der gerechtfertigt wird. Heilige sind gerechtfertigte Sünder; darin sind sie allen anderen Christen gleich. Zweitens war der Protest der Reformation gegen eine Situation gerichtet, in der die Heiligen zu Objekten des Kultus geworden waren. Man kann nicht bestreiten, daß das in der römisch-katholischen Kirche geschehen war trotz der theologischen Vorsichtsmaßnahmen, die die Kirche dagegen getroffen hatte. Die Kirche hatte keinen Erfolg mit diesen Maßnahmen, weil sie den abergläubischen Tendenzen, die mit dem Heiligen-Kult verbunden waren, zu leicht nachgab und die ikonoklastischen Bewegungen unterdrückte, die die Gefahr des Aberglaubens zu verringern suchten, indem sie die bildhaften Darstellungen der Heiligen beseitigten. Schließlich konnte der Protestantismus die Idee des Heiligen auch deshalb nicht akzeptieren, weil sie mit einer dualistischen Auffassung der Askese verbunden war. Der Protestantismus erkennt keine Heiligen an, aber er erkennt Heiligung an, und er kann bejahen, daß es Menschen gibt, die durch die Kraft des göttlichen Geistes geformt sind und diese repräsentieren. Solche Persönlichkeiten sind nicht in höherem Maße „Heilige" als irgendein anderes Glied der Geistgemeinschaft, aber sie repräsentieren die anderen als Symbole der Reife im Prozeß der Heiligung. Sie sind Beispiele für die Verwirklichung des Neuen Seins im persönlichen Leben und sind als solche von großer Bedeutung für das Leben der Kirche. Aber auch sie sind in jedem Augenblick sowohl entfremdet wie wiedervereint, und es mag sein, daß in ihrem Inneren nicht nur die göttlichen, sondern auch die dämonischen Kräfte außerordentlich stark sind, wie es die mittelalterliche Kunst in der Darstellung der katholischen Heiligen zeigt. Der

Protestantismus kann Repräsentanten der Kraft des Neuen Seins im religiösen wie im profanen Bereich finden – nicht als Träger eines speziellen Grades von Heiligkeit, sondern als Repräsentanten dessen, an dem alle teilnehmen, die vom Geist ergriffen sind. Das Bild der Vollkommenheit wird geformt auf Grund der Schöpfungen des göttlichen Geistes, Glaube und Liebe, und darüber hinaus auf Grund der vier Prinzipien, die den Prozeß der Heiligung bestimmen: des wachsenden Bewußt-werdens, des wachsenden Frei-werdens, des wachsenden Verbunden-seins und der wachsenden Selbst-Transzendierung.

Zwei Probleme, die damit zusammenhängen, daß Vollkommenheit auf Glauben und Liebe basiert, erfordern weitere Erörterung. Das erste ist die Frage nach dem Verhältnis des Zweifels zum Glauben. Das zweite ist die Frage nach dem Verhältnis der Liebe als *eros* zur Liebe als *agape*. Beide Fragen, die schon in anderem Zusammenhang behandelt wurden, müssen hier in ihrem Zusammenhang mit der Heiligung als Prozeß erörtert werden.

Die erste der beiden Fragen ist: Was bedeutet Zweifel im Zusammenhang mit dem Prozeß der Heiligung? Schließt Vollkommenheit in diesem Prozeß die Beseitigung des Zweifels ein? Im römischen Katholizismus würde diese Frage folgende Form annehmen: Kann der Gläubige im Stand der Vollkommenheit, z. B. als Heiliger, das Lehrsystem oder einen Teil von ihm, wie es die Autoritäten der Kirche aufgestellt haben, bezweifeln, ohne den Stand der Vollkommenheit zu verlieren? Die Antwort ist negativ, denn nach katholischer Lehre hat der, der das Ziel der Heiligung erreicht hat, die Autorität der Kirche bedingungslos akzeptiert. Das folgt notwendig aus der Gleichsetzung von Geistgemeinschaft und Kirche. Im Namen des protestantischen Prinzips muß diese Gleichsetzung abgelehnt werden.

Trotzdem stimmen der orthodoxe Protestantismus und der Pietismus im Grunde mit der katholischen Antwort überein. Die intellektualistische Entstellung des Glaubens durch Anerkennung der Autorität der Bibel im literalistischen Sinn (was praktisch die Anerkennung der Autorität der kirchlichen Bekenntnisse bedeutet) führt die Orthodoxie zu einem Ideal der Vollkommenheit, in dem der Zweifel ausgeschlossen ist, während die Sünde als unvermeidlich betrachtet wird. Gegen diesen Gedanken könnte man auf die Tatsache hinweisen, daß es einen Zweifel gibt, der eine unvermeidliche Folge der Sünde ist, da beide zur Situation der Entfremdung gehören. Aber das wirkliche Problem ist nicht Zweifel als Folge von Sünde, sondern Zweifel als ein Element des Glaubens. Vom Gesichtspunkt des protestantischen Prinzips muß gerade dies behauptet werden, daß Zweifel ein Element des Glaubens ist. Der unendliche Abstand zwischen Gott und Mensch kann niemals überbrückt werden, er ist identisch mit der Endlichkeit des Menschen. Darum gehört schöpferischer Mut zum Glauben, selbst im Zustand des vollkommenen Christentums, und wo Mut ist, da ist Wagnis und der Zweifel, der zum Wagnis gehört. Der Glaube wäre nicht Glaube, sondern *unio mystica*, wenn er des Elements des Zweifels in sich beraubt wäre.

Der Pietismus weiß im Gegensatz zur Orthodoxie, daß Unterwerfung unter Lehrgesetze den Zweifel nicht überwinden kann. Darum sucht er die Überwindung des Zweifels durch Erfahrungen, die sozusagen Antizipationen der *unio mystica* sind. Das Gefühl der Wiedergeburt, der Wiedervereinigung mit Gott, des Ruhens in der erlösenden Kraft des Neuen Seins, vertreibt den Zweifel. Im Gegensatz zur Orthodoxie vertritt der Pietismus das Prinzip der Unmittelbarkeit. Unmittelbarkeit gibt Gewißheit, eine Gewißheit, die der Gehorsam gegenüber der Lehrautorität nicht geben kann. Aber man muß fragen: Kann eine solche religiöse Erfahrung in einem vorgerückten Stadium der Heiligung die Möglichkeit des Zweifels beseitigen? Wieder muß unsere Antwort negativ sein: Zweifel ist unvermeidlich, solange es Trennung von Subjekt und Objekt gibt, und selbst das unmittelbarste und innigste Gefühl des Einsseins mit dem Göttlichen, wie es in der „Braut-Mystik" als Einigung des Christus mit der Seele beschrieben wird, kann den unendlichen Abstand zwischen dem endlichen Selbst und dem Unendlichen, von dem es ergriffen ist, nicht überbrücken. In den Schwankungen des Gefühls offenbart sich dieser Abstand und wirft oft den, der auf dem Wege der Heiligung fortgeschritten ist, in tieferen Zweifel als Menschen mit weniger intensiver religiöser Erfahrung. Die Frage, um die es sich hier handelt, ist keine psychologische. Sie bezieht sich nicht auf die psychologische Möglichkeit, sondern auf die theologische Notwendigkeit des Zweifels im Glauben des Pietisten. Die psychologische Möglichkeit ist immer gegeben, die theologische Notwendigkeit kann die Wirklichkeit bestimmen oder auch nicht. Aber die Theologie muß die Notwendigkeit des Zweifels aufzeigen, die aus der Endlichkeit des Menschen unter den Bedingungen seiner existentiellen Entfremdung folgt.

Die zweite Frage ist die nach dem Verhältnis der Liebe als *eros* zur Liebe als *agape*. Wir berührten dieses Problem, als wir den Anspruch der Askese auf einen höheren religiösen Grad verwarfen und das protestantische Bild einer Persönlichkeit zeichneten, die sichtbar die Macht des Geistes repräsentiert. Das Problem ist dadurch verwirrt worden, daß man *eros* und *agape* als durch eine unüberbrückbare Kluft getrennt betrachtete (wobei *eros libido* und *philia* einschloß und *agape* den neutestamentlichen Begriff der Liebe bezeichnete). Obwohl die Aufstellung dieses Gegensatzes von verschiedenen Seiten kritisiert wurde, ist seine Wirkung noch immer stark, weil er die Aufmerksamkeit auf ein fundamentales Problem des Lebens des Christen richtete. Zugleich zerstörte die psychoanalytische Bewegung in all ihren Zweigen die Idee und weithin auch die Haltung des christlichen wie des humanistischen Moralismus. Die Psychoanalyse hat gezeigt, wie stark selbst die höchsten geistigen Funktionen in den vitalen Strebungen der menschlichen Natur verwurzelt sind. Weiterhin erfordert die Lehre von der vieldimensionalen Einheit des Menschen, daß jeder Versuch zurückgewiesen wird, die Vitalität um des Geistes und seiner Funktionen willen zu unterdrücken. Wachstum in Bewußtheit, Freiheit, Verbundenheit und Transzendierung setzt keine Abnahme an vitaler Selbst-Verwirklichung voraus. Im Gegenteil, Geist und Leben in den verschiedenen Dimensionen sind voneinander abhängig. Das bedeutet nicht, daß sie alle jederzeit verwirklicht werden sollten, denn das wäre menschlich unmöglich. Oft ist eine nicht-asketische, deshalb aber nicht weniger strikte Disziplin gegenüber den vitalen Kräften gefordert. Aber sein Leben auf die Integration möglichst vieler Seins-Elemente richten, ist nicht dasselbe wie die Verdrängung des Vitalen, wie sie in der katholischen Askese und im protestantischen Moralismus geübt wird. Die analytische Psychotherapie und ihre Anwendung auf das normale menschliche Individuum haben die verheerenden Konsequenzen solcher Verdrängung aufs überzeugendste ans Licht gebracht. Damit hat sie der Theologie einen ihrer großen Dienste geleistet. Wenn der Theologe das Neue Sein als Prozeß zu beschreiben versucht, darf er die Einsichten der analytischen Psychologie in den Mechanismus der Verdrängung nicht unbeachtet lassen.

Die Theologie sollte die Konsequenzen, die diese Einsichten für ihre eigene Arbeit haben, nicht zu leicht nehmen. Am wichtigsten ist ihr Einfluß auf das Bild der Vollkommenheit. Es ist keine genügende Antwort auf die menschliche Situation und ähnelt eher einer Karikatur, wenn in Predigt und Seelsorge die „unschuldigen Freuden des Lebens" empfohlen werden und auf diese Weise die falsche Voraussetzung gemacht wird, daß gewisse Vergnügungen an sich unschuldig und andere an sich schuldig seien; statt dessen sollte auf die Zweideutigkeit von Schöpferischem und Zerstörerischem in jedem Vergnügen wie in jedem, was „ernste Tätigkeit" genannt wird, hingewiesen werden. Kein Vergnügen an sich ist harmlos, und nach harmlosen Vergnügen zu suchen, führt zu einer oberflächlichen Bewertung der vitalen Kräfte in der menschlichen Natur. Diese Geringschätzung des vitalen Lebens, oft verbunden mit einer unkritischen Haltung gegenüber kindischen Vergnügen, ist schlimmer als radikale Askese. Sie führt zu ständigen Ausbrüchen der unterdrückten und nur in kindischen Formen zugelassenen Kräfte in der Ganzheit des menschlichen Seins. Solche Ausbrüche sind persönlich und sozial zerstörerisch. Wer aber die vitalen Kräfte im Menschen als notwendiges Element in all seinen Lebensprozessen – seinen Leidenschaften und seinem *eros* – zuläßt, der muß wissen, daß er damit das Leben in seiner göttlich-dämonischen Zweideutigkeit bejaht hat. Es ist der Triumph der Gegenwart des göttlichen Geistes, diese Tiefen der menschlichen Natur in die Sphäre des Geistes hineinzuziehen, anstatt sie zu verdrängen oder durch sogenannte unschädliche Vergnügen zu ersetzen. Weder im Bild der Vollkommenheit der Heiligen in der katholischen Kirche noch bei den Vertretern der neuen Frömmigkeit in der Reformation gibt es so etwas wie „harmlose Freuden". Wer die dämonische Seite des Heiligen zu vermeiden sucht, der verliert auch seine göttliche Seite und gewinnt nichts als eine trügerische Sicherheit zwischen beiden. Das Bild der Vollkommenheit zeigt uns der Mensch, der auf dem Kampfplatz zwischen göttlichen und dämonischen Mächten den Sieg über das Dämonische davonträgt, wenn auch nur fragmentarisch. Dieses Bild der durch die Gegenwart des göttlichen Geistes bewirkten Vollkommenheit transzendiert das humanistische Ideal der Persönlichkeit. Der Gegensatz beruht nicht in einer negativen Bewertung der menschlichen Potentialitäten, sondern in dem Wissen um den unentschiedenen Kampf zwischen dem Göttlichen und Dämonischen in jedem Menschen, einem Wissen, das im Humanismus durch das Ideal harmonischer Selbst-Verwirklichung verdrängt ist. Dem humanistischen Menschenbild fehlt das Verlangen nach der Gegenwart des göttlichen Geistes, durch den allein das Dämonische im Menschen, gegen das der Humanismus protestiert, besiegt werden kann.

Einige Vertreter der protestantischen Orthodoxie sahen die Vollendung des Prozesses der Heiligung in der *unio mystica*. Dieser Gedanke, der auch vom Pietismus bejaht wird, wurde – wie jede Art von Mystik – von der personalistischen Theologie der Ritschlschen Schule radikal verworfen. Auch das Bild des Heiligen in der römisch-katholischen Kirche enthält viele mystische Züge. Der Protestantismus muß nach Ansicht der Ritschlschen Schule die mystischen Elemente völlig ausscheiden, da sie nicht nur dem Ziel der Heiligung – der persönlichen Verbindung mit Gott – widersprechen, sondern auch dem Weg zu diesem Ziel, dem Glauben, der jede asketische Vorbereitung für mystische Erfahrungen wie diese Erfahrungen selbst verwirft.

Die Frage, die aus der ausgedehnten Diskussion über Glauben und Mystik in der protestantischen Theologie hervorgeht, ist die, ob Glaube und Mystik miteinander vereinbar oder am Ende sogar gegenseitig bedingt sind. Zweifellos können sie nur dann miteinander vereinbar sein, wenn das eine ein notwendiges Element im anderen ist, denn zwei Haltungen gegenüber dem Unbedingten können nicht nebeneinander bestehen, wenn die eine nicht notwendig mit der anderen gegeben ist. Das wird trotz aller anti-mystischen Richtungen im Protestantismus bejaht. Es gibt keinen Glauben (sondern nur ein Für-wahr-Halten), wenn nicht der göttliche Geist das personale Zentrum dessen, der im Glauben steht, ergriffen hat. Gerade das aber ist die mystische Erfahrung, nämlich die Erfahrung der Gegenwart des Ewigen im Zeitlichen. Als ekstatische Erfahrung ist der Glaube mystisch, obwohl er nicht zur Mystik im Sinne einer besonderen Form des religiösen Lebens führt. Aber er schließt die Kategorie des Mystischen ein, nämlich als Erfahrung der Gegenwart des göttlichen Geistes. Jede Erfahrung des Göttlichen ist mystisch, weil sie den Zwiespalt zwischen Subjekt und Objekt transzendiert; und wo immer das geschieht, ist das Mystische als Kategorie vorhanden. Die gleiche Zusammengehörigkeit von Glauben und Mystik zeigt sich von der anderen Seite, der Seite der Mystik: Es gibt Glauben als ein Element in der mystischen Erfahrung. Das folgt aus der Tatsache, daß beide – Glaube und mystische Erfahrung – auf dem Ergriffensein vom göttlichen Geist beruhen. Und doch ist mystische Erfahrung nicht identisch mit Glauben. Im Glauben ist Mut und Wagnis enthalten, während diese Elemente, die durch die Trennung von Subjekt und Objekt bedingt sind, in der mystischen Erfahrung transzendiert werden. Die Frage ist nicht, ob Glaube und Mystik einander widersprechen – das ist nicht der Fall. Die wirkliche Frage ist, ob das Transzendieren der Subjekt-Objekt-Spaltung in der existentiellen Situation des Menschen möglich ist. Die Antwort lautet, daß es in jeder Begegnung mit dem göttlichen Grund des Seins Wirklichkeit ist, wenn auch in den Grenzen menschlicher Endlichkeit und Entfremdung, d. h. fragmentarisch, antizipatorisch und bedroht durch die Zweideutigkeiten der Religion. Diese Begrenzung ist jedoch kein Grund, die mystische Erfahrung aus der protestantischen Idee der Heiligung auszuschließen. Mystik als ein Element jeder religiösen Erfahrung ist eine allgemeine Erfahrung; Mystik als religiöser Typus steht unter den gleichen Begrenzungen und Zweideutigkeiten wie der entgegengesetzte Typus, der oft fälschlich „Glaubenstypus" genannt wird. Die Tatsache, daß der Protestantismus seine Beziehung zur Mystik nicht verstanden hat, hat Einzelne darin bestärkt, das Christentum als ganzes zugunsten der östlichen Mystik aufzugeben, vor allem für den Zen-Buddhismus. Der interessante Versuch von Vertretern der jüdisch-christlichen wie der buddhistischen Tradition, ein Bündnis zwischen Tiefenpsychologie und Zen-Buddhismus zustandezubringen, ist ein Zeichen für die Unzufriedenheit mit derjenigen Richtung der christlich-jüdischen Tradition, die das mystische Element eingebüßt hat.

Wenn man die Frage stellt, wie eine solche protestantische Mystik beschrieben werden könne, so könnte man auf das hinweisen, was wir über den Übergang des Gebetes in Kontemplation gesagt haben, und man könnte auf die Momente des Schweigens hinweisen, die in die protestantische Liturgie aufgenommen worden sind, und auf die wachsende Betonung der Liturgie gegenüber dem bloßen Predigen und Lehren. Das protestantische Prinzip steht nur solchen Bestrebungen entgegen, die durch Askese oder Rauschmittel mystische Erfahrungen zu erzeugen suchen. Denn solche Versuche gehen an dem Grunderlebnis von Schuld und Vergebung und an dem Paradox der Rechtfertigung vorbei.

4. Die Überwindung der Religion durch die Gegenwart des göttlichen Geistes und das protestantische Prinzip

Insofern der göttliche Geist in den Kirchen und ihren einzelnen Gliedern wirkt, überwindet er die Religion als eine spezielle Funktion des menschlichen Geistes. Wenn die gegenwärtige Theologie es ablehnt, das Christentum eine Religion zu nennen, so entspricht das der neutestamentlichen Haltung: das Kommen des Christus bedeutet nicht die Begründung einer neuen Religion, sondern die Verwandlung dieses Äons in einen neuen Äon. Folglich wird die Kirche nicht als eine religiöse Gruppe angesehen, sondern als die Gemeinschaft, die eine neue Wirklichkeit, das Neue Sein, antizipatorisch repräsentiert. In gleicher Weise wird das einzelne Glied der Kirche nicht als eine religiöse Persönlichkeit betrachtet, sondern als eine Persönlichkeit, die die neue Wirklichkeit, das Neue Sein, antizipatorisch repräsentiert.

Alles, was bisher über die Kirchen und das Leben ihrer Glieder gesagt wurde, weist auf die Überwindung der Religion hin. Dabei bedeutet „Überwindung der Religion" nicht Säkularisierung, sondern es bedeutet, daß der göttliche Geist die Kluft zwischen dem Religiösen und dem Säkularen als eigenständigen Bereichen überbrückt. Dementsprechend bedeutet Glaube nicht die Bejahung von gewissen Glaubenssätzen, selbst wenn diese Gott zum Gegenstand haben, sondern das Ergriffensein von dem, was uns unbedingt angeht. Und dementsprechend bedeutet Liebe nicht einen Akt der Verneinung aller Dimensionen um einer Transzendenz willen, in der alle Dimensionen aufgehoben sind, sondern die Wiedervereinigung des Getrennten in allen Dimensionen, der des Geistes eingeschlossen.

Insofern die Religion durch die Gegenwart des göttlichen Geistes überwunden ist, sind auch Profanisierung und Dämonisierung überwunden. Der innerreligiösen Profanisierung der Religion, nämlich ihrer Verwandlung zu einem heiligen Mechanismus mit hierarchischer Struktur, Lehre und Ritual, wird durch das Teilhaben aller Glieder der Kirche an der Geistgemeinschaft Widerstand geleistet. Die Freiheit des Geistes durchbricht die profanisierende Mechanisierung, wie es in den schöpferischen Momenten der Reformation geschah, und gleichzeitig widersteht sie der Profanisierung in ihrer anderen Form, der Säkularisierung, denn das Säkulare als solches lebt von seinem Protest gegen die innere Profanisierung der Religion. Wenn dieser Protest gegenstandslos wird, dann können sich die Funktionen der Moral und Kultur wieder für das letzte Ziel, die Selbst-Transzendierung des Lebens, öffnen.

Auch die Dämonisierung der Religion ist in dem Maße überwunden, in dem die Religion selbst durch die Gegenwart des göttlichen Geistes überwunden ist. Wir hatten zwischen dem Dämonischen unterschieden, das verborgen ist – nämlich der Bejahung der eigenen „Größe", die zu dem tragischen Konflikt mit dem Großen selbst führt –, und dem sichtbar Dämonischen, nämlich der Erhebung eines Endlichen zu unendlicher Geltung im Namen des Heiligen. Das Christentum hat immer behauptet, daß weder der Tod des Christus noch das Leiden und Martyrium der Christen tragisch sind, da diese nicht in der Bejahung der eigenen Größe begründet seien, sondern in der Partizipation an der Situation der Entfremdung und dem Kampf gegen sie. Wenn das Christentum lehrt, daß der Christus und die Märtyrer unschuldig litten, dann bedeutet dies, daß ihr Leiden nicht durch die tragische Schuld der *hybris* verursacht war, sondern durch ihre Bereitschaft, sich den tragischen Folgen der menschlichen Entfremdung zu unterwerfen.

Selbstbehauptete „Größe" im Gebiet des Heiligen ist dämonisch. Das trifft auch auf eine Kirche zu, die behauptet, in sich selbst die Geistgemeinschaft unzweideutig zu repräsentieren. Der sich daraus ergebende Wille zu unbegrenzter Macht über alles Heilige und Profane ist in sich selbst ein Urteil gegen eine Kirche, die diesen Anspruch erhebt. Das gleiche gilt von Individuen, die als Glieder einer Gruppe, die einen solchen Anspruch erhebt, selbstgewiß und fanatisch werden und schließlich das Leben anderer und den Sinn ihres eigenen Lebens zerstören. Wo aber der göttliche Geist die Religion überwindet, überwindet er auch den Anspruch der Kirche und ihrer Glieder auf Absolutheit. Wo der göttliche Geist wirkt, ist der Anspruch einer Kirche, daß sie unter Ausschluß aller anderen Kirchen Gott vertrete, verworfen. Die Freiheit des göttlichen Geistes steht gegen einen solchen Anspruch. Und wo der göttliche Geist wirkt, ist der Anspruch eines einzelnen Gliedes, ausschließlich im Besitz der Wahrheit zu sein, zunichte gemacht. Die Geistgemeinschaft macht Fanatismus unmöglich, denn, wo Gott gegenwärtig ist, kann kein Mensch sich rühmen, Gott zu besitzen. Niemand kann das ergreifen, wodurch er ergriffen wird – den göttlichen Geist.

In anderem Zusammenhang habe ich diese Wahrheit als das „protestantische Prinzip" bezeichnet. Im theologischen System gehört dieser Begriff hier an diese Stelle. Das „protestantische Prinzip" ist Ausdruck für die Überwindung der Religion durch den göttlichen Geist und damit Ausdruck für den Sieg über die Zweideutigkeiten der Religion – ihre Profanisierung und Dämonisierung. Das Prinzip ist protestantisch, da es gegen die tragisch-dämonische Selbst-Erhebung der Religion protestiert und die Religion von sich selbst befreit und für die anderen Funktionen des menschlichen Geistes frei macht; damit werden diese Funktionen von ihrer Abschließung gegen die Manifestationen des Göttlichen befreit. Das protestantische Prinzip (das eine Manifestation des prophetischen Geistes ist) ist weder auf die Kirchen der Reformation beschränkt noch auf irgendeine andere Kirche. Als Ausdruck der Geistgemeinschaft transzendiert es jede einzelne Kirche. Es ist von jeder Kirche verleugnet worden, selbst von den Kirchen der Reformation; aber es ist in jeder Kirche wirksam – auch in der Kirche der Gegen-Reformation – als die Macht, die die völlige Profanisierung und Dämonisierung der christlichen Kirchen verhindert. Das protestantische Prinzip allein genügt jedoch nicht; die katholische Substanz, die konkrete Verkörperung der Gegenwart des göttlichen Geistes ist ebenso notwendig, aber sie ist dem Kriterium des protestantischen Prinzips zu unterwerfen. Im protestantischen Prinzip siegt der göttliche Geist über die Religion.

B

DIE GEGENWART DES GÖTTLICHEN GEISTES
UND DIE ZWEIDEUTIGKEITEN DER KULTUR

1. Religion und Kultur und die Gegenwart des göttlichen Geistes

Die Beziehung des göttlichen Geistes zur Religion hat zwei Aspekte, weil sowohl die tiefste Zweideutigkeit des Lebens als auch die Macht, sie zu besiegen, sich in der Religion manifestieren. Dieses Faktum ist die fundamentale Zweideutigkeit der Religion und die Wurzel all ihrer sonstigen Zweideutigkeiten. Das Verhältnis von Religion und Kultur – ihre essentielle Einheit und ihre existentielle Getrenntheit – haben wir bereits erörtert. Hier an diesem Punkt stellen wir die Frage: Wie erscheint ihr Verhältnis im Lichte der Gegenwart des göttlichen Geistes und seiner Schöpfung, der Geistgemeinschaft, d. h. der Gemeinschaft des Glaubens und der Liebe?

Als erstes müssen wir betonen, daß das Verhältnis von Religion und Kultur nicht identisch ist mit dem Verhältnis der Kirchen zu der Kultur, in der sie stehen. Da die Kirchen selbst sowohl Verzerrungen als auch Repräsentationen der Geistgemeinschaft sind, so ist ihre Beziehung zur Kultur selbst ein Stück Kultur und nicht die Antwort auf die Fragen, die die Kultur enthält. Alle Beziehungen der Kirchen zur Kultur, wie wir sie in dem Abschnitt über die Funktionen der Kirchen beschrieben haben, insbesondere über die Funktionen der Kirchen nach außen, erfordern eine doppelte Betrachtung entsprechend der doppelten Beziehung der Kirchen zur Geistgemeinschaft. Insofern die Geistgemeinschaft die geistige Essenz der Kirchen ist, sind diese ein Medium, durch das der göttliche Geist auf die Selbst-Transzendierung der Kultur hinwirkt. Insofern die Kirchen die Geistgemeinschaft in der zweideutigen Weise der Religion repräsentieren, ist auch ihr Einfluß auf die Kultur zweideutig. Diese Situation steht allen theokratischen Versuchen entgegen, die Kultur im Namen der Geistgemeinschaft einer Kirche zu unterwerfen, und sie steht auch allen profanisierenden Versuchen entgegen, die Kirchen vom allgemeinen Kulturleben abzutrennen. Der göttliche Geist kann die kulturellen Funktionen nicht ergreifen ohne eine geschichtlich verwirklichte Geistgemeinschaft, aber diese muß nicht innerhalb einer Kirche verwirklicht sein; der göttliche Geist kann in vorläufiger Weise in Gruppen, Bewegungen und persönlichen Erfahrungen wirksam sein, was wir früher als „Geistgemeinschaft in ihrer Latenz" beschrieben haben. „In vorläufiger Weise in Gruppen usw." bedeutet entweder, daß die volle Manifestation der Geistgemeinschaft in einer Kirche sich erst vorbereitet oder aber bereits stattgefunden hat. Im zweiten Fall hat die Kirche ihre Kraft als Vermittlerin des göttlichen Geistes verloren und die früher in ihr wirkende Kraft ist in der Kultur noch latent wirksam und hält in ihr die Selbst-Transzendierung des kulturellen Schaffens lebendig. Das besagt, daß der göttliche Geist nicht an die Mittler, die er selbst geschaffen hat, gebunden ist (die Kirchen einschließlich Wort und Sakrament), sondern daß durch das freie Einwirken des göttlichen Geistes auf die Kultur eine religiöse Gemeinschaft gebildet wird, in der die Individuen für die Aufnahme des göttlichen Geistes vorbereitet werden.

Auf der Grundlage einer solchen Auffassung können gewisse Prinzipien für das Verhältnis von Religion und Kultur aufgestellt werden. Das erste Prinzip beruht auf der Freiheit des göttlichen Geistes. Er ist in seiner Manifestation nicht an eine Kirche gebunden, und das bedeutet, daß das Problem „Religion und Kultur" nicht mit dem Problem „Kirche und Kultur" identisch ist. Man könnte dieses erste Prinzip das der „Heiligung des Profanen" nennen. Das bedeutet nicht, daß das Profane an sich heiligen Charakter hat, sondern daß das Profane für den göttlichen Geist offen ist und der Vermittlung der Kirchen nicht bedarf. Eine solche „Emanzipation des Profanen", wie sie in Jesu Lehren und Taten angedeutet und in der Reformation wieder entdeckt worden ist, hat weitreichende praktische Folgen. Diese stehen in radikalem Widerspruch zu den öffentlichen Ermahnungen von Schriftstellern, Rednern und Geistlichen, die Religion zu unterstützen, um dadurch die häufig zerstörerischen Zweideutigkeiten der Kultur zu überwinden. Derartige Erklärungen sind besonders anstößig, wenn sie die Religion nicht um ihrer selbst willen fördern, sondern um einer leeren und verfallenden Kultur oder einer besonderen nationalen Gruppe aufzuhelfen. Auch wenn dabei vermieden wird, das Unbedingte als Werkzeug für etwas Bedingtes zu gebrauchen, bleibt die falsche Auffassung bestehen, nach der der göttliche Geist seinen Einfluß auf die Kultur nur durch die Religion ausüben kann. Der grundlegende Fehler, der eine solche Auffassung begünstigt, liegt in der dämonischen Identifikation von Kirche und Geistgemeinschaft und in dem Versuch, die Freiheit des Geistes durch den Absolutheitsanspruch einer religiösen Gruppe zu begrenzen. Das Prinzip der „Heiligung des Profanen" gilt nicht nur für Bewegungen, Gruppen oder Einzelne, die in den Zweideutigkeiten der Religion den säkularen Pol repräsentieren, sondern auch für offene Feinde der Kirchen, ja selbst der Religion in all ihren Formen, einschließlich des Christentums. Der göttliche Geist kann sich in derartigen Gruppen manifestieren und hat sich oft in ihnen manifestiert, indem er z. B. ihr soziales Gewissen erweckte oder dem Menschen ein tieferes Verständnis von sich selbst gab, oder indem er die Ketten eines kirchlich geförderten Aberglaubens durchbrach. In diesen Fällen hat sich der göttliche Geist anti-religiöser Vermittler bedient, nicht nur um eine säkulare Kultur, sondern auch um die Kirchen zu verwandeln. Die Kraft der Selbstkritik im protestantischen Prinzip macht den Protestantismus fähig, die Freiheit des göttlichen Geistes von der Kirche, selbst von der protestantischen Kirche, anzuerkennen.

Das zweite Prinzip, das das Verhältnis von Religion und Kultur bestimmt, ist das Prinzip der „Konvergenz des Heiligen und des Profanen". Die Tendenz zu einer solchen Konvergenz erklärt sich aus dem Faktum, daß latente Wirkungen des göttlichen Geistes – wie wir bereits erwähnt haben – entweder einer vollen Manifestation des göttlichen Geistes in einer Kirche vorausgehen oder folgen. Auch das Profane steht wie alles Leben unter dem Gesetz der Selbst-Transzendierung, es transzendiert sich in vertikaler Richtung. Wie wir gezeigt haben, ist das Profane das Ergebnis des Widerstandes gegen die Verwirklichung der vertikalen Selbst-Transzendierung. Dieser Widerstand ist jedoch in sich zweideutig. Er hindert das Endliche daran, im Unendlichen aufzugehen. Er bewirkt die Aktualisierung der Potentialitäten des Endlichen. Vor allem widersteht er den Kirchen in ihrem Anspruch, das Transzendente unmittelbar und ausschließlich zu repräsentieren. In diesem Sinne ist das Profane das notwendige Korrektiv des Heiligen. Aber es strebt schließlich selbst dem Heiligen zu, denn es kann auf die Dauer dem stets wirksamen Prozeß der Selbst-Transzendierung, wie sehr er auch säkularisiert sein mag, keinen Widerstand leisten. Denn ein solcher Widerstand erzeugt Leere und Sinnlosigkeit – Charakteristika des vom Unendlichen abgeschnittenen Endlichen – und führt schließlich zu einem sich erschöpfenden und sich verachtenden Leben, das zu der Frage nach einem unerschöpflichen Leben jenseits seiner selbst und damit zur Selbst-Transzendierung getrieben wird. Das Profane wird zur Vereinigung mit dem Heiligen getrieben, eine Vereinigung, die in Wirklichkeit Wiedervereinigung ist, denn das Heilige und das Profane gehören zusammen.

Denn auch das Heilige kann nicht ohne das Profane leben. Wenn das Heilige im Namen des letzten unbedingten Anliegens sich zu isolieren versucht, gerät es entweder in Selbstwidersprüche oder wird leer auf eine dem Profanen entgegengesetzte Art. Der Selbstwiderspruch in dem Versuch des Heiligen, ohne das Profane auszukommen, zeigt sich darin, daß es schon in diesem Versuch, sich der profanen Kultur in allen ihren Formen bedienen muß – in der Sprache, im Erkennen und im Ausdruck ebenso wie im praktischen Handeln und im persönlichen Leben und im Gemeinschaftsleben. Der einfachste Satz, in dem das Heilige sich vom Profanen zu unterscheiden versucht, ist in seiner Form profan. Wenn aber das Heilige diesen Widerspruch vermeiden will, muß es verstummen und sich aller Inhalte entledigen und damit aufhören, eine echte Möglichkeit für ein endliches Wesen zu sein. Das Heilige strebt danach, die „Welt", den Bereich des Profanen, mit Heiligkeit zu erfüllen. Es versucht, das Profane in das Leben des göttlichen Geistes einzubeziehen, und dabei erfährt es den Widerstand des Profanen, das auf sich selbst stehen will. Dem Anspruch des einen steht der Anspruch des anderen gegenüber. Tatsächlich jedoch bewegen sich beide – das Heilige und das Profane – aufeinander zu: das Prinzip der Konvergenz von Heiligem und Profanem ist stets wirksam.

Die beiden erwähnten Prinzipien wurzeln letztlich in einem dritten Prinzip, dem der wesenhaften „Zusammengehörigkeit von Religion und Kultur". Ich habe dieses Prinzip in dem Satz formuliert: Religion ist die Substanz der Kultur, und Kultur ist die Form der Religion. Wir haben darauf bereits bei der Erörterung der essentiellen Beziehung von Moralität, Kultur und Religion hingewiesen. Hier brauchen wir nur zu wiederholen, daß die Religion, selbst in einem sinnvollen Schweigen, sich nicht ohne Kultur ausdrücken kann, denn alle Formen sinnvollen Ausdrucks stammen aus der Kultur. Und weiter müssen wir die Behauptung wiederholen, daß die Kultur ohne vertikale Richtung auf ihren letzten Grund und ihr letztes Ziel ihre Tiefe und ihre Unerschöpflichkeit verliert.

Mit diesen Prinzipien als Grundlage wenden wir uns nun der Analyse der humanistischen Idee, ihren Zweideutigkeiten und ihrer Beziehung zum göttlichen Geist zu.

2. Der Humanismus und die Idee der Theonomie

Als wir das humanistische Ziel des kulturellen Schaffens erörterten, stellten wir die Frage: Wohin führt z. B. die humanistische Erziehung tatsächlich? Das Prinzip des Humanismus – die Entfaltung aller menschlichen Potentialitäten – sagt nichts darüber aus, in welcher Richtung diese Potentialitäten entwickelt werden sollen. Das Problem wird in dem lateinischen Begriff *educatio* deutlich, der soviel wie herausführen bedeutet, nämlich herausführen aus dem Zustand der Unreife, wobei aber noch nichts darüber ausgesagt wird, wohin man geführt werden soll. Wir können sagen, daß Einführung in das Geheimnis des Seins dieses Ziel sein könnte. Ein solches Ziel setzt aber eine Gemeinschaft voraus, in der das Geheimnis des Seins – in einer besonderen Ausdrucksform – das determinierende Lebensprinzip ist. In einer solchen Gemeinschaft wird die Idee des Humanismus transzendiert, ohne verneint zu werden. Das Beispiel der Erziehung und die Notwendigkeit in ihr, den Humanismus zu transzendieren, führt zu einer umfassenderen Überlegung, nämlich zu der Frage: Was geschieht mit der Kultur als ganzer unter der Einwirkung des göttlichen Geistes? Die Antwort, die ich darauf geben möchte, ist zusammengefaßt in dem Begriff „Theonomie". Man könnte statt dessen auch von einer Kultur reden, die vom göttlichen Geist bestimmt ist, oder kurz von „Geist-bestimmter Kultur", aber das würde den Eindruck erwekken, als ob die Kultur in Religion aufgelöst werden sollte. Angemessener wäre der Begriff „Selbst-Transzendierung der Kultur", aber das Wort „Selbst-Transzendierung" ist schon für eine allgemeine Funktion des Lebens, die sich auf alle Dimensionen erstreckt, in Beschlag genommen. Daher muß für die „Selbst-Transzendierung der Kultur" in diesem spezifischen Sinne (wie auch für die „Selbst-Transzendierung der Moralität") ein anderer Begriff gefunden werden. Auf Grund meiner Erfahrungen im Religiösen Sozialismus – sowohl in praktischer wie in theoretischer Hinsicht – möchte ich den damals geprägten Begriff „Theonomie" beibehalten. Er ist bereits erklärt worden[1] und wird im letzten Teil des Systems nochmals ausführlich behandelt werden. Hier an dieser Stelle des Systems gebrauche ich das Wort „Theonomie", um den Zustand einer Kultur unter der Einwirkung des göttlichen Geistes zu charakterisieren. Der *nomos* (Gesetz), der in einer theonomen Kultur wirksam ist, ist das Gerichtetsein des kulturellen Lebens auf das Unbedingte in Sein und Sinn. Bedauerlicherweise ist der Begriff „Theonomie" dem Mißverständnis ausgesetzt, die Kultur sei göttlichen Gesetzen unterworfen, die ihr von außen, nämlich von der Kirche, auferlegt werden. Doch ist bei dem Begriff „Theonomie" die Gefahr des Mißverständnisses geringer als bei anderen Begriffen, und man kann ihr begegnen, indem man den Begriff „Heteronomie" auf eine Situation anwendet, in der ein fremdes Gesetz *(heteros nomos)* von außen auferlegt wird, ein Gesetz, das die „Autonomie" des kulturellen Lebens (ihr *autos nomos*), ihr innerstes Gesetz, zerstört. Der Gegensatz von „Theonomie" und „Heteronomie" macht deutlich, daß die Idee einer theonomen Kultur keinen

---

[1] Vgl. Bd. I, S. 101 ff.

Eingriff in die Kultur von außen bedeutet. Theonome Kultur ist eine Kultur, die vom göttlichen Geist bestimmt und auf ihn gerichtet ist: der göttliche Geist ist die Erfüllung des menschlichen Geistes, und nicht seine Zerstörung. Die Idee der Theonomie ist nicht antihumanistisch, sondern gibt der humanistischen Unbestimmtheit über das „wohin" eine Richtung, die jede partikulare menschliche Zielsetzung transzendiert.

Theonomie kann eine ganze Kultur kennzeichnen und kann zum Schlüssel für die Geschichtsdeutung werden. Theonome Elemente können in Konflikt geraten mit einer aufkommenden kirchlichen oder politischen Heteronomie, und die autonomen Elemente einer Kultur können zeitweise ganz ausgeschaltet und zurückgedrängt werden (wie im späten Mittelalter). Theonome Elemente können aber auch in Konflikt geraten mit einer siegreichen, z. B. rationalistischen oder nationalistischen Autonomie und in einer Kultur in den Hintergrund gedrängt werden (wie im 18. und 19. Jahrhundert). Oder sie können die Kraft haben, zwischen heteronomen und autonomen Bestrebungen einen Ausgleich zu schaffen (wie im 12. und 13. Jahrhundert). Aber die Theonomie kann niemals absolut siegreich sein, wie sie auch niemals vollständig vernichtet werden kann. Ihr Sieg ist immer fragmentarisch, weil aller menschlichen Geschichte die existentielle Entfremdung zugrunde liegt, und ihre Niederlage ist immer begrenzt durch das Faktum, daß die menschliche Natur essentiell theonom ist.

Es ist schwierig, allgemeine Charakteristika einer theonomen Kultur, unabhängig von ihren Einzelfunktionen, aufzuzeigen. Aber man kann immerhin auf folgende Charakteristika der Theonomie hinweisen, die sich aus ihrem inneren Wesen ableiten lassen. Vor allem drückt sich in dem Stil, der gesamten Form einer theonomen kulturellen Schöpfung, ein letzter Sinn aus. Das gilt selbst für den geringsten Träger von Sinn – eine gemalte Blume, eine familiäre Sitte, ein technisches Werkzeug, eine gesellschaftliche Umgangsform, das Bild einer geschichtlichen Gestalt, eine Erkenntnistheorie, ein politisches Dokument usw. Keines dieser Dinge ist in einer theonomen Situation ohne Weihe, es erhält seine Weihe vielleicht nicht durch die Kirche, aber es ist geweiht durch die Art, in der es erlebt wird, auch ohne äußere Weihe erhalten zu haben.

Bei dem Versuch, die Theonomie zu charakterisieren, sollten wir uns dessen bewußt sein, daß unser Bild der Theonomie immer von einer konkreten geschichtlichen Situation abhängig ist, die für uns das Symbol einer theonomen Kultur vertritt. Die Begeisterung der Romantiker für das Mittelalter beruhte zum Teil auf einer solchen Verwand-

lung der Vergangenheit in ein Symbol der Theonomie. Zweifellos
waren die Romantiker in dem Augenblick im Irrtum, in dem sie
die theonome Situation nicht symbolisch, sondern empirisch verstanden. Hier begann ihre geschichtlich unhaltbare und beinahe lächerliche
Glorifizierung gewisser Perioden der Vergangenheit. Sofern jedoch die
Vergangenheit als Modell einer zukünftigen Theonomie gesehen wird,
wird sie symbolisch und nicht empirisch verstanden. Zusammenfassend
können wir sagen: Das erste Charakteristikum einer theonomen Kultur
ist, daß sie in all ihren Schöpfungen die Erfahrung des Heiligen ausdrückt, d. h. eines Unbedingten in Sein und Sinn.

Das zweite Charakteristikum der Theonomie ist die Bejahung der
autonomen Formen des schöpferischen Prozesses. Die Theonomie
würde in dem Augenblick zerstört, in dem die Methoden der Wissenschaft im Namen des Unbedingten, auf das die Theonomie hinweisen
will, verneint würden, und das gleiche gilt für alle Gebiete des kulturellen Schaffens. Es besteht keine Theonomie, wo ein berechtigtes
Gebot der Gerechtigkeit im Namen des Heiligen mißachtet, oder wo
ein berechtigter Akt der personhaften Selbst-Bestimmung durch geheiligte Traditionen verhindert, oder wo ein neuer Kunststil im Namen angeblich ewiger Ausdrucksformen unterdrückt wird. In all diesen Beispielen liegt eine Verkehrung der Theonomie in Heteronomie
vor: das Element der Autonomie in ihr ist verdrängt, die Freiheit, das
Kennzeichen des menschlichen wie des göttlichen Geistes, ist unterdrückt. Und dann kann es geschehen, daß die Autonomie die unter-
drückenden Kräfte der Heteronomie durchbricht und nicht nur die
Heteronomie, sondern auch die Theonomie verwirft.

Diese Situation führt uns zum dritten Charakteristikum der Theonomie, ihrem ständigen Kampf sowohl gegen eine unabhängige Heteronomie wie gegen eine unabhängige Autonomie. Die Theonomie geht
diesen beiden voraus; doch sind sie als Elemente in ihr enthalten. Aber
andrerseits ist die Theonomie auch später als sie, und sie haben die
Tendenz, sich in der Theonomie, aus der sie kommen, wieder zu vereinigen. Die Theonomie geht den sich widersprechenden Elementen, die
sie enthält, voraus und folgt auf sie. Der Prozeß, in dem das geschieht,
kann auf folgende Weise beschrieben werden: Die ursprüngliche Einheit in der Theonomie geht durch das Aufkommen autonomer Tendenzen verloren, was notwendigerweise zu einer Reaktion des heteronomen Elementes führt. Ohne die Befreiung der autonomen Elemente aus
der Bindung an eine „archaische", mythologisch begründete Theonomie
könnte die Kultur ihre schöpferischen Möglichkeiten nicht entfalten.
Erst nach ihrer Befreiung von dem alles in sich hineinziehenden Mythos

und dem theonomen Bewußtseinszustand können Philosophie und Wissenschaft, Dichtung und die anderen Künste erscheinen. Aber sobald sie Unabhängigkeit erreichen, verlieren sie ihren transzendenten Grund, der ihnen Tiefe, Einheit und unbedingten Sinn gegeben hatte. Und darum setzt die Reaktion der Heteronomie ein: Die Erfahrung des Unbedingten, wie sie in der religiösen Tradition zum Ausdruck kommt, wendet sich gegen die Schöpfungen einer entleerten Autonomie. Diese Reaktion kann leicht den Eindruck einer einfachen Verneinung autonomer Schöpferkraft erwecken und als Versuch verstanden werden, berechtigte Forderungen nach Wahrheit, nach adäquaten Ausdrucksformen künstlerischen Gestaltens, nach Humanität und Gerechtigkeit zu unterdrücken. Aber damit ist nicht alles gesagt. Selbst in der entstellten Form heteronomer Angriffe auf kulturelle Autonomie liegt die berechtigte Warnung vor dem drohenden Verlust von Sein und Sinn. Wenn im Namen einer religiös geheiligten Tradition eine wissenschaftliche Theorie, die einen hohen Grad von Wahrscheinlichkeit hat, abgelehnt wird, muß man genau untersuchen, was verworfen wird. Wenn es sich um die Theorie als solche handelt, handelt es sich um einen heteronomen Angriff auf die Idee der Wahrheit, dem in der Kraft des göttlichen Geistes Widerstand geleistet werden muß. Wenn es sich jedoch um ein dieser Theorie zugrunde liegendes metaphysisches – letztlich religiöses – Postulat handelt, das im Namen der Religion angegriffen wird, liegt kein Konflikt mehr zwischen Heteronomie und Autonomie vor, sondern ein Konflikt zwischen zwei verschiedenen unbedingten Anliegen, der zu einem Konflikt zwischen verschiedenen religiösen Haltungen führen kann, aber nicht zu einem Konflikt zwischen Autonomie und Heteronomie.

Der ständige Kampf zwischen autonomer Eigenständigkeit und heteronomer Reaktion führt zur Frage nach einer neuen Theonomie, sowohl in einer besonderen Situation wie in der Tiefe des kulturellen Bewußtseins im allgemeinen. Eine neue Theonomie kann nur entstehen durch die Einwirkung des göttlichen Geistes. Wo immer der göttliche Geist auf eine Kultur einwirkt, entsteht Theonomie, und wo immer Theonomie Gestalt gewinnt, werden Anzeichen der Gegenwart des göttlichen Geistes sichtbar.

3. Theonome Manifestationen der Gegenwart des göttlichen Geistes

a) Wahrheit und Ausdruckskraft. – Die Gegenwart des göttlichen Geistes bewirkt die Überwindung der Zweideutigkeiten der Kultur, indem sie in den verschiedenen Bereichen der Kultur theonome Formen schafft. Um diese Formen zu beschreiben, müssen wir uns der verschiedenen zuvor behandelten Zweideutigkeiten der Kultur erinnern und aufzeigen, was mit ihnen unter der Einwirkung des göttlichen Geistes geschieht. Aber zunächst müssen wir etwas über die fundamentale Zweideutigkeit sagen, die mehr oder weniger deutlich in allen kulturellen Funktionen sichtbar ist, d. h. über die Spaltung zwischen Subjekt und Objekt, und darüber, wie diese unter der Einwirkung des göttlichen Geistes überwunden wird. Gibt die Theonomie eine allgemeine Antwort auf das Problem der Subjekt-Objekt-Spaltung? Philosophen, Mystiker, Liebende, Rauschgiftsüchtige – sogar Selbstmörder haben versucht, diese Spaltung zu überwinden. In einigen dieser Versuche kann man eine Manifestation des göttlichen Geistes sehen, in anderen dagegen zeigt sich der verzweifelte und oft dämonische Versuch, der Spaltung zu entgehen, indem man der Realität des Lebens entflieht. Die Tiefenpsychologie hat diese Zusammenhänge erkannt: In dem unbewußten Verlangen, in den Mutterschoß oder in den alles verschlingenden Schoß der Natur oder in den schützenden Schoß der bestehenden Gesellschaft zurückzukehren, zeigt sich das Verlangen, die eigene Subjektivität in etwas Trans-Subjektivem aufzulösen – nicht in etwas Objektivem (und wiederum dem Subjekt Gegenüber-Stehendem), sondern in etwas, das jenseits von Subjektivität und Objektivität liegt.

Die treffendsten Antworten sind durch zwei Phänomene gegeben, die eine gewisse Verwandtschaft in dieser Beziehung aufweisen – Mystik und *eros*. Die Antwort der Mystik besteht in dem Versuch, einen Geisteszustand zu erreichen, in dem das „Universum der Subjekt-Objekt-Spaltung" verschwunden ist, wobei aber das Selbst, das diese mystische Erfahrung hat, dieses Verschwinden noch erlebt. Nur im Zustand ewiger Erfüllung ist das Subjekt (und folglich auch das Objekt) völlig aufgehoben. Für den Menschen als geschichtliches Wesen gibt es nur eine fragmentarische Vorwegnahme jener letzten Erfüllung, in der das Subjekt aufhört, Subjekt zu sein, und das Objekt aufhört, Objekt zu sein.

Ein ähnliches Phänomen ist die menschliche Liebe. Die Trennung von Liebendem und Geliebtem ist der deutlichste und qualvollste Ausdruck der Subjekt-Objekt-Spaltung des Endlichen. Das Subjekt der Liebe ist niemals fähig, völlig in das Objekt seiner Liebe einzudringen, die Liebe bleibt immer unerfüllt – und zwar notwendigerweise; denn wenn sie jemals erfüllt würde, so würde diese Erfüllung sowohl die Existenz des Liebenden wie die des Geliebten aufheben. Dieses Paradox veranschaulicht die menschliche Situation und damit zugleich die Frage, auf die die Theonomie als die Schöpfung des göttlichen Geistes die Antwort gibt.

Die Subjekt-Objekt-Spaltung liegt auch dem Phänomen der Sprache zugrunde. Unsere Beschreibung ihrer Zweideutigkeiten – als Armut im Reichtum, als Partikularität in der Universalität, als Ermöglichung und Verhinderung von Verständigung, als Offensein für sprachlichen Ausdruck wie für die Verzerrung des sprachlichen Ausdrucks usw. – kann zusammengefaßt werden in dem Satz, daß die Sprache nicht ohne die Subjekt-Objekt-Spaltung möglich ist und daß sie durch eben diese Spaltung ständig ihren Zweck verfehlt. In der Theonomie ist die Sprache fragmentarisch von der Bindung an die Subjekt-Objekt-Spaltung befreit. Es gibt Augenblicke, in denen sie zum Träger des göttlichen Geistes wird und die Einheit dessen, der spricht, mit dem, wovon er spricht, in einem Akt sprachlicher Selbst-Transzendierung zum Ausdruck bringt. Das Wort, das zum Träger des göttlichen Geistes geworden ist, ergreift nicht ein Objekt, das dem sprechenden Subjekt gegenübersteht, sondern es bezeugt die Transzendierung des Lebens, jenseits von Subjekt und Objekt. Es bezeugt das, was die Subjekt-Objekt-Struktur transzendiert, es drückt es aus, es verleiht ihm Stimme. Das kann durch die Schaffung von Symbolen geschehen. Während das gewöhnliche Symbol einer Interpretation unterworfen werden kann, die es wieder in die Subjekt-Objekt-Spaltung zurückwirft, überwindet das unter der Einwirkung des göttlichen Geistes geschaffene Symbol diese Gefahr und damit die Zweideutigkeiten der Sprache. An diesem Punkt können wir den Begriff „Wort Gottes" endgültig charakterisieren und rechtfertigen. „Wort Gottes" ist das vom göttlichen Geist bestimmte menschliche Wort. Als solches ist es nicht an ein spezielles Offenbarungs-Ereignis (sei es ein christliches oder nicht-christliches) gebunden; es ist auch nicht an Religion im engeren oder weiteren Sinne des Begriffs gebunden; es ist nicht auf einen bestimmten Inhalt oder eine bestimmte Form festgelegt. Es erscheint, wo immer die Gegenwart des göttlichen Geistes Macht über einen Einzelnen oder über eine Gruppe gewinnt. Unter dieser Einwirkung ist die Sprache jenseits von Armut und Reichtum. Gewisse Worte werden zu großen Worten. Das ist die immer wiederkehrende Erfahrung der Menschheit gegenüber den heiligen Schriften einer partikularen Religion oder einer theonomen Kultur. Aber diese Erfahrung ist nicht auf die „Heiligen Schriften" einer besonderen Religion beschränkt. In jeder Art von Literatur und Sprache kann der göttliche Geist den ergreifen, der spricht, und seine Worte zu Trägern des göttlichen Geistes erheben und so die Zweideutigkeit von Armut und Reichtum überwinden. Ebenso überwindet der göttliche Geist die Zweideutigkeit von Partikularität und Universalität. Jede Sprache ist partikular, weil sie eine partikulare Begegnung mit

der Wirklichkeit ausdrückt. Aber die Sprache, die Träger des göttlichen Geistes ist, ist zugleich universal, weil sie die partikulare Begegnung transzendiert, indem sie diese auf das richtet, was universal
ist, *den Logos,* das Kriterium jedes partikularen *logos.* – Die Gegenwart des göttlichen Geistes überwindet auch die Zweideutigkeit, die in
der Unbestimmtheit der Sprache liegt. Niemals läßt sich in der gewöhnlichen Sprache diese Zweideutigkeit vermeiden, weil ein unendlicher Abstand besteht zwischen dem Sprache-formenden Subjekt (dem
kollektiven wie dem individuellen) und dem unerschöpflichen Gegenstand (jedem Gegenstand), den es zu ergreifen sucht. Das Wort, das
von der Gegenwart des göttlichen Geistes bestimmt ist, versucht nicht,
einen immer wieder sich entziehenden Gegenstand zu ergreifen, sondern es bringt die Einheit zwischen dem unerschöpflichen Subjekt und
dem unerschöpflichen Gegenstand in einem Symbol zum Ausdruck, das
seinem Wesen nach zugleich unbestimmt und bestimmt ist. Es bleibt
offen gegenüber den Möglichkeiten auf beiden Seiten der symbolschaffenden Begegnung – und in diesem Sinne ist es unbestimmt, aber
es schließt andere Symbole (und alle willkürliche Symbolik) aus, weil
die Begegnung den Charakter des Einzigartigen hat. – Ein weiteres
Beispiel für die Macht des göttlichen Geistes, die Zweideutigkeiten der
Sprache zu überwinden, ist seine Überwindung der Zweideutigkeit, die
in den Verständnis stiftenden und Verständnis verhindernden Möglichkeiten der Sprache liegt. Da die gewöhnliche Sprache das innerste
Zentrum des anderen Selbst nicht erreichen kann, ist sie immer eine
Mischung von Offenbaren und Verbergen. Und aus letzterem folgen
die Möglichkeiten des absichtlichen Verbergens – Lüge und Täuschung,
Verzerrung und Entleerung der Sprache. Das Geist-bestimmte Wort
erreicht das Zentrum des anderen, aber nicht mit begrifflichen Definitionen oder Beschreibungen endlicher Objekte oder mit einer endlichen Subjektivität (z. B. mit Gefühlen), sondern indem es das Zentrum des Redenden und das des Hörenden in einer transzendenten
Einheit verbindet. Wo göttlicher Geist ist, da ist die Entfremdung im
sprachlichen Bereich überwunden – wie die Pfingstgeschichte es berichtet. Und sofern sie überwunden ist, ist auch die Gefahr der Sprache,
ihren ursprünglichen Sinn zu verlieren und verzerrt zu werden, überwunden. In allen diesen Fällen könnte man sagen, daß die Zweideutigkeiten des menschlichen Wortes durch das menschliche Wort, das zu
einem göttlichen Wort geworden ist, besiegt sind.

Um die Zweideutigkeiten des Erkennens zu überwinden, muß der
göttliche Geist die Spaltung zwischen Subjekt und Objekt noch radikaler als im Falle der Sprache überwinden. Die Spaltung kommt bei-

spielsweise darin zum Ausdruck, daß jeder Erkenntnisakt abstrakte Begriffe verwenden muß und, indem er das tut, die Konkretheit der Situation außer acht läßt; daß er eine partielle Antwort geben muß, obwohl „die Wahrheit unteilbar ist"; und daß er sich auf Begriffs-Modelle stützen muß, die nur auf den Bereich der Gegenstände und ihrer gegenseitigen Beziehungen passen. Und da auf der Ebene endlicher Beziehungen diese Notwendigkeit zwingend ist, entsteht die Frage, ob es eine andersgeartete Beziehung gibt, in der das Ganze der Wahrheit erreicht und die „Dämonie der Abstraktion" überwunden werden kann. Das kann nicht durch die dialektische Methode Hegels geschehen, der behauptete, er könne durch die Verbindung aller Teile zu einem folgerichtigen System das Ganze erfassen. Eben damit wurde er zu einem augenfälligen Opfer der Zweideutigkeit der Abstraktion, ohne die Totalität, die er anstrebte, zu erreichen. Der göttliche Geist umfaßt beides, die Totalität und das konkrete Einzelne, aber nicht, indem er Universalien negiert – ohne die kein Erkenntnisakt möglich wäre –, sondern indem er sie nur als Mittel benutzt, um das Partikulare und Konkrete in das Ewige zu erheben, in dem sowohl Totalität wie Partikularität ihre Wurzeln haben. Religiöse Erkenntnis ist Erkenntnis eines Partikularen im Lichte des Ewigen und Erkenntnis des Ewigen im Lichte eines Partikularen. In dieser Erkenntnisart ist die Zweideutigkeit der Subjektivität wie die der Objektivität überwunden, es ist eine selbst-transzendierende Erkenntnis, die aus dem Zentrum der Totalität herkommt und zu ihm zurückführt. Auch in der Art des theonomen Erkennens manifestiert sich die Gegenwart des göttlichen Geistes. Innerhalb der Struktur der Subjekt-Objekt-Spaltung versucht das Subjekt, durch Beobachtung und Schlußfolgerung sein Objekt zu ergreifen, bleibt ihm dabei aber stets fremd und ist sich nie sicher, ob es erreicht wird. In dem Maße, in dem die Subjekt-Objekt-Struktur überwunden wird, tritt an die Stelle der Beobachtung Partizipation (die Beobachtung einschließt) und an die Stelle der Schlußfolgerung Einsicht (die Schlußfolgerungen einschließt). Solche Einsicht, die auf Partizipation beruht, ist nicht das Ergebnis einer Methode, die willkürlich angewandt werden könnte, sondern ein Seinszustand, der emporgehoben ist zu dem, was wir transzendente Einheit genannt haben. Solche Geist-bestimmte Erkenntnis ist „Offenbarung", ebenso wie die Geist-bestimmte Sprache „Wort Gottes" ist. Und wie das „Wort Gottes" nicht beschränkt ist auf die Heilige Schrift, so ist „Offenbarung" nicht beschränkt auf die Offenbarungs-Erfahrungen, die die Grundlage aller konkreten Religionen sind. Die Erkenntnis dieser Situation liegt der Behauptung vieler Theologen der klassischen Tradition – Katholiken wie Protestanten – zugrunde, daß in der Weisheit gewisser nicht-christlicher Menschen die göttliche Weisheit – der *logos* – gegenwärtig sei und daß die Gegenwart des *logos* für sie – wie für uns – Gegenwart des göttlichen Geistes bedeute. Weisheit *(sapientia)* kann unterschieden werden von objektivierender Erkenntnis *(scientia)* durch ihre Fähigkeit, sich jenseits der Spaltung von Subjekt und Objekt zu manifestieren. Die biblische Bildersprache, die von der Weisheit und dem *logos* sagt, daß sie „bei" Gott und „bei" den Menschen seien, macht diesen Punkt besonders deutlich. Theonome Erkenntnis ist Geist-bestimmte Weisheit. Aber wie die Geist-bestimmte Sprache der Theonomie nicht ohne die Sprache auskommt, die auf der Subjekt-Objekt-Spaltung beruht, so steht die Geist-bestimmte Erkenntnis nicht im Widerspruch zu der Erkenntnis, die innerhalb der Subjekt-Objekt-Struktur der Begegnung mit der Wirklichkeit gewonnen wird. Die Theonomie steht nicht im Widerspruch zu der autonom gewonnenen Erkenntnis, wohl aber zu einer Erkenntnis, die autonom zu sein vorgibt, in Wirklichkeit aber das Resultat einer verzerrten Theonomie ist.

Die gleichen Probleme wie bei Sprache und Erkenntnis finden sich bei der ästhetischen Funktion. Wo nach schöpferischer Ausdruckskraft gesucht wird, entsteht die Frage, ob die Kunst Ausdruck des Subjekts oder des Objekts sei. Aber bevor wir nach einer theonomen Antwort suchen können, muß noch ein anderes Problem behandelt werden, nämlich die Beziehung des Menschen als Person im Prozeß der Selbst-Integration zu dem ganzen Bereich des ästhetischen Ausdrucks – das Problem des Ästhetizismus. Auch dieses Problem ist in der Subjekt-Objekt-Struktur des endlichen Seins verwurzelt. Das Subjekt kann jedes Objekt in einen „bloßen Gegenstand" verwandeln, indem es dieses für sich selbst benutzt, anstatt zu versuchen, sich ihm in einer Wiedervereinigung des Getrennten zu nähern. Ob es sich um vorkünstlerische Produkte handelt· oder um eigentliche Kunstwerke – immer werden durch die ästhetische Funktion Bilder geschaffen, die Gegenstand ästhetischen Genusses sind. Dieser ist durch die Ausdrucksmächtigkeit eines Kunstwerkes verursacht, selbst wenn das Dargestellte häßlich oder schrecklich ist. Die Freude an Werken des ästhetischen Schaffens – vorkünstlerischen oder künstlerischen – entspricht der Schöpferkraft des menschlichen Geistes. Der Ästhetizismus jedoch entzieht sich der Partizipation, während er sich dem ästhetischen Genuß hingibt. Wo aber der göttliche Geist wirksam ist und Subjekt und Objekt vereint, kann sich kein Ästhetizismus entwickeln. So müssen wir also auf die Frage, ob die Kunst das Subjekt oder das Objekt zum Ausdruck bringt, die klare Antwort geben: weder das eine noch das andere. Subjekt und Objekt müssen in einer theonomen Schöpfung geeint sein, die für die Gegenwart des göttlichen Geistes transparent ist. Diese Frage ist von Bedeutung für die Bewertung verschiedener Kunststile. Die Beziehung des Subjekts zum Objekt ist unterschiedlich in den verschiedenen Stilen. So erhebt sich die Frage, ob es einen Stil gibt, der dem Theonomen näher kommt als andere, oder der im Gegensatz zu anderen theonom ist. Es ist sehr schwierig, eine Antwort auf diese Frage zu geben, aber sie muß gegeben werden. In bezug auf die kognitive Funktion ist die analoge Frage häufig in der Form gestellt worden, ob eine bestimmte Philosophie (z. B. die Platonische, die Aristotelische, die Stoische oder die Kantische) eine größere theonome Potentialität enthält als andere. Diese Frage muß durch die Theologie beantwortet werden und ist stets durch sie beantwortet worden, denn die Theologen haben die eine oder andere dieser Philosophien benutzt in der Überzeugung, daß sie der menschlichen Situation angemessen und dem Aufbau einer Theologie nützlich seien. Aber es scheint unmöglich zu sein, dasselbe in bezug auf die verschiedenen Kunststile zu tun. In bezug auf die Frage nach einem größeren oder geringeren Grad ihrer theonomen Potentialität lassen sich Kunststile nicht unterscheiden, nur Stilelemente innerhalb der verschiedenen Kunststile. Das wird deutlich an der Tatsache, daß, wo der Drang zu echtem künstlerischem Ausdruck vorhanden ist, ein historischer Kunststil nicht nachgeahmt werden kann, sondern nur einzelne Stilelemente aufgenommen werden. Der Künstler steht in einer bestimmten Stiltradition, und er kann nicht willkürlich von einer Tradition zur anderen hinüberwechseln. (Das ist die gleiche Situation, wie sie in bezug auf die theonome Philosophie besteht. Kein philosophisches System kann als ganzes von einem anderen Philosophen übernommen werden, aber alle übernehmen Elemente von ihren Vorgängern, und es gibt bestimmte Elemente, die mehr theonome Möglichkeiten haben als andere. Aber das Entscheidende in der Suche nach Wahrheit ist, daß unter dem Prinzip der Autonomie alle Möglichkeiten der kognitiven Begegnung des Menschen mit der Wirklichkeit entfaltet werden.)

Unter den Stilelementen (die in allen historischen Stilen auftreten) können das realistische, das idealistische und das expressionistische Element unterschieden werden. Jedes von ihnen erscheint in jedem Stil, aber gewöhnlich ist ein Element das vorherrschende. Vom Gesichtspunkt der Theonomie aus kann man sagen, daß das expressionistische Element am besten fähig ist, die Selbst-Transzendierung des Lebens in der vertikalen Linie zum Ausdruck zu bringen. Es durch-

bricht die horizontale Bewegung und macht die Gegenwart des göttlichen Geistes in Symbolen gebrochener Endlichkeit sichtbar. Und
darum ist fast alle große religiöse Kunst aller Zeiten durch das expressionistische Element gekennzeichnet. Wenn das naturalistische oder
das idealistische Element vorherrschen, wird das Endliche entweder
in seiner Endlichkeit hingenommen (wenn auch nicht nachgeahmt),
oder es wird in seiner essentiellen Potentialität gesehen, nicht aber in
seinem Zustand der Entstellung und der Heilung. Das naturalistische
Element stellt, wenn es die Vorherrschaft gewinnt, Hinnahme, das
idealistische Vorwegnahme und das expressionistische den Durchbruch
in die Vertikale dar. So ist das expressionistische Element das echte
theonome Element.

b) Zweck und humanitas. – In bezug auf die technische Tätigkeit
kommt die fundamentale Zweideutigkeit der Subjekt-Objekt-Spaltung
als erstes in den Konflikten zum Ausdruck, die sich aus den unbegrenzten Möglichkeiten des technischen Fortschrittes einerseits und der Endlichkeit des Menschen andrerseits ergeben. Sie zeigen sich hauptsächlich
in dem Bestreben des Menschen, sich den Gesetzen seiner eigenen Produktion anzupassen. Und zweitens kommt die Zweideutigkeit der
Subjekt-Objekt-Spaltung in der Produktion von Mitteln für Zwecke
zum Ausdruck, die selbst wieder zu Mitteln werden, ohne in dem unendlichen Prozeß der technischen Umgestaltung zu einem letzten *telos*
zu führen: dabei werden Teile der Natur unaufhörlich in Dinge, d. h.
in technische Objekte verwandelt. Wenn man fragt, was Theonomie in
bezug auf solche Zweideutigkeiten bedeuten, oder genauer, wie die
Subjekt-Objekt-Spaltung angesichts einer so vollständigen Vergegenständlichung überwunden werden könne, so kann nur die folgende
Antwort gegeben werden: durch die Schaffung von Objekten, die mit
subjektiven Qualitäten durchdrungen werden, und durch die Aus-
richtung aller Zwecke auf ein letztes Ziel hin. Auf diese Weise wird
der unbegrenzten Freiheit des Menschen, über das Gegebene hinauszugehen, eine Grenze gesetzt. Unter dem Einfluß des göttlichen Geistes
können so auch technische Prozesse theonom und die Kluft zwischen
Subjekt und Objekt, wie sie der technischen Tätigkeit anhaftet, überwunden werden. In der Gegenwart des göttlichen Geistes verliert jedes
Ding seinen bloß dinghaften Charakter, es wird zu einem Träger von
Form und Sinn und damit zu einem möglichen Gegenstand des *eros*.
Das gilt sogar von Werkzeugen – vom einfachen Hammer bis zum
hochentwickelten Computer. Wie in den frühesten Zeiten der Menschheitsgeschichte die Dinge Träger fetischistischer Kräfte waren, so kön-

nen sie uns heute zu neuen Verkörperungen der Macht des Seins werden. Wo *eros* gegenüber dem technischen Gebilde besteht, ist ein Weg gefunden, auf dem eine theonome Beziehung zur Technik erreicht werden kann. Einen solchen *eros* können wir im Verhältnis von Kindern und auch manchmal von Erwachsenen zu solchen technischen Gebilden beobachten wie Schiffen, Autos, Flugzeugen, besonders eindrucksvollen Maschinen, Fabrikgebäuden usw. Wenn der *eros* gegenüber solchen Gegenständen nicht durch Konkurrenz oder Geschäftsinteresse entstellt wird, hat er theonomen Charakter. Der technische Gegenstand – das einzig vollständige „Ding" im Universum (im Sinne des vollständigen Bedingtseins) – steht nicht in essentiellem Konflikt mit der Theonomie, sondern ist ein wichtiger Faktor, der zu den Zweideutigkeiten der Kultur führt und der der Verwandlung durch *eros* und Kunst bedarf.

Das zweite Problem, das eine theonome Lösung erfordert, ist das der unbegrenzten Freiheit, Mittel für Zwecke zu produzieren, die wieder zu Mitteln werden und so weiter ohne Ende. In einer theonomen Kultur setzt sich der technische Fortschritt selbst eine Grenze. Möglichkeit ist nicht nur ein Geschenk, sondern auch eine Versuchung, und der Wunsch, sie zu verwirklichen, kann zu Entleerung und Zerstörung führen. Beide Folgen sind heute sichtbar geworden. Tendenzen der Entleerung sind schon lange erkannt und beklagt worden. Geschäftsinteresse und Reklame haben sie in großem Maße gefördert und in eine Richtung getrieben, die zur Produktion von sogenannten *gadgets* geführt hat. Das Wort ist unübersetzbar, es bezeichnet Erfindungen, die teils den täglichen Umgang mit technischen Dingen erleichtern, teils ihren spielerischen Zweck in sich selbst haben. Das *gadget* an sich ist kein Übel; aber wenn ein ganzes Wirtschaftssystem auf seine Produktion eingestellt und so die Frage nach dem letzten Zweck aller technischen Güter verdrängt wird, wird es zu einem Übel. Unter dem Einwirken des göttlichen Geistes wird dieses Problem sichtbar, und es kann unsere Einstellung zu den Möglichkeiten der Technik in einer solch revolutionären Weise verändern, daß sich auch die tatsächliche technische Produktion ändert. Allerdings kann sich eine solche Änderung nicht durch Einwirkung kirchlicher oder quasi-religiöser politischer Mächte vollziehen; sie kann nur durch eine neue Haltung derer herbeigeführt werden, für die die technischen Gegenstände hergestellt werden – wie alle Reklamefachleute wissen, die ständig auf die Konsumenten einzuwirken suchen. Der göttliche Geist, der aus der Vertikalen kommend sich dem unbegrenzten Fortschritt in der Horizontalen widersetzt, richtet die technische Wirtschaft auf das letzte Ziel aller Lebensprozesse aus – das Ewige Leben.

Das Problem, das durch die unbegrenzten Möglichkeiten der Technik hervorgerufen wird, verschärft sich, wenn der technische Fortschritt fast unausweichlich zerstörerische Folgen hat. Solche Folgen sind nach dem zweiten Weltkrieg sichtbar geworden und haben in den meisten Menschen gefühlsmäßigen und moralischen Protest hervorgerufen, besonders bei denen, die hauptsächlich für die technischen „Strukturen der Destruktion" (nämlich für die Entwicklung der Atomwaffen) verantwortlich waren. Man kann hier von dämonischen Strukturen sprechen, da sie dem Wesen des Dämonischen gemäß nicht von unserer Zustimmung oder Ablehnung abhängig sind. Daher ist die Haltung jener Männer – wie auch die vieler Unbeteiligter – gegenüber den ungeheuren technischen Möglichkeiten der atomaren Entdeckungen mit ihrer ihnen innewohnenden Dämonie zwiespältig. Unter der Einwirkung des göttlichen Geistes wird die zerstörerische Seite dieser menschlichen Möglichkeit „gebannt", ein Ausdruck, der im Buch der Offenbarung für den vorläufigen Sieg über das Dämonische gebraucht wird. Um es zu wiederholen: Ein solcher „Bann" besteht nicht in einer autoritären Beschränkung bestimmter technischer Entwicklungen, sondern in einer Änderung der inneren Haltung, einem Wandel des Willens, Dinge zu produzieren, die in sich höchst zweideutig sind und Strukturen der Destruktion aufweisen. Ohne Einwirkung des göttlichen Geistes ist keine Lösung denkbar, weil die Zweideutigkeit von Produktion und Destruktion nicht auf der horizontalen Ebene – nicht einmal fragmentarisch – überwunden werden kann. Um das einzusehen, muß man bedenken, daß der göttliche Geist nicht an den religiösen Bereich (religiös im engeren Sinne) gebunden ist, sondern sich sogar ausgesprochener Gegner der Religion und des Christentums bedienen und durch sie wirken kann.

Nach der Erörterung der technischen Funktion der Kultur und ihrer Zweideutigkeiten wenden wir uns der Person- und Gemeinschaft-bildenden Funktion zu und damit den Zweideutigkeiten des „Sich-selbst-Bestimmens" und des „Von-anderen-Bestimmtwerdens" und der „personhaften Partizipation". Für alle drei Funktionen ist die Subjekt-Objekt-Spaltung (wie für alle kulturellen Funktionen) die notwendige Voraussetzung, sie ist aber auch die unausweichliche Ursache ihrer Zweideutigkeiten. Die Zweideutigkeit der Selbst-Bestimmung ist in der Tatsache begründet, daß das Selbst als Subjekt und das Selbst als Objekt gespalten sind und daß das Selbst als Subjekt das Selbst als Objekt in eine Richtung zu lenken sucht, von der das Selbst als Subjekt entfremdet ist. Der „gute Wille" ist nur in zweideutiger Weise gut, weil er nicht mit dem Selbst als Objekt, das er lenken soll, geeint ist. Unter den Bedingungen der Existenz gibt es kein zentriertes Selbst, das völlig mit sich identisch wäre. Wo aber der göttliche Geist die zentrierte Person ergreift, stellt er die Identität unzweideutig (wenn auch fragmentarisch) wieder her. Die „Suche nach Identität", die ein echtes Problem unserer Generation ist, ist letztlich die Suche nach dem göttlichen Geist, weil die Spaltung des Selbst in ein beherrschendes Subjekt und ein beherrschtes Objekt nur in der Vertikalen überwunden werden kann, wo die Wiedervereinigung gegeben und nicht gefordert wird. Das Selbst, das seine Identität gefunden hat, ist das Selbst dessen, der als Einheit angenommen ist trotz seiner Gespaltenheit.

Die Subjekt-Objekt-Spaltung des Selbst ist auch die Ursache für die Zweideutigkeiten im Bereich der Erziehung und Beratung einer anderen Person. In beiden Fällen ist es notwendig, wenn auch unmöglich, eine Mitte zwischen dem sich Zurückhalten und dem sich Aufdrängen von seiten des Erziehers oder Beraters zu wählen. Völlige Zurückhaltung, wie sie in der modernen fortschrittlichen Erziehung geübt wird, führt zu vollständiger Wirkungslosigkeit. Das Objekt wird nicht aufgefordert, sich mit dem Subjekt in einem gemeinsamen Gehalt zu einigen, sondern es wird sich selbst überlassen – gefesselt an sein eigenes Selbst und seine Zweideutigkeiten als Person, während das Subjekt, statt seine erzieherische und beratende Aufgabe zu erfüllen, ein unbeteiligter und belangloser Beobachter bleibt. Aber auch die entgegengesetzte Haltung verletzt das Objekt der Erziehung und Beratung, indem sie es in ein Objekt ohne Subjektivität verwandelt und damit unfähig macht, sich zu seiner eigenen Erfüllung und zu seinem letzten Ziel führen zu lassen. Es wird zu einem Objekt der Belehrung, der Befehlshaberei, der Raffinesse, der Gehirnwäsche usw. und in extremen Fällen, z. B. in Konzentrationslagern, zu einem Objekt der Entmenschlichung. Dies alles sind Methoden, die es seiner Subjektivität berauben, indem sie ihm die biologischen und psychologischen Bedingungen für seine Existenz als Person nehmen. Sie verwandeln es in ein vollkommenes Exemplar bedingter Reflexe. Der göttliche Geist dagegen befreit sowohl von reiner Subjektivität wie von reiner Objektivität. Unter der Einwirkung des göttlichen Geistes schafft der Erziehungsakt Theonomie in der zentrierten Person, indem er sie auf das Unbedingte hin ausrichtet, durch das sie Unabhängigkeit empfängt, ohne dem inneren Chaos zu verfallen. Es gehört zum Wesen des göttlichen Geistes, daß er Freiheit und Form vereint. Wenn die Gemeinschaft zwischen Person und Person in Erziehung und Beratung durch den göttlichen Geist über ihre Grenzen hinausgehoben wird, dann ist die Spaltung zwischen Subjekt und Objekt fragmentarisch überwunden und *humanitas* ist fragmentarisch erreicht.

Ähnliches gilt für die Begegnung von Person mit Person. Der Andere ist ein Fremder, aber ein Fremder nur in Verkleidung. Eigentlich ist er ein entfremdeter Teil des eigenen Selbst. Daher kann die eigene *humanitas* nur in Wiedervereinigung mit ihm verwirklicht werden – eine Wiedervereinigung, die auch für die Verwirklichung seiner *humanitas* entscheidend ist. In der Horizontalen führt der Versuch, diese Vereinigung zu erreichen, zu zwei gleichermaßen zweideutigen Lösungen: zu dem Streben, die Kluft zwischen Subjekt und Objekt in der Begegnung von Person mit Person (wobei jede Person zugleich Subjekt und Objekt ist) entweder dadurch zu überwinden, daß das eigene Selbst sich dem anderen Selbst preisgibt; oder dadurch, daß das andere Selbst in das eigene Selbst hineingezogen wird. Beide Wege werden dauernd beschritten, manchmal herrscht das eine, manchmal das andere Element vor; dabei sind viele Abstufungen möglich, aber beide sind zum Scheitern verurteilt, weil sie die Person zerstören, mit der sie sich einen wollen. Wiederum ist es die Vertikale, aus der die Antwort kommt: Beide Seiten in der Begegnung gehören zu einem Dritten, das sie beide transzendiert. Weder Preisgabe noch Unterwerfung sind angemessene Wege, den Anderen zu erreichen. Er kann unmittelbar überhaupt nicht erreicht werden. Er kann nur durch das erreicht werden, was ihn über seine Gebundenheit an sich selbst erhebt. Sartres Behauptung, daß der Mensch den Anderen in jeder Begegnung mit ihm zum Objekt macht, kann nur aus der Sicht der Vertikalen verneint werden. Nur durch das Einwirken des göttlichen Geistes wird die Hülle der Selbstabschließung durchstoßen. Der Fremde, der ein entfremdeter Teil des eigenen Selbst ist, hört auf, ein Fremder zu sein, wenn wir ihn erfahren als einen, der aus demselben Grunde kommt wie wir. Die Theonomie rettet die *humanitas* in aller menschlichen Begegnung.

c) Macht und Gerechtigkeit. – Auch im Bereich der Gemeinschaft führt die Subjekt-Objekt-Spaltung zu einer Vielzahl von Zweideutigkeiten. Wir haben einige von ihnen beschrieben und müssen nun zeigen, was mit ihnen unter der Einwirkung des göttlichen Geistes geschieht. Wo der göttliche Geist wirkt, sind sie – wenn auch fragmentarisch – überwunden. Das erste Problem, das sich bei der Bildung jeder Form von Gemeinschaft ergibt, ist das von „Ausschließen und Einbeziehen". Wie jede Freundschaft unzählige andere, mit denen keine Freundschaft besteht, ausschließt, so schließt auch jeder Stamm, jede Klasse, jede Stadt, jede Nation und jede Kultur alle die aus, die nicht zu ihnen gehören. Die Gerechtigkeit der sozialen Zusammengehörigkeit enthält in sich die Ungerechtigkeit der sozialen Ablehnung. In der Gegenwart des göttlichen Geistes ereignet sich zweierlei, wodurch die Ungerechtigkeit innerhalb der Gerechtigkeit der Gemeinschaft überwunden wird. Insoweit die Kirchen die Geistgemeinschaft repräsentieren, sind sie keine religiösen Gemeinschaften mehr, die in dämonischer Weise andere ausschließen, sondern sie werden zu einer heiligen Gemeinschaft, die in universaler Weise alle Menschen einbezieht. Und das geschieht, ohne daß die Kirchen dabei ihre Identität verlieren. In dem Einfluß, den dies indirekt auf die säkulare Gemeinschaft ausübt, zeigt sich die eine Seite der Einwirkung des göttlichen Geistes auf die Gemeinschaftsbildung. Die andere Seite zeigt sich in seiner unmittelbaren Wirkung, die ein neues Verständnis für die Idee der Gerechtigkeit schafft und ihre praktische Anwendung prägt. Die Zweideutigkeit der Zugehörigkeit ist durch die Schaffung umfassenderer Einheiten überwunden. Durch sie werden diejenigen, die von den unvermeidbar exklusiven konkreten Gruppen abgewiesen werden, in eine größere Gruppe – schließlich in die Menschheit – aufgenommen. So wird die Exklusivität der Familie durch Freundschaft fragmentarisch überwunden, die Exklusivität der Freundschaft durch lokale Gemeinschaften, die Exklusivität der Klasse durch nationale Gemeinschaft usw. Dies ist ein dauernder Kampf des göttlichen Geistes, ein Kampf nicht nur gegen Ausschließung, sondern ein Kampf auch gegen ein Einschließen, das eine echte Gemeinschaft auflöst und ihrer Identität beraubt (wie in gewissen Formen der Massengesellschaft).

Das letzte Beispiel führt uns unmittelbar zu einer anderen Form der Zweideutigkeit der Gerechtigkeit – der Zweideutigkeit der Gleichheit. Gerechtigkeit schließt Gleichheit ein. Aber Gleichheit dessen, was essentiell ungleich ist, ist ebenso ungerecht wie Ungleichheit dessen, was essentiell gleich ist. Unter der Einwirkung des göttlichen Geistes (oder, wie wir früher gesagt haben, in der Gemeinschaft des Glaubens und der Liebe) ist die letzte Gleichheit eines jeden, der in die Geistgemeinschaft gerufen ist, mit jener vorläufigen Ungleichheit geeint, die auf der Selbstverwirklichung des Individuums als Individuum beruht. Jeder hat sein eigenes Schicksal, das zum Teil auf den gegebenen Bedingungen seiner Existenz und zum Teil auf seiner Freiheit beruht, als zentriertes Selbst innerhalb dieser Bedingungen sich in einer bestimmten Weise zu verwirklichen. Die endgültige Gleichheit kann jedoch nicht von der existentiellen Ungleichheit getrennt werden. Letztere steht unter dem ständigen Urteilen des göttlichen Geistes, denn sie kann zu sozialen Situationen führen, in denen die endgültige Gleichheit unerkennbar und unwirksam wird. Obgleich es mehr dem Einfluß der stoischen Philosophie als den christlichen Kirchen zugeschrieben werden muß, daß die Ungerechtigkeit der Sklaverei in ihren entmenschlichenden Formen eingeschränkt wurde, war es doch die Gegenwart des göttlichen Geistes, die durch die stoischen Philosophen wirkte. Aber der Kampf des göttlichen Geistes richtet sich nicht nur gegen Formen der Ungleichheit in der Gemeinschaft, sondern auch gegen Formen der Gleichheit in ihr, in denen die essentielle Ungleichheit mißachtet wird, z. B. gegen das Prinzip der Gleichheit der Erziehung in der Massengesellschaft. Eine solche Erziehung ist ungerecht gegenüber denen, deren besondere Gabe in ihrer Fähigkeit besteht, den Konformismus einer kulturellen Nivellierung zu transzendieren. Der göttliche Geist, der die endgültige Gleichheit aller Menschen bejaht, bejaht auch die Polarität einer relativen Gleichheit und einer relativen Ungleichheit im tatsächlichen Gemeinschaftsleben. Durch die Gemeinschaft des göttlichen Geistes wird eine theonome Lösung der Zweideutigkeiten der Gleichheit geschaffen.

Eine der augenfälligsten Zweideutigkeiten des Gemeinschaftslebens ist die der Führung und Macht. Auch hier ist ganz offensichtlich der Grund der Zweideutigkeit die Subjekt-Objekt-Spaltung. Da in der Gemeinschaft ein psychisches Zentrum, wie es in der zentrierten Person vorliegt, fehlt, muß die Gemeinschaft Zentriertheit schaffen – soweit es ihr möglich ist. Ein solches Zentrum wird durch eine herrschende Gruppe gebildet, die ihrerseits durch ein Individuum (einen König, einen Präsidenten usw.) repräsentiert wird. Die Zweideutigkeiten der Gerechtigkeit, die sich aus dieser Struktur der Gemeinschaft herleiten, wurzeln letztlich in dem unabänderlichen Faktum, daß der Herrscher und die herrschende Gruppe – indem sie die Seinsmächtigkeit der Gemeinschaft zu verwirklichen suchen – auch ihre eigene Seinsmächtigkeit verwirklichen. Eine Folge dieser hochdialektischen Struktur der sozialen Macht ist die Tyrannei, die alle Machtsysteme mehr oder weniger durchzieht, selbst die liberalsten. Eine andere Folge ist ein machtloser Liberalismus oder eine Anarchie – beide gehen aus der Opposition gegen die Implikationen der Macht hervor, und sie werden gewöhnlich durch eine bewußte und unbeschränkte Tyrannei abgelöst. Unter der Einwirkung des göttlichen Geistes jedoch sind die Glieder der herrschenden Gruppe und der Herrscher selbst imstande, ihre Subjektivität teilweise zu opfern, indem sie selbst – mit allen anderen – Objekte ihrer eigenen Herrschaft werden und den geopferten Teil ihrer Subjektivität den Beherrschten übertragen. Dieses partielle Opfer der Subjektivität seitens der Herrscher und diese partielle Erhebung der Beherrschten zur Subjektivität ist der Sinn der „demokratischen Idee". Sie ist nicht identisch mit irgendeiner bestimmten demokratischen Verfassung, die das demokratische Prinzip zu verwirklichen versucht. Das demokratische Prinzip ist ein Element in der Gegenwart des göttlichen Geistes und ihrer Gerechtigkeit. Es ist sogar in aristokratischen und monarchischen Verfassungen enthalten; andrerseits kann es in konkreten Demokratien weitgehend entstellt sein. Wo es verwirklicht ist – und sei es noch so fragmentarisch –, da ist der göttliche Geist am Werk, ganz gleich, ob innerhalb der Kirchen, in Opposition zu ihnen oder außerhalb der eigentlich religiösen Sphäre.

Gerechtigkeit im Gemeinschaftsleben ist vor allem die Gerechtigkeit, die durch das Gesetz festgelegt und durch eine Machtgruppe geschützt wird. Sie weist zwei Arten von Zweideutigkeiten auf: die Zweideutigkeit, die durch die Formulierung des Gesetzes, und die Zweideutigkeit, die bei der Anwendung des Gesetzes entsteht. Die erste ist zum Teil identisch mit der Zweideutigkeit der Führung. Die Rechtsgewalt, wie sie durch die herrschende Gruppe und ihre Repräsentanten ausgeübt wird, ist in erster Linie gesetzgebende Gewalt. Die Gerechtigkeit eines Rechtssystems ist untrennbar mit der Gerechtigkeit verknüpft, wie sie von der herrschenden Gruppe gesehen wird, und diese Gerechtigkeit ist sowohl Ausdruck der Prinzipien von Recht und Unrecht als auch der Prinzipien, mit denen eine herrschende Gruppe ihre eigene Macht behauptet, erhält und verteidigt. Der Geist eines Rechtssystems vereinigt in sich untrennbar den Geist der Gerechtigkeit und den Geist der herrschenden Machtgruppen, d. h., daß seine Gerechtigkeit mit Ungerechtigkeit verbunden ist. Unter der Einwirkung des göttlichen Geistes kann das Recht theonome Qualität in dem Maße annehmen, in dem er in ihm wirkt. Das Recht kann Gerechtigkeit unzweideutig, obgleich fragmentarisch, repräsentieren, in symbolischer Sprache: es kann zur Gerechtigkeit des Reiches Gottes werden. Das bedeutet nicht, daß das Recht zu einem rationalen Gerechtigkeitssystem werden kann, das über dem Leben der Gemeinschaft steht, wie es einige neukantianische Rechtsphilosophen zu entwickeln versuchten. So etwas gibt es nicht, weil die vieldimensionale Einheit des Lebens verhindert, daß eine geistige Funktion wirksam wird ohne das Mitwirken der vorausgehenden Funktionen. Der Geist des Rechtes ist notwendigerweise nicht nur der Geist der Gerechtigkeit, sondern auch der Geist einer Gemeinschaft. Es gibt keine Gerechtigkeit, die nicht auch die Gerechtigkeit von jemandem ist, womit nicht ein Individuum, sondern eine Gesellschaft gemeint ist. Der göttliche Geist unterdrückt nicht die vitale Grundlage des Rechts, sondern beseitigt seine Ungerechtigkeiten, indem er gegen die Ideologien kämpft, die jene zu rechtfertigen suchen. Dieser Kampf ist zuweilen direkt durch die Kirchen als Verkörperung der Geistgemeinschaft geführt worden und zuweilen indirekt durch prophetische Bewegungen innerhalb des säkularen Bereichs selbst. Theonome Gesetzgebung ist das Werk des göttlichen Geistes, der sich des Mediums der prophetischen Selbstkritik derer bedient, die für das Gesetz verantwortlich sind. Diese Behauptung ist nicht „idealistisch" in der negativen Bedeutung des Wortes, solange wir an der „realistischen" Behauptung festhalten, daß der göttliche Geist indirekt durch alle Dimensionen des Lebens wirkt, direkt auch nur durch die Dimension des menschlichen Geistes.

Die andere Zweideutigkeit des Gesetzes ist mit seiner Anwendung verbunden. Sie hat zwei Formen: Die eine beruht auf der Tatsache, daß die Ausübung des Rechts von der Macht derer abhängt, die die Urteile fällen und die in ihrer Urteilsfindung – ebenso wie die Gesetzgeber – von ihrem eigenen Sein in seiner Ganzheit in all seinen Dimensionen beeinflußt sind. In jedem ihrer Urteile drückt sich nicht allein der Geist des Rechts aus, sondern auch der Geist des Richters (einschließlich aller Dimensionen, die zu ihm als Person gehören). Eine der wichtigsten Funktionen der alttestamentlichen Propheten war es, die Richter zu ermahnen, Gerechtigkeit auch gegen ihr Klasseninteresse und gegen ihre wechselnden Stimmungen auszuüben. Die Würde, die mit dem Amt und der Tätigkeit des Richters verbunden ist, ist eine Mahnung an den theonomen Ursprung und das theonome Ideal der Rechtsprechung.

Die andere Form dieser Zweideutigkeit beruht auf dem Wesen des Gesetzes selbst – nämlich seiner Abstraktheit und seiner mangelnden Angemessenheit für konkrete Fälle. Die Geschichte hat gezeigt, daß sich diese Situation nicht bessert, sondern eher verschlechtert, wenn neue spezifischere Gesetze erlassen werden und als Ergänzung zu den allgemeineren hinzukommen. Diese werden der konkreten Situation nicht besser gerecht. Die Weisheit des Richters liegt zwischen dem abstrakten Gesetz und der konkreten Situation, und diese Weisheit kann auf theonome Weise inspiriert sein. Soweit dies zutrifft, ist die Forderung des besonderen Falles wahrgenommen und erfüllt: dann ignoriert das Gesetz in seiner abstrakten Majestät weder die individuellen Unterschiede, noch büßt es seine Allgemeingültigkeit ein, indem es Unterschiede anerkennt.

Mit den letzten Bemerkungen haben wir auf den Übergang zu dem hingeführt, was der Gerechtigkeit und der *humanitas* unmittelbar zugrundeliegt, und was alle kulturellen Funktionen mittelbar bedingt – zu der Moralität. Wir müssen uns jetzt der Moralität unter der Einwirkung des göttlichen Geistes zuwenden.

C

DIE GEGENWART DES GÖTTLICHEN GEISTES UND DIE ZWEIDEUTIGKEITEN DER MORALITÄT

1. Religion und Moralität und die Gegenwart des göttlichen Geistes: Theonome Moralität

Die essentielle Einheit von Moralität, Kultur und Religion ist unter den Bedingungen der Existenz zerbrochen, und in den Lebensprozessen bleibt nur eine zweideutige Form von ihr zurück. Aber durch die Gegenwart des göttlichen Geistes ist eine unzweideutige, wenn auch fragmentarische Wiedervereinigung möglich. Der göttliche Geist schafft eine theonome Kultur, und er schafft eine theonome Moralität. Der Begriff „theonom" in bezug auf Kultur und Moralität hat die paradoxe Bedeutung von „trans-kultureller Kultur" und „trans-moralischer Moral". Religion als die Selbst-Transzendierung des Lebens in der Dimension des Geistes gibt sowohl dem Sich-Schaffen als auch der Selbst-Integration des geistigen Lebens Transzendenz. Wir haben die Beziehung von Religion und Kultur im Lichte der Gegenwart des göttlichen Geistes behandelt, wir müssen jetzt die Beziehung von Religion und Moralität unter dem gleichen Aspekt erörtern.

Die Frage der Beziehung von Religion und Moralität kann als die Frage der Beziehung zwischen philosophischer und theologischer Ethik erörtert werden. Diese Dualität ist der Dualität von autonomer und christlicher Philosophie analog und tatsächlich ein Teil von ihr. Die Idee einer christlichen Philosophie haben wir bereits verworfen, weil sie unvermeidlich die Integrität wissenschaftlicher Forschung dadurch zerstören würde, daß über ihre Resultate schon entschieden ist, ehe eine Untersuchung stattgefunden hat. Was für eine christliche Philosophie gilt, gilt für alle Teile des philosophischen Unternehmens, einschließlich der Ethik. Wenn der Ausdruck „Theologische Ethik" tatsächlich das bedeutet, was er auszudrücken scheint, so bezeichnet er eine Ethik, die bewußt präjudiziert ist. Das gilt jedoch weder von einer theonomen Ethik noch von einer theonomen Philosophie. Eine Philosophie ist theonom, wenn sie einerseits von äußerer Einmischung frei und andrerseits in ihrem Denken für die Gegenwart des göttlichen Geistes offen ist. Und eine Ethik ist theonom, wenn sie einerseits von äußerer Einmischung frei ist und andrerseits die ethischen Prinzipien und Prozesse im Lichte der Gegenwart des göttlichen Geistes beschreibt. „Theologische Ethik" als selbständige theologische Disziplin muß abgelehnt werden, obwohl jede theologische Behauptung ethische Voraussetzungen und Konsequenzen hat. Wenn „Theologische Ethik" (oder Religionsphilosophie) in akademischen Vorlesungen als eine selbständige Disziplin behandelt wird, so ist das berechtigt, wenn es aus praktischen Gründen geschieht, aber nicht, wenn es aus prinzipiellen Gründen geschieht. Sonst entstünde ein unerlaubter Dualismus zwischen philosophischer und theologischer Ethik, der logischerweise zur „Schizophrenie der doppelten Wahrheit" führen müßte. Man würde dann in dem einen Fach die Autonomie der praktischen Vernunft im Humeschen oder im Kantischen Sinne bejahen und im anderen Fach die Heteronomie göttlich geoffenbarter Gebote anerkennen, wie sie in der Bibel und anderen kirchlichen Dokumenten niedergelegt sind. Auf der Grundlage der Unterscheidung eines weiteren und eines engeren Religionsbegriffes kann eine andere Lösung gegeben werden: Es darf nur *eine* wissenschaftliche Ethik geben, die die Struktur der moralischen Funktion analysiert und die wechselnden Inhalte des Moralischen im Lichte dieser Analyse beurteilt. Innerhalb dieser Analyse erhebt sich das Problem der Unbedingtheit des moralischen Imperativs, und das heißt seines theonomen Charakters. Man mag diesen bejahen oder verneinen – Bejahung wie Verneinung bleiben innerhalb der philosophischen Debatte und werden nicht durch äußere politische oder durch kirchliche Autorität entschieden. Der Theologe tritt in die Debatte als Philosoph ein, dem die Augen durch etwas Unbedingtes, von dem er selbst ergriffen ist, geöffnet sind. Seine Argumente haben jedoch dieselbe Erfahrungsbasis und dieselbe rationale Strenge der Beweisführung, wie die seiner Diskussionspartner, die den unbedingten Charakter des moralischen Imperativs leugnen. Der Ethiker ist Philosoph, ganz gleich, ob seine Ethik theonom ist oder nicht. Er ist Philosoph auch dann, wenn er Theologe ist und sein letztes Anliegen vom Gegenstand seiner Theologie abhängig ist, z. B. von der christlichen Botschaft[1]. Aber als Ethiker darf er seine theologischen Aussagen nicht

---

[1] Eine Ausführung dieses Gedankens findet sich in meiner Schrift „Das religiöse Fundament des moralischen Handelns".

mit Aussagen über den Charakter des moralischen Imperativs ver-
mengen.

Die Frage ist allerdings, ob es möglich ist, das Betroffensein durch ein
unbedingtes Anliegen mit distanzierter Analyse zu verbinden. Empirisch gesehen ist es unmöglich, weil theonome Ethik immer konkret und
darum von konkreten Traditionen abhängig ist, z.B. von der jüdischen,
christlichen, griechischen, buddhistischen. Daraus könnte man den
Schluß ziehen, daß die Theonomie notwendig in Konflikt mit der
Autonomie der ethischen Forschung steht. Aber dieser Schluß läßt die
Tatsache außer acht, daß selbst die scheinbar autonome Forschung in
der Philosophie im allgemeinen und in der Ethik im besonderen von
einer Tradition abhängig ist, der ein unbedingtes Anliegen zugrundeliegt, zumindest indirekt und unbewußt. Ethik kann nur in bezug auf
ihre wissenschaftliche Methode autonom sein, nicht jedoch in bezug auf
die ihr zugrundeliegende religiöse Substanz. In aller Ethik gibt es ein
theonomes Element, wie versteckt, wie säkularisiert, wie entstellt es
auch sein mag. Daher ist theonome Ethik im vollen Sinne des Wortes
eine Ethik, in der unter der Einwirkung des göttlichen Geistes die religiöse Substanz – die Erfahrung dessen, was uns unbedingt angeht –
sich im unabhängigen, freien Forschen zeigt und nicht in dem Versuch,
das Forschen im voraus zu bestimmen. Theonomie mit einer solchen
Absicht ist Heteronomie und muß von der wissenschaftlichen Forschung
verworfen werden; wirklich theonome Ethik ist autonome Ethik, die
für die Gegenwart des göttlichen Geistes offen ist.

Was das biblische und kirchliche ethische Material betrifft, bedeutet
das, daß es nicht einfach übernommen und als theologische Ethik
systematisiert werden kann, als wäre es geoffenbarte Information über
ethische Probleme. Offenbarung ist nicht Information, und sie ist sicherlich nicht Information über moralische Regeln und Normen. Alles ethische Material, z. B. das des Alten und des Neuen Testaments, ist der
Kritik durch das Prinzip der *agape* unterworfen, denn der göttliche
Geist schafft nicht „neue Buchstaben", d. h. Gebote, sondern er richtet
alle Gebote.

2. Die Gegenwart des göttlichen Geistes und die Zweideutigkeiten
der personhaften Selbst-Integration

Als wir die Zweideutigkeiten der personhaften Selbst-Integration
beschrieben, haben wir auf die Polarität von Selbst-Identität und
Selbst-Veränderung hingewiesen und die Möglichkeit erörtert, daß
sich das zentrierte Selbst entweder in leerer Selbst-Identität oder in

chaotischer Selbst-Veränderung verlieren kann. Mit dieser Polarität ist das Problem des Opfers und seiner Zweideutigkeiten gegeben. In dem ständigen Schwanken zwischen der Alternative, entweder das Aktuelle für das Mögliche oder das Mögliche für das Aktuelle zu opfern, kommt eine der auffallendsten Zweideutigkeiten der Selbst-Integration zum Ausdruck. Immer wieder tauchen die Fragen auf: Wieviele Inhalte der mir begegnenden Welt *kann* ich in die Einheit meines Person-Zentrums hineinnehmen, ohne daß es zerreißt? Und wieviele Inhalte der mir begegnenden Welt *muß* ich in die Einheit meines Person-Zentrums hineinnehmen, um der Erstarrung der reinen Selbst-Identität zu entgehen? In wieviele Richtungen kann ich über ein bestimmtes Stadium meines Wesens vorstoßen, ohne alle Richtung zu verlieren? Und in wievielen Richtungen muß ich der Wirklichkeit zu begegnen suchen, um eine Verengung und Verarmung meines Lebensprozesses zu vermeiden? Und weiter die fundamentale Frage: Wieviele Möglichkeiten, die mir als Mensch allgemein und als dieser Mensch im besonderen gegeben sind, *kann* ich verwirklichen, ohne dabei die Fähigkeit zu verlieren, irgend etwas ernsthaft zu verwirklichen? Und wieviele Potentialitäten *muß* ich verwirklichen, um der Verstümmelung meiner Menschlichkeit zu entgehen? Diese Fragen sind nicht *in abstracto* gestellt, sondern immer in der konkreten Form: Soll ich das, was ich habe, opfern für ein anderes, das ich haben könnte?

Diese Alternative ist, wenn auch nur fragmentarisch, durch die Gegenwart des göttlichen Geistes gelöst. Der Geist erhebt das personhafte Zentrum – symbolisch gesprochen – in das göttliche Zentrum, in die transzendente Einheit unzweideutigen Lebens, die Glaube und Liebe möglich macht. Wenn das persönliche Zentrum in diese Einheit erhoben ist, steht es über den Begegnungen mit der Wirklichkeit auf der zeitlichen Ebene, weil die transzendente Einheit den Inhalt aller möglichen Begegnungen umfaßt. Sie ist jenseits von Potentialität und Aktualität, denn sie ist die Einheit des göttlichen Lebens selbst. In der „Gemeinschaft des heiligen Geistes" ist die Person von den Zufälligkeiten der Freiheit und des Schicksals unter den Bedingungen der Existenz befreit. Die Annahme dieser Befreiung ist das allumfassende Opfer, das zugleich die allumfassende Erfüllung ist. Es ist das einzige unzweideutige Opfer, das ein Mensch bringen kann und das ihn mit der Notwendigkeit, endliche Möglichkeiten zu opfern, versöhnt; aber da es innerhalb der Lebensprozesse gebracht wird, ist es fragmentarisch und der Verzerrung durch die Zweideutigkeiten des Lebens ausgesetzt.

Aus dem Gesagten ergeben sich auf die drei oben gestellten Fragen folgende Antworten: Insofern das personhafte Zentrum in die transzendente Einheit aufgenommen ist, werden die Inhalte der endlichen Wirklichkeit, denen es begegnet, danach beurteilt, in welchem Maße sie der Person helfen, ihr essentielles Sein zu verwirklichen. Auf Grund dieses Urteils werden sie in die Einheit der Person aufgenommen oder von ihr ausgeschlossen. Das Element der Weisheit im göttlichen Geist macht ein solches Beurteilen möglich. (Vergleiche z. B. die beurteilende Funktion des Geistes in 1. Kor. 3.) Die Beurteilung richtet sich nach dem Kriterium der Einheit der beiden Pole, der Selbst-Identität und der Selbst-Veränderung, in der Selbst-Integration des personhaften Selbst. Die Gegenwart des göttlichen Geistes bewirkt, daß die Person bei sich selbst bleibt, ohne zu verarmen, und daß sie aus sich herausgeht, ohne zerrissen zu werden. Auf diese Weise überwindet der göttliche Geist die doppelte Angst, die logisch (aber nicht zeitlich) dem Übergang von der Essenz zur Existenz vorausgeht – die Angst, das essentielle Sein nicht zu verwirklichen, und die Angst, es in der Selbst-Verwirklichung zu verlieren. Wo der göttliche Geist wirkt, da wird das Aktuelle zur Manifestation des Potentiellen und das Potentielle zur Quelle des Aktuellen. In der Gegenwart des göttlichen Geistes erscheint das essentielle Sein unter den Bedingungen der Existenz und besiegt in der Wirklichkeit des Neuen Seins die existentiellen Entstellungen. Diese Aussage ist von der fundamentalen christologischen Aussage abgeleitet, daß sich im Christus die ewige Einheit von Gott und Mensch unter den Bedingungen der Existenz verwirklicht, ohne von ihnen überwunden zu werden. Der Mensch, der am Neuen Sein teilhat, steht in analoger Weise über dem Konflikt von Essenz und Existenz. Der göttliche Geist verwirklicht in unzweideutiger Weise das Essentielle im Existentiellen.

Die Frage, wieviel fremde Inhalte in die Einheit des zentrierten Selbst hineingenommen werden können, hat zu Antworten nicht nur auf diese eine Frage, sondern auch auf die drei oben gestellten Fragen geführt, vor allem zu einer Antwort auf das Problem des Opfers des Möglichen für das Wirkliche. Aber die Antwort muß konkreter gemacht werden. Die Zweideutigkeit der Lebensprozesse in bezug auf ihre Richtungen und Ziele muß durch eine unzweideutige Gerichtetheit der Lebensprozesse überwunden werden. Wo der göttliche Geist am Werk ist, wird das Leben in eine Richtung getrieben, die mehr ist als eine Richtung neben anderen, nämlich die Richtung auf das Unbedingte in und über allen anderen. Sie ersetzt die anderen nicht, sondern erscheint in ihnen als ihr letztes Ziel und daher als das Kriterium für die Wahl zwischen ihnen. Der Heilige, d. h. der, der durch den göttlichen Geist bestimmt ist, weiß, wohin er gehen soll und wohin nicht. Er weiß den Weg zwischen verarmender Askese und zerreißendem Libertinismus. Im Leben der meisten Menschen ist die Frage, in welche Richtung sie gehen und sich ausbreiten sollen und welche Richtung sie zur entscheidenden machen sollen, ein Grund ständiger Beunruhigung. Sie wissen nicht, in welche Richtung sie gehen sollen, und darum hören viele überhaupt auf, eine Richtung zu wählen und lassen ihr Leben in die Armut der Selbst-Beschränkung versinken. Andere wiederum zersplittern sich in so viele Richtungen, daß sie keine wirklich verfolgen können. Der göttliche Geist überwindet die Selbst-Beschränkung wie die Selbst-Zersplitterung. Er hält auch bei auseinandergehenden Richtungen die Einheit aufrecht, und zwar sowohl die Einheit des zentrierten Selbst, das verschiedene Richtungen einschlägt, als auch die Einheit der Wege, die wieder zusammenkommen, nachdem sie sich getrennt haben. Sie vereinigen sich in der Richtung auf das Unbedingte.

Aus diesen Betrachtungen ergibt sich die zweifache Frage: Wieviele Potentialitäten – in der Menschheit als ganzer und im Einzelnen – können und wieviele sollen aktualisiert werden? Darauf gibt es die folgende Antwort: Die Endlichkeit des Einzelnen erfordert das Opfer von Potentialitäten, die nur von der Gesamtheit aller Individuen verwirklicht werden können, und selbst diese Möglichkeit ist beschränkt durch die äußeren Bedingungen der einzelnen Gruppen und der Menschheit als ganzer. In jedem geschichtlichen Moment bleiben viele Potentialitäten unverwirklicht, weil ihre Verwirklichung niemals eine praktische Möglichkeit wird. In gleicher Weise bleiben in jedem Moment eines jeden Menschenlebens Potentialitäten unverwirklicht, weil sie niemals das Stadium der Möglichkeit erreichen. Trotzdem gibt es Potentialitäten, die auch Möglichkeiten sind, die aber wegen der Endlichkeit des Menschen geopfert werden müssen. Nicht alle schöpferischen Möglichkeiten einer Person und nicht alle schöpferischen Möglichkeiten der Menschheit als ganzer sind verwirklicht worden oder werden je verwirklicht werden. Und auch der göttliche Geist ändert diese Situation nicht, denn das Endliche kann niemals unendlich werden, obwohl es am Unendlichen teilhat. Aber der göttliche Geist kann bewirken, daß der Mensch als Einzelner und die Menschheit als ganze ihre Endlichkeit anerkennen und dadurch dem Opfer der Potentialitäten einen neuen Sinn geben. Der göttliche Geist kann den zweideutigen und tragischen Charakter des Opfers der Lebensmöglichkeiten aufheben und den echten Sinn des Opfers sichtbar werden lassen – die Anerkennung der eigenen Endlichkeit. Bei jedem rituellen religiösen Opfer beraubt sich der endliche Mensch eines Teils seiner Seins-Mächtigkeit, die ihm zu gehören scheint, aber im absoluten Sinne nicht ihm gehört, was er durch das Opfer anerkennt. Die Dinge sind sein, nur weil sie ihm gegeben sind, und darum sind sie letztlich nicht sein. In der Anerkennung dieser Situation besteht das Opfer. Eine derartige Auffassung des Opfers steht im Gegensatz zu dem humanistischen Ideal der völlig abgerundeten Persönlichkeit, in der jede menschliche Möglichkeit verwirklicht ist. Das humanistische Ideal ist eine Gott-Mensch-Idee, die sehr verschieden ist von dem Bild des Gott-Menschen, das der göttliche Geist als die Essenz des Menschen Jesu von Nazareth geschaffen hat. Dieses Bild zeigt das Opfer aller menschlichen Potentialitäten um der einen willen, die der Mensch selbst nicht verwirklichen kann – die ununterbrochene Einheit mit Gott. Aber dieses Bild zeigt auch, daß ein solches Opfer indirekt schöpferisch ist in bezug auf Ausdruckskraft, Wahrheit, *humanitas* und Gerechtigkeit. So erscheint es im Bilde des Christus und im Leben der Kirchen. Im Gegensatz zu dem humanistischen Ideal, nach dem das, was der Mensch sein könnte, direkt und ohne Opfer seiner Potentialitäten verwirklicht ist, opfert der Mensch in der Geist-bestimmten Erfüllung alle menschlichen Potentialitäten, sofern sie auf der horizontalen Linie liegen, um sie aus der vertikalen Richtung, d. h. der Richtung des Unbedingten, wieder zu empfangen, soweit das in den Grenzen seiner Endlichkeit möglich ist. Das ist der Gegensatz zwischen autonomer und theonomer Erfüllung des Personhaften.

3. Die Gegenwart des göttlichen Geistes und die Zweideutigkeiten des moralischen Gesetzes

Im folgenden soll ein theonomes Fundament für das moralische Gesetz aufgezeigt werden. Die Zweideutigkeiten des moralischen Gesetzes in seiner heteronomen wie in seiner autonomen Form sind bereits beschrieben, und das Paradox einer transmoralischen Moralität ist erörtert worden. Die Frage der Moralität ist unter drei Aspekten betrachtet worden: der absoluten Gültigkeit des moralischen Imperativs, der Relativität der Inhalte der moralischen Gesetze und der Motivation zum moralischen Handeln. In jedem der drei Aspekte lautete die Antwort: *agape*, die Liebe, die Person mit Person wiedervereinigt. Wenn diese Antwort angenommen wird, ist das moralische Gesetz zugleich anerkannt und transzendiert. Es ist anerkannt als Ausdruck dessen, was der Mensch essentiell oder als Geschöpf ist; und es ist transzendiert, insofern es dem Menschen in seiner existentiellen Entfremdung entgegensteht, d. h. als Gesetz, Gebot und Drohung. Liebe als *agape* enthält das Gesetz und transzendiert es zugleich. Sie erfüllt freiwillig, was das

Gesetz fordert. Das läßt die Frage aufkommen: Wird *agape* nicht selbst zum Gesetz, dem allumfassenden Gesetz: „Du sollst lieben..."? Und ist Liebe, wenn sie selbst Gesetz ist, den Zweideutigkeiten des Gesetzes nicht noch mehr ausgesetzt als die partikularen Gesetze? Worauf gründet sich ihre Gültigkeit; was sind ihre Inhalte; woher stammt ihre Kraft, zum moralischen Handeln zu bewegen? Die Möglichkeit, alle Gesetze in dem Gesetz der Liebe zusammenzufassen, ist keine Lösung für das Problem des Gesetzes und seiner Zweideutigkeiten. Solange Liebe als Gesetz erscheint, gibt es keine Lösung. Man hat gesagt, daß das Gebot: „Du sollst lieben!" unerfüllbar sei, weil Liebe ein Gefühl sei und nicht befohlen werden könne. Aber dieser Einwand ist unberechtigt, weil die Auffassung der Liebe als Gefühl nicht richtig ist. Liebe als Gebot ist aus einem anderen Grund unmöglich zu verwirklichen: der Mensch ist in seiner existentiellen Entfremdung der Liebe nicht fähig. Und weil er nicht lieben kann, leugnet er die unbedingte Gültigkeit des moralischen Imperativs, deshalb hat er kein Kriterium, nach dem er sich bei der ständigen Veränderung der moralischen Inhalte richten kann, und deshalb fehlt ihm die Motivation zur Erfüllung der Moralgesetze. Aber Liebe als *agape* ist kein Gesetz, sie ist eine Realität. Sie ist keine Angelegenheit des Sollens – selbst dann nicht, wenn sie die Form eines Gebotes annimmt –, sondern sie ist eine Form des Seins. Theonome Moralität ist Moralität der Liebe als Schöpfung des göttlichen Geistes. Das gilt für alle drei Aspekte der Moralität: ihre Gültigkeit, ihren Inhalt und ihre Motivation.

Die Gegenwart des göttlichen Geistes macht die Gültigkeit des moralischen Imperativs unzweideutig sichtbar, indem sie zeigt, daß in ihm das Gesetz als solches transzendiert ist. Der göttliche Geist erhebt die Person in die transzendente Einheit des göttlichen Lebens und vereint auf diese Weise die entfremdete Existenz der Person wieder mit ihrer essentiellen Natur. Es ist diese Wiedervereinigung, die von dem moralischen Gesetz gefordert ist und die dem moralischen Imperativ unbedingte Gültigkeit verleiht. Die geschichtliche Relativität der Inhalte des moralischen Gesetzes steht nicht im Widerspruch zu seiner unbedingten Gültigkeit, denn alle Inhalte müssen, um gültig zu sein, die Wiedervereinigung des existentiellen Seins mit dem essentiellen Sein bestätigen – sie müssen Ausdruck der *agape* sein. Damit wird der Kantsche Formalismus des moralischen Imperativs anerkannt und transzendiert. In der *agape* ist das Unbedingte des formalen moralischen Imperativs mit dem Bedingten der moralischen Inhalte vereinigt. Liebe (im folgenden immer im Sinne der *agape* gemeint) ist essentiell unbedingt, existentiell bedingt. Es widerspricht der Liebe, den partikularen

Inhalt eines moralischen Gesetzes – mit Ausnahme der Liebe selbst – zu unbedingter Gültigkeit zu erheben, denn nur Liebe ist ihrem Wesen nach allem Partikularen offen, während ihr Anspruch universal bleibt.

Mit dieser Behauptung ist die Antwort auf die zweite Frage vorausgenommen, die sich aus der Zweideutigkeit des moralischen Gesetzes ergibt, die Frage nach seinem Inhalt. Die Inhalte des moralischen Imperativs setzen sich aus den moralischen Geboten zusammen, die sich aus einer konkreten Situation ergeben, und aus den abstrakten Normen, die sich von moralischen Erfahrungen aus konkreten Situationen herleiten. Die Zweideutigkeit des Gesetzes, die wir beschrieben haben, läßt das Person-Zentrum, das die Entscheidung zu fällen hat, hin- und herschwanken zwischen den abstrakten Gesetzen, die niemals völlig auf eine konkrete Situation zutreffen, und den Rätseln des einmaligen Falls, der das Bewußtsein auf die abstrakten Gesetze zurückverweist. Dieses Schwanken macht jedes einzelne moralische Urteil zweideutig und führt zu der Frage nach einem unzweideutigen Kriterium für das moralische Urteil: Liebe ist das unzweideutige Kriterium für alle moralischen Urteile. Sie ist unzweideutig, wenn auch fragmentarisch wie jede Schöpfung des göttlichen Geistes in Raum und Zeit. Aus dieser Antwort folgt, daß Liebe das Schwanken zwischen dem abstrakten und dem konkreten Element eines moralischen Problems überwindet. Liebe ist der abstrakten Norm ebenso nahe wie den besonderen Forderungen einer konkreten Situation; aber die Beziehung der Liebe zu jedem dieser beiden Elemente zeigt sich auf jeweils verschiedene Art. In bezug auf das abstrakte Element – die in Gesetzen niedergelegten Moralgebote – wirkt Liebe durch Weisheit. Die Weisheit aller Zeiten und die moralischen Erfahrungen der Vergangenheit (Offenbarungserfahrungen eingeschlossen) haben sich in den moralischen Gesetzen der Religionen und Philosophien niedergeschlagen. Dieser Ursprung gibt den moralischen Normen ausschlaggebende Bedeutung, aber nicht unbedingte Gültigkeit. Unter dem Einfluß der prophetischen Kritik verändern die Moralgesetze ihren Sinn oder büßen ihre Geltung ein. Wenn sie die Kraft verloren haben, in konkreten Situationen zu moralischen Entscheidungen beizutragen, beweisen sie, daß sie überlebt sind; werden sie trotzdem aufrecht erhalten, können sie zerstörerisch wirken. Die einstmals durch Liebe geschaffen wurden, stehen jetzt im Widerspruch zur Liebe. Sie sind zum bloßen Buchstaben geworden, der vom Geist verlassen ist.

Die konkrete Situation ist die dauernde Quelle moralischer Erfahrung. In sich selbst ist sie stumm – wie jedes Faktum, das nicht vom Subjekt gedeutet wird. Sie bedarf moralischer Normen, um ihren Sinn auszusprechen. Aber die Normen sind abstrakt und berühren die Situation nicht. Das kann nur die Liebe tun, weil sich die Liebe mit der einmaligen Situation, aus der die konkrete Forderung erwächst, identifiziert. Liebe selbst bedient sich der Weisheit, aber Liebe transzendiert die Weisheit der Vergangenheit in der Macht eines anderen Elementes – des Mutes. Es ist der Mut, über das Einzelne zu urteilen, ohne es abstrakten Normen zu unterwerfen, ein Mut, der dem Einzelnen gerecht werden kann. Mut schließt Wagnis ein, und der Mensch muß das Wagnis auf sich nehmen, daß er die konkrete Situation mißversteht, zweideutig und im Widerspruch zur Liebe handelt, sei es daß er gegen die traditionelle Norm verstößt oder daß er sich ihr unterwirft. In dem Grade, in dem ein Mensch von Geist-geschaffener Liebe bestimmt wird, ist die konkrete Entscheidung unzweideutig; aber sie kann niemals den fragmentarischen Charakter der Endlichkeit abwerfen. In bezug auf den Inhalt des moralischen Handelns ist die Moralität dann theonom, wenn sie von Geist-geschaffener Liebe bestimmt ist. Sie wird von der Geist-geschaffenen Weisheit aller Zeiten gestützt, die sich in den Moralgesetzen der Völker niederschlägt. Und sie wird konkret und auf die einmalige Situation anwendbar dadurch, daß sie sich ihr mit dem Mut der Liebe anpaßt.

In der theonomen Moralität ist Liebe auch die motivierende Kraft für das moralische Handeln. Wir haben die Zweideutigkeit des Gesetzes gesehen, das Gehorsam verlangt – Gehorsam selbst gegenüber dem Gebot der Liebe. Aber Liebe ist unzweideutig, nicht als Gesetz, jedoch als Gnade. Theologisch gesprochen sind Geist, Liebe und Gnade ein und dieselbe Wirklichkeit, nur unter verschiedenen Aspekten. Geist ist die schöpferische Kraft; Liebe ist seine Schöpfung, und Gnade ist die wirksame Gegenwart der Liebe im Menschen. Das Wort „Gnade" selbst besagt, daß sie nicht dem „guten Willen" des Menschen entspringt, sondern daß sie „unverdient" gegeben wird, ohne Verdienst dessen, der sie empfängt. Das große „trotzdem" ist von dem Begriff der Gnade nicht zu trennen. Gnade ist das Werk des göttlichen Geistes, das die Erfüllung des Gesetzes, wenn auch nur fragmentarisch, möglich macht. Sie ist die Verwirklichung dessen, was das Gesetz fordert – die Wiedervereinigung mit unserem wahren Wesen, und das heißt, mit uns selbst, mit den anderen und mit dem Grund unseres Seins. Wo Neues Sein ist, ist Gnade, und wo Gnade ist, ist Neues Sein. Autonome oder heteronome Moralität ist letztlich ohne motivierende Kraft. Nur Liebe oder die Gegenwart des göttlichen Geistes hat diese Kraft, indem sie gibt, was sie fordert.

Darin ist das Urteil gegen jede nicht-theonome Ethik enthalten. Sie

314

muß unvermeidbar Ethik des Gesetzes sein, und Gesetz führt zu immer größerer Entfremdung. Das Gesetz kann die Entfremdung nicht überwinden, sondern erzeugt im Gegenteil Haß gegen sich als Gesetz. Die vielen Formen der Ethik, in denen der göttliche Geist nicht gegenwärtig ist, sind verurteilt dadurch, daß ihnen motivierende Kraft fehlt, daß sie kein Prinzip für die moralische Entscheidung in einer konkreten Situation haben, und daß ihnen die unbedingte Gültigkeit des moralischen Imperativs abgeht. Liebe hat dies alles, aber Liebe liegt nicht in der Macht unseres Willens. Sie ist eine Schöpfung des göttlichen Geistes – sie ist Gnade.

D

DIE HEILENDE MACHT DES GÖTTLICHEN GEISTES UND DIE ZWEIDEUTIGKEITEN DES LEBENS IN ALLEN DIMENSIONEN

1. Die Gegenwart des göttlichen Geistes und die Zweideutigkeiten des Lebens außerhalb der Dimension des Geistes

Alle vorangegangenen Erörterungen über die Gegenwart des göttlichen Geistes bezogen sich auf die drei Hauptfunktionen des menschlichen Geistes: Moralität, Kultur, Religion. Aber die Zweideutigkeiten in den dem Geist vorausgehenden Dimensionen sind ebenfalls ausführlich beschrieben worden. Ihre Erörterung diente als Vorbereitung für die Beschreibung der Zweideutigkeiten in der Dimension des Geistes.

Im jetzigen Zusammenhang soll uns die Frage beschäftigen, ob der göttliche Geist auch eine Beziehung zu diesen Dimensionen des Lebens hat. Kann man von der Gegenwart des göttlichen Geistes in den Lebensprozessen außerhalb des Geistes überhaupt sprechen?

Die erste Antwort, die wir geben müssen, ist, daß der göttliche Geist nicht direkt auf das Leben im Bereich des Anorganischen, Organischen, und Psychischen wirkt. Der göttliche Geist erscheint in der Ekstase des menschlichen Geistes, aber nicht in etwas, das zu den Vorbedingungen des Geistes gehört. Der göttliche Geist ist nicht eine rauscherzeugende Substanz oder ein Mittel für psychische Erregung oder eine Wunderwirkende physikalische Ursache – das muß ausdrücklich gesagt werden im Hinblick auf die vielen Beispiele in der Geschichte der Religion und selbst in der biblischen Literatur, in denen dem Geist als göttlicher

Macht physische oder psychische Wirkungen zugeschrieben werden. Solche Beispiele sind: das Versetzen einer Person von einem Ort zu einem anderen „durch die Luft" oder das Töten eines gesunden, aber moralisch minderwertigen Menschen durch bloße Worte oder die Zeugung eines Menschen im Leib der Mutter ohne männlichen Partner oder die Kenntnis einer fremden Sprache, ohne daß man sie gelernt hat. Alle diese Wunder werden als Wirkungen des göttlichen Geistes betrachtet. Werden diese Geschichten wörtlich genommen, dann wird der göttliche Geist als eine zwar außergewöhnliche, aber endliche Ursache neben anderen endlichen Ursachen aufgefaßt. Auf diese Weise wird der göttliche Geist zu einer physischen Substanz. Dabei geht sowohl seine Geistigkeit wie seine Göttlichkeit verloren. Wenn in den spiritistischen Bewegungen der Geist als eine Substanz mit höherer Macht und Würde als die gewöhnlichen natürlichen Substanzen beschrieben wird, dann ist dies ein Mißbrauch des Wortes „Geist". Selbst wenn es natürliche Substanzen gäbe, die von „höherer Natur" wären als die, die wir kennen, so würden sie nicht den Namen „Geist" verdienen. Sie wären „niedriger" als der Geist des Menschen (weil ohne Freiheit) und stünden nicht unter der direkten Einwirkung des göttlichen Geistes. Das ist die erste Antwort auf die Frage nach der Beziehung des göttlichen Geistes zu den Lebensprozessen in den Dimensionen außerhalb der des Geistes.

Die zweite Antwort ist, daß durch die vieldimensionale Einheit des Lebens der göttliche Geist einen indirekten und begrenzten Einfluß auf die Zweideutigkeiten in allen Lebensprozessen hat. Wenn es richtig ist, daß alle Lebensdimensionen – potentiell und in bestimmten Fällen auch aktuell – in allen anderen Dimensionen gegenwärtig sind, dann muß, was unter der Herrschaft einer Dimension geschieht, Konsequenzen in allen anderen Dimensionen haben. Das bedeutet, daß alles, was wir über die Einwirkung des göttlichen Geistes auf den menschlichen Geist und seine drei Funktionen gesagt haben, Veränderungen in all den Dimensionen auslöst, die die menschliche Natur konstituieren und Vorbedingung für das Erscheinen des Geistes in ihnen sind. Die Einwirkung des göttlichen Geistes auf die Schöpfung einer theonomen Moral z. B. hat Wirkungen auf das psychische Selbst und seine Selbst-Integration sowie auf die biologische Selbst-Integration und die physikalischen und chemischen Prozesse, aus denen das Psychische sich erhebt. Aber diese Wirkungen sollten nicht als eine Kausalkette von Ursache und Wirkung mißverstanden werden, die mit der Einwirkung des göttlichen Geistes auf den menschlichen Geist anfängt und *dann* durch den menschlichen Geist hindurch in allen anderen Bereichen Änderungen bewirkt. Die vieldimensionale Einheit des Lebens bedeutet vielmehr, daß die Einwirkung des göttlichen Geistes auf den menschlichen Geist *zu gleicher Zeit* eine Einwirkung auf das Psychische, das Biologische und das Physikalische ist, d. h. auf alle Dimensionen, die den Menschen konstituieren. Obgleich das Wort „Einwirkung" unvermeidlich die Vorstellung von Kausalität hervorruft, ist es nicht als Kausalität im kategorialen Sinn zu verstehen, sondern als Verursachung im Sinn von Schöpfung. Darum darf man bei der Einwirkung des göttlichen Geistes auf den Menschen nicht die Vorstellung haben, als ob eine Kettenreaktion von Ursache und Wirkung in Bewegung gesetzt würde, die von einer Dimension zur anderen verläuft, vielmehr ist der göttliche Geist der zentrierten Person und allem, was zu ihr gehört, in ein und demselben Akt „gegenwärtig". Und alle Wirkungen, die er auf die Dimensionen hat, die im Menschen vereinigt sind, nehmen ihren Weg über das bewußte Selbst. Wie das göttliche Schaffen alle Bereiche transzendiert, so transzendiert die Einwirkung des göttlichen Geistes die Kategorie der Kausalität.

Diese Erörterungen erklären, warum die Zweideutigkeiten in den verschiedenen Lebensprozessen nicht vollständig und universal vom göttlichen Geist überwunden werden können. Der göttliche Geist ergreift den menschlichen Geist, aber er ergreift das Psychische und das Physische im Menschen nur indirekt und in begrenzter Weise. Das Universum ist noch nicht verwandelt; es „wartet" auf Verwandlung. Verwandlung durch den göttlichen Geist ist aktuell nur im menschlichen Geist; die Menschen sind die „Erstlinge" des Neuen Seins. Das Universum folgt. Die Lehre vom Geist führt zu der Lehre vom „Reich Gottes" als ewiger Erfüllung.

Aber es gibt eine Funktion, in der die Einwirkung des göttlichen Geistes sich auf alle Bereiche erstreckt und insofern das erfüllte Reich Gottes antizipiert, nämlich die Funktion des Heilens. Heilen findet in allen Dimensionen statt, die im Menschen vereinigt sind, einschließlich der des Geistes. Heilen ist eine Wirkung des göttlichen Geistes – auf welche Art auch immer es geschieht. Das lateinische Wort für Erlösung, *salvatio*, bedeutet auch Heilung, und der Akt des Heilens gehört zum Werk der Erlösung.

2. Heilung, Erlösung und die Gegenwart des göttlichen Geistes

In allen Dimensionen steht der Lebensprozeß unter der Polarität von Selbst-Identität und Selbst-Veränderung. Desintegration entsteht, wenn einer der beiden Pole so vorherrschend ist, daß das Gleichgewicht des Lebens gestört wird. Solche Störungen nennen wir Krankheiten und sie enden – falls keine Heilung stattfindet – im Tod. Heilende Kräfte innerhalb der organischen Prozesse versuchen, die Vorherrschaft des einen oder des anderen Poles zu brechen und den Einfluß des entgegengesetzten Poles zu stärken. Dabei ist es gleichgültig, ob diese Kräfte aus dem Körper selbst oder von außen kommen. Wie die Medizin seit altersher weiß, arbeiten die heilenden Kräfte auf Wiederherstellung der Integriertheit und Zentriertheit des Selbst, das heißt auf Gesundheit. Da Krankheit die Zentriertheit in allen Dimensionen zerreißt, so muß auch das Heilen in allen Dimensionen geschehen. Es gibt unzählige Prozesse der Desintegration, die zu Krankheit führen, und auch viele Wege des Heilens, die die Integration wiederherzustellen suchen. Infolgedessen gibt es viele Arten von „Heilern" entsprechend den verschiedenen Prozessen der Desintegration und den verschiedenen Wegen der Heilung. In unserem Zusammenhang ist die Frage die, ob es Geist-bestimmtes Heilen gibt, und wenn ja, wie es sich zu den anderen Arten des Heilens verhält und in welchem Verhältnis es zu dem Heilen steht, das in der Sprache der Religion *salvatio* genannt wird.

In Gesundheit, Krankheit und Heilen zeigt sich die vieldimensionale Einheit des Lebens besonders deutlich. Daher müssen diese Phänomene unter dem Gesichtspunkt dieser Einheit verstanden werden. Gesundheit wie Krankheit sind Zustände der ganzen Person. Sie sind psycho-somatisch, wie ein heutiger Fachausdruck treffend, aber unvollständig andeutet, da alle Dimensionen des Lebens beteiligt sind. Daher muß sich Heilung auf die ganze Person richten. Aber eine solche Behauptung bedarf starker Einschränkungen, wenn sie der Wirklichkeit gerecht werden soll. Denn die verschiedenen Dimensionen, die den Menschen konstituieren, sind in ihm nicht nur geeint, sie bleiben auch gesondert und können unabhängig voneinander affiziert werden und reagieren. Die Einheit der verschiedenen Bereiche im Menschen bedeutet weder ihre absolute Abhängigkeit, noch ihre absolute Unabhängigkeit voneinander. Die Verletzung eines kleinen Teils des Körpers (z. B. eines Fingers) hat immer eine gewisse Einwirkung auf die biologische und psychologische Dynamik der ganzen Person, obwohl sie nicht die ganze Person krank macht und das Heilen lokal geschehen kann (z. B. durch Chirurgie). Der Grad, in dem Abhängigkeit oder Unabhängigkeit der Dimensionen vorliegt, entscheidet über die adäquateste Art des Heilens. Er entscheidet darüber, wieviele Arten des Heilens zusammen angewandt werden müssen, oder ob es nicht sogar für die Gesundheit einer Person als ganzer besser ist, wenn ein bestimmtes Krankheitsphänomen nicht in den Versuch der Heilung einbezogen wird (z. B. im Falle gewisser neurotischer Zwänge). Das bisher Gesagte bezog sich auf

318

das Heilen in den verschiedenen Dimensionen des Lebens, ohne daß dabei die heilende Kraft des göttlichen Geistes in Betracht gezogen wurde. Wir sahen, wie mannigfaltig das Ineinander von Abhängigkeit und Unabhängigkeit der Faktoren ist, die Gesundheit, Krankheit und Heilen bestimmen. Daraus folgt, daß jede einseitige Methode des Heilens abgelehnt werden muß und daß selbst die Vereinigung verschiedener Methoden in gewissen Fällen erfolglos bleibt. Die Konflikte zum Beispiel zwischen medikamentösen und psycho-therapeutischen Heilmethoden sind unvermeidlich, wenn die eine oder die andere Methode alleinige Gültigkeit beansprucht. In manchen Fällen müssen beide Methoden zusammen angewandt werden, in manchen darf nur eine gebraucht werden. In allen Fällen aber muß ohne Vorurteil gefragt werden, wie die verschiedenen Heilmethoden zu einander stehen und welche im speziellen Fall vorgezogen werden soll, z. B. die medikamentöse oder die psychotherapeutische.

Wenn wir uns jetzt der Frage zuwenden, in welchem Verhältnis die verschiedenen Heilmethoden zur heilenden Kraft des göttlichen Geistes stehen, so wird gewöhnlich mit dem zweideutigen Begriff „Glaubensheilung" geantwortet. Da Glaube die erste Schöpfung des göttlichen Geistes ist, so könnte „Glaubensheilung" einfach bedeuten: Heilung unter der Einwirkung des göttlichen Geistes. Aber das ist nicht der Fall. Der Begriff „Glaubensheilung" wird zur Zeit für psychische Phänomene gebraucht, die vielleicht besser mit dem Ausdruck „magisches Heilen" bezeichnet werden sollten. In den Gruppen, die „Glaubensheilung" ausüben, wird Glaube als ein Akt der Konzentration und Autosuggestion verstanden, der gewöhnlich, wenn auch nicht notwendig, von einer anderen Person oder einer Gruppe bewirkt wird. Der genuin religiöse Begriff des Glaubens als Ergriffensein von dem, was uns unbedingt angeht, oder genauer, als Ergriffensein von der Gegenwart des göttlichen Geistes, hat wenig gemein mit der suggestiven Konzentration, die von den „Glaubensheilern" Glaube genannt wird. In gewisser Weise ist dieser das genaue Gegenteil von Glauben, denn Glaube im religiösen Sinne ist rezeptiv. Glaube ist der Zustand, in dem der Mensch vom göttlichen Geist ergriffen wird, während er bei den „Glaubensheilern" meistens ein intensiver Akt der Selbst-Bestimmung ist.

Wenn wir „Glaubensheilungen" im eben besprochenen Sinn magisch nennen, so beabsichtigen wir nicht, das Wort „magisch" in einem nur negativen Sinn zu gebrauchen. Zunächst steht fest, daß diese magischen Formen des Heilens Erfolg haben und wahrscheinlich keine Form des Heilens ganz frei von magischen Elementen ist. Denn Magie muß de-

mag:

finiert werden als Einwirkung eines Wesens auf ein anderes Wesen, die sich weder physischer Mittel noch rationaler Verständigung bedient und doch physische wie psychische und geistige Wirkungen hat. Der Propagandist, der Lehrer, der Prediger, der Seelsorger, der Arzt, der Liebende und der Freund üben Einfluß sowohl auf das psychische (oder wahrnehmende) wie auf das geistige (oder Entscheidung treffende) Zentrum aus, wie gleichzeitig auf das ganze Sein des Menschen einschließlich seines Unbewußten. Solche Einwirkung kann man „magisch" nennen. Sie kann das erwägende, entscheidende und verantwortliche Selbst so verdrängen, daß sich gefährliche Konsequenzen zeigen; aber ohne dieses „magische Element" wäre alle Kommunikation nur intellektueller Art und aller Einfluß des einen Menschen auf den anderen bliebe im Bereich physikalischer Kausalität oder rationaler Argumente. „Magisches Heilen" im Sinne der Einwirkung auf den ganzen Menschen, von dem die sogenannten „Glaubensheilungen" nur eine besondere Form sind, ist eine der vielen Weisen des Heilens. Darum darf es von der Theologie weder eindeutig bejaht noch eindeutig verneint werden. Bei seiner Beurteilung müssen drei Dinge betont werden: Erstens, daß „Glaubensheilungen" im Sinne ihrer „Ausüber" keine Heilungen durch den Glauben, sondern durch magische Konzentration sind; zweitens, daß magischer Einfluß ein berechtigtes Element in vielen menschlichen Begegnungen ist, obgleich er zerstörende wie schöpferische Möglichkeiten hat; drittens, daß „Glaubensheilen", wenn es prinzipiell andere Arten des Heilens ausschließt (wie es einige Bewegungen dieser Art und auch einzelne „Glaubensheiler" tun), vorwiegend zerstörerisch ist.

Glaubensheilungen im magischen Sinn gibt es nicht nur bei speziellen Gruppen, sondern auch innerhalb der christlichen Kirchen. Man gebraucht intensive und oft wiederholte Gebete als Instrument des Heilens und ergänzt sie zur psychologischen Unterstützung durch sakramentale Akte. Da Gebete um die eigene Gesundheit und Fürbitten für die Gesundheit anderer zur normalen Beziehung zwischen Gott und Mensch gehören, ist es schwer, Geist-bestimmtes und magisches Beten auseinander zu halten. Ein Geist-getragenes Gebet jedoch versucht, das eigene persönliche Selbst mit allem, was zu ihm gehört, z. B. der Besorgnis um die eigene Gesundheit oder die Gesundheit eines anderen, vor Gott zu tragen, jedoch mit dem Willen, die göttliche Entscheidung anzunehmen. Aber der Beter, dessen Gebet nur eine magische Konzentration auf ein gewünschtes Ziel ist und der Gott für die Verwirklichung dieses Zieles gebraucht, nimmt ein dem Inhalt nach unerfülltes Gebet nicht als erhörtes Gebet an; denn das letzte Ziel im magischen Gebet ist nicht Gott und die Wiedervereinigung mit ihm, sondern der Inhalt des Gebets – in unserem Zusammenhang: die Gesundheit. Hingegen hat ein Gebet in wirklichem Glauben – auch wenn um Gesundheit gebetet wird – nichts mit sogenannter „Glaubensheilung" zu tun, sondern es ist ein Akt des Ergriffenseins vom göttlichen Geist.

Es ist nun möglich, die verschiedenen Wege zur Heilung und ihr Verhältnis zum göttlichen Geist und seiner Heilkraft zu beschreiben. Die grundlegende Behauptung, die aus den Erwägungen dieses Teils des theologischen Systems abgeleitet ist, ist folgende: Die Integration des persönlichen Selbst ist nur möglich durch seine Erhebung in das, was symbolisch das göttliche Selbst genannt werden kann. Und dies ist nur möglich durch den Einbruch des göttlichen Geistes in den menschlichen Geist und d. h. durch die Gegenwart des göttlichen Geistes. In dieser Beziehung sind Erlösung und Gesundheit identisch, denn beide sind Ausdruck für die Erhebung des Menschen in die transzendente Einheit unzweideutigen Lebens. In dieser Erfahrung ist der Glaube das Empfangende und die Liebe das Verwirklichende. Darum ist Gesundheit im tiefsten Sinne des Wortes – nämlich sofern sie mit Erlösung identisch ist – Leben im Glauben und in der Liebe. Aber obgleich unzweideutig, ist Gesundheit in diesem höchsten Sinn nicht vollendet, sondern fragmentarisch, und Rückfälle in die Zweideutigkeiten des Lebens sind in allen Dimensionen möglich.

Die Frage ist nun, wie Gesundheit als Schöpfung des göttlichen Geistes – die unzweideutig und fragmentarisch ist – sich zu Gesundheit und Krankheit in den verschiedenen Dimensionen verhält. Zunächst muß in bezug auf beide Seiten eine negative Antwort gegeben werden. Die heilende Kraft des göttlichen Geistes kann nicht die Methoden des Heilens ersetzen, die für die verschiedenen Dimensionen spezifisch sind, und umgekehrt können diese Methoden des Heilens nicht die heilende Wirkung des göttlichen Geistes ersetzen. Die erste Behauptung verwirft nicht nur den falschen Anspruch der „Glaubensheiler", sondern sie verwirft den sehr viel ernsteren populären Irrtum, Krankheit direkt von einer bestimmten Sünde oder einem sündhaften Leben abzuleiten. Dieser Irrtum erzeugt ein verzweifeltes Gewissen bei denen, die von einer Krankheit betroffen werden, und eine pharisäische Selbstgerechtigkeit bei denen, die gesund sind und sich deshalb für gut halten. Sicher gibt es oft Krankheiten und Unglücksfälle als Folge von „sündigem" Verhalten, aber auch dann genügt für die Heilung nicht Vergebung der Sünden oder Annahme dessen, der unannehmbar ist, sondern außerdem ist medizinische und psychologische Hilfe erforderlich. Für die Beurteilung dieser Situation ist entscheidend, daß der Grund für den „sündigen Zustand" nicht nur in dem verantwortlichen Selbst liegt, sondern auch in dem Schicksal, und das bedeutet in den Zweideutigkeiten aller Dimensionen, die die Person konstituieren. Die verschiedenen Dimensionen, in denen Krankheiten vorkommen, sind relativ unabhängig voneinander und von der Wirkung des göttlichen Geistes auf die Person. Darum erfordern sie relativ unabhängige Methoden des Heilens. Aber die andere Antwort, die wir auf unsere Frage gegeben haben, ist von gleicher Wichtigkeit, nämlich, daß die anderen Methoden des Heilens die heilende Wirkung des göttlichen Geistes nicht ersetzen können. In Zeiten, in denen die medizinische und die priesterliche Funktion völlig voneinander getrennt waren, stellten die voneinander unabhängigen Heilungsmethoden kein ernsthaftes Problem dar, besonders nicht, als die Medizin die ausschließliche Berechtigung zum Heilen beanspruchte, selbst gegenüber der Psychotherapie. In dieser Situation hatte Heilen im Sinne von Erlösung nichts mit Heilen im medizinischen Sinne zu tun. Das erste bedeutete Erlösung aus der Hölle in einem zukünftigen Leben, und das überließen die Mediziner gern dem Priester. Aber die Situation änderte sich, als die neurotischen und psychologischen Erkrankungen nicht mehr auf dämonische Besessenheit zurückgeführt wurden oder – im Gegensatz dazu – auf ausschließlich physische Ursachen. Mit der Entwicklung der Psychotherapie als einer unabhängigen Methode des Heilens kamen neue Probleme auf, sowohl medizinische wie religiöse. Heute versucht die Psychotherapie aller Schattierungen oft, sowohl an die Stelle des medizinischen Heilens wie an die Stelle der heilenden Macht des göttlichen Geistes zu treten; das erste mehr in der Praxis als in der Theorie, das zweite meist prinzipiell. Der Psychoanalytiker behauptet zum Beispiel, daß er die Negativitäten der menschlichen existentiellen Situation wie Angst, Schuld, Verzweiflung, innere Leere überwinden könne. Aber um diese Behauptung aufrecht zu erhalten, muß der Psychoanalytiker sowohl die existentielle Entfremdung des Menschen von sich selbst wie die Möglichkeit der Wiedervereinigung in der Selbst-Transzendierung leugnen, d. h., er muß die vertikale Linie in der Erfahrung des Menschen negieren. Wenn er das nicht will, weil er sich seines essentiellen Seins als Forderung bewußt ist, muß er die Frage nach der existentiellen Entfremdung akzeptieren. Er muß z. B. bereit sein, zu unterscheiden zwischen existentieller Angst, die durch den Mut, den der göttliche Geist schafft, überwunden, und neurotischer Angst, die durch Psychoanalyse geheilt werden kann. Es scheint, daß die Einsicht in die Unterschiede der „Krankheiten" und die unterschiedlichen Methoden des Heilens unter den Vertretern der verschiedenen Methoden des Heilens zunimmt. In jedem Fall hat der „Streit der Fakultäten" sowohl seine theoretische Begründung wie seine praktische Bedeutung verloren. Die Methoden des Heilens brauchen sich nicht gegenseitig zu widersprechen, wie auch die Dimensionen des Lebens nicht in Konflikt miteinander stehen. Der vieldimensionalen Einheit des Lebens entspricht die vieldimensionale Einheit des Heilens. Kein einzelner kann alle Arten des Heilens mit beruflicher Autorität ausüben, obgleich einzelne mehr als nur eine Methode beherrschen können. Aber selbst wenn verschiedene Methoden des Heilens von ein und derselben Person angewendet werden, z. B. die priesterliche und die medizinische, müssen diese Methoden unterschieden werden, sie dürfen weder miteinander verwechselt werden, noch darf die eine durch die andere ersetzt werden.

Das Heilen ist in allen seinen Formen fragmentarisch. Krankheit kämpft ständig mit Gesundheit, und oft geschieht es, daß Krankheit in einem Bereich die Gesundheit in einem anderen stärkt und daß Gesundheit in einem Bereich die Krankheit in einem anderen vermehrt (eine körperliche Krankheit z. B. hilft seelische Störungen zu überwinden, oder im „gesunden" Athleten entwickeln sich neurotische Symptome).

Das Fragmentarische alles Heilens kann selbst durch die heilende Kraft des göttlichen Geistes nicht überwunden werden. Innerhalb der Existenz steht auch das Heilen unter dem Prinzip des „trotzdem", dessen Symbol das Kreuz des Christus ist. Keine Art des Heilens, auch nicht die vom göttlichen Geist ausgehende, kann den Menschen von der Notwendigkeit des Todes retten. Darum führt die Frage des Heilens im weitesten Sinne, indem sie die Frage der Erlösung einschließt, über das Heilen des Individuums hinaus zu der Frage des universalen Heilens jenseits von Zeit und Raum. Sie führt zu der Frage nach dem „Reich Gottes" und dem „Ewigen Leben". Nur universales Heilen ist totales Heilen jenseits alles Zweideutigen und Fragmentarischen.

IV. DIE TRINITARISCHEN SYMBOLE

A

GRÜNDE FÜR DIE ENTWICKLUNG
DES TRINITARISCHEN SYMBOLISMUS

Die Gegenwart des göttlichen Geistes ist die Gegenwart Gottes in
einer bestimmten Weise: Es ist nicht die Gegenwart Gottes, wie sie im
Symbol der Schöpfung oder im Symbol der Erlösung ausgedrückt wird,
obwohl Gegenwart des göttlichen Geistes beide voraussetzt und vollendet. Gegenwart des göttlichen Geistes heißt: Gott im Geist des Menschen ekstatisch gegenwärtig (und implizit in allem, was die Dimension
des Geistes konstituiert). Diese verschiedenen Beziehungen von Gott
und Mensch sind die Spiegelung von etwas Realem im Göttlichen, das
auch in der religiösen Erfahrung als Reales erlebt wird und als Reales
in der theologischen Tradition lebt. Es sind nicht verschiedene bloß subjektive Weisen, ein in sich Nicht-Differenziertes anzuschauen. Der
Unterschied der Symbole hat ein *fundamentum in re,* eine Wurzel
im Realen, wenn auch das subjektive Element der menschlichen Erfahrung mitsprechen mag. Daher kann man sagen, daß die trinitarischen Symbole einen Einblick in die „Tiefen der Gottheit" geben und
darum mit Recht in schweren Kämpfen formuliert und verteidigt
wurden. Was aber – so müssen wir fragen – führte zu ihrer Entdeckung?

Man kann mindestens drei Faktoren in der Geschichte der religiösen
Erfahrung unterscheiden, die zum trinitarischen Denken geführt haben:
erstens die Spannung zwischen dem absoluten und dem konkreten
Element in dem, was uns unbedingt angeht; zweitens die symbolische
Anwendung des Begriffs „Leben" auf den göttlichen Grund des Seins;
und drittens die dreifache Manifestation Gottes als schöpferische Macht,
als erlösende Liebe und als Kraft ekstatischer Verwandlung. Dieser
dritte Faktor war entscheidend für die Wahl der symbolischen Namen:
Vater, Sohn, Geist. Aber ohne die beiden anderen Faktoren, die zum
trinitarischen Symbolismus führten, hätte der dritte Faktor (die dreifache Manifestation Gottes) nichts als eine neue Mythologie hervorgebracht.

Über den ersten Faktor haben wir gesprochen, als wir die Entwicklung der Gottesidee darstellten. In diesem Zusammenhang haben wir festgestellt, daß das religiöse Bedürfnis nach einer konkreten Manifestation des Göttlichen in dem Maße wächst, in dem die Unbedingtheit des uns unbedingt Angehenden betont wird, und daß die Spannung zwischen den absoluten und den konkreten Elementen in der Gottesidee zur Entstehung göttlicher Mittler-Gestalten zwischen Gott und dem Menschen geführt hat. Der mögliche Konflikt zwischen diesen konkreten Gestalten und der Unbedingtheit des Unbedingten begründete den trinitarischen Symbolismus in vielen Religionen und übte einen ständigen Einfluß in den trinitarischen Diskussionen der frühen Kirche aus. Die Gefahr, in einen Tritheismus zu fallen und die Versuche, dieser Gefahr zu entgehen, wurzeln letztlich in der inneren Spannung zwischen dem Unbedingten und dem Konkreten.

Der zweite Faktor in der Entwicklung des trinitarischen Symbolismus wurde unter dem Thema „Gott als Leben" behandelt. Die Erörterung führte zu der Einsicht, daß – da Gott als lebendiger Gott und nicht als tote Identität erfahren wird – im Sein Gottes ein Element des Nicht-Seins bejaht werden muß. Aber mit der Bejahung des Nicht-Seins in Gott ist die Bejahung des Anders-Seins in ihm gegeben. Das göttliche Leben muß dann verstanden werden als die Wiedervereinigung des Anders-Seins mit der Identität Gottes in einem ewigen „Prozeß". Diese notwendige Einsicht führte zu der Unterscheidung von Gott als Grund, Gott als Form und Gott als Akt – eine vortrinitarische Formel, die das trinitarische Denken verständlich macht. Die trinitarischen Symbole weisen auf das göttliche Geheimnis hin wie alle Symbole, die etwas über Gott aussagen, aber dieses Geheimnis, das *das* Geheimnis des Seins-Selbst ist, bleibt unzugänglich – es gehört zur Gottheit des Göttlichen. Es war der Fehler der deutschen idealistischen Philosophie (die im Grunde eine Philosophie des Lebens war), daß sie das göttliche Geheimnis nicht vor der *hybris* des Erkennens schützte, wenn sie die trinitarische Struktur des göttlichen Lebens zu beschreiben versuchte, aber diese Philosophie war im Recht (ebenso wie die meisten klassischen Theologen), wenn sie die dialektische Struktur, die sie im Leben fand, symbolisch auf den ewigen Prozeß des göttlichen Seinsgrundes anwandte. Die Lehre von der Trinität – das ist unsere wichtigste Behauptung – ist weder irrational noch paradox, sondern dialektisch. Das Göttliche ist nie irrational – wenn „irrational" bedeutet: der Vernunft widersprechend –, denn die menschliche Vernunft ist die endliche Manifestation des göttlichen *logos*. Nur der Übergang von der Essenz zur Existenz, der Akt der Selbst-Entfremdung, ist irrational.

Die Lehre von der Trinität ist aber auch nicht paradox. Es gibt nur ein Paradox in der Beziehung zwischen Gott und Mensch, und das ist die Erscheinung ihrer ewigen oder essentiellen Einheit unter den Bedingungen ihrer existentiellen Getrenntheit, oder in Johanneischer Sprache ausgedrückt: „Das Wort ist Fleisch geworden", d. h. in die historische Existenz in Raum und Zeit eingegangen. Alle anderen paradoxen Aussagen im Christentum sind Variationen und Anwendungen dieses Paradoxes, z. B. die Lehre von der Rechtfertigung allein durch Gnade oder die Lehre von der Partizipation Gottes am Leiden der Kreatur. Die trinitarischen Symbole sind also weder irrational noch paradox, sie sind dialektisch, sie spiegeln die Dialektik des Lebens wider, nämlich die Bewegung von Trennung und Wiedervereinigung. Die Behauptung, daß das Paradox der Trinität darin bestehe, daß in ihr „drei gleich eins" und „eins gleich drei" sei, ist eine Verzerrung des Geheimnisses der Trinität. Wird sie in solcher Weise numerisch aufgefaßt, führt sie zu einer sinnlosen Phrase. Wird die trinitarische Aussage aber als Beschreibung eines realen Prozesses verstanden, so ist sie weder paradox, noch irrational, sondern die symbolische Übertragung der Dialektik der Lebensprozesse auf das göttliche Leben.

Die eigentlich christliche Lehre von der Trinität beruht auf dem dritten Faktor, der zum trinitarischen Denken führte. In der dreifachen Manifestation des göttlichen Seinsgrundes ist es die göttliche Manifestation in der Erscheinung Jesu als des Christus, die für die Entwicklung der Lehre von der Trinität innerhalb der christlichen Theologie ausschlaggebend war. Mit der Aussage, daß der historische Jesus der Christus ist, wurde das trinitarische Problem ein Bestandteil des christologischen Problems, ja sein erstes und grundlegendes Element, was auch durch die Tatsache bestätigt wird, daß die trinitarische Entscheidung von Nicäa vor der maßgebenden christologischen Entscheidung von Chalcedon lag. Diese Reihenfolge war folgerichtig, aber in der Motivierung war die Folge umgekehrt: das christologische Problem war der Anlaß zur Entstehung des trinitarischen Problems.

Aus diesem Grunde ist es richtig, den trinitarischen Symbolismus erst zu erörtern, nachdem die christologischen Aussagen behandelt sind. Aber die Christologie ist ohne Pneumatologie (die Lehre vom Geist) nicht vollständig, da „der Christus der Geist ist" und die Aktualisierung des Neuen Seins in der Geschichte das Werk des Geistes ist. Als Schleiermacher die Lehre von der Trinität an das Ende des theologischen Systems setzte, war das ein bedeutsamer Schritt in Richtung auf ein existentielles Verständnis der theologischen Begriffe. Sicherlich war der Grundbegriff seines Systems, das „christliche Bewußtsein", von

326

dem aus die Linien bis zum göttlichen Grund gezogen wurden, zu schwach, um das Gewicht des Systems zu tragen. Nicht das „christliche Bewußtsein", sondern die Offenbarungs-Situation, innerhalb derer das christliche Bewußtsein nur die empfangende Seite darstellt, ist die Quelle religiöser Erkenntnis und theologischer Reflexion und auch die Quelle des trinitarischen Symbolismus. Aber Schleiermacher hat recht, wenn er die trinitarischen Symbole von den verschiedenen Weisen herleitet, in denen der Glaube auf den göttlichen Grund bezogen ist. Es war ein Irrtum von Barth, daß er seine „Prolegomena" mit etwas begann, was eigentlich „Postlegomena" waren, der Lehre von der Trinität. Man könnte sagen, daß in seinem System diese Lehre vom Himmel fällt, dem Himmel einer beziehungslosen biblischen und kirchlichen Autorität.

Wie jedes theologische Symbol, so muß auch der trinitarische Symbolismus als Antwort verstanden werden – Antwort auf Fragen, die in der menschlichen Situation enthalten sind. Er ist die umfassendste Antwort, und ihm gebührt mit Recht der Rang und die Bedeutung, die ihm in der liturgischen Praxis der Kirche zugebilligt werden. Die menschliche Situation, aus der die existentiellen Fragen aufsteigen, ist durch drei Begriffe charakterisiert: *Endlichkeit* – im Hinblick auf das essentielle Sein des Menschen als Geschöpf; *Entfremdung* – im Hinblick auf das existentielle Sein des Menschen in Zeit und Raum; *Zweideutigkeit* – im Hinblick auf die Partizipation des Menschen am universalen Leben. Die Fragen, die aus der Endlichkeit des Menschen entspringen, werden durch die Lehre von Gott und die in ihr gebrauchten Symbole beantwortet. Die Fragen, die aus der Entfremdung des Menschen entspringen, werden durch die Lehre vom Christus und die in ihr gebrauchten Symbole beantwortet. Die Fragen, die aus der Zweideutigkeit des Lebens entspringen, werden durch die Lehre vom Geist und ihre Symbole beantwortet. Jede dieser Antworten ist Ausdruck für unsere Beziehung zum Unbedingten, und jede dieser Antworten folgt aus einer besonderen Offenbarungs-Erfahrung. Ihre Wahrheit liegt in ihrer Macht, die Unbedingtheit des Unbedingten in jedem dieser Bereiche zum Ausdruck zu bringen. Die Geschichte der Lehre von der Trinität ist ein beständiger Kampf gegen Formulierungen, die diese Macht bedrohen.

Wir haben auf verschiedene Faktoren hingewiesen, die im trinitarischen Denken wirksam sind. Sie alle beruhen auf Offenbarungs-Erfahrungen, d. h. auf dem Wirken des göttlichen Geistes. Der Weg zum Monotheismus und ihm entsprechend das Entstehen von Mittler-Gestalten vollzog sich unter der Einwirkung des göttlichen Geistes.

Die Erfahrung Gottes als eines „lebendigen Gottes" und nicht als einer toten Identität ist ein Werk des göttlichen Geistes. Und ebenso ist die Erfahrung des schöpferischen Seinsgrundes in jedem Seiendem, die Erfahrung Jesu als des Christus und die ekstatische Erhebung des menschlichen Geistes zu unzweideutigem Leben ein Werk des göttlichen Geistes. Andrerseits aber ist die Lehre von der Trinität ein Werk des theologischen Denkens, das philosophische Begriffe verwendet und den Regeln rationalen Denkens folgt. Es gibt keine „trinitarische Spekulation", wenn „Spekulation" hier so viel wie begriffliche Phantasterei bedeutet. Die Substanz alles trinitarischen Denkens ist in der Offenbarungs-Erfahrung gegeben, aber Methode und Form der Darstellung sind rational – wie alle Theologie als Werk des *logos* rational sein muß.

B

DAS TRINITARISCHE DOGMA

Es ist im Rahmen dieser Systematik nicht möglich, auf die verwikkelten Kämpfe um die trinitarischen Symbole einzugehen. Unserer allgemeinen Methode folgend, können wir hier nur ein paar Bemerkungen machen. Von entscheidender Wichtigkeit ist die Interpretation des trinitarischen Dogmas durch die Ritschlsche Schule geworden, vor allem in der Dogmengeschichte von Harnack und Loofs. Wie mir scheint, hat die Kritik an der dort vorgetragenen Auffassung, die von den verschiedenen anti-liberalen Schulen der Gegenwart geübt wurde, deren grundlegende Erkenntnisse in keiner Weise widerlegen können. Harnack und Loofs haben beide die Größe der fundamentalen Entscheidung von Nicäa gezeigt, aber sie haben auch den Engpaß gesehen, in den die christliche Theologie durch die begriffliche Formulierung dieser Entscheidung geraten ist. Der befreiende Einfluß der Harnackschen Einsichten ist unverkennbar auch in den anti-liberalen Richtungen der gegenwärtigen Theologie zu spüren und sollte im Protestantismus niemals verloren gehen. Die Grenzen des Harnackschen Werkes liegen in seiner historischen Sicht, nämlich in der Fehlinterpretation des klassischen griechischen und mehr noch des hellenistischen Denkens, das er als „intellektualistisch" bezeichnete. Diese Deutung führte ihn zur Ablehnung der gesamten früh-christlichen Theologie, in der er einen Einbruch hellenistischer Denkungsart in die Verkündigung des Evangeliums und in das Leben der Kirche sah. Aber das griechische Denken ist existentiell um das Ewige bemüht und sucht in ihm ewige Wahrheit und ewiges Leben. Der Hellenismus konnte die christliche Botschaft nur in den griechischen Kategorien aufnehmen, wie andrerseits der Geist der jüdischen Diaspora sie nur in der Begriffssprache, die Paulus verwendete, verstehen, und die ersten Jünger sie nur in den Kategorien der zeitgenössischen eschatologischen Bewegungen aufnehmen konnten. Angesichts dieser Tatsachen wäre es ebenso falsch, eine Theologie abzulehnen, weil sie solche Kategorien verwendet, wie es falsch wäre, alle künftige Theologie auf den Gebrauch dieser Kategorien zu verpflichten.

Harnacks Kritik am trinitarischen Dogma der frühen Kirche zeigt, daß er sich dieses letzten Punktes völlig bewußt war, aber er hat das, was die Konzilsentscheidungen trotz ihrer fragwürdigen Formulierungen geleistet hatten, nicht hoch genug eingeschätzt. Diese Verkennung hängt mit dem Versuch der Ritschlschen Schule zusammen, die ontologischen Kategorien des griechischen Denkens durch Moralkategorien des modernen, besonders des Kantischen Denkens, zu ersetzen. Aber die spätere Entwicklung der neu-kantianischen Schule selbst hat bewiesen, daß ontologische Kategorien auch in den Moralkategorien enthalten sind – wenn nicht explizit, so doch implizit. Deshalb sollte man an das trinitarische Dogma der frühen Kirche weder mit positiven noch mit negativen Vorurteilen herangehen, sondern mit der Frage: Was wurde mit ihm erreicht und was wurde nicht erreicht?

Wenn „Gott" der Name für das ist, was unser höchstes und unbedingtes Anliegen ist, so ist damit das Prinzip eines exklusiven Monotheismus begründet: Es gibt außer Gott keinen anderen Gott! Aber der trinitarische Symbolismus kennt eine Mehrzahl göttlicher Gestalten. Das zwingt uns zu der Alternative: entweder den einzelnen dieser göttlichen Gestalten nur eine verminderte Göttlichkeit zuzuerkennen, oder den exklusiven Monotheismus aufzugeben und damit zugleich die Unbedingtheit des Unbedingten. Die Unbedingtheit des Unbedingten wird dann durch halb-unbedingte Anliegen ersetzt und der Monotheismus durch quasi-göttliche Mächte. Dies war die Situation, als die Göttlichkeit des Christus zum theologischen Problem wurde, anstatt ein Ausdruck liturgischer Frömmigkeit zu bleiben. Zu diesem Problem mußte es kommen, einerseits durch die Aufnahme der christlichen Botschaft durch den griechischen Geist, andrerseits weil der Mensch sein rationales Denkvermögen nicht unterdrücken kann, selbst wenn es sich um Gehalte seines religiösen Glaubens handelt. Der große Versuch der früh-griechischen Theologie, das Problem mit Hilfe der *Logos*-Lehre zu lösen, wurde zur Grundlage aller späteren Lösungen und

aller mit ihnen verbundenen Schwierigkeiten. Es ist verständlich, daß
die Schwierigkeiten, in die die *Logos*-Lehre geriet, gewisse theologische
Schulen veranlaßte, sie überhaupt aufzugeben. Aber selbst wenn es
möglich wäre, eine Christologie zu entwickeln, ohne den Begriff *logos*
auf den Christus anzuwenden, so wäre es doch unmöglich, eine Lehre
vom lebendigen Gott und der Schöpfung zu entwickeln, ohne „Grund"
und „Form", das Prinzip des „Abgrundes" und das Prinzip der „Selbst-
Manifestation" in Gott zu unterscheiden. Deshalb muß man sagen,
daß auch unabhängig vom christologischen Problem eine *Logos*-Lehre
in jeder christlichen Lehre von Gott notwendig ist. Aufgrund dieser
Voraussetzungen war und ist es notwendig, daß die vorchristologischen
und die christologischen Aussagen über das göttliche Leben in einer
vollentfalteten trinitarischen Lehre vereint werden. Dieser Schritt ist
so unvermeidlich, daß selbst die schärfste und berechtigtste Kritik an
der *Logos*-Lehre der klassischen Theologie ihn nicht vermeiden konnte.
Wer das *Logos*-Prinzip opfert, opfert die Idee eines lebendigen Gottes,
und wer die Anwendung dieses Prinzips auf Jesus als den Christus
ablehnt, verneint seinen Charakter als Christus.

Die Frage, um die es für die Kirche in Nicäa wie in den vorhergehenden und nachfolgenden Streitigkeiten ging, war nicht die Anerkennung des *Logos*-Prinzips als solches – sie war lange vor der
christlichen Ära erfolgt, auch außerhalb des Einflußgebietes der griechischen Philosophie; auch ging es nicht um die Anwendung dieses Prinzips auf Jesus als den Christus – das war schon entscheidend im Johan-
nes-Evangelium geschehen –, es war vielmehr die Frage nach der Beziehung zwischen Gott und seinem *logos* (der auch der Sohn genannt
wurde). Diese Frage war von größter existentieller Bedeutung für die
frühe Kirche, weil die Würdigung Jesu als des Christus und seiner
offenbarenden und erlösenden Macht von der Antwort auf diese
Frage abhing. Wenn der *logos* als das höchste aller Geschöpfe aufgefaßt wird, wie es der linke Flügel der Origenisten tat, so bedarf der
Christus, in dem sich der *logos* als geschichtliche Gestalt manifestiert,
mit allen anderen Geschöpfen selbst der Offenbarung und Erlösung.
In ihm hätten die Menschen etwas Geringeres gehabt als den *deus pro
nobis*. Weder Irrtum, noch Schuld, noch Tod wären dann besiegt. Dies
ist das existentielle Anliegen hinter dem Kampf des rechten Flügels
der Origenisten unter der Führung des Athanasius. In der trinitarischen
Entscheidung von Nicäa siegte deren Position theologisch, liturgisch
und politisch. Der Halbgott Jesus der arianischen Lehre war damit
abgetan. Aber das trinitarische Problem wurde dadurch eher dringender, als daß es gelöst wurde. In der Terminologie von Nicäa ist die

göttliche „Natur" *(ousia)* die gleiche in Gott und in seinem *logos* (im Vater und im Sohn). Aber die *hypostasis* ist verschieden. *Ousia* (substantia) bedeutet in diesem Zusammenhang das, was eine Sache zu dem macht, was sie ist: zu der ihr eigentümlichen *physis; hypostasis* (persona) bedeutet die Macht, auf sich selbst zu stehen, und das bedeutet: Unabhängigkeit des Seins, durch die gegenseitige Liebe erst möglich wird. Die Entscheidung von Nicäa bejahte, daß der *Logos*-Sohn – ebenso wie Gott-Vater – eine Manifestation des Unbedingten, Letztwirklichen ist. Aber wie kann das Unbedingte sich in zwei göttlichen Gestalten manifestieren, die, obwohl identisch in der Substanz, sich voneinander unterscheiden, insofern sie aufeinander bezogen sind? Hinzu kam, daß in den Kämpfen der nach-nicänischen Zeit die Göttlichkeit des Geistes diskutiert, verneint und schließlich auf dem zweiten ökumenischen Konzil bejaht wurde. Der Grund hierfür war wieder christologischer Art. Der göttliche Geist, der Jesus geschaffen und zum Christus gemacht hat, ist nicht der Geist des Menschen Jesus, und der göttliche Geist, der die Kirche geschaffen hat und lenkt, ist nicht der Geist einer sozialen Gruppe, und der Geist, der den Einzelnen als Person ergreift und verwandelt, ist nicht der Ausdruck seines eigenen geistigen Lebens. Der göttliche Geist ist „Gott als Geist gegenwärtig", sowohl im Christus wie durch ihn in der Kirche und im einzelnen Christen. Die Umwandlung einer binitarischen Tendenz in der frühen Kirche zu einer voll-entfalteten Trinität war folgerichtig, aber sie trug nicht zur Lösung des Grund-Problems bei: Wie kann das Unbedingte sich in mehr als einer göttlichen *hypostasis* ausdrücken?

Im Bereich der praktischen Frömmigkeit und des Gebetes stellt sich das Problem ähnlich dar: Ist das Gebet, das sich an eine der drei *personae* (mit der gleichen göttlichen Substanz) wendet, an eine gerichtet, die unterschieden ist von den beiden anderen, an die andere Gebete sich wenden mögen? Wenn es keinen Unterschied gibt, warum richtet man dann das Gebet nicht ausschließlich an Gott? Wenn es aber einen Unterschied gibt – z. B. in der Funktion – wie ist dann ein Tritheismus zu vermeiden? Die Begriffe *ousia* und *hypostasis* oder *substantia* und *persona* beantworten dieses Grund-Problem der praktischen Frömmigkeit nicht. Sie verwirren es nur und bieten die Möglichkeit für eine unbegrenzte Zahl von Objekten der Anbetung (wie sie auch tatsächlich in Verbindung mit der Marien- und Heiligenverehrung auftauchten) – trotz der theologischen Unterscheidung zwischen einem echten Gebet, das sich an Gott wendet *(adoratio)* und der Anrufung der Heiligen *(veneratio)*.

Die Schwierigkeit beginnt in dem Augenblick, in dem die Frage gestellt wird, was der historische Jesus (der Mensch, in dem der *logos* „Fleisch" wurde) für das Verständnis des *logos* als der zweiten *hypostasis* in der Trinität bedeutet. Wir haben darüber schon in Verbindung mit den Symbolen der Präexistenz und Postexistenz des Christus gesprochen und davor gewarnt, die Symbole literalistisch aufzufassen. Jede literalistische Deutung dieser Symbole würde dem *logos* eine endliche Individualität mit einer eigenen Lebensgeschichte unter den Bedingungen und Kategorien der Endlichkeit zuschreiben. Sicherlich hat der *logos*, die göttliche Selbst-Manifestation, einen ewigen Bezug zu seiner Selbst-Manifestation im Christus, dem Zentrum der geschichtlichen Existenz des Menschen, wie der *logos* einen ewigen Bezug zu allen Potentialitäten des Seins hat. Aber man kann dem ewigen *logos* an sich nicht das Antlitz Jesu von Nazareth oder das Gesicht des geschichtlichen Menschen oder irgendeiner anderen Manifestation des schöpferischen Seinsgrundes geben. Was man sagen muß, ist, daß für den geschichtlichen Menschen das Antlitz Gottes im Antlitz Jesu als des Christus offenbar ist. Die trinitarische Manifestation des göttlichen Grundes ist christo-zentrisch für den Menschen, aber sie ist keinesfalls Jesu-zentrisch für das Universum. Der Gott, der in den trinitarischen Symbolen geschaut und angebetet wird, hat seine Freiheit nicht verloren, sich für andere Welten auf andere Weise zu offenbaren.

Die Lehre von der Trinität wurde sowohl im Westen wie im Osten angenommen, aber ihr Geist war östlich und nicht westlich. Das zeigte sich in dem Versuch Augustins, den Unterschied der Hypostasen mit Hilfe psychologischer Analogien zu interpretieren, sowie an seinem Eingeständnis, daß die Aussagen über die Beziehungen der drei *personae* untereinander leer seien, und in dem Nachdruck, mit dem er die Einheit der trinitarischen Akte *ad extra* betonte. All dies verringerte die Gefahr des Tritheismus, der jedoch vom traditionellen Dogma nie völlig ausgeschlossen werden konnte und immer in Verbindung mit der Lehre von der Unterordnung des Sohnes unter den Vater, und des Geistes unter den Sohn auftrat. Hinter diesem Element der „Unterordnung" im griechisch-orthodoxen Verständnis der Trinität steht ein fundamentaler und beständig fortwirkender Grundzug der klassisch-griechischen Begegnung mit der Wirklichkeit: die Auffassung von der Wirklichkeit als in Graden abgestuft, die von der niedersten zur höchsten Stufe des Seins führen (und umgekehrt). Dieses tief existentielle Verständnis der Wirklichkeit ging von Platos Symposion aus und von da zu Origenes und über ihn zur Ostkirche und zur christlichen Mystik. Es geriet jedoch in Konflikt mit der streng personalistischen Weltauffassung in den monarchianischen Tendenzen der römischen Kirche und in Augustins Voluntarismus. Nach dem 6. Jahrhundert konnte das Dogma nicht mehr geändert werden. Nicht einmal die Reformatoren versuchten es trotz Luthers beißender Kritik an einigen Formulierungen. Es war zum anerkannten Symbol aller Formen des Christentums und zur fundamentalen liturgischen Formel für alle Kirchen geworden. Aber wir müssen die Frage stellen, ob dieser Zustand nach der geschichtlichen Analyse und der systematischen Kritik des Dogmas durch die protestantische Theologie seit dem 18. Jahrhundert aufrecht erhalten werden kann – trotz der erneuten Bestätigung des Dogmas in der sogenannten Basis-Formel des Weltrates der Kirchen, die jeder Auseinandersetzung mit den Entscheidungen von Nicäa und Chalcedon ausweicht.

C

NEUERSCHLIESSUNG DES TRINITARISCHEN SYMBOLISMUS

Der soeben beschriebene Charakter und der gegenwärtige Stand des trinitarischen Dogmas hat verschiedene Folgen im Leben der Kirche gezeitigt und zu neuen Fragen geführt. Die erste Folge war der radikale Wandel, dem die Funktion des Dogmas nach dessen endgültiger Formulierung unterlag. Während seine ursprüngliche Funktion darin bestand, in drei zentralen Symbolen die Selbst-Manifestation Gottes für den Menschen auszudrücken, die Tiefe des göttlichen Abgrundes zu öffnen und Antwort zu geben auf die Frage nach dem Sinn der Existenz, wurde es später zum undurchdringlichen Geheimnis, das man quasi als Objekt der Anbetung auf den Altar stellte. Es war nicht mehr das ewige Geheimnis des Seinsgrundes; es wurde statt dessen zum Rätsel eines ungelösten theologischen Problems und in vielen Fällen, wie wir bereits sahen, zur Glorifizierung eines absurden Zahlenspiels. In dieser Form wurde es zu einer mächtigen Waffe in der Hand kirchlicher Autoritäten und führte zur Unterdrückung des forschenden Geistes.

Es ist verständlich, daß die Auflehnung des autonomen Denkens gegenüber dieser Situation in der Renaissance zu einer radikalen Ablehnung des Trinitätsdogmas im Sozinianismus und Unitarismus führte. Doch war die direkte Wirkung dieses Widerstandes gering, weil er den religiösen Motiven des trinitarischen Symbolismus nicht gerecht wurde.

Die indirekte Wirkung der Kritik auf die meisten protestantischen Kirchen seit dem 18. Jahrhundert jedoch ist sehr groß gewesen. Der Protestantismus als solcher griff das Dogma nicht an, aber er machte auch keinen Gebrauch von ihm. Das Dogma verkümmerte sozusagen, ähnlich wie im Leben ein Organ verkümmert und zum Lebenshindernis wird, wenn seine Funktion erloschen ist. Sogar in Denominationen mit einer „hohen" Christologie, d. h. einer Christologie, in der „hohe" Aussagen über die Göttlichkeit Jesu gemacht werden, z. B. in der protestantischen Episkopalkirche, wurde kein neues Verständnis der Trinität entwickelt. Statt dessen entstand in den meisten protestantischen Kirchen etwas, das man einen „christo-zentrischen Unitarismus" nennen könnte, in dem Christus Gott und den Geist in sich hineinnimmt. Der Nachdruck, der auf Gott als Gott gelegt worden war und auf das Geheimnis des göttlichen Grundes und seiner schöpferischen Macht, wurde immer geringer. Damit wurde das Verständnis der Gegenwart des göttlichen Geistes und des ekstatischen Charakters von Glaube, Liebe und Gebet unmöglich gemacht. Das protestantische Christentum wurde zu einem Instrument sittlicher Erziehung und aus diesem Grunde von der bürgerlichen Gesellschaft bejaht. Als Grundlage für diese Erziehung galten die sogenannten „Lehren Jesu". Trotzdem werden das trinitarische Glaubensbekenntnis und die sich darauf beziehenden liturgischen Gebete weiter gebraucht, die Hymnen und ihre trinitarischen Anrufungen weiter gesungen – während die Unitarier noch heute vom Weltrat der Kirchen ausgeschlossen sind.

Wird es je wieder möglich sein, die großen Worte „im Namen des Vaters und des Sohnes und des Heiligen Geistes" auszusprechen, ohne theologische Verwirrung zu stiften oder in die Gewohnheit einer bloßen Tradition zu verfallen? Und wird es wieder möglich werden, um Segen zu bitten durch „die Liebe Gottes des Vaters, und die Gnade Jesu Christi und die Gemeinschaft des Heiligen Geistes", ohne abergläubische Vorstellungen in den Zuhörern zu erwecken? Ich glaube, daß es möglich ist, aber es erfordert eine radikale Prüfung und Neufassung der trinitarischen Lehre, sowie ein neues Verständnis der Begriffe „göttliches Leben" und „göttlicher Geist".

Versuche in dieser Richtung sind in allen Teilen dieses Systems enthalten. Doch erheben sich darüber hinaus noch weitere Fragen. Die erste betrifft die Zahl „drei", die in dem Wort Trinität enthalten ist. Worin liegt die Berechtigung, diese Zahl beizubehalten? Warum wurde das frühe binitarische Denken über Gott und Christus vom trinitarischen Symbolismus abgelöst? Und weiter: Warum wurde die Trinität nicht zu einer Quaternität und darüber hinaus erweitert? Diese Fragen sind historisch wie systematisch gerechtfertigt. Ursprünglich war der Unterschied zwischen dem *logos* und dem Geist unbestimmt oder nicht-existent. Das christologische Problem entwickelte sich unabhängig von dem Begriff „Geist". Der Begriff „Geist" wurde nur auf die göttliche Kraft angewandt, die Einzelnen oder Gemeinschaften in ekstatischen Erlebnissen gegeben wird. Daneben bestand jedoch auch eine Tendenz zur Quaternität im theologischen Denken, und zwar aus folgendem Grund: Man kann die den drei *personae* gemeinsame „göttliche Natur" von den drei *personae* selbst unterscheiden, indem man entweder eine „Gottheit" über ihnen sieht oder indem man den „Vater" einerseits als eine der drei *personae,* andrerseits als gemeinsamen Ursprung ihrer Göttlichkeit auffaßt. Ein anderer Grund für die Erweiterung der Trinität war die Erhebung der Jungfrau Maria zu einer Position, in der sie fast göttlichen Rang erreichte. Für die populäre Frömmigkeit vieler heutiger Katholiken hat sie eine bei weitem größere Bedeutung als der „Heilige Geist" und oft auch als die beiden anderen *personae* der Trinität. Wenn die Lehre von der Jungfrau Maria als Miterlöserin (die in der katholischen Kirche bereits diskutiert wird) zum Dogma werden sollte, so würde die Jungfrau Maria damit zur Unbedingtheit und folglich zu einer der *personae* innerhalb des göttlichen Lebens erhoben. Keine scholastischen Unterscheidungen können dann verhindern, daß die Trinität zur Quaternität wird.

Diese Entwicklungen zeigen, daß nicht die Zahl „drei" der entscheidende Faktor im trinitarischen Denken ist, sondern das Problem der Einheit in der Vielheit göttlicher Selbst-Manifestationen. Wenn die Frage gestellt wird, warum die Zahl „drei" trotz der Möglichkeit anderer Zahlen den Vorrang erhalten hat, so ist die Antwort: weil die Zahl „drei" der inneren Dialektik des Lebens entspricht und daher am ehesten geeignet ist, das göttliche Leben zu symbolisieren. „Leben" ist von uns beschrieben worden als Prozeß des Herausgehens aus der Identität mit sich selbst und der Rückkehr zu sich selbst. Wenn die Rückkehr des Getrennten zur Einheit als besonderes Prinzip verstanden wird, so haben wir die Dreizahl. Die dialektische Philosophie war sich dieser drei Elemente des Lebensprozesses bewußt. – Dieser tieferen Begründung des trinitarischen Denkens gegenüber ist der Hinweis auf die magische Macht der Zahl „drei" unbefriedigend; andere Zahlen, z. B. die Zahl „vier", nehmen in der magischen Wertskala oft einen höheren Rang ein. Jedenfalls wird unsere Feststellung, daß der trinitarische Symbolismus die Funktion hat, den dialektischen Charakter des göttlichen Lebens auszudrücken, durch den ständigen Gebrauch der Zahl „drei" – sowohl in Gebetsformeln wie im theologischen Denken – bestätigt.

Die wachsende symbolische Macht des Bildes der Heiligen Jungfrau, vom 5. Jahrhundert an bis in unsere Zeit, stellt den Protestantismus vor ein schwieriges Problem. Im Kampf der Reformation gegen alle menschlichen Mittler zwischen Gott und dem Menschen war dieses Symbol beseitigt worden, und mit diesem Reinigungsprozeß war das weibliche Element in dem symbolischen Ausdruck dessen, was uns unbedingt angeht, weitgehend ausgeschaltet. Der Geist des Judentums mit seinem exklusiv männlichen Symbolismus hatte sich in der Reformation durchgesetzt. Ohne Zweifel war dies einer der Gründe für die großen Erfolge der Gegenreformation gegenüber der ursprünglich überlegenen Reformation. Im Protestantismus selbst führte dieses Fehlen des weiblichen Elementes zum Entstehen eines stark verweiblichten Jesus-Bildes im Pietismus. Zweifellos haben auch die häufigen Konversionen von Protestanten zur Griechischen oder Römischen Kirche hier eine ihrer Ursachen, wie auch die Anziehungskraft der östlichen Mystik für viele protestanische Humanisten hier eine ihrer Wurzeln hat.

Es ist äußerst unwahrscheinlich, daß der Protestantismus das Symbol der Heiligen Jungfrau jemals wieder gebrauchen wird. Wie die Religionsgeschichte zeigt, kann ein konkretes Symbol dieser Art in seiner ursprünglichen Mächtigkeit nicht wieder hergestellt werden, nachdem es einmal gestorben ist. Das religiöse Symbol kann jedoch zum poetischen Symbol werden; aber poetische Symbole sind nicht Gegenstand der Verehrung oder Anbetung. Die Frage kann nur sein: Gibt es im genuin protestantischen Symbolismus Elemente, die die Alternative „männlich-weiblich" transzendieren? Und können sie entfaltet werden gegenüber einem einseitig durch das männliche Element bestimmten Symbolismus?

Zur Beantwortung dieses Problems möchte ich auf verschiedene Möglichkeiten hinweisen. Zuerst ist hier der Ausdruck „Grund des Seins" zu nennen, der – wie früher dargelegt – teils symbolisch oder metaphorisch, teils begrifflich ist. Insofern er symbolisch ist, weist er auf das „Mütterliche" hin, die Macht, Leben zu geben, es zu schützen und zu umfangen. Das Mutter-Symbol bedeutet aber zu gleicher Zeit: das Leben zurückzurufen, die Unabhängigkeit des Geschaffenen zu verneinen und es in sich zurückzunehmen. Die Tatsache, daß derartige Elemente in der Begriffs-Metapher „Grund des Seins" enthalten sind, macht den Widerstand gegen sie verständlich. Das Unbehagen vieler Protestanten an der fundamentalen Aussage über Gott, daß er das „Sein-Selbst" oder der „Grund des Seins" ist, wurzelt zum Teil darin, daß ihr religiöses Bewußtsein, und mehr noch ihr Gewissen, durch das fordernde, Gehorsam heischende „Vater-Bild" Gottes geformt ist. Die

Begriffs-Metapher „Grund des Seins" könnte demgegenüber, außer ihrer direkt theologischen Bedeutung, die Funktion haben, ein mehr weibliches (tragendes und umgreifendes) Element in die Symbolisierung des Göttlichen einzuführen.

In bezug auf den *logos,* der in Jesus Christus als Person manifest ist, kann man von einer Überwindung des männlich-weiblichen Gegensatzes insofern reden, als diese in dem Akt des Opferns seiner endlichen Existenz enthalten ist. Selbst-Opfer ist weder ein Wesenszug des Männlichen als Männlichen, noch des Weiblichen als Weiblichen; im Akt des Selbst-Opfers ist vielmehr die Negation des einen wie des anderen in seiner Ausschließlichkeit enthalten. Selbst-Opfer hebt den Gegensatz der Geschlechter auf; das wird im Bilde des leidenden Christus offenbar, von dem die Christen beider Geschlechter mit gleicher seelischer und geistiger Intensität ergriffen werden.

Wenn wir schließlich unsere Frage auf den „göttlichen Geist" beziehen, so werden wir an das Bild des Geistes erinnert, der über dem Chaos brütet (Gen. 1, 2). Wir können es jedoch nicht ohne weiteres verwenden, weil im späten Judentum das Bild des „brütenden Geistes" und damit das weibliche Element völlig verschwand. Aber der Geist ist in der Bibel auch nie ein ausgesprochen männliches Symbol geworden – nicht einmal in der Weihnachtsgeschichte, wo der Geist zwar die männliche Seite bei der Zeugung Jesu ersetzt, aber selbst nicht männlich wird. Im ekstatischen Charakter der Gegenwart des göttlichen Geistes haben wir ein Element, das die Alternative von Männlichem und Weiblichem transzendiert, ebenso wie es den Gegensatz von Rationalem und Emotionalem (oft als Charakteristika des Männlichen bzw. des Weiblichen gebraucht) transzendiert. Wo freilich – wie im ausschließlich personalistisch ausgerichteten Protestantismus – das ekstatische Element des Geistes verneint wird, da wird dem Geist das Jenseits von männlich und weiblich genommen; er verliert die Möglichkeit, beide Elemente in der Gottheit zu symbolisieren. Die heutige Hinwendung zur Mystik, besonders der orientalischen, ist ein natürlicher Protest gegen einen solchen Protestantismus.

Die Lehre von der Trinität ist nicht abgeschlossen. In ihrer traditionellen Form kann sie weder verworfen, noch bejaht werden. Sie muß offen gehalten werden, so daß sie ihre ursprüngliche Funktion erfüllen kann: in umfassenden Symbolen die Selbst-Manifestation des göttlichen Lebens für den Menschen zum Ausdruck zu bringen.

FÜNFTER TEIL

DIE GESCHICHTE UND DAS REICH GOTTES

EINLEITUNG

DIE STELLUNG DES FÜNFTEN TEILS DER SYSTEMATISCHEN THEOLOGIE INNERHALB DES SYSTEMS UND DIE GESCHICHTLICHE DIMENSION DES LEBENS

Bei der Beschreibung der Lebensdimensionen im vierten Teil des Systems wurde die geschichtliche Dimension ausgeschlossen. Sie erfordert eine eigene Behandlung, da sie die umfassendste von allen Dimensionen ist, die die anderen Dimensionen voraussetzt und den in diesen enthaltenen Elementen ein neues Element hinzufügt. Dieses Element kann erst vollkommen zur Entwicklung gelangen, nachdem sich in den Lebensprozessen die Dimension des Geistes aktualisiert hat. Die Lebensprozesse selbst sind horizontal ausgerichtet, und insofern aktualisieren sie die geschichtliche Dimension, wenn auch unvollkommen: die Aktualisierung ist nur begonnen, nicht erfüllt. Man könnte Geburt, Wachstum, Altern und Absterben eines bestimmten Baumes seine „Geschichte" nennen. Und noch mehr wäre es gerechtfertigt, die Entwicklung des Universums oder die einer besonderen Gattung von Lebewesen als „Geschichte" zu bezeichnen. Wir sprechen von Naturgeschichte und schreiben damit allen Vorgängen in der Natur Teilnahme an der geschichtlichen Dimension zu. Aber in erster Linie verstehen wir unter „Geschichte" menschliche Geschichte. Darin drückt sich die Erkenntnis aus, daß die geschichtliche Dimension erst in der menschlichen Geschichte Eigenständigkeit erlangt, obwohl sie in allen Bereichen des Lebens gegenwärtig ist. Analogien zum Geschichtlichen finden sich überall; aber eigentliche Geschichte gibt es nur, wo sich Geist aktualisiert. Deshalb muß man die „geschichtliche Dimension", die zu allen Lebensprozessen gehört, von der eigentlichen Geschichte unterscheiden, die es für uns nur in der Form der menschlichen Geschichte gibt.

Der fünfte Teil des theologischen Systems ist eine Erweiterung des vierten Teils und ist nur aus Gründen der Tradition und der Zweckmäßigkeit von diesem getrennt. Jede Philosophie des Lebens muß sich sowohl mit der geschichtlichen Dimension der allgemeinen Lebensprozesse wie mit der menschlichen Geschichte als dem umfassendsten Lebensprozeß befassen. Und jede Beschreibung der Zweideutigkeiten des Lebens muß auch eine Beschreibung der Zweideutigkeiten des Lebens in der geschichtlichen Dimension einschließen. Schließlich führt die Antwort auf die Fragen, die in der Zweideutigkeit des Lebens enthalten sind, nämlich die Antwort „Das unzweideutige Leben", zu den Symbolen „Gegenwart des göttlichen Geistes", „Reich Gottes" und „Ewiges Leben". Trotzdem ist es notwendig, der geschichtlichen Dimension eine gesonderte Behandlung innerhalb des theologischen Systems zukommen zu lassen. Wie im ersten Teil des Systems die Korrelation von Vernunft und Offenbarung aus dem Zusammenhang des zweiten, dritten und vierten Teils herausgenommen und zuerst behandelt wurde, so wird die Korrelation von Geschichte und Reich Gottes aus dem Zusammenhang der drei zentralen Abteilungen herausgenommen und im fünften Teil behandelt. Dieses Vorgehen ist in beiden Fällen zum Teil in der theologischen Tradition begründet: Die Beziehung von Offenbarung zu Vernunft wie diejenige von Reich Gottes zu Geschichte sind von jeher ausführlich und gesondert behandelt worden. Aber auch ein theoretischer Grund spricht dafür: Die geschichtliche Dimension umfaßt alle anderen Dimensionen, und ebenso umfassend ist das Symbol „Reich Gottes". Die geschichtliche Qualität des Lebens ist in allen Dimensionen enthalten und wird in ihnen aktualisiert, wenn auch unvollkommen. Sie ist also nicht nur potentiell, sondern in geringem Grade auch aktuell in ihnen gegenwärtig. Aber erst in der menschlichen Geschichte ist sie vollkommen aktualisiert. Darum ist es berechtigt, Geschichte zuerst in ihrem vollen Sinn als menschliche Geschichte zu behandeln, dann die geschichtliche Dimension in den anderen Bereichen des Lebens aufzuzeigen und schließlich die menschliche Geschichte in Beziehung zur Geschichte des Universums zu setzen.

Die theologische Interpretation der Geschichte muß sich im Hinblick auf ihre besondere Frage mit der Struktur der geschichtlichen Prozesse befassen, der Logik der Geschichtswissenschaft, der Zweideutigkeit der geschichtlichen Existenz und dem Sinn der geschichtlichen Entwicklung. All dies muß sie zu dem Symbol „Reich Gottes" in Beziehung setzen, sowohl in dessen innergeschichtlichem wie in dessen übergeschichtlichem Sinn. In der ersten Bedeutung weist es zurück auf das Symbol der „Gegenwart des göttlichen Geistes", in der letzten leitet es über zu dem Symbol des „Ewigen Lebens".

Mit dem Symbol des „Ewigen Lebens" sind Fragen angerührt, die wir gewöhnlich als „eschatologisch" bezeichnen, das heißt Fragen über die „letzten Dinge". Das Wort selbst scheint die Behandlung dieser Probleme am Ende des theologischen Systems zu rechtfertigen. Aber so ist es nicht: die Eschatologie befaßt sich mit der Beziehung des Zeitlichen zum Ewigen, und dies ist ein Thema in allen Teilen des theologischen Systems. Darum könnte die eschatologische Frage auch am

Anfang der systematischen Theologie stehen, nämlich als die Frage nach dem inneren Ziel, dem *telos*, alles dessen, was ist. Es gibt aber einen sachlichen Grund für die traditionelle Anordnung, die hier befolgt wird: Die Lehre von der Schöpfung gebraucht den Zeitmodus der Vergangenheit, um die Beziehung des Zeitlichen zum Ewigen symbolisch auszudrücken, während die Eschatologie diese Beziehung durch den Modus der Zukunft ausdrückt – und Zeit läuft vom Vergangenen zum Zukünftigen.

Zwischen der Frage nach dem „Woher" und der Frage nach dem „Wohin" liegt das gesamte System theologischer Fragen und Antworten. Aber die Linie zwischen den beiden ist keine einfache gerade Linie. Die Beziehung ist eine innere: das „Wohin" ist bereits in dem „Woher" enthalten; der Sinn der Schöpfung wird in ihrem Ende offenbar. Und umgekehrt ist das „Wohin" durch das „Woher" bestimmt; denn nur eine Schöpfung, die gut ist, macht eine Eschatologie der Erfüllung möglich, und erst die Idee der Erfüllung verleiht der Schöpfung Sinn. Das Ende des Systems führt zu seinem Anfang zurück.

I. DIE GESCHICHTE UND DIE FRAGE
NACH DEM REICH GOTTES

A

LEBEN UND GESCHICHTE

1. Mensch und Geschichte

a) Geschichte und geschichtliches Bewußtsein. – Die Semantik kann uns helfen, eine besondere Qualität der Geschichte zu entdecken. Das griechische Wort *historia* bedeutet in erster Linie Untersuchung, Information, Bericht und bezieht sich erst in zweiter Linie auf die Ereignisse, die erforscht werden und über die berichtet wird. Daraus geht hervor, daß das Wort „Geschichte" ursprünglich mehr von seiner subjektiven als von seiner objektiven Seite verstanden wurde. Man schrieb dem geschichtlichen Bewußtsein Priorität gegenüber den geschichtlichen Ereignissen zu. Das bedeutet natürlich nicht, daß das Geschichtsbewußtsein zeitlich den Ereignissen vorausgeht, die es sich bewußt macht, sondern daß es bloße Vorgänge in geschichtliche Ereignisse verwandelt und in diesem Sinne den Ereignissen „vorausgeht". Genau genommen sollte man sagen, daß dieselbe Situation sowohl geschichtliche Vorgänge als auch das Bewußtsein von ihnen als geschichtlichen Ereignissen erzeugt.

Geschichtsbewußtsein drückt sich in einer Tradition aus, in einer Gruppe von Erinnerungen, die von einer Generation zur anderen weitergegeben werden. Tradition ist keine zufällige Ansammlung erinnerter Ereignisse, sondern die Überlieferung solcher Ereignisse, die für die Träger oder die Empfänger der Tradition Bedeutung gewonnen haben. Die Wichtigkeit, die ein Vorgang für eine traditionsbewußte Gruppe hat, entscheidet, ob er als geschichtliches Ereignis betrachtet werden wird oder nicht.

Es ist natürlich, daß das Geschichtsbewußtsein den historischen Bericht im Sinne der Tradition und der praktischen Bedürfnisse der Gruppe, in der die Tradition lebendig ist, beeinflußt. Darum erscheint das Ideal einer reinen, objektiven historischen Wissenschaft erst in einem ziemlich späten Stadium der Geschichtsschreibung. Ihr voraus geht eine Mischung von Mythos und Geschichte in Form von Legenden,

Sagen und epischer Dichtung. In allen diesen Fällen werden bloße Vorgänge zu Ereignissen von geschichtlicher Bedeutung erhoben. Das geschieht, indem Ereignisse in Symbole für das Leben einer geschichtlichen Gruppe verwandelt werden. Die Überlieferung vereinigt historischen Bericht mit symbolischer Deutung; sie besteht nicht aus „nackten Tatsachen" (ein höchst fragwürdiger Begriff!). Das bedeutet nicht, daß die faktische Seite erfunden ist. Selbst die großen Epen, in denen sich die Tradition niedergeschlagen hat, haben geschichtliche Wurzeln, wenn auch noch so versteckte; und in Sagen und Legenden ist der geschichtliche Ursprung noch deutlich erkennbar. Aber in allen diesen Formen der Überlieferung kann das geschichtliche Ereignis kaum noch von seiner symbolischen Deutung getrennt werden. In jeder lebendigen Tradition erscheint das Geschichtliche im Lichte des Symbolischen, und der historischen Forschung kann die Entwirrung dieser Verknüpfung immer nur annäherungsweise gelingen; denn die Art, in der geschichtliche Ereignisse erlebt werden, hängt schon von der Wichtigkeit ab, die man ihnen einräumt, und das heißt, daß die Urkunden schon in ihrer ursprünglichen Fassung von dem symbolischen Element mitbestimmt sind. Die biblischen Zeugnisse, die im dritten Teil des Systems besprochen wurden, sind klassische Beispiele für diese Situation.

Aber man muß nun fragen, ob nicht auch die wissenschaftliche Geschichtsschreibung von verborgenen interpretierenden Symbolen beeinflußt wird. Das scheint unbestreitbar zu sein. Selbst in einem der Absicht nach völlig objektiven historischen Bericht gibt es Punkte, die den Einfluß einer symbolschaffenden Vision verraten. Hierher gehört in erster Linie die Auswahl der Ereignisse, deren Faktizität untersucht werden soll. Da sich an jedem Ort zu jeder Zeit zahllose Vorgänge ereignen, hängt die Auswahl der Gegenstände für die historische Forschung davon ab, welche Wichtigkeit einem Vorgang für das Leben einer geschichtlichen Gruppe zugesprochen wird. In dieser Beziehung ist die Geschichtsschreibung weithin vom Geschichtsbewußtsein abhängig. Aber das ist nicht der einzige Punkt. Jede Art von Geschichtsschreibung wägt die Bedeutung der Einflüsse ab, die von verschiedenen Seiten auf Menschen, Gruppen und deren Handlungen ausgeübt werden. Dies ist einer der Gründe für die zahllosen Unterschiede in der historischen Darstellung des gleichen faktischen Materials. Ein anderer Grund, weniger offensichtlich, aber noch entscheidender, ist das Leben der Gruppe, innerhalb derer der Historiker arbeitet; denn er nimmt an ihrem Leben teil, ihren Erinnerungen und Traditionen eingeschlossen. Aus dieser Situation ergeben sich Fragen, auf die der Historiker in seiner Darstellung der Tatsachen Antwort gibt. Geschichte wird nicht von einem Standort jenseits aller geschichtlichen Orte geschrieben. Ein solcher Anspruch wäre nicht weniger utopisch als die Behauptung, daß die ideale Gesellschaftsordnung in unmittelbarer Zukunft erreicht werden könne. Die Geschichtsschreibung ist nicht nur von den tatsächlichen Ereignissen abhängig, sondern auch von deren Aufnahme durch ein bestimmtes Geschichtsbewußtsein.

Diese Feststellungen stehen nicht im Widerspruch zu den Forderungen einer strengen, methodischen Geschichtswissenschaft. Die wissenschaftlichen Kriterien der historischen Forschung sind ebenso bestimmt, verpflichtend und objektiv wie die jeder Art von Wissenschaft. Aber in der Anwendung dieser Kriterien wirkt sich der Einfluß des Geschichtsbewußtseins aus, in aller ehrlichen historischen Arbeit jedoch unabsichtlich.

Der subjektiv-objektive Charakter der Geschichte hat noch eine weitere Folge: Durch das interpretative Element in jeder Art von Geschichtsschreibung gewinnt die Antwort auf die Frage nach dem Sinn der Geschichte – wenn auch nur indirekt und mittelbar – Einfluß auf die historische Darstellung. Man kann dem Schicksal nicht entgehen, einer Tradition anzugehören, in der die Antwort auf die Frage nach dem Sinn des Lebens in allen seinen Dimensionen, auch der geschichtlichen, in Symbolen ausgedrückt ist, die jede Begegnung mit der Wirklichkeit beeinflussen. In den folgenden Kapiteln sollen die Symbole besprochen werden, in denen das Christentum seine Antwort auf die Frage nach dem Sinn der geschichtlichen Existenz gibt. Zweifellos kann selbst der objektive Gelehrte, wenn er existentiell unter dem Einfluß der christlichen Tradition steht, nicht umhin, geschichtliche Ereignisse im Lichte dieser Tradition zu interpretieren, wie unbewußt und indirekt der Einfluß auch sein mag.

b) Die Charakteristika der menschlichen Geschichte und die geschichtliche Dimension. – Menschliche Geschichte ist, wie die semantische Untersuchung des Begriffs *historia* gezeigt hat, eine Vereinigung subjektiver und objektiver Elemente. Ein geschichtliches „Ereignis" ist ein Ineinander von Tatsache und Interpretation. Wenn wir uns nun von der subjektiven zur objektiven Seite der menschlichen Geschichte wenden, finden wir gewisse Merkmale, die die menschliche Geschichte von der geschichtlichen Dimension im allgemeinen unterscheiden.

Die horizontale Richtung hat in der Dimension des Geistes den Charakter der Intention und des Zweckes. In einem geschichtlichen Ereignis sind menschliche Zwecke der entscheidende, wenn auch nicht der einzige Faktor. Bestehende Ordnungen und natürliche Gegebenheiten sind weitere Faktoren; aber ein Vorgang wird zum geschichtlichen Ereignis erst, wenn in ihm zweckhafte Handlungen geschehen. Ob ein spezieller Zweck erreicht wird oder nicht, oder ob ein Ergebnis herauskommt, das nicht beabsichtigt war (gemäß dem Prinzip der Heterogenität der Zwecke) oder nicht – entscheidend ist, daß der Zweck der bestimmende Faktor in dem Vorgang ist. Vorgänge, innerhalb derer kein Ziel gesetzt ist, sind nicht geschichtlich.

Das zweite Merkmal der menschlichen Geschichte ist, daß sie durch menschliche Freiheit beeinflußt ist. Der Mensch, sofern er Ziele setzt und verfolgt, ist frei: er transzendiert die gegebene Situation und läßt das Wirkliche um des Möglichen willen hinter sich. Er ist nicht der Situation verhaftet, in der er sich befindet; und es ist eben diese Selbst-Transzendierung, die die Freiheit ausmacht. Aus diesem Grunde ist keine geschichtliche Situation vollkommen durch eine andere bedingt. Der Übergang von einer Situation zu einer anderen ist zum Teil durch den zentrierten Akt des Menschen bestimmt, das heißt durch seine Freiheit. Allerdings kann die Selbst-Transzendierung, gemäß der Polarität von Freiheit und Schicksal, niemals absolut sein. Sie ist begrenzt durch die Gesamtheit von Elementen der Vergangenheit und der Gegenwart; aber innerhalb dieser Grenzen kann sie zu etwas qualitativ Neuem führen.

Daher ist das dritte Merkmal der menschlichen Geschichte die Schaffung des Neuen. Trotz aller abstrakten Ähnlichkeiten mit früheren oder zukünftigen Ereignissen ist jedes konkrete Ereignis etwas Einmaliges und in seiner Gesamtheit Unvergleichliches. Dieser Satz bedarf jedoch einer Einschränkung. Neues wird nicht nur in der menschlichen Geschichte geschaffen. Auch die dynamischen Kräfte der Natur erzeugen Neues, sie bringen im Kleinsten wie im Größten individuelle Gestalten hervor, schaffen durch Evolution neue Gattungen und durch Ausdehnung und Zusammenziehung des Universums neue Konstellationen der Materie. Aber zwischen diesen Formen des Neuen und dem Neuen in der Geschichte besteht ein qualitativer Unterschied. Das geschichtlich Neue ist wesensmäßig auf Sinn oder Wert bezogen. Beide Begriffe sind brauchbar, wenn richtig definiert. Die meisten Geschichtsphilosophen in den letzten hundert Jahren haben Geschichte als den Bereich definiert, in dem Werte aktualisiert werden. Die Schwierigkeit bei dieser Terminologie ist, daß man ein Kriterium einführen muß, das willkürliche von gültigen Werten unterscheiden kann. Willkürliche Werte sind, im Gegensatz zu gültigen, nicht Normen unterworfen wie Wahrheit, Ausdruckskraft, Gerechtigkeit, Menschlichkeit, Heiligkeit. Träger gültiger Wertungen sind Personen und Gemeinschaften. Wenn wir diese

Art von Wertungen „absolut" nennen (wobei wir unter absolut „unabhängig von dem bewertenden Subjekt" verstehen), können wir die Schaffung des Neuen in der menschlichen Geschichte als die Schaffung einer neuen Aktualisierung von Werten in zentrierten Persönlichkeiten beschreiben. Wenn man jedoch zögert, von „Wert" zu sprechen, kann man den Begriff „Sinn" oder „Sinngehalt" gebrauchen. Leben als Sinnverwirklichung ist nach den vorausgegangenen Betrachtungen Leben, das durch die Funktionen des Geistes und die sie beherrschenden Kriterien und Prinzipien bestimmt ist. Der Begriff „Sinn" ist allerdings nicht eindeutig. Die rein logische Bedeutung des Wortes (der „Sinn" eines Wortes) wird transzendiert, wenn man von Leben als Sinnverwirklichung spricht. Wenn man das Wort „Sinn" so versteht, kann man die Schaffung des Neuen in der Geschichte als die Schaffung neuer und einmaliger Verkörperungen von Sinn beschreiben. Ich ziehe diese Terminologie vor, weil ich die anti-ontologischen Werttheorien ablehne, und weil Begriffe wie „Sinn des Lebens" für die Religionsphilosophie fruchtbar sind. Ein Ausdruck wie „Wert des Lebens" hat weder die Tiefe noch die Ausdruckskraft von „Sinn des Lebens".

Das vierte Merkmal der Geschichte im eigentlichen Sinn ist die sinnbezogene Einmaligkeit geschichtlicher Ereignisse. Die Qualität des Einmaligen und Neuen teilt der geschichtliche Vorgang mit allen Lebensvorgängen. Aber nur in der Geschichte ist der einmalige Vorgang sinnbezogen. Sinnbezogen-sein heißt, über sich hinausweisen auf etwas Sinnvolles, das repräsentiert ist. Geschichtliche Persönlichkeiten sind geschichtlich, weil sie umfassendere Ereignisse repräsentieren, die selbst wieder auf die menschliche Situation als solche hinweisen und damit auf den Sinn des Seins-Selbst. Personen, Gemeinschaften, Ereignisse und Situationen sind sinnbezogen, wenn in ihnen mehr sichtbar wird als vorübergehende Geschehnisse in dem universalen Prozeß des Werdens. Geschehnisse, die in jedem Augenblick der Zeit in endloser Zahl kommen und gehen, sind nicht geschichtlich im eigentlichen Sinn. Aber sie können geschichtliche Bedeutung gewinnen, wenn sie eine menschliche Potentialität einmalig und unvergleichlich repräsentieren. Die Geschichtsschreibung beschreibt die Aufeinanderfolge von Erscheinungen solcher Potentialitäten, aber mit einer entscheidenden Modifikation: sie beschreibt sie, wie sie unter den Bedingungen der Existenz und innerhalb der Zweideutigkeit des Lebens erscheinen. Ohne menschliche Potentialitäten (allgemein ausgedrückt: Potentialitäten des Lebens) zur Erscheinung zu bringen, hätten historische Berichte nichts Bedeutungsvolles zu sagen. Ohne die einmalige Verkörperung in der Existenz würden diese Potentialitäten niemals geschichtliche Wirklichkeit werden, sondern blieben reine Essenzen. Aber geschichtliche Ereignisse sind bedeutsam, weil sie *über* die Geschichte hinausführen; und sie sind einmalig, weil sie *in* der Geschichte stehen. Es gibt jedoch noch einen anderen Grund für die Bedeutsamkeit einmaliger geschichtlicher Ereignisse: den Sinn des geschichtlichen Prozesses als ganzen. Ob es so etwas wie Weltgeschichte gibt oder nicht, die geschichtlichen Vorgänge innerhalb der geschichtlichen Menschheit haben ein inneres Ziel. Sie bewegen sich in einer bestimmten Richtung, und sie gehen auf Erfüllung zu, ob sie diese erreichen oder nicht. Ein geschichtliches Ereignis ist sinnbezogen, soweit es einen Moment in dieser geschichtlichen Entwicklung auf das Ziel hin darstellt. Geschichtliche Ereignisse sind also aus drei Gründen sinnbezogen: sie repräsentieren wesenhafte menschliche Potentialitäten, sie zeigen die Aktualisierung dieser Potentialitäten auf einmalige Weise, und sie stellen Momente dar in der Entwicklung der Geschichte auf ihr Ziel hin und bringen dabei dieses Ziel selbst symbolisch zum Ausdruck.

Die vier Grundzüge der menschlichen Geschichte sind also: mit Zweck verbunden zu sein, durch Freiheit beeinflußt zu sein, sinnbezogenes Neues zu schaffen und Bezug zu haben auf universalen, auf partikularen und auf teleologischen Sinn. Durch diese vier Grundzüge unterscheidet sich die menschliche Geschichte von der geschichtlichen Dimension im allgemeinen. Der Unterschied kann von der Seite der menschlichen Geschichte gesehen werden, er kann aber auch von der anderen Seite gezeigt werden, d. h. aus der geschichtlichen Dimension in den nicht-geschichtlichen Lebensbereichen. Wenn wir z. B. die höheren Tierarten betrachten, die Evolution der Gattungen und die Entwicklung des astronomischen Universums, bemerken wir als erstes, daß in keinem dieser Gebiete Zweck und Freiheit wirksam sind. In der Tierwelt gibt es keinen Zweck, der die Befriedigung der unmittelbaren Bedürfnisse transzendiert. Tiere transzendieren ihre natürliche Bedingtheit nicht. Ebensowenig ist Absicht in der Evolution der Gattungen oder in den Veränderungen des Universums zu erkennen. Schwieriger zu entscheiden ist die Frage, ob es in diesen Bereichen absoluten Sinn und sinnbezogene Einmaligkeit gibt, ob man z. B. die Entstehung einer neuen Gattung in der Tierwelt mit der Entstehung eines neuen Staates oder der eines neuen künstlerischen Stils vergleichen kann. Offensichtlich ist eine neue Gattung einmalig; aber die Frage ist, ob ihre Einmaligkeit auf einen absoluten Sinn bezogen ist. Auch diese Frage müssen wir verneinen: Es gibt keinen absoluten Sinn und keine sinnbezogene Einmaligkeit, wo die Dimension des Geistes nicht aktualisiert ist. Die Einmaligkeit einer Gattung oder eines einzelnen Exemplars der Gattung ist wirklich, aber nicht letztlich bedeutsam, während der moralische Akt, durch den eine Person zur Person wird, die Schaffung eines kulturellen Werks mit seinem unerschöpflichen Sinn oder ein religiöses Erlebnis, in dem der letzte Sinn durch alle vorläufigen Sinnbezüge hindurchbricht, unendlich bedeutsam sind. Diese Behauptungen sind auf die Tatsache gegründet, daß Leben in der Dimension des Geistes fähig ist, das Unbedingte zu erfahren und Verkörperungen und Symbole des Unbedingten zu schaffen. Verkörperte ein Baum, eine neue Tiergattung oder ein neues Gestirn absoluten Sinn, dann wäre dieser dem Menschen erkennbar, denn Sinnbezüge werden vom Menschen wahrgenommen. Dieser Tatbestand in der menschlichen Existenz hat zu der Lehre von dem unendlichen Wert jedes einzelnen Menschenlebens geführt. Obwohl diese Lehre nicht unmittelbar biblisch ist, kann sie aus den Verheißungen und Drohungen abgeleitet werden, die sich in allen Teilen der Bibel finden. „Himmel" und „Hölle" sind Symbole von absolutem Sinn und unbedingtem Wert, und sie werden keinem Leben außer dem menschlichen verheißen oder angedroht.

Trotzdem gibt es keinen Lebensbereich, in dem die geschichtliche Dimension nicht gegenwärtig und, wenn auch nur unvollkommen, aktualisiert wäre. Selbst im anorganischen Bereich, und gewiß im organischen, gibt es ein *telos*, ein inneres Ziel, das quasi-geschichtlich, wenn auch nicht Teil der eigentlichen Geschichte ist. Das gilt auch von der Entstehung der Gattungen und der Entwicklung des Universums; sie sind dem Geschichtlichen analog, aber sie sind nicht eigentliche Geschichte. Die Analogie zeigt sich in der Spontaneität im Bereich der Natur, in der Entstehung des Neuen durch biologische Evolution und in der Einmaligkeit kosmischer Konstellationen. Aber es ist bloße Analogie; es fehlen in diesen Prozessen Freiheit und absoluter Sinn. Die geschichtliche Dimension im universalen Leben ist dem Leben in der eigentlichen Geschichte analog, aber sie ist nicht selbst Geschichte. Im universalen Leben ist die Dimension des Geistes nur unvollkommen aktualisiert. Leben in der biologischen Dimension und Leben in der Dimension des Geistes haben analoge Züge, aber das Biologische ist noch nicht Geist. Aus diesem Grund bleibt das Geschichtliche in allen Bereichen des Lebens außer dem der menschlichen Geschichte eine nur unvollkommen akutalisierte Dimension.

c) *Vorgeschichte und Nachgeschichte.* – Der Übergang von der unvollkommen aktualisierten zur aktualisierten Geschichte kann als der Zustand des prähistorischen Menschen beschrieben werden. In gewisser Hinsicht ist er schon Mensch, aber er ist noch nicht geschichtlicher Mensch. In dem Augenblick, in dem dieses Wesen „prähistorischer

Mensch" genannt werden kann, muß es die Freiheit haben, sich Ziele zu setzen; es muß im Besitz von Sprache und Begriffen sein, wenn auch noch so primitiven, und es muß künstlerische und kognitive Anlagen zeigen und eine Ahnung vom Heiligen haben. Das würde es zu einem Wesen machen, wie es kein zweites in der Natur gibt; aber Geschichtlichkeit im vollen Sinn wäre noch nicht erreicht, ihm würde das geschichtliche Bewußtsein fehlen. Es befände sich, metaphorisch gesprochen, in dem Zustand der „erwachenden" Menschlichkeit. Wir wissen nichts von dem Menschen auf dieser Stufe; aber wir können ihn als Ausgangspunkt für die spätere Entwicklung des Menschen postulieren. Außerdem kann uns das Bild einer solchen Stufe als kritische Waffe gegen unrealistische Vorstellungen von dem Frühzustand der Menschheit dienen, Vorstellungen, die dem prähistorischen Menschen entweder zuviel oder zu wenig zuerkennen. Zu viel schreibt man ihm zu, wenn man ihn mit Vollkommenheiten ausstattet, die entweder spätere Entwicklungsstufen oder gar einen Zustand der Erfüllung antizipieren. Hierher gehören theologische Auslegungen des Mythos vom Paradies, die in Adam die Vollkommenheit des Christus sehen, und säkulare Beschreibungen des Urzustandes der Menschheit, die dem „edlen Wilden" die Vollkommenheit des humanistischen Ideals zuschreiben.

Andrerseits wird dem prähistorischen Menschen zu wenig zugestanden, wenn man in ihm ein Tier sieht, das nicht einmal die Möglichkeit hat, Universalien zu verstehen und Sprache zu bilden. Wenn dieses Bild richtig wäre, gäbe es keinen vorgeschichtlichen Menschen, und der geschichtliche Mensch wäre eine „Schöpfung aus dem Nichts". Aber alle empirische Evidenz widerspricht dieser Auffassung. Der prähistorische Mensch ist das Lebewesen, das angelegt ist, die Dimension des Geistes und der Geschichte zu aktualisieren, und das sich auf dieses Ziel hin entwickelt. Wir können den Augenblick nicht feststellen, in dem das Bewußtsein des Tieres menschlicher Geist wird und der menschliche Geist in die geschichtliche Dimension eintritt. Der Übergang von einer Dimension zur anderen ist verborgen, aber das Ergebnis, das aus ihm hervorgeht, tritt offen zutage. Wir wissen nicht, wann der erste Funke des geschichtlichen Bewußtseins in der menschlichen Rasse aufstieg; aber wir kennen frühe Ausdrucksformen dieses Bewußtseins. Wir können den geschichtlichen vom vorgeschichtlichen Menschen unterscheiden, obwohl wir den Augenblick des Übergangs von dem einen zum andern nicht fixieren können, weil in allen Prozessen langsame und sprunghafte Entwicklungen nebeneinander hergehen. Gäbe es nur langsame Entwicklung, so könnten wir überhaupt keine qualitative Veränderung feststellen. Wenn sich die Evolution nur sprunghaft vollzöge, könnten wir das Ergebnis jedes einzelnen Sprunges deutlich erkennen. Tatsächlich vollziehen sich in jeder Evolution beide Prozesse gleichzeitig; darum können wir zwar das Ergebnis sehen, aber nicht den Augenblick seiner Entstehung. Daß die Vorgeschichte der Menschheit in Dunkel gehüllt ist, ist nicht einem vorläufigen Versagen der Wissenschaft zuzuschreiben, sondern der Unbestimmbarkeit der evolutionären Prozesse in Hinsicht auf die Erscheinung des Neuen. Der geschichtliche Mensch ist eine neue Erscheinung, aber er ist vorbereitet und antizipiert im vorgeschichtlichen Menschen, und der Übergang von dem einen zum andern ist seinem Wesen nach unbestimmbar.

Eine ähnliche Erwägung müssen wir in bezug auf die Idee der Nachgeschichte anstellen. Die Frage ist, ob wir ein Stadium im evolutionären Prozeß annehmen müssen, in dem die geschichtliche Menschheit ein Ende nimmt, wenn auch nicht die menschliche Rasse. Diese Frage ist wichtig wegen ihrer Beziehung zu utopischen Vorstellungen von der Zukunft der Menschheit. Man hat die letzte Stufe des geschichtlichen Menschen mit dem Endzustand der Erfüllung identifiziert – mit dem „Reich Gottes", das sich auf der Erde aktualisiert. Aber das „Letzte" in der Kategorie der Zeit ist nicht dasselbe wie das „Letztgültige" im eschatologischen Sinn. Nicht ohne Grund hat das Neue Testament und hat Jesus sich dem Versuch widersetzt, den Symbolen des Endes einen chronologischen Rahmen zu geben. Selbst Jesus weiß nicht, wann die Endkatastrophe kommt; sie hängt nicht von der geschichtlich-nachgeschichtlichen Entwicklung des Menschen ab, obwohl sie symbolisch durch den Modus der Zukunft beschrieben wird. Damit bleibt die Zukunft des geschichtlichen Menschen für Möglichkeiten offen, die sich aus der gegenwärtigen Erfahrung ergeben. So ist es zum Beispiel nicht unmöglich, daß die selbstzerstörerischen Kräfte des Menschen die Oberhand gewinnen und den geschichtlichen Menschen vernichten. Ebenso ist es möglich, daß der Mensch, auch wenn er seine potentielle Freiheit, das Vorhandene zu transzendieren, nicht verliert – dann wäre der Mensch nicht mehr Mensch –, doch die Unzufriedenheit mit dem Vorhandenen einbüßt und folglich das Streben nach dem Neuen. In diesem Zustand wäre die menschliche Rasse dem ähnlich, was Nietzsche als den „letzten Menschen" beschreibt, der „alles weiß" und sich für nichts mehr interessiert. Es wäre der Zustand animalischer Seligkeit. Die negativen Utopien unseres Jahrhunderts antizipieren – berechtigter- oder unberechtigterweise – eine derartige Stufe in der Evolution. Eine dritte Möglichkeit ist, daß der dynamische Trieb der menschlichen Rasse nach neuen, unvorhersehbaren Verwirklichungen der menschlichen Potentialitäten weiterwirkt, bis die biologischen und physikalischen Bedingungen für die Fortdauer des geschichtlichen Menschen allmählich oder plötzlich verschwinden. Diese und vielleicht noch andere Entwicklungen des „nachgeschichtlichen" Menschen müssen als möglich angenommen und dürfen nicht mit Symbolen für das „Ende der Geschichte" im eschatologischen Sinn verwechselt werden.

d) Die Träger der Geschichte. – Der Mensch vollzieht die Aktualisierung seiner selbst als Person in der Begegnung mit anderen Personen innerhalb einer Gemeinschaft. Der Prozeß der Selbstintegration in der Dimension des Geistes ist die Aktualisierung sowohl der Persönlichkeit wie der Gemeinschaft. Während wir die Aktualisierung der Person in dem Kapitel über die Moral und die Konstituierung des persönlichen Selbst beschrieben haben, mußte die Erörterung der Aktualisierung der Gemeinschaft auf diese Stelle des Systems verlegt werden. Denn das Leben einer Gemeinschaft wird unmittelbar durch die geschichtliche Dimension bestimmt – wie ja Gruppen die direkten und Individuen nur die indirekten Träger der Geschichte sind.

Geschichtstragend sind Gruppen, die die Fähigkeit haben, zentriert zu handeln. Sie müssen ein Machtzentrum haben, das die Individuen, die der Gruppe angehören, vereinigen und ihre Macht in der Begegnung mit anderen Macht-Gruppen bewahren kann. Zur Erfüllung der ersten Bedingung bedarf eine geschichtstragende Gruppe einer zentralen Autorität mit legislativer, exekutiver und jurisdiktischer Gewalt. Zur Erfüllung der zweiten Bedingung bedarf die Gruppe der Mittel, sich in der Begegnung mit anderen Gruppen an der Macht zu erhalten. Beide Bedingungen werden durch das, was wir heute einen „Staat" nennen, erfüllt, und in diesem Sinne ist Geschichte die Geschichte von Staaten. Diese Behauptung bedarf jedoch näherer Bestimmungen. Als erstes muß darauf hingewiesen werden, daß der Begriff „Staat" wesentlich jünger ist als die staatsähnlichen Gebilde von Großfamilien, Sippen, Stämmen, Städten und Völkern, die ebenfalls die beiden Bedingungen für einen Geschichtsträger erfüllen. Zweitens muß darauf hingewiesen werden, daß auch Gruppen, Bewegungen und Vorgänge, z. B. wirtschaftliche, kulturelle, soziale und religiöse, geschichtsbildend wirken. Sie können auf eine staatlich zentrierte Gruppe beschränkt sein oder sich auch auf viele Staaten oder staatsähnliche Gebilde erstrecken (z. B. Weltreligionen oder die internationale Wissenschaft). Ihre geschichtliche Wirkung ist jedoch von dem Vorhandensein staatlich zentrierter Gruppen abhängig. Ohne sie hätten jene überstaatlichen Bewegungen keine Möglichkeit geschichtlicher Existenz. Darum ist es sinnvoll, daß nicht nur Perioden der politischen Geschichte, sondern

auch kulturelle Entwicklungen (wie z. B. die der bildenden Kunst) nach
Dynastien oder einzelnen Herrschern benannt werden. Das Politische
ermöglicht geschichtliche Existenz in allen Bereichen.

Wir haben die geschichtstragende Gruppe als zentrierte Gruppe mit
politischer Macht nach innen und nach außen gekennzeichnet. Das bedeutet jedoch nicht, daß die politische Macht in beiden Richtungen ein
von dem Leben der Gruppe unabhängiger Mechanismus ist. Jedem
politischen System liegen *Eros*-Beziehungen zugrunde. Machtausübung
durch Gesetzgebung und Rechtsprechung oder durch Unterwerfung
fremder Gruppen unter die eigene Machtstruktur setzt eine zentrale
Machtgruppe voraus, deren Autorität von den Regierten (zumindest
stillschweigend) anerkannt wird. Ohne eine solche Grundlage könnte
auf die Dauer weder die Durchführung eines Gesetzes erzwungen
noch ein militärischer Sieg errungen werden. Die Entziehung dieser Anerkennung durch die Regierten beraubt die Machtstruktur ihrer Grundlage. Ein Machtaufbau wird von den Regierten bejaht, weil sie sich der
Gruppe zugehörig fühlen, weil eine Art Gemeinschafts-*Eros* sie verbindet und gegen andere Gruppen eint – wobei Machtkämpfe innerhalb
der Gruppe selbst nicht ausgeschlossen sind. Das zeigt sich in allen
Gruppen, die staatsähnliche Funktionen ausüben, von der Familie bis
zur Nation: Blutsbindungen, Sprache, Traditionen schaffen den Ge-
meinschafts-*Eros*, der den Machtaufbau trägt. Zwang und Eroberung
sind nicht Voraussetzung eines Machtaufbaus, sondern sind mögliche
und praktisch unvermeidliche Folgen seiner Existenz. Sie sind aber auch
das, was zu seiner Zerstörung führt, wenn der Gemeinschafts-*Eros* verschwindet oder der Machtaufbau ein Werkzeug reiner Gewaltausübung
wird und die Regierten zu Beherrschten werden.

Eine Form unter anderen, in der sich die *Eros*-Beziehungen in einer
Machtstruktur ausdrücken, sind ihre Rechtsprinzipien, die die Gesetzgebung und Rechtsprechung bestimmen. Das Rechtssystem einer geschichtragenden Gruppe stammt weder aus einem abstrakten Gerech-
tigkeits-Begriff noch aus dem Machtwillen der regierenden Kreise. Das
Zusammenwirken dieser beiden Faktoren schafft den konkreten Charakter einer Rechtsordnung. Keiner von beiden allein ist dazu imstande: die abstrakte Rechtsidee muß in der konkreten Situation Realität werden, und die konkrete Situation muß dem Kriterium der abstrakten Rechtsidee unterworfen werden. Gerechtigkeit muß innerhalb
der *Eros*-Beziehungen wohnen, und die *Eros*-Beziehungen dürfen nicht
der Gerechtigkeit widersprechen.

Was eine Gruppe zur geschichtstragenden Gruppe macht, ist jedoch
nicht nur ihre Macht, innere Einheit und äußere Sicherheit zu gewähr-

leisten, sondern auch das Ziel, nach dem sie strebt. Die Geschichte läuft in horizontaler Richtung, und die Gruppen, die ihr diese Richtung geben, werden durch ein Ziel bestimmt, nach dem sie streben, und durch einen Auftrag, den sie zu erfüllen suchen. Man könnte dies das Sendungsbewußtsein der geschichtstragenden Gruppe nennen. Es ist von Gruppe zu Gruppe verschieden, nicht nur seinem Inhalt nach, sondern auch nach dem Grade seiner Bewußtheit und nach der Stärke seiner Triebkraft. Aber Sendungsbewußtsein gibt es in der ganzen geschichtlichen Menschheit. Das deutlichste Beispiel dafür ist vielleicht die Berufung Abrahams, in der das Sendungsbewußtsein Israels symbolischen Ausdruck gefunden hat. Analoge Formen finden sich in China, Ägypten und Babylon. Das griechische Sendungsbewußtsein gründete sich auf die Überlegenheit der Griechen gegenüber den Barbaren, das römische auf die Stärke des römischen Rechtsbewußtseins, das Sendungsbewußtsein des mittelalterlichen Deutschland auf das Symbol des „Heiligen Römischen Reiches Deutscher Nation", das italienische auf die „Wiedergeburt" der Kultur in der Renaissance, das spanische auf die Idee der katholischen Welteinheit, das französische auf die kulturelle Führerschaft Frankreichs, das englische auf die Aufgabe, den Völkern den christlichen Humanismus zu bringen, das russische auf die Erlösung des Westens durch die griechisch-orthodoxe Kirche oder durch den Marxismus, das amerikanische auf den Glauben an einen neuen Anfang, in dem der Fluch der Alten Welt überwunden und die Aufgaben der Demokratie erfüllt werden. Wo das Sendungsbewußtsein verschwunden ist oder niemals voll entwickelt war wie im Deutschland und Italien des neunzehnten Jahrhunderts und in kleinen, künstlich geschaffenen Staaten, wird das Machtelement vorherrschend, sei es aggressiv oder defensiv. Aber wie das jüngste Beispiel in Deutschland zeigt, ist selbst in diesen Fällen das Bedürfnis, an eine Sendung zu glauben, so stark, daß die absurden Rassetheorien des Nationalsozialismus akzeptiert werden konnten, weil sie ein Vakuum ausfüllten.

Das Vorhandensein des Sendungsbewußtseins zeigt, daß Geschichte das Leben einer geschichtstragenden Gruppe in allen Dimensionen umfaßt. Die lebendige Erinnerung der Gruppe schließt keine Dimension des Lebens aus, aber sie betont jeweils verschiedene Bereiche. Der politische Bereich ist immer der wichtigste, weil er die Bedingung der geschichtlichen Existenz ist. Innerhalb des politischen Rahmens haben alle anderen Entwicklungen, die gesellschaftliche, die wirtschaftliche, die kulturelle und die religiöse, wechselnden Anspruch auf Beachtung. In gewissen Zeiten ist die eine, in anderen Zeiten eine andere von größerem Gewicht. Gewiß, die Geschichte der kulturellen Funktionen des Menschen ist nicht auf eine bestimmte geschichtstragende Gruppe beschränkt, nicht einmal auf die größte von ihnen. Aber wenn der Kulturhistoriker oder der Religionshistoriker über die politischen Grenzen hinausblickt, weiß er, daß er damit vom tatsächlichen Leben abstrahiert und nicht vergessen darf, daß die politischen Einheiten, unabhängig von ihrer Größe, die Voraussetzungen für alles kulturelle Leben bleiben. Der Vorrang der politischen Geschichte darf nicht übersehen werden, weder zugunsten einer „reinen Geistesgeschichte", wie sie von idealistischen Historikern versucht wurde, noch zugunsten einer alle Geschichte bedingenden Wirtschaftsgeschichte, wie sie von Anhängern des historischen Materialismus geschrieben wurde. Die Geschichte selbst hat die Ansprüche der letzteren jedesmal widerlegt, wenn sie sich der Erfüllung nahe glaubten, wie im zionistischen Israel oder im kommunistischen Rußland. Es ist bezeichnend, daß die Bibel den Sinn der Geschichte durch das politische Symbol „Reich Gottes" ausdrückt und nicht durch „Leben des Geistes" oder durch materiellen „Reichtum". Das Element der Zentriertheit, das den politischen Bereich auszeichnet, macht ihn zum angemessenen Symbol für das letzte Ziel der Geschichte.

Dies führt zu der Frage, ob man die Menschheit, und nicht besondere menschliche Gruppen, als Träger der Geschichte bezeichnen sollte; denn die Begrenztheit der Gruppen scheint der Einheit zu widersprechen, auf die das Symbol „Reich Gottes" hindeutet. Aber diese Form der Fragestellung beeinflußt die Antwort: Das Ziel der Geschichte liegt nicht innerhalb der Geschichte. Innerhalb der Geschichte gibt es keine einige Menschheit. Es hat sie in der Vergangenheit nicht gegeben, und ebensowenig wird es sie in der Zukunft geben. Denn eine politisch geeinte Menschheit ist zwar vorstellbar, aber sie wäre nicht mehr als der Rahmen, innerhalb dessen sich Gegensätze bilden, wie sie aus der menschlichen Freiheit mit ihrer alles Bestehende transzendierenden Dynamik folgen. Das könnte nur dann anders sein, wenn die Einheit der Menschheit das Ende der Geschichte und die Form für das nachgeschichtliche Stadium wäre, in dem die dynamische Freiheit des Menschen zum Stillstand gekommen wäre. Dies wäre ein Zustand unfreier, gleichsam „animalischer Seligkeit". Solange es Geschichte gibt, ist die „geeinte Menschheit" der Rahmen für die „uneinige Menschheit". Erst in der Nachgeschichte könnte die Uneinigkeit verschwinden, aber dieser Zustand wäre nicht das Reich Gottes, denn das Reich Gottes ist nicht „animalische Seligkeit".

Geschichtliche Gruppen sind Gemeinschaften von Individuen. Sie sind keine Wirklichkeiten neben oder über den Individuen, aus denen sie bestehen, sondern sie sind die Schöpfungen der sozialen Funktion dieser Individuen. Die soziale Funktion erzeugt eine Struktur, die zwar teilweise Unabhängigkeit von den Individuen gewinnt (wie die Produkte aller geistigen Funktionen), aber keine neue Wirklichkeit mit einem organischen Willenszentrum konstituiert. Es ist nicht „die Gemeinschaft", die etwas will und handelt. Es sind die Individuen, die in ihrer Eigenschaft als soziale Wesen durch ihre Vertreter zentral geleitetes Handeln ermöglichen. Das Erheben der Gruppe zu einer Art Person führt zu gefährlichen Täuschungen, die enthüllt werden müssen. Das gilt besonders von dem Mißbrauch dieser Analogie für tyrannische Zwecke. So müssen wir noch einmal fragen: In welchem Sinn ist das Individuum ein Träger der Geschichte? Obwohl die Gruppe nicht als individuelle Person aufgefaßt werden darf, muß die Antwort sein, daß das Individuum Träger der Geschichte nur als Glied einer geschichtstragenden Gruppe ist. Sein individuelles Leben als solches ist nicht Geschichte, und darum ist Biographie als solche noch nicht Geschichtsschreibung. Aber sie kann es werden, entweder als Geschichte eines Menschen, der durch seine Handlungen eine geschichtstragende Gruppe repräsentiert und symbolisch für sie geworden ist (wie Cäsar oder Lincoln), oder als die Geschichte eines Menschen, der soziologisch die Durchschnittssituation innerhalb einer Gruppe verkörpert (die des Bauern oder des Bürgers). Das Verhältnis historisch bedeutsamer Persönlichkeiten zur Gruppe zeigt sich besonders deutlich bei solchen, die ihre Gruppe verlassen haben, um sich in der „Wüste" oder im „Exil" abzuschließen. Insofern sie geschichtlich von Bedeutung sind, bleiben sie der Gruppe zugehörig, aus der sie stammen und zu der sie möglicherweise zurückkehren; oder sie gewinnen Zugehörigkeit zu einer neuen Gruppe, der sie sich anschließen und innerhalb derer sie geschichtliche Bedeutung gewinnen können. Aber als bloße Individuen sind sie keine Geschichtsträger. Geschichte ist die Geschichte von Gruppen.

Das aber läßt die traditionelle Frage offen: Durch wen werden die geschichtlichen Prozesse bestimmt, durch die „großen" Individuen oder durch Massenbewegungen? Die Frage ist in dieser Form nicht zu beantworten, denn weder die eine noch die andere Antwort kann empirisch begründet werden. Überdies ist die Frage irreführend. Wir schreiben geschichtliche Größe Persönlichkeiten zu, die sich in der Bewegung geschichtstragender Gruppen als Führer erweisen. Das Attribut „groß" in diesem Sinne setzt also schon voraus, daß das „große" Individuum Beziehung zu Massen hat. Menschen, die potentiell geschichtliche Größe hatten, sie aber nie aktualisieren konnten, werden nicht groß genannt, weil die Potentialität zur Größe nur durch ihre Aktualisierung bezeugt werden kann. Genau genommen müßte man sagen, daß niemand geschichtliche Größe erreichen kann, der nicht von einer geschichtlichen Gruppe getragen ist. Andrerseits gäbe es keine Massenbewegungen ohne die schöpferische Kraft von Individuen, in denen die unbewußten Tendenzen der anderen zum Bewußtsein kommen und Gestalt annehmen. An die Stelle der Beschäftigung mit der Frage, ob Individuen oder Massen die Geschichte bestimmen, muß die genaue Beschreibung der gegenseitigen Beeinflussung beider Faktoren treten.

2. Geschichte und die Kategorien des Seins

a) Lebensprozesse und Kategorien. – Im zweiten Teil des theologischen Systems „Sein und Gott" wurden die Haupt-Kategorien – Zeit, Raum, Kausalität und Substanz – erörtert und ihre Beziehung zur Endlichkeit des Seins aufgezeigt. Als wir im vierten Teil die verschiedenen Dimensionen des Lebens beschrieben, unterließen wir es, die Beziehungen der Kategorien zu diesen Dimensionen zu behandeln, weil wir diese Beziehungen in ihrer Gesamtheit darstellen wollten, einschließlich der geschichtlichen Dimension.

Jede Kategorie zeigt verschiedene Qualitäten, je nach der Dimension, in der sie erscheint. Es gibt zum Beispiel nicht *eine* Zeit für alle Dimensionen, die anorganische, die organische, die psychologische, die geschichtliche; und doch gibt es Zeitlichkeit in jeder von ihnen. Zeitlichkeit ist identisch in jeder Art von Zeit: sie ist, was sie ist, in allem Endlichen. Aber die Zeit der Amöbe ist eine andere als die Zeit des geschichtlichen Menschen. Das gleiche gilt von den übrigen Kategorien. Trotzdem ist es möglich, das zu beschreiben, was jeder der vier Kategorien ihre Identität gibt, und auf diese Weise die Verwendung des gleichen Begriffs zu rechtfertigen. Man kann das, was in allen Dimensionen Zeit zur Zeit macht, als das Element des „Nacheinander" bezeichnen: Zeitlichkeit ist das „Nacheinander" in jeder Form von Zeit. Man kann das allerdings nicht sagen, ohne schon die Kategorie der Zeit, die in dem „Nacheinander" enthalten ist, zu gebrauchen. Trotzdem ist es nicht nutzlos, dieses Element zu extrapolieren, weil es allen Formen der Zeitlichkeit zugrunde liegt, wenn es auch in jeder der verschiedenen Dimensionen modifiziert ist. – Ebenso kann man das, was den Raum in allen Dimensionen zum Raum macht, als das Element des „Nebeneinander" bezeichnen. Auch dies ist keine Definition, weil es das, was es definieren will, in der Definition selbst benutzt: das

Räumliche, das im „Nebeneinander" enthalten ist. Doch ist es auch hier zweckmäßig, dieses Element zu extrapolieren, weil durch dieses Element Raum als Raum identifiziert wird, wie sehr Räumlichkeit dann auch durch andere Elemente modifiziert wird. – Das, was eine Ursache zur Ursache macht, ist die Beziehung, in der eine Situation durch eine vorhergehende bedingt wird, obgleich die Art der Kausalität in den verschiedenen Dimensionen des Lebens verschieden ist. Die Wirkung, die ein fester Körper in Bewegung auf einen anderen festen Körper ausübt, ist etwas anderes als die Art, in der ein geschichtliches Ereignis durch das vorhergehende bedingt wird. – Die Kategorie der Substanz ist Ausdruck für die bleibende Einheit im Wechsel dessen, was wir „Akzidentien" nennen. Substanz bedeutet wörtlich das, was dem Prozeß des Werdens zugrunde liegt und dem Werdenden Einheit verleiht, indem es das Werdende zu einem bestimmten, relativ beständigen Ding macht. In diesem Sinne verstanden haben Gegenstände in allen Dimensionen Substanz, aber nicht auf die gleiche Weise. Die Beziehung einer chemischen Substanz zu ihren Akzidentien ist anderer Art als die Beziehung der Substanz der feudalen Kultur zu ihren verschiedenen Ausdrucksformen. Aber in beiden Fällen kann Substanz als „bleibende Einheit im Wechsel" bezeichnet werden.

Jetzt erhebt sich die Frage, ob es trotz der Verschiedenheit in den Beziehungen der Kategorien zu den Dimensionen des Lebens eine Einheit innerhalb der einzelnen Kategorien gibt, eine Einheit nicht nur des Elements, das die Einheit des Begriffs bestimmt, sondern eine Einheit der verschiedenen Formen, in denen die Kategorie erscheint. Konkret gesprochen: Gibt es eine Zeit, die alle Formen der Zeitlichkeit umfaßt; einen Raum, der alle Formen der Räumlichkeit umfaßt; eine Ursache, die alle Formen der Kausalität, eine Substanz, die alle Formen der Substantialität in sich begreift? Die Tatsache, daß alle Teile des Universums in der gleichen Zeit und im gleichen Raum sind, einander kausal bedingen und sich nach ihrer Substanz voneinander unterscheiden, verlangt eine positive Antwort auf die Frage nach der kategorialen Einheit des Universums. Aber diese Einheit ist nicht erkennbar, da das Universum als Universum nicht erkennbar ist. Das Wesen einer Zeit, die nicht auf eine Dimension des Lebens, sondern auf sie alle bezogen ist, sie alle transzendierend, gehört zum Mysterium des Seins-Selbst. Zeitlichkeit, die nicht auf einen erkennbaren zeitlichen Prozeß bezogen ist, ist ein Element in dem überzeitlichen Grund der Zeit, aus dem die Zeit hervorgeht. Räumlichkeit, die nicht auf einen erkennbaren Raum bezogen ist, ist ein Element in dem überräumlichen Grund des Raums, aus dem der Raum hervorgeht. Kausalität, die nicht auf einen bestimmten kausalen Zusammenhang bezogen ist, ist ein Element in dem überkausalen Grund, aus dem die Kausalität hervorgeht. Substantialität, die nicht auf eine erkennbare Form der Substanz bezogen ist, ist ein Element in dem übersubstantiellen Grund, aus dem die Substanz hervorgeht. Diese Betrachtungen geben nicht nur Antwort auf unsere Frage, sondern machen auch verständlich, warum die Kategorien in der religiösen Sprache als Symbole gebraucht werden. Dieser Gebrauch ist gerechtfertigt, weil die Kategorien ihrem Wesen nach die Qualität der Selbst-Transzendierung haben.

Die folgenden Beispiele wurden gewählt wegen ihrer Bedeutung für das Verständnis geschichtlicher Prozesse, wie die vier Kategorien selbst gewählt wurden – an verschiedenen Stellen des Systems – wegen ihrer Bedeutung für das Verständnis der religiösen Sprache. Man hätte auch andere Kategorien oder andere Beispiele für den Charakter der Kategorien in den verschiedenen Dimensionen des Lebens wählen können. Die Analyse der Kategorien ist nicht vollständig, und wahrscheinlich kann sie, wie die Geschichte der Kategorienlehre zeigt, ihrem Wesen nach nie vollständig sein. Die Grenze zwischen kategorialen und Gattungs-Begriffen bleibt unbestimmt und offen für immer neue Versuche, sie zu ziehen.

b) Zeit, Raum und die Dimensionen des Lebens im allgemeinen. – Es ist zweckmäßig und in gewisser Hinsicht unvermeidlich (wie Kant gezeigt hat), Zeit und Raum in ihrer wechselseitigen Abhängigkeit zu behandeln. Es besteht ein proportionales Verhältnis zwischen den Graden, in denen Raum oder Zeit jeweilig in einem Seinsbereich vorherrschen. Allgemein kann man sagen, daß ein Bereich um so mehr dem Raum unterworfen ist, je mehr er unter der Herrschaft der anorganischen Dimension steht; und umgekehrt, daß er um so mehr der Zeit unterworfen ist, je mehr er unter der Herrschaft der geschichtlichen Dimension steht. In der Interpretation des Lebens und der Geschichte hat diese Tatsache zu dem „Kampf zwischen Zeit und Raum" geführt, der besonders deutlich in der Religionsgeschichte hervortritt.

In den Bereichen, die durch die anorganische Dimension bestimmt sind, ist der Raum fast ohne Einschränkung die beherrschende Kategorie. Gewiß, anorganische Dinge bewegen sich in der Zeit, und ihre Bewegung wird in zeitlichen Maßen berechnet. Aber diese Zeit wird in der Berechnung physikalischer Prozesse als „vierte Dimension" des Raums verstanden. Der räumlichen Festigkeit physikalischer Körper, d. h. ihrer Macht, sich einen bestimmten Raum zu schaffen, in den andere Körper nicht eindringen können, begegnet jeder Mensch im gewöhnlichen Leben. Existieren bedeutet in erster Linie, einen Raum haben neben dem Raum aller anderen Dinge und der Gefahr Widerstand leisten, diesen Raum und damit die Existenz zu verlieren.

Die Qualität des Nebeneinander, durch die jeder Raum bestimmt ist, hat im Anorganischen zugleich die Qualität der Ausschließlichkeit. Die gleiche Ausschließlichkeit gilt auch für die Zeit unter der Vorherrschaft des Anorganischen. Trotz der Kontinuität des Zeitablaufs schließt jeder erkennbare Augenblick der Zeit in einem physikalischen Vorgang alle vorhergehenden und alle folgenden Augenblicke aus. Ein Wassertropfen in einem Fluß ist in dem einen Augenblick hier und in dem nächsten woanders, und nichts vereinigt die beiden Augenblicke. Es ist diese Qualität der Zeit, die das Nacheinander der Zeitlichkeit exklusiv macht. Und nur eine schlechte Theologie gebraucht das endlose Weiterlaufen dieser Art von Zeit als symbolisches Material für die Ewigkeit.

In den Bereichen, die durch die Dimension des Biologischen bestimmt sind, erscheinen Zeit und Raum in einer neuen Qualität. Die Ausschließlichkeit des Nebeneinander und des Nacheinander wird durch das Element der Partizipation durchbrochen. Der Raum eines Baumes ist nicht der Raum eines Aggregats von nicht miteinander verbundenen anorganischen Teilen, sondern der Raum einer Einheit wechselseitig voneinander abhängiger Elemente. Wurzeln und Blätter haben einen ausschließlichen Raum nur, insofern sie auch durch die Dimension des Anorganischen bestimmt sind; aber unter der Vorherrschaft des Organischen haben sie aneinander teil, und was in den Wurzeln vorgeht, teilt sich auch den Blättern mit, und umgekehrt. Die Entfernung zwischen Wurzeln und Blättern hat nicht den Charakter der Ausschließlichkeit. Ebenso ist die Ausschließlichkeit des Nacheinander durchbrochen, da die verschiedenen Stadien des Wachsens ineinander verwoben sind: im Gegenwärtigen wirken Vergangenes und Zukünftiges mit. Erst hiermit werden die Modi der Zeit aktuell und bestimmend für die Wirklichkeit. Im Sprößling ist der Baum schon enthalten als das „Noch-Nicht" und umgekehrt im Baum der Sprößling als das „Nicht-Mehr". Die Immanenz aller Stufen der Entwicklung in jedem Stadium des Wachstums eines lebendigen Wesens durchbricht die zeitliche Ausschließlichkeit. Wie der Raum aller Teile eines Baums der ganze Baum ist, so ist die Zeit aller Augenblicke im Prozeß des Wachstums der gesamte Prozeß.

Wenn im animalischen Bereich die Dimension des Psychischen erscheint, wird die Immanenz von Vergangenheit und Zukunft im gegenwärtigen Augenblick als Erinnerung und Antizipation erlebt. Hier ist die Immanenz der Zeitmodi nicht nur wirklich, sondern sie wird auch als wirklich gewußt. Im psychischen Bereich (unter der Vorherrschaft des Bewußtseins) ist die Zeit eines Lebewesens erlebte Zeit, die die erlebte Gegenwart, die erinnerte Vergangenheit und die antizipierte Zukunft in Form der Partizipation einschließt. Partizipation ist nicht dasselbe wie Identität, und das Element des Nacheinander ist durch sie nicht aufgehoben, aber seine Ausschließlichkeit ist durchbrochen, sowohl in der Wirklichkeit wie im Bewußtsein. In der Dimension des Psychischen ist das Verhältnis von Raum und Zeit ausgeglichen. Hier herrscht der Raum zielgerichteter Bewegung, in dem das Nebeneinander aller Formen des Raums teilweise überwunden ist. Der Raum eines Tieres ist nicht nur der Raum, der durch die physikalische Existenz seines Körpers eingenommen wird, sondern auch der Raum seiner von innen her gerichteten Bewegung, der sehr gering sein kann bei den niederen Tieren oder sehr groß wie zum Beispiel bei den Zugvögeln. Der Raum, den ihre Bewegung einnimmt, ist *ihr* Raum. In der Dimension des Biologischen und des Psychischen herrscht der Raum noch über die Zeit, aber seine absolute Vorherrschaft ist gebrochen. In der Gerichtetheit des Wachsens und in dem futuristischen, d. h. zukunftsbestimmten Charakter des Bewußtseins bereitet die Zeit sozusagen die endgültige Befreiung von ihrer Unterwerfung unter den Raum vor, die sich in der Dimension der Geschichte vollzieht (der „geschichtlichen Zeit").

Mit dem Auftauchen der Dimension des Geistes und seiner schließlichen Vorherrschaft erscheint eine andere Form des Nacheinander und des Nebeneinander: Zeit und Raum des Geistes. Ihr erstes Merkmal, mit der Fähigkeit zur Abstraktion gegeben, ist ihre Unbegrenztheit. Der Geist erfährt Grenzen dadurch, daß er sie transzendiert. Im schöpferischen Akt, in erster Linie in der Sprache und in der Technik, wird das Begrenzte als begrenzt gesetzt im Gegensatz zu der Möglichkeit, unbeschränkt darüber hinauszugehen. Damit ist die Antwort auf die Frage gegeben, ob Zeit und Raum endlich oder unendlich seien (im Sinne Kants, der hier der Tradition von Augustin und Cusanus folgt). Die Frage kann nicht im Zusammenhang mit der anorganischen, der biologischen oder der psychologischen Dimension von Raum und Zeit beantwortet werden, sondern nur im Zusammenhang mit dem Raum und der Zeit des schöpferischen Geistes. Die Zeit des schöpferischen Geistes vereint ein Element abstrakter Unbegrenztheit mit einem Element konkreter Begrenztheit. Im Wesen der schöpferischen Tätigkeit als eines geistigen Aktes ist diese Dualität bereits enthalten: Schöpferisch sein bedeutet einerseits, das Bestehende in horizontaler Richtung ohne vorgegebene Grenzen transzendieren; und andrerseits, einem Neuen bestimmte, konkrete Existenz verleihen. Der Ausdruck: „In der Beschränkung erst zeigt sich der Meister" weist sowohl auf die Möglichkeit des Unbegrenzt-seins wie auf die Notwendigkeit der Beschränkung im schöpferischen Akt hin. Die Konkretheit der Zeit in der Dimension des Geistes gibt der Zeit qualitativen Charakter. Die Zeit eines schöpferischen Werkes ist nicht durch die physikalische Zeit bestimmt, in der es erzeugt wird, sondern durch die schöpferische Situation, die als Material gebraucht und umgeformt wird. Die Zeit, der ein Gemälde angehört, ist weder die Zeitspanne, in der es gemalt wird, noch der Zeitpunkt, an dem es vollendet ist, sondern der historische Moment in der Entwicklung der Malerei, aus dem das Gemälde hervorgegangen ist und der durch die Schöpfung des Gemäldes bis zu einem gewissen Grade verändert wird. Die Zeit des Geistes kann nicht durch die physikalische Zeit gemessen werden, obwohl sie innerhalb der physikalischen Zeit liegt. Damit erhebt sich von selbst die Frage, wie sich die physikalische Zeit und die Zeit des Geistes zueinander verhalten, das heißt die Frage der geschichtlichen Zeit.

Analoge Feststellungen können über den Raum des Geistes gemacht werden. Die Zusammenstellung der Worte „Raum" und „Geist" erscheint seltsam, aber sie ist es nur, wenn man unter Geist eine körperlose Seinsschicht versteht und nicht eine Dimension des Lebens, die mit allen anderen Dimensionen vereint ist. In Wirklichkeit hat der Geist seinen Raum, wie er seine Zeit hat. Der Raum des schöpferischen Geistes vereinigt ein Element abstrakter Unbegrenztheit mit einem Element konkreter Begrenztheit. Der schöpferischen Verwandlung einer vorhandenen Umgebung sind durch diese Umgebung keine Grenzen gesetzt; die schöpferische Tätigkeit dringt unbegrenzt in den Raum vor, nicht nur in der Einbildungskraft, sondern auch in der Wirklichkeit (wie die sogenannte Eroberung des Raums in unserer Zeit beweist). Aber schöpferische Tätigkeit verlangt Konkretisierung, und die Einbildungskraft muß sich der vorhandenen Umgebung wieder zuwenden, die durch den Akt der Transzendierung und der Rückwendung zu ihr zu einem Teil des universalen Raums mit einem spezifischen Charakter wird. Sie wird zu einem besiedelten Raum, einem Haus, einem Dorf, einer Stadt. Sie wird zu einem gesellschaftlichen Raum innerhalb einer Gesellschaftsordnung. Sie wird zu einem Gemeinschaftsraum wie einer Familie, einer Nachbarschaft, einem Stamm, einer Nation. Sie wird zu einem Wirkungsraum wie dem Acker, der Fabrik, der Schule, dem Arbeitsraum. Diese Arten des Raums sind qualitativ bestimmt, sie liegen innerhalb des physikalischen Raums, aber sie können nicht durch ihn gemessen werden. So erhebt sich die Frage, wie sich der physikalische Raum und der Raum des Geistes zueinander verhalten, das heißt die Frage nach dem geschichtlichen Raum.

c) Zeit und Raum in der Dimension der Geschichte. – Die Frage nach der Beziehung von physikalischer Zeit und physikalischem Raum zu Zeit und Raum in der Dimension des Geistes hat uns zu dem Problem der Geschichte und der Kategorien geführt. In den im eigentlichen Sinne geschichtlichen Prozessen, d. h. denen, die auf den Menschen beschränkt sind, sind alle Formen des Nacheinander und des Nebeneinander unmittelbar wirksam. Geschichte bewegt sich in der Zeit und im Raum des anorganischen Bereichs. In der Geschichte geht es um zentrierte Gruppen, die wachsen und altern und Organe entwickeln auf eine Art, die der in der Dimension des Biologischen und des Psychischen analog ist. So schließt Geschichte diejenige Zeit und denjenigen Raum ein, die durch Wachstum und Bewußtsein charakterisiert sind. Geschichte ist bestimmt von dem Leben in der Dimension des Geistes und bestimmt das Leben des Geistes – in wechselseitiger Abhängigkeit. In der Geschichte ist die schöpferische Tätigkeit des Geistes und damit Raum und Zeit des Geistes ständig wirksam.

Aber die geschichtliche Zeit und der geschichtliche Raum haben Qualitäten, die über die zeitlichen und räumlichen Qualitäten der vorausgehenden Dimensionen hinausgehen. Vor allem gewinnt in der Geschichte die Zeit die Vorherrschaft über den Raum, wie im anorganischen Bereich der Raum die Vorherrschaft über die Zeit hat. Aber die Beziehung zwischen diesen beiden Extremen ist nicht die einer einfachen Polarität: in der Geschichte wird, was im Anorganischen nur potentiell gegenwärtig ist, aktuell. Aus diesem Grund ist in dem aktualisierten geschichtlichen Bereich der aktualisierte anorganische Bereich mit enthalten, aber nicht umgekehrt. Das gleiche Verhältnis besteht in bezug auf Zeit und Raum. Die geschichtliche Zeit enthält die anorganische Zeit als aktuell in sich, die anorganische Zeit die geschichtliche Zeit aber nur potentiell. In jedem geschichtlichen Ereignis bewegen sich die Atome nach Gesetzen der anorganischen Zeit; aber nicht jede Bewegung der Atome bildet eine Grundlage für ein geschichtliches Ereignis. Den verschiedenen Formen der Zeit in den verschiedenen Dimensionen analog sind die verschiedenen Formen des Raums. Der geschichtliche Raum schließt den Raum des Anorganischen und Biologischen ebenso ein wie den Raum des Psychischen und des

Schöpferischen. Aber wie im anorganischen und biologischen Bereich die Zeit dem Raum untergeordnet ist, so ist in der geschichtlichen Dimension der Raum der Zeit untergeordnet. Diese besondere Beziehung zwischen Raum und Zeit im geschichtlichen Bereich erfordert zunächst eine Analyse der geschichtlichen Zeit.

Die geschichtliche Zeit beruht auf einer entscheidenden Eigenschaft des Nacheinander, nämlich seiner Unumkehrbarkeit. In keiner Dimension bewegt sich die Zeit rückwärts. Gewisse Eigenschaften eines spezifischen Augenblicks der Zeit können sich wiederholen, aber nur solche Eigenschaften, die von einer Gesamtsituation abstrahiert sind. Die Situation, in der sie wieder erscheinen, z. B. der Untergang der Sonne oder die Ablehnung, die das Schöpferisch-Neue von den meisten Menschen erfährt, ist in jedem einzelnen Falle anders, und folglich sind die abstrahierten Elemente einander nur ähnlich und nicht miteinander identisch. Die Zeit läuft sozusagen vorwärts auf das Neue zu, auf das Einmalige, Noch-nicht-Dagewesene, selbst in der Wiederholung. In dieser Hinsicht hat die Zeit in allen Dimensionen die gleiche Qualität, die sie kennzeichnet: das Nacheinander kann nicht umgekehrt werden. Aber über diesen gemeinsamen Grundzug hinaus besitzt die geschichtliche Zeit noch eine eigene Qualität: sie ist mit der Zeit des Geistes vereint, der schöpferischen Zeit, und erscheint als Zeit, die auf Erfüllung zugeht. Jeder schöpferische Akt hat ein Ziel. Seine Zeit ist die Zeit zwischen der Vision einer schöpferischen Idee und ihrer tatsächlichen Ausführung. Aber die Geschichte transzendiert jeden schöpferischen Akt in horizontaler Richtung. Sie ist der Ort aller schöpferischen Akte, und zugleich zeigt sie jeden einzelnen Akt als unerfüllt trotz der relativen Erfüllung, die er erreicht. Die Geschichte strebt über alle schöpferischen Akte hinaus auf eine Erfüllung zu, die nicht mehr relativ ist und keiner weiteren Zeitlichkeit zu ihrer Erfüllung bedarf. Im geschichtlichen Menschen als Träger des Geistes wird sich die Zeit, die auf Erfüllung zuläuft, ihres eigenen Wesens bewußt. Im Menschen wird das, worauf sich die Zeit zubewegt, zum bewußten Ziel. Geschichtliche Akte, durch geschichtliche Gruppen ausgeführt, streben nach einer Erfüllung, die jede einzelne Schöpfung transzendiert und die als das Ziel der geschichtlichen Existenz selbst betrachtet wird. Aber geschichtliche Existenz ist eingebettet in universale Existenz und kann nicht von ihr getrennt werden. „Die Natur hat teil an der Geschichte" und an der Erfüllung des Universums. In bezug auf die geschichtliche Zeit bedeutet das, daß die Erfüllung, auf die die geschichtliche Zeit zugeht, die Erfüllung ist, auf die die Zeit in allen Dimensionen zugeht. Im geschichtlichen Akt wird die Erfüllung der universalen Zeit zum bewußten Ziel. Die Frage, in welchen Symbolen dieses Ziel Ausdruck gefunden hat und Ausdruck finden soll, ist mit der Frage nach dem „Ende und Ziel der Geschichte" identisch und muß die gleiche Antwort erhalten. Diese lautet in dem gegenwärtigen Zusammenhang „das Ewige Leben".

Zeit in der nicht-geschichtlichen Dimension ist weder endlos noch endlich. Man kann weder nach ihrem Anfang fragen (was die Theologie davor bewahren sollte, einen mutmaßlichen Anfang der physikalischen Zeit mit dem Symbol der Schöpfung zu identifizieren), noch kann man nach ihrem Ende fragen (was die Theologie davor bewahren sollte, ein mutmaßliches physikalisches Ende mit dem Symbol der Erfüllung zu identifizieren). Das Ende der Geschichte ist das Ziel der Geschichte. Im Englischen und in den romanischen Sprachen hat das Wort für „Ende" zugleich die Bedeutung von „Ziel". Das Ende ist das erfüllte Ziel, was auch immer als dieses Ziel betrachtet wird. Aber wo es ein Ende gibt, muß es auch einen Anfang geben: dies ist der Augenblick, in dem die Unerfülltheit der Existenz erlebt wird und das Streben nach Erfüllung beginnt. Anfang und Ende der Zeit können nicht in quantitativen Begriffen ausgedrückt werden, sondern nur in qualitativen Begriffen. Anfang und Ende sind in jedem Augenblick der geschichtlichen Zeit gegenwärtig.

Da Zeit und Raum in allen Dimensionen des Lebens wirksam sind, kann es keine Zeit ohne Raum geben und folglich auch keine geschichtliche Zeit ohne geschichtlichen Raum. In der geschichtlichen Dimension steht der Raum unter der Vorherrschaft der Zeit. Das Nebeneinander aller räumlichen Beziehungen erscheint in der geschichtlichen Dimension als Begegnung geschichtstragender Gruppen, ihrer Trennung, ihrer Kämpfe und ihrer Wiedervereinigung. Der Raum, in dem sie stehen, ist durch die verschiedenen Formen des Nebeneinander in den verschiedenen Dimensionen gekennzeichnet. Aber darüber hinaus haben die geschichtstragenden Gruppen die Eigenschaft, nach einer Einheit zu streben, die alle einzelnen Gruppen transzendiert, ohne sie und ihre schöpferischen Möglichkeiten zu vernichten. In dem Symbol „Reich Gottes", das auf das Ziel hinweist, auf das die geschichtliche Zeit zugeht, tritt das räumliche Element deutlich hervor: ein „Reich" ist ein Bereich neben anderen, ein Ort neben anderen. Natürlich ist der Ort, an dem Gott herrscht, kein Ort neben anderen, sondern ein Ort über allen anderen. Trotzdem ist es ein Ort und nicht raumlose „Geistigkeit" in dem Sinn, in dem der Dualismus diese versteht. Die geschichtliche Zeit, die auf Erfüllung zugeht, ist aktuell in den Beziehungen geschichtlicher Orte zueinander. Und wie die geschichtliche Zeit alle anderen Formen der Zeit einschließt, so schließt der geschichtliche Raum alle anderen Formen des Raums ein. Wie in der geschichtlichen Zeit der Sinn des Nacheinander ins Bewußtsein gehoben und zu einem menschlichen Problem wird, so wird im geschichtlichen Raum der Sinn des Nebeneinander ins Bewußtsein gehoben und wird ebenfalls zu einem menschlichen Problem. Die Antwort auf beide Probleme ist identisch mit der Antwort auf die Frage nach dem Ziel des geschichtlichen Prozesses.

d) Kausalität, Substanz und die Dimensionen des Lebens im allgemeinen. – Kausalität in der Dimension der Geschichte muß in Gegensatz zu Substanz und in Einheit mit ihr betrachtet werden. Aber um den besonderen Charakter beider in der geschichtlichen Dimension zu verstehen, muß zuerst ihr Charakter in den anderen Dimensionen analysiert werden. Wie im Fall von Raum und Zeit gibt es auch in der Kausalität ein Element, das allen ihren Formen in den verschiedenen Dimensionen gemeinsam ist: Dies Element ist die Beziehung, in der ein Zustand einem anderen vorausgeht, so daß der folgende nicht wäre, was er ist, ohne den vorhergehenden. Eine Ursache ist ein bedingendes „Vorher", und Kausalität ist die Ordnung der Dinge, nach der es für alles, was ist, ein bedingendes „Vorher" gibt. Die Konsequenzen, die diese Ordnung für das Verständnis der Endlichkeit hat, sind in einem anderen Teil des Systems erörtert worden[1]. Hier ist unsere Frage: Wie wirkt sich die Kausalität in den verschiedenen Dimensionen aus?

In gleicher Weise müssen wir, um die Kategorie der Substanz in der geschichtlichen Dimension erörtern zu können, zuerst ihre Bedeutung im allgemeinen verstehen, sie dann in den nicht-geschichtlichen Dimensionen und schließlich in der geschichtlichen Dimension selbst analysieren. Die Qualität der Substanz, die allen ihren Formen gemeinsam ist, ist „zugrundeliegende Identität", d. h. Identität in bezug auf die wechselnden Zufälle (Akzidentien). Diese Identität, die ein Ding zum Ding macht, hat unter den verschiedenen Dimensionen verschiedene Merkmale und steht in unterschiedlichen Beziehungen zur Kausalität. Es ist für die Theologie von größter Bedeutung, daß sie sich dieser Unterschiede bewußt ist, wenn sie Kausalität und Substanz gebrauchen will, um die Beziehung Gottes zur Welt, die Beziehung des göttlichen Geistes zum menschlichen Geist und die der Vorsehung zur *agape* zu beschreiben.

Unter der Vorherrschaft des Anorganischen sind das bedingende „Vorher" und die bedingte Folge (Ursache und Wirkung) voneinander

[1] Bd. I, S. 194–196, 226–231.

getrennt, wie in der entsprechenden Qualität der Zeit die beobachteten Einzelmomente voneinander getrennt sind. Die Kausalität hält in diesem Sinne Ursache und Wirkung auseinander, obgleich die Wirkung durch die Ursache bedingt ist. In der gewöhnlichen Begegnung mit der Wirklichkeit (mit Ausnahme der Grenzgebiete des anorganischen Bereichs, dem Mikrokosmischen und dem Makrokosmischen) kann die Bedingtheit in quantitativen Begriffen und mathematischen Gleichungen ausgedrückt werden. Kausalität in der Dimension des Anorganischen ist eine quantitative, berechenbare Bedingtheit der Folge durch das bedingende „Vorher".

Substanz im gleichen Bereich ist die vorübergehende Identität des bedingenden „Vorher" mit sich selbst und die vorübergehende Identität der bedingten Folge mit sich selbst. Es versteht sich von selbst, daß Substanz in diesem Sinn nicht als „zugrunde liegendes, unveränderliches Ding" (z. B. die unsterbliche Seelen-Substanz der alten Metaphysik) verstanden werden darf. Substanz ist der Kern von Identität innerhalb der wechselnden Akzidentien, der es möglich macht, von dem Komplex der Akzidentien als einem „Ding" zu sprechen. Offensichtlich ist die Substanz in diesem Bereich von der Möglichkeit willkürlicher endloser Teilungen abhängig. Zwischen zwei Stücken eines Metalls besteht, nachdem sie auseinandergeschnitten sind, keine substantielle Einheit mehr; aber jedes von ihnen hat jetzt eine vorübergehende Identität mit sich selbst. Sie sind dem ausschließlichen Nebeneinander des Raums im anorganischen Bereich unterworfen.

Der theologische Literalismus beweist seine Abhängigkeit von dem gewöhnlichen Verständnis der Kategorien, wenn er Kausalität und Substanz mit Eigenschaften versieht, die sie nur im anorganischen Bereich aufweisen und die in den anderen Bereichen transzendiert werden. Beispiele für diese Abhängigkeit finden wir dort, wo Gott als Ursache und die Welt als Wirkung aufgefaßt werden, oder wo Gott zu einer Substanz gemacht wird und die Welt zu einer anderen Substanz.

In der Dimension des Organischen und des Psychischen sind Kausalität und Substanz sowohl in ihrem Charakter wie in ihrer Beziehung zueinander verändert. Das Element der Trennung zwischen Ursache und Wirkung und zwischen individuellen Substanzen wird durch das Element der Partizipation im Gleichgewicht gehalten. Innerhalb eines Organismus ist das bedingende „Vorher" ein Zustand des Organismus und die bedingte Folge ein anderer Zustand des gleichen Organismus. Es kann äußere kausale Einflüsse auf einen Organismus geben, aber diese sind nicht die Ursache für den folgenden Zustand des Organismus, sondern der Anlaß für organische Prozesse, die von einem Zustand zum nächsten führen. Organische Kausalität wirkt auf dem Weg über eine zentrierte Ganzheit – ein Vorgang, in dem die chemisch-physikalischen Prozesse innerhalb des Organismus und ihre quantitativ meßbare Verursachung eingeschlossen sind. In der Dimension des Bewußtseins finden wir die gleiche Situation. Im zentrierten Bewußtsein gibt es keine quantitativ meßbare Beziehung zwischen Reiz und Reaktion. Auch hier wirken äußere Ursachen auf dem Weg über eine psychologische Ganzheit, die sich unter dem äußeren Anstoß von einem Zustand zum nächsten entwickelt. Dies schließt die Bedeutung des berechenbaren Elements in dem Prozeß der Assoziation, der Reaktion, usw. nicht aus; aber diese Berechenbarkeit ist durch das individuelle Zentrum des Bewußtseins, innerhalb dessen sich diese Prozesse vollziehen, begrenzt.

Das zentrierte Selbst, in dem organische und psychologische Kausalität wirken, ist eine individuelle Substanz mit einer bestimmten Identität. Diese Identität ist nicht vorübergehend, da sie (insofern sie zentriert ist) nicht teilbar ist. Ihre Inhalte können sich ändern, aber nur innerhalb einer Kontinuität, die im Bereich des Bewußtseins als Erinnerung erlebt wird. Wenn die Kontinuität (die biologische oder psychologische) völlig unterbrochen wird, hört die individuelle Substanz auf zu existieren (gewöhnlich beim Tod oder bei gelegentlichem völligen Verlust des Gedächtnisses). In der Dimension des Organischen und des Psychischen ist die Kausalität sozusagen der „Gefangene" der Substanz. Die Verursachung wirkt innerhalb der Einheit einer zentrierten Ganzheit, und Ursachen von außerhalb dieser Einheit wirken nur auf dem Wege über die Ganzheit – d. h. solange sie diese nicht zerstören. Dies ist der Grund dafür, daß eine individuelle Substanz aufhört zu sein, wenn sie äußere Einwirkungen nicht in ihre substantielle Identität hineinnehmen kann, sondern von ihnen gespalten wird. Dann werden quantitativ berechenbare Prozesse des Lebens (chemische, assoziative, usw.) bestimmend, wie bei körperlicher Krankheit oder Geisteskrankheit, und führen zur Vernichtung der Substanz.

Während in der Dimension des Psychischen die Kausalität in der Substanz gefangen ist, durchbricht in der Dimension des Geistes die Kausalität diese Beschränkung. Das bedingende „Vorher" bestimmt den Spielraum, innerhalb dessen der schöpferische Akt möglich wird, und es ist auch der Antrieb zu einem Akt, der sich als schöpferisch erweisen kann. Aber es bestimmt nicht den Inhalt des Geschaffenen, denn der Inhalt ist das Neue, das den Akt zum schöpferischen Akt macht. Der Begriff des Neuen bedarf weiterer Erörterung. Da aktuelles

Sein den Charakter des Werdens hat, kann man sagen, daß alles, was in dem kleinsten Zeitmoment geschieht, neu ist im Vergleich zu dem, was im vorhergehenden Moment geschehen ist. Wenn jede Situation im Prozeß des Werdens „neu" ist, dann ist alles neu – und das ist richtig trotz der Behauptung des Predigers Salomo, daß es nichts Neues unter der Sonne gebe. Aber bei dem Begriff des Neuen müssen die gleichen Unterscheidungen gemacht werden wie bei den Kategorien – Unterscheidungen je nach der Dimension, in der das Neue erscheint. Innerhalb einer individuellen Substanz ist das Neue, das die Folge quantitativer Veränderung ist, anders als das Neue, das die Folge qualitativer Veränderung ist; und diese beiden Formen des Neuen unterscheiden sich von dem Neuen, das das Ergebnis eines schöpferischen Aktes des menschlichen Geistes ist. In den ersten beiden Fällen wird das Neue in erster Linie durch Determination und weniger durch Freiheit gesetzt. In der Dimension des Geistes herrscht Freiheit über Determination und schafft das unableitbar Neue. In der Entstehung von Shakespeares „Hamlet" sind der Stoff, eine gewisse Form, persönliche Voraussetzungen, Anlässe usw. ableitbar – alles Elemente, die in dem künstlerischen Prozeß mitwirkten, der den „Hamlet" schuf; aber das Ergebnis selbst ist neu, daß heißt, es ist nicht ableitbar. In diesem Sinn können wir sagen, daß in der Dimension des Geistes die allgemeine Kausalität zur schöpferischen Kausalität wird.

Das Neue ist nicht an die individuelle Substanz gebunden, sondern erhebt sich aus ihr und verändert sie. Die psychische Substanz wird Geist-bestimmte Substanz; das Zentrum des Bewußtseins wird zum persönlichen Selbst-Bewußtsein. In der Person hat die substantielle Identität den Charakter des „Sollens" im Sinne eines unbedingten Sollens. Das hat die ältere Metaphysik dazu verführt, auf eine unsterbliche Substanz als ein gesondertes Wesen zu schließen, das seine Identität im Prozeß der anorganischen Zeit bewahrt. Dieser Schluß widerspricht jedoch dem Wesen der Kategorien, Manifestationen der Endlichkeit zu sein. Dem Gedanken liegt aber insofern etwas Richtiges zugrunde, als er auf der Einsicht in das Element des Unbedingten beruht, das eine Person zur Person macht und ihr unendliche Bedeutung verleiht. Das vom Geist bestimmte zentrierte Wesen, die Person, ist die Quelle der schöpferischen Kausalität; aber das Geschaffene geht über die Substanz, aus der es hervorgeht, die Person, hinaus.

e) Kausalität und Substanz in der Dimension der Geschichte. – Die geschichtliche Kausalität ist die umfassende Form der Kausalität, da an den geschichtlichen Ereignissen alle Dimensionen des Lebens aktiv teilhaben. Die geschichtliche Kausalität ist abhängig von der Freiheit der schöpferischen Kausalität; aber sie ist ebenso abhängig von den anorganischen und organischen Entwicklungen, die den geschichtlichen Menschen möglich gemacht haben und die weiter den Rahmen oder die Grundlage für seine gesamte Geschichte abgeben. Und das ist noch nicht alles; da die Träger der Geschichte geschichtliche Gruppen sind, zeigt sich in diesen Gruppen ihrer Natur nach die entscheidende wechselseitige Durchdringung determinierender und freier Kausalität im geschichtlichen Prozeß. In einer geschichtlichen Gruppe findet sich eine doppelte Kausalität: Einerseits führt eine gegebene Gesellschaftsstruktur zur Schaffung kultureller Inhalte, und andrerseits führen diese Inhalte zu einer Verwandlung der Gesellschaftsstruktur. Die „Vorgeschichte" des Soziologischen bezieht sich auf einen ideellen Punkt in einer unbestimmten Vergangenheit, in der der geschichtliche Prozeß begann. Von diesem Punkt an (dem Übergang von Vorgeschichte zu Geschichte) hat die schöpferische Produktivität die gegebene Kultur durchbrochen und zu ihrer Gestaltung beigetragen, so daß eine verwandelte Kultur die Folge war, aus der wiederum neue schöpferische Produktivität hervorging, und so fort. Aus diesem Grunde ist es unmöglich, die schöpferischen Inhalte aus der vorhandenen Kultur abzuleiten, wie es gewisse Anthropologen tun, ebenso wie es unmöglich ist, die vorhandene Kultur ausschließlich als das Ergebnis schöpferischer Akte zu betrachten, wie es der klassische Idealismus will.

Substanz in der geschichtlichen Dimension ist das, was man „geschichtliche Situation" nennt. Eine gegebene Kultur, wie wir sie beschrieben haben, ist eine solche Situation. Sie kann auf der Grundlage von Familie, Stamm, Nation oder Menschheit erscheinen. Sie kann auf eine besondere geschichtstragende Gruppe beschränkt sein, sie kann sich auf eine Vereinigung solcher Gruppen ausdehnen, sie kann Kontinente umfassen. Wo auch immer eine Situation vorhanden ist, aus der heraus geschichtliche Kausalität auf eine neue Situation hintreibt, da ist Substanz in der geschichtlichen Dimension. Wenn eine geschichtsschaffende Situation Substanz genannt wird, so bedeutet das, daß sich in allen ihren Ausdrucksformen etwas findet, was identisch ist. Eine Situation in diesem Sinn reicht in jede Dimension. Sie hat eine geographische Grundlage, d. h. einen Raum im anorganischen Bereich; sie wird von biologischen Gruppen getragen, von dem Bewußtsein einer Gruppe ebenso wie von dem von Individuen und von Gesellschaftsstrukturen. Sie ist ein System von soziologischen, psychologischen und kulturellen Spannungen und Gleichgewichtszuständen. Ohne einen solchen Identitätspunkt würde eine Situation aufhören, geschichtliche Substanz zu sein. Die Namen gewisser historischer Perioden drücken einen solchen Identitätspunkt aus, der in Kraft bleibt, bis das Gleichgewicht nachläßt und die Spannungen so stark werden, daß sie die Identität zerreißen. In diesem Moment hat die geschichtliche Substanz aufgehört zu existieren. Ohne – implizit oder explizit – die Kategorie der Substanz auf die Geschichte anzuwenden, wäre Geschichtsschreibung unmöglich. Historische Bezeichnungen wie Hellenismus, Renaissance, Absolutismus, „Westen und Osten" (als kulturelle Begriffe), „achtzehntes Jahrhundert" (als Qualitätsbegriff) oder Indien (als geographischer und kultureller Begriff) wären sinnlos, wenn sie nicht auf eine geschichtliche Substanz hinwiesen, auf eine Situation, aus der geschichtliche Kausalität erwachsen kann oder erwachsen ist und die zugleich das Ergebnis geschichtlicher Kausalität ist.

Wie die geschichtliche Zeit ist auch die geschichtliche Kausalität auf die Zukunft gerichtet, sie schafft das Neue. Und wie die geschichtliche Zeit den geschichtlichen Raum in ihre Bewegung in Richtung auf die Zukunft hineinzieht, so zieht auch die geschichtliche Kausalität die geschichtliche Substanz in die Richtung auf die Zukunft hinein. Die geschichtliche Kausalität treibt auf das Neue zu, das jenseits jedes einzelnen Neuen ist, auf eine Situation oder geschichtliche Substanz zu, die jenseits jeder besonderen Situation oder Substanz ist. Auf diese Art transzendiert sie alles Partikulare, in der Dimension des Geistes Geschaffene. In eben dem Begriff des „Neuen", der zur schöpferischen Kausalität gehört, ist bereits das Wesen der geschichtlichen Bewegung als einer alles transzendierenden Bewegung enthalten. Die wiederholte Schaffung von einzelnem Neuen hat ein Element des Alten an sich, nicht nur, daß das Geschaffene alt wird (es wird in einer gegebenen Substanz statisch), sondern der Prozeß selbst, in dem das einzelne Neue in endloser Abwandlung geschaffen wird, hat in sich die Qualität des Alten. Aus diesem Grund hat das geschichtliche Bewußtsein des Menschen von jeher nach vorwärts geblickt über alles einzelne Neue hinaus zu dem absolut Neuen, symbolisch als „neue Schöpfung" bezeichnet. Bis zu diesem Punkt kann die Analyse der Kategorie der geschichtlichen Kausalität führen, aber sie kann keine Antwort auf die Frage nach dem Neuen-Selbst geben.

In der geschichtlichen Situation oder Substanz ist, wenn sie in die Dynamik der geschichtlichen Kausalität hineingezogen ist, die Frage nach einer universalen geschichtlichen Substanz enthalten (die alle Formen der in der geschichtlichen Dimension modifizierten Substanz einschließt) oder nach einer Situation, die jede Situation transzendiert. Diese Situation müßte alle möglichen Spannungen in sich enthalten, aber in universalem Gleichgewicht. Auch hier ist das geschichtliche Bewußtsein des Menschen – dessen bewußt, was in der Kategorie der geschichtlichen Substanz impliziert ist – über die einzelnen Situationen hinausgegangen und hat sich auf Symbole einer letzten Situation gerichtet, wie z. B. das Symbol universaler Einheit im „Reich Gottes".

3. Die Dynamik der Geschichte

a) *Die Bewegung der Geschichte: Trends, Strukturen, Perioden.* – Nachdem wir die kategoriale Struktur der Geschichte erörtert haben, wollen wir jetzt die Bewegung der Geschichte innerhalb ihres strukturellen Rahmens beschreiben. Dabei bilden die Kategorien, wie sie in der Dimension des Geschichtlichen erscheinen, die Grundelemente unserer Beschreibung. Die Zeit gibt der geschichtlichen Bewegung das Element der Unumkehrbarkeit, die Kausalität das Element der Freiheit, durch das sie das unableitbar Neue schafft; Raum und Substanz geben ihr das relativ Statische, aus dem die Dynamik der Zeit und der Kausalität hervorbrechen und zu dem sie zurückkehren. Mit diesen Elementen als Grundlage können wir einige Fragen erörtern, die sich aus dem geschichtlichen Prozeß ergeben.

Im Vordergrund steht die Frage nach der Beziehung von Notwendigkeit und Kontingenz in der Dynamik der Geschichte. Diese Frage ist nicht nur für die Geschichtsschreibung wichtig, sondern auch für alle geschichtlichen Entscheidungen und Handlungen. Das Element der Notwendigkeit ergibt sich aus der geschichtlichen Situation, das Element der Kontingenz aus dem geschichtlichen Schaffen. Aber keines dieser Elemente herrscht jemals allein. Ihre Einheit unter der Vorherrschaft des Elements der Notwendigkeit bezeichne ich als „Trend", ihre Einheit unter der Vorherrschaft des Elements der Kontingenz als „Chance".

Das Wesen von „Trends" (ebenso wie die Unumkehrbarkeit der geschichtlichen Zeit) sollte jeden Versuch unterbinden, von geschichtlichen Gesetzen zu sprechen. Es kann sie nicht geben, weil jeder Moment in der Geschichte neu ist im Verhältnis zu allen vorhergehenden Momenten, und weil ein Trend, wie stark er auch sein mag, sich ändern kann. Die Geschichte ist niemals ohne Veränderung scheinbar unveränderlicher Tendenzen. Aber es gibt gewisse Regelmäßigkeiten in der Abfolge von Ereignissen, die auf soziologischen und psychologischen Gesetzen beruhen und die trotz mangelnder Schärfe der Determiniertheit zu der Bestimmung einer geschichtlichen Situation beitragen. Aber diese Regelmäßigkeiten können nicht mit jener Gewißheit vorausberechnet werden, die die Naturgesetze zum wissenschaftlichen Ideal macht. Trends können durch soziologische Gesetze erzeugt werden, wofür die Regel, daß erfolgreiche Revolutionen die Tendenz haben, ihre ursprünglichen Führer zu vernichten, ein Beispiel ist. Trends können auch durch schöpferische Akte hervorgerufen werden, wie neue Erfindungen und ihr Einfluß auf die Gesellschaft beweisen, oder durch wachsende Reaktion gegen derartige Einflüsse. Es gibt Situationen, in denen Trends so gut wie unwiderstehlich sind. Es gibt Situationen, in denen Trends weniger erkennbar, aber nicht weniger wirksam sind. Es gibt Situationen, in denen Trends durch Chancen das Gleichgewicht gehalten wird, und es gibt Trends, die unter einem Übermaß von Chancen verborgen sind.

Wie jede geschichtliche Situation Trends enthält, so enthält sie auch Chancen. Eine Chance ist eine Gelegenheit, die beherrschende Macht eines Trends zu verändern. Solche Gelegenheiten werden durch Elemente in der Situation verursacht, die im Verhältnis zu Trends den Charakter der Zufälligkeit haben und für den Beobachter nicht voraussehbar sind. Von Gelegenheiten, die eine Chance in sich enthalten, muß in einem Akt schöpferischer Kausalität Gebrauch gemacht werden, wenn sie zu wirklichen Chancen werden sollen. Der Beweis dafür, daß es sich um eine wirkliche Gelegenheit handelt, kann nur durch geschichtliches Handeln erbracht werden, in dem ein Trend erfolgreich verändert wird. Viele Chancen treten niemals in Erscheinung, weil sie von niemandem ergriffen werden; aber von keiner geschichtlichen Situation läßt sich mit Sicherheit sagen, daß sie ohne Chance sei. Weder Trends noch Chancen sind absolut. Die beherrschende Macht der Trends in einer gegebenen Situation beschränkt die Möglichkeit der Chancen, oft sogar sehr entschieden. Trotzdem ist das Vorhandensein von Chancen, die der bestimmenden Macht der Trends das Gleichgewicht halten, ein entscheidender Einwand gegen alle Formen des historischen Determinismus, sei er naturalistisch, dialektisch oder religiös im Sinne der Prädestinationslehre. Alle drei haben die Vorstellung von einer Welt ohne Chancen, eine Vorstellung, der jedoch die Gedanken und Handlungen ihrer eigenen Anhänger beständig widersprechen, wenn sie zum Beispiel die Gelegenheit ergreifen, den Sozialismus oder die deterministische Metaphysik zu fördern oder die eigene Erlösung anzustreben. Jeder schöpferische Akt setzt – bewußt oder unbewußt – das Vorhandensein von Chancen voraus.

Die zweite Frage, die Dynamik der Geschichte betreffend, bezieht sich auf die Strukturen der geschichtlichen Bewegung. Es ist das Verdienst Arnold Toynbees, daß er in seinem Buch „A Study of History" solche immer wieder zum Vorschein kommenden Strukturen aufgezeigt hat, ohne universale Gültigkeit für sie zu beanspruchen oder sie als Gesetze zu verstehen. In diesen Strukturen sind geographische, biologische, psychologische und soziologische Faktoren wirksam und erzeugen Situationen, aus denen schöpferische Akte hervorgehen können.

Andere Strukturen wie Fortschritt und Rückschritt, Aktion und Reaktion, Spannung und Entspannung, Wachstum und Verfall und vor allem die dialektische Struktur der Geschichte sind schon früher beschrieben worden. Das allgemeine Urteil über sie alle muß sein, daß sie ein gewisses Maß von Wahrheit enthalten, und daß jede Art von Geschichtsschreibung mit ihnen arbeiten muß, selbst der Historiker, der sie in ihrer abstrakten Formulierung verwirft; denn ohne sie ist keine sinnvolle Beschreibung des geschichtlichen Gewebes möglich. Aber in ihnen allen liegt eine gemeinsame Gefahr, die den starken Widerspruch der empirischen Historiker herausgefordert hat: die Gefahr, daß sie als universale Gesetze statt als spezifische Strukturen verstanden werden. Sobald das geschieht, entstellen sie die Tatsachen, selbst wenn sie dank ihrer Richtigkeit im einzelnen andere Tatsachen enthüllen. Eben weil geschichtliche Kausalität ihrem Wesen nach schöpferisch ist und Chancen ausnützt, kann man von keiner universalen Struktur der geschichtlichen Bewegung sprechen. In gewissen Fällen, in denen man solche Gesetze aufzustellen versucht hat, hat man die geschichtliche Dimension mit der sich selbst-transzendierenden Funktion der Geschichte verwechselt. Es ist eine Verwechslung zwischen einer wissenschaftlichen Beschreibung und einer religiösen Interpretation der Geschichte. So läßt sich zum Beispiel Fortschritt in gewissen Bereichen (wie Rückschritt in anderen) in allen Perioden der Geschichte beobachten, aber von einem Gesetz universalen Fortschritts sprechen, bedeutet, das religiöse Symbol der göttlichen Vorsehung säkularisieren und entstellen. In allen historischen Werken ist von Wachstum und Verfall die Rede; aber selbst diese am deutlichsten hervortretende Struktur der geschichtlichen Bewegung ist kein empirisches Gesetz. Die Erfahrung kennt viele Fälle, die ihm widersprechen. Wenn diese Struktur aber zu einem universalen Gesetz erhoben wird, nimmt sie religiösen Charakter an. Dann wird die metaphysische Interpretation des Daseins als zirkulare Bewegung auf die geschichtliche Bewegung angewandt, d. h., die Dimensionen werden verwechselt.

Die dialektische Struktur geschichtlicher Geschehnisse verlangt eine besondere Betrachtung. Ihre Entdeckung hat die Geschichtsschreibung stärker beeinflußt als irgendeine der anderen Strukturanalysen. Als erstes muß hervorgehoben werden, daß die dialektische Strukturanalyse nicht nur auf viele geschichtliche Erscheinungen anwendbar ist, sondern auch auf Lebensprozesse im allgemeinen. Sie ist als wissenschaftliche Methode wichtig für die Analyse und Beschreibung der Dynamik des Lebens als Leben. Wo Leben in seine Elemente aufgelöst wird und diese Elemente für bestimmte Zwecke wieder zusammengesetzt werden, kann man nicht von Dialektik sprechen. Aber wo Leben nicht vergewaltigt wird, kann man dialektische Prozesse beobachten und beschreiben. Solche Beschreibungen gab es bereits vor Platos dialektischen Dialogen und Hegels Anwendung der dialektischen Methode auf alle Dimensionen des Lebens, besonders auf die Geschichte. Sobald das Leben in Konflikt mit sich selbst gerät und auf ein neues Stadium zuführt, das den Konflikt transzendiert, geht es um objektive oder Real-Dialektik. Wenn solche Prozesse dann in der Form von „Ja" und „Nein" beschrieben werden, handelt es sich um subjektive oder methodologische Dialektik. Die Bewegung des Lebens von Selbst-Identität zu Selbst-Veränderung und zurück zu Selbst-Identität ist die fundamentale dialektische Struktur, die, wie wir gesehen haben, selbst für die symbolische Beschreibung des göttlichen Lebens angemessen ist.

Trotzdem darf man aus der Dialektik kein universales Gesetz machen und ihr alle Bewegungen im Universum unterordnen. Zu einer solchen Funktion erhoben, ist sie nicht mehr empirisch nachweisbar, sondern wird zu einem mechanischen Schema, das man der Wirklichkeit aufzwingt und das keine Erkenntnisse mehr vermittelt, wie zum Beispiel Hegels Enzyklopädie beweist. Offensichtlich geht es in Hegels Dialektik – und war von Hegel in diesem Sinne gemeint – um die religiösen Symbole der Entfremdung und Wiedervereinigung, die er in die Begriffssprache übersetzte und in dieser reduzierten Form zur Beschreibung der Wirklichkeit verwandte. Auch hier handelt es sich um eine Verwechslung der Dimensionen.

Der Begriff „materialistische Dialektik" ist zweideutig und wegen dieser Zweideutigkeit gefährlich. „Materialistisch" kann im Sinne der materialistischen Metaphysik verstanden werden (die Marx entschieden ablehnte) oder im Sinne des moralischen Materialismus (den er als für die bürgerliche Gesellschaft typisch angriff). Beide Auslegungen sind falsch. „Materialistisch" im Zusammenhang mit „Dialektik" drückt vielmehr den Glauben aus, daß die ökonomisch-soziologischen Grundlagen einer Gesellschaft alle anderen Formen der Kultur bedingen, und daß die Entwicklung des ökonomisch-soziologischen Fundaments sich in einer dialektischen Bewegung vollzieht, die Spannungen und Konflikte in der Gesellschaft erzeugt und über diese hinaus zu einem neuen ökonomisch-soziologischen Stadium führt. Es ist klar, daß die dialektische Form dieses Materialismus den metaphysischen Materialismus ausschließt und die Schaffung des Neuen einschließt, das Hegel als „Synthese" bezeichnete, und das nicht ohne geschichtliches Handeln erreicht werden kann, wie Marx erkannte und woraus er die Folgen für die Praxis zog. Die relative Wahrheit der sozialen Dialektik, die auf ökonomischen Konflikten beruht, kann nicht geleugnet werden; aber die Wahrheit wird zu Irrtum, wenn diese Art der Dialektik zum Gesetz erhoben wird, das für die gesamte Geschichte gelten soll. Dann wird sie zu einem quasi-religiösen Prinzip und büßt jede empirische Beweisbarkeit ein.

Das dritte Problem, das durch die Dynamik der Geschichte gegeben ist, ist die Frage, ob die geschichtliche Bewegung in einem bestimmten Rhythmus abläuft, das heißt, ob sich historische Perioden feststellen lassen. Bei der Erörterung der Kategorie der Substanz in der Dimension der Geschichte wiesen wir auf die Identität einer geschichtlichen Situation hin und darauf, daß es ohne die Benennung, d. h. Identifizierung, geschichtlicher Perioden keine Geschichtsschreibung geben kann. In den alten Urkunden liefern die herrschenden Dynastien die Namen für geschichtliche Perioden; man nahm an, daß die Eigenart der jeweiligen Dynastie die geschichtlich bedeutsame Eigenart der Periode, in der sie herrschte, repräsentiere. Solche Bezeichnungen sind immer noch üblich, wie der Begriff „Viktorianisches Zeitalter" für die zweite Hälfte des neunzehnten Jahrhunderts in England und in weiten Teilen Europas beweist. Andere Namen sind dem Bereich der Kunst, der Politik oder der Gesellschaftsstruktur entnommen, wie zum Beispiel „Barock", „Absolutismus" und „Feudalismus", oder einer gesamten kulturellen Situation, wie zum Beispiel „Renaissance". Gelegentlich werden Jahrhunderte als Qualitäten aufgefaßt und zur abgekürzten Bezeichnung einer historischen Periode gebraucht, wie zum Beispiel „das achtzehnte Jahrhundert". Die universalste Periodisierung gründet sich auf die Religion: die Zeiteinteilung in die Zeit vor und die Zeit nach Christi Geburt in der christlichen Welt. Sie setzt eine universale Veränderung der geschichtlichen Zeit durch das Erscheinen Jesu als des Christus voraus, indem sie ihn in der christlichen Anschauung zur Mitte der Geschichte macht.

Jetzt muß die Frage erörtert werden, ob eine derartige Periodisierung gerechtfertigt werden kann. Bewegt sich die Geschichte auf eine Art, die die Unterscheidung von Perioden in der Wirklichkeit begründet, oder besteht die Periodisierung nur in dem Bewußtsein des Historikers? Die Antwort ist in zwei Bemerkungen enthalten, die wir zu Anfang des fünften Teils der Systematik gemacht haben. Die erste betrifft den subjektiv-objektiven Charakter der Geschichte und die zweite den Begriff der geschichtlichen Wichtigkeit. Perioden sind subjektiv-objektiv gemäß der Wichtigkeit, die ihnen von einer geschichtstragenden Gruppe zuerkannt wird. Eine Periodisierung ist nur sinnvoll, wenn sie auf Ereignisse in Raum und Zeit gegründet ist; aber ohne eine Bewertung dieser Ereignisse als geschichtlich bedeutsam durch geschichtsbewußte Repräsentanten einer geschichtlichen Gruppe ist keine Periodisierung möglich. Die Ereignisse, die eine Periode zur Periode machen, können plötzlich, dramatisch und von großer Auswirkung sein wie die Ereignisse der Reformation, oder sie können langsam, unauffällig und auf kleine Gruppen beschränkt sein wie die der Renaissance. In allen diesen Fällen hat das Bewußtsein Westeuropas in den Ereignissen den Anfang einer neuen Periode erkannt, und keine wissenschaftliche Untersuchung dieser Ereignisse selbst kann diese Anschauung bestätigen oder widerlegen. Ebensowenig ist es möglich, durch positive oder negative Gründe, die sich auf neue Entdeckungen über die geschichtlichen Umstände des Lebens Jesu stützen, zu entscheiden, ob das Erscheinen Jesu als des Christus die Mitte der Geschichte bilde. Etwas war geschehen, was seiner existentiellen Bedeutung wegen die Menschheit seit zweitausend Jahren veranlaßt hat, in dem Geschehnis die Scheidelinie zwischen den beiden bedeutendsten Zeitaltern der menschlichen Geschichte zu sehen.

Die Geschichte bewegt sich in periodischen Rhythmen, aber Perioden sind Perioden nur für die, die sie sehen können. In der Abfolge von Ereignissen gibt es ständig Übergänge, Überschneidungen, Fortschritte und Verzögerungen, und eine neue Periode wird durch keinen Grenzstein bezeichnet. Aber denjenigen, die diese Ereignisse nach dem Prinzip ihrer Wichtigkeit bewerten, werden Grenzsteine sichtbar, die die Grenzen zwischen qualitativ verschiedenen Abschnitten der geschichtlichen Zeit bezeichnen.

b) *Geschichte und die Lebensprozesse.* – Die drei Lebensprozesse mit ihren Zweideutigkeiten, wie wir sie für die verschiedenen Dimensionen beschrieben haben, finden sich auch innerhalb der geschichtlichen Dimension. Leben strebt nach Selbst-Integration, und in jedem Geschichte schaffenden Akt kann es sich auflösen. Leben schafft Leben und kann sich zerstören, wenn die Dynamik der Geschichte dem Neuen zutreibt. Leben transzendiert sich selbst und kann der Profanisierung verfallen, während es auf das endgültig Neue und Transzendente zugeht.

All dies vollzieht sich auch in den Trägern der Geschichte. Es vollzieht sich unmittelbar in den geschichtlichen Gruppen und mittelbar in

378

den Individuen, die die Gruppen konstituieren und von den Gruppen konstitutiert werden. Wir haben das Wesen und die Zweideutigkeiten sozialer Gruppen im vierten Teil des Systems im Zusammenhang mit der kulturellen Funktion des menschlichen Geistes erörtert, besonders im Zusammenhang mit der Funktion der *praxis:* dem individuellen und dem gemeinschaftlichen Handeln. Und wir haben die Zweideutigkeiten der *praxis* behandelt im Zusammenhang mit der technischen Gestaltung und der Formung des Personhaften und Gemeinschaftlichen. Dabei blieb die geschichtliche Dimension ausgeklammert; wir beschrieben die geschichtlichen Gruppen nur als Schöpfungen der Kultur, die den Kriterien der Humanität und der Gerechtigkeit unterworfen sind. Unsere besondere Aufmerksamkeit galt der Beziehung von Macht und Gerechtigkeit im Bereich des Gemeinschaftslebens. Damit führten wir schon auf die Beschreibung der Entwicklung der geschichtstragenden Gruppen in der Geschichte hin.

Jetzt richten wir unser Augenmerk auf die Beziehung der geschichtlichen Dimension zu den Lebensprozessen im Bereich der Person- und Gemeinschaft-bildenden Akte. In allen drei Lebensprozessen ist es die Qualität der geschichtlichen Zeit, die den Charakter der Geschichte ausmacht. Geschichte eilt vorwärts auf das immer wieder Neue und auf das endgültig Neue zu. In diesem Lichte müssen sowohl Wesen wie Zweideutigkeit des Strebens nach Selbst-Integration, nach dem Sich-Schaffen und nach Selbst-Transzendierung gesehen werden. So gesehen (wie sich bereits in der früheren Betrachtung über „Die Zweideutigkeiten der Gemeinschaft-bildenden Gestaltung" zeigte) laufen die drei Lebensprozesse jedoch in *einen* Prozeß zusammen, nämlich in die Bewegung auf ein Ziel zu. Es gibt immer noch Selbst-Integration, aber nicht mehr als selbständiges Ziel; in der geschichtlichen Dimension wird sie Teil des Strebens nach universaler und vollkommener Integration. Es gibt immer noch Sich-Schaffen, aber nicht mehr um der einzelnen Schöpfungen willen; in der geschichtlichen Dimension wird das Sich-Schaffen Teil des Strebens nach dem universal und absolut Neuen. Und es gibt immer noch Selbst-Transzendierung, aber nicht mehr zu einer partikularen Erfüllung; in der geschichtlichen Dimension wird Selbst-Transzendierung zum Teil des Strebens nach dem universal und absolut Transzendenten. Die Geschichte läuft in allen Prozessen des Lebens auf Erfüllung zu, obwohl sie, während sie auf das Endgültige zuläuft, an das Vorläufige gebunden bleibt und, indem sie der Erfüllung zustrebt, die Erfüllung verhindert. Sie kann der Zweideutigkeit des Lebens nicht entgehen, indem sie in allen Lebensprozessen dem Unzweideutigen zustrebt.

Das Ziel der Geschichte kann jetzt als Ziel der drei Lebensprozesse und ihrer Einheit beschrieben werden, und zwar folgendermaßen: In dem Prozeß der Selbst-Integration des Lebens strebt die Geschichte nach Zentriertheit aller geschichtstragenden Gruppen und ihrer einzelnen Glieder als der unzweideutigen Harmonie von Macht und Gerechtigkeit. In dem Prozeß des Sich-Schaffens des Lebens strebt die Geschichte auf einen neuen, unzweideutigen Stand der Dinge zu. In dem Prozeß der Selbst-Transzendierung des Lebens strebt die Geschichte auf die universale, unzweideutige Erfüllung der Potentialitäten des Seins zu.

Aber die Geschichte steht, wie das Leben im allgemeinen, unter der Negativität der Existenz und damit unter der Zweideutigkeit des Lebens. Das Streben nach universaler und vollkommener Zentriertheit, nach dem universal und vollkommen Neuen und nach universaler und vollkommener Erfüllung ist ein Problem und bleibt ein Problem, so lange es Geschichte gibt. Dieses Problem zeigt sich in der Zweideutigkeit alles Geschichtlichen, die immer wieder empfunden und in den Mythen, in der religiösen und profanen Literatur und in der Kunst zum Ausdruck gebracht worden ist. Es ist die Frage, auf die (im Sinne der Methode der Korrelation) die religiösen – und quasi-religiösen – Interpretationen der Geschichte ebenso hinweisen wie der eschatologische Symbolismus. Es ist die Frage, auf die – im Bereich der christlichen Theologie – „das Reich Gottes" die Antwort ist.

c) *Geschichtlicher Fortschritt: seine Wirklichkeit und seine Grenzen.* – Jeder schöpferische Akt bedeutet Fortschritt, nämlich einen Schritt über das Gegebene hinaus. In diesem Sinn ist die gesamte Bewegung der Geschichte progressiv. Sie erzeugt Neues im einzelnen und versucht, das endgültig Neue zu erreichen. Das gilt für alle kulturellen Funktionen des menschlichen Geistes, für die Funktionen der *theoria* ebenso wie für die Funktionen der *praxis*, und es gilt für Moralität und Religion, insofern in ihnen kulturelle Inhalte gegeben sind und sie in kulturellen Formen Ausdruck finden. Jede politische Tat, jeder Vortrag, jede wissenschaftliche Untersuchung usw. zielen von Anfang bis Ende auf Fortschritt, und gelegentlich erreichen sie ihn. In jeder zentrierten Gruppe, auch noch in der konservativsten, sind alle schöpferischen Akte beständig auf Fortschritt ausgerichtet.

Aber nicht nur bei diesen unbestreitbaren Tatsachen kann man von Fortschritt sprechen; man kann Fortschritt auch als Symbol verstehen, das für den Sinn der Geschichte steht und über die Wirklichkeit hinausweist. So verstanden, bedeutet „Fortschritt" die Idee, daß die Ge-

schichte sich allmählich ihrem endgültigen Ziel nähert, oder daß unendlicher Fortschritt an sich das Ziel der Geschichte ist. Auf die Frage nach
dem Sinn der Geschichte gehen wir später ein; jetzt müssen wir die
Frage erörtern, in welchem Seinsbereich Fortschritt möglich, und in
welchem er nicht möglich ist, je nach der besonderen Beschaffenheit der
Wirklichkeit, um die es sich handelt.

Es gibt keinen Fortschritt, wo individuelle Freiheit entscheidend ist;
das bedeutet, daß es keinen Fortschritt im moralischen Akt selbst gibt.
Jedes Individuum muß, um eine Person zu werden, selbständige moralische Entscheidungen treffen; sie sind die absolute Voraussetzung für
die Aktualisierung der Dimension des Geistes in allen Individuen mit
Bewußtsein. Aber auch im Zusammenhang mit der moralischen Funktion gibt es Fortschritt, und zwar in zweifacher Hinsicht: Fortschritt im
sittlichen Bewußtsein, d. h. in bezug auf die Inhalte der Moral, und
Fortschritt im Grade der moralischen Erziehung. Beide gehören dem
kulturellen Bereich an und sind offen für das Neue. Das sittliche Bewußtsein schreitet in Verfeinerung und Breite fort von primitiven zu
reifen Formen einer Kultur, obwohl der moralische Akt selbst, in dem
sich die Person konstituiert, immer der gleiche ist, unabhängig von dem
Inhalt, der jeweils verwirklicht wird. Diese Unterscheidung muß gemacht werden, wenn man von „moralischem Fortschritt" spricht. Der
Fortschritt vollzieht sich innerhalb des kulturellen Elementes im moralischen Akt, nicht in diesem selbst.

Ebenso gehört die moralische Erziehung der kulturellen Sphäre
an und nicht der moralischen. Sie ist sowohl Erziehung durch andere
wie Selbst-Erziehung. In beiden Fällen besteht sie aus wiederhol-
ter Übung, die zur Gewohnheit wird und sich fortschreitend verfeinert. Auf diese Art können reife moralische Persönlichkeiten geschaffen und das moralische Niveau einer Gruppe erhöht werden.
Aber die tatsächliche moralische Situation erfordert auf jeder Ebene
der Reife und der sittlichen Verfeinerung freie Entscheidung, in der
allein sich die Person als Person bestätigt (während die sittliche Gewohnheit und das sittliche Feingefühl Werke des göttlichen Geistes,
das heißt der Gnade, sein können). Aus diesem Grunde besteht die
katholische Tradition auf den Geschichten von der Versuchung der
Heiligen, und besteht der Protestantismus darauf, daß der Mensch
auf jeder Stufe der Heiligung der Vergebung bedürftig ist. Aus dem
gleichen Grunde kämpfen die größten und reifsten Vertreter des Humanismus mit der Verzweiflung über die eigene Person, und setzt die
Psychotherapie ihren Bemühungen um Heilung eine Grenze, so daß der
Patient Freiheit für selbständige moralische Entscheidungen gewinnt.

Innerhalb des kulturellen Bereichs gibt es keinen Fortschritt über die klassischen Formen hinaus, in denen die Begegnung des Menschen mit der Wirklichkeit zum Ausdruck gelangt ist, weder in der Kunst noch in der Literatur, noch in der Philosophie. Es gibt oft, aber nicht immer, Fortschritt in den Versuchen, den klassischen Ausdruck eines künstlerischen Stils zu finden, von unangemessenen zu angemesseneren Versuchen, aber es gibt keinen Fortschritt von *einem* reifen Stil zu einem anderen. Es war der große Fehler der klassizistischen Kunstbetrachtung, in dem griechischen Stil und dem Stil der Renaissance die Norm für die darstellenden Künste zu sehen, von der aus alle anderen Stile je nachdem als Fortschritt auf dieses Ideal zu oder als Rückschritt von ihm oder als primitive Unfähigkeit beurteilt wurden. Die berechtigte Reaktion auf diese doktrinäre Auffassung in unserem Jahrhundert hat zuweilen zu unberechtigten Extremen in der entgegengesetzten Richtung geführt, aber sie hat das Prinzip aufgestellt und begründet, daß es in der Geschichte der Künste im wesentlichen keinen Fortschritt gibt.

Das gleiche gilt für die Philosophie, wenn unter Philosophie der Versuch verstanden wird, die Frage nach dem Wesen und der Struktur des Seins in universalen Begriffen zu beantworten. Auch hier kann man zwischen noch nicht entwickelten und reifen Typen der philosophischen Auseinandersetzung mit der Wirklichkeit unterscheiden und einen Fortschritt von den einen zu den anderen beobachten. Zweifellos werden die logischen Werkzeuge und das wissenschaftliche Material, die in den philosophischen Systemen gebraucht werden, fortschreitend verfeinert, verbessert und erweitert. Aber es gibt ein Element in der zentralen Vision der repräsentativen Philosophen, das weder aus ihrer logischen Analyse noch aus ihrem wissenschaftlichen Material abgeleitet werden kann, sondern seinen Ursprung in der Begegnung mit der letzten Wirklichkeit hat, das heißt in einem Erlebnis, das den Charakter einer Art von Offenbarung hat. Man hat dieses Element im Gegensatz zu Wissenschaft *(scientia)* als Weisheit *(sapientia)* bezeichnet, wie sie zum Beispiel im Buch der Sprüche personifiziert als Gottes Begleiterin erscheint, die ihm bei der Erschaffung der Welt zur Seite stand. Das gleiche meint Heraklit, wenn er vom *logos* spricht, der ebenso in den Gesetzen des Universums zum Ausdruck kommt wie in der Weisheit einer kleinen Zahl von Menschen. Die Philosophie, insofern sie vom *logos* inspiriert ist, kann viele Formen annehmen, je nach ihrer inneren Potentialität und nach der Aufnahmefähigkeit einzelner Menschen oder ganzer Zeitalter, aber von *einer* Form dieser Philosophie zu einer anderen gibt es keinen Fortschritt. Jede Form setzt naturgemäß eine neue schöpferische Leistung voraus neben dem kritischen Gebrauch logischer Methoden und wissenschaftlichen Materials und erfordert Gelehrsamkeit, die durch das Studium früherer Lösungen erworben wird. Daß die Philosophie vom *logos* inspiriert ist, soll nicht besagen, daß sie willkürlich verfahre, sondern daß sie eine Antwort auf die Frage nach dem Sein geben kann und damit die Ebene transzendiert, auf der von Fortschritt und Veralten gesprochen werden kann. Die Geschichte der Philosophie zeigt deutlich, daß keine der großen philosophischen Lösungen jemals veraltet, obwohl ihre wissenschaftlichen Beobachtungen und Theorien schnell überholt werden. Einige Vertreter der analytischen Philosophie handeln folgerichtig, wenn sie die gesamte Philosophiegeschichte bis zur Entstehung der analytischen Philosophie verwerfen, da sie in ihr keinen oder nur einen sehr geringen Fortschritt zu dem sehen, was ihnen als die einzige Aufgabe der Philosophie erscheint, nämlich zur logischen und semantischen Analyse.

Obwohl der moralische Akt als Akt der Freiheit das Gebiet transzendiert, in dem Fortschritt möglich ist, ist die Frage berechtigt, ob es Fortschritt in der Verwirklichung des Humanitätsprinzips und der Entwicklung der geformten Persönlichkeit gibt oder in der Verwirklichung des Gerechtigkeitsprinzips und der Entwicklung einer organisierten Gemeinschaft. Wie in dem Bereich des künstlerischen Schöpfertums und dem der philosophischen Erkenntnis muß man auch hier zwei Arten von Elementen unterscheiden, die qualitativen und die quantitativen. Nur in den letzteren ist Fortschritt möglich – in der Form von Erweiterung und Verfeinerung, aber nicht in den ersteren. Menschen, die auf reife Art das Humanitätsprinzip verkörpern, sind nicht von den wechselnden kulturellen Verhältnissen abhängig, gleich ob diese sich verbessern, stagnieren oder sich verschlechtern. Gewiß bedeutet *humanitas* in jedem Einzelnen, in dem sie verwirklicht ist, und in jedem Zeitalter, dessen kulturelle Entwicklungsstufe neue Möglichkeiten bietet, eine neue Schöpfung. Aber von einem Vertreter persönlicher *humanitas* zu einem anderen in einer späteren Epoche gibt es keinen Fortschritt. Wer die Skulpturen von den ältesten Zeiten bis zur Gegenwart betrachtet, wird in jeder Zeit Werke finden, die *humanitas* verkörpern in Form von Würde, von Ernst, von Besonnenheit, von Weisheit, von Mut und von Mitleiden.

Was die Gerechtigkeit betrifft, ist die Lage nicht anders. Das ist eine kühne Behauptung inmitten einer Kultur, die nicht nur glaubt, daß ihr eigenes sozial-politisches System der eigenen Idee der Gerechtigkeit entspreche, sondern auch, daß sie das Ideal der Gerechtigkeit erreicht habe, demgegenüber alle früheren Formen nur ungenügende Annäherungen darstellen. Trotzdem müssen wir bei der Behauptung bleiben, daß die demokratische Form der Gerechtigkeit gegenüber anderen Formen nur in ihren quantitativen Elementen, nicht in ihrem qualitativen Charakter Fortschritt bedeutet. Systeme der Gerechtigkeit entwickeln sich im Laufe der menschlichen Geschichte aus geographischen, ökonomischen und menschlichen Bedingungen und durch die Begegnung von Mensch mit Mensch und das Verlangen nach Gerechtigkeit, das aus dieser Begegnung erwächst. Gerechtigkeit wird zu Ungerechtigkeit in dem Maße, in dem die Veränderung der Bedingungen von keiner entsprechenden Veränderung in den Systemen der Gerechtigkeit begleitet wird. Aber jedes System enthält in sich ein Element, das von wesentlicher Bedeutung für die Begegnung von Mensch mit Mensch ist und ein in der konkreten Situation gültiges Prinzip darstellt. Jedes derartige System weist auf die „Gerechtigkeit des Reiches Gottes" hin, und in dieser Hinsicht gibt es keinen Fortschritt von einem System zum anderen. Aber wie in den vorhergehenden Betrachtungen müssen wir auch hier zwischen den Stadien unterscheiden, in denen das Prinzip noch nicht voll entwickelt ist, und denen, in denen es sich nach einer Stufe reifer Erfüllung wieder in Auflösung befindet. In der Entwicklung von einem Stadium zum nächsten gibt es Fortschritt, Veralten und Rückschritt. Aber voll entwickelte Systeme, die qualitativ verschiedene Ideen der Gerechtigkeit verkörpern, stehen über jeder Art von Fortschritt.

Themenstellg   Die wichtigste Frage in diesem Zusammenhang ist die Frage, ob innerhalb der Religion Fortschritt möglich sei. Offensichtlich gibt es keinen Fortschritt in der religiösen Funktion selbst. Das Ergriffensein von einem letzten Anliegen läßt weder Fortschritt noch Rückschritt oder Stillstand zu. Aber mit der Existenz der geschichtlichen Religionen und ihrer Grundlagen, der Offenbarungserfahrungen, erhebt sich die Frage des Fortschritts. Es mag scheinen, als ob wir bereits eine positive Antwort auf diese Frage gegeben hätten, indem wir die Offenbarung in Jesus als dem Christus die endgültige Offenbarung nannten und die Religionsgeschichte den Prozeß, der „die Mitte der Geschichte" vorbereitet oder empfängt. Aber das Problem ist schwieriger.

In der Auseinandersetzung über die „Absolutheit" des Christentums hat man das Verhältnis der christlichen Religion zu den anderen Religionen vom Standpunkt des evolutionistischen Fortschrittglaubens betrachtet. In Hegels philosophischer Interpretation der Religionsgeschichte hat diese Auffassung ihre klassische Formulierung gefunden. Aber auch in der anti-hegelianischen, liberalen Theologie tauchen analoge Auffassungen mehr oder weniger verdeckt auf. Selbst säkulare Religionsphilosophen unterscheiden zwischen primitiven Religionen und Hochreligio-

nen. Aber diesem Evolutionismus entgegen steht der Anspruch aller
großen Religionen auf Absolutheit anderen Religionen gegenüber, denen entweder ein relativer Wahrheitsgehalt zuerkannt wird oder die
als völlig unwahr verworfen werden. Wie in den vorhergehenden Erörterungen müssen wir auch hier als erstes den Unterschied zwischen
dem eigentlich religiösen Element und den kulturellen Elementen in
den geschichtlichen Religionen betonen. Es gibt Fortschritt, Stillstand
und Rückschritt in den kulturellen Elementen jeder Religion, in dem
Grade ihres Selbstverständnisses und in ihren künstlerischen Ausdrucksformen, in dem Einfluß der Religion auf die Entwicklung der Persönlichkeit und der Gemeinschaft. Natürlich kann sich dieser Fortschritt
nur in dem Maße vollziehen, in dem diese kulturellen Funktionen selbst
dem Fortschritt offen sind. Die entscheidende Frage jedoch ist, ob in
den Grundlagen der Religion, in den Offenbarungserfahrungen, auf
denen die Religionen beruhen, Möglichkeiten des Fortschritts enthalten
sind. Kann man von einer progressiven Offenbarungsgeschichte sprechen? Das ist dieselbe Frage wie die, ob man von einer progressiven
Heilsgeschichte sprechen kann. Die erste Antwort auf diese Frage ist,
daß der göttliche Geist, der sich in Offenbarung und Erlösung manifestiert, immer derselbe ist, und daß es in dieser Hinsicht kein mehr
oder weniger, keinen Fortschritt oder Rückschritt geben kann. Aber der
Inhalt dieser Manifestationen und die symbolische Form, in der er zum
Ausdruck gelangt, sind (wie die philosophischen Erkenntnisse und die
künstlerischen Stile) einerseits von den Potentialitäten abhängig, die in
der menschlichen Begegnung mit dem Heiligen enthalten sind, und
andrerseits von der Aufnahmefähigkeit einer geschichtlichen Gruppe
für diese Möglichkeiten. Die menschliche Aufnahmefähigkeit ist durch
die Gesamtheit innerer und äußerer Faktoren bedingt, die das historische Schicksal einer Gruppe oder – in religiöser Sprache – die geschichtliche Vorsehung ausmachen. In dieser Hinsicht ist Fortschritt
zwischen den verschiedenen Kulturstufen möglich, auf denen Offenbarungserfahrungen erlebt werden, oder zwischen verschiedenen Graden der Klarheit und des Ergriffenseins, mit denen die Manifestationen
des Göttlichen aufgenommen werden. (Dieser Fortschritt entspricht
dem Fortschritt von Unreife zu Reife im kulturellen Bereich.)

Im Licht dieser Betrachtungen kann keine einzelne Religion den Anspruch erheben, auf der endgültigen Offenbarung fundiert zu sein. Die
einzige Antwort, die auf die Frage des Fortschritts innerhalb der Religion gegeben werden könnte, wäre der Hinweis auf das Nebeneinan-
derbestehen verschiedener Religionstypen, von denen keiner Anspruch
auf Universalität erhebt. Aber es gibt eine Realität, deren Erkenntnis

das ganze Bild verändern kann, nämlich der Konflikt zwischen dem Göttlichen und dem Dämonischen in jeder Religion. Aus diesem Konflikt erhebt sich die Frage: Auf welcher religiösen Grundlage und in welchem Offenbarungsereignis ist die Macht des Dämonischen innerhalb und außerhalb der religiösen Wirklichkeit gebrochen? Das Christentum gibt hierauf die Antwort, daß es auf dem Fundament des prophetischen Religionstyps durch das Erscheinen Jesu als des Christus geschehen ist. Nach der christlichen Auffassung ist dieses Ereignis weder das Ergebnis einer progressiven Entwicklung noch die Aktualisierung einer neuen religiösen Potentialität, sondern die vereinigende und richtende Erfüllung aller Potentialitäten, die in der Begegnung mit dem Heiligen enthalten sind. Aus diesem Grund bildet die gesamte Religionsgeschichte, die vergangene wie die zukünftige, das allgemeine Fundament und der prophetische Typ der Offenbarungserfahrung das besondere Fundament für das zentrale Ereignis. Diese Auffassung schließt die Vorstellung eines horizontalen Fortschritts von dem allgemeinen zu dem besonderen Fundament, und von hier zu dem einzigartigen Ereignis, aus dem das Christentum hervorgegangen ist, aus. Ebenso schließt sie die Vorstellung aus, daß das Christentum als Religion Anspruch auf Absolutheit habe, und daß die anderen Religionen bloße Vorstufen zu ihm seien. Nicht das Christentum als Religion ist absolut, sondern das Ereignis, aus dem das Christentum erwachsen ist und von dem aus es gerichtet wird wie jede andere Religion – positiv oder negativ. Diese Sicht der Religionsgeschichte, die von dem Anspruch des Christentums abgeleitet ist, daß es auf das letztgültige, siegreich antidämonische Offenbarungsereignis gegründet ist, ist nicht horizontal, sondern vertikal. Das einzigartige Ereignis, das sowohl das Kriterium für alle Religionen ist als auch die Macht, die das Dämonische für alle Zeiten im Prinzip gebrochen hat, erhebt sich auf dem allgemeinen Fundament der vergangenen und zukünftigen Entwicklung der Religionen und auf dem besonderen Fundament des Prophetentums in Vergangenheit und Zukunft. Diese Sicht steht im Gegensatz zu der Idee eines allgemeinen Fortschritts in der Religionsgeschichte.

Wir müssen jetzt zusammenfassen, in welchen Bereichen man von Fortschritt sprechen kann. Als erster Bereich muß die Technik genannt werden, in der die Möglichkeiten des Fortschritts so gut wie unbegrenzt sind. Der Ausdruck „besser und immer besser" ist hier am Platz und nur hier. Die immer besser werdenden Werkzeuge und allgemein die technisch immer mehr vervollkommneten Mittel, gleich für welche Zwecke, sind eine Realität in unserer Kultur, deren Folgen unabsehbar sind. Ein nicht-progressives Element tritt erst in Erscheinung, wenn wir nach dem Zweck fragen, dem diese Mittel dienen sollen. Oder gibt es Mittel, die durch ihre Folgen das Ziel vernichten, dem sie dienen sollen (wie die Atomwaffe)? Der zweite Bereich, in dem Fortschritt von wesentlicher Bedeutung ist, ist der Bereich der Wissenschaft, und zwar aller methodischen Wissenschaft, nicht nur der Naturwissenschaft. Jede wissenschaftliche Behauptung stellt eine Hypothese dar, die geprüft werden muß und abgeändert oder verworfen werden kann. Insoweit Philosophie Wissenschaft ist, muß in ihr die gleiche Methode angewandt werden. Ein nicht-progressives Element erscheint erst, wo philosophische Prinzipien bewußt oder unbewußt vorausgesetzt werden, wo Entscheidungen über die Wahl des Gegenstandes der Untersuchung getroffen werden müssen, oder wo existentielle Teilnahme an dem Gegenstand zu seiner Durchdringung notwendig ist. Der dritte Bereich, in dem es deutlichen Fortschritt gibt, ist das Gebiet der Erziehung und Bildung, gleich ob es sich um die Ausbildung handwerklicher Fähigkeiten handelt, um die Übermittlung kultureller Inhalte oder um die Einführung in bestimmte Lebensformen. Das gilt sowohl für die persönliche Erziehung, die den Menschen zur Reife heranbildet, wie für die Erziehung der Gesellschaft, in der jeder neuen Generation das Erbe der vorhergehenden übergeben wird. Ein nicht-progressives Element ist nur in der Setzung eines letzten Ziels aller Erziehung enthalten, in der Auffassung von der menschlichen Natur und der menschlichen Bestimmung und in der Art der Gemeinschaft zwischen Erzieher und Schüler. Der vierte Bereich, in dem es tatsächlichen Fortschritt gibt, ist die wachsende Überwindung räumlicher Spaltungen und Grenzen. Zugleich mit der Eroberung des Raums nimmt die allgemeine Teilnahme der Menschen an allen Formen des kulturellen Lebens zu. Der Fortschritt kann in diesen Fällen quantitativ gemessen werden, er ist tatsächlich vorhanden und kann es auf unbestimmte Zeit bleiben. Ein nicht-progressives Element ist in diesen Vorgängen nur enthalten, insofern quantitative Veränderungen qualitative Veränderungen zur Folge haben, die ein neues Zeitalter heraufführen können, welches, an anderen Zeitaltern gemessen, einzigartig ist, aber an sich weder Fortschritt noch Rückschritt bedeutet.

Die Analyse der Realität und der Grenzen des Fortschritts in der Geschichte gibt eine Grundlage ab, auf der in der religiösen Deutung der Geschichte „Fortschritt" als Symbol verstanden werden kann.

B

DIE ZWEIDEUTIGKEITEN DES LEBENS IN DER GESCHICHTLICHEN DIMENSION

1. Die Zweideutigkeiten der geschichtlichen Selbst-Integration:
Imperium und Zentralisation

Während die Geschichte auf ihr endgültiges Ziel zuläuft, verwirklicht sie ständig begrenzte Ziele; damit erfüllt und verneint sie zugleich ihr endgültiges Ziel. Alle Zweideutigkeiten der geschichtlichen Existenz sind Formen dieser fundamentalen Zweideutigkeit. Wenn wir sie zu den Lebensprozessen in Beziehung setzen, können wir die Zweideutigkeit der geschichtlichen Selbst-Integration, die Zweideutigkeit des geschichtlichen Sich-Schaffens und die Zweideutigkeit der geschichtlichen Selbst-Transzendierung unterscheiden.

Die Größe der politischen Existenz des Menschen – sein Streben nach Universalität und Totalität im Prozeß der Selbst-Integration des Lebens in der geschichtlichen Dimension – ist durch den Begriff „Imperium" ausgedrückt. In der biblischen Literatur spielt die Zweideutigkeit der Imperien eine wichtige Rolle; und in allen Epochen der Kirchengeschichte und säkularer Bewegungen bis auf den heutigen Tag tritt sie nicht weniger deutlich hervor. Imperien werden gegründet, wachsen und stürzen, bevor sie ihr Ziel erreicht haben, allumfassend zu werden. Nur eine oberflächliche Betrachtung kann das Streben nach Universalität aus dem Machtwillen ableiten, gleich ob aus dem politischen oder dem ökonomischen. Der Machtwille in seinen verschiedenen Formen ist ein notwendiges Element in der Selbst-Integration der geschichtstragenden Gruppen, denn nur durch ihre zentrierte Macht können sie geschichtlich handeln. Aber in dem Streben nach Universalität ist noch ein anderes Element enthalten: das Sendungsbewußtsein einer geschichtlichen Gruppe. Je stärker und berechtigter dieses Element ist, um so leidenschaftlicher baut die Gruppe an ihrem Imperium. Und je mehr sie darin von ihren Gliedern unterstützt wird, um so größer ist die Aussicht des Imperiums auf Dauer. Die Geschichte der Menschheit bietet hierfür viele Beispiele[1]. Die großen Eroberer sind, wie Luther sie gesehen hat, dämonische „Masken" Gottes, durch deren Streben nach universaler Zentriertheit er das Werk der Vorsehung vollzieht. In dieser Anschauung ist die „Zweideutigkeit des Imperialismus" symbolisch aus-

---

[1] Vgl. S. 355 oben.

gedrückt. Denn die zersetzende, zerstörende und entwürdigende Seite des
Imperialismus zeigt sich ebenso deutlich wie die integrierende, schöpferische und sublimierende. Die Einbildungskraft reicht nicht aus, um
den Verlust und die Zerstörung an Form, Leben und Sinn zu ermessen,
die unumgänglich mit der Entwicklung von Imperien verbunden sind.
In unserer Zeit hat das Streben nach Totalität in den beiden großen
Imperien, Amerika und Rußland, zur tiefsten und universalsten Spaltung der Menschheit geführt, und zwar gerade weil diese beiden Imperien ihr Bestehen nicht einem einfachen politischen oder ökonomischen Machtwillen verdanken. Sie sind hochgekommen und mächtig
geworden durch ihr Sendungsbewußtsein im Verein mit ihrer natürlichen Selbstbehauptung. Aber ihr Konflikt hat tragische Folgen, die
sich in jeder geschichtlichen Gruppe und jedem einzelnen Menschen
auswirken und zum Untergang der Menschheit führen können.

Diese Situation gibt uns Aufschluß über das, was mit dem Begriff
„Weltgeschichte" gemeint ist. „Welt" in diesem Ausdruck bedeutet soviel wie Menschheit, und Weltgeschichte soviel wie Menschheitsgeschichte. Aber etwas derartiges hat es bis jetzt nicht gegeben. Bis zum
Beginn unseres Jahrhunderts hat es nur Geschichte menschlicher Gruppen gegeben; das Kompendium dieser einzelnen „Geschichten" kann
man als Weltgeschichte bezeichnen, aber gewiß nicht als Menschheitsgeschichte. In unserem Jahrhundert jedoch hat die technische Eroberung
des Raums eine Einheit herbeigeführt, die eine Geschichte der Menschheit als ganzer möglich macht und bis zu einem gewissen Grade auch
schon verwirklicht hat. Dadurch ist allerdings die seitherige Geschichte als Geschichte einzelner Gruppen nicht verändert; aber es ist
ein neues Stadium in der geschichtlichen Integration der Menschheit erreicht. In diesem Sinn gehört unser Jahrhundert, was die Schaffung
des Neuen betrifft, zu den großen Zeitaltern. Aber das erste, unmittelbare Ergebnis der technischen (und mehr als technischen) Vereinigung der Menschheit ist die tragische Spaltung, die „Schizophrenie"
der Menschheit. Der Augenblick der größten Integration in der gesamten Geschichte ist zugleich der Augenblick der Gefahr der größten Desintegration, ja sogar der absoluten Zerstörung.

Angesichts dieser Situation muß man fragen: Ist es berechtigt, von
einem letzten Ziel der Menschheit zu sprechen? Diese Frage wird
noch dringender, wenn man erkennt, daß nicht alle Stämme und Nationen nach Universalität gestrebt haben oder streben, daß nicht jede Eroberung an der Zweideutigkeit des Imperialismus teilhat und daß
selbst in Gruppen, in denen das Streben nach universaler Integration
lebendig war, dieses Streben oft erfolglos geblieben ist, weil sie sich auf

eine beschränkte stammesmäßige oder nationale Zentriertheit zurück-
gezogen haben. Aus diesen Tatsachen geht hervor, daß es in den geschichtstragenden Gruppen ein Element gibt, das dem universalistischen
Element in der geschichtlichen Dynamik entgegenwirkt. Der kühne,
letzten Endes prophetische Charakter der Idee des Imperiums ruft
eine Reaktion hervor, die sich in stammesmäßiger, regionaler oder na-
tionaler Isolation und in dem Rückzug auf einen beschränkten geographischen Raum ausdrückt. Diese Reaktionen haben indirekt viel zu
der Entwicklung der Geschichte in ihrer Gesamtheit beigetragen. Aber
alle wichtigen Fälle dieser Art beweisen, daß die Tendenz zur Isolation
kein ursprünglicher Impuls ist, sondern eine Reaktion, ein Rückzug von
der Teilnahme an universalistischen Bewegungen. Die geschichtliche
Existenz steht unter dem „Stern" der geschichtlichen Zeit und bewegt
sich vorwärts, auch gegen jeden partikularistischen Widerstand. Aus
diesem Grunde sind die Isolations-Versuche letzten Endes immer ohne
Erfolg. Sie werden durch die Dynamik der Geschichte, die ihrem Wesen
nach universalistisch ist, vereitelt. Kein Einzelner und keine Gruppe
können sich der Dynamik der Geschichte entziehen, um den tragischen
Verwicklungen zu entgehen, die mit der Größe der Geschichte verbunden sind und in dem Symbol des „Imperiums" zum Ausdruck kommen. Trotz alledem bleibt der Begriff der „Weltgeschichte" fragwürdig
in Anbetracht der unbekannten oder unzusammenhängenden geschichtlichen Entwicklungen der Vergangenheit. Er kann empirisch nicht gerechtfertigt, sondern nur im Zusammenhang mit der Auffassung von
der Geschichte als sich selbst-transzendierender Bewegung verstanden
werden.

Die Zweideutigkeit der Zentralisation bezieht sich nicht nur auf die
extensive, sondern auch auf die intensive Seite der geschichtlichen Integration. Jede geschichtstragende Gruppe hat eine Machtstruktur, ohne
die sie nicht geschichtlich handeln könnte. In dieser Struktur liegt die
Quelle für die Zweideutigkeit der Zentralisation innerhalb einer geschichtlichen Gruppe. Wir haben die strukturelle Seite bei der Erörterung der Zweideutigkeit des Führertums beschrieben. In der geschichtlichen Dimension muß die dynamische Seite berücksichtigt werden. Wir
müssen das Verhältnis von intensiver zu extensiver Zentralisation betrachten, das heißt in politischen Begriffen: die Beziehung von Innen-
politik zu Außenpolitik. Es gibt zwei einander widersprechende Tendenzen: die eine ist auf totale Beherrschung jedes Einzelnen gerichtet,
der der geschichtstragenden Gruppe, und besonders dem imperialistischen Typ einer solchen Gruppe, angehört, und die andere auf die persönliche Freiheit des Einzelnen, die Voraussetzung für alles schöpfe-

rische Handeln ist. Die erste Tendenz nimmt zu, sobald äußere Gefahr eine Stärkung der zentrierten Macht erfordert oder desintegrierende Kräfte innerhalb der Gruppe die Zentriertheit selbst bedrohen. In beiden Fällen verringert die Notwendigkeit eines starken Zentrums das Element der Freiheit, das Voraussetzung für alle geschichtliche Produktivität ist, und droht es zu vernichten. Die Gruppe wird durch ihre strenge Zentralisierung fähig, geschichtlich zu handeln, aber sie kann von dieser Macht keinen schöpferischen Gebrauch machen, weil sie eben die schöpferischen Potenzen unterdrückt hat, die in die Zukunft führen. Nur die diktatorische Elite oder der einzelne Diktator haben die Freiheit, geschichtlich zu handeln. Aber ihre Taten sind, wenn oft auch großartig, Ausdruck des leeren Machtwillens, weil sie des Sinngehaltes beraubt sind, der nur aus der Begegnung moralisch, kulturell und religiös freier Persönlichkeiten und Gruppen geboren werden kann. Solche Taten können Werkzeuge der geschichtlichen Vorsehung sein, aber die geschichtliche Gruppe, die sie ausführt, muß für den Verlust des Sinngehaltes mit ihrer Existenz bezahlen. Denn Macht, die ihren Sinn verliert, ist auch als Macht verloren.

Die umgekehrte Haltung in bezug auf politische Zentralisation und geschichtliche Produktivität führt zur Aufgabe der ersteren zugunsten der letzteren. Das kann das Ergebnis einer Vielfalt von Machtzentren innerhalb einer geschichtstragenden Gruppe sein, wenn das Schwergewicht der Gruppe als ganzer von einem Zentrum zum anderen wechselt, oder wenn überhaupt kein Zentrum geschaffen werden kann, das die ganze Gruppe zusammenfaßt. Solche Perioden in der Geschichte sind die tragischsten, oft aber auch die fruchtbarsten. Es kann auch geschehen, daß das Zentrum, indem es individuelles schöpferisches Handeln anregt, sich der Macht begibt, die für zentriertes geschichtliches Handeln nötig ist, – eine Situation, auf die meist eine Periode der Diktatur folgt. In diesem Fall sind selbst große individuelle Leistungen nur von indirektem Einfluß auf die Geschichte als ganze, weil das zentrierte geschichtliche Handeln fehlt.

Diese Betrachtungen führen zu der Frage: Wie können die Zweideutigkeiten der nach außen gerichteten, imperialistischen Tendenz und die Zweideutigkeiten der inneren Zentralisation in einer unzweideutigen geschichtlichen Integration überwunden werden?

2. Die Zweideutigkeiten des geschichtlichen Sich-Schaffens: Revolution und Reaktion

Geschichtliches Schaffen vollzieht sich sowohl in dem nicht-progressiven wie in dem progressiven Element der geschichtlichen Dynamik. Es ist der Prozeß, durch den das Neue in allen Bereichen in der geschichtlichen Dimension geschaffen wird. Alles Neue in der Geschichte enthält in sich Elemente des Alten, aus dem es geboren ist. Hegel hat diese Tatsache in dem bekannten Satz ausgedrückt, daß das Alte im Neuen sowohl negiert wie aufgehoben ist. Aber er hat die Zweideutigkeit, die in dieser Struktur der Entwicklung liegt, und ihre zerstörerischen Möglichkeiten nicht ernst genommen. Diese Faktoren treten in dem Konflikt zwischen den Generationen zutage, in den Gegensätzen zwischen künstlerischen Stilen und zwischen philosophischen Prinzipien, in den Ideologien der politischen Parteien, in dem Schwanken zwischen Revolution und Reaktion und in den tragischen Situationen, zu denen diese Konflikte führen. Es ist die Größe der Geschichte, daß sie vorwärts gerichtet ist auf das Neue zu; aber in dieser Größe liegt, ihrer Zweideutigkeit wegen, zugleich die Tragik der Geschichte.

Das Problem in dem Verhältnis zwischen den Generationen ist nicht die Frage der Autorität (diese ist bereits erörtert worden), sondern das Problem der Beziehung von Altem und Neuem in der geschichtlichen Dynamik. Um Raum für das Neue zu gewinnen, muß die junge Generation die schöpferischen Prozesse ignorieren, aus denen das Alte entstanden ist. Die Vertreter des Neuen greifen die letzten Ergebnisse dieser Prozesse an, ohne zu erkennen, daß in ihnen Antworten auf frühere Probleme enthalten sind. Deshalb sind ihre Angriffe notwendigerweise unfair. Das ist ein unvermeidliches Element ihrer Stärke, die zur Durchbrechung des Gegebenen nötig ist. Diese Haltung der jungen Generation erzeugt begreiflicherweise eine negative Reaktion auf seiten der alten – negativ weniger in dem Sinn, daß sie unfair ist, als in dem, daß sie auf mangelndem Verständnis beruht. Die Vertreter des Alten sehen in den vorhandenen Ergebnissen die Leistung und schöpferische Größe ihrer eigenen Vergangenheit und erkennen nicht, daß diese die schöpferischen Kräfte der neuen Generation blockieren. In diesem Konflikt werden die Anhänger des Alten hart und bitter, und die Anhänger des Neuen fühlen sich entmächtigt und ihres Lebenssinns beraubt.

Offensichtlich ist die Struktur des politischen Lebens weitgehend durch die Zweideutigkeit des geschichtlichen Schaffens bestimmt. Jeder politische Akt ist auf etwas Neues ausgerichtet; aber worauf es ankommt, ist, ob etwas Neues um seiner selbst willen unternommen wird oder zur Wiederherstellung eines Alten. Selbst in Situationen, die nicht revolutionär sind, führt der Kampf zwischen konservativen und progressiven Kräften zum Abbruch menschlicher Beziehungen, zu einer teils bewußten, teils unbewußten Entstellung der tatsächlichen Wahrheit, zu Versprechungen, deren Erfüllung niemals beabsichtigt ist, und zur Unterdrückung entgegengesetzter schöpferischer Kräfte. Schließlich können solche Situationen sich zu revolutionären Situationen entwickeln mit ihren verheerenden Kämpfen zwischen Revolution und Reaktion. Es gibt Situationen, in denen der Durchbruch zum Neuen nur durch Revolution (nicht unbedingt einer blutigen) gelingen kann. Solche gewaltsamen Durchbrüche sind Beispiele der Zerstörung zum Zweck der Schaffung eines Neuen. Aber die Zerstörung kann so radikal sein, daß die Neuschaffung unmöglich wird und die betreffende Gruppe und ihre Kultur auf die Stufe einer beinahe vegetativen Existenz zurücksinken. Diese Gefahr des absoluten Chaos gibt der bestehenden Macht die ideologische Berechtigung, revolutionäre Kräfte zu unterdrücken und durch Gegenrevolution zu vernichten. Oft verlaufen Revolutionen sogar in einer ihrem ursprünglichen Ziel entgegengesetzten Richtung und vernichten die Führer, die sie ins Leben gerufen haben. Eine siegreiche Reaktion bedeutet nicht, daß die Geschichte zu dem „idealen" Zustand zurückkehrt, in dessen Namen die Gegenrevolution unternommen wurde, sondern daß sie zu einem Neuen führt, das aber seine Neuheit nicht eingesteht. Dieser Zustand jedoch wird langsam von den Kräften unterhöhlt, die von der Gegenrevolution zunächst unterdrückt waren, die aber auf die Dauer nicht ausgeschlossen werden können. Die großen menschlichen Opfer und die ungeheure Zerstörung von Sachwerten in diesen Vorgängen führen zu der Frage nach einem unzweideutigen geschichtlichen Schaffen.

3. Die Zweideutigkeiten der geschichtlichen Selbst-Transzendierung: Das dritte Stadium als gegeben und als erwartet

Der geschichtliche Konflikt zwischen dem Alten und dem Neuen erreicht das Stadium der größten Zerstörung, wenn eine der beiden Seiten Anspruch auf absolute Gültigkeit erhebt. Mit dieser Selbsterhebung zur Absolutheit ist die Definition des Dämonischen gegeben, und nirgends manifestiert sich das Dämonische so deutlich wie in der geschichtlichen Dimension. Der Anspruch auf Absolutheit tritt auf als Behauptung, das letzte Ziel, auf das sich die Geschichte zubewegt, erreicht zu haben oder es herbeizuführen. Dieser Anspruch ist nicht nur von poli-

tischen, sondern – sogar noch direkter – von religiösen Mächten erhoben worden. Der Kampf zwischen dem heiligen Alten und dem prophetischen Neuen ist ein Hauptthema der Religionsgeschichte; und da
das Dämonische das Heilige als Wohnsitz bevorzugt, erreichen diese
Konflikte ihre größte zerstörerische Gewalt in Religionskriegen und
religiösen Verfolgungen. Vom Standpunkt der geschichtlichen Dynamik
sind es Konflikte zwischen verschiedenen Gruppen, die behaupten, das
Ziel der Geschichte zu verkörpern – entweder es tatsächlich verwirklicht zu haben oder seine Erfüllung zu antizipieren. In diesem Zusammenhang kann man von dem „dritten Stadium" reden, wie es als tra-
ditionelles Symbol gebraucht wird. Es hat seinen mythologischen Ursprung in dem kosmischen Drama vom Paradies, vom Fall und von der
Wiedergewinnung des Paradieses. Seine Anwendung auf die Geschichte
hat zu der apokalyptischen Vision von mehreren Weltaltern und der
Erwartung des neuen und letzten Weltalters geführt. Nach Augustins
Geschichtsauffassung beginnt das letzte Weltalter mit der Gründung
der christlichen Kirche. Im Gegensatz hierzu spricht Joachim von Floris,
montanistischen Ideen folgend, von drei Weltaltern, deren drittes noch
nicht begonnen hat, aber in wenigen Jahrzehnten anbrechen wird. Den
Gedanken, am Beginn des letzten Stadiums der Geschichte zu stehen,
drücken sektiererische Bewegungen in religiösen Symbolen aus, wie zum
Beispiel dem Symbol des tausendjährigen Reiches, in dem der Christus
vor dem letzten Ende über die Geschichte herrscht. In der Zeit der Aufklärung und des Idealismus wurde das Symbol des dritten Weltalters
säkularisiert und nahm die Funktion einer revolutionären Idee an.
Bürgertum und Proletariat glaubten, eine Rolle von weltgeschichtlicher Bedeutung zu haben als Träger des Zeitalters der Vernunft, be-
ziehungsweise der klassenlosen Gesellschaft – beides Vorstellungen, die
auf das Symbol des „dritten Stadiums" zurückgehen. In den profanen
wie in den religiösen Formen des Symbols kommt die Überzeugung
zum Ausdruck, daß das „dritte Stadium" begonnen hat, daß die Geschichte einen Punkt erreicht hat, den sie prinzipiell nicht mehr überschreiten kann, daß der „Anfang des Endes" bevorsteht, daß wir die
letzte Erfüllung vor uns sehen, auf die die Geschichte hinführt und in
der sie sich selbst und jede ihrer früheren Stufen transzendiert. In diesen
Ideen ist die Selbst-Transzendierung des Lebens in der Dimension der
Geschichte ausgedrückt; sie führt zu zwei äußerst zweideutigen Haltungen. In der ersten, sich selbst verabsolutierenden, wird die gegenwärtige
Situation selbst als absolut gesetzt und mit dem dritten Stadium identifiziert; in der zweiten, der utopischen Haltung, wird das dritte Stadium als unmittelbar bevorstehend oder als bereits begonnen betrach-

tet. Die erste Haltung ist zweideutig, weil sie einerseits die Selbst-Transzendierung des Lebens auf religiöse oder quasi-religiöse Symbole festlegt und andrerseits die Selbst-Transzendierung des Lebens verhüllt, indem sie diese Symbole mit dem Unbedingten selbst identifiziert. Diese Zweideutigkeit hat ihren klassischen Ausdruck in der Behauptung der römischen Kirche gefunden, daß sie die Erfüllung der apokalyptischen Vision vom tausendjährigen Reich Christi auf Erden verkörpere – eine Selbstinterpretation, durch die sie sowohl ihre göttlichen wie ihre dämonischen Züge erhält. Im sektiererischen wie im säkularen Utopismus zeigt sich die Zweideutigkeit in dem Gegensatz zwischen der Begeisterung, mit der neue geschichtliche Wirklichkeiten erwartet und geschaffen werden, und den Opfern, die für ihre Erfüllung gebracht werden, einerseits, und der tiefen existentiellen Enttäuschung und dem Zynismus und der Indifferenz, die herrschen, wenn das Ergebnis den Erwartungen nicht entspricht, andrerseits. In diesen Schwankungen kommt die Zweideutigkeit der Selbst-Transzendierung der Geschichte deutlich zum Ausdruck; und in ihnen vor allem wird das Rätsel der Geschichte zu einem existentiellen Anliegen und zu einem philosophischen und theologischen Problem.

Diese letzten Betrachtungen haben gezeigt, daß es möglich und fruchtbar ist, die drei verschiedenen Lebensprozesse auch in der Dimension der Geschichte zu verfolgen. Wie in den anderen Dimensionen des Lebens führen sie auch hier zu unausweichlichen Konflikten, die sowohl die Größe wie die Tragik der geschichtlichen Existenz verursachen. Solche Analysen können uns sowohl vom Utopismus wie von der Verzweiflung über den Sinn der Geschichte befreien.

4. Die Zweideutigkeiten des Einzelnen in der Geschichte

Die meisten Religionen und Philosophien stimmen mit Hegel darin überein, daß „die Geschichte nicht der Boden ist, auf dem das Individuum sein Glück findet". Selbst ein flüchtiger Blick auf die Weltgeschichte beweist die Richtigkeit dieser Behauptung; und eine tiefere und umfassendere Einsicht bestätigt sie überwältigend. Trotzdem ist damit noch nicht die ganze Wahrheit erfaßt. Der Einzelne verdankt sein Leben als Person der geschichtragenden Gruppe, der er angehört. Die Geschichte schafft für jeden die physischen, gesellschaftlichen und geistigen Bedingungen seiner Existenz. Niemand, der sich der Sprache bedient, steht außerhalb der Geschichte, und niemand kann sich ihrer entziehen. Der Mönch und der Einsiedler, die sich vom sozialen und politischen Leben absondern, sind von der Geschichte abhängig, der sie sich zu entziehen versuchen, und zugleich beeinflussen sie den geschichtlichen Prozeß, von dem sie sich abzuschließen suchen. Es ist eine Tatsache, die man häufig beobachten kann, daß manche, die sich weigerten, am geschichtlichen Leben teilzunehmen, größeren Einfluß auf die Geschichte ausübten als diejenigen, die im Zentrum des geschichtlichen Handelns standen.

Die Geschichte ist nicht nur politisch; jede kulturelle und religiöse Tätigkeit hat eine geschichtliche Dimension. Darum handelt jeder Mensch in jedem Bereich menschlicher Tätigkeit geschichtlich. Die kleinsten und geringsten Dienste tragen dazu bei, die technischen und wirtschaftlichen Grundlagen der Gesellschaft zu erhalten, und haben auf diese Art teil an der Geschichte. Aber die politische Funktion hat den Vorrang im geschichtlichen Handeln. Das hat seinen Grund in der Zentriertheit der geschichtlichen Gruppen, in ihren statischen wie in ihren dynamischen Zügen. Und die Funktion, in der diese Zentriertheit aktualisiert ist, ist die politische. Deshalb wird das Bild der Geschichte, gleich ob in den Augen des Volkes oder in den Büchern der Gelehrten, von politischen Persönlichkeiten und ihren Handlungen beherrscht. Selbst die Geschichte der Wirtschaft, der Wissenschaften, der Kunst oder der Kirche kann nicht umhin, ständig Bezug auf den politischen Rahmen zu nehmen, in dem sich die kulturellen oder religiösen Vorgänge abspielen.

Der Vorrang der politischen Funktion wie die Zweideutigkeit des Einzelnen in der Geschichte kommen am sichtbarsten in der demokratischen Organisation des politischen Bereiches zum Ausdruck. Wie bereits gesagt, darf die Demokratie als politisches System nicht absolut gesetzt werden, aber die Tatsache besteht, daß die Demokratie sich bisher als der beste Weg erwiesen hat, jedermann innerhalb einer geschichtlichen Gruppe die schöpferische Freiheit, an der Formung der Geschichte teilzunehmen, zu garantieren. Der Vorrang des Politischen bedeutet, daß alle anderen Funktionen, die schöpferische Freiheit zur Voraussetzung haben, von der politischen Organisation abhängen. Um die Richtigkeit dieser Behauptung zu erkennen, braucht man nur einen Blick auf die diktatorischen Systeme zu werfen und auf ihre Versuche, alle Formen des kulturellen Lebens, Ethik und Religion eingeschlossen, der zentralen politischen Macht zu unterwerfen. Das Ergebnis ist, daß nicht nur die Freiheit des politischen Handelns untergraben wird, sondern die Freiheit jeder Art von Produktivität, abgesehen von den Fällen, in denen sie im Interesse der zentralen Autorität liegt (wie in Sowjet-Rußland im Fall der Naturwissenschaften). Die Demokratie ermöglicht es, in allen Bereichen in Freiheit schöpferisch zu sein, weil sie es ermöglicht, im politischen Bereich für die Freiheit zu kämpfen. Trotzdem ist der Einfluß des Einzelnen innerhalb des demokratischen Systems begrenzt und zweideutig. In der politischen Tätigkeit insbesondere beschränkt die Art und Weise der Repräsentation die Teilnahme des Einzelnen; das gilt besonders für die Massengesellschaft mit ihrer mächtigen Parteidemokratie. Eine Mehrheit kann durch Methoden erreicht und erhalten werden, die eine große Zahl von Menschen vollkommen und auf unabsehbare Zeit des politischen Einflusses berauben. Wenn die Massenmedien in die Hände der regierenden Gruppen gelangen, können sie eine Konformität erzwingen, die die schöpferische Kraft auf allen Gebieten ebenso erfolgreich untergräbt wie die Diktatur; und das wirkt sich auf dem politischen Gebiet am stärksten aus. Andrerseits kann die Wirksamkeit der Demokratie durch Spaltung innerhalb der Gruppe zerstört werden, zum Beispiel durch das Aufkommen so zahlreicher Parteien, daß keine Mehrheit mehr gebildet werden kann, die handlungsfähig ist. Oder es entstehen Parteien mit absolutistischen Ideologien, die auf Tod und Leben gegen die Opposition kämpfen. In solchen Fällen bleibt die Diktatur nicht mehr lange aus.

Es gibt eine Zweideutigkeit in der Rolle des Einzelnen in der Geschichte, die in allen politischen Systemen hervortritt. Sie äußert sich als Abwendung des Einzelnen von der Geschichte, als Verzicht auf Teilnahme an der Geschichte. In vielen Menschen besteht der Wunsch, sich der Geschichte überhaupt zu entziehen. Hamlets Monolog „Sein oder Nichtsein" bringt den existentiellen Grund für diesen Wunsch zum Ausdruck. In unserer Zeit hat der Zusammenbruch des Fortschrittsglaubens eine allgemeine Gleichgültigkeit der Geschichte gegenüber verursacht, und die Ost-West-Spaltung mit ihrer Gefahr der totalen Selbstvernichtung hat unzählige Menschen zu Zynismus und Verzweiflung getrieben. Sie haben das gleiche Gefühl wie die jüdischen Apokalyptiker, daß die Erde „alt" geworden ist – ein Bereich, in dem dämonische Kräfte herrschen, und sie richten den Blick über die Geschichte hinaus, in Resignation oder mystischer Erhebung. Die Symbole der Hoffnung, die weltlichen wie die religiösen, die für das Ziel stehen, auf das sich die Geschichte hinbewegt, haben ihre ergreifende Macht verloren. Der Einzelne fühlt sich als Opfer von Mächten, auf die er keinen Einfluß hat. Die Geschichte ist für ihn Negativität ohne Hoffnung.

Die Zweideutigkeit des Lebens in der geschichtlichen Dimension und die Folgen dieser Zweideutigkeit für das Leben des Einzelnen in seiner geschichtlichen Gruppe führen zu der Frage: Was bedeutet die Geschichte für den Sinn der Existenz überhaupt? Alle Deutungen der Geschichte versuchen, auf diese Frage eine Antwort zu geben.

C

DEUTUNGEN DER GESCHICHTE UND DIE
FRAGE NACH DEM REICH GOTTES

1. Wesen und Problem der Geschichtsdeutung

Jede Legende, jede Chronik, jeder Bericht vergangener Ereignisse, jedes gelehrte historische Werk enthält eine Deutung der Geschichte. Das folgt aus dem subjektiv-objektiven Charakter der Geschichte, von dem wir gesprochen haben. Eine solche Deutung hat jedoch mehrere Ebenen. Sie schließt ein: die Auswahl der Tatsachen nach dem Kriterium ihrer Wichtigkeit, die Bewertung kausaler Zusammenhänge, ein Bild von der Struktur der Person und der Gemeinschaft, eine Theorie über das Handeln von Einzelnen, Gruppen und Massen, eine soziale und politische Philosophie und – dem allen zugrunde liegend, ob eingestanden oder nicht, – eine Deutung des Sinnes der Geschichte als Teil einer Sinndeutung der Existenz überhaupt. Eine solche Deutung beeinflußt, bewußt oder unbewußt, alle Ebenen der Interpretation und ist ihrerseits von der Kenntnis geschichtlicher Prozesse im besonderen wie im allgemeinen abhängig. Diese gegenseitige Abhängigkeit von historischem Wissen und historischem Verstehen sollte von jedem erkannt werden, der sich mit Geschichte beschäftigt.

Unser Problem ist, die Geschichte auf die Frage hin zu interpretieren: Was bedeutet die Geschichte für den Sinn der Existenz im allgemeinen? In welcher Weise beeinflußt sie unser letztes Anliegen? Die Antwort auf diese Frage muß auf die Zweideutigkeiten bezogen werden, die in den Lebensprozessen in der Dimension der Geschichte enthalten und die alle Ausdruck der Zweideutigkeit der geschichtlichen Zeit sind.

Wie ist eine Antwort auf die Frage nach dem Sinn der Geschichte möglich? Der subjektiv-objektive Charakter der Geschichte schließt eine objektive, sachliche Antwort im Sinne wissenschaftlicher Deutung aus. Nur vollkommene Teilnahme am geschichtlichen Handeln kann die Grundlage für eine Deutung der Geschichte abgeben. Geschichtliches Handeln ist der Schlüssel zum Verständnis der Geschichte. Das würde jedoch zu so vielen verschiedenen Deutungen der Geschichte führen, wie es Typen des geschichtlichen Handelns gibt; und so erhebt sich die Frage: Welcher Typ stellt den richtigen Schlüssel dar? Oder mit anderen Worten: Welcher geschichtlichen Gruppe muß man angehören, um die universale Sicht zu gewinnen, die den Sinn der Geschichte enthüllt?

Alle geschichtlichen Gruppen sind partikulare Gruppen, und die Teilnahme an ihrem geschichtlichen Handeln bringt eine partikulare Auffassung vom Ziel des geschichtlichen Handelns mit sich. Es ist das Sendungsbewußtsein der Gruppe, von dem wir sprachen, das über den Schlüssel für das Verständnis der Geschichte entscheidet. Das griechische Selbstverständnis, aus dem Sendungsbewußtsein geboren, wie es zum Beispiel in der „*Politik*" des Aristoteles zum Ausdruck kommt, sieht in dem Gegensatz von Griechen und Barbaren den Schlüssel zum Verständnis der Geschichte, während das jüdische Selbstverständnis, wie es in der prophetischen Literatur zum Ausdruck kommt, einen solchen Schlüssel in der Herrschaft Jahwes über die Völker der Welt sieht[1]. Im Augenblick geht es um die Frage: Welche Gruppe und welches Sendungsbewußtsein können den universalen Schlüssel für das Verständnis der Geschichte als ganzer abgeben? Indem wir nach einer Antwort auf diese Frage suchen, haben wir bereits eine Deutung der Geschichte vorausgesetzt, die Anspruch auf Universalität macht. Wir haben uns bereits des Schlüssels bedient, indem wir seinen Gebrauch zu rechtfertigen suchten. Das ist eine unvermeidliche Folge des theologischen Zirkels, innerhalb dessen sich die systematische Theologie bewegt; aber dieser Zirkel ist unvermeidlich, sobald die Frage nach dem letzten Sinn der Geschichte gestellt wird. Der Schlüssel und das, was der Schlüssel erschließt, werden in ein und demselben Akt gefunden. Das Sendungsbewußtsein in einer bestimmten geschichtlichen Gruppe und das Geschichtsbild, das in diesem Bewußtsein mitgegeben ist, gehören zusammen. Innerhalb des Zirkels dieses theologischen Systems werden Schlüssel und Antwort im Christentum gefunden. Im christlichen Sendungsbewußtsein wird die Geschichte so gesehen, daß die Fragen, die mit der Zweideutigkeit des Lebens in der geschichtlichen Dimension gegeben sind, in dem Symbol „Reich Gottes" ihre Antwort finden. Die Gültigkeit dieser Antwort muß jedoch geprüft werden, indem dieses Symbol den anderen Haupttypen der Geschichtsdeutung gegenübergestellt und im Lichte dieser Gegenüberstellung neu interpretiert wird.

Die Deutung der Geschichte enthält mehr als nur eine Antwort auf das Problem der Geschichte. Da Geschichte die alles umfassende Dimension des Lebens ist und da geschichtliche Zeit alle anderen Dimensionen der Zeit voraussetzt, enthält die Antwort auf die Frage nach dem Sinn der Geschichte eine Antwort auf die Frage nach dem universalen Sinn des Seins. Die geschichtliche Dimension ist in allen Lebensbereichen gegenwärtig, wenn auch nur als untergeordnetes Element in

---

[1] Weitere Beispiele wurden oben auf S. 355 gegeben.

der Struktur eines Bereiches. In der menschlichen Geschichte kommt sie zu voller Aktualisierung. Mit ihrer Aktualisierung aber bezieht sie die Zweideutigkeit und Problematik in den anderen Dimensionen in sich ein. Auf das Symbol „Reich Gottes" angewandt, bedeutet das, daß das „Reich" das Leben in allen Bereichen umfaßt, oder daß alles Seiende an dem Streben nach dem inneren Ziel der Geschichte teilhat: der Erfüllung der Selbst-Transzendierung. Solch eine Behauptung ist in der Tat mehr als eine Antwort auf die Frage der Geschichtsdeutung. Sie enthält bereits eine Deutung. Deshalb müssen wir uns jetzt fragen: Wie kann diese besondere Auffassung von dem inneren Ziel der Geschichte, wie sie in dem theologischen System erscheint, beschrieben und gerechtfertigt werden?

2. Negative Antworten auf die Frage nach dem Sinn der Geschichte

Die Zweideutigkeiten der Geschichte als der letzte Ausdruck der Zweideutigkeiten des Lebens in allen seinen Dimensionen haben zu einer grundsätzlichen Spaltung in der Bewertung der Geschichte und des Lebens selbst geführt. Wir haben darauf in dem Kapitel über das Neue Sein und seine Erwartung hingewiesen und die beiden Typen der Geschichtsdeutung, den geschichtlichen und den ungeschichtlichen, einander gegenübergestellt. Der ungeschichtliche Typ, den wir zuerst beschreiben wollen, beruht auf der Annahme, daß der Ablauf der geschichtlichen Zeit weder innerhalb noch jenseits der Geschichte ein Ziel habe, sondern daß die Geschichte der „Ort" sei, an dem einzelne Wesen ihr Leben leben, ohne Bewußtsein von einem ewigen Ziel ihres persönlichen Lebens. Die meisten Menschen nehmen diese Haltung der Geschichte gegenüber ein. Man kann drei verschiedene Formen dieser ungeschichtlichen Auffassung von der Geschichte unterscheiden: die tragische, die mystische und die mechanistische.

Die tragische Geschichtsauffassung hat ihren klassischen Ausdruck im Griechentum gefunden, ist aber keineswegs auf dieses beschränkt. Nach dieser Anschauung bewegt sich die Geschichte nicht auf ein geschichtliches oder übergeschichtliches Ziel zu, sondern sie bewegt sich im Kreis zu ihrem Anfang zurück. In ihrem Verlauf bringt sie jedem Wesen Entstehung, Blüte und Verfall, jedes zu seiner Zeit und in bestimmten Grenzen. Es gibt nichts jenseits oder über diesem Zeitablauf, der selbst durch das Schicksal bestimmt ist. Innerhalb der kosmischen Kreisbewegung lassen sich Perioden unterscheiden, die in ihrer Gesamtheit einen Prozeß des Verfalls darstellen, der mit ursprünglicher Vollkommenheit beginnt und gradweise zu einem Zustand äußerster Entstellung dessen führt, was Welt und Mensch ihrem Wesen nach sind. Existenz in Zeit und Raum und die Vereinzelung der Individuen ist tragische Schuld, die notwendigerweise zu Selbstzerstörung führt. Aber Tragik setzt Größe voraus, und in dieser Anschauung wird eine starke Betonung auf Größe in Form von Zentriertheit, schöpferischer Kraft und Selbst-Transzendenz gelegt. Die Größe des Lebens in der Natur, im Leben der Völker und einzelner Menschen wird gepriesen, und weil das Leben groß ist, werden seine Kürze, sein Elend und seine Tragik beklagt. Aber es gibt keine Hoffnung, keine Erwartung einer immanenten oder transzendenten Erfüllung der Geschichte. Diese Anschauung des Lebens ist ungeschichtlich; sie geht nicht über den tragischen Kreis von Geburt und Tod hinaus. Die Zweideutigkeit des Lebens wird nicht überwunden; es gibt keinen Trost für die desintegrierende, zerstörerische, profanisierende Seite des Lebens, und die einzige Kraftquelle ist der Mut, der den Helden und Weisen über die Unbeständigkeit der geschichtlichen Existenz erhebt.

Diese Art, die Geschichte zu transzendieren, weist auf den zweiten Typ der ungeschichtlichen Geschichtsdeutung hin, den mystischen. Obwohl er auch innerhalb der westlichen Kultur zu finden ist, wie beispielsweise im Neuplatonismus und im Spinozismus, hat er sich nur im Osten zu vollkommenen und einflußreichen Formen entwickelt, wie im Vedanta-Hinduismus, im Taoismus und im Buddhismus. Nach dieser Anschauung ist die geschichtliche Existenz ohne Sinn in sich selbst. Der Mensch muß in ihr leben und muß vernünftig handeln; aber die Geschichte selbst kann weder das Neue schaffen, noch ist sie wahrhaft wirklich. Diese Haltung, die verlangt, daß wir uns *über* die Geschichte erheben, während wir *in* ihr leben, ist die in der geschichtlichen Menschheit am meisten verbreitete Haltung zur Geschichte. In einigen Hindu-Philosophien gibt es – ähnlich wie im Stoizismus – die Vorstellung von kosmischen Zyklen von Geburt und Verfall, in denen die geschichtliche Menschheit von einer Periode zur nächsten herabsinkt bis zu der letzten, in der wir uns gegenwärtig befinden. Aber im allgemeinen gibt es in dieser ungeschichtlichen Haltung zur Geschichte kein Bewußtsein von geschichtlicher Zeit und von einem Ziel, auf das sich die Geschichte hinbewegt. Im Vordergrund stehen das Individuum und besonders die wenigen erleuchteten Individuen, die sich der menschlichen Situation bewußt sind. Die übrigen trifft das pharisäische Urteil über ihr „Karma", das sie in einer früheren Inkarnation selbst verschuldet haben; oder sie werden zum Gegenstand des Mitleids und besonderer religiöser Ermahnungen, die ihrem unerleuchteten Zustand entsprechen, wie in gewissen Formen des Buddhismus. Auf keinen Fall enthalten diese Religionen einen Ansporn, die Geschichte auf das Ziel einer universalen Menschlichkeit und Gerechtigkeit hin zu verwandeln. Die Geschichte hat kein Ziel, weder in der Zeit noch in der Ewigkeit. Daraus folgt wiederum, daß auch die Zweideutigkeiten des Lebens, die in allen Dimensionen herrschen, nicht überwunden werden können. Es gibt nur eine Möglichkeit, ihrer Herr zu werden: sie zu transzendieren und mit ihnen zu leben als einer, der bereits zu dem „letzten Einen" zurückgekehrt ist. Wem das gelingt, der hat die Wirklichkeit nicht verwandelt, sondern hat sich von der Verstrickung in ihr befreit. Hier gibt es kein Symbol, das dem „Reich Gottes" entspricht. Aber man findet oft ein tiefes Mitleiden für das universale Leid in allen Dimensionen des Lebens – ein Element, das in der westlichen Welt, in der die geschichtliche Geschichtsauffassung ausschlaggebend ist, oft fehlt.

Unter dem Einfluß der modernen wissenschaftlichen Erklärung der Wirklichkeit in allen ihren Dimensionen hat sich auch das Verständnis der Geschichte geändert, nicht nur gegenüber der mystischen, sondern auch gegenüber der tragischen Anschauung von der Geschichte. Die physikalische Zeit ist in der Analyse der Zeit so beherrschend, daß die besonderen Qualitäten der biologischen, und erst recht der geschichtlichen Zeit übersehen werden. Die Geschichte ist zu einer Reihe von Geschehnissen im physikalischen Raum geworden, die interessant sind und wert, verzeichnet und erforscht zu werden, aber nicht zum Verständnis der Existenz als solcher beitragen. Man kann hier von dem „mechanistischen" Typ der Geschichtsdeutung sprechen (wobei „mechanistisch" im Sinn des reduktionistischen Naturalismus verstanden ist). Die mechanistische Deutung legt keine Betonung auf das tragische Element in der Geschichte, wie es der griechische Naturalismus tat. Da sie in enger Beziehung zu der wissenschaftlichen und technischen Naturbeherrschung steht, hat sie oft fortschrittsgläubigen Charakter. Aber sie kann auch die entgegengesetzte Richtung einnehmen, die der zynischen Entwertung der Existenz im allgemeinen und der Geschichte im besonderen. In keinem Fall versteht sie die Geschichte als einen Prozeß, der sich auf ein innergeschichtliches oder übergeschichtliches Ziel hinbewegt.

3. Positive, aber unzulängliche Antworten auf die Frage nach dem Sinn der Geschichte

In manchen Fällen verbindet sich die mechanistische Geschichtsauffassung mit dem Fortschrittsglauben und führt zu der ersten unter den geschichtlichen Deutungen der Geschichte, die zu besprechen ist. In ihr bedeutet „Fortschritt" mehr als eine empirische Tatsache (obwohl er auch dies ist); er ist zu einem quasi-religiösen Symbol geworden. In dem Abschnitt über „Fortschritt" erörterten wir die Berechtigung und die erfahrungsmäßigen Grenzen dieses Begriffs. Jetzt müssen wir ihn in seinen Erhebungen zu einem universalen Gesetz betrachten, das die Dynamik der Geschichte bestimmt. Die positive Seite des Fortschrittsglaubens besteht darin, daß er einerseits die progressive Intention in jedem schöpferischen Akt betont und andrerseits diejenigen Gebiete der Selbst-Verwirklichung des Lebens heraushebt, zu deren Wesen Fortschritt gehört, z. B. die Technik. Dadurch bestätigt das Symbol des Fortschritts die entscheidende Qualität der geschichtlichen Zeit, nämlich ihr „Auf-ein-Ziel-Gerichtetsein". Der Fortschrittsglaube ist eine echt geschichtliche Auffassung von der Geschichte. Zeitweise war seine Symbolkraft so stark wie die der großen religiösen Symbole der Geschichtsdeutung, das Symbol „Reich Gottes" eingeschlossen. Der Fortschrittsglaube hat dem geschichtlichen Handeln Antrieb gegeben, hat Revolutionen ihre Leidenschaftlichkeit verliehen und hat vielen Menschen, die allen anderen Glauben verloren hatten, einen neuen Lebenssinn gegeben, so daß es für sie eine geistige Katastrophe bedeutete, als schließlich auch der Fortschrittsglaube zusammenbrach. Kurz, Fortschritt war ein quasi-religiöses Symbol geworden, obwohl sein Ziel innergeschichtlich ist.

Man kann zwei Formen des Fortschrittsgedankens unterscheiden: den Glauben an den Fortschritt an sich als endlosen Prozeß und den Glauben an einen Endzustand der Erfüllung im Sinne des Begriffs „drittes Stadium". Die erste Form ist der Ausdruck des eigentlichen Fortschrittsgedankens; die zweite Form ist Utopismus (der eine besondere Besprechung verlangt). Fortschrittsglaube als Glaube an endlosen Fortschritt als solchen ohne bestimmtes Ziel verdankt seine Entstehung der idealistischen Richtung in der philosophischen Selbst-Interpretation der modernen Industrie-Gesellschaft. Der Neukantianismus war besonders wichtig für die Entwicklung der Idee des unendlichen Fortschritts: danach ist Wirklichkeit die niemals beendete Schöpfung des kulturellen Schaffens des Menschen. Hinter dieser Schöpfung gibt es keine „Wirklichkeit an sich". Auch in Hegels dialektischen Prozessen fehlt das Element des endlosen Fortschritts nicht. Die treibende Kraft ist die Negation, die – wie Bergson besonders betont hat – eine unendliche Offenheit der Zukunft voraussetzt und Fortschritt selbst für Gott fordert. Die Tatsache, daß Hegel die dialektische Bewegung mit seiner eigenen Philosophie als beendet betrachtete, war keine notwendige Folgerung aus seinem Prinzip und verhinderte nicht, daß der Fortschrittsglaube des 19. Jahrhunderts aufs stärkste durch Hegel beeinflußt wurde. Die positivistische Richtung der Philosophie des 19. Jahrhunderts konnte – wie Comte und Spencer beweisen – den Fortschrittsglauben in ihrer eigenen Weise aufnehmen; diese Schule hat ein großes Maß von Material geliefert, das den Fortschritt als universales Gesetz der Geschichte beweisen sollte – ein Gesetz das für alle Dimensionen des Lebens gilt, aber erst in der menschlichen Geschichte sich seiner bewußt wird.

Die Erfahrungen unseres Jahrhunderts haben den Fortschrittsglauben untergraben: die katastrophalen Rückfälle auf Stufen der Unmenschlichkeit, die man für längst überwunden gehalten hatte, das Sichtbarwerden von Zweideutigkeiten des Fortschritts auf Gebieten, in denen wirklicher Fortschritt stattfindet, das Gefühl der Sinnlosigkeit eines endlosen Fortschritts ohne Ziel und die Erkenntnis, daß jedes neue Lebewesen mit der Freiheit geboren wird, neu zu beginnen, sei es zum Guten oder zum Bösen. Es ist erstaunlich, wie plötzlich und radikal der Fortschrittsglaube zusammengebrochen ist, so radikal, daß heute viele Menschen – der Verfasser eingeschlossen –, die vor zwanzig Jahren gegen die Fortschrittsideologie kämpften, es für nötig halten, die berechtigten Elemente dieser Idee zu verteidigen.

Utopismus

Den schärfsten Angriff auf den Glauben an endlosen Fortschritt enthielt eine Idee, die aus derselben Wurzel stammt – die utopische Geschichtsauffassung. Utopismus ist Fortschrittsglaube mit einem bestimmten Ziel, nämlich dem Ziel, das Stadium der Geschichte zu erreichen, in dem die Zweideutigkeiten des Lebens überwunden sind. Um den Utopismus zu verstehen, ist es nötig – wie im Falle des Fortschrittsglaubens –, die treibende Kraft im Utopismus von dem wörtlich verstandenen Symbol der Utopie zu unterscheiden (vgl. „Das Symbol des dritten Stadiums in der Geschichte"). Die Stoßkraft der Utopie liegt in ihrer Intensivierung des Fortschrittsgedankens. Aber sie unterscheidet sich von diesem durch den Glauben, daß durch gegenwärtiges revolutionäres Handeln die endgültige Umgestaltung der Wirklichkeit herbeigeführt und das Stadium der Geschichte erreicht werde, in dem der *ou-topos* (Nicht-Ort) zum universalen Ort der Geschichte wird. Dieser Ort ist unsere Erde, der Planet, der im geozentrischen Weltbild am weitesten von der himmlischen Sphäre entfernt und im heliozentrischen Weltbild ein Stern neben anderen ist mit der gleichen Würde, Endlichkeit und inneren Unendlichkeit wie alle anderen. Und es ist der Mensch, der Mikrokosmos, in dem alle Dimensionen des Universums verkörpert sind, der die Erde in den Ort der Erfüllung verwandeln soll, die im „Paradies" bloße Potentialität war. Diese Ideen der Renaissance liegen vielen Formen des säkularen Utopismus der

Neuzeit zugrunde und haben revolutionären Bewegungen bis heute Antrieb gegeben.

Die Fragwürdigkeit der utopischen Geschichtsdeutung ist in den Entwicklungen des 20. Jahrhunderts deutlich zutage getreten. Die Macht und Wahrheit der utopischen Stoßkraft jedoch hat sich durch den ungeheuren Erfolg auf all den Gebieten erwiesen, in denen das Gesetz des Fortschritts gilt, wie ihn die Renaissance-Utopien vorausgesehen hatten; aber zugleich ist der radikale Widerspruch zwischen diesem Fortschritt und dem Rückschritt in den Bereichen, in denen menschliche Freiheit bestimmend ist, in Erscheinung getreten. Auch in diesen Bereichen jedoch hatten die Utopisten der Renaissance und ihre Nachfolger in den revolutionären Bewegungen der letzten dreihundert Jahre einen Zustand unzweideutiger Erfüllung erwartet. Aber diese Erwartungen wurden zerstört, und eine tiefe Enttäuschung trat an ihre Stelle, wie sie immer nach gebrochenen Utopien eintritt. Eine Geschichte solcher „existentieller Enttäuschungen" in der Neuzeit wäre eine Geschichte des Zynismus, der Gleichgültigkeit der Massen, des gespaltenen Bewußtseins der führenden Gruppen, des Fanatismus und der Tyrannei. Existentielle Enttäuschungen erzeugen individuelle und soziale Krankheiten und Katastrophen – ein Preis, der für ekstatische Abgötterei bezahlt werden muß; denn Utopismus, wenn er wörtlich verstanden wird, ist Abgötterei. Er macht ein Vorläufiges zum Endgültigen. Er macht etwas Bedingtes (die zukünftige geschichtliche Situation) zum Unbedingten und übersieht dabei die unvermeidliche existentielle Entfremdung und die Zweideutigkeiten des Lebens und der Geschichte. Das macht die utopische Geschichtsdeutung unzulänglich und gefährlich.

Eine dritte Art unzulänglicher Geschichtsdeutung könnte als der „transzendentalistische" Typ bezeichnet werden. Er ist in der eschatologischen Stimmung des Neuen Testaments und der frühen Kirche bis zu Augustin enthalten und ist in seiner radikalen Form vom orthodoxen Luthertum geprägt worden. Danach ist die Geschichte der Ort, an dem nach der Vorbereitung durch das Alte Testament der Christus erschienen ist, um den einzelnen Menschen innerhalb der Kirche aus der Knechtschaft der Sünde und der Schuld zu befreien und würdig zu machen, nach dem Tode am Himmelreich teilzuhaben. Geschichtliches Handeln, besonders in dem entscheidenden politischen Bereich, kann weder innerlich noch äußerlich von der Zweideutigkeit der Macht befreit werden. Zwischen der Gerechtigkeit des Reiches Gottes und der Gerechtigkeit der Machtgebilde besteht keine Verbindung; die beiden Welten sind durch eine unüberbrückbare Kluft voneinander getrennt. Der sektiererische Utopismus sowie die theokratische Geschichtsdeutung des Calvinismus werden abgelehnt. Revolutionäre Versuche, ein korruptes politisches System abzuändern, widersprechen dem Willen Gottes, wie er in den Werken seiner Vorsehung zum Ausdruck kommt. Nachdem die Geschichte zum Schauplatz erlösender Offenbarung geworden ist, kann nichts wesentlich Neues mehr in ihr erwartet werden. Die Haltung, die in diesen Gedanken zum Ausdruck kommt, entsprach der Lage der meisten Menschen zur Zeit des späten Feudalismus in West- und Osteuropa, und sie enthält ein Element, das der Lage unzähliger Menschen zu allen Zeiten der Geschichte entspricht. In der Theologie ist diese Haltung ein notwendiges Gegengewicht gegen die Gefahr des weltlichen wie des religiösen Utopismus; aber sie genügt nicht als geschichtliche Deutung der Geschichte. Ihr offensichtlicher Nachteil ist, daß sie die Erlösung des Einzelnen in Gegensatz stellt zu dem Schicksal der geschichtlichen Gruppe und des Universums und auf diese Art das eine vom anderen trennt. Diese Haltung wurde scharf kritisiert von Thomas Münzer, der gegen Luther auf die soziale Lage der Massen hinwies, die ihnen weder Zeit noch Kraft für ein Leben des Geistes ließ. Dieses Urteil wurde später von den Religiösen Sozialisten wiederholt in ihrer Analyse der soziologischen und psychologischen Lage des Proletariats in den Industriestädten des ausgehenden 19. und des beginnenden 20. Jahrhunderts. Ein weiterer Nachteil der transzendentalistischen Geschichtsinterpretation ist die Art, wie sie das Reich der Erlösung dem Reich der Schöpfung entgegenstellt. Macht an sich ist ein geschaffenes Gutes und ein Element in der essentiellen Struktur des Lebens. Wenn sie jedoch von der Erlösung ausgeschlossen ist – wie fragmentarisch die Erlösung auch sein mag –, dann ist auch das Leben selbst von der Erlösung ausgeschlossen. In solchen Konsequenzen wird die Gefahr des Manichäismus in der transzendentalistischen Geschichtsauffassung sichtbar.

Schließlich wird in dieser Anschauung das Symbol „Reich Gottes" als eine statische, übernatürliche Ordnung betrachtet, in die einzelne Menschen nach dem Tode eingehen – anstatt im Sinne der Bibel als dynamische Macht auf der Erde, um deren Kommen wir im Vaterunser beten, eine Macht, die mit den dämonischen Gewalten im Kampf liegt, die in den Kirchen und den Reichen der Welt wirksam sind. Der transzendentalistische Typ der Geschichtsdeutung erweist sich also als unzulänglich, weil er Kultur wie Natur von den erlösenden Kräften in der Geschichte ausschließt. Dies ist paradoxerweise gerade durch den Typ des Protestantismus geschehen, der – nach der Tradition Luthers – die positivste Haltung zur Natur hatte und am meisten zur Entwicklung der Künste, der Erkenntnis und der Wissenschaften beigetragen hat. Aber all dies mußte wegen der transzendentalistischen Haltung des Luthertums gegen Politik, Sozialethik und Geschichte ohne entscheidenden Einfluß auf das moderne Christentum bleiben.

Nicht zufrieden mit der fortschrittsgläubigen, utopischen und transzendentalistischen Deutung der Geschichte (und in Ablehnung der ungeschichtlichen Typen) suchten die Religiösen Sozialisten in den frühen zwanziger Jahren dieses Jahrhunderts nach einer Lösung, die diese Unzulänglichkeiten vermied und sich auf den biblischen Prophetismus stützte. Dieser Versuch ging von einer Neuinterpretation des Symbols „Reich Gottes" aus.

4. Das Symbol „Reich Gottes" als die Antwort auf die Frage nach dem Sinn der Geschichte

a) *Die Charakteristika des Symbols „Reich Gottes".* – In dem Kapitel über die drei Symbole für das unzweideutige Leben zeigten wir, in welcher Beziehung das Symbol „Reich Gottes" zu den Symbolen „Gegenwart des göttlichen Geistes" und „Ewiges Leben" steht, und stellten fest, daß jedes dieser Symbole die beiden anderen in sich einbegreift. Wegen der Verschiedenheit des symbolischen Stoffes jedoch ist es berechtigt, „Gegenwart des göttlichen Geistes" als die Antwort auf die Zweideutigkeit des menschlichen Geistes und seiner Funktionen zu verstehen, „Reich Gottes" als die Antwort auf die Zweideutigkeit der Geschichte und „Ewiges Leben" als die Antwort auf die Zweideutigkeit des Lebens in seiner Universalität. Aber die Bedeutung des Symbols „Reich Gottes" ist umfassender als die der beiden anderen Symbole. Das ist in dem Doppelcharakter des Symbols „Reich Gottes" begründet, das einen innergeschichtlichen und einen übergeschichtlichen Aspekt hat. Soweit es innergeschichtlich ist, nimmt es an der Dynamik der Geschichte teil; soweit es übergeschichtlich ist, enthält es die Antwort auf die Fragen, die mit der Zweideutigkeit der geschichtlichen Dynamik gegeben sind. In der ersten Eigenschaft manifestiert es sich in der „Gegenwart des göttlichen Geistes", in der zweiten Eigenschaft ist es identisch mit dem „Ewigen Leben". Dieser Doppelcharakter macht „Reich Gottes" zu einem äußerst wichtigen und äußerst schwierigen Symbol im christlichen Denken und sogar zu einem höchst kritischen Symbol für den politischen und kirchlichen Absolutismus. Aus diesem Grund ist es in der kirchlichen Entwicklung des Christentums wie in dem Sakramentalismus der beiden katholischen Kirchen in den Hintergrund gedrängt worden und hat heute, nachdem es von der Bewegung des *Social Gospel* und einigen Richtungen des Religiösen Sozialismus wieder aufgenommen (und im ersten Fall teilweise säkularisiert) worden war, seine Macht wieder eingebüßt. Das ist merkwürdig angesichts der Tatsache, daß Jesu erste Botschaft die Botschaft vom „Himmelreich, das nahe ist", war und daß die Christenheit in jedem Vaterunser um das Kommen des Reiches Gottes bittet.

Die Wiederbelebung dieses Symbols kann durch die Begegnung des Christentums mit den asiatischen Religionen, besonders mit dem Buddhismus, bewirkt werden. Obwohl die großen, aus Indien stammenden Religionen behaupten, daß sie jede Religion als Teil-Wahrheit in ihre sich selbst transzendierende Universalität aufnehmen können, scheint es nicht möglich, daß sie das Symbol „Reich Gottes" auch nur annähernd in seinem ursprünglichen Sinn bejahen können. Der symbolische Stoff ist Bereichen entnommen – dem persönlichen, gesellschaftlichen und politischen –, die in der Grunderfahrung des Buddhismus radikal transzendiert werden, während sie wesenhafte und immer vorhandene Elemente der christlichen Erfahrung sind. Die Folgen dieser Verschiedenheit für Religion und Kultur in Ost und West sind von weltgeschichtlicher Bedeutung. Kein anderes Symbol des Christentums scheint so deutlich auf die Wurzel der Unterschiede zwischen östlicher und westlicher Religion hinzuweisen wie das Symbol „Reich Gottes", besonders wenn es dem Symbol des „Nirwana" gegenübergestellt wird.

Die erste Bedeutung des Symbols „Reich Gottes" ist die politische. Das entspricht dem Vorrang der politischen Sphäre in der geschichtlichen Dynamik. In dem Sinn, in dem das Alte Testament das Symbol entwickelt hat, bedeutet das „Reich Gottes" weniger ein Reich, in dem Gott herrscht, als die herrschende Macht selbst, die Gott gehört und die er nach dem Sieg über seine Feinde ergreifen wird. Obwohl das „Reich" als solches nicht im Vordergrund steht, fehlt es auch nicht gänzlich; es ist im Alten Testament identisch mit dem Berg Zion, mit Israel, mit den Völkern oder mit dem Universum. Im späten Judentum und im Neuen Testament, wo das Reich der göttlichen Herrschaft wichtiger wird, wird es als ein verwandelter Himmel und eine verwandelte Erde, als eine neue Wirklichkeit in einem neuen Zeitalter gesehen. Es ist das Ergebnis einer Wiedergeburt der alten in einer neuen Schöpfung, in der Gott alles in allem ist. Das politische Symbol wird zum kosmischen Symbol, ohne seine politische Bedeutung zu verlieren. Die verschiedenen Symbolisierungen der göttlichen Majestät, wie sie z. B. in dem englischen Ausdruck *kingdom of God* erscheinen, bedeuten keine Einführung einer spezifischen Verfassungsform in den symbolischen Stoff, im Gegensatz zu anderen Verfassungsformen wie der demokratischen. Das Symbol „König" ist (im Gegensatz zu anderen

Herrschaftsbezeichnungen) seit den ältesten Zeiten als unabhängiges Symbol für das höchste und heiligste Zentrum der politischen Macht gebraucht worden. Seine Anwendung auf Gott ist darum allgemein verständlich und in doppeltem Sinne symbolisch.

Die zweite Bedeutung des Symbols „Reich Gottes" ist die soziale. Sie schließt die Idee des Friedens und der Gerechtigkeit ein, aber sie steht damit nicht im Gegensatz zu der politischen Seite des Symbols und folglich auch nicht im Gegensatz zur Macht. In diesem Sinne erfüllt das Reich Gottes die utopische Erwartung eines Reiches des Friedens und der Gerechtigkeit. Aber indem dem Wort „Reich" das Wort „Gottes" hinzugefügt wird, wird dem Symbol der utopische Charakter genommen, denn durch diesen Zusatz wird die Unmöglichkeit einer irdischen Erfüllung implizit anerkannt. Trotzdem bleibt das soziale Element in dem Symbol ein ständiger Hinweis darauf, daß es keine Heiligkeit gibt ohne das Heilige des Sein-Sollenden, das heißt den unbedingten moralischen Imperativ der Gerechtigkeit.

Das dritte Charakteristikum des Symbols „Reich Gottes" ist sein Personalismus. Im Gegensatz zu Symbolen, in denen die Rückkehr zu dem „letzten Einen" als Ziel der Existenz aufgefaßt wird, wird in dem Symbol „Reich Gottes" dem Individuum ein ewiger Wert zuerkannt. Das übergeschichtliche Ziel, auf das die Geschichte hinführt, ist nicht Auslöschung, sondern Erfüllung der Menschheit in jedem Menschen.

Das vierte Charakteristikum des Symbols „Reich Gottes" ist seine Universalität. Es ist ein Reich, in dem nicht nur die Menschheit, sondern das Leben in allen Dimensionen Erfüllung findet. Das entspricht der vieldimensionalen Einheit des Lebens: Erfüllung in einer Dimension schließt Erfüllung in allen Dimensionen ein. In dieser Eigenschaft transzendiert das Symbol „Reich Gottes" das personalistisch-soziale Element, ohne es aufzuheben. Paulus drückt das so aus, daß „Gott alles in allem" sein wird, und daß der Christus Gott die Herrschaft über die Geschichte übergeben wird, wenn die Geschichte ihr Ziel erreicht hat.

b) *Die immanenten und die transzendenten Elemente in dem Symbol „Reich Gottes".* – Um sowohl eine positive wie eine zulängliche Antwort auf die Frage nach dem Sinn der Geschichte zu sein, muß das Symbol „Reich Gottes" zugleich immanent und transzendent sein. Jede einseitige Interpretation beraubt das Symbol seiner Kraft. In dem Abschnitt über die unzulänglichen Antworten auf die Frage nach dem Sinn der Geschichte besprachen wir die utopische und die transzendentalistische Interpretation und führten für beide Beispiele aus der christlich-protestantischen Tradition an. Das beweist, daß der bloße Ge-

brauch des Symbols „Reich Gottes" noch keine Gewähr für eine angemessene Antwort auf die Frage nach dem Sinn der Geschichte ist. Obwohl die Geschichte des Symbols alle Elemente einer genügenden
Antwort enthält, zeigt die gleiche Geschichte, daß, wenn eines dieser
Elemente unterdrückt wird, der Sinn des Symbols verzerrt wird. Deshalb ist es wichtig, auf das Hervortreten dieser Elemente in der Entwicklung der Idee vom „Reich Gottes" hinzuweisen.

In der prophetischen Literatur liegt die Betonung auf dem inner-
geschichtlich-politischen Element. Für die Propheten offenbart sich
Jahwes Wesen und Willen in dem Schicksal Israels, und die Zukunft
Israels zeigt den Sieg, den der Gott Israels im Kampf gegen seine
Feinde erringen wird. Der Berg Zion wird zum religiösen Mittelpunkt
für alle Völker werden; und obwohl „der Tag Jahwes" in erster Linie
der Tag des Gerichts ist, ist er doch auch Erfüllung im geschichtlich-
politischen Sinn. Aber damit ist noch nicht alles gesagt. Die Visionen
von Gericht und Erfüllung enthalten ein Element, das kaum noch innergeschichtlich oder immanent genannt werden kann. Es ist Jahwe, der
den Kampf gegen Feinde gewinnen wird, die Israel an Zahl und Macht
unendlich überlegen sind. Es ist Gottes heiliger Berg, zu dem trotz seiner
geographischen Bedeutungslosigkeit alle Völker kommen werden, um
Gott anzubeten. Der wahre Gott, der Gott der Gerechtigkeit, besiegt
eine Übermacht teils politischer, teils dämonischer Gewalten. Der Messias, der das neue Weltalter herbeiführen wird, ist ein menschliches
Wesen mit übermenschlichen Zügen. Der Friede zwischen den Völkern
schließt die Natur ein, so daß die wildesten Tiere friedlich nebeneinander leben werden. Diese transzendenten Elemente innerhalb der vorherrschend immanent-politischen Bedeutung der Idee vom Reich Gottes
weisen auf seinen Doppelcharakter hin. Das Reich Gottes kann nicht
durch die innergeschichtliche Entwicklung allein geschaffen werden. In
den politischen Erschütterungen des Judentums während der römischen
Herrschaft war dieser Doppelcharakter der prophetischen Vision fast
vergessen worden – was zur völligen Vernichtung von Israels natio-
naler Existenz führte.

Ähnliche Erfahrungen lange vor der Zeit der römischen Herrschaft
hatten jedoch dazu geführt, daß die Betonung von der immanent-
politischen Seite der Idee vom Reich Gottes auf die transzendent-
universale Seite verlegt wurde. Dies kommt am eindrucksvollsten in
der sogenannten apokalyptischen Literatur der zwischentestament-
lichen Zeit und bei einigen ihrer Vorläufer im späteren Teil des Alten
Testaments zum Ausdruck. Die geschichtliche Vision wird erweitert
und durch eine kosmische Vision ersetzt. Danach ist die Erde alt ge-

worden, und dämonische Gewalten haben von ihr Besitz ergriffen. Kriege, Krankheit und Naturkatastrophen von kosmischem Ausmaß werden der Wiedergeburt aller Dinge und dem neuen Weltalter vorausgehen, in dem Gott Herr über alle Völker sein wird und die prophetischen Hoffnungen erfüllt sein werden. Dies wird jedoch nicht durch geschichtliche Entwicklung geschehen, sondern durch göttlichen Eingriff und durch eine neue Schöpfung, die einen neuen Himmel und eine neue Erde schafft. Derartige Visionen sind weder von der geschichtlichen Situation abhängig, noch sind sie durch menschliches Handeln bedingt. Der göttliche Mittler ist nicht mehr der geschichtliche Messias, sondern der „Menschensohn", der „himmlische Mensch". Diese Geschichtsauffassung war bestimmend für das Neue Testament. Innergeschichtlich-politische Ziele waren innerhalb des römischen Imperiums unerreichbar. Das Imperium muß seiner guten Elemente wegen akzeptiert werden (Paulus); Gott wird es seiner dämonischen Struktur wegen vernichten (Offenbarung). Offensichtlich ist diese Vision weit von jedem innergeschichtlichen Fortschrittsglauben oder Utopismus entfernt; aber sie ist trotzdem nicht ohne immanent-politische Elemente. Der Hinweis auf das römische Reich – das zuweilen als das letzte und größte der Weltreiche betrachtet wird – beweist, daß die Vorstellung von dämonischen Gewalten nicht nur ein Bild der Phantasie ist. Sie hat Bezug auf die geschichtlichen Mächte der Zeit, in der sie konzipiert wurde, und die kosmischen Katastrophen, die beschrieben werden, schließen auch geschichtliche Ereignisse aus dem tatsächlichen Leben der Völker ein. Das letzte Stadium der menschlichen Geschichte wird in Farben beschrieben, die der tatsächlichen Geschichte entnommen sind. Immer wieder haben spätere Zeiten in den mythischen Bildern der Apokalypse ihre eigene geschichtliche Existenz zu erkennen geglaubt. Das Neue Testament fügt dieser Vision ein neues Element hinzu: das innergeschichtliche Erscheinen Jesu als des Christus und die Gründung der Kirche inmitten der Zweideutigkeiten der Geschichte. Daraus geht hervor, daß die Betonung der Transzendenz in dem Symbol „Reich Gottes" innergeschichtliche Züge von entscheidender Bedeutung nicht ausschließt, ebenso wie die Vorherrschaft des immanenten Elements einen transzendenten Symbolismus nicht ausschließt.

Diese Entwicklungen zeigen, daß das Symbol „Reich Gottes" die Möglichkeit hat, zugleich immanente und transzendente Elemente zum Ausdruck zu bringen, obwohl in der Regel eines der beiden Elemente vorherrscht. Dies darf nicht vergessen werden, wenn in den folgenden Teilen des Systems die Wirklichkeit des Reiches Gottes innerhalb und jenseits der Geschichte erörtert wird.

II. DAS REICH GOTTES
INNERHALB DER GESCHICHTE

A

DIE DYNAMIK DER GESCHICHTE
UND DAS NEUE SEIN

1. Die Idee der „Heilsgeschichte"

In dem Abschnitt „Die Manifestation des göttlichen Geistes in der
geschichtlichen Menschheit" (Teil IV, S. 165 ff.) setzten wir die Lehre
vom göttlichen Geist in Beziehung zu der geschichtlichen Existenz des
Menschen, aber wir behandelten nicht die geschichtliche Dimension
selbst. Wir klammerten die Geschichte aus – nicht, weil sie nicht in
jedem Augenblick des geistigen Lebens wirksam wäre, sondern weil
die verschiedenen Aspekte nur nacheinander behandelt werden können.
Jetzt müssen wir die Gegenwart des göttlichen Geistes und seine Manifestationen beschreiben, insofern sie an der Dynamik der Geschichte
teilhaben.

Die Theologie hat dieses Problem unter dem Begriff der Heilsgeschichte behandelt. Da dieser Begriff viele ungelöste Probleme enthält, gebrauche ich ihn nur versuchsweise und mit ernsten Vorbehalten.
Das erste Problem ist die Frage, wie sich Heilsgeschichte und Offenbarungsgeschichte zueinander verhalten. Die fundamentale Antwort
hierauf haben wir in Teil I (S. 129–158) gegeben: Wo Offenbarung ist,
ist auch Erlösung. Das können wir umkehren und sagen: Wo Erlösung
ist, ist auch Offenbarung. Erlösung schließt Offenbarung ein, da sie das
Element der Wahrheit in der erlösenden Manifestation des Seinsgrundes betont. Deshalb sprechen wir, wenn wir von universaler (nicht
„allgemeiner") Offenbarung sprechen, implizit auch von universaler
Erlösung. Die zweite Frage ist, wie sich Weltgeschichte und Heilsgeschichte zueinander verhalten. Die beiden sind nicht identisch. Es war
ein Fehler des klassischen Idealismus und gewisser Richtungen des
theologischen Liberalismus, meist in Verbindung mit einer fortschrittsgläubigen Geschichtsinterpretation, sie miteinander zu identifizieren.
Wegen der Zweideutigkeiten des Lebens in allen Dimensionen (einschließlich der geschichtlichen) ist es unmöglich, Weltgeschichte und

Heilsgeschichte zu identifizieren. Erlösung ist die Überwindung dieser Zweideutigkeiten, sie steht im Gegensatz zu ihnen und kann nicht mit einem Bereich identifiziert werden, der durch sie bedingt ist. Später werden wir sehen, daß die Heilsgeschichte auch nicht mit der Religionsgeschichte identisch ist, ebensowenig wie mit der Kirchengeschichte, obwohl die Kirche das Reich Gottes repräsentiert. Die erlösende Macht bricht in die Geschichte ein und wirkt durch die Geschichte, aber sie wird nicht durch die Geschichte geschaffen.

Die dritte Frage ist darum: Wie manifestiert sich die Heilsgeschichte in der Weltgeschichte? In der Beschreibung der Offenbarungserfahrungen[1] wurde die Manifestation des göttlichen Geistes im Hinblick auf das Element der Erkenntnis betrachtet. Und in den Kapiteln, die die Wirkung der Gegenwart des göttlichen Geistes auf einzelne Menschen und auf Gemeinschaften behandelten (Teil IV, S. 191), wurde die Manifestation der erlösenden Macht in ihrer Totalität beschrieben. Dabei wurde aber die geschichtliche Dimension dieser Manifestationen, ihre Dynamik im Verhältnis zur Dynamik der Weltgeschichte, nicht erörtert.

Wenn der Begriff „Heilsgeschichte" überhaupt gerechtfertigt werden kann, muß er auf eine Folge von Ereignissen hinweisen, in denen erlösende Macht in die geschichtlichen Vorgänge einbricht – von diesen Vorgängen bereits vorbereitet, so daß die Erlösung angenommen werden kann – und die Vorgänge so verwandelt, daß die Erlösung in der Geschichte wirksam werden kann. So betrachtet ist die Heilsgeschichte Teil der Universalgeschichte. Sie kann in Begriffen der meßbaren Zeit, der geschichtlichen Kausalität, eines bestimmten Raums und einer konkreten Situation beschrieben werden. Als Gegenstand der profanen Geschichtsschreibung muß sie den strengen Kriterien der methodischen historischen Forschung unterworfen werden. Gleichzeitig aber manifestiert sich in der Heilsgeschichte, obwohl sie sich *innerhalb* der Geschichte vollzieht, etwas, was nicht *aus* der Geschichte stammt. Aus diesem Grund hat man die Heilsgeschichte auch als heilige Geschichte bezeichnet. Aber sie ist beides: sie ist in derselben Folge von Ereignissen zugleich heilig und profan. In ihr tritt die sich selbst transzendierende Dynamik der Geschichte zutage, ihr Streben nach letzter Erfüllung. Die Bezeichnung der Heilsgeschichte als übergeschichtlich ist jedoch nicht gerechtfertigt. Die Vorsilbe „über" weist auf eine höhere Ebene der Wirklichkeit hin, einen Schauplatz göttlichen Handelns, der in keiner Verbindung mit der Weltgeschichte steht. In dieser Vorstel-

---

[1] Teil I, S. 129–158, „Die Wirklichkeit der Offenbarung". Einige Gedanken wurden darin vorausgenommen, die hier an diese Stelle des Systems gehören.

lung wird das Paradox, daß das Unbedingte sich innerhalb der Geschichte manifestiert, durch einen Supranaturalismus ersetzt, der Weltgeschichte und Heilsgeschichte als zwei getrennte Bereiche betrachtet. Aber wenn Weltgeschichte und Heilsgeschichte so voneinander getrennt sind, ist es nicht möglich zu erklären, wie die „übernatürlichen" Ereignisse erlösende Macht innerhalb der weltgeschichtlichen Vorgänge haben können.

Wegen dieser Mißverständnisse, denen der Begriff „Heilsgeschichte" ausgesetzt ist, mag es ratsam erscheinen, den Begriff überhaupt aufzugeben und statt dessen von den Manifestationen des Reiches Gottes in der Geschichte zu sprechen; denn wo sich das Reich Gottes manifestiert, da ist Offenbarung und Erlösung. Aber damit ist die Frage nicht beantwortet, ob es in diesen Manifestationen einen bestimmten Rhythmus gibt – eine Art Fortschritt, ein Auf und Ab oder eine Wiederholung gewisser Konstellationen – oder ob es nichts dergleichen gibt. Diese Frage kann nicht allgemein beantwortet werden. Ihre Beantwortung beruht auf der konkreten Offenbarungserfahrung einer Gruppe; darum ist sie durch die Art des theologischen Systems bestimmt, innerhalb dessen die Frage gestellt wird. Die im folgenden gegebene Antwort fußt auf dem christlichen Symbolismus und auf der Grundthese des Christentums, daß Jesus von Nazareth der Christus ist, die endgültige Manifestation des Neuen Seins in der Geschichte.

2. Die zentrale Manifestation des Reiches Gottes in der Geschichte

Das Christentum behauptet, daß sich das Reich Gottes in der Geschichte in einer gewissen Folge von Ereignissen manifestiert, und daß es selbst auf seiner zentralen Manifestation gegründet ist. Es betrachtet das Erscheinen Jesu als des Christus als die Mitte der Geschichte – Geschichte unter dem Aspekt ihrer Selbst-Transzendierung verstanden. Der Ausdruck „Zentrum" oder „Mitte" der Geschichte hat nichts mit einem quantitativen Maßstab zu tun, der als Mitte die Mitte zwischen einer unbestimmten Vergangenheit und einer unbestimmten Zukunft bezeichnen würde, noch beschreibt der Begriff „Mitte" einen geschichtlichen Augenblick, an dem verschiedene kulturelle Entwicklungen der Vergangenheit sich vereinigen und die Zukunft bestimmen. Einen solchen Punkt in der Geschichte gibt es nicht. Und was für die Beziehung der „Mitte der Geschichte" zur Kultur gilt, gilt auch für ihre Beziehung zur Religion. Mit der Metapher „Mitte" ist ein Augenblick in der Geschichte gemeint, für den alles Vorhergehende und alles Folgende sowohl Vorbereitung wie Aufnahme bedeuten. So verstanden ist die

„Mitte" der Geschichte sowohl Kriterium wie Quelle der erlösenden Macht in der Geschichte. Im dritten und vierten Teil dieses Systems wurden diese Behauptungen entwickelt, aber ohne die geschichtliche Dimension einzubeziehen.

Wenn wir das Erscheinen des Christus die „Mitte der Geschichte" nennen, so sagen wir damit, daß sich das Reich Gottes nicht in einer Folge von unzusammenhängenden Ereignissen manifestiert, von denen jedes einzelne relative Gültigkeit und Macht besitzt. Mit dem Begriff „Mitte" ist bereits eine Kritik am Relativismus ausgedrückt. Der Glaube wagt es, das Ereignis, von dem er abhängig ist, zum Kriterium aller Offenbarungsereignisse zu erheben. Er hat den Mut, eine so außerordentliche Behauptung zu wagen und die Gefahr des Irrtums auf sich zu nehmen. Ohne diesen Mut und ohne dieses Wagnis wäre er nicht Glaube. Der Begriff „Mitte der Geschichte" enthält zugleich eine Kritik an allen Auffassungen, die die Manifestationen des Reiches Gottes vom Standpunkt des Fortschritts betrachten. Offensichtlich kann es keinen Fortschritt über die „Mitte der Geschichte" hinaus geben (mit Ausnahme der Bereiche, zu deren Wesen Fortschritt gehört). Alles, was auf die Mitte folgt, steht unter ihrem Kriterium und hat an ihrer Macht teil. Auch ist das Erscheinen der Mitte nicht das Ergebnis einer fortschreitenden Entwicklung, wie wir oben in dem Kapitel „Geschichtlicher Fortschritt: seine Wirklichkeit und seine Grenzen" (S. 380 ff.) gezeigt haben.

Das einzige Element des Fortschritts in der vorbereitenden Geschichte von Offenbarung und Erlösung ist die Entwicklung von Unreife zu Reife. Die Menschheit mußte eine Stufe der Reife erreichen, auf der die Mitte der Geschichte erscheinen und als Mitte aufgenommen werden konnte. Dieser Reifeprozeß vollzieht sich innerhalb der gesamten Geschichte; aber um auf den vorzubereiten, in dem die endgültige Offenbarung geschehen sollte, war eine besondere Entwicklung notwendig. Das Dokument der Entwicklung, die diese Funktion hatte, ist das Alte Testament. Die Manifestationen des Reiches Gottes, von denen das Alte Testament berichtet, sind Vorbedingungen für die endgültige Manifestation in dem Christus. Die Reife war erreicht, die Zeit war erfüllt. Dies war in der kurzen Zeitspanne des ursprünglichen Offenbarungsereignisses geschehen; aber es wiederholt sich, wo immer die Mitte der Geschichte als Mitte aufgenommen wird. Ohne die breitere Grundlage der Religionsgeschichte und die engere Grundlage der prophetischen Kritik und die Umformung der ersteren durch die letztere wäre die Annahme Jesu als des Christus nicht möglich gewesen. Aus diesem Grund muß alle missionarische Tätigkeit innerhalb und außerhalb der christlichen Kultur auf dem religiösen Bewußtsein aufbauen, das vorhanden ist oder in jeder Religion und Kultur erweckt werden kann; und sie muß der prophetischen Reinigung des religiösen Bewußtseins, wie sie im Alten Testament vorliegt, folgen. Ohne das Alte Testament fällt das Christentum in die Unreife der universalen Religionsgeschichte zurück, diejenige der jüdischen Religion eingeschlossen (die für die Propheten des Alten Testaments Hauptanlaß zur Kritik und Hauptgegenstand der Reinigung war). Der Reifeprozeß oder die Vorbereitung für die zentrale Manifestation des Reiches Gottes in der Geschichte ist nicht auf die vorchristliche Zeit beschränkt, sondern geht auch nach dem Erscheinen der Mitte weiter vor sich und vollzieht sich hier und jetzt. Israels Auszug aus Ägypten bedeutete sein Reifwerden für die Mitte der Geschichte; die gleiche Bedeutung hat die Begegnung von Ost und West im heutigen Japan, und die Entwicklung der westlichen Kultur in den letzten fünfhundert Jahren diente und dient dem gleichen Reifeprozeß. In biblischer und theologischer Sprache wird diese Idee in dem Symbol von der überzeitlichen Gegenwart des Christus in jeder Epoche ausgedrückt.

Umgekehrt gibt es einen Prozeß, in dem die zentrale Manifestation des Reiches Gottes in der Geschichte aufgenommen wird. Wie es eine ursprüngliche Geschichte gibt, die auf die Mitte vorbereitet und zu ihrem Erscheinen in Raum und Zeit hinführt, so gibt es eine ursprüngliche Geschichte der Aufnahme der Mitte, die von ihrem Erscheinen in Raum und Zeit abgeleitet ist; die Geschichte dieser Aufnahme ist die Geschichte der Kirche. Aber die Funktion der Kirche besteht nicht nur in der einfachen Aufnahme und Manifestation dessen, was in der Vergangenheit geschehen ist; sie hat auch eine latente Existenz, in der sie antizipiert, was in der Zukunft geschehen wird. In dieser latenten Existenz ist die Kirche von dem abhängig, was als Mitte der Geschichte in der Zukunft erscheinen wird: sie antizipiert es. Das ist der Sinn der Prophetie als Voraussage der Zukunft und der Sinn von Stellen wie der im vierten Evangelium, in der auf die Präexistenz des Christus hingewiesen wird – Stellen, in denen die potentielle Gegenwart der Mitte zu allen Zeiten der Geschichte symbolisch ausgedrückt ist.

In Anbetracht dieser Bedeutungen des Ausdrucks „Mitte der Geschichte" kann man sagen, daß die menschliche Geschichte, vom Standpunkt der Selbst-Transzendierung der Geschichte gesehen, nicht nur ein dynamischer, vorwärts laufender Prozeß ist, sondern auch ein zusammenhängendes Ganzes mit einem Mittelpunkt.

Wo es einen solchen Mittelpunkt gibt, erhebt sich die Frage, was Anfang und Ende der Bewegung sind, die diesen Punkt zur Mitte hat.

Damit sprechen wir nicht von Anfang und Ende des geschichtlichen Prozesses selbst – dieses Problem ist in dem Kapitel über Vor- und Nachgeschichte erörtert worden. Unsere gegenwärtige Frage ist: Wann begann die Bewegung, deren Mitte das Erscheinen des Christus ist, und wann wird diese Bewegung beendet sein? Die Antwort kann selbstverständlich nicht in Daten ausgedrückt werden. Jedesmal, wenn ein solcher Versuch unternommen wurde, wurde er in bezug auf das Ende durch die Geschichte selbst und in bezug auf den Anfang durch die historische Forschung widerlegt. Alle Berechnungen über das bevorstehende Ende haben sich als irrtümlich erwiesen, wenn der erwartete Tag erschien; und alle Zeitbestimmungen über den Anfang der geschichtlichen Zeit, die biblischen eingeschlossen, sind durch die Erforschung der Ursprünge der Menschheit auf der Erde als empirische Aussagen hinfällig geworden. Anfang und Ende in bezug auf die Mitte der Geschichte kann nur Anfang und Ende der Manifestationen des Reiches Gottes in der Geschichte bedeuten; und die Antwort auf die Frage nach ihnen ist durch das Wesen der Mitte selbst bestimmt. Geschichte als Offenbarungs- und Heilsgeschichte beginnt mit dem Augenblick, in dem sich der Mensch seiner entfremdeten Existenz und seiner Bestimmung, diese Entfremdung zu überwinden, bewußt wird. Dieses Bewußtsein ist in den Mythen und Riten der frühesten menschlichen Urkunden bezeugt; aber es kann weder einer bestimmten Zeit noch einer bestimmten Person oder Gruppe zugeschrieben werden. Das Ende der Geschichte in dem Sinn, in dem wir von ihrem Anfang gesprochen haben, ist in dem Augenblick da, in dem die Menschen aufhören, die Frage nach dem letzten Sinn ihrer Existenz zu stellen. Das kann durch äußere Vernichtung der geschichtlichen Menschheit durch kosmische oder menschliche Kräfte geschehen oder durch biologische oder psychologische Veränderungen, die die Dimension des Geistes vernichten, oder durch Verfall innerhalb der geistigen Dimension, der den Menschen seiner Freiheit beraubt und damit der Möglichkeit, Geschichte zu haben.

Wenn das Christentum behauptet, daß das Ereignis, auf das es gegründet ist, die Mitte der Offenbarungs- und Heilsgeschichte sei, kann es die Tatsache nicht übersehen, daß es andere Deutungen der Geschichte gibt, die dasselbe von einem anderen Ereignis behaupten; denn sobald Geschichte ernst genommen wird, ist die Erhebung eines Ereignisses zur Mitte der Geschichte unvermeidlich. Die Mitte in der nationalen Geschichtsdeutung – oft im Sinne einer imperialistischen Tendenz – ist der Augenblick, in dem das nationale Sendungsbewußtsein erwacht, ganz gleich ob dieser Augenblick in einem tatsächlichen oder in einem legendären Ereignis gesehen wird. Der Auszug Israels aus

417

Ägypten, die Gründung der Stadt Rom, der Unabhängigkeitskrieg in Amerika sind solche Mittelpunkte für die Geschichte bestimmter Völker. Sie können zu universaler Bedeutung erhoben werden wie im Judentum, oder sie können Antrieb zu imperialistischen Bestrebungen werden wie in Rom. Für die Anhänger einer Weltreligion ist das Ereignis ihrer Gründung die Mitte der Geschichte. Das trifft nicht nur auf Christentum und Judentum zu, sondern auch auf den Islam, den Buddhismus, den Manichäismus und die Religion des Zoroaster. In Anbetracht der Analogie von politischer und religiöser Geschichte ist die Frage unumgänglich, wie das Christentum die Behauptung rechtfertigen kann, daß es, obwohl in der Zeit verwurzelt, auf der universalen Mitte der Geschichte gegründet sei. Die erste Antwort, auf die wir bereits hingewiesen haben, ist religiös-positivistisch, nämlich daß die Behauptung des Christentums Ausdruck des wagenden Mutes des christlichen Glaubens ist. Aber diese Antwort ist nicht hinreichend für eine Theologie, die in Jesus als dem Christus die zentrale Manifestation des göttlichen *logos* erkennt. Die christliche Behauptung muß selbst einen „*logos*" haben – nicht ein Argument, das zum Glauben hinzukommt, sondern ein durch den *logos* bestimmtes Verständnis des Glaubens. Die Theologie versucht, dies zu geben, indem sie darauf hinweist, daß die Fragen, die in der Zweideutigkeit der geschichtlichen Existenz enthalten sind, in keinem der anderen zur Mitte der Geschichte erhobenen Ereignisse eine Antwort finden. Das Prinzip, nach dem eine *politisch* bestimmte Mitte der Geschichte gewählt wird, ist ein partikulares, das seine Partikularität auch dadurch nicht überwindet, daß es auf imperialistischem Weg versucht, Universalität zu erlangen. Das gilt sogar vom Judentum – trotz des echt universalistischen Elements in seiner prophetischen Selbstkritik.

Die prophetischen und apokalyptischen Erwartungen des Judentums bleiben Erwartungen; sie führen zu keiner innergeschichtlichen Erfüllung, wie das Christentum sie voraussetzt. Darum wird nach dem Exodus keine neue Mitte der Geschichte erwartet; die Zukunft bringt keine Mitte, sondern das Ende. An diesem Punkt ist die Kluft zwischen der jüdischen und der christlichen Geschichtsdeutung fundamental und unüberbrückbar. Trotz der Gefahr der Dämonisierung und der sakramentalen Entstellung der zentralen Manifestation des Reiches Gottes im kirchlichen Christentum muß die Botschaft aufrechterhalten werden, daß die Mitte der Geschichte erschienen *ist*, wenn das Christentum nicht zu einer neuen, nur vorbereitenden Gesetzes-Religion werden soll. Der Islam (mit Ausnahme des Sufismus) ist eine Gesetzes-Religion und hat als solche eine wichtige Funktion für die fortschrei-

tende Erziehung zur Reife bei vielen Völkern. Aber im Hinblick auf
das Unbedingte ist Reife durch Erziehung zweideutig. Die Durchbrechung des Gesetzes im religiösen Leben Einzelner wie in dem von
Gruppen ist äußerst schwierig. Aus diesem Grund bildete der Juda-
ismus vom Beginn des Christentums an und der Islam in einer späteren Epoche das größte Hindernis für die Annahme Jesu als des Christus als Mitte der Geschichte. Aber diese Religionen selbst haben
keine andere „Mitte" geben können. Das Erscheinen Mohammeds als
des Propheten stellt kein Ereignis dar, das der Geschichte einen universal gültigen Sinn verleiht. Noch kann die Gründung eines Volkes,
das im Sinne der Propheten ein auserwähltes Volk ist, universale Mitte
der Geschichte sein – und zwar darum nicht, weil seine Universalität
noch nicht von seiner Partikularität befreit ist. Nach dem, was wir über
die ungeschichtliche Geschichtsdeutung gesagt haben, erübrigt es sich,
in diesem Zusammenhang auf den Buddhismus näher einzugehen.
Buddha stellt für die Buddhisten keinen Wendepunkt zwischen dem
Alten und dem Neuen dar. Er ist das entscheidende Beispiel für eine
Verkörperung des Geistes der Erleuchtung, die in jeder Zeit möglich
ist; aber er ist kein Ereignis innerhalb einer geschichtlichen Entwicklung, die auf ihn hinführt und sich von ihm herleitet. Das einzige geschichtliche Ereignis, in dem die universale Mitte der Offenbarungs-
und Heilsgeschichte erkannt werden kann – nicht nur für den wagenden Glauben, sondern auch für die rationale Erklärung dieses Glaubens –, ist das Ereignis, auf dem das Christentum gegründet ist. Dieses
Ereignis ist nicht nur die Mitte in der Geschichte der Manifestationen
des Reiches Gottes, es ist auch das einzige Ereignis, in dem die geschichtliche Dimension vollkommen und universal aktualisiert ist. Das Erscheinen Jesu als des Christus ist das geschichtliche Ereignis, in dem die
Geschichte sich ihrer selbst und ihres Sinnes bewußt wird. Es gibt –
selbst vom empirischen und relativistischen Standpunkt – kein anderes
Ereignis, von dem dasselbe behauptet werden *könnte*. Aber die tatsächliche Behauptung selbst ist und bleibt eine Angelegenheit des wagenden Glaubens.

3. *Kairos* und *Kairoi*

Wir sprachen von dem Augenblick, in dem die Geschichte – in einer
konkreten Situation – soweit zur Reife gelangt ist, daß sie die zentrale Manifestation des Reiches Gottes aufnehmen kann. Im Neuen
Testament wird dieser Augenblick die „Erfüllung der Zeit" genannt,
auf griechisch *kairos*. Dieser Begriff ist häufig verwandt worden,
seitdem ihn der Religiöse Sozialismus in Deutschland nach dem ersten

Weltkrieg in die philosophische und theologische Diskussion eingeführt hat. Er wurde gewählt, um die Theologie an die Tatsache zu erinnern, daß sich die Verfasser des Neuen wie die des Alten Testaments der sich selbst transzendierenden Dynamik der Geschichte bewußt waren. Und er wurde gewählt, um die Philosophie auf die Notwendigkeit aufmerksam zu machen, sich mit der Geschichte zu befassen, nicht nur mit der logischen und kategorialen Struktur der Geschichte, sondern auch mit ihrer Dynamik. Und darüber hinaus sollte der Begriff *kairos* dem Gefühl Ausdruck verleihen, das nach dem ersten Weltkrieg viele Menschen in Mitteleuropa bewegte, daß eine Zeit gekommen sei, die ein neues Verständnis für den Sinn der Geschichte und des Lebens enthalte. Gleich ob dieses Gefühl empirische Bestätigung fand oder nicht – zum Teil fand es sie, zum Teil fand es sie nicht – der Begriff *kairos* selbst behält seine Bedeutung und gehört in die systematische Theologie.

In seiner ursprünglichen Bedeutung – die rechte Zeit, die Zeit zu handeln – muß der Begriff *kairos* dem Begriff *chronos* gegenübergestellt werden, der zu messenden Zeit oder der Uhrzeit. Der erstere ist ein qualitativer, der letztere ein quantitativer Begriff. In dem englischen Wort „timing" (etwas im richtigen Augenblick tun) ist etwas von dem qualitativen Wesen der Zeit ausgedrückt, und wenn man von Gottes Vorsehung als „timing" sprechen könnte, würde man sich der Bedeutung des Begriffs *kairos* nähern. Im gewöhnlichen griechischen Sprachgebrauch bedeutet *kairos* die gute Gelegenheit für eine gewisse Handlung im praktischen Sinn. Im Neuen Testament gebraucht Jesus das Wort, wenn er von seiner Zeit spricht, die noch nicht gekommen sei, der Zeit seines Leidens und seines Todes, und wenn er die „Erfüllung der Zeit" verkündet, das heißt das Reich Gottes, das „herbeigekommen" ist. Paulus gebraucht das Wort *kairos*, wenn er in weltgeschichtlicher Sicht von dem Augenblick der Zeit spricht, in dem Gott seinen Sohn schickt, das heißt dem Augenblick, der Mitte der Geschichte werden soll. Um diesen „großen *kairos*" zu erkennen, muß man die „Zeichen der Zeit" verstehen, von denen Jesus sagt, daß seine Feinde sie nicht erkannt haben. Paulus bezieht sich bei seiner Beschreibung des *kairos* hauptsächlich auf die heidnische und jüdische Situation, während in der deutero-paulinischen Literatur das Erscheinen des Christus in immer stärkerem Maße in weltgeschichtlicher und kosmischer Sicht beschrieben wird. Wir haben „die Erfüllung der Zeit" als den Augenblick der Reife in einer besonderen religiösen oder kulturellen Entwicklung verstanden – allerdings mit dem Hinweis darauf, daß Reife nicht nur die Fähigkeit bedeutet, die zentrale Manifestation des Reiches Gottes aufzunehmen, sondern auch die größte Kraft sein kann, die ihr Widerstand leistet. Denn Reife ist das Ergebnis der Erziehung durch das Gesetz, und für einige, die das Gesetz radikal ernst nehmen, wird Reife zur Verzweiflung am Gesetz, woraus das Verlangen nach dem folgt, was das Gesetz als „frohe Botschaft" durchbricht.

Das Erlebnis des *kairos* findet sich in der Geschichte der Kirchen wiederholt, wenn auch das Wort nicht gebraucht wird. Immer, wenn in den Kirchen der prophetische Geist erwachte, sprach man vom „dritten Stadium", von der „Herrschaft des Christus" und vom „tausendjährigen Reich". Dieses Stadium, das man für unmittelbar bevorstehend hielt, wurde zum Ausgangspunkt für die prophetische Kritik an der Kirche in ihrem entarteten Zustand. Wenn die Kirchen diese Kritik ablehnten oder sich bis zu einem gewissen Grad und in kompromißhafter Weise zu eigen machten, wurde der prophetische Geist in sektiererische Bewegungen abgedrängt. Diese waren zunächst revolutionär, bis die Sekten zu Kirchen wurden und der prophetische Geist latent wurde. *Kairos*-Erlebnisse sind Teil der Geschichte der Kirchen, und der große *kairos*, das Erscheinen der Mitte der Geschichte, wird in relativen *kairoi*, in denen sich das Reich Gottes in einem spezifischen Durchbruch manifestiert, immer wieder neu erlebt. Diese Tatsachen sind wichtig für unsere Betrachtungen. Das Verhältnis des *einen kairos* zu den *kairoi* ist das Verhältnis des Kriteriums zu dem, was unter dem Kriterium steht, und das Verhältnis der Kraftquelle zu dem, was von dieser Quelle genährt wird. *Kairoi* gab es und gibt es in allen vorbereitenden und in allen rezeptiven Richtungen der latenten und der manifesten Kirche. Obwohl der prophetische Geist während langer Zeitspannen latent oder verdrängt sein kann, fehlt er niemals völlig und kann die Fesseln des Gesetzes in einem *kairos* durchbrechen.

Das Gewahrwerden eines *kairos* geschieht in einer Vision. Er ist kein Gegenstand der Analyse oder der Berechnung, wie Psychologie und Soziologie sie vornehmen. Er wird nicht durch objektive Beobachtung erfaßt, sondern in existentieller Beteiligung. Das bedeutet noch nicht, daß Beobachtung und Analyse ausgeschaltet sind, sie dienen der Objektivierung des Erlebnisses und der Klärung und Bereicherung der Vision. Aber sie können das Erlebnis des *kairos* nicht hervorrufen. Der prophetische Geist ist schöpferisch und nicht von Gründen und gutem Willen abhängig. Aber jeder Augenblick, der den Anspruch erhebt, ein *kairos*, eine Manifestation des göttlichen Geistes, zu sein, muß geprüft und den Kriterien des großen *kairos* unterworfen werden. Als der Begriff *kairos* nach dem ersten Weltkrieg auf die kritische und schöpferische Situation in Mitteleuropa angewandt wurde,

wurde er nicht nur von der Bewegung des Religiösen Sozialismus gebraucht (die sich – zumindest der Absicht nach – unter das Kriterium
des großen *kairos* stellte), sondern auch von der nationalistischen
Bewegung, die in der Form des Nationalsozialismus den großen *kairos* und alles, was er vertritt, angriff. Im letzteren Falle handelte es
sich um die dämonisch verzerrte Erfahrung eines *kairos*, die unvermeidlich zur Selbstvernichtung führen mußte. Der Geist, auf den sich
der Nationalsozialismus berief, war der Geist der falschen Propheten,
die eine abgöttische Verherrlichung der Nation und der Rasse vertra-
ten. Gegen sie war und ist das Kreuz des Christus das absolute Kriterium.

Über die *kairoi* läßt sich zweierlei aussagen: sie sind dämonischer
Entstellung und falscher Beurteilung ausgesetzt. (Letzteres trifft bis
zu einem gewissen Grade sogar immer auf den großen *kairos* zu.)
Der Irrtum liegt jedoch nicht darin, daß der *Kairos*-Charakter der
Situation nicht erkannt würde, sondern darin, daß er falsch beurteilt
wird, sowohl in Hinsicht auf Zeit, Raum und Kausalität wie in Hinsicht auf unberechenbare menschliche Reaktionen und unbekannte Elemente in der geschichtlichen Konstellation. Mit anderen Worten: das
Kairos-Erlebnis steht unter dem Schicksal der Geschichte, und das macht
Voraussage im wissenschaftlich-technischen Sinn unmöglich. Niemals
hat sich eine Zeitangabe, die in einem *Kairos*-Erlebnis gemacht wurde,
als richtig erwiesen, und niemals ist eine Situation, die man als Ergebnis
eines *kairos* erwartete, eingetreten. Aber für einige Menschen ereignete
sich etwas, als sich die Macht des Reiches Gottes in der Geschichte
manifestierte, und seitdem ist die Geschichte verändert.

Die letzte Frage ist, ob es Zeiten in der Geschichte gibt, in denen das
Erlebnis des *kairos* nicht vorhanden ist. Gewiß, das Reich Gottes
und die Gegenwart des göttlichen Geistes fehlen in keinem Augenblick
der Zeit; und es liegt im Wesen des geschichtlichen Prozesses, daß die
Geschichte ständig sich selbst transzendiert. Aber die Erfahrung von
der Gegenwart des Reiches Gottes als Macht, die die Geschichte bestimmt, ist nicht immer vorhanden. Die Geschichte bewegt sich nicht
in gleichmäßigen Rhythmen, sie ist vielmehr eine dynamische Kraft,
die sich manchmal überstürzt und manchmal ruhig verhält. Die Geschichte hat ihr Auf und Ab, Zeiten der beschleunigten wechseln mit
Zeiten der langsamen Bewegung ab, Zeiten der schöpferischen Produktivität mit Zeiten des Beharrens in der Tradition. Im Alten Testament wird die Dürre des Geistes beklagt, und in der Geschichte der
Kirchen wird diese Klage wiederholt. Das Reich Gottes ist immer
gegenwärtig, aber die Erfahrung von seiner die Geschichte erschüttern-

den Macht ist es nicht. *Kairoi* sind selten, und der große *kairos* ist einmalig, aber zusammen bestimmen sie die Dynamik der Geschichte in ihrer Selbst-Transzendierung.

4. Die geschichtliche Vorsehung

Die Lehre von der Vorsehung haben wir in dem Kapitel „Gottes lenkendes Schaffen erörtert[1], und wir haben gesehen, daß Vorsehung nicht deterministisch als göttlicher Plan verstanden werden darf, der „vor der Erschaffung der Welt" entworfen war und nach dem die Geschichte jetzt ihren Lauf nimmt, in den Gott gelegentlich wundertätig eingreift. An Stelle eines solchen supranaturalistischen Mechanismus wandten wir die fundamentale ontologische Polarität von Freiheit und Schicksal auf die Beziehung von Gott und Welt an und sagten, daß Gottes lenkendes Schaffen durch die Spontaneität der Geschöpfe und durch die menschliche Freiheit wirkt. Nun, da wir die geschichtliche Dimension einbeziehen, können wir sagen, daß das Neue – das Neue im einzelnen Fall und das absolut Neue –, auf das die Geschichte zugeht, das Ziel der geschichtlichen Vorsehung ist. Von einem „göttlichen Plan" zu sprechen, ist irreführend, selbst wenn er nicht deterministisch verstanden wird. Denn das Wort „Plan" läßt an ein im voraus entworfenes Modell denken mit all den Einzelheiten, die zu einem Plan gehören. Damit wird das Element des Zufalls im geschichtlichen Prozeß so sehr beschränkt, daß das Schicksal die Freiheit auslöscht. Aber die Struktur der Geschichte schließt das Zufällige ein, das Überraschende, das unableitbar Neue. Es ist ein Element des Zufalls in der Spontaneität des Vogels, das zu seinem providentiellen Tod hier und jetzt beiträgt, und Zufall spielt mit bei dem Aufstieg eines Tyrannen, der unter der göttlichen Vorsehung Menschen und Völker vernichtet. Wir müssen das Symbol der göttlichen Vorsehung so weit fassen, daß es das immer vorhandene Element des Zufälligen einbegreift.

Das letzte Beispiel führt zu der Frage der geschichtlichen Vorsehung und der Macht des Bösen in der Geschichte. Das Ausmaß an moralischem und physischem Übel und die überwältigende Manifestation des Dämonischen in der Geschichte mit ihren tragischen Folgen haben von jeher als existentielles und theoretisches Argument gegen den Glauben an eine geschichtliche Vorsehung gedient. Und gewiß hat nur eine Theologie, die diesen Aspekt der Wirklichkeit in ihren Begriff

---

[1] Teil II, S. 303 f.

der Vorsehung mit einbezieht, das Recht, überhaupt von dem Begriff Gebrauch zu machen. Ein Begriff der Vorsehung, der dem Bösen Rechnung trägt, schließt jenen teleologischen Optimismus entschieden aus, der – mit einigen wenigen Ausnahmen – für die Philosophie der Aufklärung und den Fortschrittsglauben des 19. und des frühen 20. Jahrhunderts kennzeichnend ist. Erstens kann keine Gerechtigkeit und kein Glück in der Zukunft die Ungerechtigkeit und das Leiden der Vergangenheit auslöschen. Das angebliche Wohlergehen einer „letzten Generation" kann das Übel und die Tragik aller früheren Generationen nicht rechtfertigen. Zweitens widerspricht die fortschrittsgläubig-utopische Anschauung dem Element der „Freiheit zum Guten und zum Bösen", mit dem jeder Mensch geboren wird. Wenn die Macht zum Guten zunimmt, nimmt auch die Macht zum Bösen zu. Die geschichtliche Vorsehung begreift dies alles ein und wirkt durch es hindurch auf das Neue innerhalb der Geschichte und jenseits der Geschichte hin. Diese Auffassung von der geschichtlichen Vorsehung schließt auch die Ablehnung eines reaktionären und zynischen Pessimismus ein. Sie gibt die Gewißheit, daß das Negative in der Geschichte (Desintegration, Zerstörung, Profanisierung) sich niemals gegen die zeitlichen und ewigen Ziele des geschichtlichen Prozesses behaupten kann. Das ist die Bedeutung von Paulus' Worten, daß Gottes Liebe, wie sie sich im Christus offenbart, der Sieg über die dämonischen Mächte ist (Röm. 8). Die dämonischen Mächte sind nicht vernichtet, aber sie können nicht verhindern, daß die Geschichte ihr Ziel erreicht, die Wiedervereinigung mit dem göttlichen Grund des Seins und Sinns.

Der Weg, auf dem dies geschieht, ist göttliches Mysterium; er kann nicht errechnet und beschrieben werden. Hegel machte den Fehler, daß er glaubte, den Weg zu kennen und beschreiben zu können, indem er die Dialektik seiner Logik auf die konkreten Ereignisse der überlieferten Geschichte anwandte. Es ist nicht zu bestreiten, daß seine Methode ihm die Augen öffnete für viele bedeutende Beobachtungen, die den mythischen und metaphysischen Hintergrund der verschiedenen Kulturen betreffen. Aber er versäumte es, die nicht überlieferten geschichtlichen Entwicklungen zu berücksichtigen: die inneren Kämpfe in jeder großen Kultur – Vorgänge, die eine zu allgemeine Sinndeutung einer Kultur unmöglich machen, die Offenheit der Geschichte nach der Zukunft hin, die einem festgesetzten Plan widerspricht, das Fortbestehen und die Wiedergeburt großer Kulturen und Religionen, die nach evolutionistischen Theorien längst ihre geschichtliche Wichtigkeit verloren haben sollten, oder den Einbruch des Reiches Gottes in den geschichtlichen Prozeß, der das Fortleben des Judentums und die Einmaligkeit des christlichen Ereignisses begründet. Neben Hegel haben andere versucht, ein Bild der geschichtlichen Vorsehung zu zeichnen, wenn sie auch nicht ausdrücklich von Vorsehung sprachen. Aber keines ist so reich und konkret wie das von Hegel, auch nicht das von Comte, Hegels positivistischem Gegenstück. Die meisten gehen vorsichtiger vor und beschränken sich auf gewisse Gesetzmäßigkeiten in der geschichtlichen Dynamik, wie Spengler auf das Gesetz von „Wachstum und Verfall", Toynbee auf allgemeine Kategorien wie „Rückzug und Wiederkehr", „Herausforderung und Reaktion". Diese Versuche geben wertvolle Einblicke in gewisse Entwicklungen, aber sie geben kein Bild von der geschichtlichen Vorsehung. Die Propheten des Alten Testaments waren noch weniger konkret als diese Philosophen. Sie erwähnten benachbarte Völker, aber nicht, um auf ihre weltgeschichtliche Bedeutung hinzuweisen, sondern um zu zeigen, wie Gott durch sie handelt: schaffend, richtend, zerstörend und verheißend. Die prophetischen Verkündigungen sprechen von keinem konkreten Plan, sondern weisen auf die universale Erfahrung hin, daß sich Gottes Handeln als schöpferische Kraft in der Geschichte manifestiert. Die Vorsehung selbst hinter den einzelnen Akten der Vorsehung bleibt in dem Mysterium des göttlichen Lebens verborgen.

Die Unmöglichkeit, die Weltgeschichte in ihrer Totalität zu verstehen, schließt aber nicht die Möglichkeit aus, von einem gewissen Standpunkt aus die schöpferische Bedeutung einzelner Entwicklungen für den geschichtlichen Prozeß zu erkennen. Dies versuchten wir, indem wir die Idee des *kairos* einführen und die Situation des großen *kairos* beschrieben. Vom christlichen Standpunkt aus ist die providentielle Rolle des Judentums ein dauerndes Beispiel für eine besondere Deutung geschichtlicher Entwicklungen. Auch die Beschreibung der Aufeinanderfolge von Weltreichen bei Daniel kann in diesem Sinne verstanden werden, und die kritische Analyse einer gegenwärtigen Situation im Lichte der Vergangenheit kann auf diese Art gerechtfertigt werden. Das Gewahrwerden eines *kairos* setzt schon ein bestimmtes Bild von der Vergangenheit und ihrer Bedeutung für die Gegenwart voraus. Aber jedem Versuch, darüber hinauszugehen, muß man mit dem gleichen Einwand begegnen, den man gegen Hegels großartigen Versuch erhob, daß er sich auf den Thron der göttlichen Vorsehung gesetzt habe.

B

DAS REICH GOTTES UND DIE KIRCHEN

1. Die Kirchen als Repräsentanten des Reiches Gottes in der Geschichte

In unserer Erörterung der Geistgemeinschaft nannten wir die Kirchen die zweideutige Verkörperung der Geistgemeinschaft und sprachen von dem Paradox, daß die Kirchen die Geistgemeinschaft sowohl offenbaren wie verhüllen. Jetzt bei der Betrachtung der geschichtlichen Dimension und der Symbole ihrer religiösen Interpretation müssen wir sagen, daß die Kirchen die Repräsentanten des Reiches Gottes sind. Diese Bezeichnung steht nicht im Widerspruch zu der vorhergehenden. „Reich Gottes" ist umfassender als „Geistgemeinschaft"; es umfaßt alle Elemente der Wirklichkeit, nicht nur Menschen, die zu einer Geistgemeinschaft fähig sind. Wie die geschichtliche Dimension alle anderen Dimensionen umfaßt, so umfaßt das Reich Gottes alle Seinsbereiche unter dem Aspekt ihres letzten Ziels, also auch die Geistgemeinschaft. Die Kirchen repräsentieren das Reich Gottes in diesem universalen Sinn.

Die Repräsentation des Reiches Gottes durch die Kirchen ist ebenso zweideutig wie die Verwirklichung der Geistgemeinschaft in den Kirchen. In beiden Funktionen zeigt sich der paradoxe Charakter der Kirchen: sie offenbaren und verhüllen zugleich. Wir haben darauf hingewiesen, daß die Kirchen sogar das dämonische Reich repräsentieren können. Aber das dämonische Reich ist eine Verzerrung des göttlichen Reiches und hätte keinen Bestand ohne das, dessen Verzerrung es ist. Die Macht des Repräsentanten wurzelt, wie schlecht er auch das, was er repräsentieren soll, repräsentiert, in seiner Funktion als Repräsentant. Die Kirchen bleiben Kirchen, selbst wenn sie das Unbedingte verhüllen, anstatt es zu offenbaren. So wie der Mensch nicht aufhört, Träger des Geistes zu sein, so können die Kirchen, die das Reich Gottes in der Geschichte repräsentieren, diese Funktion nicht verlieren, selbst wenn sie sie im Widerspruch zum Reich Gottes ausüben. Verzerrter Geist bleibt Geist, und verzerrte Heiligkeit bleibt Heiligkeit.

Da wir die Lehre von der Kirche im vierten Teil des Systems ausführlich entwickelt haben, brauchen wir hier nur gewisse Bemerkungen in bezug auf ihre geschichtliche Dimension hinzuzufügen. Als Repräsentanten des Reiches Gottes nehmen die Kirchen aktiv teil sowohl an der Bewegung der Zeit auf das Ziel der Geschichte hin wie an dem innergeschichtlichen Kampf des Reiches Gottes gegen die Kräfte der Dämonisierung und der Profanisierung, die sich diesem Ziel widersetzen. Die christliche Kirche war sich in ihrem ursprünglichen Selbstverständnis dieser doppelten Aufgabe völlig bewußt und brachte sie in ihrem liturgischen Leben deutlich zum Ausdruck. Die Neugetauften wurden aufgefordert, sich öffentlich von den dämonischen Mächten loszusagen, denen sie in ihrer heidnischen Vergangenheit unterworfen waren. Und heute nehmen viele Kirchen in der Konfirmation die junge Generation in die Gemeinschaft der „kämpfenden Kirche" auf. Zugleich sprechen alle Kirchen in der Liturgie, in Hymnen und in Gebeten von dem Kommen des Reiches Gottes und der Aufgabe eines jeden, sich darauf vorzubereiten. Obwohl diese Ideen auf die individualistische Erlösungsidee beschränkt sind, ist es für den hierarchischen und orthodoxen Konservatismus schwer, die eschatologische Dynamik vollkommen aus dem Bewußtsein der Kirchen zu entfernen. Wo der prophetische Geist erwacht, lebt die Erwartung des kommenden Reiches neu auf und weist die Kirche auf ihre Aufgabe hin, Zeugnis vom Reich Gottes abzulegen und auf sein Kommen vorzubereiten. Das verursacht die wiederholten eschatologischen Bewegungen in der Kirchengeschichte, die oft sehr mächtig und oft sehr absurd sind. Die Kirchen sind von jeher Gemeinschaften der Erwartung und der Vorbereitung auf das Reich Gottes gewesen und sollen es sein. Sie sollen auf das Wesen der geschichtlichen Zeit hinweisen und auf das Ziel, dem die Geschichte zustrebt.

Der Kampf gegen Dämonisierung und Profanisierung gewinnt seine Stärke und seine Leidenschaft aus diesem Bewußtsein von dem Ziel der Geschichte. In diesem Kampf, den die Kirchen zu allen Zeiten führen, sind sie Werkzeuge des Reiches Gottes. Das können sie sein, weil sie auf das Neue Sein gegründet sind, in dem die Mächte der Entfremdung überwunden sind. Nach der volkstümlichen Vorstellung kann das Dämonische die unmittelbare Gegenwart des Heiligen, wie es in heiligen Worten, Zeichen, Namen und Gegenständen erscheint, nicht ertragen. Aber darüber hinausgehend glauben die Kirchen, daß die Macht des Neuen Seins, die in ihnen wirkt, die dämonischen Mächte wie die Mächte der Profanisierung universell überwinden wird. Sie haben die Überzeugung – oder sollten sie haben –, daß sie Streiter für das Reich Gottes sind, führende Mächte in dem Streben nach der Erfüllung der Geschichte.

Vor der zentralen Manifestation des Neuen Seins in dem Ereignis, auf das die christliche Kirche gegründet ist, gab es keine manifeste

Kirche; aber eine latente Kirche hat es immer gegeben und gibt es zu allen Zeiten der Geschichte, vor und nach diesem Ereignis: die Geistgemeinschaft im Zustand ihrer Latenz. Ohne sie und ihre vorbereitende Arbeit könnten die Kirchen nicht das Reich Gottes repräsentieren. Die zentrale Manifestation des Heiligen selbst wäre nicht möglich gewesen, ohne daß die Erfahrung des Heiligen sowohl als eines Seienden wie als eines Sein-Sollenden vorausgegangen wäre. Das heißt, daß es ohne diese Erfahrung auch keine Kirchen hätte geben können. Deshalb müssen wir, wenn wir sagen, daß die Kirchen die führenden Kräfte in dem Streben nach der Erfüllung der Geschichte sind, die latente Kirche (nicht Kirchen) in diese Behauptung mit einbeziehen. Und wir können sagen, daß das Reich Gottes in der Geschichte von den Gruppen und Menschen repräsentiert wird, in denen die latente Kirche lebt, da nur durch deren vorbereitendes Wirken in Vergangenheit und Zukunft die manifeste Kirche und mit ihr die christlichen Kirchen zu Gefäßen für die Bewegung der Geschichte auf ihr Ziel hin werden konnten und werden können. Dies ist die erste von mehreren Überlegungen, die die Kirchen in ihrer Funktion als Repräsentanten des Reiches Gottes in der Geschichte zur Demut verpflichten.

Jetzt müssen wir fragen: Was bedeutet es, daß die Kirchen nicht nur Verkörperungen der Geistgemeinschaft, sondern auch Repräsentanten des Reiches Gottes in seinem allumfassenden Wesen sind? Die Antwort liegt in der vieldimensionalen Einheit des Lebens und in dem, was daraus für die sakramentale Manifestation des Heiligen folgt. In dem Grade, in dem eine Kirche die sakramentale Gegenwart des Göttlichen betont, bezieht sie die Bereiche, die vor denen des Geistes und der Geschichte liegen, d. h. den anorganischen und den organischen Bereich, in sich ein. Entschieden sakramentale Kirchen wie die griechisch-orthodoxe Kirche haben ein tiefes Verständnis dafür, daß das Leben in allen Dimensionen an dem letzten Ziel der Geschichte partizipiert. Die sakramentale Heiligung von Elementen aus allen Lebensbereichen bezeugt die Gegenwart des Unbedingt-Wirklichen in allen Dingen und weist auf die Einheit alles Lebens in seinem schöpferischen Grund und in seiner letzten Erfüllung hin. Es ist ein Nachteil der Kirchen des „Wortes", daß sie – besonders in ihrer legalistischen und personalistischen Form – mit dem sakramentalen Element auch das Universum, abgesehen von der menschlichen Sphäre, von Heiligung und Erfüllung ausschließen. Aber das Reich Gottes ist nicht nur ein soziales Symbol, es umfaßt die gesamte Wirklichkeit. Und wenn die Kirchen Repräsentanten des Reiches Gottes sein wollen, dürfen sie seine Bedeutung nicht auf einen einzelnen Bereich beschränken.

Dieser Anspruch der Kirchen jedoch, daß sie das Reich Gottes repräsentieren, stellt ein weiteres Problem dar. Die Kirchen, die das Reich Gottes in seinem Kampf gegen die Mächte der Profanisierung und der Dämonisierung repräsentieren, sind selber der Zweideutigkeit der Religion unterworfen und der Profanisierung und Dämonisierung ausgesetzt. Wie aber kann etwas, was selbst dämonisiert ist, den Kampf gegen das Dämonische, und etwas, was selbst profanisiert ist, den Kampf gegen das Profane vertreten? Die Antwort auf diese Frage wurde in dem Kapitel über das Paradox der Kirchen gegeben: sie sind profan und heilig, dämonisch und göttlich – in paradoxer Einheit. Der Ausdruck für diese Paradoxie ist die prophetische Kritik an den Kirchen durch die Kirchen. Etwas innerhalb einer Kirche setzt sich zur Wehr gegen die Verzerrung der Kirche als solcher. Der Kampf der Kirchen gegen das Dämonische und Profane richtet sich in erster Linie gegen das Dämonische und Profane innerhalb der Kirchen selbst. Derartige Kämpfe können zu Reformbewegungen führen, und die Tatsache, daß es solche Bewegungen gibt, gibt den Kirchen das Recht, sich als Träger des Reiches Gottes zu betrachten – des Reiches Gottes, das in der Geschichte kämpft, auch in der Geschichte der Kirchen.

2. Das Reich Gottes und die Geschichte der Kirchen

Die Geschichte der Kirchen ist die Geschichte, in der sich die eine Kirche in Raum und Zeit aktualisiert. Die Kirche aktualisiert sich in den Kirchen, und was sich in den Kirchen aktualisiert, ist die eine Kirche. Aus diesem Grund kann man ebensogut von der Geschichte der Kirche wie von der Geschichte der Kirchen sprechen. Aber man darf nicht behaupten, daß es bis zu einem gewissen Zeitpunkt (bis zum Jahre 500 oder 1500) nur die eine Kirche in Raum und Zeit gegeben habe und daß nach dieser Zeit durch Spaltungen eine Mehrzahl von Kirchen entstanden sei. Denn wo eine solche Auffassung herrscht, bestärkt sie die in allen Kirchen vorhandene Tendenz, sich als die eine Kirche zu betrachten. Die anglikanischen Kirchen neigen dazu, die ersten fünfhundert Jahre der Kirchengeschichte über alle anderen Epochen zu stellen und sich selbst wegen ihrer Nähe zum Frühchristentum über die anderen Kirchen zu erheben. Die römisch-katholische Kirche beansprucht uneingeschränkte Absolutheit für sich zu allen Zeiten. Die griechisch-orthodoxen Kirchen leiten ihre Überlegenheit von den ersten sieben ökumenischen Konzilien ab, mit denen sie durch eine im wesentlichen ungebrochene Tradition verbunden sind. Die protestantischen Kirchen könnten einen ähnlichen Anspruch erheben, wenn sie die Geschichte zwischen der apostolischen Zeit und der Reformation als eine Zeit betrachteten, in der die Kirche nur latent vorhanden war (wie im Judentum und im Heidentum). Es gibt theologisch und kirchlich Radikale, die das zumindest indirekt behaupten. Alle diese Behauptungen sind irrig und führen häufig zu dämonischen Haltungen, weil sie die Wahrheit mißachten, daß die „Kirche", die Geistgemeinschaft, *immer* in den Kirch*en* lebt und daß die „Kirche" da lebt, wo es Kirchen gibt, die sich zu ihrem Fundament in dem Christus als der zentralen Manifestation des Reiches Gottes in der Geschichte bekennen.

Wenn wir die Geschichte der Kirchen im Licht dieser doppelten Beziehung zwischen *der* Kirche und den Kirch*en* betrachten, können wir sagen, daß die Geschichte der Kirchen an keinem Punkt mit dem Reich Gottes identisch ist und daß sie an keinem Punkt ohne die Manifestation des Reiches Gottes ist. Mit dieser Einsicht sollte man sich den vielen Rätseln der Geschichte der Kirchen nähern, in denen sich der paradoxe Charakter der Kirchen ausdrückt. Es ist nicht möglich, die Frage zu umgehen: Wie kann die Behauptung der Kirchen, daß sie auf die zentrale Manifestation des Reiches Gottes in der Geschichte gegründet seien, mit der Wirklichkeit der Geschichte der Kirchen vereint werden? Konkret gesprochen heißt das: Warum sind die Kirchen vorwiegend auf einen bestimmten Teil der Menschheit beschränkt und gehören innerhalb dieses Teils einer spezifischen Kultur an, und warum sind sie mit den Schöpfungen dieser Kultur verbunden? Und weiter: Warum haben sich in den letzten fünfhundert Jahren auf dem Boden der christlichen Kultur säkulare Bewegungen gebildet, die das menschliche Selbst-Verständnis radikal verändert haben und sich in vielen Fällen gegen das Christentum gewandt haben, vor allem in der Form des wissenschaftlichen Humanismus und des naturalistischen Kommunismus? Zu diesen Fragen kommt heute eine weitere: Warum üben diese beiden Formen des Säkularismus eine so außerordentliche Macht auf Nationen nicht-christlicher Kultur aus wie die fernöstlichen? Trotz aller Bemühungen und Erfolge in gewissen Teilen der Welt wird der Einfluß der christlichen Mission bei weitem von dem dieser Abkömmlinge des Christentums übertroffen. Solche Betrachtungen sind keine Argumente gegen das Christentum, sondern Reaktionen auf eines der vielen Rätsel der Geschichte der Kirchen. – Vor weitere Rätsel stellt uns die innere Entwicklung der Kirchen. Das auffallendste dieser Rätsel sind die großen Spaltungen in den Kirchen, von denen jede behauptet, die Wahrheit zu vertreten, wenn auch nicht in allen Fällen die absolute und ausschließliche Wahrheit, wie die römisch-katholische Kirche von sich behauptet. Gewiß, eine Kirche hört auf, eine manifeste christliche Kirche zu sein, wenn sie nicht auf der Behauptung besteht, daß Jesus der Christus ist (obwohl die latente Kirche in ihr lebendig sein kann). Aber wenn Kirchen, die Jesus als den Christus anerkennen, sich in der Deutung dieses Ereignisses widersprechen und jede von ihnen behauptet, die absolute Wahrheit zu vertreten, muß man fragen: Wie konnte es in der Geschichte *der* Kirche, die sich in der Geschichte der Kirch*en* verwirklicht, zu solch widersprüchlichen Deutungen des Ereignisses kommen, auf dem sie beruhen? Man kann sogar fragen, was die Absicht der göttlichen Vorsehung sei, wenn sie die Kirchen (die auf dem zentralen Akt der geschichtlichen Vorsehung beruhen) zu einer Spaltung führt, die nach menschlichem Ermessen nicht überwunden werden kann. Und eine weitere Frage: Wie konnte es zu solcher Profanisierung des Heiligen in der Geschichte der Kirchen kommen, Profanisierung sowohl in der Form der Ritualisierung wie in der der Säkularisierung? Der ersten Form der Verzerrung ist der katholische, der zweiten der protestantische Typ des Christentums stärker unterworfen. Man muß – zuweilen mit prophetischem Zorn – fragen, wie der Name des Christus als der Mitte der Geschichte in gewissen Zweigen des Katholizismus, des griechischen wie des römischen, bei bestimmten Nationen und sozialen Gruppen mit solchem Aufwand an abergläubischem Kult verbunden sein kann. Man braucht nicht an der echten, wenn auch primitiven Frömmigkeit bei vielen von diesen Menschen zu zweifeln, aber man muß daran zweifeln, daß die Riten, die in ihrem Gottesdienst zur Erfüllung irdischer oder himmlischer Wünsche ausgeführt werden, noch etwas mit dem Bild des Christus zu tun haben, wie das Neue Testament es zeichnet. Und man muß die ernste Frage hinzufügen, wie es geschehen konnte, daß die Ritualisierung des göttlichen Geistes von einer Theologie gerechtfertigt oder doch geduldet werden konte, die sich dieser Entstellung bewußt war, und von einer Hierarchie verteidigt, die die Reformierung dieser Zustände ablehnte. Wendet man sich dem Protestantismus zu, so begegnet man der anderen Form der Profanisierung des Heiligen: der Säkularisierung. Sie dringt mit dem protestantischen Prinzip ein, das aus dem Priester einen Laien macht, aus dem Sakrament bloße Worte und aus dem Heiligen Profanes. Selbstverständlich ist es nicht die Absicht des Protestantismus, das Priesteramt, die Sakramente und das Heilige zu verweltlichen; er versucht vielmehr zu zeigen, daß das Heilige nicht auf besondere Stätten, Gebote und Funktionen beschränkt ist. Bei diesem Versuch neigt der Protestantismus jedoch dazu, das Heilige in das Profane aufzulösen und den Weg für die vollkommene Verweltlichung der christlichen Kultur zu bereiten, gleich ob dies mit Hilfe des Moralismus, des Intellektualismus oder des Nationalismus geschieht. Der Protestantismus ist weniger als der Katholizismus gegen säkulare Tendenzen im eigenen Lager geschützt. Der Katholizismus dagegen ist mehr durch den direkten Angriff des Säkularismus auf alles Christliche bedroht, wie die Geschichte von Frankreich und Rußland zeigt.

Die allgemeine Profanisierung des Heiligen in der Form der Säkularisierung, die sich jetzt über die ganze Welt ausbreitet, besonders in den letzten Jahrhunderten, ist vielleicht das schwierigste und dringlichste Problem der gegenwärtigen Geschichte der Kirchen. Die Frage ist: Wie kann sich diese Entwicklung inmitten der christlichen Kultur mit der Behauptung vertragen, daß das Christentum die Botschaft von dem Ereignis ist, das die Mitte der Geschichte ist? Die frühe Theologie konnte die profanen Schöpfungen der hellenistisch-römischen Kultur absorbieren. Indem sie die stoische *Logos*-Lehre aufnahm, gebrauchte sie antike Kulturelemente als Bausteine für die universale Kirche, die im Prinzip alle positiven Elemente im kulturellen Leben des Menschen umfaßt. Das führt zu der Frage, warum in der modernen westlichen Zivilisation sich die säkulare Welt von dieser Einheit losgesagt hat. War und ist die Macht des Neuen Seins in dem Christus nicht stark genug, um das Leben der modernen autonomen Kultur dem *logos* zu unterwerfen, der in der Mitte der Geschichte als Mensch erschienen ist? Diese Frage sollte für die gesamte heutige Theologie von ebenso entscheidender Bedeutung sein wie für dieses System.

Das letzte Problem und vielleicht das anstößigste Rätsel der Geschichte der Kirchen ist die Tatsache, daß das Dämonische in ihnen eine manifeste Macht ist. Diese Tatsache ist anstößig in Anbetracht der Behauptung des Christentums, daß der Christus die dämonischen Mächte überwunden habe – eine Behauptung, die Paulus im 8. Kapitel des Briefes an die Römer in einem triumphierenden Hymnus zum Ausdruck bringt. Trotz des Sieges über das Dämonische kann die Gegenwart dämonischer Elemente in der primitiven und von der Priesterschaft gebilligten Ritualisierung des Heiligen ebensowenig geleugnet werden wie die Dämonisierung, die immer eintritt, wenn die christlichen Kirchen ihr Fundament mit dem Gebäude verwechseln, das sie auf ihm errichtet haben, und die Unbedingtheit des ersten dem letzteren zuschreiben. Es geht eine direkte Linie der Dämonisierung im Christentum von den ersten Ketzerverfolgungen unmittelbar nach der Erhebung des Christentums zur Staatsreligion des Römischen Reiches über die Verdammungsurteile in den Beschlüssen der großen Konzilien, die Vernichtungskriege gegen die mittelalterlichen Sekten, die Prinzipien der Inquisition, über die Tyrannei der protestantischen Orthodoxie, den Fanatismus seiner Sekten und die Halsstarrigkeit des Fundamentalismus bis zur Erklärung der Unfehlbarkeit des Papstes. Das Opfer, durch das der Christus alle Ansprüche auf partikulare Absolutheit aufgegeben hatte, war für alle diese Fälle der Dämonisierung der christlichen Botschaft vergeblich gewesen.

Angesichts dieser Tatsachen muß man fragen: Was ist der Sinn der Geschichte der Kirchen? Eines ist klar: man kann die Geschichte der Kirchen weder als „heilige Geschichte" noch als „Heilsgeschichte" bezeichnen. Es gibt „heilige Geschichte" in der Geschichte der Kirchen, aber sie ist nicht auf die Geschichte der Kirchen beschränkt, und „heilige Geschichte" ist in der Geschichte der Kirchen nicht nur manifest, sondern ist auch durch sie verhüllt. Trotz alledem hat die Geschichte der Kirchen eine Eigenschaft, die keine andere Geschichte besitzt: Da sie sich zu allen Zeiten und in allen ihren Formen auf die zentrale Manifestation des Reiches Gottes in der Geschichte bezieht, trägt sie in sich selbst das letzte Kriterium gegen sich selbst – das Neue Sein in Jesus als dem Christus. Die Wirklichkeit dieses Kriteriums erhebt die Kirchen über alle anderen religiösen Gruppen, nicht weil sie besser als andere sind, sondern weil sie ein besseres Kriterium gegen sich selbst und damit implizit auch gegen andere Gruppen haben. Der Kampf des Reiches Gottes in der Geschichte ist in erster Linie dieser Kampf innerhalb des Lebens seiner eigenen Repräsentanten, der Kirchen. Wir haben darauf hingewiesen, daß dieser Kampf immer wieder zu Reformationen in den Kirchen geführt hat. Aber der Kampf des Reiches Gottes in den Kirchen offenbart sich nicht nur in der Form von Reformationen; er findet auch im täglichen Leben von einzelnen Menschen und von Gruppen statt. Die Folgen dieses Kampfes sind fragmentarisch und vorläufig, aber auch wirkliche Siege des Reiches Gottes fehlen nicht. Doch weder machtvolle Reformationen noch unauffällige Verwandlungen von Menschen und Gemeinschaften sind der letzte Prüfstein für die Sendung der Kirchen und die einzigartige Bedeutung der Geschichte der Kirchen. Das letzte Kriterium ist das Verhältnis der Kirchen und ihrer Geschichte, selbst noch in verzerrten Formen ihrer Entwicklung, zu ihrem Fundament in der Mitte der Geschichte.

Wir haben gesagt, daß es keine Geschichte der manifesten Kirche ohne das vorbereitende Wirken der latenten Kirche geben könne. Dieses Wirken ist in der Weltgeschichte verborgen, und die folgende Betrachtung über den Kampf des Reiches Gottes in der Geschichte gilt seinem Wirken in der Weltgeschichte.

C

DAS REICH GOTTES UND DIE WELTGESCHICHTE

1. Kirchengeschichte und Weltgeschichte

Der Begriff „Welt" in dem Wort Weltgeschichte in diesem und den vorangegangenen Kapiteln steht im Gegensatz zu den Begriffen „Kirche" und „Kirchen". Er setzt nicht voraus, daß es eine zusammenhängende, kontinuierliche Geschichte einer alles umfassenden geschichtlichen Gruppe, der Menschheit, gebe. Wie bereits gesagt, eine solche Menschheitsgeschichte gibt es nicht; die Menschheit ist der Ort, an dem sich geschichtliche Entwicklungen vollziehen. Diese Entwicklungen sind zum Teil voneinander abhängig, zum Teil unabhängig, aber in keinem Fall haben sie ein gemeinsames Handlungszentrum. Selbst heute, da eine technische Einigung der Menschheit erreicht ist, kann nicht von einem zentrierten Handeln der Menschheit als solcher gesprochen werden. Und selbst wenn die Menschheit in unabsehbarer Zukunft solch zentrierte Handlungen ausführen könnte, bliebe die Geschichte einzelner Gruppen doch der Hauptinhalt der Weltgeschichte. Deshalb müssen wir die Geschichte dieser einzelnen Gruppen heranziehen, wenn wir die Beziehung des Reiches Gottes zur Weltgeschichte betrachten wollen. Ob diese nun im einzelnen miteinander zusammenhängen oder nicht, die Phänomene, die für unsere Untersuchung wichtig sind, finden sich in jeder Geschichte.

Das erste Problem, das wir im Lichte der vorhergehenden Feststellungen erörtern wollen, betrifft die Beziehung zwischen Kirchengeschichte und Weltgeschichte. Die Schwierigkeit dieses Problems beruht erstens auf der Tatsache, daß die Geschichte der Kirchen als der Repräsentanten des Reiches Gottes sowohl Teil der Weltgeschichte ist wie Teil dessen, was die Weltgeschichte transzendiert, und zweitens auf der anderen Tatsache, daß die Weltgeschichte sowohl im Gegensatz zur Geschichte der Kirchen steht, wie von ihr abhängig ist (das Wirken der latenten Kirche, die die Geschichte der Kirchen im eigentlichen Sinne vorbereitet, eingeschlossen). Dies ist eine höchst dialektische Beziehung, die sowohl gegenseitige Bejahung wie gegenseitige Negierung einschließt. Die folgenden Punkte sollen erörtert werden.

Die Geschichte der Kirchen weist dieselben Züge auf wie die Weltgeschichte, nämlich die Zweideutigkeiten in der Selbst-Integration, in

dem Sich-Schaffen und in der Selbst-Transzendierung. In dieser Hinsicht sind die Kirchen Welt. Sie könnten nicht bestehen ohne die Strukturen der Macht, des Wachstums und der Selbst-Transzendierung und
ohne die Zweideutigkeiten, die mit diesen Strukturen verbunden sind.
Von diesem Standpunkt ist die Geschichte der Kirchen nichts weiter
als ein besonderer Teil der Weltgeschichte. Aber das ist nur ihre eine
Seite. In den Kirchen ist zugleich der ungebrochene Widerstand gegen
die Zweideutigkeiten der Weltgeschichte und der fragmentarische Sieg
über sie wirksam. Die Weltgeschichte steht unter dem Urteil der Kirchen als Verkörperungen der Geistgemeinschaft. Die Kirchen als Repräsentanten des Reiches Gottes urteilen über das, ohne das sie selbst
nicht bestehen könnten. Aber es ist nicht so, daß sie theoretisch das
verurteilen, was sie praktisch annehmen. Ihr Urteil besteht nicht nur
aus prophetischen Worten, sondern auch aus der prophetischen Abkehr von den zweideutigen Situationen, in denen die Weltgeschichte
sich bewegt. Kirchen, die auf politische Macht verzichten, sind eher berechtigt, über die Zweideutigkeit der politischen Macht zu urteilen, als
solche, die die Fragwürdigkeit ihrer eigenen Machtpolitik nicht durch-
schauen. Die Verurteilung des Kommunismus durch die katholische
Kirche, wie berechtigt sie auch als Urteil sein mag, muß den Verdacht
erwecken, daß sie aus einem Machtkampf hervorgeht, in dem jede Seite
ihren spezifischen Wert absolut setzt. Der Protestantismus ist zwar
nicht frei von dieser Täuschung, aber er ist der Frage zugänglich, ob die
Kritik im Namen des letzten menschlichen Anliegens geübt wird oder
im Namen einer politischen Gruppe, die sich des religiösen Urteils für
politisch-wirtschaftliche Zwecke bedient (wie in dem Bündnis zwischen
Fundamentalismus und Ultra-Konservatismus in Amerika). Die Verurteilung des Kommunismus durch eine protestantische Gruppe mag
ebenso berechtigt oder ebenso fragwürdig sein wie die durch eine katholische Gruppe; aber es kann sich hier um ein ehrliches Urteil handeln,
nämlich wenn die Kirche zuerst sich selber, und zwar in ihrer Grundstruktur, dem gleichen Kriterium unterworfen hat. Das ist eine Prüfung, der sich die katholische Kirche niemals unterziehen kann; denn
die Geschichte ihrer Kirche gilt als im Prinzip uneingeschränkt heilige
Geschichte, obwohl natürlich für einzelne Glieder und besondere Ereignisse Einschränkungen gemacht werden können.

Die Kirchengeschichte richtet die Weltgeschichte, indem sie sich selbst
richtet; denn sie ist Teil der Weltgeschichte. Die Kirchengeschichte übt
Einfluß auf die Weltgeschichte aus. Seit zweitausend Jahren hat der
westliche Mensch unter dem verwandelnden Einfluß der Kirchengeschichte gelebt. So hat sich unter ihm zum Beispiel die soziale Haltung

verändert. Das ist sowohl eine Tatsache wie ein Problem. Es ist eine Tatsache, daß das Christentum das Verhältnis von Mensch zu Mensch grundlegend verändert hat, wo immer es angenommen worden ist. Damit soll jedoch nicht gesagt sein, daß diese Veränderung bei der Mehrzahl der Menschen oder auch nur bei vielen ein verändertes Betragen zur Folge gehabt hat. Aber es hat in all denen ein schlechtes Gewissen erzeugt, die die Macht des Neuen Seins gespürt haben, aber weiter den Weg des alten Seins gegangen sind. Die christliche Kultur ist nicht das Reich Gottes, aber sie ist eine ständige Mahnung an das Reich Gottes. Deshalb darf man Veränderungen in den weltlichen Zuständen niemals als Argument gebrauchen, um die Gültigkeit der christlichen Botschaft zu beweisen. Solche Argumente überzeugen nicht, weil sie das Paradox der Kirchen und die Zweideutigkeit jeder Stufe der Weltgeschichte übersehen. Oft wirkt die geschichtliche Vorsehung durch Dämonisierung und Profanisierung der Kirchen für die Verwirklichung des Reiches Gottes in der Weltgeschichte. Solche providentiellen Entwicklungen sind keine Entschuldigung für die Verzerrung der Kirchen, aber sie beweisen, daß das Reich Gottes von seinen Stellvertretern in der Geschichte unabhängig ist.

Unter diesen Bedingungen erfordert das Studium der Kirchengeschichte einen doppelten Gesichtspunkt für die Beschreibung jeder einzelnen Entwicklung. Als erstes muß die Kirchengeschichte die Tatsachen und deren Beziehungen zueinander darstellen, und zwar mit den besten Methoden der historischen Forschung und ohne die göttliche Vorsehung als eine spezifische Ursache in die allgemeine Kette von Ursache und Wirkung einzuführen. Der Kirchenhistoriker soll keine Geschichte göttlicher Eingriffe in die Weltgeschichte schreiben, wenn er die Geschichte der christlichen Kirchen darstellt. Zweitens muß der Kirchenhistoriker als Theologe der Tatsache eingedenk sein, daß er von einer geschichtlichen Wirklichkeit spricht, in der die Geistgemeinschaft wirksam ist und die das Reich Gottes repräsentiert. Der Teil der Weltgeschichte, den er behandelt, hat providentielle Bedeutung für die gesamte Weltgeschichte. Deshalb darf er die Weltgeschichte nicht nur als den allgemeinen Boden betrachten, auf dem sich die Kirchengeschichte entwickelt, sondern er muß sie auch von einem anderen, und zwar dreifachen Standpunkt sehen, nämlich erstens als die Wirklichkeit, in der die Geschichte der Kirchen als der Repräsentanten des Reiches Gottes sich ständig vorbereitet; zweitens als die Wirklichkeit, auf die sich die verwandelnde Tätigkeit der Geistgemeinschaft richtet; und drittens als die Wirklichkeit, durch die die Kirchengeschichte gerichtet wird, indem diese die Weltgeschichte richtet. Kirchengeschichte, so aufgefaßt, ist ein

Teil der Geschichte des Reiches Gottes, das sich innerhalb der geschichtlichen Zeit aktualisiert. Aber es gibt noch einen anderen Teil der Geschichte des Reiches Gottes, und das ist die Weltgeschichte selbst.

2. Das Reich Gottes und die Zweideutigkeiten der geschichtlichen Selbst-Integration

Wir haben die Zweideutigkeiten der Geschichte als Folge der Zweideutigkeiten der Lebensprozesse im allgemeinen beschrieben. Die Selbst-Integration des Lebens in der geschichtlichen Dimension weist die Zweideutigkeiten auf, die in dem Streben nach Zentriertheit enthalten sind: die Zweideutigkeiten des „Imperiums" und der „Zentralisation"; die erste in dem Streben nach Erweiterung zu einer universalen geschichtlichen Einheit und die zweite in dem Streben nach zentrierter Einheit in den besonderen geschichtstragenden Gruppen. In beiden Fällen liegt den Zweideutigkeiten der geschichtlichen Integration die Zweideutigkeit der Macht zugrunde. So erhebt sich die Frage: was ist das Verhältnis des Reiches Gottes zu den Zweideutigkeiten der Macht? Die Antwort auf diese Frage ist zugleich die Antwort auf die Frage nach dem Verhältnis der Kirchen zur Macht.

Die grundlegende Antwort der Theologie auf diese Frage muß sein, daß, da Gott als die Macht des Seins die Quelle jeder einzelnen Seinsmacht ist, Macht ihrem Wesen nach göttlich ist. In der biblischen Literatur werden immer wieder Machtsymbole auf Gott, den Christus und die Kirche angewandt. Und der göttliche Geist selbst ist die dynamische Einheit von Macht und Sinn. Die Herabsetzung der Macht in den meisten pazifistischen Äußerungen ist sowohl unbiblisch wie unrealistisch. Macht ist die ewige Möglichkeit, dem Nicht-Sein zu widerstehen. Gott und das Reich Gottes üben diese Macht immerwährend aus. Aber im göttlichen Leben – dessen schöpferische Selbst-Manifestation das Reich Gottes ist – ist die Zweideutigkeit der Macht, des Imperiums und der Zentralisation durch das unzweideutige Leben überwunden.

Für die geschichtliche Existenz bedeutet das, daß jeder Sieg des Reiches Gottes in der Geschichte ein Sieg über die desintegrierenden Folgen der Zweideutigkeit der Macht ist. Da diese Zweideutigkeit auf der Spaltung von Subjekt und Objekt in der Existenz beruht, bedeutet ihre Überwindung eine fragmentarische Wiedervereinigung von Subjekt und Objekt. Das heißt für die innere Machtstruktur einer geschichtstragenden Gruppe, daß der Kampf des Reiches Gottes in der Geschichte in Institutionen und Haltungen wirklich siegreich ist und, wenn auch nur fragmentarisch, das Element des Zwangs überwindet, das gewöhnlich Teil der Macht ist und die Beherrschten zu bloßen Objekten macht. Insofern die Demokratisierung politischer Institutionen und Haltungen dem Widerstand gegen die zerstörerischen Elemente der Macht dient, ist sie eine Manifestation des Reiches Gottes in der Geschichte. Aber es wäre vollkommen verfehlt, demokratische Einrichtungen mit dem Reich Gottes in der Geschichte zu identifizieren. Diese Verwechslung hat in der Vorstellung vieler Menschen die Idee der Demokratie zu einem rein religiösen Symbol erhoben und einfach an die Stelle des Symbols vom Reich Gottes gesetzt. Wer sich dieser Verwechslung widersetzt, ist im Recht, wenn er darauf hinweist, daß es das aristokratisch-hierarchische Machtsystem war, das die totale Verwandlung des Menschen zum Ding durch die Tyrannei der Stärkeren lange verhindert hat. Und weiter ist er mit der Behauptung im Recht, daß unter dem aristokratischen System die Persönlichkeiten und Gemeinschaften gebildet wurden, die die potentiellen Führer und Massen für die Demokratie stellten. Jedoch rechtfertigt diese Überlegung noch nicht die Glorifizierung autoritärer Machtsysteme als Ausdruck des göttlichen Willens. Insoweit in einer politischen Machtstruktur die zentrierenden und die befreienden Elemente einander im Gleichgewicht halten, hat das Reich Gottes in der Geschichte fragmentarisch die Zweideutigkeit der Zentralisation überwunden. Dies ist zugleich das Kriterium, nach dem die Kirchen politische Handlungen und Theorien beurteilen müssen. Ihre Verurteilung der Machtpolitik sollte keine Verurteilung der Macht sein, sondern eine Bestätigung der Macht und selbst des Elements des Zwangs in Fällen, in denen die Gerechtigkeit verletzt ist (mit „Gerechtigkeit" ist hier der Schutz des Individuums als potentielle Persönlichkeit innerhalb einer Gemeinschaft gemeint). Obwohl der Kampf gegen die Verdinglichung der Person eine dauernde Aufgabe der Kirche ist, die in prophetischem und priesterlichem Geist durchgeführt werden muß, ist es nicht ihre Aufgabe, die politischen Mächte zu beherrschen und ihnen im Namen des Reiches Gottes bestimmte Formen aufzuzwingen. Der Weg, auf dem das Reich Gottes in der Geschichte wirkt, ist nicht identisch mit dem Weg, auf den die Kirchen den Lauf der Geschichte lenken möchten.

Die Zweideutigkeit in der Selbst-Integration des Lebens in der geschichtlichen Dimension kommt weiter in der Tendenz zur Vereinigung aller menschlichen Gruppen in einem Imperium zum Ausdruck. Auch hier muß betont werden, daß das Reich Gottes in der Geschichte nicht die Verwerfung der Macht in der Auseinandersetzung zwischen zentrierten politischen Gruppen, zum Beispiel zwischen Nationen, verlangt. Wie in jedem Zusammentreffen lebender Wesen, die einzelnen

Menschen eingeschlossen, Macht des Seins auf Macht des Seins stößt und zu Entscheidungen über den höheren oder geringeren Grad solcher Macht führt, so auch bei der Begegnung politischer Machtgruppen. Und was innerhalb einer bestimmten Gruppe und ihrer Machtstruktur vor sich geht, das geht auch in der Beziehung zwischen einzelnen Gruppen vor sich: auch hier fallen in jedem Augenblick Entscheidungen, in denen die Bedeutung der besonderen Gruppe für die Einheit des Reiches Gottes in der Geschichte zum Ausdruck kommt. In diesen Kämpfen kann eine totale politische Niederlage die Bedingung dafür sein, daß eine Gruppe von größter Wichtigkeit für die Manifestation des Reiches Gottes in der Geschichte wird – wie in der jüdischen und ähnlich in der indischen und griechischen Geschichte. Aber eine militärische Niederlage kann auch der Weg sein, auf dem das Reich Gottes, das in der Geschichte kämpft, den falschen Anspruch einer nationalen Gruppe auf Letztgültigkeit enthüllt, wie in Hitlers Deutschland. Den Besiegern des Nationalsozialismus gab dieser Sieg jedoch noch keinen unzweideutigen Anspruch darauf, selbst als Träger der Wiedervereinigung der Menschheit zu gelten. Insofern sie diesen Anspruch machten, bewiesen sie eben damit ihre Unfähigkeit, ihn zu erfüllen. (Man denke zum Beispiel an eine gewisse Haßpropaganda in Amerika und an den Absolutismus Sowjet-Rußlands.)

Für die christlichen Kirchen bedeutet das, daß sie einen Weg finden müssen zwischen einem Pazifismus, der die Notwendigkeit der Macht (und des Zwangs) in der Beziehung zwischen geschichtstragenden Gruppen übersieht oder leugnet, und einem Militarismus, der die Einheit der Menschheit durch Unterwerfung der Welt unter eine besondere geschichtliche Gruppe zu erreichen glaubt. Die Zweideutigkeit des Imperialismus wird fragmentarisch durch die Schaffung höherer politischer Einheiten überwunden, die, wenn auch nicht ohne das Machtelement des Zwangs, so organisiert sind, daß sich Gemeinschaft zwischen den vereinten Gruppen entwickeln kann und daß keine von ihnen zum bloßen Objekt zentralisierter Macht wird.

Diese Grundlösung des Machtproblems, die in der Bildung größerer Einheiten besteht, sollte für die Haltung der Kirchen zum Imperialismus und zum Krieg bestimmend sein. Krieg ist der Name für das Element des Zwangs in der Schaffung höherer Machteinheiten. Ein „gerechter" Krieg ist entweder ein Krieg, in dem eigenwilliger Widerstand gegen eine höhere Einheit gebrochen werden muß (z. B. der amerikanische Bürgerkrieg), oder ein Krieg, in dem dem Versuch, eine höhere Einheit durch bloße Unterdrückung zu erhalten oder zu schaffen, Widerstand geleistet wird (z. B. der amerikanische Unabhängigkeitskrieg).

Mit keiner anderen Gewißheit als mit der des wagenden Glaubens kann man sagen, ob ein Krieg in diesem Sinn gerecht ist oder nicht. Diese Unsicherheit ist jedoch weder eine Rechtfertigung für den zynischen Realismus, der alle Urteile und Kriterien aufgibt, noch ist sie eine Rechtfertigung für den utopischen Idealismus, der glaubt, das in der Macht enthaltene Element des Zwangs in der Geschichte ausschalten zu können. Die Kirchen als Repräsentanten des Reiches Gottes können und müssen einen Krieg verdammen, der nur dem Anschein nach ein Krieg, in Wirklichkeit aber universaler Selbstmord ist. Ein Atomkrieg kann niemals begonnen werden mit dem Anspruch, ein gerechter Krieg zu sein, denn er kann nicht der Einheit dienen, die Teil des Reiches Gottes ist. Aber man muß bereit sein, sich gegen jede Art des Angriffs mit den gleichen Waffen zu verteidigen, im Notfall auch mit atomaren Waffen, denn diese Bereitschaft kann schon als Abschreckung dienen.

Aus alledem geht hervor, daß der pazifistische Weg nicht der Weg des Reiches Gottes in der Geschichte ist. Aber es ist der Weg der Kirchen als Repräsentanten der Geistgemeinschaft. Sie würden ihre Bedeutung als Stellvertreter der Geistgemeinschaft verlieren, wenn sie sich militärischer oder wirtschaftlicher Waffen zur Verbreitung der christlichen Botschaft bedienten. Aus dieser Situation folgt die Beurteilung pazifistischer Bewegungen, Gruppen und Persönlichkeiten durch die Kirche. Die Kirchen müssen den politischen Pazifismus verwerfen, aber sie müssen Gruppen und Personen unterstützen, die, indem sie sich weigern, sich mit dem Element des Zwangs in den Machtkämpfen zu identifizieren, symbolisch den „Frieden des Reiches Gottes" vertreten und bereit sind, die unvermeidliche Reaktion der politischen Macht, der sie angehören und die sie beschützt, auf sich zu nehmen. Das gilt für Gruppen wie die Quäker und für Menschen, die aus Gewissensgründen den Kriegsdienst verweigern. Sie vertreten innerhalb der politischen Gruppe den Verzicht auf Macht, der für die Kirchen wesentlich ist, aber von ihnen nicht zum Gesetz erhoben werden darf, das dem Staat aufgezwungen wird.

3. Das Reich Gottes und die Zweideutigkeiten in dem Sich-Schaffen der Geschichte

Während die Zweideutigkeiten in der geschichtlichen Selbst-Integration zu den Problemen der politischen Macht führen, führen die Zweideutigkeiten in dem geschichtlichen Sich-Schaffen zu den Problemen des politischen Wachstums. Aus dem Konflikt zwischen dem Neuen und dem Alten in der Geschichte ergibt sich der Gegensatz zwischen Revolution und Tradition. Die Beziehungen zwischen den Generationen liefern ein typisches Beispiel für die unvermeidbare Ungerechtigkeit auf beiden Seiten, die in dem Wachstumsprozeß zutage tritt. Ein Sieg des Reiches Gottes stellt eine Einheit von Tradition und Revolution her, in der die Ungerechtigkeit, die das Wachstum der Gesellschaft mit sich bringt, und ihre zerstörerischen Folgen überwunden sind.

Sie werden jedoch nicht durch Ablehnung der Revolution oder der Tradition im Namen der transzendenten Seite des Reiches Gottes überwunden. Die prinzipiell anti-revolutionäre Haltung vieler christlicher Gruppen ist von Grund auf falsch, gleich ob es sich um unblutige kulturelle oder unblutige und blutige politische Revolutionen handelt. Das Chaos, das auf jede Art von Revolution folgt, kann ein schöpferisches Chaos sein. Geschichtstragende Gruppen, die nicht gewillt sind, dieses Wagnis auf sich zu nehmen, und denen es gelingt, jede Art von Revolution zu vermeiden, selbst die unblutige, werden von der Dynamik der Geschichte überholt; und sie dürfen gewiß nicht behaupten, daß ihre historische Rückständigkeit den Sieg des Reiches Gottes bedeute. Das gleiche gilt für den Versuch revolutionärer Gruppen, die vorhandenen Strukturen des kulturellen und politischen Lebens durch Revolutionen zu zerstören, die die Erfüllung des Reiches Gottes und seine Gerechtigkeit „auf Erden" erzwingen sollen. Gegen derartige Vorstellungen von einer christlichen Revolution, die allen Revolutionen ein Ende machen soll, richtete Paulus im 13. Kapitel seines Briefes an die Römer die Ermahnung zum Gehorsam gegen die Machthaber. Es ist einer der vielen politisch-theologischen Mißbräuche biblischer Aussagen, wenn Paulus' Worte von gewissen Kirchen, besonders der Lutherischen, als Rechtfertigung für ihre anti-revolutionäre Haltung ausgelegt werden. Aber weder in diesen Worten noch an irgendwelchen anderen Stellen des Neuen Testaments geht es um Methoden der politischen Machtgewinnung. Im Römerbrief wendet sich Paulus gegen eschatologische Schwärmer, nicht gegen eine revolutionäre politische Bewegung.

Wir können von einer Überwindung der Zweideutigkeiten des politischen Wachstums durch das Reich Gottes nur da sprechen, wo die Revolution so in die Tradition eingebettet ist, daß trotz der Spannungen, die in jeder konkreten Situation und in jedem spezifischen Problem vorhanden sind, eine schöpferische Lösung gefunden wird, die auf das letzte Ziel der Geschichte gerichtet ist.

Es liegt im Wesen demokratischer Institutionen, daß sie in Fragen der politischen Zentriertheit und des politischen Wachstums die Wahrheiten in den beiden einander widersprechenden Seiten zu vereinen suchen, daß heißt die Wahrheit des Neuen und die des Alten, die in

Revolution und Tradition zum Ausdruck kommen. Die Möglichkeit, eine Regierung durch gesetzliche Mittel zu beseitigen, stellt einen solchen Versuch zur Vereinigung der beiden Seiten dar. Wo dieser Versuch erfolgreich ist, bedeutet er einen Sieg des Reiches Gottes in der Geschichte, da er die Spaltung zwischen Neuem und Altem überwindet. Aber damit ist die Zweideutigkeit, die in den demokratischen Institutionen selbst liegt, nicht aufgehoben. Es hat auch andere Wege gegeben, Tradition und Revolution innerhalb eines politischen Systems zu vereinen, wie aus föderalistischen, vor-absolutistischen Gesellschaftsformen zu erkennen ist. Und wir dürfen nicht vergessen, daß Demokratie zu Massen-Konformität führen kann, die für das dynamische Element in der Geschichte und seine revolutionären Ausdrucksformen bedrohlicher ist als ein offen zutage tretender Absolutismus. Das Reich Gottes widersetzt sich dem herrschenden Konformismus ebenso entschieden wie dem negativistischen Nicht-Konformismus.

Ein Blick in die Geschichte der Kirchen zeigt, daß die Religion, das Christentum eingeschlossen, in den meisten Fällen auf der Seite der Tradition und des Konservatismus gestanden hat. Die großen Momente in der Geschichte der Religionen, in denen der prophetische Geist die priesterlich-doktrinäre und die rituelle Tradition in Frage gestellt hat, sind Ausnahmen. Sie sind verhältnismäßig selten (die jüdischen Propheten, Jesus, die Apostel, die Reformer) nach dem allgemeinen Gesetz, daß sich das normale Wachstum des Lebens organisch, langsam und ohne katastrophale Unterbrechungen vollzieht. Dieses Wachstumsgesetz zeigt sich am deutlichsten in Bereichen, in denen das Bestehende mit dem Tabu der Heiligkeit umgeben ist und in denen folglich jeder Angriff auf das Bestehende als Verstoß gegen das Tabu empfunden wird. Die Geschichte des Christentums bis zur Gegenwart bietet unzählige Beispiele für diese Haltung und für die traditionalistische Lösung, die sich aus ihr ergibt. Jedesmal jedoch, wenn die Macht des prophetischen Geistes eine geistige Revolution hervorrief, hat sich das Christentum (und die Religion im allgemeinen) von einem Stadium in ein anderes, neues, verwandelt. Aber eine starke Ansammlung traditioneller Elemente ist nötig, ehe ein prophetischer Angriff auf die Tradition sinnvoll wird. Dies erklärt das quantitative Übergewicht der religiösen Tradition über die religiöse Revolution. Jede Revolution im Namen des göttlichen Geistes schafft eine neue Grundlage, auf der von neuem priesterlicher Konservatismus und bleibende Traditionen wachsen. Dieser Rhythmus in der Dynamik der Geschichte (für den es Analogien im biologischen und psychologischen Bereich gibt) ist der Weg, auf dem das Reich Gottes in der Geschichte wirkt.

4. Das Reich Gottes und die Zweideutigkeiten der geschichtlichen Selbst-Transzendierung

Die Zweideutigkeiten der Selbst-Transzendierung werden durch die Spannung zwischen dem sich in der Geschichte fragmentarisch aktualisierenden und dem noch zu erwartenden Reich Gottes verursacht. Die Absolutsetzung der fragmentarischen Erfüllung des Ziels der Geschichte innerhalb der Geschichte hat dämonische Verzerrungen zur Folge. Wenn andrerseits die Verwirklichung des Reiches Gottes innerhalb der Geschichte überhaupt nicht mehr gesehen wird, kommt es dazu, daß Utopismus und eine ihm unausweichlich folgende Enttäuschung miteinander abwechseln und den Boden für den Zynismus bereiten.

Aus diesem Grund ist ein Sieg des Reiches Gottes nicht möglich, wenn entweder das Bewußtsein von tatsächlicher Erfüllung oder die Erwartung der Erfüllung fehlt. Wie wir gesehen haben, kann das Symbol des „dritten Stadiums" auf beide Arten gebraucht werden. Es kann aber auch so gebraucht werden, daß sich in ihm das Bewußtsein von der Gegenwart mit dem Bewußtsein von der Noch-nicht-Gegenwart des Reiches Gottes in der Geschichte vereint. Hier lag das Problem für die frühe Kirche, und es blieb ein Problem für die gesamte Geschichte der Kirche wie für die säkularisierten Formen der Selbst-Transzendierung der Geschichte. Während verhältnismäßig einfach zu verstehen ist, warum es theoretisch notwendig ist, die Gegenwart mit der Noch-nicht-Gegenwart des Reiches Gottes zu vereinen, ist es schwierig, die Einheit im Zustand der lebendigen Spannung zu erhalten und zu verhindern, daß sie zu einem oberflächlichen Mittelweg entartet, der entweder die Kirche oder die säkulare Welt befriedigt. Für solche Entartungen sind weitgehend, wenn auch nicht ausschließlich, Gesellschaftsgruppen verantwortlich, die Interesse an der Erhaltung des status quo haben. Und die Reaktion der Kritiker am status quo führt in jedem Fall wieder zu der Aufstellung des „Prinzips Hoffnung" (Ernst Bloch) in utopischen Begriffen. In solchen, wenn auch noch so unrealistischen, Bewegungen der Erwartung gewinnt das kämpfende Reich Gottes einen Sieg über die Mächte der Selbstzufriedenheit und ihre verschiedenen soziologischen und psychologischen Formen. Aber der Sieg ist immer gefährdet und fragmentarisch, weil seine Träger dazu neigen, die bestehende, wenn auch fragmentarische, Gegenwart des Reiches Gottes zu übersehen.

Für die Kirchen als Repräsentanten des Reiches Gottes in der Geschichte ergibt sich daraus die Aufgabe, die Spannung zwischen dem

443

Bewußtsein von der Gegenwart des Reiches Gottes und seiner Erwartung lebendig zu halten. Die Gefahr der rezeptiven (sakramentalen) Kirchen ist, daß sie die Gegenwart auf Kosten der Erwartung betonen, und die Gefahr der aktivistischen (prophetischen) Kirchen, daß sie die Erwartung auf Kosten des Bewußtseins von der Gegenwart betonen. Diese Verschiedenheit findet ihren wichtigsten Ausdruck in dem Gegensatz zwischen der Betonung der individuellen Erlösung einerseits und der Betonung der sozialen Umgestaltung andrerseits. Deshalb bedeutet es einen Sieg des Reiches Gottes in der Geschichte, wenn eine sakramentale Kirche sich das Prinzip der sozialen Verwandlung als Ziel zu eigen macht, oder wenn eine aktivistische Kirche „die Gegenwart des göttlichen Geistes" unter allen gesellschaftlichen Bedingungen vertritt, das heißt die vertikale Linie der Erlösung im Gegensatz zur horizontalen Linie des geschichtlichen Handelns betont. Da die vertikale Linie vor allem die Linie ist, die vom Einzelnen zum Unbedingten führt, erhebt sich die Frage, wie das Reich Gottes in seinem Kampf in der Geschichte die Zweideutigkeiten des Einzelnen in seiner geschichtlichen Existenz überwindet.

5. Das Reich Gottes und die Zweideutigkeiten des Einzelnen in der Geschichte

Der Ausdruck „der Einzelne in der Geschichte" bedeutet in diesem Zusammenhang der Einzelne, insofern er aktiv an der Dynamik der Geschichte partizipiert. Nicht nur der politisch aktive Mensch partizipiert an der Geschichte, sondern jeder, der in irgendeinem Bereich schöpferisch zum universalen Prozeß der Geschichte beiträgt. Das widerspricht nicht der Tatsache, daß das Politische das beherrschende Element in der geschichtlichen Existenz ist.

Es bedeutet keinen Sieg des Reiches Gottes in der Geschichte, wenn sich der Einzelne im Namen des transzendenten Reiches Gottes von der Partizipation an der Geschichte zurückzieht – nicht nur weil dieser Versuch erfolglos ist, sondern auch weil er das Individuum seiner vollen Menschlichkeit beraubt, indem er es von der geschichtlichen Gruppe und ihrer schöpferischen Selbst-Verwirklichung abschneidet. Das transzendente Reich Gottes ist nicht erreichbar ohne Partizipation an dem Kampf des innergeschichtlichen Reiches Gottes. Denn das Transzendente aktualisiert sich innerhalb der Geschichte. Jeder Einzelne ist in das tragische Geschick der geschichtlichen Existenz geworfen; er kann ihm nicht entgehen, gleich ob er als Kind stirbt oder als Führer im geschichtlichen Leben untergeht. Das Schicksal jedes Menschen ist abhängig von geschichtlichen Bedingungen. Aber je mehr das Geschick eines Menschen von seiner aktiven Teilnahme an der Geschichte abhängt, umso mehr wird geschichtliches Opfer verlangt. Wo dieses Opfer auf reife Art gebracht wird, hat das Reich Gottes einen Sieg errungen.

Wenn dies jedoch die einzige Antwort auf das Problem des Einzelnen in der Geschichte wäre, wäre die geschichtliche Existenz des Menschen ohne Sinn, und das Symbol „Reich Gottes" hätte keine Berechtigung. Das wird deutlich, sobald wir die Frage stellen: Opfer wofür? Ein Opfer, dessen Zweck keine Beziehung zu dem hat, von dem das Opfer verlangt wird, ist kein Opfer, sondern erzwungene Selbstvernichtung. Ein echtes Opfer erfüllt denjenigen, der es bringt, mehr, als daß es ihn vernichtet. Deshalb muß das geschichtliche Opfer Hingabe für ein Ziel sein, in dem mehr erreicht wird als Machtgewinn für ein politisches Gebilde oder für das Leben einer Gruppe, mehr als Fortschritt einer geschichtlichen Bewegung oder mehr als die höchste Stufe der menschlichen Geschichte. Vielmehr muß es um ein Ziel gehen, für das sich zu opfern die Erfüllung dessen bedeutet, der sich opfert. Das persönliche Ziel, das *telos*, kann der „Ruhm" sein wie im klassischen Griechentum oder die „Ehre" wie in der feudalistischen Kultur; oder es kann die mystische Identifizierung mit der Nation sein wie im Zeitalter des Nationalismus oder die mit einer Partei wie im Neo-Kollektivismus; es kann die Entdeckung der Wahrheit sein wie in allem Wissenschaftsglauben oder das Erreichen einer neuen Stufe der menschlichen Selbst-Verwirklichung wie im Fortschrittsglauben. Es kann „die Ehre Gottes" sein wie in den ethischen Typen der Religion oder das Einswerden mit dem Höchsten wie in den mystischen Typen der religiösen Erfahrung oder das Ewige Leben im göttlichen Grund und Ziel des Seins wie im klassischen Christentum. Wo geschichtliches Opfer und die Gewißheit persönlicher Erfüllung auf diese Art vereint sind, hat das Reich Gottes einen Sieg errungen. Die Partizipation des Einzelnen an der geschichtlichen Existenz hat einen letzten Sinn erhalten.

Wenn wir jetzt die vielfältigen Ausdrucksformen des letzten Sinns in der Partizipation des Individumms an der Dynamik der Geschichte miteinander vergleichen, sehen wir, daß das Symbol „Reich Gottes" sie alle zusammenfaßt. Denn dieses Symbol vereint das kosmische, das gesellschaftliche und das persönliche Element; es vereint die Ehre Gottes mit der Liebe Gottes und weist auf die unerschöpfliche Vielfalt schöpferischer Möglichkeiten in der göttlichen Transzendenz hin.

Diese Betrachtungen führen uns zu dem letzten Abschnitt dieses Teils und des gesamten theologischen Systems: „Das Reich Gottes als das Ziel der Geschichte (oder als das Ewige Leben)."

III. DAS REICH GOTTES
ALS DAS ZIEL DER GESCHICHTE

A

DAS ZIEL DER GESCHICHTE
ODER DAS EWIGE LEBEN

1. Das Ende und Ziel der Geschichte und die dauernde Gegenwart des Endes

Die fragmentarischen Siege des Reiches Gottes in der Geschichte weisen durch diesen ihren fragmentarischen Charakter auf die nicht-fragmentarische Seite des Reiches Gottes hin, die „über" der Geschichte liegt. Aber selbst als „über" der Geschichte stehend ist das Reich Gottes auf die Geschichte bezogen; es ist das Ende und Ziel der Geschichte. Irgendwann in der Entwicklung des Kosmos werden die menschliche Geschichte, das Leben auf dieser Erde und die Erde selbst ein Ende nehmen; sie alle werden aufhören, in Raum und Zeit zu existieren. Dieses Ereignis ist geringfügig im Verhältnis zum kosmischen Geschehen. Theologisch ist die Vorstellung vom Ende der Geschichte nur insofern von Wichtigkeit, als durch sie die transzendente Symbolik von einem feststehenden Ende, wie sie z. B. in der apokalyptischen Literatur und in gewissen biblischen Ideen zu finden ist, entmythologisiert wird. Das Ziel der Geschichte geht weit über das Ende hinaus; es ist nicht eins mit dem Ende der Geschichte im physikalischen und biologischen Sinn. Es transzendiert jeden Moment des zeitlichen Prozesses; es ist das Ende der Zeit im Sinne des Ziels der Geschichte. Ende und Ziel der Geschichte in diesem Sinne ist „Ewiges Leben".

Die klassische Bezeichnung für die Lehre vom „Ende der Geschichte" ist „Eschatologie". Wie das Wort *end* im Englischen verbindet das griechische Wort *eschatos* einen Raum-Zeit-Begriff mit einem qualitativen Wertbegriff. Es deutet sowohl auf den letzten, am weitesten entfernten Punkt in Zeit und Raum hin wie auf das Höchste und Vollkommenste – aber zuweilen auch auf das Wertwidrigste, nämlich das rein Negative. Alle diese Bedeutungen sind enthalten in dem Ausdruck „Eschatologie" oder „Lehre vom Ende" oder von „den letzten Dingen". Die erste und primitivste mythologische Bedeutung des *eschaton* ist

„der letzte Tag in der Reihe aller Tage". Dieser Tag gehört der Gesamtheit aller Tage an, die den zeitlichen Prozeß ausmachen; er ist einer von diesen Tagen, aber auf ihn folgt kein weiterer Tag. Alle Dinge, die sich an diesem Tage ereignen, werden als die „letzten Dinge" *(ta eschata)* bezeichnet. Eschatologie in diesem Sinn ist die Beschreibung der Dinge, die sich an dem letzten aller Tage ereignen. Die Phantasie hat sie dichterisch, dramatisch und bildlich ausgestaltet, von der eschatologischen Literatur bis zu den Gemälden vom Jüngsten Gericht und von Himmel und Hölle.

Aber was uns hier beschäftigt, ist die Frage: Was ist die theologische Bedeutung dieser Bilder (die es keineswegs nur in der jüdisch-christlichen Welt gibt)? Um die qualitative Bedeutung des Begriffs *eschatos* hervorzuheben, gebrauche ich ihn im Singular: das *eschaton*. Das theologische Problem der Eschatologie liegt nicht in den vielen Dingen, die sich am letzten Tag ereignen werden, sondern in dem einen „Ding", was jedoch kein Ding ist, sondern der symbolische Ausdruck für die Beziehung des Zeitlichen zum Ewigen – genauer, für den „Übergang" vom Zeitlichen zum Ewigen. Diese Metapher entspricht der Metapher für den Übergang vom Ewigen zum Zeitlichen in der Lehre von der Schöpfung, oder der Metapher vom Übergang der Essenz zur Existenz in der Lehre vom Sündenfall, oder der Metapher vom Übergang der Existenz zur Essenz in der Lehre von der Erlösung.

Das eschatologische Problem gewinnt unmittelbar existentielle Bedeutung mit dieser Reduktion der *eschata* auf das *eschaton*. Das *eschaton* ist nicht mehr ein Gegenstand der Phantasie über eine unendlich ferne (oder nahe) Katastrophe in Raum und Zeit, sondern Ausdruck, wenn auch in einem bestimmten Zeitmodus, für die Tatsache, daß wir in jedem Augenblick vor dem Angesicht des Ewigen stehen. Die Zukunft ist der Modus in aller eschatologischen Symbolik, wie die Vergangenheit der Modus in allen Symbolen von der Schöpfung ist. Gott *hat* die Welt (in der Vergangenheit) geschaffen, und er *wird* ihr (in der Zukunft) ein Ende machen. In beiden Fällen ist die Beziehung des Zeitlichen zum Ewigen in zeitlichen Symbolen ausgedrückt, aber die existentielle, und das heißt die theologische Bedeutung der Symbole ist verschieden. Wenn die Beziehung des Zeitlichen zum Ewigen im Modus der Vergangenheit dargestellt wird, wird die Abhängigkeit der geschöpflichen Existenz zum Ausdruck gebracht; wenn der Modus der Zukunft gebraucht wird, wird auf die Erfüllung der geschöpflichen Existenz im Ewigen hingewiesen.

Vergangenheit und Zukunft treffen in der Gegenwart zusammen, und beide sind in dem „Ewigen Jetzt" gegenwärtig. Aber sie sind nicht aufgehoben von der Gegenwart; sie haben ihre unabhängigen und voneinander verschiedenen Funktionen. Es ist die Aufgabe der Theologie, diese Funktionen zu analysieren und sie im Zusammenhang mit der Gesamtsymbolik zu sehen, zu der sie gehören. Auf diese Art wird das *eschaton* zu einem Anliegen der gegenwärtigen Erfahrung, ohne die Dimension der Zukunft zu verlieren: wir stehen *jetzt* im Angesicht des Ewigen, aber nur indem wir vorausblicken auf das Ende der Geschichte, auf das Ende alles dessen, was zeitlich ist innerhalb des Ewigen. Das verleiht dem eschatologischen Symbol seine Wichtigkeit und seine Ernsthaftigkeit und verhindert, daß die christliche Theologie und die Predigt die Eschatologie als Anhang zu einem im übrigen abgeschlossenen System behandeln. Dies ist in bezug auf das Ende des Einzelnen niemals geschehen: das Predigen des *memento mori* hat in der Kirche immer eine wichtige Stelle eingenommen, und die transzendente Bestimmung des Individuums ist immer ein wichtiges Anliegen der Theologie gewesen. Aber die Frage nach dem Ende der Geschichte und dem Ende des Universums im Ewigen ist kaum je gestellt worden, und wenn sie gestellt wurde, ist sie nicht ernsthaft beantwortet worden. Erst mit den geschichtlichen Katastrophen in der ersten Hälfte dieses Jahrhunderts und mit der drohenden Gefahr der Selbstvernichtung des Menschen seit der Mitte des Jahrhunderts ist das eschatologische Problem zu einem leidenschaftlichen Anliegen des Menschen geworden. Und ohne die Auseinandersetzung mit dem Problem des Endes und Ziels der Geschichte und des Universums kann auch das Problem der ewigen Bestimmung des Individuums keine Antwort finden.

2. Das Ende und Ziel der Geschichte als die Erhebung des Zeitlichen in die Ewigkeit

Wie wir gesehen haben, schafft Geschichte das qualitativ Neue und bewegt sich auf das unbedingt Neue zu, was sie jedoch niemals innerhalb der Geschichte erreichen kann, weil das Unbedingte jeden zeitlichen Moment transzendiert. Die Erfüllung der Geschichte liegt in dem immer gegenwärtigen Ende und Ziel der Geschichte, das heißt in der transzendenten Seite des Reiches Gottes: dem Ewigen Leben.

Drei Antworten können auf die Frage gegeben werden: Was ist der Inhalt des Lebens, das wir „das Ewige Leben" nennen; oder was ist der Inhalt des Reiches, das als transzendente Erfüllung unter der Herrschaft Gottes steht? Die erste Antwort ist die Verweigerung einer Antwort mit der Begründung, daß es um ein unerreichbares Mysterium gehe, das Mysterium der göttlichen Herrlichkeit. Aber die Religion hat

diese Grenze immer überschritten, und die Theologie muß sie überschreiten; denn „Leben" und „Reich" sind konkrete und spezifische
Symbole, die sich von anderen Symbolen in der Religionsgeschichte
und in den profanen Ausdrucksformen des Unbedingten unterscheiden.
Wenn schon konkrete Symbole gebraucht werden, darf ihre Bedeutung
nicht unerklärt bleiben.

Im Gegensatz zu dieser Antwort steht eine andere, die Antwort der
populären Vorstellung und des theologischen Supranaturalismus (ihrem
begrifflichen Verbündeten). Die populäre Vorstellung und der Supranaturalismus können sehr viel über das transzendente Reich aussagen,
denn sie sehen in ihm das idealisierte Abbild des Lebens, wie es innerhalb der Geschichte und unter den allgemeinen Bedingungen der Existenz erfahren wird. Bezeichnenderweise fehlen diesem Abbild des
Lebens die negativen Züge, die wir zum Beispiel als Endlichkeit, als
das Böse, als Entfremdung usw. erleben. Alle von der essentiellen Natur des Menschen und seiner Welt abgeleiteten Hoffnungen sind erfüllt. Die populären Hoffnungsbilder übertreffen jedoch die Grenzen
der wesensmäßig berechtigten Hoffnung. Sie sind Projektionen aller
zweideutigen Inhalte des zeitlichen Lebens und der Wünsche, die
diese erwecken, auf das Reich des Transzendenten. Dieses übernatürliche Reich hat keine unmittelbare Beziehung zur Geschichte und
zur Entwicklung des Universums. Es liegt in der Ewigkeit, und es
ist das Problem der menschlichen Existenz, ob und auf welche Art
der einzelne Mensch Zugang zu dem transzendenten Bereich finden
kann. Die Geschichte gilt als wichtiges Element nur im irdischen Leben
des Menschen, sie ist ein endlicher Prozeß, innerhalb dessen der Einzelne Entscheidungen treffen muß, die wichtig für seine eigene Erlösung
sind, nicht aber für das Reich Gottes, das jenseits der Geschichte liegt.
Offensichtlich wird damit die Geschichte ihres letzten Sinnes beraubt.
Sie ist sozusagen der irdische Bereich, aus dem Einzelne in das himmlische Reich überführt werden. Alles geschichtliche Handeln, wie ernsthaft und vom Geiste erfüllt es auch sein mag, trägt nichts bei für das
himmlische Reich. Die Kirchen sind Heilsanstalten, aber nur für die
Erlösung Einzelner, nicht für die soziale und universale Verwirklichung
des Neuen Seins.

Es gibt noch eine dritte Antwort auf die Frage nach der Beziehung
der Geschichte zum Ewigen Leben. Sie entspricht der dynamisch-
schöpferischen Interpretation des Symbols „Reich Gottes" wie der anti-
supranaturalistischen oder paradoxen Auffassung von der Beziehung
des Zeitlichen zum Ewigen. Ihre Grundthese ist, daß das immer gegenwärtige Ende und Ziel der Geschichte den positiven Inhalt der Ge-

schichte in die Ewigkeit erhebt, während es zugleich das Negative von der Teilnahme an ihr ausschließt. Darum ist nichts, was in der Geschichte geschaffen wird, verloren; aber es wird von den negativen Elementen befreit, mit denen es innerhalb der Existenz vermischt war. Bei der Erhebung der Geschichte in die Ewigkeit manifestiert sich das Positive als unzweideutig positiv und das Negative als unzweideutig negativ. Das Ewige Leben umfaßt also den positiven Gehalt der Geschichte, von seinen negativen Verzerrungen befreit und in seinen Potentialitäten erfüllt. Geschichte in diesem Zusammenhang ist in erster Linie menschliche Geschichte; aber da alle Lebensbereiche eine geschichtliche Dimension haben, sind sie alle miteingeschlossen, wenn auch in verschiedenen Graden. Das universale Leben bewegt sich auf ein Ende und Ziel zu und wird in das Ewige Leben erhoben, sein letztes und immer gegenwärtiges Ende und Ziel.

Symbolisch gesprochen, könnte man sagen, daß das Leben in der gesamten Schöpfung und, auf besondere Art, in der menschlichen Geschichte in jedem Augenblick der Zeit zum Reich Gottes und zum Ewigen Leben beiträgt. Was sich in Raum und Zeit ereignet, in dem kleinsten Stück Materie wie in der größten Persönlichkeit, ist von Wichtigkeit für das Ewige Leben. Und da das Ewige Leben Teilhabe am göttlichen Leben ist, ist jedes endliche Geschehen wichtig für Gott.

Die Schöpfung ist Schöpfung um des „Endes" willen: in dem „Grund" ist das „Ziel" gegenwärtig. Aber zwischen Anfang und Ende wird das Neue geschaffen. Über das Geschaffene müssen wir zwei Aussagen machen: im Hinblick auf den göttlichen Grund des Seins ist es *nicht* neu, da es als Potentialität in dem Grund enthalten ist. Da aber seine Aktualität auf Freiheit in Einheit mit Schicksal beruht, *ist* es neu, denn Freiheit ist die Voraussetzung für alles Neue in der Existenz. Was sich mit Notwendigkeit aus seinen Voraussetzungen ergibt, ist nichts Neues, es ist nur eine Verwandlung des Alten. (Aber selbst der Begriff der Verwandlung weist auf ein Element des Neuen hin; vollkommene Determination würde selbst die Möglichkeit der Verwandlung ausschließen.)

3. Das Ende der Geschichte als Enthüllung des Negativen als negativ oder „das Jüngste Gericht"

Die Erhebung des Positiven in der Existenz in das Ewige Leben bedeutet die Befreiung des Positiven von seiner zweideutigen Verbindung mit dem Negativen, die das Leben unter den Bedingungen der Existenz kennzeichnet. Die Religionsgeschichte ist reich an Symbolen für diese Idee, wie dem jüdisch-christlichen und islamischen Symbol eines letzten Gerichts oder dem hinduistischen und buddhistischen Symbol der Reinkarnation nach dem Gesetz des Karma. In allen diesen Fällen ist das Gericht nicht auf Einzelwesen beschränkt, sondern bezieht sich auf das Universum. In dem griechischen und persischen Symbol von der totalen Verbrennung des alten Kosmos und der Geburt eines neuen Kosmos kommt die Universalität der Negation des Negativen am Ende der Welt zum Ausdruck. Das griechische Wort für richten *(krinein* „trennen") weist deutlich auf den universalen Charakter des Gerichts als eines Aktes hin, in dem das Gute vom Bösen, das Wahre vom Falschen und die Angenommenen von den Verworfenen geschieden werden.

Im Lichte unserer Interpretation des Endes und Ziels der Geschichte als dem immer gegenwärtigen Ende und der dauernden Erhebung des positiven Inhalts der Geschichte in die Ewigkeit erhält das Symbol vom Jüngsten Gericht die folgende Bedeutung: hier und jetzt, in dem dauernden Übergang vom Zeitlichen zum Ewigen wird das Negative vernichtet mit seinem Anspruch, ein Positives zu sein, einem Anspruch, den es geltend macht, indem es sich des Positiven bedient und sich auf zweideutige Weise mit ihm mischt. So gewinnt es den Anschein, selbst positiv zu sein (z. B. in Krankheit, Tod, Lüge, Zerstörung, Mord und dem Bösen im allgemeinen). Angesichts des Ewigen jedoch löst sich die Erscheinung des Bösen als ein Positives auf. In diesem Sinn wird Gott in seinem ewigen Leben als „brennendes Feuer" bezeichnet, das verbrennt, was vorgibt, positiv zu sein, es aber nicht ist. Nichts Positives fällt dem Weltbrand anheim. Das Feuer keines Gerichts kann es vernichten, selbst nicht das Feuer des göttlichen Zorns. Denn Gott kann nicht sich selbst vernichten, und alles Positive ist Ausdruck des Seins-Selbst. Und da es nichts rein Negatives gibt (das Negative nährt sich von dem Positiven, das es entstellt), kann nichts, was Sein hat, endgültig vernichtet werden. Nichts, was ist, kann, insofern es ist, von der Ewigkeit ausgeschlossen sein; aber es kann ausgeschlossen sein, insofern es mit Nicht-Sein gemischt und noch nicht von ihm befreit ist.

Die Frage, was dies für den einzelnen Menschen bedeutet, soll später erörtert werden. Hier erhebt sich zunächst die Frage, wie sich der Übergang vom Zeitlichen zum Ewigen vollzieht. Was geschieht mit Dingen und Wesen, die nicht-menschlich sind, im Übergang vom Zeitlichen zum Ewigen? Wie wird in diesem Übergang das Negative in seiner Negativität enthüllt und der Vernichtung überlassen? Was wird negiert, wenn nichts Positives negiert werden kann? Solche Fragen können nur im Zusammenhang eines Systems beantwortet werden; die

Antworten müssen aus den Hauptbegriffen eines solchen Systems (Sein, Nicht-Sein, Essenz, Existenz, Endlichkeit, Entfremdung, Zweideutigkeit usw.) und aus den zentralen religiösen Symbolen (Schöpfung, Fall, das Dämonische, Erlösung, *agape*, Reich Gottes usw.) abgeleitet werden – sonst wären sie bloße Meinungen, Einfälle oder reine Dichtung (mit ihrer enthüllenden, aber nicht-begrifflichen Ausdruckskraft). Innerhalb des vorliegenden Systems sind folgende Antworten möglich: Der Übergang vom Zeitlichen zum Ewigen, das „Ende" des Zeitlichen, ist selbst kein zeitliches Ereignis, ebensowenig wie die Schöpfung ein zeitliches Ereignis ist. Zeit ist die Form des geschaffenen Endlichen (und wird so mit diesem geschaffen), und Ewigkeit ist das innere Ziel, das *telos* des geschaffenen Endlichen, das das Endliche dauernd zu sich emporzieht. In einer kühnen Metapher könnte man sagen, daß das Zeitliche in einem fortwährenden Prozeß zu „ewiger Erinnerung" wird. Aber *ewige* Erinnerung ist lebendige Bewahrung der erinnerten Sache. Sie ist zugleich Vergangenheit, Gegenwart und Zukunft, eine transzendente Einheit der drei Zeitmodi. Mehr läßt sich über sie nicht aussagen, es sei denn in poetischen Bildern. Aber aus dem wenigen, was man von ihr sagen kann – meist in negativen Begriffen, lassen sich wichtige Schlüsse für unser Verständnis der Zeit und der Ewigkeit ziehen: Das Ewige ist nicht ein zukünftiger Stand der Dinge. Es ist immer gegenwärtig, nicht nur im Menschen (der Bewußtsein von ihm hat), sondern in allem, was innerhalb der Gesamtheit des Daseins Sein hat. Und in bezug auf die Zeit kann man sagen, daß ihre Dynamik sich nicht nur vorwärts, sondern auch aufwärts bewegt, und daß sich die beiden Bewegungen in einer Kurve vereinigen, die zugleich horizontale und vertikale Richtung hat.

Die zweite Frage erfordert eine Erklärung der Grundthese dieses Kapitels, der These, daß in dem Übergang vom Zeitlichen zum Ewigen das Negative negiert wird. Um wieder das Bild von der „ewigen Erinnerung" zu gebrauchen, können wir sagen, daß das Negative kein Gegenstand der ewigen Erinnerung als lebendiger Bewahrung des Erinnerten ist. Aber es wird auch nicht vergessen, denn vergessen setzt zumindest einen Augenblick des Erinnerns voraus. Das Negative wird überhaupt nicht erinnert; es wird als das „durchschaut", was es ist, als Nicht-Sein. Trotzdem bleibt es nicht ohne Wirkung auf das, was auf ewig erinnert wird. Es ist in der ewigen Erinnerung als das gegenwärtig, was überwunden und in sein nacktes Nicht-Sein geworfen ist (wie z. B. eine Lüge). Das ist die Seite der Verdammung in dem, was symbolisch als Jüngstes Gericht bezeichnet wird. Wieder müssen wir eingestehen, daß sich über diese vorherrschend negativen Aussagen hinaus nichts von dem Gericht über das Universum aussagen läßt, es sei denn in poetischen Bildern. – Aber es muß etwas über die Seite der Erlösung im Jüngsten Gericht gesagt werden. Die Behauptung, daß das Positive im Universum Gegenstand der ewigen Erinnerung sei, erfordert eine Erklärung des Begriffs „positiv" in diesem Zusammenhang. Seine Grundbedeutung ist die von etwas, das wahre Realität hat – als die geschaffene Essenz eines Dinges. Das führt zu der weiteren Frage, wie sich das Positive zum essentiellen Sein, und im Gegensatz dazu, zum existentiellen Sein verhält. Eine erste Antwort, gewissermaßen im Sinne des Platonismus, wäre, daß die Erhebung eines Dinges in die Ewigkeit seine Rückkehr zu dem bedeutet, was es seinem Wesen nach ist; Schelling hat das „Essentifikation" genannt. Mit diesem Begriff kann die Rückkehr zu dem Zustand reiner Wesentlichkeit oder Potentialität gemeint sein und die Ausscheidung alles dessen, was unter den Bedingungen der Existenz wirklich ist. So verstanden, wäre Essentifikation ein Begriff, der eher auf die aus Indien stammenden Religionen als auf die aus Israel stammenden paßte. Nach der indischen Auffassung schafft der gesamte Weltprozeß nichts Neues; er besteht aus dem Abfall vom essentiellen Sein und der Rückkehr zu ihm. Aber der Begriff „Essentifikation" kann auch bedeuten, daß das Neue, das sich in Raum und Zeit verwirklicht hat, zu dem essentiellen Sein etwas hinzufügt, indem es dieses mit dem Positiven verbindet, das in der Existenz geschaffen wird, und so das unbedingt Neue, das „Neue Sein", schafft, nicht fragmentarisch wie in allem zeitlichen Leben, sondern als vollkommener Beitrag zu dem Reich Gottes in seiner Erfüllung. Man könnte von einer „Anreicherung" des göttlichen Lebens durch die geschichtlichen Prozesse sprechen. Dieser Gedanke gibt, wenn auch noch so metaphorisch und unangemessen ausgedrückt, jeder Entscheidung und jeder Schöpfung in Raum und Zeit unendliches Gewicht und bestätigt die Ernsthaftigkeit dessen, was mit dem Symbol des Jüngsten Gerichts gemeint ist. Die Teilhabe am Ewigen Leben hängt ab von einer schöpferischen Synthese der essentiellen Natur eines Wesens mit dem, was es in seiner zeitlichen Existenz daraus gemacht hat. Insoweit es vom Negativen beherrscht ist, wird es in seiner Negativität enthüllt und von der ewigen Erinnerung ausgeschlossen. In dem Maße aber, in dem das Essentielle in ihm die existentielle Verzerrung überwunden hat, hat es einen höheren Rang im Ewigen Leben.

4. Das Ziel der Geschichte und die endgültige Überwindung
der Zweideutigkeiten des Lebens

Mit der Enthüllung und der Ausschließung des Negativen im Jüngsten Gericht sind die Zweideutigkeiten des Lebens überwunden, nicht nur fragmentarisch, wie in dem innergeschichtlichen Sieg des Reiches Gottes, sondern total. Da die endgültige Vollkommenheit der Maßstab für die fragmentarische Vollkommenheit und das Kriterium für die Zweideutigkeiten des Lebens ist, müssen wir auf sie hinweisen, wenn auch in negativ metaphorischer Sprache, der einzigen Sprache, der wir uns zur Beschreibung eschatologischer Symbole bedienen können.

Im Hinblick auf die drei Polaritäten des Seins und die entsprechenden drei Funktionen des Lebens müssen wir fragen: Was ist die Bedeutung der Selbst-Integration, des Sich-Schaffens und der Selbst-Transzendierung im Ewigen Leben? Da das Ewige Leben identisch ist mit dem Reich Gottes in seiner Erfüllung, ist es die nicht-fragmentarische und totale Überwindung der Zweideutigkeiten des Lebens in allen Dimensionen des Lebens oder – in einer anderen Metapher – in allen Graden des Seins.

Die erste Frage ist also: Was bedeutet unzweideutige Selbst-Integration als Eigenschaft des Ewigen Lebens? Die Antwort verweist auf die erste Polarität in der Seinsstruktur, die Polarität von Individualisation und Partizipation. Im Ewigen Leben sind die beiden Pole in vollkommenem Gleichgewicht. Sie sind in dem vereint, was ihren polaren Gegensatz transzendiert: in der Zentriertheit des Göttlichen, die das Universum der Seinsmächte umfaßt, ohne sie in eine tote Identität aufzulösen. Man kann noch von ihrer Selbst-Integration sprechen, da sie sogar in der zentrierten Einheit des göttlichen Lebens ihre Selbst-Bezogenheit nicht verloren haben. Ewiges Leben ist noch Leben: in der universalen Zentriertheit werden die einzelnen Zentren nicht aufgelöst. Dies ist die erste Antwort auf die Frage nach der Bedeutung des Ewigen Lebens, eine Antwort, die zugleich die erste Voraussetzung für die Beschreibung des erfüllten Reiches Gottes als des unzweideutigen und nicht-fragmentarischen Lebens der Liebe ist.

Die zweite Frage ist: Was ist die Bedeutung des unzweideutigen Sich-Schaffens als Eigenschaft des Ewigen Lebens? Die Antwort verweist auf die zweite Polarität in der Seinsstruktur, die Polarität von Dynamik und Form. Im Ewigen Leben sind diese beiden Pole in vollkommenem Gleichgewicht. Sie sind in dem vereint, was ihren polaren Gegensatz transzendiert: in der göttlichen Schöpferkraft, die

die endliche schöpferische Kraft einschließt, ohne sie zum Werkzeug für sich selbst zu machen. Die Selbstheit in dem Sich-Schaffen bleibt in dem erfüllten Reich Gottes erhalten.

Die dritte Frage ist: Was bedeutet die unzweideutige Selbst-Transzendierung als Eigenschaft des Ewigen Lebens? Die Antwort verweist auf die dritte Polarität in der Seinsstruktur, die Polarität von Freiheit und Schicksal. Im Ewigen Leben sind diese beiden Pole in vollkommenem Gleichgewicht. Sie sind in dem vereint, was ihren polaren Gegensatz transzendiert: in der göttlichen Freiheit, die mit dem göttlichen Schicksal identisch ist. Mit der Macht der Freiheit strebt jedes endliche Wesen über sich hinaus zur Erfüllung seines Schicksals in der endgültigen Einheit von Freiheit und Schicksal.

In der hier gegebenen metaphorischen „Beschreibung" des Ewigen Lebens wurde auf die drei Lebensfunktionen in allen ihren Dimensionen hingewiesen, die des menschlichen Geistes eingeschlossen. Aber wir müssen uns mit den drei Funktionen des Geistes in ihrer Beziehung zum Ewigen Leben noch im besonderen befassen.

Die Hauptaussage, die hier gemacht werden muß, ist, daß in dem Ende und Ziel der Geschichte die drei Funktionen des Geistes – Moralität, Kultur und Religion – aufhören, spezifische Funktionen zu sein. Das Ewige Leben ist das Ende der Moralität, denn in ihm ist kein Sein-Sollen, das nicht zugleich Sein ist. Wo Essentifikation ist, gibt es kein Gesetz, weil das, was das Gesetz fordert, nichts anderes ist als das Wesen, die Essenz, die durch die Existenz schöpferisch bereichert ist. Das gleiche ist gemeint, wenn wir das Ewige Leben das Leben der universalen und vollkommenen Liebe nennen. Denn Liebe tut, was das Gesetz fordert, aber bevor es gefordert wird. Anders ausgedrückt können wir sagen, daß im Ewigen Leben das Zentrum der Person in dem alles umfassenden göttlichen Zentrum ruht und durch dieses Gemeinschaft hat mit allen anderen persönlichen Zentren. Deshalb wird das Gebot überflüssig, sie als Personen anzuerkennen und sich mit ihnen als entfremdeten Teilen der universalen Einheit zu vereinen. Das Ewige Leben ist das Ende der Moralität, weil in ihm erfüllt ist, was die Moralität verlangt.

Und das Ewige Leben ist das Ende der Kultur. Kultur wurde als das Sich-Schaffen des Lebens in der Dimension des Geistes definiert, und in ihr wurde die *theoria*, durch die Realität erfaßt wird, von der *praxis* unterschieden, durch die Realität gestaltet wird. Im Zusammenhang mit der Lehre vom göttlichen Geist haben wir bereits auf die beschränkte Gültigkeit dieser Unterscheidung hingewiesen. Im Ewigen Leben gibt es keine Wahrheit, die – im Sinne des vierten Evangeliums

– nicht zugleich „getan" wird, und es gibt keine künstlerische Ausdrucksform, die nicht zugleich Realität ist. Darüber hinaus wird Kultur als geistiges Schaffen zugleich göttliches Schaffen. Das Schaffen des menschlichen Geistes wird im Ewigen Leben zur Offenbarung des göttlichen Geistes – wie es das fragmentarisch schon in der Geistgemeinschaft ist. Menschliches Schaffen und göttliche Selbst-Manifestation sind im erfüllten Reich Gottes ein und dasselbe. Kultur als selbständige menschliche Tätigkeit erreicht ihr Ende mit dem Ende der Geschichte. Sie wird zur ewigen göttlichen Selbst-Manifestation durch die endlichen Träger des göttlichen Geistes.

Schließlich ist das Ende der Geschichte das Ende der Religion. In biblischer Sprache wird das in der Beschreibung des „himmlischen Jerusalem" ausgedrückt, in dem es keine Tempel gibt, weil Gott dort wohnt. Die Religion ist eine Folge der Entfremdung des Menschen von dem Grund seines Seins und der Versuch, wieder zu ihm zurückzufinden. Im Ewigen Leben ist diese Rückkehr vollzogen, und Gott ist alles in allem und für alles. Die Kluft zwischen dem Profanen und dem Religiösen ist überwunden. Im Ewigen Leben gibt es keine Religion.

Aber nun erhebt sich die Frage: Wie kann die Erfüllung des Ewigen mit dem Element des Negativen vereint werden, ohne das Leben nicht denkbar ist? Diese Frage läßt sich am besten beantworten, indem wir einen Begriff einführen, der der emotionalen Sphäre angehört, in dem aber das Problem des Ewigen Lebens in seiner Beziehung zu Sein und Nicht-Sein enthalten ist – den Begriff der Seligkeit, auf das göttliche Leben angewandt.

5. Die ewige Seligkeit als die ewige Überwindung des Negativen

Der Begriff „selig" *(makarios, beatus)* kann fragmentarisch auf Menschen angewandt werden, die vom göttlichen Geist ergriffen sind. Das Wort bezeichnet den seelischen Zustand, in dem die Gegenwart des göttlichen Geistes ein Gefühl der Erfüllung erzeugt, das durch Negativitäten in anderen Dimensionen nicht gestört werden kann. Weder physisches noch psychisches Leiden kann das „transzendente Glück" zerstören, das in dem Gefühl der Seligkeit liegt. In endlichen Wesen ist diese positive Erfahrung immer mit dem Wissen um ihr Gegenteil verbunden, um Unglücklichsein, Verzweiflung und Verdammung. Diese „Negierung des Negativen" gibt der Seligkeit ihren paradoxen Charakter. Ohne ein Element der Negativität ist weder Leben noch Seligkeit denkbar. Aber es ist die Frage, ob dies auch für die „ewige Seligkeit" gilt.

Der Ausdruck „ewige Seligkeit" wird sowohl auf das göttliche Leben angewandt wie auf das Leben derer, die an ihm teilhaben. In bezug sowohl auf Gott wie auf den Menschen müssen wir fragen, worin die Negativität besteht, die ein Leben der ewigen Seligkeit möglich macht. Die Philosophen des „Werdens" haben dieses Problem ernsthaft erörtert. Wenn sie von dem Werden Gottes sprechen, führen sie damit das negative Element ein, nämlich als die Negation dessen, was in jedem Augenblick des Werdens zurückgelassen wird. In einer solchen Lehre von Gott wird Gott auf entschiedene Weise Leben zugesprochen. Aber auf dieser Grundlage ist es schwierig, die Idee der ewigen Seligkeit in Gott zu erklären, da sie die Idee der vollkommenen Erfüllung einbegreift. Fragmentarische Erfüllung kann zeitliche, aber nicht ewige Seligkeit schaffen, und jede Beschränkung der göttlichen Seligkeit wäre eine Beschränkung der Göttlichkeit des Göttlichen. Die Philosophen des Werdens können sich auf Stellen der Bibel berufen, in denen Gott Reue, Mühsal, Geduld, Leiden und Opfer zugeschrieben werden. Solche Vorstellungen von einem lebendigen Gott haben zu einer Lehre geführt, die von der Kirche verworfen wurde, nämlich der sogenannten patripassionistischen Lehre, daß Gott als Vater mitlitt an dem Leiden des Christus. Aber diese Annahme widerspricht zu offensichtlich der fundamentalen theologischen Lehre von Gottes *impassibilitas* (der Lehre, daß Gott nicht passiv leidend sein kann). Nach dem Urteil der Kirche hätte sie Gott auf eine Ebene mit den leidenschaftlichen und leidenden Göttern der griechischen Mythologie gestellt. Aber mit der Ablehnung des Patripassianismus ist das Problem der Negativität in der Seligkeit des göttlichen Lebens nicht gelöst. Die Theologie der Gegenwart versucht – mit sehr wenig Ausnahmen –, dem Problem aus dem Wege zu gehen, indem sie es entweder ignoriert oder von einem unerforschlichen göttlichen Mysterium spricht. Aber in Anbetracht der Bedeutung, die diese Frage für das existentiellste aller Probleme, nämlich die Theodizee, hat, ist eine solche Ausflucht nicht erlaubt. Menschen in „Grenzsituationen" werden sich mit der Ausflucht in das göttliche Mysterium nicht zufriedengeben. Das gleiche Problem liegt vor in der kirchlichen Lehre über das Verhältnis der göttlichen Allmacht zu der Liebe Gottes im Hinblick auf die Schrecknisse der Weltgeschichte. Solche Probleme fordern eine Antwort, und eine Theologie, die sich weigert, auf sie einzugehen, hat ihre Aufgabe verfehlt.

Die Theologie muß die Probleme ernst nehmen, die die Philosophen des Werdens aufwerfen. Sie muß versuchen, die Lehre von der ewigen Seligkeit mit dem negativen Element zu verbinden, ohne das Leben nicht möglich ist und Seligkeit aufhört, selig zu sein. Das Wesen der Seligkeit selbst erfordert ein negatives Element in der Ewigkeit des göttlichen Lebens.

Das führt zu der Grundthese: Das göttliche Leben ist die ewige Überwindung des Negativen; hierin liegt seine Seligkeit. Ewige Seligkeit ist kein Zustand unveränderlicher Vollkommenheit – die Philosophen des Werdens sind im Recht, wenn sie diese Idee verwerfen. Das göttliche Leben ist Seligkeit durch Kampf und Sieg. Wenn wir fragen, wie Seligkeit mit dem Wagnis und der Ungewißheit vereint werden kann, die zu jedem ernsthaften Kampf gehören, müssen wir uns an das erinnern, was über die Ernsthaftigkeit der Versuchung des Christus gesagt wurde. Hier wurden die Ernsthaftigkeit der Versuchung und die Gewißheit der Verbindung mit Gott als miteinander vereinbar beschrieben. Das kann als eine Analogie – und als mehr als eine Analogie – zu der ewigen Identität Gottes mit sich selbst verstanden werden. Die ewige Identität Gottes mit sich selbst steht nicht im Widerspruch dazu, daß er aus sich selbst herausgeht in die Negativität der Existenz und die Zweideutigkeit des Lebens. Er verliert seine Identität nicht in seiner Selbst-Veränderung; dies ist die Grundlage für die dynamische Idee der ewigen Seligkeit.

Ewige Seligkeit wird allem zugeschrieben, was am göttlichen Leben teilhat, nicht nur dem Menschen, sondern allem, was ist. Das Symbol von „einem neuen Himmel und einer neuen Erde" weist auf die Universalität der Seligkeit im erfüllten Reich Gottes hin. Unsere Frage ist also: Was bedeutet das Symbol der ewigen Seligkeit für das Universum außerhalb des Menschen? In der biblischen Literatur finden sich Hinweise auf die Idee, daß die Natur an der Offenbarung und Anbetung der göttlichen Herrlichkeit teilhat. Aber es gibt auch andere Stellen, in denen die Tiere von der göttlichen Fürsorge ausgeschlossen sind (Paulus) und das Elend des Menschen darin gesehen wird, daß sein Geschick nicht besser ist als das der Pflanzen und Tiere (Hiob). Nach der ersten Auffassung nimmt die Natur irgendwie teil an der göttlichen Seligkeit (symbolisch in den Visionen der Apokalypse ausgedrückt), während nach der zweiten Auffassung Natur *und* Mensch von der Ewigkeit ausgeschlossen sind (im größten Teil des Alten Testaments). Nach dem, was über „Essentifikation" gesagt wurde, könnte man eine mögliche Antwort darin sehen, daß alle Dinge – da sie als von Gott geschaffen gut sind – in ihrem Wesen, ihrer Essenz, am göttlichen Leben teilhaben (ähnlich der spätplatonischen Lehre, daß die Essenzen ewige Ideen im Geiste Gottes sind). Die Konflikte und das Leiden der Natur unter den Bedingungen der Existenz und

ihre Sehnsucht nach Erlösung, von der Paulus spricht (Röm. 8), dienen der Bereicherung des essentiellen Seins, nachdem das Negative in
allem, was Sein hat, negiert ist. Solche Betrachtungen sind poetisch-
symbolischer Art und dürfen nicht als Beschreibung von Dingen und
Ereignissen in Raum und Zeit verstanden werden.

B

DER EINZELNE
UND SEIN EWIGES SCHICKSAL

1. *Universale und individuelle Erfüllung*

In den vorhergehenden fünf Abschnitten war von dem Reich Gottes
„über" der Geschichte oder dem Ewigen Leben im allgemeinen die
Rede. In den Betrachtungen über das letzte *telos* des Werdens waren
alle Dimensionen des Lebens eingeschlossen. Jetzt müssen wir die Dimension des Geistes und die individuelle Person, den Träger des
Geistes, gesondert betrachten. Die individuelle Person stand immer im
Mittelpunkt eschatologischer Vorstellungen und Ideen, nicht nur, weil
wir selbst als menschliche Wesen Individuen sind, sondern auch, weil
das Geschick des Individuums auf eine Art von ihm selbst bestimmt
wird, wie es nur in der Dimension des Geistes der Fall ist. Der Mensch
als endliche Freiheit hat eine andere Beziehung zum Ewigen Leben
als Wesen, die vorherrschend durch Notwendigkeit bestimmt sind. Das
Wissen um das, was „sein soll", und damit das Bewußtsein von Verantwortung und Schuld, Verzweiflung und Hoffnung kennzeichnen die
Beziehung des Menschen zum Ewigen. Alles Zeitliche hat eine „tele-
ologische" Beziehung auf das Ewige, aber nur der Mensch ist sich ihrer
bewußt, und dieses Bewußtsein gibt ihm die Freiheit, sich gegen sie zu
wenden. Die christliche Lehre von der tragischen Universalität der
Entfremdung bedeutet, daß jedes menschliche Wesen sich gegen sein
telos, gegen das Ewige Leben, stellt, während es zugleich nach ihm
strebt. Das macht den Begriff der „Essentifikation" dialektisch. Das
telos des Menschen als eines Individuums wird von den Entscheidungen bestimmt, die er in der Existenz auf Grund der Möglichkeiten
trifft, die ihm vom Schicksal gegeben sind. Er kann seine Potentialitäten verkommen lassen, aber nicht gänzlich, und er kann sie erfüllen,
aber nicht vollkommen. Das gibt dem Symbol des Jüngsten Gerichts

seine besondere Ernsthaftigkeit. Die Enthüllung des Negativen als negativ in einem Menschen mag nicht viel Positives für das Ewige Leben bestehen lassen. Sie kann den Menschen zur Kleinheit herabsetzen, sie kann ihn aber auch zur Größe erheben. Sie kann äußerste Armut in bezug auf seine erfüllten Potentialitäten bedeuten, aber auch höchsten Reichtum. Klein und groß, arm und reich sind relative Werte. Deshalb widersprechen sie dem absoluten Urteil, das sich in religiösen Symbolen ausspricht wie denen von „verlieren oder gewinnen", „verdammt oder gerettet sein", „Hölle oder Himmel", „ewiger Tod oder ewiges Leben". Die Vorstellung von Graden der Essentifikation nimmt diesen Symbolen und Begriffen ihre Absolutheit.

Absolute Urteile über endliche Dinge und Geschehnisse sind unmöglich, weil sie das Endliche zum Unendlichen machen. Dies ist die Wahrheit, die dem theologischen Universalismus und der Lehre von der „Restitution aller Dinge" in der Ewigkeit zugrunde liegt. Aber das Wort „Restitution" ist nicht zureichend: Essentifikation kann mehr und weniger als Restitution bedeuten. Die Kirche verwarf die Lehre des Origenes von der *apokatastasis panton,* der Restitution aller Dinge, weil die Erwartung der „Restitution aller Dinge" die absolute Drohung und Hoffnung, die zum Beispiel in dem „verdammt oder gerettet sein" liegt, ihrer Ernsthaftigkeit beraubt. Eine Lösung dieses Konflikts muß den absoluten Ernst der Drohung, „das Ewige Leben zu verlieren", mit der Relativität der endlichen Existenz verbinden. Das begriffliche Symbol der „Essentifikation" kann diese Aufgabe erfüllen, denn es betont die Verzweiflung des Menschen darüber, daß er seine Potentialitäten nicht verwirklicht hat, und versichert ihn zugleich der Erhebung des Positiven innerhalb der Existenz (selbst eines äußerst unerfüllten Lebens) in die Ewigkeit.

Diese Lösung verwirft die mechanistische Vorstellung von einer notwendigen Erlösung, ohne jedoch den Widersprüchen der traditionellen Lösung zu verfallen, die das ewige Schicksal des Individuums entweder als ewige Verdammnis oder als ewige Erlösung beschreibt. Die fragwürdigste Form dieser Idee, die Lehre von der doppelten Prädestination, hat dämonische Implikationen: sie setzt eine ewige Spaltung in Gott selbst voraus. Aber auch ohne die Idee von der doppelten Prädestination kann die Lehre von dem sich absolut widersprechenden ewigen Schicksal der Individuen nicht aufrechterhalten werden, in Hinsicht sowohl auf die Selbst-Manifestation Gottes wie auf die Natur des Menschen.

Die Vorstellung von einem zweifachen ewigen Schicksal der Individuen hat ihre Wurzel zum Teil in der radikalen Trennung von Person

und Person und von Personhaftem und Unter-Persönlichem, die eine
Folge des biblischen Personalismus ist. Wenn in der Dimension des Geistes die Individualisation die Partizipation verdrängt, werden stark zentrierte Selbstheiten geschaffen, die sich durch asketische Selbstdisziplin
und durch das Auf-sich-Nehmen der vollen Verantwortung für ihr
ewiges Schicksal von der Einheit aller Geschöpfe trennen. Aber das
Christentum enthält neben der Betonung des Personalen auch die Idee
der universalen Teilnahme an der Erfüllung im Reich Gottes. Diese
Seite wurde um so mehr betont, je weniger das Christentum indirekt
von den stark dualistischen Tendenzen des späten Hellenismus beeinflußt war.

Vom Standpunkt der göttlichen Selbst-Manifestation widerspricht
die Lehre von dem zweifachen ewigen Schicksal der Idee von Gottes
immerwährendem Erschaffen des Endlichen als eines „sehr guten"
(Gen. 1). Da Sein als Sein gut ist – Augustins wichtigste anti-dualistische These –, kann nichts, was ist, vollständig böse werden. Das, was
ist, was Sein hat, ist in die schöpferische göttliche Liebe eingeschlossen.
Die Lehre von der Einheit alles Seienden in der göttlichen Liebe und
im Reich Gottes nimmt dem Symbol der Hölle den Charakter der
„ewigen Verdammnis". Diese Erwägung nimmt der Seite der Verdammnis im göttlichen Gericht nicht ihre Ernsthaftigkeit, nämlich die
Verzweiflung, in der die Enthüllung des Negativen erlebt wird. Sie
befreit jedoch von der Absurdität der wörtlichen Auslegung des Symbols von Himmel und Hölle und macht die Verwechslung des ewigen
Schicksals mit einem dauernden Zustand der Qual oder der Freude unmöglich.

Vom Standpunkt der menschlichen Natur widerspricht die Lehre von
dem zweifachen ewigen Schicksal der Tatsache, daß kein menschliches
Wesen nach dem göttlichen Urteil unzweideutig auf der einen oder anderen Seite steht. Selbst der Heilige bleibt ein Sünder und bedarf der
Vergebung, und selbst der Sünder ist ein Heiliger, insofern er unter der
göttlichen Vergebung steht. Wenn der Heilige die Vergebung annimmt,
bleibt seine Annahme der Vergebung zweideutig. Und wenn der Sünder die Vergebung ablehnt, bleibt seine Ablehnung der Vergebung
zweideutig. Denn auch wenn wir in Verzweiflung gestoßen werden,
ist es der göttliche Geist, der in uns wirkt. Der qualitative Gegensatz
zwischen Guten und Bösen, wie er in der symbolischen Sprache beider
Testamente zum Ausdruck kommt, bezieht sich auf den qualitativen
Gegensatz des Guten und des Bösen an sich (wie zum Beispiel Wahrheit und Lüge, Mitleid und Grausamkeit, Einheit mit Gott und Entfremdung von ihm), aber nicht auf den vollständig guten oder voll-

ständig bösen Charakter einzelner Menschen. Die Lehre von der Zweideutigkeit alles menschlichen Gutseins und von der Erlösung, die einzig von der göttlichen Gnade abhängt, führt uns entweder zurück zur der abgelehnten Lehre von der doppelten Prädestination oder weiter zu der Lehre von der universalen Essentifikation.

Es gibt noch eine andere Seite in der menschlichen Natur, die der Trennung von Person und Person und von Personhaftem und Unter-Persönlichem, die der Lehre von dem zweifachen ewigen Schicksal zugrunde liegt, widerspricht: Das totale menschliche Sein, seine bewußte wie seine unbewußte Seite, ist weitgehend von der Umgebung bestimmt, in die der Mensch geboren ist Er entwickelt sich nur in wechselseitiger Abhängigkeit von der sozialen Situation; und die Funktionen des menschlichen Geistes bilden – der gegenseitigen Durchdringung aller Seinsdimensionen gemäß – eine strukturelle Einheit mit den physikalischen und biologischen Lebensfaktoren. Freiheit und Schicksal sind in jedem Individuum so miteinander verbunden, daß es unmöglich ist, sie voneinander zu trennen; ebenso unmöglich ist es infolgedessen, das ewige Schicksal eines einzelnen Menschen von dem der Menschheit und von dem Sein in allen seinen Manifestationen zu trennen.

Damit kann schließlich die Frage beantwortet werden, was der Sinn entstellter Lebensformen ist – Formen, die wegen physikalischer, biologischer, psychologischer oder soziologischer Umstände nicht einmal eine teilweise Erfüllung ihres wesenhaften *telos* erreichen können, wie in Fällen von vorzeitiger Zerstörung, dem Sterben kleiner Kinder, physischer und psychischer Krankheit und moralisch und geistig verderblicher Umgebung. Wenn wir die individuellen Schicksale in ihrer Vereinzelung betrachten, gibt es auf diese Frage keine Antwort. Frage und Antwort sind nur möglich, wenn die Essentifikation oder die Erhebung des Positiven in die Ewigkeit als universale Partizipation verstanden wird: in dem Wesen auch des am wenigsten erfüllten Individuums ist das Wesen anderer Individuen und indirekt das alles Seienden gegenwärtig. Wer irgendeinen Menschen zu ewigem Tod verdammt, verdammt sich selbst, denn sein Wesen und das des anderen können nicht absolut voneinander getrennt werden. Und der Mensch, der seinem eigenen Wesen entfremdet ist und die Verzweiflung totaler Selbstverurteilung erlebt, muß darauf hingewiesen werden, daß sein Wesen an dem Wesen all derer teilhat, die einen hohen Grad der Erfüllung erreicht haben, und daß er durch diese Partizipation ewig bejaht ist. Diese Idee der Essentifikation des Einzelnen in Einheit mit allem Seienden macht den Begriff der stellvertretenden Erfüllung verständlich und gibt dem Begriff der Geistgemeinschaft einen neuen Inhalt. Schließlich bildet sie die Grundlage für den Gedanken, daß Gruppen wie Nationen und Kirchen in ihrem essentiellen Sein an der Einheit des Reiches Gottes in seiner Erfüllung teilhaben.

2. *Unsterblichkeit als Symbol und als Begriff*

Für die Partizipation des Individuums am Ewigen Leben gebraucht das Christentum die beiden Begriffe „Unsterblichkeit" und „Auferstehung" (neben dem Begriff des „Ewigen Lebens" selbst). Von diesen beiden Begriffen ist nur der der „Auferstehung" biblisch. Aber „Unsterblichkeit" in der Bedeutung der platonischen Lehre von der Unsterblichkeit der Seele wurde schon sehr früh in die christliche Theologie aufgenommen, und in weiten Teilen des protestantischen Denkens hat das Symbol der „Unsterblichkeit" das der „Auferstehung" ersetzt. In einigen protestantischen Ländern ist die Idee der Unsterblichkeit das letzte, was von der gesamten christlichen Botschaft erhalten ist, allerdings in der nicht-christlichen, pseudo-platonischen Form, nach der das zeitliche Leben des Individuums nach dem Tode körperlos fortdauert. Wo das Symbol der Unsterblichkeit diesen populären Aberglauben vertritt, muß es vom Christentum radikal verworfen werden; denn Partizipation an der Ewigkeit ist weder Fortleben nach dem Tode, noch eine natürliche Eigenschaft der menschlichen Seele. Vielmehr ist sie der schöpferische Akt Gottes, der bewirkt, daß sich das Zeitliche vom Ewigen trennt und zu ihm zurückkehrt. Es ist verständlich, daß christliche Theologen, die sich dieser Schwierigkeiten bewußt sind, den Begriff „Unsterblichkeit" gänzlich verwerfen, nicht nur in der Form des populären Aberglaubens, sondern auch in der ursprünglichen platonischen Form. Aber das ist nicht berechtigt. Wenn der Begriff in dem Sinn verwandt wird, wie er in 1. Timotheus 6, 16 auf Gott angewandt wird, drückt er dasselbe negativ aus, was positiv durch den Begriff der Ewigkeit ausgedrückt wird: er bedeutet keine Fortsetzung des zeitlichen Lebens nach dem Tode, sondern steht für eine Eigenschaft, die das Zeitliche transzendiert.

In diesem Sinne verstanden, widerspricht „Unsterblichkeit" nicht dem Symbol des Ewigen Lebens. Aber traditionell wird der Begriff für die „Unsterblichkeit der Seele" gebraucht. Das macht seinen Gebrauch im christlichen Denken in einem weiteren Sinn problematisch: In dieser Bedeutung impliziert der Begriff der Unsterblichkeit einen Dualismus zwischen Seele und Leib, der im Widerspruch zu dem christlichen Begriff des göttlichen Geistes steht, der alle Dimensionen des Seins umfaßt; und er ist unvereinbar mit dem Symbol von der „Auferstehung des Leibes". Aber auch hier müssen wir uns fragen, ob der Begriff nicht auch anders als dualistisch verstanden werden kann. Aristoteles zeigt in seiner ontologischen Unterscheidung von Form und Materie eine solche Möglichkeit. Wenn die Seele die Form des Lebensprozesses ist, schließt ihre „Unsterblichkeit" alle Elemente ein, die diesen Prozeß konstituieren, allerdings schließt sie diese, insofern sie Essenzen sind, ein. „Unsterblichkeit der Seele" in diesem Sinn würde die Macht der Essentifikation einschließen. Und in Platos später Lehre von der „Weltseele" scheint die Idee der Unsterblichkeit als universaler Essentifikation angedeutet zu sein.

In den meisten Erörterungen über die Unsterblichkeit ist der Frage der Beweisbarkeit mehr Aufmerksamkeit zuteil geworden als der Frage des Inhalts. Man stellte die Frage, ob es einen Beweis für die Unsterblichkeit der Seele gebe, und man beantwortete diese Frage mit den Platonischen Argumenten, die niemals überzeugend waren, jedoch niemals aufgegeben wurden. Diese Situation (die ihre Parallele in den Beweisen für die Existenz Gottes hat) ist die Folge der Verwandlung des Symbols der „Unsterblichkeit" in einen Begriff. Als Symbol wurde „Unsterblichkeit" in bezug auf Götter oder Gott gebraucht und drückte die Erfahrung der Unbedingtheit in Sein und Sinn aus. So verstanden enthält sie die Gewißheit, die in dem unmittelbaren Bewußtsein des Menschen liegt, daß er ein endliches Wesen ist und daß er seine Endlichkeit in eben diesem Bewußtsein von ihr transzendiert. Die „unsterblichen Götter" sind symbolisch-mythische Ausdrucksformen für die Erfahrung jener Unendlichkeit, von der der Mensch als sterbliches Wesen ausgeschlossen ist, der er aber durch die Götter teilhaft werden kann. Diese Vorstellung behält ihre Gültigkeit selbst nach der Entmythologisierung des Bereiches der Götter durch die Propheten und seiner Verwandlung in die Wirklichkeit des Einen, der Grund und Ziel alles Seienden ist. Er kann „der Sterblichkeit Unsterblichkeit anziehen" (1. Kor. 15, 53). Unsere Endlichkeit hört nicht auf, Endlichkeit zu sein, aber sie ist in die Unendlichkeit, das Ewige, aufgenommen.

Die Erkenntnislage ist vollkommen verändert, sobald das Wort „Unsterblichkeit" nicht mehr als Symbol, sondern als Begriff gebraucht wird. In diesem Augenblick wird „Unsterblichkeit" zum Merkmal für einen Teil des Menschen, nämlich seine sogenannte Seele; und die Frage der erfahrungsmäßigen Fundierung für die Gewißheit des Ewigen Lebens wird zur Untersuchung über die Natur der Seele als eines besonderen Gegenstandes. Zweifellos sind Platos Dialoge weitgehend die Veranlassung zu dieser Entwicklung gewesen. Aber man muß darauf hinweisen, daß es in Plato selbst Widerstände gegen diese Vergegenständlichung der „Unsterblichkeit" gibt: seine Argumente sind Argumente *ad hominem* (das heißt in moderner Terminologie existentielle Argumente); sie können nur von denen verstanden werden, die am Wahren, Guten und Schönen partizipieren und die ihrer die Zeit transzendierenden Gültigkeit bewußt sind. Als objektive Argumente kann man „nicht gänzlich auf sie vertrauen" (Platos Phaidon). Aristoteles' Kritik an der platonischen Idee der Unsterblichkeit kann als Versuch verstanden werden, ihrer fast unvermeidlichen Primitivierung entgegenzuwirken und Platos Idee in sein eigenes Symbol der höchsten Erfüllung aufzunehmen, die Partizipation des Menschen an der ewigen Selbstschau des göttlichen *nous* ist. Von hier ist der Weg nicht mehr weit zu Plotins mystischer Vereinigung des Einzelnen mit dem „Einen" in der Ekstase. Die christliche Theologie konnte diesen Weg nicht beschreiten wegen ihrer Betonung der individuellen Person und ihres ewigen Schicksals. Statt dessen kehrte sie zu Plato zurück und verwandte seinen Begriff der unsterblichen Seele als Grundlage für die gesamte eschatologische Symbolik, ohne sich von den Folgen, die zu Primitivismus und Aberglauben führten, abschrecken zu lassen. Die „natürliche Theologie" der Katholiken und der Protestanten bediente sich alter und neuer Argumente für die Unsterblichkeit der Seele, und beide verlangten die Annahme dieses Begriffs im Namen des Glaubens. Sie sanktionierten die Verwechslung von Symbol und Begriff und forderten so die Kritik an der metaphysischen Psychologie von Philosophen wie Locke, Hume und Kant heraus. Die christliche Theologie sollte diese Kritik nicht als Angriff auf das *Symbol* der Unsterblichkeit auffassen, sondern als Angriff auf den *Begriff* einer von Natur unsterblichen Seelensubstanz. Wenn „Unsterblichkeit" als Symbol verstanden wird, wird die Gewißheit des Ewigen Lebens von seiner gefährlichen Verbindung mit dem Begriff einer unsterblichen Seele befreit.

In Anbetracht dieser Situation wäre es ratsam, den Ausdruck „Ewiges Leben" zu gebrauchen und von „Unsterblichkeit" nur zu sprechen, wenn abergläubische Vorstellungen vermieden werden können.

3. Die Bedeutung der Auferstehung

Die Partizipation des Menschen am Ewigen Leben jenseits des Todes kommt angemessener in dem hoch symbolischen Ausdruck „Auferstehung des Leibes" zum Ausdruck. Die Kirchen betrachteten diesen Ausdruck als spezifisch christlich und faßten ihn im Sinne des Paulinischen Symbols „geistlicher Leib" auf. Dieser Ausdruck bedarf ebenfalls der Erklärung. Er sollte als doppelte Negation verstanden werden, die durch eine paradoxe Wortverbindung ausgedrückt wird. Als erstes negiert dieser Ausdruck die „Nacktheit" einer rein geistigen Existenz und steht so im Gegensatz zu der dualistischen Tradition des östlichen Denkens und der platonischen und neu-platonischen Schulen. Das Wort „Leib" bringt – im Gegensatz zu diesen Traditionen – den prophetischen Glauben zum Ausdruck, daß die Schöpfung gut ist. In dem Gedanken, daß der Leib zum Ewigen Leben gehört, wird der starke Antidualismus des Alten Testaments deutlich. Aber Paulus erkennt die Problematik dieses Symbols, nämlich die Gefahr, daß es als Partizipation von „Fleisch und Blut" am Reich Gottes aufgefaßt werden kann: Er besteht darauf, daß „Fleisch und Blut" das Reich Gottes nicht „ererben" können. Und gegen diese Gefahr der „materialistischen" Auslegung wendet er sich, wenn er den auferstandenen Leib „geistlichen Leib" nennt. Geist – dieser Zentralbegriff der Paulinischen Theologie – bedeutet die Gegenwart des göttlichen Geistes im menschlichen Geist, in den er einbricht, den er verwandelt und über sich hinaushebt. „Geistlicher Leib" ist also ein Leib, der das vom göttlichen Geist verwandelte gesamte Sein des Menschen ausdrückt. So weit läßt sich das Symbol vom „geistlichen Leib" erklären; darüber hinaus kann man in der begrifflichen Sprache keine Aussage machen, nur in der poetischen Sprache und in der Kunst. Wenn wir diesen im höchsten Grade symbolischen Charakter des Ausdrucks von der „Auferstehung" vergessen, begegnen wir einer Reihe von Absurditäten, die die wahre und äußerst wichtige Bedeutung der „Auferstehung" verdecken.

„Auferstehung" bedeutet in erster Linie, daß das Reich Gottes alle Dimensionen des Seins umfaßt. Der ganze Mensch partizipiert am Ewigen Leben. Wenn wir die Idee der „Essentifikation" verwenden, können wir sagen, daß das psychologische, das geistige und das soziale Sein des Menschen in seinem leiblichen Sein impliziert sind – und zwar in Einheit mit den Essenzen alles anderen, das Sein hat.

Die christliche Betonung der leiblichen Auferstehung bedeutet zugleich die entschiedene Betonung des ewigen Wertes, den die individuelle Person in ihrer Einmaligkeit darstellt. Die Individualität einer Person spricht sich in jeder Zelle ihres Leibes aus, vor allem in ihrem Antlitz. Die Kunst der Porträtmalerei erinnert immer wieder an die erstaunliche Tatsache, daß Moleküle und Zellen die Funktionen und Regungen des menschlichen Geistes ausdrücken können, von dem sie abhängig sind. Sofern Bildnisse authentische Kunstwerke sind, sind sie künstlerische Antizipationen dessen, was wir Essentifikation genannt haben. Sie stellen keinen bestimmten Moment in der Entwicklung einer Person dar, sondern eine Konzentration all dieser Momente in einem Bild dessen, was diese Person in ihrem Wesen geworden ist auf Grund ihrer Möglichkeiten und durch die Erfahrungen und Entscheidungen, die sie während ihres Lebens gemacht hat. Diese Idee kann den Sinn der Ikonen in der griechisch-orthodoxen Kirche erklären, die essentifizierte Bildnisse des Christus, der Apostel und der Heiligen sind und auf mystische Weise an der himmlischen Wirklichkeit derer teilhaben, die sie darstellen. Die geschichtlich denkenden westlichen Kirchen haben diese Lehre vergessen und haben die Ikonen durch religiöse Bilder ersetzt, die an besondere Züge in der zeitlichen Existenz der Heiligen erinnern sollen. Sie standen zunächst noch in der alten Tradition, aber langsam wurden die klassischen Ausdrucksformen durch idealistische ersetzt, die ihrerseits später durch naturalistische Formen abgelöst wurden, denen die religiöse Transparenz fehlte. Diese Entwicklung in der darstellenden Kunst kann uns zum Verständnis der individuellen Essentifikation in allen Dimensionen der menschlichen Natur verhelfen.

Eine häufig aufgeworfene Frage in bezug auf das ewige Schicksal des Einzelnen ist die Frage, ob das seiner selbst bewußte Selbst im Ewigen Leben gegenwärtig ist. Die einzig sinnvolle Antwort hierauf besteht – ähnlich wie bei dem Problem des „geistlichen Leibes" – aus einer zweifachen Negation. Die erste ist, daß das seiner selbst bewußte Selbst nicht vom Ewigen Leben ausgeschlossen sein kann. Da das Ewige Leben Leben ist und nicht undifferenzierte Identität, und da das Reich Gottes die universale Aktualisierung der Liebe ist, kann das Element der Individualisation nicht ausgeschlossen sein, ohne daß das Element der Partizipation ebenfalls verschwindet. Es gibt keine Partizipation, wo es kein individuelles Zentrum gibt, das partizipiert; die beiden Pole bedingen einander. Und wo es ein individuelles Zentrum der Partizipation gibt, bedingt die Subjekt-Objekt-Struktur der Existenz das Bewußtsein und – wenn es sich um ein personhaftes Subjekt handelt – das Selbst-Bewußtsein. Das führt zu der Antwort, daß das zentrierte, seiner selbst bewußte Selbst nicht vom Ewigen Leben ausgeschlossen sein kann. Der Dimension des Geistes, die in allen ihren Funktionen Selbst-Bewußtsein voraussetzt, kann die ewige Erfüllung nicht versagt sein, ebensowenig wie der biologischen Funktion und damit dem Leib. Mehr läßt sich nicht sagen.

Aber die entgegengesetzte Negation muß ebenso betont werden. Wie die Partizipation des leiblichen Seins am Ewigen Leben nicht die endlose Fortdauer einer Kombination bestimmter physikalischer Teilchen ist, so ist die Partizipation des zentrierten Selbst nicht die endlose Fortdauer eines besonderen Bewußtseinsstromes in Form der Erinnerung und der Antizipation. Das Selbst-Bewußtsein – so wissen wir aus Erfahrung – hängt von Veränderungen in der Zeit ab, sowohl von Veränderungen des wahrnehmenden Subjekts wie von denen des wahrgenommenen Objekts im Prozeß des sich seiner selbst Bewußtwerdens. Aber Ewigkeit transzendiert Zeitlichkeit und damit den Erfahrungscharakter des Bewußtseinsprozesses. Ohne Zeit und Veränderung in der Zeit würden Subjekt und Objekt ineinander aufgehen; das Gleiche würde fortdauernd das Gleiche wahrnehmen. Dieser Zustand wäre eine Art Katatonie, in der das wahrnehmende Subjekt unfähig wäre, sich sein Wahrnehmen bewußt zu machen, und entbehrte deshalb des Selbst-Bewußtseins. Diese psychologische Analogie soll jedoch keine Beschreibung des Selbst-Bewußtseins im Ewigen Leben sein, sondern soll die zweite Negation unterstützen, die in der Aussage besteht, daß das seiner selbst bewußte Selbst im Ewigen Leben nicht das gleiche ist wie im zeitlichen Leben (welches die Zweideutigkeit der Objektivation einschließen würde). Behauptungen, die über diese beiden negativen Behauptungen hinausgehen, sind keine theologisch begrifflichen Aussagen mehr, sondern poetische Bilder.

Das Symbol der Auferstehung wird häufig allgemeiner gebraucht, um die Gewißheit auszudrücken, daß sich aus dem Tod des zeitlichen Lebens das Ewige Leben erhebt. So verstanden, ist „Auferstehung" der symbolische Ausdruck für den theologischen Zentralbegriff des Neuen Seins. Wie das Neue Sein nicht ein zweites Sein ist, sondern die Verwandlung des alten, so ist die Auferstehung nicht die Schöpfung einer zweiten Wirklichkeit, die im Gegensatz zu der alten Wirklichkeit steht, sondern die Verwandlung der alten, aus deren Tod sie sich erhebt. In dieser Bedeutung ist der Ausdruck „Auferstehung" (ohne spezifischen Bezug auf die Auferstehung des Leibes) zu einem universalen Symbol für die eschatologische Hoffnung geworden.

4. Ewiges Leben und Ewiger Tod

In der biblischen Symbolik sind die beiden Hauptbegriffe, die das negative Urteil gegen ein Seiendes in bezug auf sein ewiges Schicksal ausdrücken, „immerwährende Strafe" und „ewiger Tod". Der zweite Begriff kann als die Entmythologisierung des ersten aufgefaßt werden, wie „das Ewige Leben" eine Entmythologisierung der „immerwährenden Seligkeit" ist. Die theologische Bedeutung des Begriffs „ewiger Tod" liegt in der Tatsache, daß er auf den überzeitlichen Charakter des ewigen Schicksals des Menschen hinweist. Auch dieser Begriff bedarf der Erklärung, denn er vereint zwei Begriffe, die – wenn wörtlich ge-

nommen – einander radikal widersprechen: Ewigkeit und Tod. Diese
Wortverbindung bedeutet Tod, der von der Ewigkeit ausschließt, das
Nicht-Erreichen der Ewigkeit, das Anheimfallen an die Vergänglichkeit
der Zeitlichkeit. In diesem Sinn bedeutet „ewiger Tod" eine persönliche
Drohung gegen jeden, der an die Zeitlichkeit gebunden und unfähig ist,
sie zu transzendieren. Für einen solchen Menschen ist „Ewiges Leben"
ein Symbol ohne Bedeutung, weil ihm die antizipatorische Erfahrung
des Ewigen fehlt. Auf das Symbol der Auferstehung bezogen, könnte
man sagen, daß er stirbt, aber nicht an der Auferstehung teilhat.

Diese Drohung widerspricht jedoch der Wahrheit, daß alles Geschaffene im ewigen Grunde des Seins verwurzelt ist. Insofern kann sich
Nicht-Sein nicht gegen das Sein behaupten. Daraus ergibt sich die Frage,
wie die beiden einander widersprechenden Auffassungen miteinander
vereint werden können. Wie läßt sich die Ernsthaftigkeit der Drohung
des Todes, der von der Ewigkeit ausschließt, mit der Wahrheit vereinen, daß alles aus der Ewigkeit kommt und zu ihr zurückkehren
muß? Wenn wir die Geschichte des christlichen Denkens verfolgen,
sehen wir, daß in ihm beide Seiten dieses Gegensatzes vertreten
sind: die Drohung des Todes, der vom Ewigen Leben ausschließt,
ist im praktischen Lehren und Predigen der meisten Kirchen vorherrschend und gilt in vielen als offizielle Lehre. Die Gewißheit, im Ewigen Leben verwurzelt zu sein und ihm daher anzugehören, selbst wenn
man sich von ihm abwendet, ist der herrschende Glaube in den mystischen und humanistischen Bewegungen innerhalb der Kirchen und Sekten. Die erste Auffassung wird von Augustin, Thomas und Calvin vertreten, die zweite von Origenes, Schleiermacher und dem unitarischen
Universalismus. Der theologische Begriff, um den es in dieser Auseinandersetzung geht, ist der der „Restitution aller Dinge", der *apokatastasis panton* des Origenes. Damit ist gemeint, daß alles Zeitliche zum
Ewigen zurückkehrt, aus dem es kommt. In dem Gegensatz zwischen
dem Glauben an die Erlösung Einzelner und dem an universale Erlösung zeigt sich die Spannung zwischen diesen sich widersprechenden
Ideen und ihre praktische Wichtigkeit. Wie primitiv die Symbolik auch
ist, in der sich diese Kontroverse äußerte und bis zu einem gewissen Grad
auch heute noch äußert, so ist der Punkt, um den es geht, doch von
großer theologischer und noch größerer psychologischer Wichtigkeit.
Voraussetzungen über die Natur Gottes, des Menschen und ihre Beziehung zueinander sind in dieser Kontroverse impliziert. Ihre Folge kann
letzte Verzweiflung oder letzte Hoffnung, oberflächliche Gleichgültigkeit oder tiefer Ernst sein; denn trotz der spekulativen Form geht es
hier um ein höchst existentielles Problem im christlichen Denken.

Um auch nur eine vorläufige Antwort geben zu können, ist es nötig, die Beweggründe heranzuziehen, die der einen oder anderen Haltung zugrunde liegen. Die Drohung des Todes, der von der Ewigkeit ausschließt, entstammt dem ethisch-pädagogischen Denktyp und vertritt verständlicherweise die Grundhaltung der Kirchen. Sie befürchten, daß die Lehre von der *apokatastasis* die Ernsthaftigkeit der religiösen und ethischen Entscheidung untergraben könne (wie im Falle des Origenes und des unitarischen Universalismus). Diese Furcht ist nicht unbegründet, denn man hat zuweilen empfohlen, daß man die Drohung des ewigen Todes predige (oder sogar die der immerwährenden Strafe), aber zugleich für sich als Denker an der Wahrheit von der Lehre der *apokatastasis* festhalte. Wahrscheinlich lösen die meisten Christen das Problem auf ähnliche Art sowohl in bezug auf andere, die im Sterben liegen, wie für sich selbst, wenn sie an den eigenen Tod denken. Niemand kann die Drohung des ewigen Todes ertragen, weder für sich noch für andere; aber das kann kein Grund sein, die Drohung aufzugeben. Mythologisch gesprochen, kann niemand die Hölle als sein oder eines anderen ewiges Schicksal annehmen. Die Ungewißheit über unser ewiges Schicksal kann nicht aufgehoben werden; aber – diese Ungewißheit transzendierend – gibt es Augenblicke, in denen wir paradoxerweise der Rückkehr zum Ewigen, aus dem wir kommen, gewiß sind. Für die christliche Theologie bedeutet das, daß sie eine doppelte Negation vornehmen muß, analog den anderen doppelten Negationen in allen Fällen, in denen es um die Beziehung des Zeitlichen zum Ewigen geht: beide Seiten müssen negiert werden – die Drohung des ewigen Todes wie die Gewißheit der Rückkehr zum Ewigen.

Sowohl innerhalb wie außerhalb des Christentums hat man versucht, die starke Spannung dieser Polarität zu überwinden. Drei derartige Versuche sind wichtig: die Idee der „Reinkarnation", die Idee eines „Zwischenzustandes" und die Idee des „Fegefeuers". In allen drei Ideen kommt die Überzeugung zum Ausdruck, daß der Augenblick des Todes nicht entscheidend für das endgültige Schicksal des Menschen sein kann. Beim Tode von Säuglingen, Kindern und nicht voll entwickelten Erwachsenen zum Beispiel wäre das eine reine Absurdität. Und beim Tode reifer Menschen würden unzählige Elemente außer acht gelassen, die das Leben jedes reifen Menschen beeinflussen und seine tiefe Zweideutigkeit verursachen. Der gesamte Lebensprozeß, und nicht ein spezifischer Augenblick, ist entscheidend für den Grad der Essentifikation. Die Idee der Reinkarnation hatte großen Einfluß auf Millionen von Asiaten und scheint ihn immer noch zu haben. Hier ist jedoch die Gewißheit von einem „Leben nach dem Tode" keine tröstende Vorstellung. Im Gegenteil ist es der negative Charakter alles Lebens, der zur Reinkarnation führt, dem qualvollen Weg der Rückkehr zum Ewigen. Einige Menschen, unter ihnen vor allem Lessing, zogen diese Lehre dem orthodoxen Glauben vor, daß das endgültige Schicksal des Menschen im Augenblick seines Todes entschieden werde. Aber der problematische Punkt in allen Inkarnationslehren ist, daß das Subjekt in den verschiedenen Stufen der Inkarnation kein Bewußtsein von seiner Identität hat. Deshalb muß Reinkarnation – ähnlich wie Unsterblichkeit – als Symbol und nicht als Begriff verstanden werden. Sie weist auf die höheren oder geringeren Kräfte hin, die in jedem Seienden vorhanden sind und in deren Kampf entschieden wird, ob die Essentifikation des Individuums einen höheren oder geringeren Grad der Erfüllung erreicht. Ein Mensch verwandelt sich nicht in der nächsten Inkarnation in ein Tier, sondern die nicht-menschlichen Eigenschaften in seinem persönlichen Charakter können so stark sein, daß sie die Qualität seiner Essentifikation entscheiden. Diese Erklärung enthält jedoch keine Antwort auf die Frage, welche Entwicklung dem Selbst nach dem Tode in Aussicht steht. Innerhalb der negativen Haltung, die Hinduismus und Buddhismus dem individuellen Selbst gegenüber einnehmen, ist wahrscheinlich keine Antwort auf diese Frage möglich. Wenn die Frage überhaupt beantwortet werden kann, so nur auf der Grundlage einer Lehre, die der römisch-katholischen Lehre vom Fegefeuer verwandt ist. Das Fegefeuer ist ein Zustand, in dem die Seele von den entstellenden Elementen der zeitlichen Existenz „gereinigt" wird. Nach der katholischen Lehre geschieht diese Reinigung durch das bloße Leiden. Aber abgesehen von der psychologischen Unmöglichkeit einer Periode des ununterbrochenen reinen Leidens ist es ein theologischer Fehler, die Verwandlung allein vom Leiden abzuleiten anstatt von der Gnade, die Seligkeit im Leiden schenkt. Auf jeden Fall wird nach dieser Lehre vielen, wenn auch nicht allen Wesen eine Entwicklung nach dem Tode verheißen.

Der Protestantismus gab die Lehre vom Fegefeuer auf wegen der gefährlichen Mißbräuche durch klerikale Habgier und populären Aberglauben, denen sie ausgesetzt war. Aber der Protestantismus konnte das Problem, das ursprünglich zu dem Symbol des Fegefeuers geführt hatte, nicht befriedigend beantworten. Nur ein Versuch, und zwar ein recht schwacher, wurde unternommen, das Problem der individuellen Entwicklung nach dem Tode zu lösen (außer gelegentlichen Ideen der Inkarnation); dies war die Lehre von einem Zwischenzustand zwischen Tod und Auferstehung (im Jüngsten Gericht). Die Hauptschwäche dieser Lehre ist die Idee von einem körperlosen Zwischenzustand, die der Wahrheit von der vieldimensionalen Einheit des Lebens widerspricht und eine nicht-symbolische Anwendung der meßbaren Zeit auf das Leben nach dem Tode ist.

Keines der drei Symbole für die Entwicklung des Individuums nach dem Tode kann die Funktion erfüllen, um deretwillen es geschaffen wurde: nämlich die Vision von einem ewigen positiven Schicksal eines jeden Menschen zu vereinen mit dem Fehlen der zum Erreichen dieses Schicksals notwendigen physischen, sozialen und psychologischen Voraussetzungen bei den meisten und vielleicht bei allen Menschen. Nur eine reine Prädestinationslehre konnte eine einfache Antwort geben; und diese war, daß Gott nur wenige für die ewige Seligkeit auserwählt. Aber damit wird Gott zu einem Dämon gemacht, der dem Gott widerspricht, der die Welt zur Erfüllung aller geschaffenen Möglichkeiten schafft.

Eine angemessenere Antwort muß auf die Beziehung von Ewigkeit und Zeit eingehen oder auf die Beziehung der überzeitlichen Erfüllung zur zeitlichen Entwicklung. Wenn die überzeitliche Erfüllung die Qualität des Lebens hat, ist die Zeitlichkeit in ihr eingeschlossen. Wie in den vorangegangenen Fällen müssen wir zwei negative Aussagen machen, in deren Transzendierung die Wahrheit liegt, die sich jedoch nicht positiv und direkt ausdrücken läßt: Ewigkeit ist weder zeitlose Identität, noch endlose Veränderung. Zeit und Veränderung sind im Ewigen Leben gegenwärtig, aber sie liegen innerhalb der ewigen Einheit des göttlichen Lebens.

Wenn wir diese Lösung mit der Idee verbinden, daß kein einzelnes Schicksal vom Schicksal des Universums getrennt ist, haben wir die Grundlage, auf der die wichtige Frage nach der Entwicklung des Einzelnen im Ewigen Leben zumindest eine begrenzte theologische Antwort erhalten kann.

In der katholischen Lehre, die Gebet und Opfer für den Gestorbenen empfiehlt, findet der Glaube an die Einheit des individuellen mit dem universalen Schicksal im Ewigen Leben deutlichen Ausdruck. Dieses Wahrheitselement sollte nicht über den vielen abergläubischen Vorstellungen und Mißbräuchen vergessen werden, mit denen die praktische Ausführung der Idee verbunden ist. Nach dem Gesagten ist es kaum nötig, auf die Symbole von „Himmel" und „Hölle" einzugehen. In erster Linie muß darauf hingewiesen werden, daß es Symbole und nicht Beschreibungen bestimmter Orte sind; zweitens, daß es Symbole für den Zustand der Seligkeit und der Verzweiflung sind; und drittens, daß sie auf die objektive Grundlage der Seligkeit und der Verzweiflung hinweisen, das heißt auf den Grad der Erfüllung oder Nicht-Erfüllung, der zur Essentifikation des Individuums beiträgt. In dieser dreifachen Bedeutung müssen die Symbole „Himmel" und „Hölle" ernst genommen werden und können so als Metaphern für die polaren Gegensätze in der Erfahrung des Heiligen gebraucht werden. Daß die wörtliche Auffassung von „Himmel" und „Hölle" häufig schädliche psychologische Wirkungen hat, ist kein Grund, diese Symbole völlig aufzugeben. Sie sind lebendiger Ausdruck für die Drohung des „Todes, der vom Ewigen Leben ausschließt", und für ihr Gegenteil, „die Verheißung des Ewigen Lebens". Man kann die Grunderfahrung der Drohung und der Verzweiflung über den letzten Sinn des Lebens ebensowenig psychologisch wegerklären wie den Augenblick der Seligkeit in der Antizipation der Erfüllung. Die Psychologie kann nur die neurotischen Folgen der wörtlich genommenen und damit entstellten Symbole beseitigen, und sie hat genügend Stoff für diese Aufgabe. Er wäre geringer, wenn nicht nur die Theologie, sondern auch Predigt und Unterweisung die abergläubischen Implikationen vermieden, die mit dem wörtlichen Gebrauch dieser Symbole verbunden sind.

C

DAS REICH GOTTES: ZEIT UND EWIGKEIT

1. Ewigkeit und die bewegte Zeit

Wir haben die Auffassung von Ewigkeit als Zeitlosigkeit und als endlose Zeit verworfen. Das Ewige ist weder die Negierung der Zeit noch ihre Fortdauer. Auf dieser Grundlage konnten wir die Frage nach der möglichen Entwicklung des Individuums im Ewigen Leben erörtern. Jetzt müssen wir die Frage von Zeit und Ewigkeit prinzipiell behandeln.

Zu diesem Zweck ist es angebracht, ein räumliches Bild zu gebrauchen und die Bewegung der Zeit in bezug auf die Ewigkeit mit Hilfe einer graphischen Figur darzustellen. Das hat man getan, seit die Pythagoreer die Kreisbewegung als räumliche Analogie zur Rückkehr der Zeit zu sich selbst in ewiger Wiederkehr gebraucht haben. Wegen dieser Kreisbewegung nannte Plato die Zeit „das sich bewegende Abbild der Ewigkeit". Es ist eine offene Frage, ob Plato dem Ewigen eine Art Zeitlichkeit zuschrieb. Das müßte logisch vorausgesetzt werden, wenn das Wort „Abbild" ernst genommen werden soll; denn in dem Urbild muß etwas von dem vorhanden sein, was das Abbild zeigt – sonst mangelt dem Bild der Zug der Ähnlichkeit, der es zum Abbild macht. In seinen späten Dialogen scheint Plato eine dialektische Bewegung innerhalb des Bereiches der Essenzen angenommen zu haben. Aber all dies blieb ohne Wirkung auf das klassische griechische Denken. Da es kein Ziel gab, auf das hin die Zeit sich bewegen sollte, gab es auch keine Symbole für Anfang und Ende der Zeit. Augustin führte etwas ganz Neues ein, als er das Bild des Kreises für die Bewegung der Zeit verwarf und an seine Stelle die gerade Linie setzte, die mit der Schöpfung des Zeitlichen beginnt und mit der Verwandlung alles Zeitlichen endet. Diese Idee war in der christlichen Vorstellung vom Reich Gottes als Ziel der Geschichte nicht nur eine Möglichkeit, sondern eine Notwendigkeit. Die Zeit ist nicht nur ein Spiegel der Ewigkeit, sie trägt in jedem Augenblick auch etwas zur Ewigkeit bei. Aber mit der geraden Linie ist die Zeit noch nicht als etwas beschrieben, was aus dem Ewigen kommt und zur Ewigkeit zurückkehrt. Weil dies Element fehlte, konnte das moderne Fortschrittsdenken, in seiner naturalistischen wie in seiner idealistischen Form, die Zeitlinie in beiden Richtungen ins Unbestimmte verlängern, einen Anfang und ein Ende leugnen und so den zeitlichen Prozeß radikal von der Ewigkeit trennen. Das führt zu der Frage, ob eine Linie denkbar ist, die zugleich das „Aus-etwas-Kommen", das „Fortschreiten" und das „Sich-zu-etwas-Erheben" darstellt. Ich könnte mir eine Kurve denken, die von oben kommt, sich abwärts und vorwärts bewegt bis zu einem tiefsten Punkt, dem *nunc existentiale*, dem „existentiellen Jetzt", und auf analogem Weg zu dem zurückkehrt, von dem sie herkommt, sich zugleich vorwärts und aufwärts bewegend. Diese Kurve beschreibt sowohl jeden Moment der erlebten Zeit wie die Zeitlichkeit als ganze. Sie schließt die Schöpfung des Zeitlichen, den Beginn der Zeit, und die Rückkehr des Zeitlichen zum Ewigen, das Ende der Zeit, ein. Aber Anfang und Ende der Zeit sind nicht als bestimmte Momente in der Vergangenheit oder in der Zukunft gedacht. Das Ende der Zeit im Ewigen ist kein bestimmbarer Augenblick innerhalb der physikalischen Zeit, sondern ein Prozeß, der sich in jedem Augenblick vollzieht, ebenso wie der Prozeß der Schöpfung. Schöpfung und Vollendung, Anfang und Ende ereignen sich immerwährend.

2. Ewiges Leben und göttliches Leben

Gott ist ewig. Das ist die entscheidende Qualität von allen Qualitäten, die ihn zu Gott machen. Er ist dem zeitlichen Prozeß nicht unterworfen und folglich auch nicht der Struktur der Endlichkeit. Gott als ewig hat weder die Zeitlosigkeit absoluter Identität noch die Endlosigkeit eines reinen Prozesses. Er ist „lebendig", das heißt er besitzt in sich die Einheit von Identität und Veränderung, die Kennzeichen des Lebens ist und im Ewigen Leben zur Erfüllung gelangt.

Das führt unmittelbar zu der Frage: Was ist die Beziehung des ewigen Gottes, der zugleich der lebendige Gott ist, zum Ewigen Leben, das das innere Ziel aller Geschöpfe ist? Es kann nicht zwei ewige Lebensprozesse geben, die nebeneinander herlaufen. Das Neue Testament schließt diese Möglichkeit entschieden aus, indem es Gott allein als den „Ewigen" bezeichnet. Die einzig mögliche Antwort ist also, daß Ewiges Leben Leben im Ewigen, Leben in Gott, ist. Das entspricht der Behauptung, daß alles Zeitliche aus dem Ewigen kommt und zu ihm zurückkehrt, und es stimmt mit der Paulinischen Auffassung überein, daß in der endgültigen Erfüllung Gott alles in allem (oder für alles) ist. Dieses Symbol könnte man als „eschatologischen Pan-en-theismus" bezeichnen.

In bezug auf die Stelle, die diese Lösung innerhalb des gesamten theologischen Systems einnimmt, ergeben sich jedoch gewisse Probleme, und es ist angemessen, sie im letzten Abschnitt der Systematischen Theologie zu behandeln. Das erste Problem ist die Bedeutung des Wortes „in" in der Aussage: Ewiges Leben ist Leben „in" Gott.

Als erstes hat „in" hier die Bedeutung des schöpferischen Ursprungs. Es verweist auf die Gegenwart alles dessen, was Sein hat, im göttlichen Grund des Seins, eine Gegenwart, die die Form der Potentialität besitzt (in klassischer Formulierung ist es die Gegenwart der Essenzen oder Bilder oder Ideen alles Geschaffenen im göttlichen Geist). Die zweite Bedeutung des „in" ist die der ontologischen Abhängigkeit. Hier weist das „in" auf die Unfähigkeit alles Endlichen hin, ohne die erhaltende Macht der immerwährenden göttlichen Schöpferkraft zu bestehen, die selbst im Zustand der Entfremdung und der Verzweiflung wirkt. Die dritte Bedeutung des „in" ist das „in" der endgültigen Erfüllung, des Zustandes der Essentifikation aller Geschöpfe.

In diesem dreifachen „In-sein" des Zeitlichen im Ewigen kommt der Rhythmus des göttlichen Lebens und des universalen Lebens zum Ausdruck. Man könnte diesen Rhythmus als den Weg von der Essenz über die existentielle Entfremdung zur Essentifikation bezeichnen. Es ist der Weg vom bloß Potentiellen über die aktuelle Trennung zur Wiedervereinigung und Erfüllung, die die Trennung von Potentialität und Aktualität transzendiert. Da uns die Logik unserer Gedanken und die religiöse Symbolik (in der die Erfüllung antizipiert ist) zur Identifizierung des Ewigen Lebens mit dem göttlichen Leben geführt hat, ist die

Frage am Platz, in welcher Beziehung das göttliche Leben zu dem Leben des Geschöpfes im Zustand der Essentifikation oder im Ewigen Leben steht. Diese Frage ist unumgänglich, wie die Geschichte des christlichen Denkens beweist, aber nicht anders zu beantworten als in religiös-poetischer Symbolik. Wir haben die Frage verschiedentlich berührt, besonders bei der Erörterung der trinitarischen Symbole und der göttlichen Seligkeit. Es gibt keine Seligkeit, wo es keine Überwindung der entgegengesetzten Möglichkeit gibt, und es gibt kein Leben, wo es keine „Anderheit" gibt. Das trinitarische Symbol des *logos* als des Prinzips der göttlichen Selbst-Manifestation in Schöpfung und Erlösung führt das Element der Anderheit in das göttliche Leben ein, ohne das es nicht Leben wäre. Mit dem *logos* ist das Universum der Essenzen gegeben, die „Immanenz der schöpferischen Potentialität" innerhalb des göttlichen Seinsgrundes. Mit der Erschaffung in die Zeit ist die Möglichkeit zur Selbst-Verwirklichung, zur Entfremdung und zur Wiederversöhnung für die Kreatur gegeben, was – in eschatologischer Terminologie – dasselbe ist wie der Weg von der Essenz über die Existenz zur Essentifikation.

Nach dieser Anschauung erhält der Weltprozeß für Gott Bedeutung. Gott ist keine getrennte, unabhängige Wesenheit, die, von Laune getrieben, schafft, was sie schaffen will, und erlöst, wen sie erlösen will. Die ewige Schöpfung ist vielmehr ein Akt der Liebe, die ihre Erfüllung erst in einem Anderen findet, der die Freiheit hat, die Liebe abzulehnen oder anzunehmen. Gott treibt sozusagen auf Aktualisierung und Essentifikation alles dessen zu, was Sein hat. Denn die ewige Dimension dessen, was im Universum geschieht, ist das göttliche Leben selbst. Es ist der Inhalt der göttlichen Seligkeit.

Solche Aussagen über das göttliche Leben und seine Beziehung zum Leben des Universums scheinen die Möglichkeit menschlicher Aussagen zu transzendieren, selbst innerhalb des „theologischen Zirkels". Sie scheinen das Mysterium des göttlichen Abgrundes zu verletzen. Auf diese Kritik muß die Theologie antworten, indem sie als erstes darauf hinweist, daß sie sich symbolischer Ausdrücke bedient; so vermeidet sie die Gefahr, das letzte Mysterium der Subjekt-Objekt-Struktur zu unterwerfen, die Gott zu einem Gegenstand machen würde, der analysiert und beschrieben werden kann. Zweitens muß die Theologie darauf hinweisen, daß in der allumfassenden Symbolik ein echtes religiöses Anliegen erhalten bleibt, nämlich die Bejahung der absoluten Ernsthaftigkeit des Lebens im Lichte des Ewigen; denn eine Welt, die nur außerhalb Gottes wäre und nicht auch in ihm, wäre letzten Endes ein göttliches Spiel ohne wesentliche Bedeutung für Gott. Sie entspräche gewiß nicht der biblischen Auffassung, die auf vielerlei Art Gottes unendliche Sorge um seine Schöpfung betont. Wenn wir die begrifflichen Implikationen dieser religiösen Gewißheit verfolgen (was Aufgabe der Theologie ist), gelangen wir zu Formulierungen wie den hier gegebenen. Und eine dritte Erwiderung auf die Kritik an der universalen Theologie, die sowohl Gott wie die Welt einschließt, ist möglich, nämlich die Antwort, daß diese Theologie sowohl eine rein anthropozentrische wie eine rein kosmozentrische Theologie entschieden transzendiert und an deren Stelle ein theozentrisches Bild vom Sinn der Existenz entwirft. Während die meisten Überlegungen innerhalb des theologischen Zirkels sich mit dem Menschen und seiner Welt in ihrer Beziehung auf Gott beschäftigen, weist unsere letzte Überlegung in die entgegengesetzte Richtung und spricht von Gott in seiner Beziehung zum Menschen und seiner Welt.

Auch dies kann nur geschehen in Symbolen, die als Antworten auf Fragen verstanden sind, die in der menschlichen Existenz liegen. Diese Notwendigkeit kann jedoch leicht zu dem Mißverständnis führen, daß die religiösen Symbole Schöpfungen menschlicher Wünsche und Einbildungen seien. Das gilt besonders von Symbolen wie „Leben nach dem Tod". Darum ist es wichtig, daß wir eschatologische Symbole gebrauchen, die uns vom Menschen ab- und zu Gott hinwenden und auf diese Weise den Menschen in seiner Bedeutung für das göttliche Leben und seine ewige Herrlichkeit und Seligkeit zeigen.

ANHANG

REGISTER DER SYSTEMATISCHEN THEOLOGIE
BAND I BIS III

Allgegenwart I 284, 314 f., 318 bis
320; II 143
Allgemeinbegriff I 28, 131, 202,
236 f.; II 17, 38; III 77 f.
Allmacht I 313 f., 320; II 143, 175;
III 457
Allwissenheit I 249, 314 f., 320 f.;
II 143
Alte, das I 96; III 440—442, 450
Amerika I 9, 12, 21, 47, 106 f.; II
41, 94; III 90, 389, 418, 435, 439
Amt III 121, 141, 205 f., 210, 220,
240, 251
Amtsträger III 206, 210 f.
analogia entis I 157, 278; II 125 f.
analogia imaginis II 125
Analogie I 32, 157, 281 f.
Anaxagoras III 235
Anaximander II 27
Anbetung III 222 f.
Angst I 31, 41, 52, 76, 79, 117, 224
bis 235, 240, 243 f., 248, 292, 304,
307, 313—315, 317, 319 f.; II 21,
31—34, 41—43, 60, 76—78, 83 f.,
90, 95, 124, 136, 142, 145, 184;
III 56, 70, 111, 115, 158, 169,
212 f., 216, 222 f., 232, 265, 309,
322
— essentielle I 235; II 77
— existentielle II 136; III 322
— ontologische I 224, 235, 244
— des Nichtseins I 232, 314; II 77
— der Schuld I 235; II 21, 185, 192
animal rationale I 298
Anliegen, bedingtes I 20
— höchstes I 252
— letztes I 33; II 32; III 225, 284,
306, 384, 398, 435
— religiöses I 20, 49, 247, 250,
259 f.; III 476
— unbedingtes I 20, 254, 257; II
16, 115; III 155, 225, 241, 284,
289, 307, 329
— unendliches II 59
— vorläufiges I 254
Anorganische, das III 23 f., 27, 29
bis 32, 36 f., 47, 109 f., 361, 364,
367
Anpassung III 214, 216—218

Anselm von Canterbury I 242; II
135, 185 f.
Anthropologie s. Menschen, Lehre
vom
Anthropomorphismus I 264, 280
Antichrist I 36
Antike I 43; III 29, 119
— Spät- II 28, 152; III 33, 115,
181
Antizipation III 362, 468, 473
Antwort, theologische II 9, 19—22;
III 137
Apokalyptik, Apokalyptiker II 33,
99, 120; III 397, 446
apokatastasis panton III 460, 469 f.
Apokryphen, alttestamentliche I 63
Apollo, apollinisch I 154; II 152;
III 114
Apologetik, Apologeten I 12—15,
40, 42, 239, 257, 273; III 226 f.
Apostel, die I 58, 70, 135, 150, 152;
II 147; III 172, 240, 442, 467
Apostelgeschichte I 38; III 139
Apriori I 16, 196—198
— mystisches I 16 f.
Apriorismus I 198
Arbeit III 69 f.
Archetypen I 206, 300
argumentum ex ignorantia I 12 f.
Arianismus I 25; II 155, 158, 182
Aristoteles I 13, 27, 69, 88, 104, 187,
195, 206, 270; II 28; III 21 f.,
107, 162, 235, 399, 464 f.
Arius I 221; III 330
Aseität I 229 f., 274, 287, 291; II
188
Askese I 71, 135, 292; II 43, 91 f.,
94, 96; III 200, 242—244, 265,
268, 273, 275, 277, 279, 310
Athanasius I 104; II 154 f.; III 330
Atheismus I 36, 275, 283
Auferstehung I 12, 319; II 77, 142,
165—170, 172—174, 177; III 463,
466, 468 f., 471
— des Leibes III 464—466, 468
Aufklärung I 52, 98, 305; II 29, 45;
III 394
Augustin I 63, 77, 104, 220, 241,
296, 301, 323; II 13, 34, 46, 48,
55—57, 60, 65, 88, 125, 156;

Theismus I 186, 283, 301; II 18 f.
— humanistischer I 260
— philosophischer I 270
— rationalistischer I 276
Theodizee I 309 f.; II 70; III 457
Theologe, der I 13, 17 f., 20, 30—36,
46, 55, 78, 203, 256, 273, 277,
293, 295 f., 331; II 21 f., 33, 37,
44, 88, 93, 101 f., 105, 116, 157,
166, 178; III 118, 126, 150, 168,
172, 228, 234 f., 293, 306, 436,
463
— anti-mystischer III 162
— biblizistischer II 34
— existentialistischer II 32, 49
— historischer I 38, 43, 45, 49
— klassischer I 182; III 325
— moderner I 40, 214; II 128
— monastischer II 33 f.
— neuorthodoxer I 40, 166; II 49
— orthodoxer I 18, 40, 183; II 41,
134
— pietistischer I 18
— protestantischer I 62, 182; II 92,
147
— systematischer I 30, 43, 46, 48,
50 f., 64, 83, 88, 194, 255, 258;
II 21, 34, 119; III 139, 214
— Erfahrungs- I 51
theologia irregenitorum I 18
Theologie I 9 f., 12—14, 17—38, 43,
66 f., 69—72, 74 f., 101, 129, 132,
148, 156, 159, 161 f., 168, 175,
184, 197 f., 203 f., 214, 233 f., 238,
242, 267, 272 f., 277 f., 281, 286,
291, 300 f., 310, 313, 318, 320,
325, 328 f., 331;
II 9, 12, 17—19, 22, 25 f., 32,
34 f., 37, 45 f., 52, 60, 62, 77 f.,
90, 95, 101 f., 106, 108, 116—119,
123, 133, 139, 143, 147, 151, 153,
156 f., 167, 176, 181, 187—189;
III 29, 118, 127, 152 f., 172, 175,
194, 201, 226, 233—236, 275 f.,
279, 295, 320, 328 f., 366 f., 406,
412, 418, 420, 423, 431 f., 437,
448 f., 457, 473, 476 f.
— apologetische I 12—15, 23, 40,
136, 185; II 22; III 226
— calvinistische I 304; III 263

Theologie, christliche I 11, 22—24,
37 f., 49, 57, 151, 159, 161, 164,
211, 237, 300; II 16, 33—35, 63,
65, 85 f., 99 f., 108, 123, 153, 164,
185; III 146, 326, 380, 448, 463,
465, 470
— empirische I 18, 53
— existentielle I 41, 43, 48
— früh-christliche III 328 f., 432
— griechisch-orthodoxe I 48
— heteronome III 40
— historisch-kritische I 46, 48
— historische I 38 f., 42 f., 46
— humanistische I 165
— idealistische I 16
— jüdische II 176
— kerygmatische II 11—15
— klassische I 68, 79, 87, 174, 274,
283 f., 286 f.; II 10, 16, 20, 64,
73; III 158, 330
— liberale I 10, 61, 63, 80, 161;
II 46, 128, 133, 158; III 384
— lutherische I 304; III 263
— metaphysische I 24
— mystische I 24, 312; III 234
— natürliche I 39 f., 80, 144 f., 157,
240, 245, 291; II 20 f.; III 135,
465
— negative I 221
— neuorthodoxe I 41, 52, 66, 144,
165, 183; II 20
— neureformatorische I 11
— nichtorthodoxe I 13
— offizielle I 48
— personalistische II 16, 18; III 277
— phänomenologische I 54 f.
— positive I 221
— praktische I 42 f.; III 214, 227
— protestantische I 48, 64, 147, 299;
II 56, 157 f., 162, 191; III 61,
201, 278, 333
— reformatorische I 11, 183
— römisch-katholische I 47 f.
— supranaturalistische I 80, 141
— systematische I 38—44, 46 f., 60,
62, 64, 66, 71, 73, 79, 82, 90, 114,
161, 177, 185 f., 225, 325; II 16
bis 19, 31, 119; III 74, 192, 213 f.,
219, 225—227, 246, 343, 399, 420

BIBELSTELLENREGISTER

ZU „SYSTEMATISCHE THEOLOGIE" BAND I BIS III

Die verwendeten Abkürzungen entsprechen denen des Novum Testamentum
Graece.

Bei den in Klammer angegebenen Bibelstellen wird die Stelle im Text nicht genannt.

INHALTSVERZEICHNIS

Inhaltsverzeichnis

FÜNFTER TEIL:
DIE GESCHICHTE UND DAS REICH GOTTES

B *Die Zweideutigkeiten des Lebens in der geschichtlichen Dimension*

C *Deutungen der Geschichte und die Frage nach dem Reich Gottes*

II. Das Reich Gottes innerhalb der Geschichte

A *Die Dynamik der Geschichte und das Neue Sein*

B *Das Reich Gottes und die Kirchen*

C *Das Reich Gottes und die Weltgeschichte*

Paul Tillich

Systematische Theologie Band I

1. *Teil: Vernunft und Offenbarung* – 2. *Teil: Sein und Gott*
3. *Auflage (1964), 352 Seiten, engl.* broschiert DM 20,80, Leinen DM 23,80

Systematische Theologie Band II

3. *Teil: Die Existenz und der Christus*
3. *Auflage (1964), 196 Seiten, engl.* broschiert DM 12,80, Leinen DM 14,80

STIMMEN ZU „SYSTEMATISCHE THEOLOGIE" I UND II

„... die stärkste Wirkung wird doch von Tillichs reifem Hauptwerk ausgehen, der ‚Systematischen Theologie' ... Das Buch ist schon formell gesehen eine Meisterleistung. Die Sprache, die Analyse der Begriffe ist von größter Präzision, das Ganze ein geschlossenes System von außerordentlichem Reichtum der Beziehungen und Gedanken und zugleich von strenger Konsequenz. Inhaltlich wird seine Theologie dadurch bestimmt, daß sie die Wahrheit der christlichen Botschaft bewußt für die Zeitsituation aussprechen, sie also für unsere Zeit deuten will."

Prof. Dr. Althaus im Bayer. Rundfunk

„Das Studium dieses 2. Bandes des theol. Systems Tillichs ist ein hoher geistiger Genuß. Rez. gesteht, daß es ihm schwerfällt, über das Werk nüchtern-wissenschaftlich zu referieren und nicht einen Lobpreis anzustimmen, so begeistert hat ihn die Lektüre auch dieses 2. Bandes. Man atmet befreit auf: Endlich wieder eine Theologie, die christozentrisch ist, ohne einem engherzigen Christomonismus zu verfallen; die strengste kritische Wissenschaftlichkeit mit positiver Gläubigkeit verbindet; die im besten Sinne des Wortes modern und doch in der theologischen und philosophischen Tradition tief verwurzelt ist."

Erik Schmidt in „Theologische Literaturzeitung"

PAUL TILLICH
Religiöse Reden

Die „Religiösen Reden" des großen Philosophen und Theologen Paul Tillich sind „seelsorgerlich, weil sie an Zweifeln und Einwänden nie vorbeigehen, sondern sie aufnehmen und verarbeiten ... Was Tillich denkt und formuliert, lebt! Es lebt mitten in der Zeit und weist doch darüber hinaus." (Ev. Kirchenblatt für Südbaden.) Drei Folgen sind lieferbar:

Folge 1: In der Tiefe ist Wahrheit
Folge 2: Das Neue Sein
Folge 3: Das Ewige im Jetzt

Jede Folge kostet DM 9,80

EVANGELISCHES VERLAGSWERK STUTTGART

Paul Tillich

Gesammelte Werke

Herausgeber: Renate Albrecht

Die Gesamtausgabe des Lebenswerkes Paul Tillichs soll 12–13 Bände umfassen (ohne die „Systematische Theologie" und die „Religiösen Reden", die als Sonderreihen bestehen bleiben). Eine *Subskription* auf die Gesammelten Werke Paul Tillichs ist bis zum Erscheinen des letzten Bandes jederzeit möglich. Bis Herbst 1966 sind erschienen:

Band I: Frühe Hauptwerke – Enthält vier frühe, jedoch sehr bedeutende wissenschaftliche Untersuchungen und eine Bibliographie – *440 Seiten, Leinen DM 34,– (Subskr.-Preis DM 29,80)*

Band II: Christentum und soziale Gestaltung – Frühe Schriften zum Religiösen Sozialismus – *380 Seiten, Leinen DM 30,50 (Subskr.-Preis DM 26,90) · (Erschienen 1962)*

Band III: Das religiöse Fundament des moralischen Handelns – Schriften zur Ethik und zum Menschenbild – *240 Seiten, Leinen DM 23,80 (Subskr.-Preis DM 21,–) · (Erschienen 1966)*

Band IV: Philosophie und Schicksal – Schriften zur Erkenntnislehre und Existenzphilosophie – *212 Seiten, Leinen DM 23,– (Subskr.-Preis DM 20,–) · (Erschienen 1961)*

Band V: Die Frage nach dem Unbedingten – Schriften zur Religionsphilosophie – *260 Seiten, Leinen DM 25,– (Subskr.-Preis DM 22,–) · (Erschienen 1964)*

Band VI: Der Widerstreit von Raum und Zeit – Schriften zur Geschichtsphilosophie – *230 Seiten, Leinen DM 23,– (Subskr.-Preis DM 20,–) · (Erschienen 1963)*

Band VII: Der Protestantismus als Kritik und Gestaltung – Schriften zur Theologie I – *278 Seiten, Leinen DM 26,– (Subskr.-Preis DM 22,90) · (Erschienen 1962)*

Der nächste Band erscheint Sommer 1967. Pro Jahr soll mindestens 1 Band erscheinen.

„Es ist schon mehrfach gesagt worden, daß Paul Tillichs Werk noch weithin der Erschließung und Auswertung harrt und daß die Theologie der kommenden Zeit mehr und mehr von ihm beeinflußt werden wird. Die Anzeichen, daß es so kommen wird, mehren sich . . ."

Prof. Dr. Mann in „Ev.-Luth. Kirchenzeitung"

EVANGELISCHES VERLAGSWERK STUTTGART